KB171273

HANGIL
GREAT BOOKS
178

대변혁 Ⅲ
19세기의 역사풍경

위르겐 오스터함멜 지음 | 박종일 옮김

한길사

HANGIL
GREAT BOOKS
178

Jürgen Osterhammel
Die Verwandlung der Welt: Eine Geschichte des 19

Translated by Park Jong il

아돌프 멘첼(Adolph von Menzel, 1815-1905)의 「압연공장」(Eisenwalzwerk, 1875)
새로운 사회로 진입한 결정적인 전환점은 전일제(全日制)노동자가 출현한 때였다.
19세기의 상당히 긴 시간 동안 노동의 이미지는 주도 부문인
중공업(철강업)을 기반으로 한 것이었다. 이 작품은
시대의 정수를 반영한 그림으로 보는 사람 모두에게 깊은 인상을 준다.

▲ 존 힐(John Hill, 1812−79)의 「이리 운하 전망」(View on the Erie Canal)

▼ 「이리 운하의 패킷 보트」(Packet boat on the Erie Canal)

이리(Erie)운하는 1817−25년 미국 뉴욕주에 건설되었는데 당시 가장 고난도의 공사였다.
올버니(Albany)와 버펄로(Buffalo)를 연결하는 이 운하의 길이는 584킬로미터였고
경제적 중요성이 막대한 건설공사였다. 공사 과정에서 사고가 끊임없이 일어났고
말라리아, 이질, 티푸스, 콜레라 같은 전염병이 수시로 창궐해 노동자들을 위협했다.
의료조건도 매우 열악했는데, 사망자 유족과 노동능력을 상실한 사람에게는
어떤 지원도 없었다. 운하건설로 미국은 흥기할 수 있었지만
피와 눈물로 얼룩진 물질적 기반이었다.

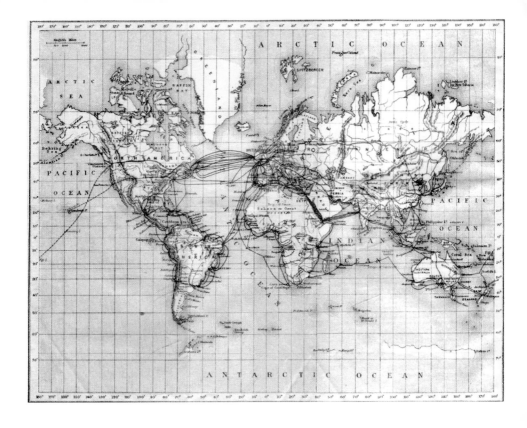

1902년 영국 이스턴 전보회사의 전신망
1844년에 모스부호가 상업적 서비스에 투입되었다.
해저케이블을 통해 인도(1870년), 중국(1871년), 일본(1871년),
오스트레일리아(1871년), 카리브해(1872년), 남아메리카의 모든 대국(1875년),
남아프리카와 동아프리카(1879년)로 전보를 보낼 수 있게 되었다.

그리스도 부활 성당(Cathedral of the Resurrection of Christ)

알렉산드르 2세는 러시아 제국의 근대화를 위해 앞장선 인물 가운데 한 명이다.
그는 아나키스트에게 1881년 암살당했다. 알렉산드르 2세의 가장 중요한 개혁은
1861년 발표한 농노 해방령이다. 그밖에도 법률 제도를 재조직하고 가혹한 제도들을
폐지했으며, 군사 제도를 전반적으로 개편하고 대학 교육과 산업 발전에 힘썼다.
알렉산드르 2세가 암살된 후 아들 알렉산드르 3세가
아버지를 기리기 위해 암살 장소에 그리스도 부활 성당을 지었다.
따라서 '피의 사원'으로 불리기도 한다.

아편전쟁(鴉片戰爭)을 치르던 중 광둥(廣東)을 포격하는 영국군, 1841년 5월 29일

아편전쟁에 참여한 영국 해군 군의관 에드워드 크리(Edward Cree, 1814 - 1901)가 그린
수채화다. 아편전쟁은 19세기 중반 중국의 아편 단속이 원인이 되어
영국이 일으킨 전쟁으로 청나라와 대영제국이 벌인 두 차례의 전쟁을 말한다.
두 전쟁에서 청나라가 완패함으로써 중화사상은 뿌리째 흔들리게 되었고,
본격적으로 서세동점(西勢東漸)의 시대가 개막되었다.

난징 조약(南京條約)

1840-42년까지 벌어진 제1차 아편전쟁을 끝내기 위해
1842년 8월 29일 청나라와 영국이 맺은 불평등 조약이다.
이 조약으로 인해 홍콩을 영국에 할양하고
상하이, 광저우 등 다섯 항구가 개방되었다. 또한,
전쟁배상금으로 영국 정부에 1,200만 달러를, 영국 상인들에게는
아편 몰수로 인한 손해배상금을 지불해야 했다.

활, 검, 창으로 무장한 사무라이

일본은 독특한 길을 걸었다. 유럽의 귀족에 대응하는 일본의 계층은
사무라이였다. 몇 가지 세습적 특권을 누리는 사무라이는
유럽의 귀족에 비해 인구에서 차지하는 비중(5-6퍼센트)이 훨씬 높았고
유럽의 귀족과는 달리 토지와 분리되어 있었다. 막부체제를 유지하기 위해
정교하게 설계된 등급질서 안에서 사무라이는 신분을 상징하는
각종 명칭과 표지를 부여받아 살육과 전투가 더 이상 필요하지 않은 시기에
독특한 '무사귀족'의 문화를 형성했다. 그럼에도 불구하고
많은 사무라이와 그 가족들은 할 일을 찾지 못했다.
의미 있는 역할을 갖지 못한 사무라이는 심각한 사회문제였다.
1869년 이후 일본은 단계적으로 사무라이 신분을 폐지했다.
무사도 정신은 존재했으나 일본사회의 주목할만한 요소로서
사무라이는 19세기 80년대에 사라졌다.

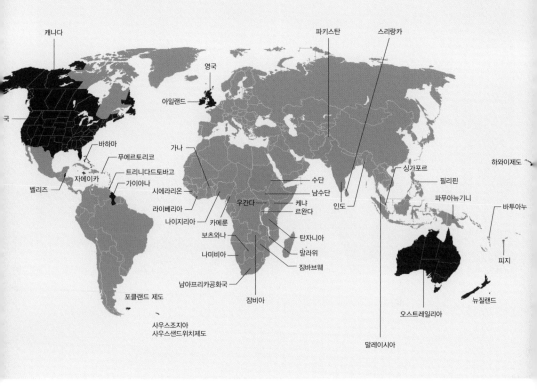

캐나다   파키스탄   스리랑카

영국

아일랜드

국

바하마

푸에르토리코

자메이카

벨리즈

트리니다드토바고

가이아나

가나

시에라리온

라이베리아

나이지리아

카메룬

우간다

케냐

르완다

수단

남수단

인도

싱가포르

필리핀

하와이제도

파푸아뉴기니

바투아누

보츠와나

나미비아

남아프리카공화국

탄자니아

말라위

짐바브웨

잠비아

피지

포클랜드 제도

사우스조지아
사우스샌드위치제도

오스트레일리아

뉴질랜드

말레이시아

영어권(英語圈)

영어를 주요 언어로 사용하는 지역을 일컫는다. 한때 영국의 식민지였던 곳이 많다.
영어를 제1언어로 사용하는 대표적인 국가들은 영국, 아일랜드, 미국, 캐나다(퀘벡 제외),
뉴질랜드, 오스트레일리아다. 제1언어는 아니지만 법적 공용어로 지정해둔 나라도
60여 국이 된다. 19세기에 언어 영역에서 세계화의 최대 승자는 영어였다.
1800년 무렵 영어는 유럽 전체에서 가장 존중 받는 상업, 문화, 과학 언어였지만
의문의 여지 없이 첫 번째 언어는 아니었다. 1920년 무렵에 영어는
전 세계에서 문화적 권위가 가장 높고 지리적 분포가 가장 넓은 언어가 되었다.
정확한 추산은 아니지만, 1750-1900년에 출간된 자연과학과
기술 출판물 가운데서 절반 정도가 영어로 편찬되었다.

진한 파란색: 영어를 제1언어로 사용하는 지역
옅은 파란색: 영어가 공용어이지만 주요 언어가 아닌 지역

페르디난트 호들러(Ferdinand Hodler, 1853–1918)가
1908년 발표한 「나폴레옹군의 침입에 맞서 전선으로 가는 예나대학의 학생」
(Auszug der Jenenser Studenten in den Freiheitskrieg, 1813)

10세기에 세워진 카이로의 알 아자르대학은 신학과 법학을 가르치는
세계에서 가장 오래된 대학으로 알려져 있다. 유럽의 대학은 19세기에
철저한 개혁을 거친 후 세속적 지식이 '생산'되는 장소로서 유럽 민족국가의 등장과
긴밀한 관계를 맺으며 형성되었고 19세기 마지막 사반세기에 현대세계의
기본 제도 가운데 하나로 발전했다.
새로운 형태의 대학이 태어나자 새롭고 특수한 젊은 대학생이 등장했다.
19세기 초가 되자 '대학생-청년-저항'이란 연상의 고리가 형성되었다.
1815년에 독일에서 처음으로 학생단체 부르셴샤프트(Burschenschaft)가 모습을 나타냈고,
1814년 이후 30년 동안 프랑스에서 '사회적 집단으로서의 대학생'이 탄생했다.
크리미아전쟁이 끝난 후 1861년에 러시아에서 대학생들의 시위가 일어났고,
인도에서는 1905년에 벵골의 분리에 반대하는 대중적 항의 활동의 선봉에
대학생이 있었다.

「꽃피는 자두나무」(Flowering plum tree)

왼쪽은 안도 히로시게(歌川廣重, 1797 – 1858)가 1857년에 발표한 원작이고,
오른쪽은 반 고흐(Vincent van Gogh, 1853 – 90)가 1887년에 그린 모사작이다.
일본풍(Japonisme)은 유럽의 아방가르드가 당면하고 있던 문제에
해답을 제시했다. 모더니즘 예술의 선봉에 서 있던 유럽 예술가들은 유럽의
영향을 받지 않은 일본의 예술작품에서 자신들의 노력과 일맥상통하는
방향을 발견했다. 바로 이 시기에 유럽의 일본예술에 대한
열광과 일본의 유럽예술에 대한 열광이 동시에 정점에 도달했다.

메이지 2년인 1869년 3월 11일 메이지천황의 이세신궁(伊勢神宮) 참배도
우타가와 사다히데(歌川 貞秀, 1807-73)의 작품이다. 전설에 따르면
황실의 조상이며 국가 전체의 수호신이자 태양신인
아마테라스 오오카미(天照大神)를 모시는 이 신궁은
신도체계의 정점에 자리 잡았다.
19세기 일본의 민족주의는 다른 어떤 민족주의보다도 종교적 색채가 강했다.
새로 수립된 메이지 과두체제는 정치적 난국을 수습하고 질서정연한
국가 등급체계를 건설하기 위해 새로운 국가신도(國家神道) 체제를
천황숭배의 기초로 삼았다. 신관(神官, 신사를 운영하는 승려)은 공무원신분을
부여받았고 모든 가정은 직업에 따라 참배해야 할 신사를 배정받았다.
요컨대 신도는 국가가 규정한 신흥종교였다.
이렇게 하여 침략적 민족주의의 기초가 놓여졌다.

대변혁 III
19세기의 역사풍경

위르겐 오스터함멜 지음 | 박종일 옮김

한길사

일러두기

1. 이 책은 *Die Verwandlung der Welt: Eine Geschichte des 19*, Verlag C.H.Beck oHG, München 2010을 저본으로 번역했고 영어본(*The Transformation of the World*, trnas. by Patrick Camiller, Princeton University Press, 2014)과 중국어본(世界的演變: 19世紀史, 强朝暉/劉風譯, 社會科學文獻出版社, 北京 2016)을 참조했다.

2. 본문에 있는 각주는 이해를 돕기 위해 모두 옮긴이가 넣었다.

대변혁 19세기의 역사풍경 I

대변혁 19세기의 역사풍경   II

대변혁 19세기의 역사풍경 Ⅲ

제 *11* 장

국가

최소정부, 통치자의 업적, 미래의 철창

◀ 프란츠 요제프 1세(Franz Joseph I, 1848-1916 재위)

▶ 압뒬하미트 2세(II. Abd-Ihamit, 1876-1909년 재위)

　　프랑스대혁명 발생 후 오랜 시간이 지난 19세기 중반에도 군주제는 여전히
　　세계적인 범위에서 주류 국가형식이었다. 오히려 19세기에
　　군주정체에 유리한 현상이 나타났다. 가장 중요한 몇몇 국가의 재위 중인 군주는
　　모두 웅대한 포부를 지녔고 장수하는 인물이었다.
　　영국제국의 빅토리아 여왕, 오스트리아-헝가리제국의 프란츠 요제프 1세,
　　오스만제국의 압뒬하미트 2세, 샴의 쭐라롱코른 국왕,
　　일본의 메이지 천황이 이런 집단에 속하는 군주였다.
　　선명한 특색을 지닌 세 사람의 군주(빅토리아 여왕, 메이지 천황, 나폴레옹 3세)는
　　19세기의 상황에 적응하기 위해 재위기간 동안에 군주제를 완벽에 가깝도록 재설계했다.

샴 국왕 출라롱코른(1868~1910 재위)
출라롱코른 국왕(왼쪽)의 첫 번째 유럽 순방으로
1897년 상트페테르부르크에서 러시아 황제 니콜라이 2세와 함께 촬영했다.

빅토리아 여왕(1837-1901년 재위)

1882년 촬영한 사진이다. 19세기 영국의 국왕은 국가기구 가운데서
실권을 가진 통치기구는 아니었지만 국가와 민족의 상징으로서
민중의 신뢰와 공동체 의식을 응집시키는 역할을 했다.
빅토리아 여왕은 진심으로 공공사무에 몰두했다.
계급을 초월해 공정하다는 평판을 얻었고, 정교하게 고안된 정치선전 덕분에
대중으로부터 사랑받는 여왕이 되었다. 그는 아홉 명의 자녀와
40명의 손자 손녀를 두었다. 이들은 유럽 왕실에 골고루 퍼져나갔고
그중 몇몇은 왕위에 오르기도 했다. 1897년 여왕 즉위 60주년 경축행사가 열렸을 때
영국사회 전체가 정파를 초월하여 왕실에 대한 충성 열풍에 휩싸였다.
빅토리아, 앨버트 그리고 그의 참모들은 한 팀이 되어 새로운 시대에 맞게
군주제의 정치적 기능뿐만 아니라 상징적 기능도 변화시켰다.

빅토리아 여왕 부부와 아홉 자녀

메이지 천황(1868-1912년 재위)

일본 천황은 백성과 멀리 떨어져 있었다.
천황제는 가장 높은 차원의 정치적 합법성의 원천이자
민족적 가치의 창공에서 가장 빛나는 별이었다. 일본 정치체제 내부에서
천황은 명목상으로나 실질적으로 빅토리아 여왕보다 더 큰 권력을 갖고 있었다.
19세기 80년대가 되자 일본의 군주제는 확고해졌다.
도쿄는 서방 각국 수도에 비해 전혀 손색이 없는 제국의 수도로 개발되었고
전체 민족의 상징과 의식의 중추로 자리 잡았다. 일본이 이처럼 발전할 수 있었던 이유는
동시에 두 가지 조건을 갖추었기 때문이다, 하나는 군주제의 신비한 마력이었고,
다른 하나는 일본 민중의 순종적인 기질이었다. 일상 속에서
학교와 군대라는 기구를 통해 민중의 행위는 규범화되고 '교화'되었다.
이 또한 서방의 군주국과 공화국의 추세와 다를 바 없었으나
일본의 뛰어난 면은 통치자를 교묘하게 도구화했다는 점이었다.

청일전쟁에서 '작은' 일본이 '큰' 중국을 이겼음을 묘사한 풍자화
『펀치』(*Punch*) 1894년 9월 29일 자

일본제국 헌법 반포식

제국헌법(帝國憲法)이라 불린다.

제국헌법 반포식은 1889년 11월 11일에 황궁에서 거행되었다.

메이지 천황이 흠정(欽定)헌법을 총리대신 쿠로다 기요타카(黑田清隆)에게
'하사'하는 장면을 묘사한 기록화다.

나폴레옹 3세(1852-70년 재위, 다게레오타이프 사진. c.1850)
나폴레옹 3세는 위안스카이가 1915년에 중국에서 시도했다가 실패한 일을 해냈다.
민선 대통령에서 몸을 일으켜 황제로 변신했으며 프랑스 초대 대통령이자
마지막 황제가 되었다. 나폴레옹 3세는 메이지 천황처럼 혁명의 수혜자였다.
메이지 천황이 유신의 엘리트들과 동맹을 맺었다고 한다면 나폴레옹 3세는
개인적인 노력을 통해 정권을 탈취했다. 선거를 통해 공화국의 대통령이 되었고
3년 뒤 1851년 12월의 국민투표에서 90퍼센트 이상의 지지를 받아 황제가 되었다.
이 정권은 민중의 동의를 합법성의 기반으로 삼는 군주정체였다. 과거
어느 정권보다 공공행사를 화려하게 벌였으며 거대한 토목사업으로 인민의 환심을 샀다.

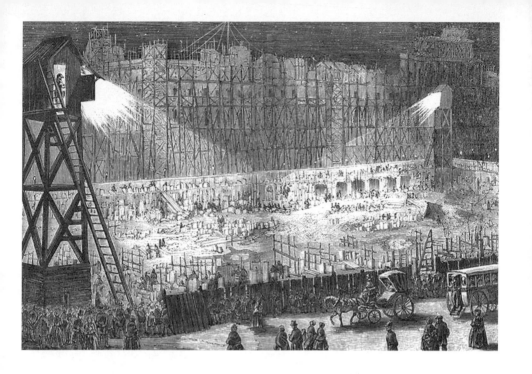

파리의 거리 확장공사

『일뤼스트라시옹』(*L'Illustration*), 1854년 9월 30일 자에 실린 삽화이며
야간에 진행된 히볼리가(Rue de Rivoli) 확장공사다.

1866년 촬영한 건설 중인 파리 오페라극장
파리 오페라극장은 나폴레옹 3세가 구상한 파리의 핵심이었다.
건축가 샤를 가르니에(Charles Garnier)는 이 건물을 '나폴레옹 3세 형식'이라 불렀다.

나폴레옹 3세의 항복 편지를 빌헬름 1세 프로이센 국왕에게 바치는
프랑스군 오노레 샤를 리유 장군
프로이센-프랑스전쟁 중 벌어진 스당전투에서 프랑스군은 대패했다.
이 전투를 직접 지휘한 나폴레옹 3세는 포로로 잡히고
이 때문에 프랑스 공화주의자들에 의해 퇴위된다.
카를 스테펙(Carl Steffeck, 1818‒90)이 1884년에 그린 이 벽화는
독일의 민족영웅들을 기리는 베를린 명예의 전당(Ruhmeshalle)에 있었으나
제2차 세계대전 중의 폭격으로 사라졌다.

19세기에 민주주의는 세계 각지에서 진전을 보였으나
어디에서나 승리하지는 않았고 민주주의가 잘 작동하고 있던 국가라도
오늘날의 대중민주주의와는 달랐다. 오늘날의 관점에서 본다면
남성 인구의 45퍼센트가 선거권을 가졌다고 해서 민주주의라고 하기는 어렵지만
1890년 무렵의 유럽에서는 이 정도의 민주주의 국가도 소수에 불과했다.

와이오밍주 래러미(Laramie)에 있는 루이자 스웨인(Louisa Swain) 동상
1869년 와이오밍주가 미국에서 처음으로 여성에게 투표권을 허용했다.
1870년 9월 6일, 빵 만들 이스터를 사러 가던 길에 투표소 앞을 지나던
여성 스웨인이 미국 총선에서 투표한 최초의 여성이 되었다.

뉴질랜드 여성선거권 운동을 주도한 지도자들의 부조상
여성이 최초로 선거권을 취득한 나라는 뉴질랜드였다(1893년).
이 나라에서는 1919년부터 여성에게 피선거권도 주어졌다.
이것은 당시 세계적인 정치적 대사건이었다.
왼쪽에서 오른쪽으로 메리 테 타이 망가 카 히아(Meri Te Tai Mangakāhia),
아메이 달디 (Amey Daldy), 케이트 셰퍼드(Kate Sheppard),
아다 웰스(Ada Wells), 해리엇 모리슨(Harriet Morison), 헬렌 니콜(Helen Nicol)이다.

▲ 핀란드 최초의 여성 국회의원

유럽에서 최초로 여성에게 선거권이 주어진 나라는 1906년의 핀란드였다.
1907년 선거에서 당선된 핀란드 최초의 여성 의원 19명(Ida Aalle-Teljo, Eveliina Ala-Kulju,
Hedvig Gebhard, Aleksandra Gripenberg, Lucina Hagman, Anni Huotari,
Hilda Käkikoski, Mimmi Kanervo, Liisi Kivioja, Sandra Lehtinen, Dagmar Neovius,
Alli Nissinen, Maria Paaso-Laine, Hilja Pärssinen, Hilma Räsänen,
Maria Raunio, Miina Sillanpää, Jenny Upari, Iida Vemmelpuu) 중 13명의 사진이다.
당시 전체 의석 수는 200석이었다. 이들은 또한 세계최초의 여성 의원들이었다.

▼ 1910년에 실시된 지역선거에서 처음으로 투표하는 노르웨이 여성들

로버트 오웬(Robert Owen, 1771-1858)

영국의 사회개혁가이자 사회주의자로 자신의 사상을 일컬어
최초로 '사회주의'(socialism)라는 용어를 사용했다.
마르크스와 앵겔스의 이론을 비판한 것으로도 유명하다.
또한, 전 세계 협동조합 설립의 아버지라 불리며 오늘날
생필품 공동구매조합 형태로 운영되는 쿱(Coop)슈퍼마켓을 처음 도입하기도 했다.
오웬은 근무환경을 개선하고 획기적으로 복지를 증진하면 노동 효율이
높아져서 기업도 더 높은 경영 성과를 거둔다고 주장했다.
그는 뉴래너크 공장을(New Lanark Mill) 운영하면서 이를 증명해낸다.

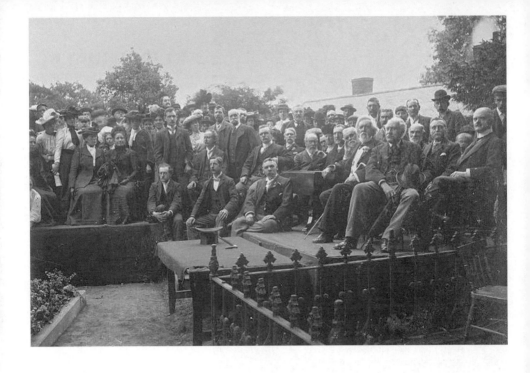

1914년 이전의 유럽에서 노동자 정당이 집권한 국가는 단 한곳도 없었다.
하지만 19세기 유럽의 몇몇 사회주의 유파-마르크스주의 탄생 이전의
초기 '유토피아' 사회주의자들(로버트 오웬, 프루동, 푸리에)
그리고 무정부주의자 집단 가운데서 비폭력파였던 러시아의
표트르 크로폿킨이 앞장서서 보여준 민주적인 사고방식은
1차 세계대전 이후 민주화 과정을 준비하는 데 큰 역할을 했다.

1890년대에 오웬의 묘지(Newtown, Montgomeryshire)에 모인 추종자들

QU'EST-CE QUE

LA PROPRIÉTÉ?

OU

RECHERCHES SUR LE PRINCIPE

DU DROIT ET DU GOUVERNEMENT,

PAR

P.-J. PROUDHON.

Adversus hostem æterna auctoritas esto.
Contre l'ennemi, la revendication est éternelle.
LOI DES DOUZE TABLES.

PREMIER MÉMOIRE.

PARIS,
A LA LIBRAIRIE DE PRÉVOT,
RUE BOURBON-VILLENEUVE, 61.

1841.

298. PARIS

◀ 샤를 푸리에(Charles Fourier)의 동상

푸리에는 1837년에 페미니즘(*féminisme*)이라는 단어를
최초로 사용한 철학자다. 여성이 지닌 자유의 정도를 사회진보의 척도로 삼았다.
그는 당시 사회의 병폐를 물질적 발전에 따른 상업화에서 찾았는데 당시,
자본주의라는 용어가 없었지만 그가 비판한 '상업화'는 사실상 자본주의와 같다.

▶ 피에르 조제프 프루동(Pierre-Joseph Proudhon, 1809-65)의
주요저작인 『소유란 무엇인가』(*Qu'est-ce que la propriété?*)의 속표지

프루동은 프랑스의 철학자이자 언론인이었다. 프루동은
자신을 '아나키스트'라고 칭한 최초의 인물로 알려져 있다.

PIERRE KROPOTKINE

LA
CONQUÈTE DU PAIN

PRÉFACE
PAR
ÉLISÉE RECLUS

DEUXIÈME ÉDITION

PARIS
TRESSE & STOCK, ÉDITEURS
8, 9, 10, 11, GALERIE DU THÉATRE-FRANÇAIS
PALAIS-ROYAL
1892

◀ 표트르 크로폿킨(Peter Kropotkin, 1842–1921)

▶ 1892년에 출간된 크로폿킨의 주요저작
『빵의 정복』(*La Conquête du Pain*) 속표지
크로폿킨은 『빵의 정복』에서 상호원조와 자발적 협력을 기반으로 한
보다 분산된 경제 시스템을 제안했다. 그리고 이러한 종류의
조직에 대한 경향이 진화 과정 내부와 인간 사회에 이미 존재한다고 주장했다.

1. 질서와 교류
국가와 정치

19세기는 어떤 시대보다도 정치형태의 다양성이 많은 세기였다. 19세기에는 온전한 국가의 형태를 갖추지 못한 소규모 수렵 공동체에서부터 정교한 체제를 갖춘 제국과 민족국가에 이르기까지 다양한 형태의 정치체제가 존재했다. 유럽 식민주의가 기습해오기 전에 ─ 세계 각지에 각기 다른 시점에서 ─ 다양한 정치형태가 존재하고 있었지만 이런 정치형태는 사회질서를 관리하고 권력을 행사하는 근대 유럽의 제도화된 '국가'와 같은 형태로 발전하지는 못했다. 이들 국가 이전 시대의 정치형태는 점차 식민 종주국에 흡수되거나 아니면 최소한 변형되었고 그 표현방식 또한 상황의 차이에 따라 달랐다. 유럽의 국가형태는 (하나의 형식으로 모든 지역에 전파된 것은 아니지만) 1차 세계대전이 폭발하기 직전에 광범위하게 퍼져나갔다.

그러나 1770년, 1800년, 1830년 무렵의 상황은 전혀 달랐다. 근대 초기에 세계적인 범위에서 수많은 새로운 국가가 형성되었고 19세기에도 이 추세가 지속되었다. 오늘날 우리는 유럽의 '절대' 군주가 그렇게 절대적이지 않았다는 사실을 알고 있다. 그들은 동시대의 호교론자(護敎論者)나 후대의 역사학자들이 즐겨 묘사하듯 무한한 권력을 갖고 있지 않았다. '절대' 통치자도 수많은 상호 의무관계의 제약을 벗어날 수 없었다. 그들은 교회나 토지소유 귀족의 이익을 고려해야만 했고, 이미 확립된 법관념을 완전히 무시할 수 없었으며, 궁정 시종들의 사기를 높여주어야 했고 그리고 아무리 독재적인 통치

방식을 동원해도 국고를 가득 채울 수 없다는 사실을 받아들여야 했다. 18세기 중반 무렵의 유럽 군주제는 16세기 이후에 시작되어 점진적으로 진화해온 통치체제였다. 아시아의 군주제도 마찬가지였다. 아시아의 군주제는 모두가 상고시대의 유물은 아니었고 형성된 시기도 지금으로부터 아주 멀지는 않았다. 서유럽의 온화한 군주제와 동방국가—차르 체제의 러시아와 그 동쪽 지역의 여러 군주국—의 엄혹한 폭정이라고 하는 오래된 대립적 관념은 1748년에 나온 몽테스키외의 저작 『법의 정신』(De l'esprit des lois)에서 다시 한번 강조되었다. 이런 관념이 전혀 근거가 없는 것은 아니다. 그러나 전체적으로 보아 근대 초기 유라시아대륙에는 각양각색의 군주체제가 존재했는데 그것들을 서방 형식이 아니면 동방 형식이라고 확연하게 양분할 수 있을지는 의문이다.[1]

근대 초기에 또 하나의 새로운 정부형태가 나타났다. 그것은 유럽의 해외 식민정부였다. 식민정부는 처음에는 서반구에서만 등장했지만 18세기 60년대부터 인도로 확산되었다. 식민국가는 한편으로는 유럽 국가형태의 복제품이었고 다른 한편으로는 유럽 국가형태와 현지 특색이 결합된 산물이었다. 이런 국가형태는 여러 가지 변화를 겪으면서 19세기에도 여전히 존재했다. 18세기 70년대에 이르러 이런 국가형태는 북아메리카에서 사라지고 짧은 시간 내에 입헌공화국이라는 극히 중요한 새로운 추세가 등장했다. 19세기 중반 무렵은 세계사상 정치형태가 가장 다양한 시기였다. 역사에 19세기만큼 다양하고도 천차만별의 통치형식이 동시에 존재했던 시기는 없었다. 그 후 세계적인 범위에서 국가는 영토를 바탕으로 경계가 획정된 민족국가로 발전했다. 다시 말해 세계는 (민주체제와도 결합될 수 있고 독재체제와도 결합될 수 있는) 입헌체제의 국가로 상대적으로 획일화되었다. 19세기의 국가체제 다양화 시기가 지난 후 20세기는 균질화의 추세를 보였다. 20세기 후반에는 선거를 통해 합법성을 확보하는 입헌국가가 세계적으로 인정되는 유일한 표준이 되었다. 이 밖에도 자신만의 특수한 원칙을 근거로 하여 '비서방' 모형이라 자신하는 체제가 있었다. 신권정치의 특색을 지닌 이슬람공화국이 그런 체제였다.

다양성과 단순성

정치권력 조직의 역사에서 19세기는 다양성에서 단순성으로 나아가는 과도기였다. 또한 19세기는 20세기에 들어와 세계적 추세를 형성하게 되는 네 가지 주요 발전과정 ─ 국가의 형성, 관료화, 민주화, 복지국가의 출현─의 시발점이기도 했다. 1차 세계대전 이후의 유럽적 시각으로 회고해보면 19세기는 국가발전의 황금시대로 보일 수밖에 없다. 북아메리카혁명과 프랑스대혁명을 통해 국가와 공공복지의 원칙은 불가분의 관계를 맺게 되었고, 국가는 질서를 유지할 수 있는 실력을 갖추게 되었다. 동시에 국가는 광범위한 민중의 참여를 보장할 수 있게 되었으며, 1914년 이전 상당히 긴 시간 동안 군사적 잠재력의 증가를 억제했다. 요컨대, 국가는 이전에 경험한 바 있는 두 가지 극단적인 정치형태 ─ 폭정과 무정부상태 ─ 의 출현을 막아냈다.

19세기 국가발전의 몇 가지 중요한 경로를 열거하면 아래와 같다.

1) 영토 확장이란 새로운 능력을 갖춘 군사화된 공업국가의 건설.
2) '현대적인' 국가 관료제도의 발명.
3) 사회로부터 세금을 징수하는 권력을 체계적으로 확장한 세수국가로의 전환.
4) 공공재 공급자로서 국가의 재정의(예컨대 빈곤구제, 사회복지, 사회기반시설 건설).

5) 법치국가와 입헌국가의 탄생. 이것은 시민이란 새로운 개념과
   함께 등장했다. 시민은 개인이 지닌 이익의 보호를 요구하고 정
   치적인 의견을 표명하는 합법적인 권리를 갖는다.
6) 통치의 합법성은 혈통에 의해 결정된다는 관념의 폐기. 따라서
   군주제는 '정상적인' 정치체제로서 위세가 약화되었지만 현실
   적으로는 여전히 완강하게 존재를 이어갔다.
7) 후견관계(Klientel Beziehungen)의 공식화 또는 추대 방식에 의
   한 기술 관료 통치로서 정치적 독재의 등장.

이런 추세는 모두 유럽에서 시작된 후 의도적인 수출 또는 완만
한 전파를 통해 점진적으로 세계로 퍼져나가지 않았다. 어떤 추세
는 근본적으로 발원지가 유럽이 아니었다. 예컨대 현대적 입헌국가
는 1688년 영국의 명예혁명에 바탕을 둔 정치이론에 근거해 북아메
리카에서 태어났다. 군주제 시대 이후의 독재통치도 남아메리카에
서 성행하기 시작했다. 이런 추세가 '무작위로' 퍼져나갔다는 평가
도 또한 단편적이다. 국가의 발전은 사회변화와 정치적 결정으로부
터 독립된 자발적인 과정이 아니었다. 이점은 우리가 다음과 같은 질
문의 답을 찾으려 할 때 분명하게 드러난다. 하나의 대추세가 지역에
따라 표출되는 강도가 달라지고 정치형태에 투영되는 방식도 또한
다른 이유는 무엇인가?
서유럽 국가가 역사적 표준이 아니라고 한다면 문제는 명쾌해진다.
예를 들자면, 식민지 시대 이전에 아프리카의 정치질서는 유럽 국가
의 모형과 완전히 달랐을 뿐이지 절대로 '원시적'이거나 '낙후'하지
않았다. 아프리카에서 '국가'는 확정된 경계 안의 영토를 군사적 수단
으로 통제하는 조직을 의미하지 않았다. 그러므로 국가는 일정 영토
에서 '최고 통치권'을 갖고 있으면서 이를 근거로 사람들의 복종을 기
대하는 유일한 정권이 아니었다. 아프리카의 정치체제는 상위와 하위

의 통치자들 사이에 끊임없이 변화하는 책임과 의무로 교직된 자잘한 꽃무늬 카페트와 같은 조직형태였다. 19세기에 진입하기 전까지 오랫동안 아라비아반도에도 유럽식의 국가조직은 없었고, 그곳에는 오랫동안 형식적으로는 존재하지만 실제로는 느낄 수 없는 오스만제국의 종주권 아래서 수많은 부족 사이에 형성된 복잡한 관계만 존재했다. 이런 상황을 표현한 용어가 '부락식 준국가'였다.[2]

말라야 연방의 정치적 풍경도 다수의 토후국(술탄국)으로 구성된 또 하나의 다중심적 동남아시아 정치지형의 축소판이었다. 동남아시아 지역 전체에서 식민종주국만 명확한 영토경계에 대응하는 통치관계를 설정했다.[3] 유럽 국가가 '정상적인' 국가형태라고 한다면 이 지역에 대한 식민정복과 그로부터 강요된 새로운 질서는 역사의 필연적인 결과가 된다. 현실세계에서 식민주의는 역사발전의 온화한 목적이 아니라 그 앞에 노출된 대상에게는 늘 야만적이고 폭력적인 침범이었다.

국가가 "질서를 유지하기 위해 물리력을 합법적으로 독점"(막스 베버의 말)하는 것은 이론적으로 이상적일 뿐만 아니라 현실상황이기도 하다는 주장은 어느 쪽이든 문제가 있다. "물리력의 합법적 독점"이 용납된 적이 없는 지역도 있다. 아프가니스탄은 지금도 그런 상황에 놓여 있다. 대제국의 영토 안에서 중앙의 군사지휘 체계에 예속되지 않고 독자적으로 무장한 (돈강 유역의 코사크부족 같은) 소수민족은 19세기의 마지막 사반세기까지도 존재했다.[4] 이미 근절되었다고 생각되던 해적행위가 19세기 20년대 라틴아메리카 독립혁명 시기에 카리브 해역에서 부활했고 1830년대 이후가 되어서야 영국과 미국 해군에 의해 겨우 진압되었다.[5] 그러므로 물리력의 독점은 '현대' 국가를 정의하는 자연스러운 속성이 아니라 일시적으로 시도하여 획득한 역사발전의 예외적 상황일 뿐이다. 혁명의 시대에 폭력의 독점은 빠르게 와해되었다. 18세기 내내 중국정부는 민중의 무장을 해제하기 위해 온갖 노력을 다했고 또 어느 정도 성과도 있었다. 그러나 1850년 이후로 태평천국혁명 시기에 수백만 명이 무기를 들고 일어나 청조정에 저항했다. 혁명을 일으킨 사람들에게 무기를 드는 일은 전혀 문제 될 게 없었다. 중앙정부가 호전적인 엘리트와 대다수 민중에게 법과 질서를 지켜낼 수 있다고 설득할 수 있을 때 폭력의 독점은 유지될 수 있다. 그렇지 못할 때 폭력의 시장이 열리고 사유화된 폭력이 사회화된 폭력을 빠르게 대체한다. 가장 민주적인 국가라는 미국에서도 사유화된 폭력과 사회화된 폭력은 긴밀하게 연결되어 있다. 우리는 여기서 또 하나의 결론을 얻게 된다. 국가의 '힘'은 항상 국가발전 과정의 독립변수가 아니다. 국가는 언제나 이성과 객관성을 향해 발전해간다는 믿음은 극히 왜곡된 이상일 뿐이다. 국가는 사회를 만들어 내고 동시에 국가도 혁명과 전쟁에 의존하고, 재력을 생산하는 경제에 의존하고, '하인'의 충성에 의존한다.

정치질서의 유형

정치질서는 분류기준에 따라 몇 가지 유형으로 나눌 수 있다. 한 가지 의미 있는 기준은 권력이 어디에 자리 잡고 있으며 권력 행사의 강도와 방식이 어떤지를 살펴보는 것이다. 그랬을 때 두 가지 상이한 정치질서를 분류할 수 있다. 하나는 '조방형'(粗放形)이다. 이 방식의 목적은 광활한 영토 위에서 대량의 인구를 조직하는 것이다(예컨대 대제국). 다른 하나는 비교적 좁은 범위에서 높은 수준의 정치참여를 실현하기 위한 '정밀형'(精密形) 정치권력 행사방식이다(예컨대 고대 그리스 도시국가). 그 밖에도 유익한 분류법은 정치권력을 '권위형 정권'과 '분산형 정권'으로 나누는 것이다. 권위형 정권은 상하로 나뉜 계층 제도를 통해 명령을 전달하며, 분산형 정권은 직접적인 명령의 고리보다는 미묘하고 절제된 영향력을 행사(예컨대 법률제도와 이념적 규정)해 의지를 관철시킨다. 두 번째 분류법은 전체 정치질서의 유형을 분류할 때 적용될 뿐만 아니라 개별적인 조직의 유형 — 행정기관, 교회, 학교 — 을 구분하는 데도 적용된다.[6] 특별히 19세기에 적용될 수 있는 기준은 권력견제기능이다. 자유주의 — 19세기에 세계적 범위에서 가장 영향력 있는 정치이론 — 가 추구하는 가장 중요한 목표 가운데 하나가 바로 권력에 대한 감독이었다. 1차 대전 이전까지는 어디에도 자유주의의 이상을 실현한 국가는 없었지만 세계 도처에서 정치권력의 독단적인 사용을 용납하지 않을 뿐만 아니라 권력 사용자에게 자신의 행위에 대한 해명을 요구하는 분명한 추세가 나타났다. 이런 시각에서 살펴본다면 우리는 1900년 무렵에 아래와 같은 정치질서의 기본적인 유형이 존재하고 있었음을 발견하게 된다.

(개인) 전제정체(政體)

개별 통치자가 막료들의 보좌를 받아 통치하는 체제이며 모든 일의 최종적인 결정은 통치자 개인의 의지에 달려있었다(명문화된 법체계 안에서 결정되는 경우도 있었다). 이런 유형의 체제는 당시에도 이미 흔치 않았다. 차르 통치하의 러시아, 오스만제국(1878년부터 다시 독재체제로 회귀했다) 또는 샴에 이런 전제체제가 여전히 존재하고 있었다. 그렇다고 해서 이들 체제가 특별히 낙후했다는 의미는 아니다. 샴의 출라롱코른(Chulalongkorn)국왕은 그 시대의 가장 독재적인 통치자 가운데 한 사람이었지만 개명군주이자 사려 깊은 개혁가로서 국가 전체의 이익과 국가의 현대화를 위한 많은 정책을 시행했다.

군주체제에서도 거의 무제한의 권력이 대신에게 주어질 수 있다. 예컨대 리슐리외(Cardinal Richelieu) 추기경과 18세기 60년대 포르투갈의 폼발 후작(Marquês de Pombal)이 그런 인물이었다. 그러나 그들은 통치자가 아무리 나약하고 무능하다 해도 전적으로 통치자 개인의 자비심에 완전히 의존할 수밖에 없었다.

독재정체

혁명 이후 시대에 생겨났거나 공화정에 뿌리를 둔 정체다. 독재정체에서 대부분의 경우 통치자 주변에는 조력자나 하수인 집단이 존재하며 통치자 개인은 전제군주와 별 차이가 없는 행동의 자유를 누린다. 독재자에게 부족한 것은 전통, 왕조의 합법성, 종교적 축성(祝聖)이다. 고전시대 때부터 유럽인에게 알려져 있던 독재자가 정권을 유지하는 방식은 폭력을 사용하거나 폭력을 사용하겠다고 위협하는 것이다. 이 밖에도 독재자는 (작기도 하고 때로는 크기도 한) 추종자 집단을 매수한다. 독재자에게 자신의 통치하에서 우대받는 군대와 경찰을 장악하는 것은 절대적으로 필요한 일이다. 일생의 분투를 통해 올라온 자리를 지키기 위해서 독재자는 자신이 통치자의 지위에 오를 수 있었던 특수한 상황을 어떤 방법을 쓰든—쿠데타이건 박수와 환호 속의 표결이건—확고한 제도로 변환시켜야만 한다. 유럽에서 나폴레옹 1세 이후로 그런 유형의 독재자는 다시 등장하지 못했다. 가장 근접한 사례는 육군원수 호앙 카를로스(João Carlos de Saldanha, 훗날 살다냐 공작이 되었다)였다. 그는 1823년부터 1876년 세상을 떠날 때까지 끊임없이 포르투갈 정치에 개입했지만 장기적인 시각으로 본다면 그는 개인적인 통치를 추구했다기보다는 '과두 민주주의'를 세우려고 했다.[7] 1917년 볼셰비키혁명과 함께 유럽대륙에서 새로운 형태의 정당독재의 시대가 시작되었다. 잇달아 1922년에는 이탈리아(베니토 무솔리니Benito Mussolini), 1923년에는 스페인(미구엘 프리모 데 리베라Miguel Primo de Rivera)에서 우익세력이 정권을 장악했다. 같은 1920년대에 아시아의 비식민지 국가(이란과 중국)도 독재정체의 시대로 진입했다. 19세기에 세계적인 범위에서 보자면 스페인령 아메리카는 독재자의 유일한 무대였다. 그런 독재자 가운데서 가장 전형적인 인물이 1876-1911년 동안 멕시코의 대통령이었던 포르피리오 디아스(Porfirio Díaz)였다. 그는 멕시코의 정치적 혼란과 경제적 정체라는 악순환의 고리를 끊었지만 대중의 정치참여를 극도로 억압함으로써 공공생활은 마비상태에 빠졌다. 포르피리오 디아스는 군벌이 아니었다. 후안 마누엘 데 로사스(Juan Manuel de Rosas)——1829-52년 동안(특히 1839-42년 사이가 심했다) 그는 비밀경찰, 밀고자, 암살단을 이용해 아르헨티나를 통치했다[8]——같은 잔인한 독재자도 아니었다. 제도를 싫어하고 경제발전에는 전혀 관심이 없었으며 사설 폭력조직 경영자인 전형적인 중남아메리카의 카우디요(Caudillo)도 아니었다. 그는 직접적으로 전리품을 나누어주어 추종자를 양성하고 자산보유 계급의 보호자 역할을 했다. 디아스는 전형적인 카우디요와는 반대로 안정 유지를 최고의 목표로 삼았으나 기름칠한 기계처럼 그의 뜻을 받들던 사조직을 위기대응 능력을 갖춘 국가기구로 전환시키는 데는 실패했다.[9]

또 한 사람의 군인출신 대통령인 아르헨티나의 훌리오 아르헨티노 로카(Julio Argentino Roca)는 디아스보다 더 장기적인 안목을 갖춘 인물이었다. 19세기 80-90년대에 그는 정당과 선거제도를 통해 국가 정치체제 작동의 효율성을 높였고 엘리트 '민주주의'로 나아가는 길을 닦았다.[10]

입헌군주제

최소한 1900년 무렵에 형성된 입헌군주국에서는 의회의 일정한 대표권과 정책결정 참여권을 성문 헌법이 규정하고 있어도 군주가 위임한 내각을 해산할 수는 없었다. 행정부의 책임자는 의회에서 지명되지도 않았고 따라서 의회에 대해 책임을 지지도 않았다. 군주는 비교적 능동적으로 권력을 행사했다. 군주는 통상적으로 정치 엘리트

계층으로부터 분화되어 나온 소수의 비공식 권력집단 사이에서 중재자 역할을 요구받았다. 예컨대 독일제국, 일본, 오스트리아-헝가리제국은 모두 이런 유형의 정체였다. 일본의 1899년 헌법은 내용의 상당부분을 1871년 독일헌법으로부터 빌려왔다. 오스트리아-헝가리제국은 19세기 60년대부터 입헌군주제를 시행해왔으나 의회운영의 효율성은 독일제국에 비해 크게 떨어졌는데 그 원인의 하나는 신민들 사이의 심각한 민족적 분열이었다.

의회책임제

군주제적 국가수뇌를 가질 수도 있었고(영국과 네덜란드의 사례) 공화제적 국가수뇌를 가질 수도 있었다(프랑스 제3공화국). 이것은 중요한 문제가 아니었다. 중요한 문제는 선출된 의회가 행정부를 구성하고 그 행정부는 다시 의회에 대해 책임을 진다는 사실이다. 미국이 실행한 대통령과 의회 이원제는 이런 유형의 특수 변형이었다. 그러나 대통령은 인민의 대표에 의해 임명되지 않고 (직접 또는 간접의) 인민선거를 통해 선출된다. 대통령의 직위는 선거에 의한 한시적 직위이며, 따라서 (전시라고 할지라도) 대통령 독재로 변할 수가 없다. 북아메리카혁명에서는 나폴레옹 같은 인물이 나올 수 없었다.

정치인류학은 세계 각지에서 나온 자료 덕분에 우리에게 각종 사회에서 생겨난 여러 가지 형태의 정권과 공동체의 목표 또는 소집단의 목표를 실현하기 위해 등장했고 현재도 발전·변화하고 있는 여러 가지 정치과정을 보여준다. 어떤 사회에서는 문자기록의 전통이 없거나 미약하기 때문에 사료를 통해서 그런 사회의 정치사상이나 '우주론'을 탐구하기가 매우 어렵다. 고도로 정교한 정치적 관념체계는 위대한 정치사상의 전통을 가진 중국, 인도, 기독교 유럽, 이슬람 세계에만 존재하는 것은 아니다. 그러므로 국가와 관련된 제도를 관찰하는 정태적 시각은 정치적 공간과 영역 내부에서 발생하는

역동적인 사건을 관찰하는 동태적 시각으로 대체되어야 한다. 그랬
을 때 모든 국가를 특정한 형태와 분야의 정치체제로 분류하는 방식
과 모든 국가를 일정한 영토에 귀속시키는 관념은 설득력이 약해진
다.[11] 권력의 행사와 제약을 중심으로 살펴 본, 위에서 제시한 네 가
지 분류의 결함을 보완하기 위해 우리는 상대적으로 허약한 제도화
의 여러 가지 가능성을 고려한 다섯 번째의 유형을 제시할 수 있다.

충성관계 또는 후견관계

가계(家系)에 의해 결정되는(독재정체와의 차이가 이것이다) 이 관
계에서 수령과 추장 또는 '강자'(때로는 여성이 이 역할을 맡을 수도
있다)는 보호를 제공하고 공동체를 통일하는 데 핵심적인 상징으로
서의 역할을 한다. 이런 관계에서도 구체적인 직위는 있을 수 있지만
그것이 특정 인물로부터 독립적인 국가 위계체계의 일부는 아니다.
지위 계승의 원칙과 통치자의 신성성은 더 안정되고 복잡한 군주제
에서 만큼 중대한 영향을 미치지도 않고 지위의 찬탈도 군주제에서
보다 실현하기 쉽다. 통치자가 지닌 합법성의 일부는 이미 증명된 지
도력을 기반으로 하며 권력행사에 대한 견제의 기준은 과거 기록에
대한 평가다. 이런 유형의 조직에서는 왕위가 세습되는 경우는 찾아
보기 힘들고 통상적으로 수뇌는 선거나 박수로 추대하는 방식을 통
해 결정된다. 19세기가 시작될 무렵에 이런 유형의 정치체제는 문화
적 조건이 크게 차이가 남에도 불구하고 태평양의 작은 섬에서부터
모든 대륙에 이르기까지 어디에나 존재했다. 유럽 식민주의가 이런
체제를 만났을 때 '접안(接岸) 과정'은 비교적 쉬웠다. 정복단계를
지난 후 유럽인은 가장 상위의 보호자 또는 후견인으로서 충성관계
의 정점에 자리 잡을 수 있었기 때문이다.[12]

미래상과 교류

비유컨대 이런 분류법은 우리에게 잘 찍은 스냅사진처럼 간단한 인상을 제공하지만 곧바로 다음과 같은 질문을 떠올리게 한다. 이 장면은 어떤 종류의 정치과정을 포착한 것일까? 여기서 우리는 다시 두 가지 방면으로 정치질서를 구분할 수 있다. 한 방면에서 보자면, 어떤 정치질서이든 기반이 되는 전체적인 미래상을 갖고 있다. 정치질서의 이론가뿐만 아니라 그 속에서 살아가는 대다수의 사람은 정치질서를 단순히 불균등한 권력구조로만 보지 않고 구성원들의 귀속처를 확정하는 구조로서 인식한다. 19세기에 국가는 점차로 민중이 귀속감을 느끼는 가장 큰 단위로 자리 잡았다. 물론 다른 상황에서는 다른 개념이 존재했다. 예컨대 통치자와 피통치자 사이의 가부장적 연대의식이나 중국에서처럼 대제국의 문화적 동질성에 대한 귀속감 같은 것이다. 소수의 무정부주의자를 제외한다면 누구도 혼란과 무질서를 이상적인 정치상황으로 생각하지 않았다. 이상적인 정치질서를 실현하는 방식은 여러 가지였다. 물론 19세기에도 종교는 대다수 사람의 세계관을 규정했고 사람들을 결합시키는 강력한 접착제의 역할을 했다.

다른 하나의 방면에서 보자면, 이미 실현된 각종 정치질서는 다양한 교류방식을 보여주었다. 그렇다면 어떤 방식이 주도적인 지위를 차지하고 어떤 특성을 가졌는지 묻지 않을 수 없다. 교류는 통치기구 내부 —예컨대 군주와 고위 관료 사이—또는 내각이나 비공식 엘리트 소집단(영국의 클럽, 차르 치하 러시아의 애국적 '협회') 내부에서 일어났다. 그러나 또한 교류는 정치가와 유권자(또는 추종자)처럼 양방향 관계로도 형성되었다. 전통적으로 왕과 황제가 대중 앞에 모습을 드러낼 때는 (대략 1820년 이후로 모습을 드러내지 않았거나 재위하지 않았던 중국의 황제를 제외하고) 의전상의 거리를 유지했다. 나폴레옹 3세는 고립적이고 독재적이었던 그의 백부와는 달리 비교적 일찍부터 민중과의 직접 접촉의 중요성을 인식한 인물이었다. 빌헬름 2세도 헌법규정에 따르면 민중의 생각에 주의를 기울여야 할 의무는 없었지만 자주 대중 집회에서 연설했다. 그는 호엔촐레른(Hohenzollern) 왕가의 군주 가운데서 대중 집회에 가장 자주 나타난 인물이었다.[13] 정치가가 권력을 위임받기 위해 유권자나 추종자들을 직접 만나 그들의 의견을 듣는 일은 19세기에 나타난 새로운 현상이었다. 이런 정치형식은 미국의 토머스 제퍼슨 대통령 임기 중에(1801-19년) 처음 생겨났다. 그 후 앤드루 잭슨 대통령(재임 1829-27년)의 이름을 딴 '잭슨 혁명'과 함께 유행하기 시작했다. 그 무렵 건국의 아버지들의 엘리트주의를 배격하는 대중주의적 또는 '풀뿌리' 정치 관념이 생겨나 '분파주의'라 비난받던 정당 간의 경쟁을 지지하는 흐름이 형성되고 있었다.[14] 선출직 공직이 급격히 늘어났고 어떤 지역에서는 법관까지도 선거로 뽑았다. 유럽에서 (스위스를 제외하고) 민주주의의 실천은 오랜 시간이 걸렸을 뿐만 아니라 과두정치적 색채가 짙었다. 영국에서도 이런 상황이 1867년까지 지속되었다. 영국의 선거법은 미국에 비해 여러 가지 제한이 많았다.

혁명은 당연히 대중의 정치참여 열정을 폭발시켰다. 혁명이 없던 시기에 선거운동 ― 이 역시 19세기의 발명품이다 ― 은 정치가와 시민이 직접 교류하는 기회를 만들어냈다. 1879-80년, 윌리엄 글래드스톤(William Ewart Gladstone)이 자신의 스코틀랜드 선거구 미들로디언(Midlothian)에서 선거운동을 처음 시도했다. 이전의 선거운동이란 사실상 좁은 범위의 사교활동에 불과했고, 찰스 디킨스의 『픽윅 보고서』(Pickwick Papers, 1837)는 이런 상황을 풍자적으로 묘사했다. 글래드스톤은 대중집회를 (저항행동과 구분되는) 정상적인 민주적 정치활동으로 인식한 첫 번째 영국 정치가였다. 그가 대중 앞에서 한 연설은 종교적 감동에 가까운 반응을 유발했다. 연설 도중에 청중의 환호와 박수가 쏟아졌고 연설이 끝나면 청중이 그를 둘러쌌다.[15] 글래드스톤은 책임 있는 자세로 연설이란 수단을 활용했다. 그의 연설은 갈수록 확대되는 유권자 집단을 상대로 한 일종의 정치교육이었다. 연설과 선동의 경계는 미세해서 쉽게 넘어갈 수 있었다. 아르헨티나의 독재자 후안 마누엘 데 로사스와 그의 아내 — 19세기판 에비타(Evita) — 는 도시 평민들 앞에서 연설을 통해 (선거운동이란 제도의 목적과는 관계없는) 정적에 대한 공격을 선동했다. 유럽에서 이런 원시적이고 개인화된 정치조작 형식은 고대로부터 알려져 있었으나 혁명적인 상황이 아니면 흔히 볼 수 있는 일은 아니었다.[16] 선전선동에 일정한 제약을 가해 선거운동의 한 방식으로 정착시킨 일은 19세기에 등장한 새로운 현상이었다.

2. 군주제의 재발명

프랑스대혁명 발생 후 오랜 시간이 지난 19세기 중반에도 군주제는 여전히 세계적인 범위에서 주류 국가형식이었다. 여러 대륙에 황제와 국왕이 보편적으로 존재했다. 유럽에서 근대초기와 혁명시기에 새롭게 등장한 공화국은 '군주화'의 마지막 물결과 함께 사라졌다.[17] 유럽에서 하나의 정치질서와 이념으로서 군주제는 루이 16세의 참수와 함께 기반을 상실했다고 여러 평자가 지적하고 있거니와 그 소멸의 과정도 길고 고통스러웠다. 1815년 직후 스위스는 유럽의 강대국 사이에 끼어 있는 유일한 비군주국이었다. 군주제에 대한 호의적인 정서는 머나먼 오스트레일리아까지 퍼져 있었다. 재위 중인 영국 국왕 가운데서 오스트레일리아를 방문한 국왕은 1954년 이전에는 없었지만(1867년부터 왕자는 끊임없이 방문했다) 1901년 오스트레일리아 식민지가 연방을 세워 독립할 때 누구도 공화국 수립을 생각하지 않았다.[18]

겨우 수천 명을 다스리는 통치자가 있었는가 하면 수억의 신민을 다스리는 통치자도 있었다. 어떤 전제군주는 직접 통치했고 의례적인 통치자의 지위에 만족할 수밖에 없는 군주도 있었다. 히말라야 산속과 남태평양의 작은 섬나라의 왕이건, 아니면 런던과 상트페테르부르크의 면류관을 쓴 국가원수이건 그들에게는 두 가지 공통점이 있었다. 하나는 국왕 또는 황제의 계승권을 보장해주는 왕조의 합법성이고 다른 하나는 군주의 개인적인 품성과는 관계없이 기본적인 존경과 숭배를 요구할 수 있는 왕관의 권위였다.

식민지혁명과 군주제

'군주제' 또는 '왕국'이란 표지의 배후에는 수많은 정치조직의 형식이 숨겨져 있었다. 조직구조가 비슷한 정체라 할지라도 군주제 문화의 침투 정도에 따라 차이가 있었다. 로마노프왕조가 종결될 때까지 전제적인 통치를 해온 러시아의 차르는 신성한 권위를 유지하고 있었고 특히 마지막 차르 니콜라이 2세는 러시아 민중에게 종교적인 수준의 감화력을 지니고 있었다.[19] 그러나 프랑스와 벨기에의 국왕에게 1830년 이후로 남은 것은 부르주아 국왕으로서 일상적인 역할뿐이었다. 러시아의 동방 정교회는 차르의 신성성을 열정적으로 가르쳤다. 가톨릭 국가에서 교회는 이 방면에서 좀더 신중했다. 개신교는 원래부터 국교를 하나의 추상적 개념으로서 받아들였다. 동남아시아는 군주제의 다양성을 보여주는 좋은 표본이다. 19세기 초에 이지역에는 아래와 같은 다양한 군주정체가 존재했다.

1) 불교 왕국인 버마, 캄보디아, 샴의 군주는 세상과 격리된 깊은 궁궐 안에서 살았다. 국왕의 막료들이 권력을 장악하고 있어서 군주는 의전적인 역할 말고는 정치적인 주도권을 거의 행사할 수가 없었다.

2) 중국으로부터 깊은 영향을 받은 베트남에서 통치자는 복잡한 관료제 피라미드의 정점에 있었고 습관적으로 주변 국가를 미개한 '오랑캐의 나라'로 취급했다.

3) 다중심적 말라야 연방에서 무슬림 술탄의 지위는 이 지역 기타 군주보다 훨씬 낮았다. 그들이 통치하는 해안 또는 하안(河岸)의 도성과 배후의 내륙도 주변 군주국의 번화한 영토와 견줄 바

가 못 되었다.

4) 이 밖에도 식민지 총독, 특히 마닐라와 바타비아 공화국의 총독을 잊어서는 안 된다. 그들은 유럽 군주의 대리인으로 행세했다. 심지어 네덜란드가 임명한 총독은 검소하고 공화제 지향적인 본국과는 달리 제왕의 사치를 추구했다.[20]

　19세기에 유럽의 식민통치는 혁명과 함께 군주제의 가장 큰 적이었다. 세계의 여러 지역에서 유럽인은 현지의 왕권에 타격을 가했다. 유럽인은 현지 왕국을 완전히 제거하거나 복구가 불가능한 상태로 약화시켰다. 현지 군주는 식민자의 '보호' 아래로 들어갔다. 식민자는 현지 군주의 원래 수입의 대부분을 보장해주어 그들이 호화로운 생활방식을 유지하면서 종교적인 영향력을 발휘할 수 있도록 해주었다. 이와 동시에 식민자는 현지 군주의 정치적 권한을 약화시키고, 군대에 대한 지휘권을 박탈했으며, 세습적인 사법적 특권 ── 예컨대, 신민에 대한 생사여탈권 ── 을 취소했다. 비유럽 국왕(과 추장)을 간접통치에 예속시키는 긴 과정은 1차 세계대전 직전에 끝났다. 1912년, 모로코의 술탄은 명목상의 지위와 존엄을 유지하면서 식민지 총독에게 복종하는 마지막 (실질적) 군주가 되었다.[21] 식민세력이 언제 직접통치를 시행하고 언제 간접통치를 선택하는지에 관해서는 일반적인 법칙이나 고차적인 전략이 존재하지 않았다. 식민지 전제정치의 구체적인 형태는 현지 상황에 따라 결정되었다.[22]
　때로는 현지 상황을 판단할 때 심각한 실수가 발생하기도 했다. 버마의 민돈(Mindon)왕은 1878년 세상을 떠날 때까지 정국을 안정시키기 위한 일련의 개혁정책을 통해 제국주의가 개입할 때 가장 흔히 사용하는 구실인 '혼란'과 '권력의 진공상태'를 제거했다. 그러나 그의 후계자의 통치하에서 발생한 경제적 위기와 점차로 높아지는 영국의 경제적 압력이 외세가 개입할 수 있는 길을 열어놓았다. 만달레이(Mandalay)의 왕실 정부가 자신의 영향권 밖에서 제3자로서 남아 있을 수도 없고 그렇게 할 생각도 없다고 판단한 영국은 1885년에 상부 버마왕국을 상대로 전쟁을 선포했다. 마지막 저항을 진압한 뒤 영국은 상부 버마왕국을 병합했고 다음 해에는 오랫동안 유지해온 하부 버마에 흡수했다가 다시 영국령 인도에 귀속시켰다. 버마의 군주정체는 이렇게 사라졌다. 영국은 버마 국왕의 전통적인 권능 가운데 하나가 방대한 불교 승려조직을 통제하는 것이란 사실을 간과했다. 최고위 승려를 임명할 왕실이 없어지자 승려사회 전체가 혼란에 빠졌다. 그러므로 식민시기 전체를 통해 영국이 버마 민중에게 큰 영향력을 가진 불교 승려집단의 신뢰와 지지를 확보하지 못한 것은 놀라운 일이 아니었다.[23]

광활한 식민지에 획일적인 제도를 적용하기는 불가능했다. 영국의 인도 통치방식이 이것을 분명하게 보여주었다. 인도에서 ① 일부 주는 동인도회사——1858년부터는 영국 왕실——가 직접 통치했고 ② 그 밖의 약 500여 곳의 인도 전역에 분포된 토후국에는 여전히 마하라자와 니잠*이 남아 있었으며 ③ 일부 변경 지역은 특수한 군정체제 아래로 들어갔다.[24] 19세기 80년대에 프랑스는 베트남의 왕조를 파괴했다. 프랑스는 왕조의 상징성을 이어받을 수도 없었고 왕국의 제도와 행정인원을 수용할 수도 없었다. 인도차이나연방의 다른 지역에서 프랑스는 융통성 있는 방식을 채택했다. 라오스와 캄보디아에서 현지 왕조는 명맥을 유지했지만 왕위계승은 프랑스의 허락을 받아야 했다. 아프리카에서와 마찬가지로 간접통치 내부에는 극히 미묘한 차이가 존재했다. 식민세력이 현지 통치자의 카리스마를 조종하기란 쉬운 일이 아니었다. 1884년 이후로 캄보디아 국왕 노로돔

* 산스크리트어로 마하라자(maharajah)는 '위대한 통치자', '대왕' 또는 '상왕'을 가리키며 니잠(nizam)은 '왕국의 관리자'란 뜻이다. 둘 다 토후국 군주의 칭호로 사용되었다.

1세(Norodom I, 1859-1904년 재위)와 그의 각료들은 대부분의 권력을 빼앗겼고 개성이 강한 국왕의 역할은 궁정내부 의식의 주재자 정도로 축소되었다. 그럼에도 불구하고 식민통치자는 여전히 왕당파의 저항을 걱정했다. 깊은 숭배를 받는 왕의 권력을 탈취했을 때 일어날 캄보디아 민중의 강렬한 저항은 제어하기 어려울 것이라는 점을 프랑스인도 잘 알고 있었다.[25] 아시아에서 식민지시대가 지난 후 살아남은 군주정체는 몇 개 되지 않았는데 그중 하나가 바로 캄보디아였다. 국왕 노로돔 시아누크(Norodom Sihanouk, 1941-2004년 재위. 중간에 왕위에서 물러난 적이 있었다)의 통치시기에 군주제는 캄보디아의 전후 역사에서 중요한 작용을 했다.

전체 식민지 역사에서 연속성이 가장 강했던 제도는 말라야에서 찾아볼 수 있다. 말라야에서 영국의 영향력에 대항할만큼 강력한 술탄은 없었다. 영국인은 왕실-귀족엘리트와 긴밀하게 협력했다. 왕실-귀족의 특권은 축소되었지만 그 정도가 인도의 왕공귀족에 미치지는 못했다. 아시아의 다른 지역과 비교할 때 말라야의 통치체제는 분명한 위계제도가 아니라 복잡하고 촘촘하게 짜인 그물과 같았다. 그러므로 영국인은 술탄의 권위를 높이고, 왕위계승 과정을 간소화하고(영국이 실제로 왕위계승에 개입하지는 않았다), 화교가 점차로 경제적인 주도권을 장악해가는 다문화사회에서 말라야 통치자의 지도력을 강조하고, 최종적으로는 식민정부의 관리직을 술탄의 왕자들에게 (같은 시기의 인도에서보다 더 넓게) 개방했다. 그러므로 식민통치 시기에 말라야의 군주제는 약화되었다기보다는 오히려 강화되었다. 그러나 이때부터 1957년 독립할 때까지 말라야의 군주제는 한 사람의 군주가 중심이 되는 중앙집권적 군주제가 아니라 동시에 아홉 명의 군주가 존재하는 군주제였다.[26] 말라야의 극단적인 간접통치 형식은 흥미롭기는 하지만 명백한 예외였다. 모로코에서 군주제는 성공적으로 유지되었고 그런 면에서 모로코는 이슬람 세계의 어떤 지역보다 앞서 있었다고 할 수 있다. 유럽 이외의 군주정체가 유지되었던 지역에서 군주제는 변함없이 옛 전통을 따라가지는 않았다. 새로운 접촉은 새로운 통치방식과 새로운 자원배분 방식을 가져왔다. 국왕(또는 수령)이 대외교역에 성공적으로 개입하거나 대외교역을 독점했을 때는 국왕은 때로는 자신의 지위를 강화할 수 있었다. 하와이가 그런 경우였다. 19세기 20-30년대(미국이 이 섬나라를 삼키는 1898년에서 훨씬 앞선 시기)에 이곳의 국왕과 추장들은 단향목(檀香木) 수출을 통해 거둔 수익으로 외국 사치품을 사들여 자신의 궁정과 저택을 장식했다. 하와이인은 군주의 신분과 권위를 높이는 이런 방식을 그전까지는 알지 못했다.27)

요컨대, 소수의 군주정체만 식민시기 이후까지, 그나마도 연약하고 무력한 간접통치 형태로 살아남았다. 어떤 지역에서도 독립 이후에 폐기된 왕조가 부활한 사례는 없었다. 소수의 군주——예컨대 1963-66년 재위한 부간다(Buganda)왕국*의 국왕——는 탈식민지화 이후에 공화국의 대통령이 되었다. 아시아와 아프리카에서 20세기 마지막 사반세기까지——어떤 경우에는 오늘날까지——왕실이나 황실이 존재한 국가는 식민통치를 경험하지 않은 국가였다. 그중에서 첫 번째로 손꼽을 수 있는 국가가 일본과 태국이며 그 밖에도 아프가

* 부간다는 우간다 영토 안에 있는 준국가적 왕국이다. 지리적으로는 우간다의 중심부를 차지하며 600만 인구는 우간다 인구의 17퍼센트 가량을 차지한다. 14세기에 건설된 킨투(Kintu)왕조에서 비롯되었다. 18세기와 19세기에는 아프리카 동부의 최강국으로 성장했다. 영국 제국주의의 침략에 저항하다 실패한 후 1894년에 우간다 보호령의 중심부로 편입되었다. 1966년 우간다가 독립하면서 부간다왕국은 폐지되었다. 우간다의 혼란스럽고 복잡한 정치과정에서 1993년에 왕국이 재건되었다. 현재는 우간다로부터 상당한 자치권을 인정받고 있는 왕국이다. 왕국 재건 후 첫 국왕은 무웬다 무테비 2세(Muwenda Mutebi II)다.

니스탄(1973년까지)과 에티오피아(1974년까지)가 있었다. 아시아의 군주제는 화려한 의식뿐인, 역사도 미래도 없는 '극장국가'는 아니었다.[28] 아시아의 비이슬람 전통 가운데서 통치자의 사명은 더 높은 힘과 소통하는 정신적 중개자였다. 통치자는 전통 예절을 보존하고 조정 내부 또는 조정과 백성 사이에서 윤리규범을 수호하는 책임을 져야 했다. 왕실의 의전은 신민의 상징적 통합에 유익했다. 프랑스의 1815-30년 복고 왕정이 그랬듯이 왕실의 의전은 단순한 의식의 외피가 아니라 복고적 정서에 편승하여 정권의 합법성 결핍을 엄폐하려는 시도였다.[29] 유럽의 군주들과 마찬가지로 아시아의 군주들도 먼저 정치적 업적을 통해 통치의 합법성을 증명해야 했다. 국왕은 반드시 "올바른" 존재여야 했고 국가를 문명사회로 이끌어 가야 했다. 각종 사료가 보여주듯 중국, 인도는 물론이고 이 두 문명전통과 접촉한 동남아시아 지역에서는 세속적 통치철학은 백성이 통치자에게서 기대하는 가장 중요한 덕목이었다. 훌륭한 군주라면 반드시 자원을 통제하고, 신뢰할 수 있는 관료를 임용하고, 강력한 군대를 건설하고, 자연재해에 맞서 싸울 줄 알아야 했다.[30] 군주제 자체는 어떤 비판도 초월한 것이었지만 왕위에 있는 자는 반드시 통치능력을 증명해야 했다. 군주제는 백성의 다양한 기대를 충족시키기 위해 각양각색의 책임과 사명을 완수해야 했다. 그러므로 식민혁명에 의해 군주제가 폐지되었을 때 아시아사회를 긴밀하게 교직(交織)해온 사상의 그물에 커다란 구멍이 뚫렸다. 과거와의 연결을 상징하는 군주제가 완전히 사라진 곳에서, 식민통치가 끝난 뒤 그나마 남아 있는 국가통합의 도구가 군대와 공산당뿐인 곳에서 과도기는 특히 험난했다.

1800년 무렵, 폭군과 독재자가 통치하던 시대가 사라졌다. 이반 4세(Ivan IV, '뇌제'雷帝, the Terrible, 1547-84년 재위), 중국 명 왕조의 개국황제(태조 홍무제太祖 洪武帝, 1368-98년 재위), 오스만 술탄 무라트 4세(Murad IV, 1623-40년 재위)처럼 살인을 밥 먹듯 하던 통치자도 종적을 감추었다. 유럽에서 가장 널리 알려진 '피에 굶주린 괴물'은 남아프리카의 군사독재자 샤카(Shaka)였다. 1824년 이후로 그를 만난 유럽인이라면 예외 없이 그들의 면전에서 손을 흔들어 처형명령을 내리는 그의 모습과 (그들이 샤카에게 설명해준) 유럽의 형벌제도가 형편없다는 그의 평가를 언급했다.[31] 샤카는 흔히 볼 수 없는 예외였다. 법률과 전통의 제약을 받는 유럽의 군주제와 제약을 받지 않고 무제한의 권력을 행사하는 다른 지역의 군주제를 단순하게 대비시켰을 때 아프리카의 실상을 제대로 알 수 없다. 법률과 전통을 지킨다는 면에서 주루족의 왕들과 아프리카 기타 지역 통치자들은 유럽의 군주에 비해 훨씬 많은 결정권을 가졌을 수도 있고 그렇지 않을 수도 있다. 그들의 합법성은 자의적인 권력행사를 기반으로 하였지만 각 종족과 주도적인 지위에 있는 가계는 언제나 왕이 고려해야 할 반(半)자치적 요소였고, 인민의 경제적 자원(주로 가축 떼)에 대한 통제도 매우 제한적이었다.[32] 동남아시아에서 18세기에서 19세기로 넘어가는 시기(식민화 이전 시기)에 군주제는 극단적인 개인화 체제에서 좀더 비개인화된, 즉 제도화된 체제로 발전해 있었다.[33] 관료화의 경향이 심한 중국에서 황제는 관료들의 권위를 제압하기 위해 끊임없이 노력해야 했다. 그런 면에서 위대한 건륭(乾隆)황제는 성공적이었다.

그가 퇴위한 1796년 이후 황위에 오른 계승자들은 18세기의 전임자들에 비해 갈수록 관료들의 권위를 제어하지 못했다. 19세기 말, 중국의 정치체제는 사실상 불안정한 4각 관계를 드러냈다. 4각은 각기 서태후, 만주족 귀족, 수도의 한족 중신, 부임지에서 반자치적 권력기반을 구축한 지방 총독이었다. 여기에 더하여 아직도 유효한 청 제국의 법령이 요구하는 역할모델이 존재했다. 서태후의 지위는 이 역할모델 때문에 제한적인 합법성을 가질 수밖에 없었다. 이런 체제도 일종의 견제와 균형의 체제라고 할 수 있지만 몽테스키외가 주장한 3권 분립 원칙을 기반으로 한 견제와 균형은 아니었다.

입헌군주제

권력이 제한되고, 일정한 절차를 지켜야 하며, 과도한 사용을 막는 군주제는 유럽의 발명품은 아니다. 하지만 입헌군주제의 구상은 유럽에서 가장 먼저 나왔고, 실천적 검증을 거친 후 최종적으로 유럽에서 세계 각지로 수출되었다. 유럽 헌법의 역사에서 '입헌군주제'의 범주는 명확하게 획정할 수 없다. 성문헌법의 존재만으로는 현실 정치행위가 의존할 수 있는 지침이 될 수 없기 때문이다. 상대적으로 범주를 명확히 규정할 수 있는 정체는 모든 정치영역에서 최종결정을 내릴 때 군주의 의지를 따르는 정체다. 이것을 '독재정체'(Autocracy)라고 할 수 있는데, 실제 사례는 1810-14년(이 시기에 최소한 대의기구는 존재했다)의 프랑스, 1906년 이전의 러시아, 1878-1908년의 오스만제국에서 찾을 수 있다. 반면에 '절대주의'(Absolutism)는 군주의 최고 권력이 신분제의 제약을 받는 체제다. 일반적인 상황에서라면 절대군주는 전형적인 독재군주와는 달리 정치에 적극적으로 개입하지 않았다. 1818년 이전의 바바리아와 바덴, 1848년 이전의 프로이센이 이런 정체였다. 이런 정체가 (일시적인) 자유화시기를 거친 후 다시 등장했을 때 사람들은 이를 '신절대주의'(Neo-absolutism)라 불렀다. 1852-61년의 오스트리아가 그 표본이며 실질적으로는 자유화의 경향적 성향을 띤 관료중심의 개혁독재였다.

사학자들은 입헌국가를 '군주제 입헌주의'와 '의회제 입헌주의'로 나누려 한다. 군주제 입헌주의에서는 군주와 의회 사이에 불안정한 균형관계가 형성되어 상황에 따라 군주가 권력행사의 주도권을 잡기도 하고 의회가 주도권을 잡기도 한다. 의회제 입헌주의는 이론상이건 실제에서건 의회가 최고 권력을 누리며 군주는 의회에서 군림하지만 통치하지는 않는다.[34] 의회주권은 입법부로부터 독립된 위헌심판권조차 배제할 정도로 강력하다. 이것이 19세기에 영국제국을 제외하고는 어느 나라도 시행하지 않은 영국의 특색이며 수출하기 어려운 영국의 특수상품이었다. 영국은 제도적으로 철저하게 독재를 제거한 유일한 국가였다. 19세기 유럽대륙에서 절대주의의 후유증으로 입헌국가에서도 여전히 권위주의의 분위기가 지배하고 있을 때 성문헌법을 갖지 않은 영국에서 (아무리 늦어도) 1837년(빅토리아 여왕이 즉위한 해)부터 위기의 시기에도 국왕은 헌법을 존중해야 한다는 원칙이 확립되었다.[35]

빅토리아 여왕은 역사상 가장 근면한 국왕 중 한 사람이었다. 그는 산더미처럼 쌓인 문서를 다 읽고 관련자를 수시로 불러 업무를 지시하였으며 거의 모든 정치적 문제에 대해 자신의 견해를 갖고 있었다. 그러나 그는 관습과 의회의 다수 의견을 뛰어넘어 정치에 개입하는 일은 삼갔다. 현대의 그의 후계자들과 마찬가지로 그에게도 결정의 공간은 넓지 않아서 선거의 결과나 정당의 지도부가 명확하지 않을 때 내각구성에서 그는 어떤 결정도 내릴 수 없었다. 그는 결정권 행사를 극도로 자제하였기 때문에 헌정질서의 위기를 불러온 적이 없었다. 빅토리아 여왕은 네 명의 수상과 좋은 관계를 유지했는데 그중에서도 특히 멜버른 경(Lord Melbourne), 벤저민 디즈레일리(Benjamin Disraeli)와 관계가 좋았다. 네 명의 수상 이외에 한 사람과는 교류를 원치 않았는데 글래드스턴 수상이 그 사람이었다. 여왕은 그를 싫어하면서도 피해갈 수가 없었다.

수상은 정책 조정자이자 추진자였다. 수상이 이런 직무를 어느 정도로 수행할 수 있는지, 수상이 부여받은 직권의 범위가 어디까지인지에 따라서 군주제 '절대성'의 정도를 측정할 수 있었다. 예컨대 러시아의 차르 치하에서는 성공적인 수상이 나올 수가 없었다. 비스마르크는 프로이센의 수상으로서 각료들에 대한 통제권이 부족했다고 불만을 토로한 적이 있었고, 그래서 그는 1871년의 독일제국 헌법에 수상의 권한을 강화하는 조항을 집어넣었다. 그러나 영국식 내각제 정부 제도를 시행하는 상황에서만 수상의 지위는 확고해질 수 있었다. 내각제 정부는 윌리엄 3세와 메리 2세(1689-1702년 재위) 통치 시기 이후 점진적으로 형성되었다. 19세기에 ─지금도 마찬가지이지만─ 의회가 의원들 가운데서 정부의 수뇌를 선발했고 정부 수뇌는 의회 다수의 지지를 받았기 때문에 자신 있게 군주를 대면할 수 있었다. 동시에 내각 구성원 전체는 의회에 대해 책임을 졌다. 군주는 의회를 제치고 수상이나 내각 구성원 가운데 어느 한 사람도 해임할 수 없었다. 내각은 의회에 대해 집단 책임을 져야 하고 의회의 다수결은 모두에게 구속력이 있었다. 각료는 동료의 의견에 동의하지 않을 때 내각 회의에서 자유롭게 의견을 개진할 수 있었지만 공적인 상황에서는 내각 기율의 제약을 받았다. 이렇게 내각은 가장 중요한 권력과 직능을 장악한 국가기구가 되었다. 유럽대륙 국가들의 헌법 발전과정에서 등장한 전형적인 의회-군주 '이원제' 문제는 내각제라고 하는 상상력이 풍부한 방안을 통해 해결되었다. 내각제 정부는 19세기의 가장 중요한 정치적 혁신 가운데 하나였다. 20세기에 들어와 이 혁신은 영국 문화권 밖으로 전파되기 시작했다.

의회군주제에서, 특히 단순히 다수 득표자가 승리하는 선거제도를 가진 영국의 의회군주제에서 의회는 이상적인 상황이라면 지도자 선발의 효율적인 기구로 작동할 수 있었다(막스 베버의 말). 19세기 영국에서는 사실상 무능한 정부가 들어선 적이 거의 없었다. 이것은 국제경쟁에서 또 하나의 강점이었다. 의회와 내각이 권력의 중심이 되는 체제의 강점은 군주 개인의 품성이 상대적으로 중요한 문제가 되지 않는 다는 점이다. 영국은 이 방면에서 고통을 겪은 적이 없었다. 빅토리아 여왕이 64년을 재위한 뒤에 그의 아들 에드워드 7세가 왕위를 이었다. 독일제국은 영국만큼 운이 좋지는 않았다. 헌법에 따르면 국가의 운영은 상당한 정도로 군주 본인의 품성으로부터 영향을 받게 되어 있었다. 빌헬름 2세를 악마화해서도 안 되고 그의 역할을 지나치게 과장해서도 안 되겠지만 대중 앞에 자주 등장하고 정치개입에 적극적이었던 그의 행태는 분명히 건설적인 결과를 가져오지 못했다.[36)]

끈질긴 전설과는 달리 유럽 국가의 왕위 계승권 문제 해결방식은 아시아에 비해 더 합리적이었다고 할 수 없다. 아시아에서 왕위를 둘러싸고 형제가 서로 죽이는 상황은 일찌감치 역사 속으로 사라졌다. 이 분야에서 유럽의 유일한 우위라고 한다면 한 나라에서 다른 나라로 새로운 왕조를 수입해야 할 필요가 있을 때 역할을 맡을 수 있는 왕실과 상층 귀족의 예비자원이 풍부했다는 점이다. 이러한 상호교환은 벨기에와 그리스 같은 새로운 왕조가 세워질 때 절대적으로 필요했다. 작센코부르크고타(Sachsen-Coburg-Gotha) 공국(公國)*은 왕위 계승자 배출의 믿을만한 수원지였다. 아시아에는 각국의 왕자와 공주가 대륙을 순회하며 혼인으로 맺어지는 전통이 없었기 때문에 이러한 기민성은 기대할 수 없었다. 아시아의 왕조는 자기 가족의 번성을 통해 지속되었다. 19세기에 세계적인 범위에서 군주정체에

---

* 작센코부르크고타는 독일 중부 튀링겐 지방에 있던 베틴(Wettin)가의 공국이다. 1825년 작센코부르크 공국과 작센고타알텐부르크 공국이 합병되면서 수립되었다. 1대 군주 에른스트 1세의 막내 아들 알베르트는 빅토리아 여왕의 배우자가 된다. 그래서 잉글랜드 왕가의 명칭은 1901년부터 1917년까지 작센코부르크고타 가였다. 이 공국은 1866년 북독일 연방을 거쳐 1871년 독일제국의 일부가 되었다. 1900년 공작 알프레트가 후계자 없이 죽자 빅토리아 여왕의 손자인 찰스 에드워드(Charles Edward)가 카를 에두아르트 공작(Duke Carl Eduard)으로 즉위했다. 1918년 독일 혁명의 외중에 공국은 폐지되고 튀링겐주와 바이에른주에 흡수되었다.

유리한 현상이 나타났다. 세계에서 가장 중요한 몇몇 국가의 재위 중인 군주가 모두 웅대한 포부를 지니고 있는 데다 장수하는 인물이었다. 그들은 정력이 넘치고, 경험은 풍부하고, 직책을 수행하는 데 충분한 자질을 갖추고 있었다. 이런 군주집단에 포함되는 인물이 영국 제국의 빅토리아 여왕(1837-1901년 재위), 오스트리아(헝가리)의 프란츠 요제프 1세(1848-1916년 재위), 오스만제국의 압뒬하미트 2세(1876-1909년 재위), 샴의 출라롱코른 국왕(1868-1910년 재위), 일본의 메이지 천황(1868-1912년 재위)이었다. 그러나 일부 군주제 국가에서는 군주는 형식상 대권을 장악하고 있을 뿐 본인도 무능하고 임용된 대신들 또한 평범한 인물들이라(예컨대 이탈리아의 빅토르 엠마누엘 2세Victor Emanuel II, 1861-78년 재위) 군주정체는 당연히 발휘해야 할 장점을 전혀 보여주지 못했다.

군주정체의 새로운 형상, 빅토리아 여왕·메이지 천황·나폴레옹 3세

'빅토리아시대'란 수식어가 붙는 뛰어난 군주들의 출현으로 군주제는 상당한 정도의 부흥을 보여주었다. 세계적으로 군주제가 하락하는 추세에 반하는 이런 현상은 주로 상징정치 분야에서 집중적으로 나타났다. 이런 현상은 다양한 형식으로 나타났다. 독일 황제 빌헬름 2세는 신문, 사진과 세기의 교체기에 나타난 영화를 활용하여(반대로 언론도 그를 활용했다) 대중 앞에 적극적으로 나타남으로써 독일의 처음이자 마지막 왕족 출신 스타가 되었다.[37] 어쩌면 빌헬름 2세보다 먼저 스타가 되었을지도 모르는 바바리아의 루트비히 2세(Ludwig II)는 미디어 발전사에서 초기 시대의 인물이었기 때문에 그럴 기회를 놓쳤다. 그러나 그는 진부한 궁정생활의 1세대 탈출자로 평가될 수 있다.[38] 루트비히는 당시로서는 전위예술에 속하던 바그너(Richard Wagner) 음악의 열렬한 애호가였다. 빌헬름 2세가 최신 기술, 특히 전쟁과 관련된 새로운 기술에 빠져들었다고 한다면 그는 프로이센의 귀족들에게 둘러싸이기를 좋아했을 뿐만 아니라 (발터 라테나우가 지적했듯이) "쾌활한 중상층 부르주아," 친절한 한자 상인, 부유한 미국인과도 잘 어울렸다.[39] 러시아의 차르는 전통적인 황제의 이미지를 고수했다. 그가 현대의 이성적 정치관념과 충돌했을 때 통치자의 신성한 권위를 강조하는 정치적 상징을 앞세웠고 그러면서도 새로운 미디어를 완전히 거부하지는 않았다. 그 밖에 선명한 특색을 가진 세 사람의 군주는 19세기의 상황에 적응하기 위해 자신들의 재위기간 동안에 군주제를 완벽에 가깝도록 재설계했다. 그들이 바로 빅토리아 여왕, 메이지 천황, 나폴레옹 3세였다.[40]

빅토리아가 즉위한 1837년에 영국 군주제의 위신은 바닥에 떨어져 있었다. 여왕은 유능한 남편 앨버트(Albert, 1857년에 첫 번째로 친왕親王, Prince Consort이란 칭호를 사용했다)의 도움을 받아 근면하고 공정한 통치행태를 보임으로써 점차 국왕으로서 위엄을 쌓아갔다. 1861년 앨버트 친왕이 죽자 여왕은 군주의 대표적인 직책을 버리고 몇 년이나 스코틀랜드의 장원에 은거했다. 이것이 영국의 대중에게 영향을 미치지 않을 수 없어서 심지어 군주제의 미래에 대해 의문을 표시하는 목소리까지 나왔다. 이를 통해 알 수 있듯이 이때의 왕실은 민족감정을 응집시키는 데 있어서 매우 큰 역할을 하고 있었다. 기자 월터 베이지핫(Walter Bagehot)의 영향력 있는 저작 『영국헌법』 (The British Constitution)에서 군주는 영국의 국가기구 가운데서 실권을 가진 통치기관은 아니지만 국가와 민족의 상징으로서 민중의 신뢰와 공동체 의식을 응집시키는 역할을 한다고 기술했다. 베이지핫은 영국 군주제의 일시적인 결함을 과대평가했다.[41] 1872년, 빅토리아는 외로운 과부의 은둔생활을 끝내고 다시 등장했다. 그는 진심으로 공공사무에 몰두했고, 어떤 계급도 초월하여 공정하다는 평판도 있었고, 여기에 더하여 정교하게 고안된 정치선전 덕분에 대중으로부터 사랑받는 여왕이 되었다. 그는 9명의 자녀와 40명의 손자손녀를 두었다. 이들이 유럽 왕실에 골고루 퍼져나가 그중 몇몇은 왕위에 올랐다. 1876년, 빅토리아는 벤저민 디즈레일리의 노력으로 인도 황제라는 칭호를 갖게 되었다. 이리하여 그는 세계에서 가장 강대한 군주가 되었다. 그의 지위와 함께 영국의 제국주의도 한 단계 높아졌다. 그는 젊은 시절부터 인도 식민지를 제국에 귀속시켜야 한다는 생각을 강하게 갖고 있었을 뿐 아니라 인도 민중에 대해 책임과 의무가 있다는 인식도 있었다. 1897년, 여왕 등극 60주년 경축행사가 열렸을 때 영국사회 전체가 정파를 초월하여 왕실에 대한 충성열풍에 휩싸였다. 영국의 군주제가 이때처럼 인민을 열광하게 만든 적은 없었다. 1901년 빅토리아 여왕이 세상을 떠났을 때 그가 없었던 시대는 어떤 모습이었는지 기억하는 영국인은 많지 않았다. 군주제를 비판하던 사람들은 완벽에 가깝도록 침묵을 지켰다. 빅토리아, 앨버트 그리고 그의 참모들은 한 팀이 되어 새로운 시대에 맞게 군주제의 정치적 기능뿐만 아니라 상징적 기능도 변화시켰다.[42] 세계 최강국의 권력의 정상에 선 여인으로서 그는 여성이 정치와 공적영역에서 중요한 역할을 할 수 있음을 입증했다기보다는 모성으로 백성을 돌보는 상징의 역할을 했다. 그럼에도 불구하고 그는 남자들의 세계인 정치영역에서 독립적인 여성의 모습을 보여주었다. 이런 면에서 그와 비교될 수 있는 인물은 동시대인이면서 나이로는 약간 아래인 서태후뿐이다. 빅토리아는 원래는 자유주의에 가까웠지만 만년에 가서 태도를 바꾸어 영국의 보수정책을 지지했다. 그러나 그는 시종일관 극단적인 제국주의 침략 방식에는 유보적인 태도를 보였고 왕실 가족에게는 영국사회의 빈곤층 민중을 보살피는 전통을 물려주었다.[43]

처음 보기에 일본의 황실제도는 유럽의 군주제와는 완전히 다른 궤도를 따라 운행하는 것처럼 보인다. 사료의 기록에 따르면 이 제도는 7세기 말에 시작되었다고 한다. 그 무렵 일본에 처음으로 중앙집권 국가가 등장했는데 영국(앵글로색슨) 군주제보다——알프레드 대왕(Alfred the Great, 871-899년 재위)의 통치를 영국 군주제의 시작이라고 본다면——약 두 세기가 앞섰다. 위대한 표본인 중국제국이 800년 전에 세워지기는 했지만 일본의 천황제는 처음부터 일본의 독특한 문화와 정치 토양에 뿌리를 두었다. 19세기에도 이 제도는 유럽 군주제 세계 밖에서 혼자 발전했다. 메이지 천황과 유럽 군주제를 연결시켜준 것은 상징적 의식뿐이었다.[44] 그는 유럽의 군주계층과 어떤 친분관계도 없었지만 그의 아메리카 대륙의 유일한 동업자 브라질 황제 페드로 2세(Pedro II)는 오스트리아 황제의 사촌이었다. 아시아의 군주들이 유럽 군주의 통치방식을 배울 수 있는 통로는 문학 작품뿐이었다. 나시르 앗딘 샤는 전기 작품을 읽고 표트르 대제, 루이 16세, 프리드리히 2세를 이해했고 이들에 대해 더 깊은 존경심을 갖게 되었다.[45] 현실 세계에서 군주 사이의 문화적 경계를 뛰어넘는 연대와 지원의 사례는 흔치 않았다. 술탄 압뒬아지즈(Abdülaziz)는 1867년에 유럽 여러 나라의 수도를 돌아보았다. 여행 과정에서 프란츠 요제프 황제만이 옛날의 적대감에 얽매이지 않고 그를 형제의 우의로 맞아주었다.[46]

일본 천황은 백성과는 멀리 떨어져 있었다. 그는 서유럽식의 '부르주아 국왕'이 아니었고 외부 세계를 향해 속속들이 열려 있는 궁정사회의 최고 지도자도 아니었다. 그럼에도 불구하고 양자 사이에는 몇 가지 비슷한 점이 있다. 1911년에 소멸될 때까지 중국의 황제제도는 17세기에 시작된 표준적 형상을 줄곧 유지해왔다. 그러나 메이지 시대의 천황제는 혁명시대의 산물, 각종 근대적인 요소의 영향을 받은 새로운 시작이었다. 영국과 흡사하게 일본은 19세기에 군주제의 위상이 크게 올라가는 경험을 했다. 1830년을 전후하여 권력남용과 부도덕한 행위 때문에 영국 군주제는 크게 위신을 잃었다. 교토의 일본

황실 또한 유약하고 무능하여 국가의 정권은 에도(江戶)의 막부 대장군이 쥐고 있었다. 그러나 1912년 메이지 천황이 세상을 떠날 때쯤에는 천황제는 가장 높은 차원으로 승격되어 정치적 합법성의 원천이자 민족적 가치의 창공에서 가장 찬란한 별이 되어 있었다. 일본 정치체제 내부에서 천황은 명목상으로나 실질적으로도 빅토리아 여왕보다 더 큰 권력을 갖고 있었다. 양자의 공통점은 각자의 민족통합의 구심점 역할을 맡고 있다는 것이었다. 이것은 목표가 명확한 군주제 부흥의 성과였고 일본의 경우 더욱 그러했다.

여기서 두 가지가 구분되어야 한다. 한편으로, 1868년 1월 3일에 천황통치의 '회복'을 알리는 유신조서가 선포되면서 천황제는 일본의 핵심제도(영국 의회와 역할이 같은)가 되었다. 이때부터 젊은 왕자 무쓰히토(睦仁)의 이름으로 사용되는 정치권력이라야 최소한도의 합법성을 가질 수 있었다. 무쓰히토는 16세에 즉위했고 연호는 '메이지'(明治)였다. 메이지유신의 설계자들은 천황을 정권의 합법성을 상징하는 기둥으로 이용할 생각이었다(그들의 행동은 사실상 찬탈행위였다). 그러나 그들은 점차 천황의 개성이 강하다는 사실을 알게 되었다. 천황은 자신이 단순한 도구로 사용되는 것을 용납하지 않았다. 이렇게 하여 세기말이 되자 일본은 매우 강력한 황실 지도자를 가진 입헌국가가 되었다. 훗날 메이지 천황의 두 후계자는 그만큼 천하에 군림하는 기백을 보여주지 못했고 군주의 권력을 독립적으로 행사하지도 못했다. 다른 한편으로, 오랜 시간이 지난 뒤 천황제는 점차 상징적인 제도로 바뀌었다. 천황제는 새로운 국가제도로서 다시 태어났다. 대내적으로 천황제는 각 계층과 지역의 국민을 단결시키고, 법령을 지키고 순종하는 기풍을 촉진시키고, 동질적인 민족문화──다원적인 민족문화에 대응하는──의 담체(擔體)로서 국민들에게 정체성을 심어주었다.

천황은 1600-1868년의 도쿠가와(德川) 막부처럼 특권과 의존관계

피라미드의 정점에 자리 잡은 봉건영주가 아니었다. 그는 당연히 전체 일본 국민의 천황이었으며 일본국민이 현대정신을 갖추도록 교육시키는 도구와 수단이었다. 대외적으로 천황은 일본의 현대적인 모습을 대표했으며 그는 이 역할을 매우 성공적으로 연기했다. 황실의 상징은 진실의 일본적 요소와 '허구의' 일본적 요소를 혼합했으며, 상징적 의미로서나 실제 생활에서도 다 같이 동시대의 유럽 군주를 모방했다. 천황은 공개된 장소에 나타날 때는 때로는 일본 전통의 상을 입었고 때로는 유럽식 제복과 정장을 입었으며 사진에서도 같은 복장을 착용함으로써 인민과 국제사회를 향해 이중의 직능을 수행했다. 그의 일부일처제 가정은 전임자나 아시아 다른 군주들의 하렘과 선명하게 대비되었다. 개혁 후의 천황제는 오랜 시간을 들여 성공적인 상징전략을 찾아냈다. 황실 휘장과 국가 등 새로운 상징이 먼저 수입된 후 민중에게 전달되었다.

메이지 천황은 치밀한 계획을 세워 전국 각지를 순행한 최초의 일본 천황이었다. 순행의 목적은 정치적으로 새로 다듬은 민족문화를 신민에게 이해시키는 것이었다.[47] 대중매체가 민족의식을 만들어낼 수 없던 시대에 황제와 신민의 이러한 근거리 접촉은 일본인에게 특유의 새로운 연대감을 불어넣었다. 천황의 실제 모습을 목격한다는 것은 자신도 운명공동체의 일원으로서 국가발전의 위대한 과정에 참여한다는 의미였다. 19세기 80년대가 되자 일본의 군주제는 확고해졌다. 도쿄가 서방 각국 수도에 비해 전혀 손색이 없는 제국의 수도로 개발되었고 전체 민족의 상징과 의식의 중추로 자리 잡았다. 일본이 이처럼 발전할 수 있었던 이유는 동시에 두 가지 조건을 갖추었기 때문이었다. 하나는 군주제의 신기한 마력이었다. 다른 하나는 일본 민중의 순종적인 기질이었다. 일상생활 속에서 학교와 군대라는 기구를 통해 민중의 행위는 규범화되고 '교화'되었다.[48] 이 또한 서방의 군주국과 공화국의 추세와 다를 바 없었으나 일본의 뛰어난 면은 통치자를 교묘하게 도구화했다는 점이었다. 천황은 처음에는 빈번하게 순행하다가 뒤에 가서는 수도에 자리 잡고 다시는 얼굴을 보이지 않았다. 새로운 정치체제가 제대로 작동하여 모든 권력이 도쿄로 집중되자 천황이 길 위에 나설 필요가 없어졌다. 그러나 러시아 같은 비균질적 체제에서는 암살의 위험이 따르기는 해도—1866년 알렉산드르 2세는 암살을 면했지만 결국 1881년에 혁명당원에게 암살당했다—차르가 가끔씩 궁을 나와 지방 귀족과 친밀한 관계를 맺어두는 것은 현명한 방법이었다. 압뒬하미트 2세의 경우 이런 긴장 때문에 통치자로서의 자기 모습과 타인의 눈에 비친 모습 사이에 분열이 생겼다. 그의 통치는 전례 없이 깊은 정도로 오스만제국 민중의 일상생활 영역을 침범했다. 그는 한편으로는 '현대적' 군주로서 모습을 드러냈지만 다른 한편으로는 신변 안전에 대한 강박적 염려 때문에 (전임자에 비해) 민중 앞에 나서는 기회가 훨씬 적었고 외국을 방문한 적도 없었다. 그러므로 군주의 공개적인 등장이 흔치않은 상황을 보완하기 위한 정교한 상징전략이 필요했다.[49] 그 방법이 모든 무슬림의 칼리파로서 종교적 역할을 강조하는 것이었다.

칼리파 신분은 초국가적 영향력 때문에 제국의 정체성 또는 국가의 정체성을 세우는 데 적용되기보다는 범이슬람주의를 목적으로 하는 상황에서 더 효과적이었다. 이와 대비할 때 일본에서는 군주가 신흥 민족국가의 가장 중요한 문화적 통합요소가 되었다. 단일 국가인 메이지 시대의 일본과는 달리 1871년 이후의 독일제국은 헌법 규정에 따라 연방제를 채택했다. 빌헬름 2세(1871-88년 재위)는 품성이 훌륭한 인물은 아니었지만 칼리파와 유사한 역할을 해냈다(물론 준종교적 황제숭배를 유발하거나 '황제에 대한 충성'을 최고의 정치적 기준으로 끌어올리지는 않았다). 영국에서는 빅토리아 여왕 치하에서 개혁을 거친 군주제가 스코틀랜드까지 포함하여(여왕은 스코틀랜드에 대해 강한 애착을 갖고 있었다) 문화적 통합 방면에서 큰 성공을 거두었다. 영국제국의 속국에서 군주제의 응집력은 본국만큼 강하지는 않았으나 영연방의 지속적인 존재는—지금까지도 영국 왕실에 대한 호감을 바탕으로 하여 유지되고 있다—군주정체의 사상이 국경을 초월하는 안정성(과 적응성)을 갖고 있다는 사실을 보여주었다. 유럽에서 두 번째로 큰 식민제국 프랑스의 제3공화국은 영연방처럼 이전의 식민지가 자발적으로 '모국'과 우호적인 관계를 이어가도록 만드는 데 성공하지 못했다.

19세기 새로운 군주제의 세 번째 형식도 가장 먼저 보여준 것이 통합의 기능이었다. 나폴레옹 3세(1852-70년 재위)는 계승자이자 야심가였다. 그는 백부의 전설을 물려받았으나 사람들은 그가 유럽의 위대한 통치자 가문 출신이 아니라는 사실을 잊지 않았다. 그는 후배인 위안스카이가 1915년에 중국에서 시도했다가 실패한 일을 해냈다. 그는 공화국이 성립한 직후 아직도 혁명적인 상태에 처해 있을 때 민선 대통령에서 몸을 일으켜 황제로 변신했다. 쿠데타를 통해 권력을 잡았지만 유럽의 통치자 집단 내에서 벼락부자 나폴레옹 3세는 그래도 존경받았다. 일부 아시아의 군주는 그를 개명 전제군주의 표본으로 평가했다.[50] 영국은 주로 외교정책적인 부분을 고려해 즉시 그의 정권을 승인했다. 그는 궁정과는 멀리 떨어진 곳에서 성장했지만 군주의 사치와 군주의 신분에 어울리는 예의를 빠르게 배웠다. 1855년에 빅토리아 여왕과 앨버트 친왕이 그를 방문했고, 이것은 그로서는 거대한 승리였다. 1431년 이후로 재위 중인 영국의 군주가 프랑스의 수도를 방문한 것은 이때가 처음이었다. 이것은 귀족 혈통 형제자매의 집안 모임이 아니라 현대적인 의미의 정치적 국빈방문이었다.[51] 각자의 방식은 달랐지만 나폴레옹 3세는 메이지 천황처럼 혁명의 수혜자였다. 메이지 천황이 유신의 엘리트들과 동맹을 맺었다고 한다면 나폴레옹 3세는 개인적인 노력을 통해 정권을 탈취했다. 나폴레옹 3세는 먼저 1848년 12월에 선거를 통해 공화국의 대통령이 되고

3년 뒤에 쿠데타를 일으켰으며 다시 1년 뒤에 세습 제국을 건설했다. 그러므로 나폴레옹 3세는 맨손으로 일어난 자수성가형 황제였던 반면에 16년 후의 무쓰히토 천황은 천황제라는 제도의 연속성에 의존하여 자신의 지위를 확보했다.

나폴레옹 3세 통치의 성격을 두고 아직도 사학자들 사이에서 논쟁이 그치지 않고 있다. 학자들은 카이사르주의와 보나파르트주의라는 두 가지 개념으로 나폴레옹 3세의 통치를 표현하려 한다.[52] 일반적으로 학자들은 동시대에 살았던 칼 마르크스와 프로이센의 언론인 콘스탄틴 프란츠(Constantin Frantz)의 평론에 동의한다. 두 사람은 나폴레옹 3세 정권이 현대적인 정권에 속한다고 주장했다. 정권의 사회적인 기초를 접어둔다면 나폴레옹 3세의 통치하에서 정치질서의 현대성은 다음 세 방면에서 드러난다. 무엇보다도, 대통령에서 변신한 황제는 인민주권이라고 하는 혁명적 수사에 대해 경의를 표시했다. 1851년 12월의 국민투표에서 800만이 넘는 프랑스 유권자의 90퍼센트 이상이 그를 지지하는 표를 던졌다. 그러므로 그는 이 투표를 자신이 지닌 합법성의 충분한 기초라고 인식했다. 황제는 자신은 인민에 대해 책임을 져야 한다는 확신을 갖고 있었고 1852년 헌법에 수시로 인민에게 직접 자문을 구할 수 있는 조항을 증설했다. 그는 자신의 통치가 대부분의 프랑스 민중, 특히 농민의 뜻에 부합한다고 확신했다. 그의 정권은 민중의 동의를 합법성의 기반으로 하는 군주정체였다. 이 정권은 역대 과거정권보다 더 열심히 각종 웅장하고 화려한 경축행사와 환영의식을 통해 널리 인민의 환심을 샀다.[53] 다음으로, 19세기 중반의 기준에 비추어 볼 때 그의 정권은 현대성을 갖추고 있었다. 처음에는 반대파를 유혈진압하고 무대에 오른 정권이 1861부터는 내부형태의 합법적 발전을 추구하기 시작했고, 초기단계에서는 머뭇거렸으나 1868년 이후로는 과감한 행동을 보여주었다. 나폴레옹 3세는 프랑스 헌법의 역사적 연속성을 유지하려 노력했고 이 때문에 (60년대 초부터) 질서 있는 자유화를 실현할 수 있었다. 이 제도 안에서 여전히 주도적인 지위를 차지하는 군주 이외에 기타 헌법기관에도 점차 더 많은 권력과 활동공간이 주어졌다. 이렇게 하여 이 체제에서 처음에는 거의 전능에 가까웠던 군주의 지위가 낮아졌다. 마지막으로, 황제는 경제발전을 위해 정부의 적극적인 역할을 계획했다. 그가 파리를 개조하기 위해 쏟은 노력과 열정은 몇몇 경제정책과 함께 이러한 행동주의를 대변했다. 그의 정권은 경제정책 면에서 역사에 유례가 없는 정부개입을 실현한 정체였다.[54]

이 정체와 일본 정체 사이에 존재하는 유사성을 부인할 수 없다. 일본에는 인민주권 사상이 부족했지만(유럽 황제 프란츠 요제프도 이 사상을 받아들이지 않았다)[55] 메이지유신 개혁운동은 충분한 준비를 거친 헌법을 탄생시켰고 이것은 민족국가 통합의 원만한 완성을 의미했다. 동시에 19세기 80년대부터 시작된 경제 분야에 대한 정부의 개입주의도 나폴레옹 3세 통치 초기의 기본적인 경제정책 관념을 생각나게 한다. 일본의 군주정체도 낙후한 민족을 '교화'하는 사명을 떠안았고 이를 위해 권위주의적인 수단을 마다하지 않았다. 그러나 메이지 천황을 '독재자'라고 부를 사람은 없을 것이다. 만약 나폴레옹 3세에게도 같은 꼬리표를 붙인다면 — '독재'를 지속적인 민중동원, 장기적이고 계획적인 억압, 정치적 반대자에 대한 살해와 같은 20세기의 독재통치 방식과 연결시킨다면 — 이 또한 오해가 될 것이다.

나폴레옹 3세는 거리낌 없이 '지도자의 의지'를 관철시킬 수 있었던 인물은 아니었다. 그는 왕정복고 시대(1814-30)와 7월 왕조(1830-48)에 충성했던 귀족과 대형 부르주아 집단의 이익을 고려하지 않을 수 없었다. 황제의 측근 가운데서 진정한 보나파르트주의자는 드물었다. 프랑스의 영토통치에서 가장 중요한 행정직급은 주(州, Département) 단위 모든 통치와 행정관리 업무의 수장인 지사(知事,

Prefect)였다. 지사는 일정 범위의 지방적 요인의 제약을 받았을 뿐만 아니라 선거를 통해 구성된 주의회와 대응해야 했다. 국가원수 자신은 종신직('군주제'의 정의와 부합하는 중요한 조건)이었지만 각 주에서는 정기적으로 선거를 실시하였으므로 요즘 용어로 표현하자면 '교도(敎導)민주제'라고 할 수 있었다. 선거에는 공식 후보가 있었지만 반대파 후보가 당선되기는 매우 힘들었다. 그러나 시간이 흐르면서 반대파도 자신의 실력 강화와 황제와의 타협을 통해 상당한 정도의 표현의 자유와 독립적인 활동 공간을 확보할 수 있었다.[56] 1870년 5월에 비교적 자유로운 방식의 국민투표가 실시되었음을 보면 나폴레옹 3세와 그의 정부가 여전히 농민과 부르주아 계급을 포함해 광범위한 지지를 받고 있었음을 알 수 있다. 황제는 자신을 국가에 번영을 가져온 지도자이자 혁명의 방파제로서 각인시키는 데 성공했다. 하지만 1870년, 나폴레옹 3세가 국제정치와 자신의 외교적 무능의 희생물이 되었을 때, 즉 스당전투에서 패한 뒤 포로가 되었을 때, 이 체제는 내부에서 '자유화'의 길로 지속적으로 나아가는 힘이 의외로 군주제의 외피를 걸친 비자유주의적 하향식 민주주의에 비해 결코 약하지 않다는 모순이 드러났다.[57]

궁정

군주제와 민족국가의 결합은 19세기의 세계적 추세 가운데 하나였다. 일부 국가는 군주제를 수립하는 과정에서 생겨났다. 이집트의 새로운 왕조는 사실상 1805년에 수립되었으나 왕위의 세습을 인정하는 이스탄불 술탄의 칙령은 1841년에 반포됨으로써 비로소 현대적인 민족국가로서의 기반을 갖추게 되었다. 왕조의 창건자 무함마드 알리(Muhammad Ali, 1805–48년 재위)는 생활이 검소하고 소박한 장군이었다. 그의 통치시기에는 동서방의 특징이 혼합된 화려하고 사치스러운 궁정생활은 등장하지 않았다. 그런 궁정생활은 1849년 이후 후계자의 통치시기에 나타났다.[58] 근대 샴(태국)을 만든 사람도 개명 전제군주 출라롱코른(라마 5세Rama V라고도 불렀다)이었다. 에티오피아에서도 메넬릭 2세(Menelik II, 1889-1913년 재위)가 유사한 역할을 했다. 이와는 반대로 유럽에서는 나폴레옹 1세 이후로 군주가 주도한 대규모 변혁은 매우 드물었다. 1815년 이후 어떤 유럽 군주도—나폴레옹 3세나 러시아의 알렉산드르 2세는 어쩌면 예외일 수도 있겠지만—자발적으로 개혁을 추진하거나 국가를 개조하지 않았다. 민족국가는 일단 수립되고 나면 군주를 통해 자신의 합법성을 증명해야 했고 그래서 벨기에의 레오폴트 2세(1865-1909년 재위) 같은 기이한 인물도 용인되었다. 이 인물은 제국의 확장을 위해서라면 무슨 짓이든 망설이지 않았던 모험가였고 대내적으로는 자유주의파와 가톨릭 정치세력 사이의 장기적인 반목을 이용해 자신의 지위를 유지했다. 확장중인 제국이든(러시아) 판도가 축소되는 제국이든(합스부르크제국, 오스만제국) 다민족국가의 통치자들은 분리주의에 맞서 민족과 국가를 통합시키는 역할을 해내야 하므로 더 큰 어려움을 겪었다. 민족국가와 군주제를 결합하는 절충방안은 실현할 기회는 없었고 이런 면에서 특수한 예외라고 할 수 있는 영국은 세기말에 강력한 제국의 요소를 갖추었다. 군주와 국가를 완전히 동일시하는 현상은 원래 유럽이 아니라 일본에서 나왔다. 메이지 천황의 손자인 쇼와(昭和) 천황(히로히토裕仁, 1926-89년 재위) 통치하에서 군주와 국가는 혼연일체가 되었고 이러한 결합은 제2차 세계대전 동안에 아시아에 재난을 가져왔다.

　세계 도처에서 수명을 이어가던 군주제는 궁정이라고 하는 고풍스런 사회의 마지막 꽃을 피웠다. 베이징, 이스탄불, 바티칸에서부터 튀링겐(Thüringen)의 작은 성 마이닝겐(Meiningen)—게오르크 2세(Georg II) 공작의 궁정악대는 19세기 80년대에 유럽 최고의 악대였다. 이 궁정악대가 1885년에 요하네스 브람스의 교향곡 4번을 처음 연주했다——에 이르기까지 어디에나 궁정이 있었다. 1917년 이전의 독일에서 궁정은 무수히 많았다. 몇몇 제후국의 수도에서 왕궁은 현지 상류사회 인사들이 모여드는 사교의 중심지였다. 다른 제후국에서도 이미 권력을 빼앗긴 통치자는 경제적 여건이 허락하는 한 여전히 호화롭고 사치스러운 궁정생활을 이어갔다. 이런 면에서 소수의 토후국 국왕이 남아 있던 인도와 도처에 굴뚝새 둥지*가 흩어져 있던 비스마르크 시대의 독일은 유사성이 없지 않았다. 다른 사람이 아닌 전직 혁명군 장군 보나파르트가 유럽에서 궁정생활을 부활시켰다. 부르봉왕조가 붕괴된 지 불과 몇 년 뒤인 1802년부터 나폴레옹은 궁정생활을 복구했을 뿐 아니라 그의 형제들과 특사들이 암스테르담, 카셀, 나폴리의 왕궁에 궁정생활 방식을 이식했다. 시종의 새로운 복장이 만들어졌고, 새로운 왕이 임명되었으며 새로운 작위가 도입되었다. 1804년 12월 2일의 대관식에서 황후는 꿀벌 도안이 수놓인 황금색 비단 예복을 입었다. 꿀벌은 제국의 번영과 창조력을 상징했다. 나폴레옹 자신은 사치에 대해 관심이 없었으나 이 모든 것의 배후에는 순수한 현실적 의도가 숨어 있었다. 그의 의도는 모험을 좋아하는 아내 조세핀(Joséphine)을 포함한 측근들에게 할 일을 만들어주고 동시에 그들을 통제하는 것이었다. 또한 그는 호화로운 장식에 매료되는 데는 프랑스인이나 '야만인'이 다르지 않다고 생각했다.[59] 황제는 자신을 (프리드리히 대왕과 그보다 앞선 1712년부터 35년까지 재위한 중국의 옹정雍正황제 같은) 소박한 일 중독자의 모습으로 부각시키고 행동으로 보여주었다. 미국의 2대 대통령 존 애덤스(John Adams)는 포토맥강변에서 영국 왕실의 궁정을 떠올리게 하는 의식

---

* 독일 전래동화 『굴뚝새 왕』(*Zaunkönigen*)에 나오는 굴뚝새는 다른 새들로부터 인정받지 못하고 자신의 좁은 둥지 안에서 혼자서 왕을 자처한다.

을 펼친 적이 있었다. 그의 시도는 후임자―제퍼슨은 격식을 싫어
했고 홀아비였기 때문에 공식행사에 나갈 때 동행할 퍼스트레이디
가 없었다―에 의해 폐기되었다.[60] 유럽의 궁정에서는 (동방의 궁
정생활과 가장 큰 차이점이기도 하지만) 황실 또는 왕실의 공식적인
행사에 군주 부부가 같이 출현했다. 일본이 이러한 서방을 상징하는
의식을 받아들였다는 것은 현대 세계로 진입하겠다는 강력한 의지
의 표현이었다.[61] 중국의 최고 통치계층은 이처럼 시범적인 부르주
아 생활방식을 수용하려는 의지가 없었고, 이것은 중국 군주제의 부
패와 무능을 가장 잘 보여주는 사례이기도 했다. 중국의 궁정에서는
환관과 후궁제도가 왕조가 끝나는 날까지 유지되었다.

3. 민주주의

19세기에 군주제가——실권을 가졌거나 아니면 순전히 장식에 불과했거나에 관계없이——도처에 포진해 있었다고 한다면 민주주의의 흔적을 찾는 일은 어느 정도 수고가 필요할 수밖에 없다. 뿐만 아니라, 1900년 무렵의 세계에서 백 년 전에 비해 더 많은 민중이 정치적 운명의 자기결정권을 갖고 있었는지도 분명치 않다. 서유럽과 미국의 상황은 의심의 여지 없이 그러했겠지만 식민주의로 인한 계량화할 수 없는 정치적 참여의 제약은 파악할 수가 없다. 식민시대 이전의 세계 각지 정치제도는 하나같이 (모든 시민은 원칙적으로 평등한 정치적 권리를 가지며 국가의 임의적인 전횡으로부터 상당한 정도로 보호받는) 자유민주제도가 아니었다. 그럼에도 많은 지역에서, 최소한 엘리트 계층 내부에서는 공공의 문제에 관한 토론과 타협의 공간은 권위주의적 식민지배 시대에 비해 더 넓었다.

19세기에 민주주의는 세계 각지에서 진전을 보였지만 어디에서나 승리하지는 않았고, 민주주의가 가장 잘 작동하고 있던 국가에서도 오늘날 유럽의 대부분 지역에서 당연한 것으로 인식되는 안정된 대중민주주의와는 일치하지 않았다.

미국 독립혁명과 프랑스대혁명은 인민주권의 이상을 제시했고 그 이상을 헌법으로 담아냈다. 루소(Jean-Jacques Rousseaus)가 주장한 완전한 표현의 자유와 일반의지의 관철 등 몇 가지 이상은 오늘날까지 실현되지 못했다. 미국 헌법의 기초자들은 다수의 횡포를 막기 위해 견제와 균형의 원칙을 내세웠고 때로는 유권자의 여과되지 않은 의지 표현에 대해 두려움을 갖고 있었다. 오늘날까지도 대통령을 유권자의 직접투표로 뽑지 않고 선거인단 선거를 통해 뽑는 이유는 바로 이런 생각 때문이다(물론 영토가 광활하다는 지리적인 요인이 이런 선거방식을 택한 의유의 하나이기도 하다). 유럽에서 1793-94년의 공포정치에 대한 기억은 깊이 뿌리를 내리고 있었다. 심지어 어떤 형식의 군주 전제주의도——프랑스대혁명 직후의 나폴레옹의 새로운 전제주의를 포함하여——극복하려 했던 일부 자산보유자도 '무정부상태'와 '폭민통치'를 가장 두려워하여 이런 상황의 출현을 막기 위한 예방조처를 취했다. 그럼에도 불구하고, (투표자의 의지는 어떤 제약도 없이 표현되어야 하며, 원칙적으로 인민은 어떤 형태의 정부든 교체할 수 있는 권리를 갖는다는) 인민주권의 이상은 일단 개념이 적립되자마자 곧바로 모든 정치체제가 어떻게든 지켜야 할 표준이 되었다. 이것은 19세기의 진정한 신생 사물이었으며, 정치적 기대의 혁명이자 정치적 공포의 혁명이었다. 정치제도를 둘러싼 투쟁은 새로운 동력을 얻었다. 통치자의 '정당성'과 그가 속한 신분집단의 오래된 권리를 어떻게 지켜낼지는 더 이상 정치의 핵심문제가 아니었다. 이제는 공동선에 관한 의사결정에 누가 참여할 수 있으며 참여해야 하는지가 정치의 핵심문제가 되었다.

오늘날 한 국가가 얼마나 민주적인지를 판정하기란 쉬운 일이 아니다.[62] 민주주의의 외피와 현실 민주주의를 구분하기는 어렵다. 뿐만 아니라 구분의 기준에도 복잡한 방식이 뒤엉켜 있다. 예를 들자면 법률이 규정하고 있는 정치참여의 기회와 오늘날 한 정치체제의 도덕성의 측도로서 즐겨 인용되는 인권기록이 혼재되어 있는 상황이 그렇다. 민주주의는 거대하고도 모호한 정치체제다. 19세기의 상황은 몇 개 분야로 나누어 해석할 수 있을 것이다. 여기서는 민주주의 광의의 개념을 적용하고자 한다. 한 예로, 민주주의의 전제조건으로서 여성 투표권을 적용한다면 19세기 유럽에서 민주적인 국가는 하나도 없었다. 오늘날의 관점에서 본다면 결코 엄격한 기준이라고 할 수 없는 남성 인구의 45퍼센트가 투표권을 가졌던 국가도 1890년 무렵의 유럽에서는 소수에 불과했다.[63]

법치국가와 공적영역

논리적으로나 역사적으로도 법치주의란 정치권력에 대한 자유주의적 제약을 의미했다. 문화적 배경에 관계없이 모든 정치제도에서 정부의 자의적인 행위로부터 개인의 보호는 중요한 가치로 인식되었다. 정치권력은 사회구성원 모두에게 알려져 있고 누구에게나 적용되는 법률에 따라 행사되어야 한다. 법률(특히 종교에 관한 법률)은 최고 통치자라도 임의로 바꿀 수 없으며 더 정확하게 말하자면 최고 통치자도 이 법률에 복종해야 한다. 권력의 법률적 제약이란 관념은 유럽의 발명품이 아니다. 중국과 이슬람세계에서는 일찍부터 이런 관념이 존재했다. 그러나 이 관념이 점진적으로 자명한 논리로 받아들여지면서 현실 정치행위에서 전면적이고 강력하게 실현된 나라는 영국이었다. 18세기 중반에 성숙해진 영국의 법치 개념은 세 가지 핵심 내용을 갖추고 있었다. ① 오래된 법률체계(관습법)의 적용을 전담하는 직업적으로 훈련되고 조직된 사법조직의 독립성. ② 정부의 행정조치에 대해 법정에서 이의를 제기할 수 있는 실질적 가능성. ③ 인신과 재산이 침해받지 않을 개인의 자유권과 언론자유를 존중하는 의회(의 입법권)와 법원(의 재판권)의 존재.[64] 영국과 비교할 때 유럽 대륙에서는 오랜 시간이 지난 뒤에야 법치의 관념과 문화가 전파되었다. 영어권 국가들과 비교할 때 유럽대륙에서 기본권에 관한 논쟁은 훨씬 적었을 뿐만 아니라 시기적으로도 한참 뒤에 일어났다. 19세기 초에 '법치국가'는 사법제도의 독립─법집행의 투명성과 법관의 지위 보장—과 모든 정부행위의 법적 타당성을 의미했다. 법치의 우선적인 초점은 재산권 보호였다.

시민의 일상생활 속에서 이런 방식의 법치는 정치체제의 '비민주성' 또는 헌법 등장 이전 시대의 상황과 쉽게 병존할 수 있었다. 예컨대 독일의 여러 제후국에서는 헌법이 정치권력을 제약하는 원칙이 실행되기 훨씬 전부터 법치는 상당한 정도로 존중되고 있었다. 18세기 말의 일부 이론가는 폭정과 구분되는 법치가 '계몽 전제주의'의 특징이라고 해석했다. 러시아에서도 1860년대의 개혁을 통해 일상생활 속에서 '법정(法定)주의'(zakonnost) 의식이 점차로 형성되었다. 이런 의식과 전제제도는 반세기 동안이나 병존했다.

이론상으로는 유럽의 법치개념이 식민제국으로 전파되었다. 19세기 말에 인종차별적인 특별법이 현지인에게 적용되면서 법치는 점차로 효력을 잃기는 했지만 영국의 식민지 신민이 공정한 재판을 받을 수 있는 기회는 본국의 하층계급에게 주어진 같은 기회보다 엄청나게 적거나 열악하지 않았다. 20세기 초, 인도의 독립투쟁 과정에 참여한 많은 지도자가 법률종사자였다. 이것은 상당한 정도로 비정치화된 법률영역의 존재가 식민지 사회의 정상적인 작동에 중요한 역할을 했음을 설명해준다. 인도에서 법률종사자는 중요한 조정자였다. 동시에 그들은 식민 통치자 자신도 복종해야 하는 보편적 규범의 영역에 쉽게 접근할 수 있었다. 그러므로 최소한 영국제국에서는 법치가 식민지 폭정을 일정 정도 제약할 수 있었다. 물론 1857년의 인도대봉기나 1865년 자메이카 폭동 같은 예외적인 상황에서는 이러한 법률적 보장은 모두 취소되었다. 이처럼 영국의 법치개념은 제국이란 통로를 통해 모든 대륙으로 전파되었다. 비유럽인의 시각에서는 영국의 법치제도는 식민주의의 색채가 강하기는 했지만 현지인 통치자가 통치하는 이웃나라의 법치 상황보다 못하지 않았다. 예컨대, 중국의 자유로운 신문업은 청제국의 통치지역에서 생겨난 것

이 아니라 홍콩 식민지와 상하이의 공동조계처럼 영국의 법률개념
이 적용되는 지역에서 성장했다. 프랑스의 법률인식은 19세기에도
계속 발전했지만 국가행위의 적법성에 대해서는 크게 주목하지 않
았다.[65] 프랑스에서 행정에 대한 사법적 견제는 영국보다 훨씬 약했
고, 영국 식민지와 비교해서도 프랑스 식민지에서는 비유럽인이 확
보한 법률적 공간은 제한적이었을 뿐만 아니라 보호받는 정도도 더
낮았다.

　미국의 몇 가지 법체계의 특징 가운데서 가장 중요한 특징의 하나
는 최고법원(Supreme Court)의 존재였다. 1803년 이후로 최고법원은
헌법재판소의 직능을 갖게 되었다. 유럽의 입헌국가 가운데서 미국
의 최고법원 같은 독립적인 헌법수호자를 가진 나라는 하나도 없었
다. 최고법원은 헌법에 대한 해석을 통해 일상 정치의 영향으로부터
벗어난 역동적이고 장기적인 헌법의 변화를 선도했다. 법치가 정착
되지 않은 유럽 국가에는 하급법원의 판결에 불복하여 상소한 안건
과 정부를 상대로 한 소송을 최종적으로 심판하는 독립적인 사법기
관이 없었다. 그러나 최고법원의 일부 판결은 여론을 양분시키고 정
치적 충돌을 격화시켰다. 1857년, 미국 최고법원은 드레드 스콧 사건
(Dred Scott Case) 재판에서 흑인은 미국시민이 될 수 없다고 판결했
다. 이 판결은 노예제를 반대하던 링컨이 대통령에 당선되는 데 크게
작용하였을 뿐만 아니라 결국은 내전의 도화선 가운데 하나가 되었
다.[66] 최고법원의 판결일지라도 정부의 추상적인 원칙을 무비판적
으로 받아들이지 않는다는 것이 미국 정치문화의 한 부분이 되었다.

　미국에서 시민이라고 하는 새로운 정치적·법률적 신분은 18세기
70년대 혁명의 산물이었다. 미국인은 영국 왕실의 신민에서 아메리
카 공화국의 시민으로 변했다. 1900년 무렵 시민신분의 개념은 유럽
에서도 널리 퍼졌다.[67] 이런 면에서 19세기 말의 상황은 전제시대 말
기 프로이센이나 오스트리아의 성숙되지 않은 법치 상황과 구분되

었다. 권리의 다양화는 법 앞에 모든 사람이 평등하다는 개념으로 바뀌었다. 모든 사람이 보편적으로 누리는 시민의 신분은 민족국가 내에서 긴밀한 의사소통과 동질화의 전제조건이었다. 시민신분은 보편화될 수 있는 문화중립적인 서방의 발명품이었다. 예컨대, 일본은 1868년 이후 메이지개혁 과정을 통해 모든 일본인(남성)을 똑같은 법률의 제약을 받는 시민으로 바꾸어놓았다. 자유로운 직업선택권과 재산 양도권, 농촌으로부터 도시로의 이주권 등 몇 가지 권리는 국가로부터 보장받았다. 그 밖의 분야에서도 일본은 1890년 무렵 이후로 유럽의 법치국가 모델에 비해 크게 뒤지지 않았다.[68]

정치적 민주화와 긴밀하게 관련된 것은 '공적영역'의 출현이었다. 공적영역은 (사교활동과 서면 또는 구두 의사소통의 영역으로서) 가정이란 사적 영역과 일정한 절차에 따라 진행되는 정부행동 사이에 존재하는 제3의 공간이다. 1962년에 독일어로 처음 출간된 위르겐 하버마스(Jürgen Habermas)의 저작 『공적영역의 구조변동』 (Strukturwandel der Öffentlichkeit)을 둘러싸고 논쟁이 벌어질 때면 지금까지도 끊임없이 제기되고 있는 문제가 'Öffentlichkeit'를 'public sphere'(공적영역)으로 번역해도 되느냐는 것이다. 그러나 여기서 우리의 관심사는 이것이 아니다. '공적영역'을 더 넓은 개념인 '시민사회'의 한 요소로 이해한다면 이 화제에 관한 토론은 결론을 찾을 수 없는 혼란 속으로 빠져들 것이다. 공적영역은 민주적 정치체제의 결과물이 아니라 전제조건으로 이해되어야 한다. 권위주의 국가에서도 사회의 자주적 발전의 결과로서 공적 공간은 등장할 수 있다. 이 공간은 심미적인 분야의 정보흡수와 "단순히 예술을 즐기는" 공중의 범위를 확대시킬 뿐만 아니라 정부 기능의 일부를 흡수하고 정부에 대한 비판적 의견의 표현을 촉진하는 경향을 보인다. 하버마스의 저서는 시간과 공간에 느슨하게 뿌리내린 보편적 모델을 그려냈다. 그의 관점에 따르면 서유럽의 18세기는 '부르주아' 공적영역의 생성기

이자 황금기였다.[69] 19세기에 부르주아 공적영역의 원칙인 공적 비판이 점차로 약해졌다. 공적영역은 상당한 정도로 고유의 '중개' 특징을 상실하고 그 출발점이었던 사적 영역은 대중매체의 조종 능력에 잠식당했다. 이런 과정을 거쳐 결국 공개적으로 불만을 표현하는 현대 시민이 얌전한 문화소비자로 바뀌었다.[70] 하버마스의 두 번째 관점(비판적 관점)에 관심을 갖고 연구한 사학자는 거의 없었다. 또한 하버마스의 소통이론에 매료된 역사학자들은 공적영역이 생성된 세세한 과정을 찾아내는 데 더 많은 열정을 쏟았다.

이런 연구는 구체적으로 들여다보면 풍부한 성과에도 불구하고 공통점이 거의 없다. 그러나 다음 몇 가지는 분명하다.

첫째, 미디어 기술과 의사소통의 강도 사이에는 직접적인 연관성이 있다. 인쇄문화가 등장할 수 있는 기술적·경제적 조건을 갖춘 지역에서는 공적영역의 등장은 가까운 장래의 일이었다. 그러므로 19세기 이전—즉, 인쇄기술이 보급되기 이전—의 이슬람 세계에서 공적영역이라고 할만한 것은 없었다. 그러나 기술발전이 언제나 독립적인 구동력으로서 작용하지는 않았다. 때로는 이론적으로는 인쇄기술을 구비하고 있어도 인쇄물에 대한 수요가 없는 경우도 있었다.

둘째, 혁명적 시기에는 공적 의사소통과 거기에 담긴 파괴적인 내용이 폭발적으로 증가한다. 의사소통이 혁명을 촉발하는지 아니면 그 반대인지는 논란이 많은 화제다. 가장 안전한 결론은 두 가지 현상의 발생의 동시성을 강조하는 것뿐이다. 예컨대, 대서양 연안지역 전체에서 1800년 무렵의 혁명 시기는 도서의 전파를 통한 의사소통이 비약적으로 증가하고 동시에 비판의 급진화가 나타난 시기였다.[71] 같은 현상이 1900년 직후 혁명이 불길처럼 일어난 유라시아 지역에서 관찰되었다.

셋째, 19세기에 서방 이외의 지역에서 공적영역이 출현했다고 하더라도 반드시 직접적으로 서방을 모방하려던 시도였다고는 할 수 없을 것이다. 관료기구(중국 또는 베트남의 경우), 교회, 사원, 성직자 단체 또는 봉건적 조직(예컨대 각 지역의 이익 대표가 상호 경쟁하던 1868년 이전의 일본) 내부에서도 공공업무를 둘러싸고 오랫동안 제도화된 토론이 있어왔다. 유럽 식민통치 아래서 이런 의사소통 조직 가운데 일부는 탄압을 받았고 다른 일부는 지하 전복활동으로 전환했다. 식민 통치자는 지하활동으로 전환한 이들에게 접근할 수가 없었다. 또 다른 일부(예컨대 벵골의 지식계층)는 새로운 생명을 얻어 식민지 정치의 한 요소로 자리 잡았다. 비교적 자유주의 경향의 식민정권 — 예컨대 말라야의 영국 식민정권 — 의 통치하에서는 활발한 토론이 벌어지는 현지의 공적영역이 생겨날 수 있어서 다양한 (식민주의를 극렬하게 공격하는 의견을 포함하여) 정치적 의견이 표출될 수 있었다.[72]

넷째, 공적영역은 다양한 공간에서 형성될 수 있었다. 유언비어가 기록된 문자보다 더 큰 영향력을 갖는 소형 공적영역들이 무성하게 자라나 병존했다. 소형 공적영역은 때로는 비교적 큰 공적영역에 통합되었다. 지식계와 종교계의 공적영역은 비교적 쉽게 정치적 경계를 넘었다. 유럽 중세 기독교세계의 라틴문화권과 (최소한 18세기 이전의 조선, 베트남, 일본을 포함하는) 중화문화권이 두 가지 좋은 사례다. 18세기 후반의 영국과 프랑스에는 전국적인 공적영역이 있었다. 모든 중요한 정치적·지적 사건은 런던과 파리라는 대형 무대에서 벌어졌다. 그러나 이것은 통상적인 일이라기보다는 예외였다. 유일한 중심 도시가 주도적 지위를 차지하지 않거나 국가의 진압 기구가 이런 중심 도시에 집중되어 있을 때 공적영역은 궁정과 정부로부터 떨어진 곳에서 출현했다. 예컨대 러시아, 중국, 오스만제국에서 공적영역은 지방 대도시에 나타났고 중앙집권제가 아닌 미국에서는 새로 건설된 도시에서 나타났다(뉴욕이 훗날 문화적 구심점으로 인정받게 되었다).[73] 지역의 경계를 뛰어넘는 소통의 공간이 처음으로 형성되자 정치적 분파에 얽매이지 않고 보편적인 관점에서 권력, 신분, '공공'의 이익과 관계된 문제를 토론할 수 있게 되었다. 이것은 중대한 발전이었다.[74] 카스트제도가 있는 인도의 힌두교 지역처럼 불평등한 사회에서는 유럽에서 이상화된 소통참여자(Kommunikationsteilnehmer)의 평등한 관계는 근본적으로 생각할 수가 없었다. 그러나 수입된 유럽의 제도는 개인과 집단의 신분차별에 대해 새로운 인식을 가져왔고 점차로 새로운 경쟁의 규칙이 도입되었다. 19세기의 인도에서 '공공'은 모두가 입에 올리는 화두였다. 19세기 초에 영어를 구사하는 엘리트 계층에서 (처음에는 벵골인 사이에서) 몇 개의 조직이 생겨나 서면으로 식민정부를 비판하고 자신의 이익을 옹호했다. 절대로 만능일 수 없었던 식민정부는 대량의 민사 분규와 법정 소송에 직면하여 속수무책이었다. 법정은 신분 경쟁의 새로운 무대가 되었고 중요한 재판은 대중의 광범위한 관심을 끌었다.[75]

다섯째, 초기 단계의 공적영역은 언제나(또는 오직) 명확한 정치적 비판을 통해 존재를 드러내지는 않았다. '시민사회'에 대한 새로운 관심이 대두하면서 사람들의 주의는 정치 이전의 자발적 조직으로 향했다. 유럽과 미국에서 이것은 종교적 공동체나 단일 목적을 가진 운동 단체의 형태로 나타났다. 알렉시스 드 토크빌(Alexis de Tocqueville)은 1831-32년에 이런 단체가 미국에 허다한 사실에 주목했다.[76] 정부의 통제력이 지속적으로 약해지고 있던 1860년 무렵의 중국에서 자선단체가 이런 유형의 전형적인 조직이었다. 이슬람 국가에서는 종교재단이 유사하게 통합과 사회적 동원의 역할을 맡고 있었다. 초기의 비정치적 목적의 운동에서 개인의 이익과 공중의 목표를 적극적으로 주장하는 조직으로 나아가는 데는 한 걸음이면 충분했다. 그러나 우리는 이런 현상이 발생한 비율을 주목해야 한다.

도시 주민의 지속적인 정치화의 정도는 큰 차이가 있었다. 유럽의 몇몇 국가에서만 지속적인 정치화의 정도가 미국 도시지역의 민주주의 수준에 접근했다. 지역의 공적영역은 유럽과 아시아는 물론이고 다른 곳에서도 흔히 엘리트 계층 인사들에게 국한되어 있었다.

헌법과 참여

위대한 정치학자 새뮤얼 파이너(Samuel E. Finer)가 말한 유럽의 '헌정화'(憲政化, constitutionalization)는 영향력 있는 과거의 모델(1787년의 미국, 1791년의 프랑스, 1812년의 스페인)을 본받아 나폴레옹이 마지막으로 몰락한 뒤에 시작하여 독일이 제국헌법을 채택한 1871년에 대체적으로 끝났다.[77] 이 과정은 유럽에만 한정되지 않았다. 19세기에 라틴 아메리카에서 제정된 헌법이 세계의 다른 어떤 지역보다 많았다. 볼리비아 한 나라만 해도 1826-80년 사이에 11차례의 헌법제정이 있었고, 페루는 1821-67년에 10차례 헌법을 제정했다. 하지만, 이처럼 빈번한 헌법제정이 진정으로 헌법을 존중하는 정치문화의 형성을 의미하지는 않았다.[78] 메이지정부가 시도한 유럽 제도와 일본 고유 요소의 통합 과정은 1889년의 헌법제정으로 정점에 이르렀다. 세기가 교차할 무렵 헌정화의 새로운 물결이 유라시아 대륙 동쪽의 각 대국을 휩쓸었다. 심지어 아직 식민지 권위주의 통치를 받고 있던 영국령 인도에서도 1909년에 『몰리 민토 개혁법』(*Morley-Minto Act*)이 제정되어 헌정화의 길로 들어섰다. 이 법안은 몇 단계를 거쳐 최종적으로는 1950년 인도공화국 헌법으로 정착하게 된다.[79]

여기서 유럽 입헌국가의 발전과정을 하나하나 기술할 필요는 없을 것이다.[80] 중요한 것은 1차 세계대전 폭발 전야에 꼬박 한 세기의 헌정화 과정을 거친 뒤 유럽 대륙의 단지 몇 개 국가에서만 보통선거와 의회에 대해 책임을 지는 다수파 정부를 특징으로 하는 민주적 헌법이 현실 정치에서 실현되었다는 사실이다. 그 소수의 국가가 스위스, 프랑스, 1911년 이후의 노르웨이, 1911년 이후의 영국——선거를 거치지 않는 600명 가까운 의원으로 구성된 상원(즉, 귀족원)의 권한이 이때 삭감되었다——이었다.[81] 당시에 중요한 민주주의의 보루는 미국과 함께 최근 개척된 유럽 식민지 캐나다, 뉴펀들랜드, 뉴질랜드, 오스트레일리아연방, 남아프리카(다수종족인 흑인은 선거에서 배제되거나 투표권 행사를 방해받았다)였다.[82] 진보적인 사상의 발전을 위해 헌신해온 유럽이 전 세계에 전례 없이 많은 낙인을 남기고 주변부 식민지에서 광범위한 정치적 성과를 냈다는 것은 이 세기의 역설이다.

한편으로 세계의 많은 민족이 영국제국을 숨 막히는 억압기구로서 경험했고, 다른 한편으로 영국은 민주주의로 가는 계단의 역할을 했다. 자유주의적인 정부의 형태를 갖춘 '백인' 자치령의 정착이민 사회는 강고한 귀족 과두정치의 전통이 지배하는 모국보다 더 빠른 속도로 현대적 민주국가로 가는 길을 닦을 수 있었다. '유색인종' 식민지는 그처럼 빨리 '책임정부제'로 가는 길로 들어설 수 없었다. 그러나 인도와 실론은 최소한 나름의 헌정발전 과정으로 진입했다. 민족독립 운동의 압력 때문에 인도는 1935년에『인도정부법』(*Government of India Act*)을 제정했고 이때부터 온전한 성문헌법을 갖게 되었다. 이 법은 인도인에게 지역 수준의 정치참여권을 규정했다. 독립 후의 인도는 이 법의 일부 내용을 그대로 남겨두었다. 어쨌든 권위주의적인 제국은 가장 큰 식민지에 민주적인 헌정질서가 독자적으로 진화할 수 있는 틀을 만들어 놓았다.

19세기 유럽에서 선거권과 피선거권의 민주화와 정치체제의 의회화(Parlamentarisierung)는 분명한 연관성이 없었다. 널리 알려진 한 가지 예를 들어보자. 독일제국에서는 1871년부터 만 25세 이상의 모든 남성은 제국의회 선거에 참가할 권리를 가졌다. 같은 시기에 잉글랜드와 웨일즈에서는 선거권은 여전히 재산 보유정도에 따라 제한되어 있었다. 1867년에 처음으로 노동자도 투표권을 갖는 선거제도 개혁이 있었지만 등록된 성년 남성 유권자의 비율은 농촌지역에서는 25퍼센트, 도시지역에서는 45퍼센트였다.[83] 그럼에도 불구하고 영국 정치제도의 핵심인 의회 구성을 결정하는 것은 영국 유권자였고 영국 의회가 갖고 있는 권력은 민주적인 선거를 통해 구성된 독일 제국의회보다 훨씬 더 컸다. 영국의 의회화는 민주화로 나아갔지만 독일의 경우는 반대였다. 독일에서는 제국의회의 선거와 나란히 지방의회 선거에서는 지극히 불평등한 '3계급 선거(제)'*가 (1918년까지) 병행되고 있었다.

어느 나라나 선거권의 역사는 기술적으로 복잡했다. 선거권은 지역에 따라 위상이 달랐다. 선거권은 '평등'할지라도 유권자가 평등하지 않게 구분된다면 고도로 불평등한 선거 결과가 나오게 된다. 또한 한 선거구에서 선출하는 의원이 한 명인지 여러 명인지, 특수 신분을 대표하는 의원 — 영국에서는 오랫동안 대학의 대표가 의석을 차지하고 있었다 — 이 계속 활동하는지 여부도 또한 중요한 문제다. 오늘날 독일인에게는 익숙한 비례대표는 19세기에는 흔치 않았다. 1914년 이전에 이 제도를 시행한 나라는 벨기에, 핀란드, 스웨덴뿐이었다.[84] 오늘날과 비교할 때 그 시대에 '비밀투표'란 선거의 개념

---

* 3계급 선거(제)(Dreiklassenwahlrecht)는 1848-1918년 사이에 프로이센왕국에서 시행되었다. 유권자는 가장 많은 세금을 낸 제1계급에서부터 가장 적게 낸 제3계급까지 세 개의 계급으로 구분된다. 각 계급이 납부한 세금의 합계액은 각기 동일하다. 각 계급의 유권자는 독립적으로 선거인(Wahlmänner) 1/3씩을 선거하고 이 선거인들이 (지방의회) 의원을 선출했다. 이 선거제도는 지역이나 인구가 아니라 경제적 계급을 기준으로 지명하는 방식이다.

은 여러 가지로 해석될 수 있었다. 농촌지역에서, 특히 고용 노동자나 종속적 관계에 놓인 사람들은 쉽게 압력에 굴복했다. 프랑스가 처음으로(1820년) 무기명투표를 실시한 국가였다. 그로부터 오랜 시간이 흐른 뒤에야 모든 나라에서 이 선거방식이 적용되었다. 비밀선거의 이점과 폐단에 관한 논쟁은 세기가 바뀐 뒤에도 계속되었다. 오스트리아에서는 1907년에 와서야 비밀선거가 법률로 확정되었다.[85]

일반적으로 유권자의 범위는 단계적으로 확대되어왔다. 유권자 범위의 확대는 부분적으로는 혁명투쟁의 전리품이었고 부분적으로는 위로부터의 타협의 결과물이었다. 선거제도 개혁에는 근본적으로 전략적인 고려가 개입되지 않을 수 없었다. 현대에 들어와 새로운 혁명이 일어나지 않았던 영국에서 1832년, 1867년, 1884년의 세 차례 선거제도 개혁은 매우 중대한 정치적 역사적 사건이었다. 영국은 1884년의 개혁으로 유권자 범위가 크게 확대되어 성인 남성의 60퍼센트가 투표권을 갖게 되었고, 토지를 소유한 사회 상층부의 상하 양원 구성에 대한 실질적 통제권이 종결되었을 뿐만 아니라 영국 선거제도의 여러 가지 예외적인 특징과 기이한 관습이 제거되었다. 요컨대 이때의 개혁은 선거제도의 합리성을 크게 높여 놓았다. 영국에서 남성의 보통 선거권은 1918년이 되어서야 실현되었다.[86] 유권자 집단이 확대됨에 따라 의회의 사회적 구성과 운영 방식에도 변화가 발생했다. 1848년의 프랑스, 1871년의 독일제국, 1884년의 영국(아직 보통 선거는 실시되지 않았다)의 개혁 이후로 출현한 '평민 유권자집단'은 명망가 엘리트 민주주의가 아닌 다른 종류의 정당조직을 요구했다. 1900년 무렵, 유럽의 대다수 입헌국가에서 정강을 갖춘 정당이 형성되었다. 어떤 정당은 사회학자 로베르트 미헬스(Robert Michels)가 저서 『현대 민주주의의 정당 사회학』(*Zur Soziologie des Parteiwesens in der modernen Demokratie*, 1911년)에서 단정한 바와 같이 관료주의의 확장과 과두화의 경향을 보였다. 같은 시기에 명망가 정치인과 나란히 새로운 직업적 정치가 유형이 생겨났다. 그러나 의원이 급료에 의존하여 생활을 유지할 수 없던 시대에—독일에서는 1906년 이후에야 직업적 정치인이 등장하기 시작했다—이런 유형의 정치가는 주류가 되지 못했다. 의원이 중요한 사회적 존재로서 대중의 인식 속에 자리 잡은 때는 프랑스 제3공화국 시기였다.[87] 직접 대표제와 거리가 멀어질수록 의원의 독립성과 영향력은 커졌다. 프랑스에서 이것은 매우 중요한 의미를 지녔다. 대혁명 이후로 인민의 의지는 직접—새로운 법률을 통해서가 아니라 보나파르트식의 국민투표를 통해서—표현되어야 한다는 관념은 견고하게 유지되었다. 정치문화의 맥락이 달라지고 또한 시간이 흐르면서 바뀌어가자 선거는 특별한 상징적 의미를 지니게 되었다. 유권자로서 선거에서 느끼는 감정은 전혀 다를 수 있다. 어떤 사람은 자신이 '주권자'라고 생각할 수 있고 어떤 사람은 스스로 '투표하는 가축무리'라고 생각할 수도 있다. 이것은 비교 정치문화사에서 다루어야 할 과제다.[88]

매우 특수한 상황이 민주적 참여기회의 지속적 확대의 전망을 어둡게 했다. 현대의 민주정체 국가 가운데서 미국은 가장 크고 민주정체 운영의 역사가 가장 오랜 나라이지만 이 나라의 시민이 시민으로서의 권리를 행사하기는 어려웠다. 연방을 구성하는 주마다 선거권에 관한 규정이 다르기 때문에 실상의 전모를 파악하기는 쉽지 않다. 과거에도 그랬고 지금도 변함없는 유권자 등록과정의 번거로움은 재산증명(이 요구는 시간이 흐르면서 크게 약화되기는 했다)과 거주증명은 물론이고 노골적인 인종적 제약에까지 이어진다. 내전이 일어나기 이전 노예제가 없던 주에서도 흑인은 사실상 선거권을 갖지 못했다. 내전 이후로 이런 상황은 정당화되기 어려워졌다. 그래서 온갖 상상력을 동원하여 해방된 아프리카계 흑인의 선거권 행사를 어렵게 만드는 법령이 무늬만 바꾸어 새로 등장했다. 일부 유럽(예컨대 아일랜드)과 아시아(중국, 일본) 지역에서 온 '개화되지 못한' 이민 자들을 상대로도 선거권 행사를 방해하는 거대한 장벽이 설치되었다.[89] 그러므로 내전이 끝난 지 몇 년도 되지 않아서 시민의 권리를 쟁취하려는 민주화 과정은 심각한 후퇴를 경험했다. 미국은 상대적으로는 여전히 세계에서 민주화의 정도가 가장 높은 국가 가운데 하나이지만 공화제적 보통선거의 원칙과 '복합문화'와 인종적 분열이란 현실을 조화시키지 못하고 있다.

지방 민주주의와 사회주의

19세기에 오랜 의회민주주의의 전통을 가진 영국을 제외하면 중앙 의회의 의원구성이 국가 전체의 모습을 동질적으로 반영해야 한다는 것은 새로운 관념이었다. 또한 실제 의원구성이 현존하는 등급 질서를 반영해야 할 뿐 아니라 선거제도를 통해 사회적 관계 자체가 변할 수 있다는 것도 새로운 관념이었다. 물론 이 문제는 중요하지만 그렇다고 해서 국가보다 아래 차원의 사건에 대해서 관심을 갖지 않아도 좋은 것은 아니다. 대다수의 사람들에게 일상생활 속에서의 정치적 조처가 멀리 떨어진 수도에서 벌어지는 정치보다 중요했다. 지방 행정관리 방식은 국가 정치제도의 질서보다 다양했다. 어떤 곳에서는 행정 관리권을 지방 상층사회로부터 충원된 '치안법관'(Justices of the Peace)이 장악하여 가부장적 방식으로 행사했고(영국 모형), 어떤 곳에서는 중앙정부가 임명한 관리가 행정 관리권을 장악했고(나폴레옹 모형), 어떤 곳에서는 기층 민주주의를 통해 행정관리가 진행되었다(토크빌이 극찬한 미국 모형). 중앙정부가 직접적인 개입을 삼가거나 중앙정부의 관리능력이 지방까지 미치지 못하는 곳에서는 신중하고 민주적인 협상의 공간이 생겨났다. 이런 관리방식은 러시아에서는 공유토지의 분배와 사용방식을 결정하는 농민자치공동체의 모습으로 나타났다. 유사한 방식이 내부에 분명한 등급이 존재하지 않는 지방 엘리트집단으로 구성된 민주적 기구로도 나타났다(예컨대 한자동맹 도시의 의회, 오스만제국 치하의 시리아에서 명망가들이 구성한 〔공인되지도 않았고 비공인단체라고 처벌받지도 않았던〕 자문기구. 1905년 중국 영토인 상하이시에서 성립된 〔중국 역사상 최초로 민주적으로 운영된〕 시의회 등).⁹⁰⁾

건국 초기의 미국정치도 (특히 동부 도시에서) 명문가 엘리트 중심의 특징이 강했다. 19세기 30년대에 '잭슨혁명'이 일어나면서 민주주의에 대한 새로운 관념이 형성되었다. 정치적으로 자격 있는 시민은 더 이상 자산보유 계층—당시에는 대부분 지주였다—으로 국한되지 않았다. 유럽에서 건너온 공화주의의 영향을 받은, 재산을 보유한 사람이라야 독립할 수 있고 따라서 이성적인 정치적 판단을 할 수 있다는 낡은 인식은 파기되었다. 이때 이후로 새로운 민주주의의 형태가 나타났다.

자산자격은 대부분 폐지되었다. 비상하게 높은 투표율(항상 80퍼센트를 초과했다)은 정치적 에너지의 명백한 표시였다. 젊은 프랑스 법관 토크빌이 미국 관찰여행 중에 단언했듯이 이런 정치형태가 실현된 가장 중요한 무대는 워싱턴 DC가 아니었다. 이런 정치형태가 지닌 우수성의 원천은 공공 권력기구(판사, 보안관 등)를 스스로 선출하는 지방의 조직적인 자치였다. 이는 서유럽에서 나폴레옹이 시행한 권위주의적 중앙집권과는 완전히 반대되는 제도였다. 토크빌이 기술했듯이 이런 형식의 민주주의는 선거권만 가지면 가능한 것은 아니었다. 그것은 프랑스대혁명에서는 신분적 특권의 폐기라는 추상적이고 부정적인 형태로 구현되었던 평등의 원칙이 자주적 시민이 다 같이 개인적 권리를 누리는 긍정적 평등의 원칙으로 바뀐 새로운 사회의 탄생을 의미했다. 토크빌이 유럽의 진보적 귀족의 시각으로 파악한 자유와 평등의 긴장관계는 그 시대의 대다수 미국(백)

인에게는 문제될 게 없었다. 훗날 유럽에서 '대중 민주주의'라고 불리게 되는 현상이 미국에서는 19세기 20, 30년대에 이미 나타났다.[91] 그러나 그 민주적 효율은 미국의 독특한 연방제 — 헌법의 지역성 — 때문에 부분적으로 약화되었다. 의회는 궁극적으로 어느 정도의 대표성을 갖고 있었는가? 노예제 주와 자유 주 사이에 분파적 이익이 대립했다. 내전이 폭발하기 전까지 노예제 주가 줄곧 국가정책을 주도했다. 그런 의미에서 미국은 총체적으로 노예제 공화국이었다. 1836-44년 사이에 하원에서 노예제 문제에 관한 토론을 일률적으로 금지한 '발언금지규칙'(Gag Rule)에서부터 1854년의 '캔자스 네브래스카 법'(Kansas-Nebraska Act)*에 이르기까지 노예제 주는 착실히 자기 의도를 관철시켰다. 3/5조항(Three-Fifths Clause) 때문에 그들은 의회 내에서 더 큰 대표권을 가졌다. 과세와 하원 의석수 배분을 위한 기준으로 각 주의 인구를 산정할 때 노예 숫자의 3/5을 자유민에 합산한다는 헌법 조항 때문에 노예제 주는 늘 과잉 대표되었다.[92]

'잭슨 민주주의'와 함께 미국은 1776년 이후로 다시 한번 세계 역사상 누구도 가본 적이 없는 길로 들어섰다. 19세기의 마지막 1/3시기 이전에 유럽 어디에서도 이처럼 경쟁적이며 때로는 폭력적일만큼 자유로운 논조가 가득한 '대중민주주의'를 찾아볼 수 없었다. 여러 차례 정권교체를 경험했고 보편적 남성 투표권이 실현된 후에도 각 주의 지사가 지니고 있던 권력이 아직 약화되지 않은 프랑스에도 이런 형식의 민주주의는 없었다. 가장 중요한 것은 미국과 영국이 다시 한번 각자의 길로 걸어갔다는 점이다. 영국에서 두 차례 개혁 법

* '캔자스 네브래스카 법'은 1854년에 미국이 캔자스와 네브래스카 준(準)주를 창설하여 새로운 토지를 개방한 법으로, 준주 개척자들이 노예제 인정 여부를 스스로 결정할 수 있게 허용했다. 이 법은 남북전쟁으로 가는 단서가 되었다.

안이 등장한 1832년과 1867년 사이에 대지주, 은행가, 공장주가 주축이 된 신사 엘리트 계층의 우월한 지위는 정점에 이르렀다. 문화적 동질감과 긴밀한 사회적 네트워크로 연결되어 있던 이 과두집단은 당연히 폐쇄적인 신분집단은 아니었으며, 계층이동의 통로는 넓게 열려 있었고, 정치적으로 고도로 통합을 추구하는 의식을 발전시켰다. 국왕이 더 이상 의회 다수파의 의견을 무시하고 수상을 임명할 수 없게 되자 1832년 이후로 이 과두집단은 원칙적으로 '현대' 의회주의의 틀 안에서 활동할 수 있음을 증명해 보였다. 1830년대 이후로 영국은 단순한 입헌군주국이 아니라 의회제 입헌군주국이었다. 이런 체제에서 교회의 정치적 영향력도 줄어들기 시작했으나 유럽 대륙의 많은 나라에서 이런 상황은 일찌감치 보편화되어 있었다. 같은 시기에 웨스트민스터 의사당 안의 정치가들은 사회적으로나 문화적으로도 자신들과 먼 거리에 있는 '익명의' 유권자 대중에 대해 신경쓸 필요가 없었다. 1832년의 개혁은 유권자의 범위를 성년 남성인구의 14퍼센트에서 18퍼센트로 확대시켰을 뿐이었다. 영국에서 19세기 중반은 그러므로 광범위한 민주적 합법성을 갖추지 못한 민주화 과정의 시기였지만 한편으로는 앞으로 중산층이 정치에서 중요한 역할을 해야 한다는 확신이 널리 퍼져나간 시기이기도 했다.[93] 유럽의 가장 진보적인 국가조차도 반세기 가까운 시간이 흐른 뒤에야 지방 차원에서나 국가 차원에서 민주주의의 선도적 위치에 있던 미국을 따라 잡을 수 있었다.

대다수 여성은 적극적인 시민신분에서 배제되어 있었다. 1869년에 와이오밍주가 미국에서 처음으로 여성에게 선거권을 허용했다. 여성이 최초로 선거권을 취득한 주권국가는 뉴질랜드였다. 처음에는 선거권만 주어졌으나 1919년부터는 피선거권도 주어졌다. 이것은 당시 전 세계가 찬양한 정치적 대사건이었다. 당시에는 러시아제국의 속령이었던 핀란드가 1906년 여성에게 선거권을 주었다. 유럽에서 여성이 최초로 선거권을 가진 나라가 핀란드였다. 핀란드에 이어 1913년에는 노르웨이가 여성에게 선거권을 부여했다. 두 나라에서는 민족적 정통성을 강화하는 수단으로서 여성이 필요했다.[94] 남성의 선거권 쟁취운동이 강했던 지역에서는 여성의 선거권 쟁취운동도 비교적 일찍 등장했고 운동의 열기도 더 맹렬했다. 그러나 독일에서는 여성선거권은 1867-71년에 자비로운 상부에서 내려준 '선물'이었다. 그러므로 독일의 여성 참정권운동은 영국보다 약했다.[95]

민주주의는 정도의 차이는 있지만 밑에서 위로 올라가는 구조였다. 지방 수준에서 관습을 법률로 변환시키는 기본과정은 미국 같은 혁명이후 사회만의 특징이 아니었고 서방만의 특징도 아니었다. 도쿠가와 막부 말기 일본에서 의회 같은 사물을 상상할 수 있는 사람은 거의 없었지만 지방 참여의 범위는 점차로 확대되었다. 이 과정에서 참조할만한 도시자치의 전통도 없었고 정치혁명도 일어나지 않았다. 오래된 가문이 '신흥가문'의 요구를 수용하지 않을 수 없었다.[96] 1868년의 메이지유신 초기에 행정 분권화가 실현되었고 그 후 다시 전국적 정부와 지방정부 사이의 경계가 새로 획정될 수밖에 없었다. 처음에는 지방의회를 만들자는 목소리가 높았고 1880년 이후 몇 개 현(縣)에서 지방의회가 설립되었다. 그런데 같은 시기에 중앙정부가 신문발행과 정당결성을 금지하는 등 정치적 후퇴의 움직임을 보이기 시작했고 1883년에는 촌장과 시장의 직접선거를 금지하고 이들을 중앙정부가 임명했다. 이러한 일련의 제한조치는 격렬한 항의를 불러왔다. 1888년, 일본은 중앙의 국가기관과 지방의 관계를 조정하는 법률을 제정했다. 촌장과 시장은 선출할 수 있었지만 선거는 상급 당국의 엄격한 감독하에 치러졌다.[97]

그래도 1868년 이전 구제도 시행시기와 비교하면 참여의 경로는 크게 증가했다. 1890년, 일본 역사상 최초의 보통선거는 이런 상황을 상징적으로 증명해주었다. 이때의 선거에서 다수의 사회 중상층 계층 인물이 선출되어 의회로 들어갔다. 이리하여 이전에는 정치적으로 핵심적인 지위에 접근할 수 없었던, 무사의 배경을 갖지 않은 '새로운 계층'이 정치영역에 진입했다.[98] 그러나 의회 — 언제든지 천황의 정부에 의해 해산될 수 있는 위험에 노출되어 있었다 — 가 정부와 균형을 이룰 수 있을 만큼 발전하기까지는 25년의 시간이 더 필요했다.

정치운동과 시민조직은 신분에 대한 고려에 얽매이지 않는 내부 기능을 통해 민주주의를 가르치는 학교가 되었다. 이것은 미국과 영국만의 상황은 아니었다. 평등에 대한 요구는 흔히 사람들이 평등하게 모이는 소집단, 단체, 조직을 통해 표출되며 상호 제약 없는 소통을 통해 실현된다. 더 큰 규모의, 충돌이 빈번한 정치무대에서 평등에 대한 요구는 남김없이 표현된다. 이것이 사회주의와 그것과 연관된 풀뿌리 운동의 핵심이다. 예컨대, 많은 증거가 증명하고 있듯이 초기의 독일 사회민주당은 오늘날의 정당과 같은 존재가 아니라 연합된 운동이었다.[99]

사회주의는 하층 민중의 안정감이 사라지고 조직되지 않은 빈곤층의 존재가 정치적으로 주목받지 못할 때 생겨난, 비특권 사회계층 내부의 연대와 단결을 추구하는 새로운 언어였다. 조직의 관점에서 볼 때, 볼셰비키 같은 음모가 전위정당이 되기 전의 사회주의 운동은 계급투쟁에서 집단의 이익을 대표했을 뿐만 아니라 민주주의의 실천을 의미했다. 유럽의 사회주의는 민주화 세력이었다. 사회주의 집단에는 오웬(Robert Owen), 프루동(Pierre-Joseph Proudhon), 푸리에(Charles Fourier)로 대표되는 마르크스주의 탄생 이전의 사회주의 혹은 초기 '유토피아' 사회주의, 무정부주의자 집단 가운데서 비폭력파(러시아의 귀족명문가 출신이며 훗날 스위스로 망명한 표트르 크로폿킨Pyotr Kropotikin이 대표적인 이론가이자 지도자였다),[100] 1889년 제2인터내셔널 설립에 참여한 정당의 대다수(대부분 널리 알려진 마르크스주의 정당이었다)가 결합되어 있었다. 1900년 무렵이 되자 경제적 분권주의, 상호 부조, 협동생산, 더 나아가 때로는 부르주아계급의 사유재산제를 뛰어넘는 코뮌식 생활방식 같은 애초의 이상은 빛이 바래졌으나 당과 노동조합—대외적으로는 구성원의 권익을 대표하고 대내적으로는 아직도 상호 부조의 기능을 했다—을 통해 개별적인 희망과 이상을 표현한다는 구성원의 열망은 식지 않았다. 1914년 이전의 유럽에서 노동자 정당이 집권한 국가는 단 한 곳도 없었으나 19세기 유럽의 몇몇 사회주의 유파가 앞장서서 보여준 민주적인 사고방식은 1차 세계대전 이후 민주화 과정을 준비하는 데 적지 않은 역할을 했다. 이미 1차 대전 이전에 유럽과 영국의 자치령에서는 사회민주주의 운동이 꾸준히 성장하고 있었고 그 사상의 중요 부분은 마르크스주의의 혁명예정론을 벗어나는 경향을 보였다. 이런 경향은 독일에서는 에두아르트 베른슈타인(Eduard Bernstein)과 그의 동지들이 내세운 '수정주의'(Revisionism)로 나타났고 영국에서는 사회문제를 더 이상 필요악으로 보지 않고 정치의 중심에 세우는 '신자유주의'(New Liberalism)로 나타났다.[101] 사회자유주의와 민주사회주의는 정치의 개혁이란 면에서는 뜻을 같이했다. 그러나 이런 상황은 중부, 서부, 북부 유럽의 소수 국가에만 국한되었을 뿐이었으며 러시아와 같은 전제체제하에서는 압박에 눌린 반대파가 급진적 혁명이란 수단에 호소할 수밖에 없었다. 미국의 경우에는 조직적인 사회주의 운동은 주목을 받지 못했고 자유주의 사상과 온건한 사회주의 사상이 20세기 30년대 루스벨트 정부의 뉴딜 정책을 통해 서로 접하게 된다. 그러므로 미국에서도 이런 상황은 나타나지 않았다.[102]

4. 행정

 1차 세계대전 전야까지도 헌법적 질서로서의 진정한 민주주의는 세계의 극소수 지역에서만 존재했다. 중국과 멕시코 같은 규모가 큰 나라는 헌법 조문으로는 공화국이었지만 헌법적 질서라는 의미에서는 민주주의가 아니었다. 보편적으로 국가는 참여의 장이라기보다는 통치기구였다.[103] 국가는 좁은 의미에서든 넓은 의미에서든 전혀 다르게 정의될 수 있다. 많은 소규모 사회는 통치자의 주변에 보좌하는 참모가 한 사람도 없다는 의미에서 '국가가 없는 사회'였다. 어떤 사회는 소규모 참모집단이 있기는 해도 불안정하고 제도적으로 분화되어 있지 않아서 '국가의 기능'이란 것이 정상적으로 작동하는 기회를 기대하기 어려웠다. 19세기의 관용어를 빌리자면 '원시적'인 사회의 국가만 미약한 존재가 아니었다. 여러 방면에서 정치적 현대화의 특징을 갖춘 정치 공동체인 미국에서도 사람들은 복종을 요구하는 유럽적인 의미의 권위주의 국가에 흥미를 갖지 않았다.

 미국 시민들의 관점에서 보자면 공개적으로 표현된 투표권자의 의지를 통해 합법성을 갖추지 못한 권위는 구시대의 낡은 유물이었다. 낡은 유럽적 관념의 '국가'(state)와는 달리 '정부'(government)에게는 짊어져야 할 의무가 있었다. 세기가 바뀌는 무렵에 소수의 정치학자들이 추상적인 범주로서 미국적 의미의 '국가'를 거론하기 시작했다.[104] 여러 면에서 영국의 법 관념에서 나온 무국가(無國家)개념이 어느 정도는 현실과 충돌한다는 것은 다른 문제였다. 미국의 변경에서, 특히 새로 편입된 서부의 판도에서 연방정부와 새로운 판도의 지방 행정기관 ─ 민주적 합법성이 취약한 경우가 많았다 ─ 은 행정구역 획정이라는 고전적·전통적 정치기능을 완수했다.

좁은 의미의 국가에 대한 정의는 국가와 사회의 개념적 구분을 강조한다. 유럽의 오래된 정치이론과 세계 다른 지역의 유사한 개념을 탈피한 이 정의는 국가를 가장의 지배를 받는 가부장적 대가족으로 보는 관념과 명백히 거리를 두고 있다. 국가와 사회가 서로 다른 영역으로 분리된다면 국가 전체는 하나의 대가족이 될 수 없다. 존 로크가 『정부론』(*Two Treatises of Government*) 제1부에서 격렬하게 비난한 관념 ─ 통치자는 백성을 보살필 의무가 있고, 백성을 징벌할 권력을 갖고 있으며, 당연히 대가족의 가장으로서 존경받아야 한다 ─ 은 18세기 유럽에서는 이미 역사의 무대에서 사라졌지만 왕조 말기의 중국의 국가이론에서는 완강하게 명맥을 유지하고 있었다.

'합리적' 관료제도

국가는 사회 바깥에 존재하는 구조라는 개념은 근대 초기의 유럽에서 몇 가지 다른 경로를 따라 발전했다. 모든 유럽사회가 천편일률적으로 동일한 '전제주의' 발전경로를 거치지는 않았다.[105] 근대 초기의 국가는 다음 세 가지 과제를 해결하기 위해 관료 제도를 갖춰야 했다. 첫째, 각 행정구역의 통합을 유지하기 위한 행정관리 기능. 둘째, 국고의 충실. 특히 원활한 전비조달(근대 초기의 유럽에서 국가의 전쟁 기능은 그 어떤 기능에 우선했다). 셋째, 사법체계의 조직과 운영(삼권분립 이전 시대에는 '국가'가 사법체계를 책임졌다. 삼권분립은 18세기 말이 되어서야 북아메리카와 유럽에서 점진적으로 실행되었다). 그러나 1800년 이전 유럽에서 법원의 재판권을 국가가 독점한 상황은 어디에도 존재하지 않았다. 전제적 통치가 행해지는 중앙집권체체하에서도 왕실법정이 모든 것을 장악하지는 않았고 시정부, 특정 계층, 특수기관(예컨대 대학), 현지 귀족지주(프로이센의 이른바 영주재판권)가 처리하는 영역이 유보되어 있었다. 교회, 수도원, 기타 종교기구는 늘 자신의 법률을 근거로 구성원을 상대로 재판했다. 이슬람 세계에서 세속법과 종교법은 분명하게 분리되어 있지 않았으며 최소한 둘 사이에 겹치는 부분이 많다고 말할 수 있다. 왕조 시대의 중국에서는 국가가 승인한 교회가 없었기 때문에 유럽의 교회법에 해당하는 종교법규가 존재하지 않았다. 그러므로 국가의 사법 독점 현상은 대부분의 유럽 국가보다 심했다. 중국의 황제가 임명한 관원은 가장 낮은 품계의 관원일지라도 ─ 각 현에 한 사람뿐이었다 ─ 전능한 존재여서 온갖 사법 안건을 처리하는 전지전능의 존재가 되어야 했다. 사형판결은 황제의 직접 비준을 받았다. 그러므로 추상적인 국가화란 관점에서 보자면 대략 1800년 이전 청 왕조의 사법체계는 유럽의 법제보다 더 '현대적'이었다. 법치라는 개념이 같은 의미로 해석되었는지는 알 수 없으나 청 왕조는 1740년 이후로 같은 시기 유럽과 비교될 수 있는 세속 법전을 보유하고 있었다.[106]

근대 유럽에서 세습적 행정관리가 오늘날 우리가 알고 있는 합리적 관료제도로 바뀌었다. 막스 베버가 등장한 이후로 이것은 의문의 여지가 없는 역사사회학 지식이 되었다. 이런 전환은 19세기에 발생했으며 프랑스대혁명이 그 시발점이었다. 그러나 역설적이게도 프랑스대혁명에 의해 태어난 국가 관료제도가 그 규모와 운영효율에 있어서 혁명에 의해 무너진 부르봉왕조의 전제제도를 훨씬 능가했다.[107] 나폴레옹이 이 국가관리 모형을 프랑스 이외의 지역으로 전파했다. 유럽 각국에서 이 모형이 수용되는 과도기의 속도는 다양했고 수용의 강도와 범위도 천차만별이었다.[108] 국가 행정관리 제도가 고도로 통합적이며 순조롭게 기능하는 소통의 도구로 발전하는 데는 한 국가의 일반적 정치문화, 정치체제의 성격, 사회 기반시설이 결정적인 영향을 미쳤다. 모든 요소에서 큰 차이가 없다하더라도 두 국가의 관료제도가 완전하게 동일한 경우는 없었다. 예컨대, 19세기 중반 바바리아의 관료체제는 프로이센의 관료체제만큼 위계가 엄격하고 권위주의적이지 않았다.[109] 프랑스와 독일 대부분의 지역에서 공무원은 부르주아계급 또는 신흥귀족이 주류를 이루었으나 오스트리아에서 러시아에 이르는 중부유럽과 동유럽 각국에서는 방대한 국가 행정기관이 주로 사회적 지위를 상실한 하층 귀족에게 취업의 기회를 제공했다. 이 광대한 지역에서 헝가리의 부분적인 예외를 제외하면 행정권력을 유효하게 견제하는 대의기관이 없었다. 그러므로 이 지역의 19세기 후반은 권위주의적 군주제 체제 — 현대적인 '유럽식' 통치방식이라기보다는 '아시아적' 통치방식이라고 해야할 — 내부에서 관료통치가 시행된 중요한 시기였다.[110]

19세기 말 유럽의 모든 지역에서 '합리적인' 국가 관료제도가 실제적으로 작동하고 있지는 않았지만 최소한 규범적인 개념으로서는 인정되고 있었다. 이 개념에 따르면 현대의 국가 행정기관은 공무원의 복무규정을 바탕으로 하여 세워져야 하며 모든 통치자는 국가 세수로 공무원을 부양해야 할 책임을 진다. 부패는 바람직하지도 않고 (급여수준이 적절하다면) 일어나지도 않을 것이다. 행정기관은 공정해야 하며 법의 견제를 받아야 하고 원칙적으로 감사를 받아야 한다. 관료기구 내부의 위계는 투명해야 하며 승진은 모든 구성원이 알고 있는 경로(연공이나 업적)를 따라 이루어져야 한다. 공무원 임용은 전문지식과 자격을 기준으로 이루어져야 하며 족벌주의나 어떠한 특수 관계도 배제되어야 한다. 매관매직은 절대 허용되어서는 안된다. 행정기관의 업무는 문서를 통해 행해져야 하며 따라서 문서관리 체계가 수립되어야 한다. 행정기관 내부에서는 필요하다면 공무원을 대상으로 한 특별한 상벌규정을 만들 수 있지만 국가의 보편적인 법체계 안에서 제정되어야 한다.[111]

현대적 의미의 효율적인 정부는 구체적으로 언제 형성되었는가 하는 문제는 명쾌한 답을 찾기 어렵다. 실용적인 관점에서 접근하자면 정부는 다음과 같은 조건을 갖추었을 때 현대적 정부라고 할 수 있을 것이다.

1) 평범한 백성이 강도 집단의 존재 때문에 공포를 느끼지 않을 수 있을 만큼 국가경찰권이 효과적으로 작동할 때. 다시 말해 국가의 폭력독점이 실현되었을 때.
2) 법관이 국가로부터 임명되고 보수를 받을 때. 법관이 업무수행과 관련해 해임당하지 않으며 기타 국가 행정기관으로부터 영향을 받지 않을 때.
3) 재정관리 부문의 직접세와 간접세 징수에 있어서 규칙성이 보장되어 있으며 민중이 국가의 세수요구가 합법적이라고 인정할 때(징세인이 더 이상 민중으로부터 구타당할 위험이 없고 대규모 탈세 상황이 등장하지 않을 때).[112]
4) 능력이 입증된 사람만 공무원으로 임명될 때.
5) 민중과 국가기관 종사자의 접촉 과정에서 부패행위는 당연히 처벌받아야 하는 악행으로 인식되고 있을 때.

19세기의 마지막 1/3시기 이후로 민간경제 부분에서 점차로 국가관료제도를 대규모로 복제하기 시작했다. 관료제도는 프로이센과 나폴레옹시대 프랑스의 흔적이 분명하게 남아 있는 유럽의 발명품이었다. 그러나 유럽 이외에 중국, 오스만제국, 일본에도 관료제도의 전통이 있었다는 사실은 부정할 수 없으며 이들의 관료제도는 '전근대적'이라거나 '세습적'이었다고 서둘러 평가절하해서도 안 된다. 19세기에 이들의 전통은 서방의 영향과 충돌하면서 다양한 결과를 낳았다. 여기서는 영국령 인도, 중국, 오스만제국, 일본 네 나라의 사례를 들어 이를 설명할 것이다.

아시아의 관료제도, 인도와 중국

19세기에 유럽의 식민지는 식민 종주국에 비해 일반적으로 관료화의 정도가 낮았다. 식민정부는 양면성을 갖고 있었다. 한편으로 식민정부는 독점적 통치도구——군대, 경찰, 징세기관——를 이용해 국가의 영토를 단일한 통치단위로 묶어냈다. 식민 국가는 법률과 법률을 근거로 하여 심판하는 법관을 식민지에 이식했다. 식민정부는 과거에는 흔히 사용되지 않던 방법(종족과 종교를 기준)으로 현지 인구의 통계를 작성했지만 이 방법은 점차 하나의 규범으로 자리 잡아 현실생활에 영향을 미치기 시작했다. 식민정부는 행정구역을 획정하고 협력해야 할 현지 지도자를 확정하기 위해 부족 혹은 종교단체, 심지어 카스트를 기준으로 인도 인구 전체를 조사했다. 아프리카, 인도, 중앙아시아 대부분 지역에서 유럽의 식민 국가기구가 설치된 후 이런 행정관리가 실현될 수 있었다. 다른 한편으로 식민정부는 전능의 괴물이 아니었다. 현장에서 동원할 수 있는 인원은 극히 부족했기 때문에 광대한 식민지 판도 전체를 '철저하게 국가통제하에' 둔 경우는 드물었다.

상술한 모든 내용은 세계에서 가장 큰 식민지 인도의 실제 상황이었다. 인도에서 유럽인 식민지 관리인원과 인도 '백성'의 인구 비례는 통치에 극도로 불리했다. 그럼에도 불구하고 인도는 (19세기의 모든 식민지 가운데서 유일하게) 가장 표본적인 관료제도를 수립했다. 1880년 무렵 인도의 관료화 수준은 영국보다 높았다. 이런 상황은 양적인 면에만 국한된 것이 아니었다. 인도의 관료기구는 주어진 정책 방향 아래서 행정적 집행을 담당하는 보조기구가 아니라 관료 전제제도라고 불러야 할만큼 통치체계의 핵심이었다. 바로 이런 점에서,

중국제국과 유럽의 정치제도를 비교할 때 인도 식민정부는 중국제국에 훨씬 더 가까웠다. 둘 사이에는 그 밖에도 몇 가지 유사한 점이 있었다. 예컨대 중국의 국가 관료제도와 (식민지) 인도문관제도(ICS: Indian Civil Service)의 핵심은 매우 뛰어난 재능과 높은 사회적 위신을 갖춘 관료집단이었다. 수도 이외의 지역에서 이 관료들은 관료 위계체계의 가장 낮은 계층——중국에서는 지현(知縣), 인도에서는 징세관(徵稅官, collectors)——을 대표했다. 두 직위의 직책은 아주 비슷했다.[113] 양국의 지방관은 여러 직책을 겸직했다. 그들은 지방 행정관리의 책임자이면서 징세원이자 법관이었다. 그들은 전문적인 교육과 훈련을 받았고 여러 단계의 치열한 시험을 거쳐 선발되었다. 이런 시험은 중국에서는 천 년을 넘는 역사를 갖고 있었다. 유럽인들이 중국의 시험제도를 알게 되었을 때 찬탄을 금할 수 없었다. 1854년에 이 시험제도를 도입하여 관리를 선발하자는 전문가들의 제안이 있었고 1870년 이후로 영국은 이 방식을 시행했다. 인도의 식민지관리뿐만 아니라 영국 본토의 고급 관료——중앙부서 수준——도 모두 이 방식을 통해 선발되었다. 영국의 (인도) 식민지 관료제도는 국가가 없는 정치지평에서 어느 날 갑자기 솟아오르지 않았다. 무굴제국과 그것을 계승한 역대 정부의 핵심은 중국과 베트남 같은 관료조직이 아니었다. 그들은 문관의 다양한 위계와 성숙한 문서제도를 갖추고 있었지만 엄격하고 세밀한 공무원 관리체계를 갖지 못했다. 인도문관제도(ICS)는 그러므로 당시에 존재하던 기반 위에서 제한적으로 수립될 수밖에 없었다. 인도문관제도는 동인도회사의 관리체계를 직접 이어받았다. 동인도회사는 18세기에 세계에서 가장 복잡한 조직구조 가운데 하나였지만 여러 면에서 현대적인 특징을 갖추고 있었다. 직위의 분배는 객관적인 업적평가를 바탕으로 하지 않고 여전히 후견제도(Patronage)를 지키고 있었다. 근대 초기의 유럽 정부 가운데서 후견제도는 매우 성행했다. 프랑스에서는 나폴레옹이 시행한 업적을 기준으로 한 정부관리(管理)의 합리화 조치 때문에 이런 방식이 억제되었다. 영국에서는 1871년까지도 군대 내부의 장교직위도 사고팔 수 있었다. 대략 이때쯤부터 중앙 부서에서 임용하는 관리는 (귀족출신이 장악하고 있던 외교부는 제외하고) 반드시 자격시험을 거치는 것이 관례가 되었다. 그런데 인도에서는 동인도회사가 막을 내리기—1857년 인도대봉기 후에 이 회사는 해산되었다—전인 1853년에 이미 이런 방식을 채택했다.[114]

인도문관제도는 군대와 함께 영국의 인도 식민지배를 떠받치는 제2의 지주였다. 어떤 기구를 평가할 때 주어진 목표의 달성 여부를 기준으로 한다면 최소한 1차 세계대전 이전이라면 인도문관제도는 매우 성공적인 기구였다. 인도의 세수(稅收)는 끊임없이 정부의 금고로 흘러들어 왔다. 1857년의 인도대봉기 이후로 내부 정세가 고도로 안정되었던 것은 단순히 군사적 강제조치 때문만은 아니었다. 뛰어난 대우와 높은 명성 때문에 인도는 영국제국의 시민 엘리트들이 모여드는 곳이 되었다. 인도 근무를 통해 부를 축적하고 조기 은퇴해 금의환향한 후 걱정 없는 신사 생활을 할 수 있다는 전망은 열대의 힘든 생활환경을 이겨낼 수 있는 힘의 원천이었다. 지금도 인도의 관료제도 안에는 식민지시대의 흔적이 남아 있다. 1차 세계대전 이후로 행정기관의 점진적인 인도 민족화 과정이 시작되었고 이 때문에 1947년 이후 인도공화국은 식민지시대를 극복하려면 어쩔 수 없이 이 제도를 거부해야 하는 곤경에 빠지지 않을 수 있었다. 독립 후 인도정부는 이 제도를 행정관리체계로서 계속 사용했다.[115]

인도의 관료체제는 유럽으로부터 이식되었지만. 유럽 표본의 단순한 복제가 아니라 인도의 특수한 현실 상황과 결합해 발전했다. 중국은 식민지로 전락한 적이 없고 단지 일본 통치하의 변경지역—1895년 이후의 타이완, 1905년 이후의 만주(1931년 이후 규모가 더 커졌다)—에서 일정 규모의 식민지 국가기구가 생겨났다. 그러므로 중국의 옛 관료제도 전통은 식민주의의 간섭을 받지 않은 상태에서 19세기 말까지 유지되었다. 1905년 청 정부가 과거제를 폐지하자 전통적인 관료제도는 종결되었다. 그러나 새로운 공화제라는 조건 하에서도 정신적인 관료제도는 여전히 존재했으며 1949년 이후 중국공산당의 통치하에서도 연속되었다. 현재에도 전국의 각급 정부와 당 조직은 이 거대한 국가를 응집시키는 가장 중요한 제도적 형식이다. 18세기에 중국의 국가 관료기구의 운행효율은 정점에 이르렀다. 관료기구는 당시 세계에서 기능 분배가 가장 '합리적'이고, 규모가 가장 크며, 가장 성숙되고, 가장 많은 직능을 담당한 관료제도였다.[116]

19세기 말의 유럽인에게 중국의 관료제도는 이미 전현대적이고 당대의 요구에 적응하지 못하는 관료제도로 비쳤다. 일부 서방국가의 관찰자들은 자신들도 부패의 악습을 극복한 지 수십 년밖에 안 되었으면서 멸시하는 태도로 중국 '관료'의 부패를 비판했다.[117] 관료가 국가의 경제현대화를 실시할 능력이 없다는 사실은 나아가 중국의 국가이성(Rationalität des chinesischen Staates)에 대한 회의를 강화시켰다. 당시의 이런 시각은 나름의 근거와 설득력을 갖고 있었다. 중국 관료제도는 낮은 급여 때문에 관료들이 '관직을 이용해 재정적 결핍을 해결'하는 문제를 안고 있었다. 관리가 되기 위해 받아야 했던 압도적인 인문-철학 위주의 교육으로는—개혁을 시도한 일부 관료가 없지는 않았다[118]—현대 기술전문가 체제의 요구에 적응할 수가 없었다. 매관(買官)현상(국가재정의 부족 때문에 생긴 문제이다)으로 일부 자격미달의 관료가 관료체제에 진입했다. 가경(嘉慶)황제가 세상을 떠난 1820년 이후로 관료집단의 엄격한 정직과 기율을 강조하는 강력한 군주가 나오지 않았다. 이 밖에도 몇 가지 일반적인 문제가 있었다. 청 정부는 1895년 이전에 국가의 양대 지주인 군대와 재정관리 부문을 개혁할 시기를 놓쳤다. 군대는 힘겹게 제국의 아시아 내륙 변경을 지켜냈지만 유럽 열강을 막아내지 못했다. 토지세와 인두세에만 매달린 세수체계는 이미 시대에 한참 뒤진 물건이었다. 청 왕조는 말기에 이미 회복의 가망이 없는 재정결핍에 빠져 있었다. 청 왕조가 유럽의 행정관리 방식을 받아들여 — 외부세계에서 도입한 유일한 행정관리 방식이었다 — 재정고갈 문제를 완화하지 않았더라면 재정상황은 훨씬 더 심각한 지경에 이르렀을 것이다.

1863년 이후 청제국의 총세무사(總稅務士)를 맡았던 북아일랜드인 로버트 하트(Robert Hart. 1893년에 Sir Robert가 된다)가 세관제도(大淸帝國海關: Imperial Maritime Customs)를 만들었다. 하트가 이 직위에 오를 수 있었던 이유는 서방국가의 압력도 있었지만 그 자신이 세계의 무역대국을 위해 정보수집자의 역할을 맡았기 때문이었다. 그러나 그는 품계가 매우 높은 청 왕조의 고위 관료였고 형식상으로는 황제의 신하였다. 그 자신의 설명에 따르면 하트는 영국과 청 두 나라를 섬기는 문화조정자의 역할을 했다. 세관업무는 기본적으로 중국인 조수들이 수행했다. 세관 조직의 구조는 중국 관료조직의 위계를 받아들였으나 핵심 직책에는 고액의 급료를 받는 유럽의 전문가가 앉아 있는 인도문관제도와 본질적으로 유사했다. 조직의 규모는 인도문관기구에 비해 작았으나 융통성 없는 인도문관기구와는 달리 여기서는 영국인이 명확히 드러나지 않게 주도적인 지위를 차지했다.

대청제국해관 총세무사는 운영 성적이 너무 좋아서 중국정부는 꾸준히 늘어나는 대외 무역을 통해 재정수입을 확대할 수 있었다. 중국 지방행정 당국의 전통적인 — 기본적으로 농민을 통치하는 — 관리방식을 택했더라면 이런 성적을 거둘 수는 없었을 것이다. 하트 경을 분노하게 한 것은, 1895년 이후로 열강이 여러 수단을 동원하여 직접 세관수입을 장악하게 되었다는 사실이었다. 대청제국해관총세무사는 한편으로는 열강의 손안에 든 도구로서 '불평등조약'을 통해 중국의 관세주권을 제약하는 역할을 했고, 다른 한편으로는 청렴, 정직, 투명한 회계 등 서방의 행정관리 원칙 위에서 운용되는 중국의 국가 행정기관이었다.[119]

하트가 이끄는 이 기구가 중국의 기타 국가 행정기관에 미친 영향은 제한적이었다. 새로운 세기에 들어와서야 청 정부는 행정개혁을 실시했고 개혁은 민국 초기까지 지속되었으나 성과는 극히 미미했다. 그럼에도 불구하고 중국의 관료제도를 평가할 때 19세기 유럽의 풍자만화를 액면 그대로 받아들인다면 큰 오류를 범하게 된다. 중국(또한 베트남)의 관료제도는 완전히 '전현대적'이지는 않았다. 중국의 관료제도는 두 가지 측면을 결합한 것이었다. 하나의 측면은 가족관계 또는 후견관계를 초월한 비인격적 원칙을 지킴으로써 고도의 능력위주 인재선발방식을 실현했다는 것이다. 조선의 경우는 더 나아가 이런 원칙과 세습귀족의 지속적인 고위 행정직 점거 현상이 상호 용납될 수 있음을 보여주었다.[120]

중국의 관료제도에서 행정관리 행위는 이론적으로는 성과 지향적이어야 하며, 관료기구 내부에서 상호 설명할 의무를 지고, 일정 정도 법규범에 부합되어야 했다. 이 모든 것은 사회학적 기준에 따르면 '현대적'이었다. 다른 한 측면에서 보면 중국의 관료제도는 모든 시민 또는 신민이 평등하다 — 현대 행정의 필수적 전제조건이다 — 고 보지 않는, 부자간(父子間)의 존비(尊卑)관계를 특히 강조하는 유교적 규범이 행위를 규정하는 사회에서 실질적 정의라는 윤리원칙과 조화를 이루어야 했다. 이런 내부 모순이 거의 전 세계가 합리적 국가를 추구하는 과도기에 중국형 관료체제가 당면한 주요 문제였다.[121] 전통 관료기구는 애국주의의 영향을 받아 정치화된 집단과 소통할 능력이 없었다. 관료기구는 세기가 바뀔 무렵 중국에서 발생한 혁명운동 앞에서 속수무책이었다.

아시아의 관료제도, 오스만제국과 일본

19세기에 서방으로부터 오는 영향을 마주한 중국의 관료적 전통은 상당한 저항력을 갖고 있음을 증명했다. 국가 행정기관 내부의 구조와 윤리는 거의 변하지 않았다. 중국 관료기구는 최소한 최후를 맞이하기 직전까지도 중요한 임무 가운데 하나인 국가영토의 통합을 지켜냈다.

오스만제국 변혁의 길은 더 길었다. 같은 시기에 전통적인 필사원(筆寫員, kalemiye)의 직능과 신분에 변화가 생겨 19세기 30년대부터 관원(官員, mülkiye)이라 불리기 시작했다. 물론 이 과정은 유럽 모형, 특히 여러 면에서 유사한 프랑스 모형의 단순한 모방이 아니었다. 외부세계와 긴밀하게 접촉하는 외교부문에서 개혁의 절박성을 감지했던 것이다. 그러나 그 후 얼마 되지 않아 오스만제국 내부에서 간단한 모방에 의존하지 않고 행정관리의 새로운 규범, 새로운 역할, 전문직업화를 지향하는 자체적인 개혁동력이 생겨났다. 오스만제국에서 (유럽이나 중국과 마찬가지로) 수백 년 동안 통용되었던 후견관습이 하루아침에 합리적이고 객관적인 기준을 따르는 인사정책으로 대체되지 않았다. 두 가지 조류와 관념은 충돌하면서 동시에 서로 영향을 주었다.[122] 1839년 이후의 탄지마트(Tanzimat) 개혁*은 새로운 관료계층을 제국의 핵심적인 엘리트계층으로 만들어 놓았다. 1890년, 이 직업 공무원 집단의 숫자는 최소 3만 5,000명이었다. 백년 전에 수천 명의 필사원은 모두 수도 이스탄불에 집중되어 있었지만 1890년이 되자 이스탄불에서 일하는 공무원은 소수의 신식 고급관원뿐이었다. 오스만 관료체제의 지방화는 19세기 후반에야 중국이 수백 년 전에 걸어간 길을 따라갔다.[123] 오스만 관료계층은 중국

* 1839-76년 실시된 오스만제국의 개혁 정책. 탄지마트는 터키어로 '개편'이라는 뜻이다.

과 같은 경험이 없었다. 그러므로 오스만 관료체제는 중국보다 '현대적'일 수 있었다. 중국의 관료체제는 지나친 경로의존성 때문에 낡은 방식에서 벗어나기가 쉽지 않았고 개혁을 시작하기 위해서는 비상한 에너지가 필요했다.

일본의 현대 관료체제도 전통적인 배경, 서방의 표본, 일본 자체의 현대화 의지라는 세 가지 요소의 작용으로 생겨났다. 도쿠가와 시대 이후로 일본은 대량의 행정인재를 갖게 되었지만 인재가 중앙정부에 집중되었던 중국이나 오스만제국과는 달리 다이묘(大名)의 영지인 '번'(藩)에 집중되어 있었다. 1868년의 메이지유신 이후로 일본은 대다수 국가에 비해 전국적인 국가 관료제도를 세워야 할 필요가 (대혁명 시기의 프랑스만큼) 절실했다. 도쿠가와 막부가 통치하던 평화로운 시기에 검객에서 문인으로 변신한 사무라이의 행정관리 경험은 메이지유신 시기에 더 넓은 범위에 적용되었다. 메이지유신 실시 10년 뒤인 1878년에 일본은 나폴레옹 집정 정부 시기에 프랑스가 추진한 전문적인 행정체계 — 자문기구와 모든 단계의 자치정부는 단지 종속적인 역할만 했다 — 를 표본으로 하여 전국적인 범위에서 국가 행정을 철저하게 합리적인 체계로 개혁했다. 개혁 후에 일본 역사상 전례가 없는 전국적인 범위의 완벽한 관료 위계체제 — 최고 행정기관인 내각에서부터 새로 설치된 현의 지사를 거쳐 가장 밑바닥의 촌장에 이르기까지 — 가 형성되었다.[124] 영국이 관리 선발 고시제를 시행하고 나서 얼마 뒤 1881년에 일본도 고급 공무원을 임용할 때 이 방법을 채용하기 시작했다. 이때부터 전통적인 후견제 요소는 빠르게 사라졌다. 단지 각 부문의 최고 직위만 최고 지도자가 임명했는데, 이것은 유럽에서도 통용되던 관습적 임용 절차였다. 세기가 바뀔 무렵 일본의 국가 행정체제는 막스 베버가 말한 '합리적 관료제'의 교과서적 표본이 되어 있었다. 유럽에서도 이처럼 분명한 현대적 형태의 행정기구는 흔치 않았다. 그러나 일본에서는 (프로이센, 오스트리아, 러시아처럼) 비판적 공적영역과 정당제도가 수립되기 전에 관료체제의 현대화가 이루어졌기 때문에 메이지 시대의 과두적 정치 지도층이 경계를 늦추자 곧바로 통제되지 않는 관료주의의 위험이 나타났다. 이러한 경향의 결과는 20세기 초에 분명하게 드러나게 된다.

메이지 시대 초기 10년 동안에는 이런 상황이 나타날 위험이 비교적 적었다. 이것은 새로운 정치질서의 혁명적 근원과 관련이 있었다. 메이지 지도층은 전통적 합법성을 갖지도 않았고 (나폴레옹 이전의 프랑스 혁명정권처럼) 대의제나 국민투표 방식을 통해 하층 민중으로부터 합법성을 인정받지도 않았기 때문에 업적을 통해 충분한 통치능력을 갖추었음을 증명하고 합법성을 확보해야 했다. 그런 업적 가운데는 '봉건적' 후견-충성관계를 뛰어넘는 공무수행 윤리를 수립하고 일본을 세계 강대국 사이에서 경제적·군사적 강국으로 우뚝 서게 하는 데 헌신하는 목표 지향적 관료기구를 건설하는 일이 포함되어 있었다. 그들은 사무라이 계층의 관리 전통과 영국, 프랑스, 독일 세 나라의 국가 행정관리 경험을 결합시켰다. 오스만제국이 그러했듯이 이 결합은 유럽의 정부관리 모형을 수입하는 것으로 끝나지 않았다. 일본은 독특한 관료제도의 현대적 형식을 찾아냈다. 그러나 그것은 절반의 현대성이었다. 메이지시대의 정치질서에서 개인의 자유와 인민주권은 낯선 사상이었다. 일본에서 통치자와 피통치자의 계약관계라는 유럽적 관념은 존재한 적이 없었다. 이리하여 군주 가부장제는 합리적 관료체제의 시대에도 지속될 수 있었다. 일본의 1889년 헌법은 천황은 만세일계(萬世一系)이며 '신성불가침'의 존재로서 통치권을 독점한다고 규정함으로써 유럽 모형을 이탈했다.[125]

이러한 집단주의적 또는 조직적 국가관을 논증하기 위해 메이지 말기의 통치자들은 1825년에 유학자 아이자와 세이시사이(會澤正志齋)가 처음 주창한 일본 국체론(國體論)을 끌어왔다.[126] 이 이론에 따르면 천황은 '가족국가'의 최고 가장이며, 가족국가는 통일된 국가의지를 따라야 하며, 가족국가에서 신민은 천황과 천황이 임명한 정치기구에 충성을 바치고 순종해야 할 의무가 있다.[127] 그러므로 일본의 관료체제는 세계에서 가장 합리적인 체제였으나 존립 목적은 시민에 대한 봉사가 아니라 상층부에서 설정한 국가목표를 완성하는 것이었다. 현대화된 권위주의 국가는 — 1871년 이후의 독일제국과 같은 사례는 많다 — 합리적인 관료체제가 성장하기에 좋은 지형을 제공했다. 정치제도와 이념이 현대적이지 않아도 국가 행정기관은 고도로 현대화될 수 있었다. 궁극적으로 관료기구화가 자유로운 정치질서와 정치문화의 틀 안에서 발생하는지 그렇지 않은지 사이에는 큰 차이가 있다.

국가의 전방위 개입

그러나 이것은 국가 관료제도를 분석하는 방법 가운데 하나일 뿐이다. 똑같이 중요한 또 하나의 방법은 관료체제가 정치생활의 여러 단계에서 어떻게 개입하고 있는지 살펴보는 것이다. 그 가운데 예로부터 중요한 문제가 농촌에서 국가가 어떤 모습으로 나타나는가 — 농민자치, 지방 상층계급의 패권, 기층 행정기관의 개입이란 삼각관계가 어떤 관계를 형성하는지 — 하는 것이다.[128] 19세기 후반에 여러 국가가 당면했던 또 하나의 중요한 문제는 광대한 영토를 가진 민족국가 또는 제국의 행정관리의 통일을 어떻게 이루어내느냐 하는 것이었다. 중국제국과 합스부르크제국(이 나라의 가장 중요한 통치기구는 행정관리 기구가 아니라 군대였다)에서 제국의 속국들 사이의 오랜 연맹은 성공적으로 유지되었다. 독일은 1866년 북독일연방과 1871년 독일제국의 성립 이후 국가 행정통일 면에서 갈수록 힘든 도전에 직면했다. 일본은 1871년부터 농민들이 영주에 대항하여 봉기하자 막부의 번 제도를 폐지하고 프랑스의 제도를 모방하여 부(府)와 현(縣)으로 나누는 폐번치현廢藩置縣 정책(중앙정부 통제)을 정책을 실시했다.[129]

한 나라의 중심지역이 아니라 외곽지역에서 관찰한다면 국가 주도 중앙집권화의 장애와 한계가 보다 분명하게 드러날 것이다. 그러므로 독일제국의 내부 구조를 작은 제후국의 시각에서 살펴보고, 훗날 현으로 바뀌는 번의 시각에서 일본 메이지시기의 국가통일을 점검해보며, 한 성(省)의 관점에서 출발하여 청제국 말기의 중국 정치사를 관찰하는 것도 의미 있는 일이 될 것이다.[130]

유럽에서도 전통국가에서 합리적 국가로 가는 과도기는 근대 초기가 아니라 19세기였다.[131] 관료제도의 수립과 정부활동의 확장은 불가피하게 연결될 수밖에 없었고 세계적인 범위에서 이 과정을 관찰할 수 있었다. 이 과정은 공업화의 부수적 현상이 아니라 많은 경우에 공업화에 앞서서 발생했다. 알렉산더 게르셴크론(Alexander Gerschenkron)은 공업화 후발국가일수록 정부의 규제자이면서 촉진자로서의 역할이 증가한다고 지적했다. 그 좋은 사례가 일본과 러시아다. 정부기관과 정부행위의 확대는 몇 가지 다른 경로로 진행된다. 관료제도의 효율――정보처리 능력――과 정책을 결정하고 집행하는 속도는 나라마다 차이가 있었다. 느리기로 이름난 합스부르크제국 관료제도를 개혁하는 데는 많은 시간이 필요했다. 고도로 자기조직화된 사회라면, 특히 자본주의 시장경제를 건설하는 과정에서는 단출한 정부가 비대하고 규칙과 절차에 얽매인 관료제도보다 효율적이었다. 영국의 예가 이것을 증명한다. 관료화 과정이 꾸준한 경우는 드물었고 심지어 후퇴하는 현상도 생겨났다. 내전시기의 미국에서 북부의 국가기관은 규모가 크게 팽창했다. 전후의 재건계획은 이런 경험을 남부로 확장하는 것이었다. 그러나 중앙집권에 반대하는 현지 세력, 심지어 정부에 적대적인 남부의 세력이 강해져서 재건계획은 실패했다. 그 후 19세기의 마지막 25년 동안에 북부에서 자유로운 자본주의가 급성장하면서 통제형 국가를 요구하는 목소리는 전반적으로 사라졌다.[132] 유럽에서는 이런 현상이 상대적으로 적게 나타났다. 영국을 제외하면 정치적인 의도에서 나온 '야경국가'란 관념은 예외적인 현상이었다. 1914년 무렵 유럽의 여러 나라에서 최소한 다섯 가지의 관료제 특징이 실현되었다. ① 공무원에게 지급되는 고정적인 보수. ② 전문능력과 자격을 기준으로 한 공무원의 임용과 발탁. ③ 명확한 분업과 지휘계통, 권한의 크기에 따라 정해지는 조직 내부의 지위. ④ 모든 공무원의 국가 행정관리 체계 내부에서의 통합(연방제 국가에서는 비교적 어려운 방식). ⑤ 의회 정치권력과 관료기구 행정권의 '권력분리'(어디서나 두 권력은 최상층부에서는 연결되지만).[133]

당시의 유럽에서도 오늘날과 같은 의미의 국가의 전방위 개입은 실현되었다고 할 수 없었다. 많은 생활영역이 아직 법률과 포고령으로 규제되지 않고 있었다. 그 시대에는 아직 공업표준이란 것이 없었고, 소음규제도 없었고, 조금만 손대어도 신고해야 하는 건축허가는 없었고, 더 나아가 보편적 의무교육도 없었다. 세계적인 범위에서 국가의 관료기구화는 변화된 기술과 매체라는 조건하에서 발생하지 않았다. 행정관리의 문서화—중국이 이 방식을 행정관리에 적용하고 있을 때 유럽인들 사이에서는 이 방식을 생각조차 하는 사람이 없었다—는 이미 보편적인 원칙으로 자리 잡고 있었다. 행정관리란 문서작업이었고 전보는 다량의 정보를 전달할 수 없기 때문에 원거리 지역의 행정관리에 획기적인 편의를 가져오지 않았다. 전지전능한 정부라도 물류 부문에서는 한계를 만났다.

관료기구의 확장 과정은 개략적으로 기술할 수밖에 없다. 공무원의 숫자와 공직의 종류가 인구증가율보다 빠르게 증가했다는 사실은 정부기구가 '확장 중'이었음을 설명해준다. 이 기준에 비추어볼 때 중국의 정부는 위축되고 있었고 일부 식민지에서 공무원의 증가는 인구증가를 따라잡지 못했다. 전면적인 행정관리를 시행한 독일에서도 국가가 고용한 인원의 숫자는 1871년 이후에야 눈에 띄게 증가하기 시작했다. 공무원 집단의 수는 1875-1907년 사이에 세 배로 늘었다. 그러나 이런 증가의 주요인은 교통과 우편 부문의 비약적 발전이었으며 같은 시기에 본질적인 의미의 행정관리부문과 교육부문의 공무원 수는 오히려 줄었다.[134] 식민지, 특히 영국과 프랑스 식민지에서 상황은 매우 유사했다. 이 지역에서 군대와 경찰 부문을 제외하면 (유럽으로부터 왔거나 현지 출신의) 정부가 고용한 인원의 대다수가 철도, 우편계통과 세관에서 일했다. 국가는 사회의 몇몇 영역에 개입했다. 국가의 징세부문은 상당한 정도로 합리적으로 운용되는 금융체계를 필요로 했다. 예컨대 아프리카 식민지에서 종주국은 우선 금융체계부터 세워야 했다. 국가건설과 상업화는 상호 보완적이었다. 그러나 유럽에서도 재정 제도 합리화의 속도와 규모는 내세울 만한 게 없었다. 오랜 시간이 흐른 뒤에야 재정 제도는 어느 정도 합리화되었다. 예컨대 정기적인 예산편성 제도가 도입되고 나서 정부는 수입과 지출을 계산할 수 있었고 대체적인 예측과 계획이 가능해졌다. 19세기 유럽에서 전쟁은 비교적 적었고 따라서 국가가 전쟁자금을 조달할 필요도 적었기에 상술한 합리화 과정이 순조롭게 진행될 수 있었다. 전쟁자금 조달은 18세기 국가재정의 주요 목적이자 위험이었다. 이 방면에서 영국 정부의 강력한 징세 능력은 모든 나라를 앞질렀다. 연방제는 과거에도 그랬고 현재도 여전히 재정 제도 면에서 복잡한 문제를 갖고 있다. 각급 정부가 다 같이 세금을 징수하고 있고 징세 종목도 다양하므로 언젠가는 재정의 균형문제가 등장할 수 있기 때문이다.[135] 19세기에 정부가 채무를 질 때는—근대 초기의 귀족들이 자금제공자에게 과도하게 의존했던 것과는 달리—특정 금융가에게 과도하게 의존하는 일을 피했다. 영국은 임시적 성격을 벗어난 체계화된 국채 관리기구를 설립했다. 이런 종류의 정부기구를 처음으로 설치한 나라가 영국이었다. 공적인 차입을 통해 국가재정의 적자를 매우는 방식은 흔히 사용되는 정책 도구가 되었다. 이 방식이 지닌 부수적 효과 가운데 하나는 자금 대여자가 국가의 복지에 관심을 갖게 된다는 점이었다. 납세자의 주머니에서 흘러나온 세금이 이자의 형식으로 대여자의 주머니로 흘러들어가기 때문에 둘 사이에는 모순이 발생했고 이로 인한 충돌이 공개적으로 표출되는 사례가 적지 않았다.

19세기에는 재분배가 국가기능이라는 인식은 아직 없었다. 국가가 세수를 전략적 도구로 사용해 사회의 계층분화 과정에 개입한 경우는 거의 없었다. '저렴한 정부'(cheap government)와 비용이 많이 드는 공적 서비스 사이의 모순에서 정부가 허리띠를 조이는 쪽을 택하는 사람은 인심이 후한 납세자들뿐만이 아니었다. 19세기 마지막 수십 년 동안 유럽과 일본에서 정치가 점차로 국가주의의 경향을 보이자 다시 새로운 선택의 난제가 나타났다. 절약형 정부를 유지할 것인가 아니면 군비를 확충할 것인가? 국가채무가 늘어나고 있다 해도 1차 대전 폭발 직전의 유럽에서 거의 모든 나라의 국가 세수는 GDP의 15퍼센트를 넘지 않았고 미국은 그보다 더 낮은 10퍼센트였다.[136] '공공지출의 GDP 대비 점유율'이 몇 배로 늘어 약 50퍼센트에 이르게 된 것은,─오늘날에는 이 정도 숫자는 당연하게 받아들여지지만,─두 차례 세계대전의 결과다. 19세기에 일어난 가장 중요한 징세정책의 혁신 가운데 하나는 소득에 대한 직접적인 정률 소득세였다. 영국은 1842년 이후로 줄곧 이 세수정책을 시행해왔는데, 중상층 소득집단의 부의 증가분을 조심스럽게 재분배하는 효과가 입증되었다. 1861-1900년, 수많은 유럽 국가가 이 정책을 도입했다.[137] 그러나 영국의 소득세는 사회복지를 개혁하기 위한 재분배 정책의 수단으로 시작된 것이 아니라 자유무역을 중시하는 새로운 정책과 직접적인 연관이 있었다. 자유무역을 촉진하기 위해 관세를 폐지함으로써 생긴 세수 손실을 소득세라는 새로운 세목을 설치해 보완했고 반대로 자유무역은 소득의 증가를 촉진했다.[138] 세수제도, 특히 서방과 일본의 세수제도는 그 현대성이 최소한 평화시에는 납세자들이 국가의 갑작스럽고 자의적인 특별세 징수를 염려하지 않아도 된다는 사실에서 최종적으로 구현되었다. 징세는 법률을 근거로 해야 했고(예산도 그 형식은 정부예산법을 따랐다), 법률이 적용되는 지역과 시간의 범위는 명확하게 규정되었다. 세금을 징수하는 국가와 법치는 상호 보완관계였다.

5. 동원과 처벌

의무병역제

나폴레옹은 제대로 된 조직을 갖춘 국가가 재정자원뿐만 아니라 인력자원을 어떻게 동원할 수 있는지 본보기를 보여주었다. 적령기의 젊은 남성 전부를 전쟁에 동원하는 일은 전쟁을 생존수단으로 하여 군사적 조직으로 편제된 사회에서 가능한 특수한 예외다. 예컨대 19세기 20년대 샤카왕 통치하의 줄루왕국, 북아메리카와 중앙아시아의 특정 기병전사 집단과 부락이 그런 사회였다. 근대 초기에 흔히 보이던 군사조직의 형식은 네 가지였다. ① 용병(傭兵). ② 한 지역을 차지한 군사집단의 수령(군벌)과 그를 따라 사방으로 돌아다니며 약탈하는 추종자 집단. ③ 봉건 군사조직(청 왕조의 팔기군八旗軍, 인도의 라지푸트족Rajputs). ④ 근위군(주로 수도 경비임무를 맡아 정국에 영향을 미쳤다. 터키 근위군이 대표적이다). 이 네 가지 형식의 군사조직 가운데서 군벌과 용병이 19세기에 등장했다. 군벌은 주로 독립 후의 라틴아메리카 국가와 1916년 이후 중국에 존재했다. 이때 중국의 상황은 사분오열 할거상태에 빠져 있었다는 점에서 라틴아메리카와 유사했다. 용병은 군사노동력 시장이 숱하게 널려 있던 인도에서 나타났다. 이 밖에도 아프리카 일부 지역에도 용병이 존재했다. 인도에서 유럽인의 통치는 군대를 기반으로 했고 군대는 재정적으로 우선적인 보장을 받았다. 18세기 말 이후 영국군은 충성심이 강한 용병군단을 고용했다. 용병집단은 높은 보수와 좋은 대우를 누렸다. 영국과 인도의 군사문화가 융합되어 호전적인 세포이(sepoy)집단의 세계가 형성되었다. 1895년 이전에는 군대의 조직편제가 분산되어 있어서 부대끼리 서로를 경계했지만 1857년의 인도대봉기 이후로 영국인은 펀자브 출신의 시크족(Sikhs) 군대에 대한 의존도를 높여가 시크 병사는 상비군의 절반을 차지했다. 식민 군사행동에서 맹활약을 펼친 후 시크 용병부대는 말을 기르는 등 병참 지원업무를 맡았다. 의무병역제가 확대되고 있던 시대에 시크족 부대는 세계에서 가장 많은 전공을 세운 용병집단이었다.[139]

평화시에도 군대편제를 갖춘 국민상비군은 19세기의 혁신적인 창작품이었다.[140] 국민상비군은 모든 시민은 평등하다는 원칙 위에 건설되었고 동시에 국가가 그런 평등을 실현하는 수단이기도 했다. 그러므로 보편적인 의무병역제—이 제도 없이는 국민상비군의 존재는 상상할 수 없다—와 민족건설/민족국가 건설의 상호관계는 상당히 복잡하다. 혁명전쟁 시기의 프랑스 병사는 조국을 위해 싸우는 시민이었지 국왕을 위해 싸우는 신민이 아니었다. 이것은 역사에 유례가 없는 현상이었다. '무장한 국가'의 이상은 여기서 탄생했다. 그러나 평화시에 보편적 의무병역제를 시행한다는 것은 국제사회에서 새로운 관계의 형성을 의미했다. 여기서 전쟁시기와 평화시기를 구분하는 것은 매우 중요하다. 전쟁시기에 자발적으로 동원에 응한 인민대중과 정기적이고 상설화된 보편적 징집에 응하는 적령기의 남성은 다르기 때문이다. 징집된 병사는 자신을 반드시 시민병(soldat citoyen)으로 인식하지는 않는다. 보편적 의무병역제는 자코뱅파 집권 시기에 시작되었다가 완만한 발전을 거치며 거대한 장애를 극복하고 실행되었다. 1차 세계대전이 폭발했을 때 열강 가운데서 병력수급을 자발적 지원병에게 의존한 나라는 영국뿐이었다.

의무병역제는 민주주의나 병역의 공정성과 필연적인 관계를 갖고 있지는 않았다. 1872년 이전의 프랑스에서 부유한 시민은 돈을 써 어떻게든 병역을 빠져나갈 수 있었다. 가격은 등락이 심했으나 병역을 대신해주는 인력시장이 있었다. 그러나 1905년 이전에는 많은 직업 군이(교사, 의사, 변호사 등) 병역을 면제받았다. 제3공화국이 성립되고 나서 한참 뒤까지도 프랑스 군대는 시민의 군대라기보다는 병역 대리복무자의 군대라고 해야 옳았다. 프로이센은 비교적 일찍 의무 병역제를 실시했고 병역복무를 '국가적인 명예'라고 부추겼다. 독일에서 이 제도는 국가가 기대했던 것과는 달리 다투어 군대에 가려는 열정을 불러일으키지 않았고 오히려 온갖 방법을 찾아서 귀찮은 의무를 빠져나갈 궁리만 하게 만들었다. 1871년 독일제국이 세워진 뒤에야 군대는 많은 사람이 '국민으로서 세례를 받는' 요람, 거의 모든 사회계층의 사회화 기관이 되었다.[141] 러시아에서 강제병역은 18세기 초기에 공식 확정되었다. 병역은 민중이 차르를 위해 이행해야 할 보편적 의무 가운데 하나였다. 크리미아전쟁이 발생하기 전에 비귀족 집안의 자제는 군대로 끌려가기만 하면 20년에 이르는 기간 동안 복무해야 했다. 그러나 처음에는 보편적 의무병역제라고 할 수는 없었고 정식으로 보편적 의무병역제가 시행된 때는 1874년이었다.[142]

차르의 군대는 ── 합스부르크왕조의 군대와 마찬가지로 ── 근본적으로 국가의 군대가 아니라 다양한 종족, 온갖 종류의 언어를 사용하는 병사들이 모인 잡동사니 군대였다. 이집트의 무함마드 알리가 수단과 아라비아를 정벌하기 위해 19세기 20년대부터 양성한 군대도 마찬가지였다. 대규모 강제동원을 기반으로 하여 이집트는 침략적 군사국가로 변했다. 이집트의 보통 농민은 강제로 징집되어 병사가 되었다. 그들을 지휘하는 장교단은 이집트인이 아니라 터키어를 사용하는 터키인, 알바니아인, 쿠르드인, 체첸인으로 구성되었고 프랑스 교관이 그들에게 현대적인 작전술의 기본 요령을 전수해주었다. 무함마드 알리는 농민을 적극적인 시민으로서 전제 왕조의 국가건

설에 참여시킬 생각은 하지 않았다.[143]

19세기 후반 오스만제국의 상황도 크게 다를 바가 없었다. 오스만제국이 군사현대화 개혁을 실시한 목적은 통제를 벗어나 불량배 무리에 가까워진 제국의 특별군단 근위대를 진압하기 위해서였다. 근위군은 수도에 주둔했고 제국의 비무슬림(단, 훗날 이슬람교로 개종) 집단 가운데서 모집한 병사로 구성된 정예부대였으나 이미 타락하여 작전능력이라고는 전혀 없는 집단이었다. 19세기 40년대의 탄지마트개혁 과정에서 오스만제국은 남성 신민의 신분을 통일하고 국가와 민중의 거리를 좁히기 위해 중간 기구를 제거하는 새로운 정책을 시행했다. 1843년부터 시행된 보편적 의무병역제—이 또한 사회에 대한 국가의 심각한 개입이었다—는 이러한 정책의 일부였다. 많은 유럽 국가와 마찬가지로 오스만제국에서도 병역복무를 피해가는 특례가 있었다. 예를 들자면 유목민과 이스탄불 거주민은 병역을 면제받았다. 비무슬림은 특별세를 납부해야 병역을 면제받을 수 있었다. 1909년부터는 비무슬림도 의무병역제의 대상에 포함되었다. 제도의 실제 운영과정에서 법에서 정한 병역복무 기한이 잘 지켜지지 않아 군대는 혐오와 공포의 대상이 되었고 따라서 징병 실적은 좋지 않았다. 세기가 바뀐 뒤에도 오스만제국 군대는 여전히 아나톨리아 핵심 지역의 무슬림 정착 농민 가운데서 모집한 병사들에 주로 의존했다. 19세기 말, 군대 내부에 유능한 장교집단이 등장했다. 이들은 머지않아 터키 정치에서 가장 역동적인 요인이 되었다. 그러나 오스만제국의 군대는 끝내 '국가의식의 학습장'이 되지 못했다.[144]

프로이센-독일을 제외하면 일본만큼 의무병역제가 중요한 의미를 갖는 나라는 없었다. 내륙 대국의 다민족 국가의 군대와는 전혀 다르게 1873년 이후의 일본 군대는 보편적 의무병역제(현역복무 3년, 예비역 4년)를 기초로 한 국민군대였다(그러나 프랑스처럼 돈을 써서 병역을 빠져나갈 수 있었다). 일본에서 의무병역제는 직접적이고도

혁명적인 의미를 지녔다. 메이지 시대의 군사개혁가 야마가타 아리
토모(山縣有朋)는 옛 사무라이 계층을 신봉건적 군대의 직업군인으
로 개조하려는 계획에 반대하는 자신의 의견을 관철시켰다. 의무병
역제를 기초로 한 군대를 건설함으로써 독립적인 무사계층의 등장
을 막을 수 있었을 뿐만 아니라 민중과 새로운 정권의 연결을 강화하
고 민중의 에너지를 국가목표를 실현하는 데 집중 동원할 수 있었다.
1895년과 1905년의 연이은 승리로 군대의 위신은 엄청나게 올라갔
다. 20세기 초 일본 군국주의의 생성은 옛 무사전통의 연속이 아니라
프랑스와 프로이센의 표본을 받아들여 새로운 길을 선택함으로써
얻은 결과였다.[145] 보편적 의무병역제 실시의 하나의 결과는 평화시
의 일상생활 속에서 분명하게 느낄 수 있는 군대의 존재였다.

경찰

군대는 특정 인구집단을 동원하고 그들에게 조직기율을 지키도록
훈련했다. 평화시에 질서와 기율을 유지하는 것은 경찰과 형사재판
제도의 책무였다. 혁명과 동란이 일어났을 때, 경찰력의 배치가 도시
에 비해 현격하게 적은 농촌지역에서만(러시아의 경우) 군대를 움직
여 질서를 유지했다. 19세기 유럽에서 국가는 일찍부터 요란스러운
공개 처벌을 피했다. 국가는 더 이상 처형 의식으로 공포의 무대를
연출하지 않았다. 인도주의 사상이 성장하면서 이런 방식은 점차로
용납되지 않았다. 19세기 중반 이후 서유럽에서 이런 행위는 자취를
감추었다(독일민족의 국가에서는 1863년 이후로, 영국에서는 1868년
이후로).[146] 숙련 장인이자 연예인으로서 직업적 사형집행인이 대중
의 시야에서 사라진 곳에서는 전 세계에 퍼져 있던 '현대 이전의' 행
형방식은 더는 존재하지 않았다. 수많은 사람이 지켜보는 처형장면
이 증오의 대상이 된 데는 시장의 요인도 작용했다. 많은 도시에서

형장 가까운 곳에 산다면 상승세에 있던 주택가격이 바닥까지 떨어질 수 있었다. 비치명적 국가폭력 — 오늘날의 유럽에서는 이것도 상상할 수 없지만 — 이 존재한 시간은 좀더 길었다. 1845년, 차르 니콜라이 1세는 채찍형의 공개적인 집행을 금지시켰지만 실제로는 인도주의자와 (문명국으로서 러시아의 명성이 떨어지는 것을 걱정한) 민족주의자들이 요란스럽게 항의하기 시작한 세기 말까지 널리 행해졌다.[147]

사회 깊숙이 침투할 수 있는 치안기관은 노골적인 위협 수단과는 다른 권력의 도구였다. 경찰제도는 19세기에 창설되었다. 프랑스는 유럽에서 처음으로 중앙정부가 관할하는 전문 경찰기구를 설치한 국가이며 그 시기는 1700년 무렵으로 거슬러 올라간다.[148] 영국은 1829년부터 경찰제도를 갖게 되었고 맨 처음 생겨난 곳은 런던이었다. 대륙 국가와 비교할 때 지방정부가 상대적으로 더 큰 감독권을 갖고 있었다. 베를린 경찰은 1848년부터 제복을 지급받았다. 경찰이 분명하게 인식되는 기구가 되었다는 표시였다. 농촌지역의 질서유지는 헌병대 몫이었다. 이 치안기구의 발상지는 프랑스였고 대혁명 시기의 영향을 받았다. 18세기 90년대 말에 헌병대는 분명한 조직형식을 갖추었고 다른 유럽 국가의 표본이 되었다. 헌병대는 프랑스가 19세기에 수출한 비교적 중요한 정치상품 가운데 하나였다.[149] 경찰과 헌병은 나폴레옹제국이 남겨준 가장 오래되었으면서도 빛 바래지 않은 유산이다. 왕정복고 시기의 정부가 기꺼이 계승한 그 밖의 유산은 거의 없었다.

프랑스 경찰 모형은 유럽 이외의 지역에도 전파되었다. 프랑스-프로이센전쟁은 일본에게 깊은 인상을 남겼다. 일본은 군사기구를 설계할 때 드러나지 않게 독일을 모델로 연구했지만 경찰제도를 창설할 때는 상당한 정도로 프랑스를 모방했다. 일찍이 1872년에 일본의 첫 법무부장관이 경찰제도를 연구하기 위해 8명의 젊은 관료를 유럽으로 파견했다. 이들이 귀국하고 얼마 되지 않아서 일본 최초의 현대적 경찰조직이 수립되기 시작했다(최초의 직책 범위는 도쿄에 한정되었다). 일본 시찰단이 프랑스의 경찰제도를 조직기구가 가장 분명한 제도로 평가한 탓도 있었지만 일본 법무부가 사법제도를 수립할 때 모방해야 할 가장 중요한 모델로서 이미 프랑스를 지목해두고 있었다. 그 후 20년 동안 일본은 부분적인 수정을 거쳐 프랑스 경찰제도를 복제했다. 예를 들자면 일본 헌병대는 프랑스 헌병대 모형을 그대로 모방했다.[150) 제국이 확장되기 시작한 뒤로 일본도 프랑스의 관례를 모방하여 — 영국제국에는 그런 사례가 거의 없었다 — 군사경찰을 동원하여 식민지를 통제했다. 일본 헌병대가 타이완과 그 뒤로 조선에서 그런 역할을 맡았다. 헌병대의 규모는 지속적으로 확대되어 1945까지 잔인한 공포의 부대로 발전했고 정복지역 어디서든 민중은 헌병대의 발굽 아래서 공포로 가득 찬 생활을 이어갔다.

1881년 무렵, 일본은 경찰제도에 관한 학습을 완료했다. 다음 단계는 수입된 제도를 확장하는 것이었다. 일본은 유럽의 어떤 나라보다도 경찰의 직업화와 훈련을 중시했다. 일본의 경찰서 망은 전국을 촘촘하게 덮었다. 경찰은 메이지시대의 각종 개혁을 관철시키는 가장 중요한 국가기구였다. 경찰은 새로운 일본을 반대할 가능성이 있는 모든 항의 행동의 싹을 잘라버렸다. 모든 사회변혁은 위로부터 내려왔다. 이 과정에서 민중은 정부 행동의 장애물이 될 수 없었다. 민중이 정부 개혁정책의 방해가 되지 않도록 하는 것이 경찰의 직무였다.[151) 경찰은 환영받지 못하는 정당과 초기 노동운동 조직을 박해하는 일에서 가장 빛나는 공적을 세웠다. 그러나 새로운 세기로 진입한 후 빈번하게 일어나는 민중의 자발적 항의운동에는 이렇다 할 대처를 하지 못했다. 1912년 메이지 천황이 죽었을 때 전형적인 일본 경찰은 친절하고 우호적인 런던 경찰('Bobby')의 아시아판이 아니라 직접적으로 중앙정부를 위해 헌신하는 첩보원이었다. 당시의 일본은 전 세계에서 경찰이 사회에 가장 깊이 침투한 국가였다.

19세기에 거의 모든 유럽 식민지에 최소한 가장 기본적인 현대 경찰체계가 (특히 도시지역에) 도입되어 있었다. 농촌지역의 질서유지를 위해 식민 통치자는 현지 엘리트의 협력에 의존했고 그들을 회유하기 위해 후견-충성 관계를 맺거나 부분적으로는 집단책임제를 활용했다. 아시아 식민지에서는 끊임없이 현지인의 반란이 일어났다. 이것은 아시아의 광활한 농촌지역에서 발생하고 있는 사건에 대해 식민통치자들이 아는 바가 매우 적었음을 의미한다.[152]

오랫동안 유럽의 식민 지배를 받아온 인도와 인도네시아는 물론이고 19세기 80년대부터 식민지가 된 열대 아프리카와 베트남 북부에서도 식민 당국의 경찰은 20세기 20년대부터 비로소 개입을 강화하기 시작했다. 당시에 저항적인 노동자 계층이 식민 당국과 충돌하고 있어서 도시지역의 소란은 늘어갔고 농촌지역에 대한 감시도 강화되었다.

식민지가 되지 않았던 중국에서도 농촌지역의 감시가 강화되었다. 국민당 정부의 미적지근한 국가건설(1927-37년) 정책 가운데는 전례 없는 농촌지역의 경찰기구 설치가 포함되어 있었다. 1920년 이전에는 식민지 주민이 경찰의 감시를 받고 농촌이 (유럽과 일본에서나 익숙한) 관료제도의 명령체계와 연결되는 일은 코친차이나(베트남 남부) 같은 지역에서 일어난 예외적인 상황이었다. 19세기와 20세기에 각양각색의 경찰제도가 전파되면서 세계적인 범위에서 경찰력이 확대되었다. 경찰제도는 종주국의 수도에서 식민지로, 때로는 샴과 일본 같은 국가의 도입에 의해, 나아가 각 제국 내부에서도 한 지역에서 다른 지역으로 전파되었다. 예컨대, 1882년 이집트가 영국에 점령된 뒤에 현지 사정에 대한 고려 없이 인도 경찰제도의 기본 구조가 도입되었다. 식민지에서 새로 세워진 여러 형식의 제도 또한 역으로 유럽에 영향을 미칠 수 있었다. 1835년, 저명한 역사학자 토머스 매콜리(Thomas Babington Macaulay)는 인도 법무부 장관으로 있으면서 인도 형법전을 기초했다. 이 법전은 1860년부터 효력이 발생되었고 지금까지도 일부 조항은 여전히 유효하다. 이 법전의 정확성과 완벽성은 판례에 의존하는 관습법 전통을 지닌 영국에서는 역사상 전례를 찾을 수 없었다. 19세기 70년대가 되어서야 영국도 이 법전을 모방하여 유사한 체계의 영국 형법을 탄생시켰다.[153] 인도 식민정부가 군사 정복자, 입법자, 경찰기관을 가진 통치자로서 인도에서 강경하게 주권을 행사하듯이 종주국인 영국의 많은 보수파는 영국 정부도 민주화를 주장하는 논조와 행동에 대해 국가의 강제력을 동원해 좀더 강하게 대응해야 한다고 주장했다.[154] 영국에서 권위주의적 식민통치에 반대하는 세력은 영국 본국의 대의제도를 위협하는 정치사상을 저지할 수 있을 만큼 강력했다. 그러나 존 홉슨(John Atkinson Hobson) 같은 긴 안목을 가진 제국주의 비판자는 영국제국주민의 90퍼센트는 '영국의 정치적 독제체제'의 질곡 아래서 살아가고 있으며 이런 독재는 종주국 영국의 정치적 기후에 독을 풀어놓을 것이라고 우려를 표시했다.[155] 식민주의는 줄곧 종주국 수도의 자유주의 사상에 도전했고 더 강한 경찰력을 요구하는 목소리는 반복적으로 들려왔다.

미국 경찰의 뿌리는 영국이었다. 첫째로는 아메리카 식민지에 이식된 영국의 공동체 야경단의 오랜 전통에서, 둘째로는 영국의 중요한 경찰 현대화 조치 — 1829년에 설립된 런던도시경찰(London Metropolitan Police Force)과 제복을 착용한 경관 — 에서 뿌리를 찾을 수 있었다. 그로부터 20-30년 뒤에 경찰제도의 기본 모형이 미국 대도시에서 채택되었다.[156] 19세기 50년대가 되어서야 미국 동부의 도시들이 고정적인 급료를 받고 제복을 착용한 상설 경찰부대를 갖추었다. 그러나 이 과정에서 일찍부터 미국적 특색이 형성되었다. 미국에는 프랑스와 훗날 영국이 수립한 전국적인 경찰체제가 없었다.

수십 년이 지난 뒤에야 미국의 경찰체제는 정치적 중립성이라고 하는 '합리적' 관료제도의 또 하나의 기준을 충족시켰다. 그 전에는 미국 경찰은 항상 대도시 정당 정치의 도구로 인식되었다. 뿐만 아니라 미국 경찰의 극도의 분산화는 경찰력 분포의 지역 차이를 크게 만들었다. 일부 지역(주로 변경)에서는 경찰력은 없는 것이나 마찬가지였지만 사법 관할구역은 모자이크처럼 다닥다닥 붙어 있었다. 이런 상황에서 관할 구역의 경계를 넘어 범죄자를 추적하기란 어려운 일이었다. 범죄자가 이웃 도시로 달아나면 그를 기소할 방법이 없었던 것이다.

사설 탐정기구가 생겨나 시장의 빈틈을 메웠다. 가장 유명한 사설 탐정 회사는 1850년에 앨런 핑커튼(Allan Pinkerton)이 세운 회사였다. 핑커튼 탐정회사의 첫 번째 업무는 철도와 우편마차를 경호하는 것이었으나, 1890년대가 되자 노동자 파업 진압으로 이름을 날렸다. 미국을 제외하면 국가의 불완전한 폭력독점 때문에 사법적 감독이 쉽지 않은 사설 경찰력에 그토록 넓은 업무공간을 남겨준 나라는 없었다. 미국에서 경찰은 '국가'기관의 위계 안에 포함되는 기관이 아니라 지방자치의 한 부분으로 인식되었다. 이것은 프랑스나 일본의 제도와는 정반대였고 영국의 제도와도 선명하게 대비되었다. 19세기 말의 영국 경찰은 자신이 보통법과 비성문 헌법을 대표한다고 인식했다. 반면에 미국 경찰은 자신이 구체적인 상황에서 정의를 대표한다고 인식했다. 미국 서부의 '보안관'(marshall)은 이런 유형의 명백한 화신이었다.[157] 또한 보안관은 흔히 멀리 떨어져 있는 국가권력의 유일한 현지 대표였다. 19세기에 경찰, 헌병, 군대의 분업은 아직 특별한 현상에 속했다. 대내적으로 군대를 움직여 질서를 유지한다는 것은 소수의 국가에서만 확립된 정치문화의 원칙이었다. 역사적으로 경찰의 창건은 군대보다 늦었다. 경찰은 치안 기능의 분화 과정에서 생겨났으며 국가건설 과정에서의 역할도 군대에 비해 중요하지 않았다. 경찰의 직분은 합법적 폭력의 국가독점을 확립하는 것이 아니라 관리하는 것이었다.

처벌과 구제

조직구조로 보면 19세기 국가기구가 사회와 개인에게 개입하는 경로는 오늘날의 행정기관에 비해 상대적으로 '단출'했지만 그럼에도 불구하고 일부—20세기 말의 (유럽 국가의) 정부라면 갈수록 개입을 축소한—일상생활 영역에 개입할 수 있었다. 그 차이는 범죄행위에서 정의를 세우는 일과 직접적으로 연관되어 있다. 그러므로 정부가 민중을 강제하여 특정 종교를 신앙하게 하는지, 정부가 어느 정도로 스스로를 시민 또는 신민의 개인적 도덕성의 보호자로 인식하는지는 광범위한 차이가 있음을 역사가 보여주고 있다. 19세기에 최소한 신교를 신봉한 유럽—여기서는 주로 영국을 가리킨다—에서는 정부기능의 윤리화와 그에 따른 경찰 활동의 윤리화가 관찰된다. 빅토리아시대와 에드워드시대의 영국에서 법률이란 무기와 경찰력을 동원하여 '부도덕한 행위'를 공격하는 정도는 거의 광기의 수준에 이르렀다. 매춘, (남성)동성애, 술주정, 도박이 정부의 타격 목표가 된 이유는 대다수 건전한 사람들의 '일탈'을 방지하기 위해서 뿐만이 아니라 문명의 '도덕적 수준'을 높이기 위해서였다. 과거와 비교해서 형법은 더욱 빈번하게 도덕운동의 도구로 사용되었다. 그 배후에는 민족 공동체의 '양호한' 도덕을 양성하겠다는 의도가 없지 않았다.[158] 1859년, 존 스튜어트 밀(John Stuart Mill)이 『자유론』(On Liberty)에서 이러한 사적 영역 침범에 대해 경고의 목소리를 냈다. 세기가 바뀐 후 칼 크라우스(Karl Kraus)는 오스트리아의 구체적인 상황을 들어 '도덕성과 범죄' 사이의 모순을 폭로했다.[159] 이런 논쟁이 일어날 수밖에 없었다는 것은 그만큼 문제가 심각했다는 의미다.

　식민지에서도 범죄화(criminalization)는 배척과 통제의 수단으로
이용되었다. 영국령 인도 당국은 소수의 집단을 '태생적인 범죄' 종
족과 부락으로 분류했다. 식민지시대가 끝난 1947년에 이렇게 분류
된 집단이 128개였는데 대부분 인도로 이주한 이민 집단이었고 인
구는 350만(인도 전체 인구의 약 1퍼센트)이었다. 이들 '범죄 종족'
(criminal tribes)은 식민정부의 가혹한 박해의 대상이었다. 실제로
발생한 행위와 대대로 이어져온 범죄행위는 당국이 붙여준 꼬리표
와 상호 작용하여 이들 소수집단에 대한 정의(定意)를 고착시켰다.
1871년의 『범죄부락법』(Criminal Tribes Act)은 이들 집단과 식민정부
의 관계를 확정했다. 이들 집단을 통제하기 위해 경찰서에 등록하기,
특정 지역에 거주해야 하는 의무 부과, 토지개간 사업에 강제 동원
등의 방법이 채택되었다. 이것은 중부 유럽 집시의 처지와 흡사했다.
'범죄부락'은 식민정부의 순수한 질서유지 정책의 산물은 아니었
다. 오늘날에는 이들 집단이 원래는 중앙아시아의 유목부락이었다가
18세기에 무굴왕조가 무너지면서 주변화의 악순환에 함몰된 정치적
희생물이라고 해석되고 있다.[160]

　인도의 '범죄부락'은 '교화'되어야 할 대상으로 인식되지 않았다.
그들은 '문명화'가 가능하지도 않고 바람직하지도 않은 영역에 속
해 있었다. 해방정책의 결과물을 부분적으로 역전시키고자 범죄화
를 시행한 지역에서도——인도가 강압적 조치를 취한 것과 거의 같은
시기에——유사한 현상이 나타났다. 남부 최대의 노예 주(州) 가운데
하나였던 앨라배마주에서 내전과 재건 시기 이후에, 특히 1874년부
터 감옥에 갇힌 죄수의 대부분은 흑인이었다. 형법에 새로운 범죄의
종류가 추가되었다. 일시적인 자유의 시기 뒤에 흑인 민중에게 감금
이란 새로운 위협이 등장했다. 새로 생겨난 '죄수 대여제도'(convict
lease system)에 따라 영리를 추구하는 감옥이 남부의 새로운 공장과

광산에 저렴한 노동력을 공급하기 시작했다.[161]

유럽국가의 처벌과 개조의 저장고로부터 일본이 빌려온 중요한 내용은 감옥을 감시와 교육의 장소로 보는 관념이었다. 형법의 광범위한 개편이 뒤따랐다. 도쿠가와 시대 말기에 많은 반대파가 감옥에 갇혔다. 이들은 자신들이 목격한 극히 공포스러운 감옥의 풍경을 기록으로 남겼다. 더럽기 그지없는 일본의 지하 감옥과 유사한 감옥은 세계의 다른 지역에도 널려 있었다. 당시 일본에는 대중에게 알려진 형법전이 없었다. 가장 이른 형법전은 1870-73년 사이에 나타났는데 유럽의 영향은 아직 미약했다. 메이지 초기의 형법은 각종 체벌의 구체적인 내용을 자세히 규정한 것이었다.(예를 들자면, 죄행의 경중에 따라 매질의 횟수가 정해졌다). 19세기 70년대에 범죄자의 주관적인 사상을 개조하기 위해서는 노동형이 유익하다는 주장이 지지를 받았다. 서방 형법전을 모델로 하고 프랑스 법학자가 감수한 첫 번째 일본 형법전이 1880년부터 시행되었다.[162] 이리하여 일본에서 처음으로 법률에 명문규정이 없으면 처벌하지 않으며(죄형 법정주의, nulla poena sine lege) 사회적 지위의 고하에 따라 처벌의 경중이 결정되어서는 안 된다는 원칙이 확립되었다. 또한 19세기 80년대부터 체계적인 행형 방법의 한 부분으로서 감옥 안에서 교육을 시행하는 움직임이 나타났다.[163] 이 부문에서 일본은 곧 유럽 국가를 앞질렀다. 세계적으로 감옥개혁은 가장 환영받는 정치적 의제의 하나가 되었다. 사람들은 이를 통해 '현대문명'에 접속되기를 원했고 동시에 시대의 흐름에 발맞추어 가는 민족국가의 행동능력을 증명하고자 했다. 세기가 바뀔 무렵 중국에서는 국가의 문명화를 걱정하는 인사들이라면 누구나 유럽 또는 북아메리카 모형을 따라 '모범감옥'을 세우자고 주장했다.[164]

19세기 국가는 어느 정도로 복지국가였을까? 시간이 흐르면서 유럽에서는 전통적인 '빈민과 걸인 단속' 경찰은 폐지되었다. 프랑스에서는 국가 재정을 투입하여 평등의 원칙을 바탕으로 한 공공 구제 제도를 수립한다는 혁명적인 계획이 제시된 적이 있었지만 실현되지는 못했다. 구체제의 전형적인 병원, 구빈원, 사회단체가 그대로 유지되었고 민간 자선기구의 활동은 더욱 강화되었다. 서유럽과 중부유럽의 각국 정부는 일부 새로운 종합 구제기구를 세웠다(예컨대, 정신병자 수용소를 지었고 구빈원 근처에 병원을 배치했다). 빈곤구제와 사회적 징벌 방식이 거의 분리할 수 없을 정도로 결합되었다. 노동자에게 결사의 자유를 주지 않기 위해 자주적인 노동자 운동은 엄격하게 제한되었다. 1848년 이후 유럽대륙의 많은 국가에서 민중의 자주적 운동은 노동조합, 소비자조합, 보험조합의 기반이 되었다. 영국에는 유사한 목적을 가진 '상호부조 조직'(friendly societies)이 일찍부터 존재했다. 유럽에서 국가의 통제성 개입은 과거에 비해 강화되었으나 19세기 말까지 복지부문에 대한 국가의 재정지출은 뚜렷한 증가를 보이지 않았다. 국민총생산과 대비한 빈민구제 지출을 기준으로 한다면 일부 국가(예컨대 영국)의 복지재정 지출은 실질적으로 감소했다.[165] 1880년 이후가 되어서야 정부는 법률 제정과 행정조치를 통해 특정 직업집단(주로 광부)이 대상이 아닌 보편적 복지를 제공하기 시작했고 이 과정에서 민간단체나 교회와 협력했다.[166] 이제 '복지국가로의 전환'을 목표로 한 의무적인 국가보험제도가 빈민구제 정책을 대체했다.[167]

임금노동 영역에서 발생하는 여러 위험을 예방하기 위한 사회보험이 창설되면서 정부의 직능에 관한 새로운 정의가 형성되었다. 1883-84년에 독일제국이 노동자 질병과 사고보험을 만들었고 1889년에는 장애와 양로보험을 만들었다. 이것이 세계적으로 사회보장제도의 시작이었다. 시발점에서부터 사회적 부조와 협력을 배제하고 국가이익을 중심에 둔 제도를 선택함으로써 형성 중이던 복지국가는 관료기구와 이익집단의 관리 아래로 들어갔다. 비스마르크의 사회보험 제도와 함께 노동조합과 사회민주주의 운동을 금지하는 법이 만들어졌다(1878년의 『사회주의자법』Sozialistengesetz).

제국의 총리가 갖고 있던 목표는 노동운동이 자주적으로 관리하는 구제기금을 약화시키는 것이었다.[168] 복지국가는 등장하면서부터 모든 영역에 걸쳐 포괄적인 보험서비스를 제공하지는 않았다. 덴마크는 1907년부터 실업보험을 시행했고 영국도 1911년에 시행했으나 독일은 1927년이 되어서야 이 보험 종목을 설치했다.[169] 보험과 구제의 개별 종목을 분류해보면 관련 법령의 정비, 민중의 요구 수용, 국가재정 확보, 관료기구가 관리하는 사회구제 제도의 전환 등이 있다. 이 과정은 나라마다 시간적 편차가 있었다. 민주주의는 권위주의적 또는 준 권위주의적 정치체제보다 더 빠른 속도로 꾸준히 발전하지 않았다. 예를 들자면, 민주주의 국가인 프랑스는 1898년에 법률로 규정된 강제적인 사고보험이 설립되면서 비로소 사회보험 시대로 진입했다. 유럽 개별 국가의 정부와 당시 등장하고 있던 소규모 '사회전문가' 집단은 다른 국가가 무엇을 하고 있는지 세밀하게 관찰하고 있었고 대서양 양안의 국가들도 서로를 학습했다.[170]

그렇다고 해서 유럽 국가들이 통일된 구제제도를 수립하지는 않았다. 19세기에서 20세기로 넘어가는 과도기의 유럽에서는 '세 가지 복지국가 모형'이 등장했다. 첫째, 스칸디나비아반도 모형은 소득의 재분배를 통해 조성된 재원으로 사회안전을 보장했다. 둘째, 영국 모형은 세수에 의존하여 기본적인 사회보장을 유지함으로써 빈곤을 해소했다. 셋째, 유럽대륙 모형은 개별적인 보험료를 통해 재원을 마련했는데 앞의 두 모형과 대비되는 점은 사회적 신분에 따라 보험료의 액수가 다르게 정해진다는 것이었다(예컨대, 공무원은 특수한 대우를 받았다).[171] 복지제도를 수립한 경로는 다르지만 세계에서 유럽, 뉴질랜드, 오스트레일리아처럼 사회단체, 자선기관, 교회, 정부의 빈민구제 활동이 자체 동력이 되어 국가 기능에 대한 새로운 인식으로 전환된 경우는 흔치 않았다. 미국에서는 개인의 기부는 선행으로 찬양받았지만 빈민구제에 투입되는 세금은 낭비로 인식되었다. 미국 내의 지역에 따라서는 유럽의 복지제도를 도입한 경우가 적지 않았지만 국가차원에서 포괄적인 복지제도를 수립한 것은 20세기 30년 대에 들어선 뒤의 일이었다. 다른 분야에서는 유럽을 재빠르게 모방한 일본도 복지국가를 건설하는 일에서는 서둘지 않았다. 1947년에야 실업보험 제도를 도입한 일본은 이 제도를 실시한 마지막 공업대국이었다. 세계의 많은 지역에서 (19세기의 사상적 잔재인) 구제받을 사람의 '품행'을 심사하여 구제받을 자격을 결정하는 방식이 오랫동안 지속되었다. 세계사의 관점에서 볼 때 예방적 복지국가는 20세기의 역사다. 20세기에는 특이한 현상이 등장했다. 복지사회주의를 펼치기 위해서 일부 경제적으로 낙후한 국가가 무엇 하나도 빠지지 않았지만 물질적 수준은 매우 낮은 사회보장체계를 수립했다. 중국은 1949년 이후 이런 단계를 거쳤고 1978년부터 자유화시기가 시작되었다. 그러나 새로운 사회보장체계는 아직 세워지지 않았다.

6. 자강
변경방어정책[172]

국가 낙후성에 대한 인식

　과거 어느 시기와 비교하더라도 19세기는 각국이 개혁에 열중한
시대였다. 구체제(Ancien Régime)가 죽어가고 있던 시기에 일부 통
치자와 그의 신하들이 한편으로는 자원수탈을 위해서, 또 한편으로
는 민심을 얻기 위해서 국가기구의 효율성을 높여야 할 필요를 느
꼈다. 프로이센의 프리드리히 대왕, 오스트리아의 마리아 테레지아
(Maria Theresia)와 요제프 2세(Joseph II), 요제프 2세의 동생이자
잠시 동안 신성로마제국의 황제였고 토스카나의 대공이었던(1785-
90년) 페터 레오폴트(Peter Leopold)가 개혁에 적극적이었다. 튀르고
(Turgot)는 프랑스를 개혁의 길로 이끌고자 했다. 1760년 이후 스페
인의 카를로스 3세는 방대한 해양제국을 전면적으로 재점검했고 그
과정에서 의미 있는 성과를 거두었다. 중국에서는 필요하다고 판단
되는 경우 정부가 수시로 개혁을 추진한다는 관념은 보편적이었다.
1730년 무렵 옹정황제는 그 시대의 마지막 관료제도 개혁을 실시했
다. 과거와 비교할 때 19세기는 그 어느 때보다도 개혁을 자극하는
외부 요인이 많았던 시기였다. 국제경쟁은 개혁하도록 압력을 가했
다. 이 밖에 내부개혁도 혁명과 관련이 있었다. 1789년 이후, 개혁하
지 않으면 대가를 치러야 한다는 경험으로부터 적지 않은 교훈을 얻
었다. 그러므로 결론은 분명했다. 개혁은 혁명을 미연에 방지할 수

있다. 반대로 말하자면 혁명은 실패했더라도 사람들에게 혁명의 요구에 상응하는 개혁을 추진해야 한다는 생각을 심어주었다. 유럽의 1848년 혁명은 결코 아무런 영향을 주지 못한 혁명이 아니었다.

　그러나 19세기의 가장 전형적인 개혁은 국가의 낙후성에 대한 인식에서 촉발되었다. 1759년 이후 부르봉왕조가 스페인 식민제국을 개혁한 목적은 스페인은 낙후했다는 평판을 털어버리고 유럽 문명 사회의 여론으로부터 존중을 받는 것이었다. 그 무엇보다도 전쟁에서의 패배는 국가의 낙후성을 분명하게 인식시켜주는 사건이었다. 1806년, 나폴레옹전쟁에서 참패한 프로이센의 엘리트들은 자신의 생존을 위해서는 낡은 제도를 개혁하지 않으면 안 된다고 인식하게 되었다. 크리미아전쟁은 러시아에게, 40여 년 뒤 8국 연합군에게 패한 의화단운동은 청제국에게 똑같은 작용을 했다. 개혁의 내용은 달랐지만 모두가 국가운영은 보다 합리적이어야 하며 보다 공평하게 법을 지켜야 한다는 기본 인식은 같았다. 한 국가의 군사적 역량이 아무리 강대해도 그 국가의 비군사적 환경을 초월해 발전할 수는 없다는 인식이 널리 퍼졌다. 약해진 국가를 강한 국가로 전환시켜야 하는 사명을 짊어진 프로이센의 개혁가, 러시아의 개혁가, 중국의 개혁가들은 이 이치를 분명하게 알고 있었다(중국의 경우는 깨달았으나 늦었다).

　이런 상황의 배후에는 보다 보편적인 문제의식이 숨겨져 있었다. 역사에서 그토록 적은 국가가 그토록 많은 국가의 평가척도가 된 적은 없었다. 분명히 많은 국가가 소수 영광스러운 국가와 찬란한 문화의 겉모양만 모방했다. 예컨대, 유럽의 많은 국가가 태양왕이 통치하던 시기의 프랑스를 경쟁적으로 모방했다. 1700년 이전, 상업과 군사적으로 영국의 강력한 적수였던 네덜란드는 상업, 사회, 정치 등의 분야에서 모델이 될 수 있었으나 차이에 대한 영국인의 인식은 매우 제한적이어서 문명의 경계를 넘어 전파되기 어려웠다. 17, 18세기에 예수회 선교사들과 일부 재정이론가는 위대한 청제국의 잘 짜인 정부조직과 현명한 통치방식에 감명을 받아 열정적으로 이를 알리려 했지만 이들의 열정은 유럽에서 실제적인 변화를 이끌어내지 못했다. 이른바 '튤립시대'(Tulip Age, 1718-30년)*에 오스만제국은 잠시 서유럽의 장식과 건축 양식을 받아들였지만 장기적인 영향은 없었다.[173] 19세기에 전대미문의 새로운 현상이 나타났다. 서유럽 문명이 세계 대부분의 지역에서 표본이 되었다. '서유럽'은 무엇보다도 영국을 의미했다. 1815년 이전에는 영국이 세계에서 가장 부유하고 가장 강대한 국가라는 인식이 퍼져 있었다. 나폴레옹의 몰락과 뒤이은 정치적 불안정에도 불구하고 프랑스도 서유럽 표본의 일부로 인정받았다. 프로이센도 서서히 서유럽 표본 국가의 대열에 근접했으나 문명세계의 동쪽 변경에 자리 잡은 스파르타식 군국주의 국가라는 평판을 벗어나기까지는 수십 년의 시간이 더 필요했다. 독일문학을 혐오하고 프랑스어로 대화하기를 즐겼던 이 나라의 위대한 국왕도 이런 이미지에서 불편함을 느꼈다.

19세기 내내 서유럽 핵심지역 이외 국가의 발전에 결정적인 작용을 한 것은 서방의 침입에 맞서 주로 권력 엘리트들이 서방문화 요소의 예방적 흡수와 모방을 통해 자신을 무장하려는 정책적 노력이었다. 일찍이 1700년 무렵 러시아의 표트르 대제가 이런 정책을 추진했다. 그는 서유럽을 학습해 러시아를 내정이 안정되고 외교적으로

---

* 술탄 아흐메트 3세(Sultan Ahmed III)의 재상(宰相) 파샤 이브라힘(Damat Ibrahim Pasha, 재임 1718-30년)은 유럽과의 융화정책을 채택하고 서방문물 도입을 장려했다. 그의 재임 기간 동안 프랑스와 오스트리아의 궁정과 사절을 교환했고 그 결과 호전적인 상무(尚武) 기풍은 쇠퇴하고 서구 취미의 우아한 문화가 보급되었다. 당시 오스만제국 엘리트와 상류사회에 튤립이 수입되어 크게 유행한 데서 튤립시대란 이름이 붙여졌다. 서구의 기술이나 학문도 왕성하게 이입되어 새로운 지식계급의 형성되었다.

강대한 국가로 변모시켜 서유럽에 맞서려 했다. 한 세기 뒤에 나폴레옹 치하의 프랑스에 저항하기 위해 일부 국가에서 방어적 현대화를 통해 자강을 실현하려는 첫 번째 물결이 일어났다. 술탄 셀림 3세(Selim III, 1789-1807년 재위) 통치하의 오스만제국은 예카테리나 2세(Ekaterina II) 통치하의 러시아가 추진한 남진 확장과 1798년 보나파르트의 이집트 침입에 놀라 같은 정책을 추진했다. 그러나 이 무렵 개혁의 첫 번째 물결은 내부 반대세력의 온갖 방해 때문에 요절하고 말았다. 그런 가운데서 상대적으로 논란이 적어 비교적 성과를 냈던 것은 1806년 이후 프로이센이 군사, 국가조직, 법제와 교육 분야에서 추진한 개혁이었다. 같은 시기인 1805년부터 무함마드 알리 통치하의 이집트가 군사국가 건설에 착수했다.

이집트의 군사적 확장이 성공한 것은 오스만제국의 약한 면모가 폭로된 일이기도 했다. 열강은 무함마드 알리와 맞서야 하는 오스만제국에게 도움의 손을 내밀지 않을 수 없었다. 이 일이 있기 전에는 열강의 도움으로 그리스가 오스만제국의 통치를 벗어났다. 이런 상황에서 오스만제국의 술탄과 정치 지도자들은 철저한 반성 끝에 1839년부터 대담하고도 전면적인 개혁을 실행하기로 결심했다. 이 것이 이른바 탄지마트 개혁이었다.[174] 이후 25년에 이르는 긴 시간 동안 오스만제국의 정책기조는 지속적으로 개혁을 추진하는 것이었다. 그 열매는 교육혁신(종교교육의 일정 정도 축소), 국가 행정기구의 개혁, 모든 인민에게 일률적으로 시민권을 부여하는 법제개혁, 비무슬림에게 불리한 처우의 점진적인 개선, 약탈적 징세를 폐지하고 세율 인하와 세제정비를 통한 국가 수입의 증대였다. 개혁을 주도한 오스만제국의 지도자들은 서방세계에 대한 직접 경험을 바탕으로 하여 오스만제국의 현실 조건에 부합하는 서방화의 목표, 규모, 실행 방법을 설계했다. 무스타파 레시드 파샤(Mustafa Resid Pascha, 1800-58), 알리 파샤(Ali Pascha, 1814-71), 푸아드 파샤(Fuad Pascha, 1815-

69)는 개혁시대의 핵심인물이었다. 이들은 각기 런던과 파리 주재 대사와 외무장관직을 경험한 적이 있는 사람들이었다. 동방과 서방의 지식을 통합할 수 있는 집단의 규모는 매우 작았고 이들이 추진한 개혁은 중앙집권과 통제경제의 색채가 강할 수밖에 없었다. 개혁 초기에 시민사회는 변화를 끌어갈 역량을 갖추지 못했지만 이스탄불에서 제시한 개혁조치가 이들에게 활동공간을 제공했고 시민사회는 곧 성장하기 시작했다. 살로니카와 베이루트는 시민사회의 활약이 두드러진 도시였다.[175)]

개혁

19세기 후반에 많은 국가가 개혁을 실행하거나 시도한 이유는 사람들이 국가의 낙후성을 인식하게 되었고 그런 인식을 자극하는 사정이 꾸준히 발생했기 때문이었다. 이 시기에 선망의 대상이면서 동시에 공포의 대상이던 유럽은 변화 없이 머물러 있지 않았다. 특히 19세기 60년대 후반에 영국, 프랑스, 프로이센, 오스트리아-헝가리 제국의 정치질서는 혁명적인 방식은 아니었지만 충분히 주목할만한 전환을 보이고 있었다. 모든 국가에 개혁의 열풍이 불었다.[176)] 유럽의 변경과 그 너머에 있는 국가에서 사람들의 심정은 복잡했다. 한편으로는 서방의 현재의 우월한 지위를 마지못해 인정했고, 다른 한편으로는 서방의 허다한 문명화의 성취를 진심으로 부러워하면서 동시에 자국의 현행제도를 개혁할 가능성에 대해 확신도 있었다. 고유의 문화적 가치가 어떻게든 새로운 시대에도 유지되기를 바라는 희망도 강하게 드러나고 있었다. 알렉산드르 2세 치하에서 러시아 개혁의 핵심은 1861년의 농노제 폐지와 1864년의 사법제도 개혁이었다.[177)] 1864년의 태평천국운동이 진압된 이후 중국은 처음으로 조심스럽게 개혁을 시도했다. 일본은 1868년 이후 철저한 변혁을 실행했고 메이지유신보다 약간 늦었지만 성격은 유사한 샴의 현대화 개혁이 있었다.[178] 이 모든 국가에서 통치 집단 내부와 새롭게 대두한 공적영역에서 개혁을 둘러싼 대규모 논쟁이 벌어졌다. 개혁의 비교 연구에 관한 저작은 아직 나오지 않았지만 핵심 논제는 서방화의 범위와 깊이 그리고 성공의 가능성이었다. '서방화론자'와 본토주의자—슬라브족 우월주의든 정통 유교이든—가 부딪쳤다. 지금까지는 이런 문제에 신경 쓰지 않았던 통치자들이 정치적 계산이 필요한 바둑판 앞에 앉게 되었다. 그들에게는 변화의 결과를 예측할 수 있을 만큼의 경험이 없었다. 변화를 위해 치러야 할 대가는 얼마나 될까? 개혁 과정에서 누가 이득을 얻고 누가 손해를 볼까? 개혁을 저지하려는 힘의 크기는 얼마나 되며 어디로부터 나올까? 외교 환경은 영향을 받지 않을까? 개혁의 재원은 어떻게 조달할 것인가? 개혁을 추진하는 데 필요한 훈련된 인재는 어디서 동원할 것인가? 이런 문제와 관련하여 각국의 사정은 달랐고 해답도 달랐다. 그러나 당면한 문제의 성격이 유사하다면 원칙적으로 비교는 가능하다.

이 모든 개혁은 국가 역사의 일부다. 이때의 역사는 두 가지 의미를 지닌다. 하나는 유럽국가의 유형이 몇 가지 단층을 따라 세계로 전파된 역사이다.[179] 다른 하나는 국제정치, 전 지구적 자본주의, 서유럽문명 전파의 변경에 위치한 국가가 첨예한 생존문제에 대응하기 위해 국가자원을 동원한 역사다. 국가마다 채택한 전략은 달랐고 성공의 정도도 달랐다. 체제변혁의 속도와 범위로 논한다면 메이지 시대의 일본과 비교될 수 있는 국가는 없었다. 일본은 모든 면에서 찬양받는 표본이 되었다.[180] 이와는 반대로 차르 제국의 방어적 현대화는 보수적이며 중도에 멈춘 개혁이었다. 오스만제국에서 개혁의 시대는 압뒬하미트 2세 통치하의 새로운 전제주의 체제에서 끝났다. 그의 체제가 '개명' 군주제였는지는 전문가들 사이에서 아직도 의견이 일치하지 않고 있다. 중국은 여러 차례 개혁을 시도했으나

(1862-75, 1898, 1904-11년) 모두 용두사미로 끝났을 뿐 국가와 사회에 장기적으로 생기를 불어넣지 못했다. 이집트에서 무함마드 알리의 후계자들이 실행한 서구화정책은 국가의 파산을 불러왔고 결국 식민세력이 정권을 장악했다(1882년). 19세기 50년대 중기부터 70년대 중기까지의 멕시코의 '개혁시기'도 같은 상황이었다. 탄지마트 개혁과 마찬가지로 멕시코의 개혁도 장애를 돌파하고 안정된 대의기구를 형성하는 데 실패했다. 심지어 진보적인 정치지도자 베니토 후아레스(Benito Juárez, 1806 - 1872)도 1867년 이후로 전제적인 특별조치에 의존하여 정국을 관리했다. 오스만제국의 압뒬하미트 2세처럼 멕시코의 포르피리오 디아스(Porfirio Díaz)는 70년대 중반에 집권한 후 독재정치를 펼쳐 새로운 세기의 첫 10년까지 정권을 유지했다. 어쨌든 디아스 시대 이전에 수많은 개혁 법률이 제정되었고 디아스 시대에 들어와 최소한 교회——멕시코 진보파의 가장 중요한 반대세력——의 영향력을 억제하고 법 앞에서 모든 (백인)시민이 평등하다는 원칙은 확립되었다. 세속권력과 종교권력의 생활에 대한 속박이 줄어들었다.[181] 개혁시대 이후 등장한 전제주의의 또 하나의 사례가 알렉산더 3세(1881-94년 재위) 치하의 러시아였다. 그는 전임 차르가 추진했던 개혁을 부분적으로 폐지했다. 사법개혁은 뛰어난 성과를 냈고 러시아제국 말기의 우수한 법률문화를 만들었다. 사법개혁의 국면은 유지되었으나 경찰의 권한이 확대되었다. 오스만제국에서도 그랬지만 러시아 집권자들은 서방으로부터 많은 것을 모방했으면서도 서방의 정치적 자유주의에 대해서는 의문을 품었다. 두 제국의 군주독재 통치는 더욱 강화되었고 내부 탄압은 더욱 가혹해졌다.[182]

개혁과 밀접하게 연관된 것이 미래에 대한 전망이지만 개혁이 시작되자마자 새로운 전망이 제시된 경우는 흔치 않았다. 오스만제국의 사례에서 보듯이 탄지마트 개혁의 목표는 시발점에서는 지난 시대의 불안정한 균형을 회복하는 것이었고 개혁 30년차에 들어가서야 명확하게 새로운 질서를 추구하는 미래지향적인 개혁 강령이 나왔다. 개혁의 목표가 바뀌자 개혁의 수단도 따라서 바뀌었다. 개혁 초기에는 낡은 통치수완과 새로운 통치기술을 결합한 유연한 방식이 채택되었다. 개혁 후기로 가면서 이 방법은 보다 엄격한 중앙집권주의와 새로운 단호함으로 대체되고 개혁 초기 단계와는 달리 지방 권력자와 타협하려는 노력은 줄어들었다.[183)

각국 개혁 계획의 일부 항목이 지연되면서 상호학습이 가능해졌다. 탄지마트 시기의 수상들과 정부의 정책두뇌들은 아직 서유럽 모형의 영향을 받고 있었다. 그들의 머릿속에는 프랑스와 영국뿐이었다. 메이지유신 지도부는 일찍부터 프로이센의 개혁이 보여준 지속 가능한 성과, 특히 증대된 군사력에 매료되었다. 그들은 자신의 역할을 외부세계의 각종 개혁 모형을 평가하고 엄격하게 선별하는 '합리적 구매자'로 인식했다. 아시아와 아프리카의 소국 가운데서 이와 같은 선택의 자유를 가진 국가는 거의 없었다. 예컨대, 열정적인 개혁가였던 튀니지의 통치자 아메드 베이(Ahmad Bey, 1837 – 55 재위)는 선택의 여지가 없어서 국경을 맞댄 이웃나라 알제리에서 위협하고 있던 프랑스의 지원을 받아 군대를 개조할 수밖에 없었다. 만약 영국이 나서서 도우려 했다면 파리에서는 그냥 지켜보지는 않았을 것이다.[184) 일본 유신의 규모와 성과가 세상에 드러나자 즉시 많은 나라의 기준이 되었다. 뿌리 깊은 문화적 요인 때문에 중국 엘리트들은 심리적으로 일본의 군사적 우위를 인정하기 어려웠다. 그러나 청 왕조가 붕괴되기 전 마지막 몇 년 동안에 중국인들이 보기에 일본은 이미 참조할만한 표본으로 부상해 있었다. 심지어 어떤 사람들은 일본이 유럽과 미국으로 대표되는 서방을 추월했다고 주장했다. 일본은 아무리 늦어도 러시아를 꺾은 1905년 이후로 유럽은 이길 수 없다는 주문(呪文)을 깨뜨린 아시아의 찬란한 별이 되어 있었다.

7. 국가와 민족주의

강한 국가, 약한 국가

19세기 정치이론에 가운데서, 최소한 유럽의 정치이론 가운데서 강한 국가란 관념은 자취를 감추었다. 근대 초기에 이름 있는 정치이론가들이 국가, 구체적으로는 군주국을 강하게 만드는 방안을 연구했다. 강한 국가는 추구할 가치가 있는 목표였다. 사람들은 강한 국가는 이익충돌로 인한 혼란을 억제할 수 있고, 자국 영토 안에 있는 타국의 조차지를 취소할 수 있고, 흔들림 없이 공공복지로 가는 길을 닦을 수 있다고 기대했다.

18세기에는 다시 절대주의 통치를 옹호하는 논리가 출현했다. (양호한 행정관리 제도에 해당하는) 청렴한 관료 집단이 계몽군주를 보좌한다는 이론, 즉 관변 경제학과 '공공정책학'*이 국가 권력구조 건설의 중요한 청사진을 내놓았다. 같은 시기에 중국의 상황도 유사했다. 2,000년 동안 이어져온 중국의 정치문화 가운데서 중앙집권과 지방분권은 늘 모순관계였다. 깊고 오랜 전통을 가진 중국의 행정관리 이론은 18세기에 새로운 정점을 맞았다. 1664-1796년 사이에 중국을 통치한 청 왕조의 위대한 세 황제는 모두가 정력이 넘치고 재능이

---

* 독일어 Polizeiwissenschaft는 직역하자면 경찰학(Police science)이지만 공공정책학(Science of Public Policy) 또는 정치학(Politics)으로 번역되어야 한다.

뛰어난 전제군주였다. 그들은 프로이센 국왕 프리드리히 2세나 오스트리아 국왕 요제프 2세와 비교하여 어떤 면에서도 손색이 없는 인물이었다. 황제로서 그들이 스스로 정의한 역할의 범위는 넓었다. 또한 그들은 관료기구의 효율을 높이기 위해 끊임없이 노력했다. 국가는 인민에게 어느 정도 자유로운 공간을 남겨주었다. 국가는 결코 서방의 초기 중국학이 알려준 대로 경계해야 할 '전체주의' 리바이어던이 아니었다. 이런 상황에서 자유, 특히 시장경제의 기회는 제도가 권력을 견제한 결과가 아니라 헤아릴 수 없는 힘을 가진 전제군주가 너그럽게 베푼 은혜였다.

19세기에 강한 국가론은 더 이상 공개적으로 논의되지 않았다. 자신의 업적을 아낌없이 선전했던 나폴레옹 정권조차도 당당하게 자신의 정부를 현대적인 행정관리 체계라고 세상에 내세우지 못했다. '국가행위의 한계'*를 확정하고자 했던 자유주의는 최소한 19세기의 마지막 사반세기까지는 주류 사상이었다. 보수주의자들도 새로운 하향식 전제주의를 공개적으로 옹호하지 못하고 다만 계급사회에서 귀족들이 누렸던 문화적 주도권에 대한 향수만 표현했다. 사회주의자와 무정부주의자는 혁명이 부르주아-자본주의를 청소한 뒤에는 '자유의 왕국'**이 출현할 것이란 점에 대해 근본적인 의견 차이가 없

---

* 『국가행위의 한계』는 빌헬름 폰 훔볼트가 1792년에 탈고한 정치철학 저작의 제목이다(*Ideen zu einem Versuch die Grenzen der Wirksamkeit des Staats*). 이 저작은 훔볼트가 죽고(1835년) 나서도 한참 뒤인 1852년에 출판되었다. 독일 계몽주의의 대표 저작이기도 하지만 밀이 쓴 『자유론』의 중요한 사상적 원천이었다. 밀은 이 저작의 영어본(*The Sphere and Duties of Government*)(1854)을 참조했다.

** 마르크스주의 철학의 기본 원리 가운데 '필연의 왕국'과 '자유의 왕국'이란 두 가지 기본 개념이 있다. 자유의 왕국에서는 인간의 발전이 목적이며 노동과 기타 일체의 활동은 주체적 자신을 실현하기 위한 수단이다(비수단적 생산과 활동의 영역). 필연의 왕국은 인간이 사회역사의

었기 때문에 국가란 문제를 별로 생각하지 않았다. 국가의 무한권력에 대한 불신은 자유주의 정당의 범주를 넘어서 확산되었지만 현실세계의 상황은 갈수록 국가에 더 많은 통제수단을 부여했다. 허버트 스펜서(Herbert Spencer,『국가와 맞선 인간』The Man against the State, 1884)에서부터 막스 베버에 이르는 다양한 색깔의 자유주의자들이 새로운 노예제의 출현을 경고해야 한다고 생각했다. 국가기구의 팽창, 관료화, (베버가 보기에) 경직되어 가는 자본주의의 결과로 인간은 바로 새로운 노예제의 위험에 빠질 수 있었다. 역설적이게도 (국가론 연구에서 이론화가 부족했던) 권력의 집적이 다른 영역—민족주의 강령—에서는 긍정적으로 수용되었다. 아무리 반동적인 군주라도 이제는 '짐이 곧 국가'라고 말 할 수는 없었지만 국가가 곧 민족이란 관념은 널리 퍼졌다. 국가에 유익한 것이라면 민족에게도 유용했다. 이렇게 국가권력 합법성의 기반 개념이 바뀌었다. 민족국가는 자기 고유의 존재이유를 갖게 되었다. 그 존재이유는 역사에 깊이 뿌리내린 왕조의 합법성이나 정치적 실체로서의 유기적 조화가 아니라 '민족이익'이었다. 누가 민족의 이익을 정의할 것이며 나아가 그것을 정치로 전환시킬 것인지는 부차적인 문제였다. 최소한 유럽의 정치가들이 영향력 있는 주세페 마치니(Giuseppe Mazzini)의 민족주의 해석을 받아들인다면 민족의 이익—국내의 민주적 질서, 다른 국가와의 평화공존—은 모두 달성될 것처럼 보였다. 그러나 19세기 60, 70년대에 이러한 유토피아적 조화로운 대동사회(大同社會)에 대한 회의가 점차로 고개를 들기 시작했다(1919년 국제연맹이 결성될 때 다시 회의의 목소리가 나왔다). 사람들은 민족주의가 온갖 형식의 정치체제와 결합될 수 있음을 분명하게 알게 되었다. 두 가지 요소

필연성을 아직 인식하지 못했기 때문에 생존을 위해서 노동하는 단계를 가리킨다. 인류역사는 끊임없이 필연의 왕국에서 자유의 왕국으로 발전해가는 역사다.

가 민족국가를 결정했다. 대내적으로는 민족 동질화의 추구였다. 이런 노력은 언어정책과 종교에서부터 철도건설과 사회기반시설 확충에 이르기까지 여러 가지 통합정책으로 구체화되었다. 대외적으로는 군사적 능력의 과시로 구체화되었다. 그러므로 민족주의는 국가론에서 매우 중요한 의미를 지니게 되었다. '순수한' 국가론은 복지국가를 건설하기 위해 이론적 근거를 제시하게 될 때 비로소 부활하게 될 터였다.

양분된 민족주의와 국가의 합법성

19세기를 통틀어 특히 19세기의 마지막 사반세기 동안에 발생한 국가권력의 집적은 그 정도가 세계 각 지역마다 달랐고 주된 원인은 극단적으로 불균형한 공업화의 전파였다. 만약 근대 초기에 스페인에서부터 일본에 이르는 유라시아대륙 국가들이 같은 시기에 유사한 사회적 기반 위에서 강성해졌더라면 19세기의 권력집적은 세계의 세 지역(이른바 강한 국가의 지역)에서 집중적으로 발생했을 것이다. 세 지역은 피레네산맥과 우랄산맥 사이의 유럽, 미국, 좀더 늦은 시기의 일본이다.

달리 말하자면 국가의 강성은 결코 인류 진화의 결과가 아니라 세계적 재배치의 불균형한 결과였다. 다른 국가 보다 약하거나 낙후한 국가는 쉽게 공격을 받았다. 약한 국가는 잠식당하거나 정복당할 위험을 안고 있었다. 근대 초기 유럽인의 상상 속에서 '동방'국가는 모두 백성을 지푸라기로 아는 '폭정'의 국가였다. 물론 사실은 전혀 달랐다. 방대한 관료기구를 가진 중국도 그렇지 않았다. 역설적이게도 19세기에 아시아의 통치자들은 유럽 민족국가가 강력한 관료기구와 중앙집권제를 건설한 방식을 빌려와 자신의 약점을 보완하려 했다. 민족주의는 둘로 나뉘었다. 하나는 독특한 자신의 목표를 추구해가는 민족주의, 이것은 작지만 강한 국가를 추구하는 유럽의 신조였다. 다른 하나는 외부세력으로부터 방어를 목표로 하는 민족주의였다. 이미 침략을 받아 독립을 상실한 국가는 식민통치하에서 민족주의 저항투쟁을 하는 것 말고는 선택의 여지가 없었다(이런 상황은 1차 대전 이후에 대규모로 발생했다). 방어적 민족주의는 가능한 많은 분야의 자강정책이 필요했다. 확장적 민족주의와 방어적 민족주의는 그러므로 변증법적 관계에 놓여 있었다. 어느 쪽이든 각자의 방식으로 단결의 깃발을 내걸어 서로 알지 못하는 사이인 개인을 동원했다. 또한, 이전에는 참여의 기회를 갖지 못했던 사회집단을 정치의 무대로 끌어내는 데 막강한 능력을 보여주었다.

보다 보편적인 변증법적 관계는 민족주의와 국제주의의 관계였다. 민족국가는 자기 이미지와는 달리 내부 잠재력만을 추구하지는 않았다. 이념과 정치 강령으로서 민족주의는 국경을 초월했다. 예컨대 마치니의 민족주의 사상과 헝가리 민족주의 투사 라요시 코슈트(Lajos Kossuth) 숭배는 유럽 곳곳으로 퍼져나갔다. 19세기 후반에 여러 민족주의 사이에 적대적인 상호반응이 일어나면서 이런 직접적인 전파는 사라졌다. 그러나 현실에서 민족 집단 내부의 연대가 더욱 강화되고, 민족의 경계가 더 분명해지고, 배제와 우월의 논리가 머리를 든 것은 몇몇 분야에서 국제적인 교류가 증가한 것과 밀접한 관계가 있었다. 이런 모순을 마주한 각 민족국가의 반응은 서로 달랐다. 영국은 오래전부터 제국의 존재를 당연한 것으로 인식해왔기 때문에 실현 가능한 전략은 식민지와 종주국 사이의 연대를 강화함으로써 세계 도처에 있는 식민지 분포를 간소화하는 것이었다. 세기가 바뀔 무렵 식민상 조셉 챔벌린(Joseph Chamberlain)은 이런 정책의 추진을 시도했으나 실패했다. 그는 느슨하게 연결된 제국을 초민족국가, 주로 백인으로 구성된 연방으로 바꾸고자 했다.[185] 독일제국의 상황은 이와는 정반대였다. 세계화의 물결이 전 지구를 휩쓸고 있을 때 수립된 독일제국은 그러므로 수립되자마자 우선 대외 경제정책 면에서 이런 환경에 적응해야 했다. 독일제국이 일류의 공업강국, 군사강국으로 발전할 수 있었던 이유는 정치가와 기업가들이 민족 이익의 관점에서 국제화의 기회를 활용했기 때문이었다.[186]

모범시민과 중간권력

민주정치 이념은, 루소가 주창한 직접 민주주의이건 영국의 전통적인 정치가 추구한 간접 민주주의 —대의제 민주주의—이건 그 제도 설계의 기본 의도는 정치 메커니즘의 단순화였다. 영국의 계몽 사상가이자 '공리주의'(功利主義) 학설의 창시자 제레미 벤덤(Jeremy Bentham)은 민주주의 이념에 관해 말하면서 현대사회에서 책임통치를 실현하기 위해서는 중간권력을 제거해야 한다고 주장했다. 이것은 가장 명쾌하면서 모든 민주정치의 강령이되는 기본 사상이다. 인민과 통치자는 가능한 한 중간 고리를 줄이고 직접 대면해야 한다. 그들을 연결시키는 것은 대의제도라야 한다. 대의제도는 선거와 대표 파견의 과정일 수도 있고, '신비한 연합'(unio mystica) —군주 또는 독재자가 국가를 대표한다고 주장할 때 '인민'이 박수를 치든지 아니면 '사실상의' 의사표시를 통해 지지를 보내는 방식—을 통해 구현될 수도 있다. 그러므로, 원칙적으로 민족국가의 정치제도는 민족적 동질성과 헌법구조의 단순성을 기반으로 한다.

민족국가나 현대화를 진행 중인 개혁적 제국은 '모범시민'(model citizen)의 기준을 단순화하고 나아가 그것을 실현하려고 했다. 몇몇 문명에서 현대 이전시기의 정치토론은 모범적인 통치자의 형상, 능력, 품성, 신앙의 경건도를 둘러싸고 벌어졌다. 현대에는 정치토론의 초점은 모범적인 시민의 자질이었다. 누구를 모범시민이라 불러야 할지는 여러 가지 주장이 있었지만 어느 곳에서든 모범시민에 대한 최소한의 기대치는 있었다. 모범시민은 개인이익의 추구와 민족 전체를 위한 희생 사이에서 훌륭한 균형감각을 가진 사람이어야 했다. 세기가 바뀔 무렵 많은 국가의 공적영역에서 사람들이 생각한 문제는 시대와 함께 나아가는 문제였다. 예컨대 영국인, 프랑스인, 중국인, 이집트인 등이 마땅히 어떤 특성을 갖추어야 하느냐는 것이었다. 현대라는 환경에서 영국인, 프랑스인, 중국인, 이집트인이 된다는 것의 의미는 무엇인가? 이 토론은 국가관과 관련될 수 있고 '문명화'의 표준과 관련될 수도 있었다. 19세기에 이 토론은 20세기처럼 '조국의 배신자' '계급의 적' '인종적' 소수자가 물리적인 배제와 처형을 당하는 집단주의의 범람에 이르도록 격화되지는 않았다. 그럼에도 불구하고 민족과 종족의 동일화/단일화는 여전히 실현 불가능한 환상으로 남았다. 제국은 그 다민족적 속성을 일거에 사라지게 할 요술 방망이를 갖고 있지 않았다. 어떤 제국도 극단적인 조치를 통해 '피부색에 관계없이' 누구나 시민권을 누리는 정책을 시행하지 않았다. 그들이 공통의 민족 기반을 만들려고 할 때마다 자기모순의 극한에 부딪쳤다. 식민체제 가운데서 정치적 위계는 더할 수 없이 복잡했다. 질서와 주권에 관한 직능은 거의 언제나 위임되어야 했다. 이것은 또한 식민정부가 때로는 재정조달을 다른 사람에게 맡겨야 함을 의미했다. 예컨대 동남아시아의 일부 식민지에서는 소수의 화교가 조직이 긴밀하고 집행력을 갖춘 공사(公司, 조합 또는 비밀결사)를 만들어 징세대리인과 독점상인이 되었다(아편전쟁 시기). 그들은 식민정부를 도와 재정조달 직능을 수행했다.[187] 공사는 정식 통치체제의 일부가 아니었지만 공사가 없이는 정부가 기능할 수 없었다. 그러므로 민주적인 참여가 불가능한 곳에서도 이런 방식을 통해 새롭게 형성된 조직적 이해관계는 존재를 드러낼 수 있었다. 서방 시민사회에서도 간단한 정부와 작은 국가의 이상은 사라지고 있었다. 새로운 형태의 중간기구의 규모가 커졌다. 인민과 통치계층 중간에는 더 이상 옛

날 신분은 끼어들지 않았고 그 자리에 관료기구, 갈수록 탄탄한 조직을 갖춘 정당(미국에서는 지역 기구), 조합, 노동조합, 이익단체와 로비단체, 세속화하여 특수이익의 대표가 된 교회, 마지막으로는 자유롭고 독립적인 역할을 간절히 바라는 대중매체가 들어왔다. 고전적 자유주의의 이상이었던 합리적이고 단순한 정치제도는 번잡하고 방대한 존재로 바뀌었다. 일찍이 1차 대전 이전에 여러 곳에 이런 단체의 씨앗이 뿌려졌고 1920년대에 유럽 이외의 지역에서도 모습을 드러냈다.

주註

1) '무굴제국'에 관련 내용이 풍부하고 아시아에 관한 새로운 관점의 저작으로
서 Finer, Samuel E.: *The History of Government from the Earliest Times*, v.3, chs.1-
4, Oxford 1997을 참조할 것. 그 밖에도 Lieberman, Victor (ed.): *Beyond Binary
Histories*를 참조할 것.

2) Gellner, Ernest: "*Tribalism and the State in the Middle East*" (Khoury, Philip S./
Kostiner, Joseph (ed.): *Tribes and State Formation in the Middle East*, London 1991,
pp.109-26에 수록. 인용된 부분은 p.109).

3) Trocki, Carl A.: "*Political Structures in the Nineteenth and Early Twentieth Centuries*"
(Tarling, Nicholas [ed.]: *The Cambridge History of Southeast Asia*, v.2, pp.79-130에
수록. 인용된 부분은 p.81).

4) O'Rourke, Shane: *Warriors and Peasants. The Don Cossacks in Late Imperial Russia*,
Basingstoke 2000, p.43.

5) Earle, Peter: *The Pirate Wars*, London 2003, pp.231f.

6) Mann, Michael: *The Sources of Social Power, v.2: The Rise of Classes and Nation-
States, 1760–1914,* Cambridge 1993, p.6.

7) Birmingham, David: *A Concise History of Portugal*, p.125.

8) Lynch, John: *Argentine Dictator. Juan Manuel de Rosas, 1829–1852*, Oxford 1981
을 참조할 것. 이 저작의 pp.201-46은 로사스의 공포정치를 기술하고 있다.

9) Knight, Alan: "*The Peculiarities of Mexican History. Mexico Compared to Latin
America, 1821–1992*" (Journal of Latin American Studies, Supplement 24 [1992],
pp.99-144에 수록)의 pp.102f에 관련된 상세한 기술이 나온다. 또한 Meyer,
Michael C./William L. Sherman: *The Course of Mexican History*, pp.453-57도 참
조할 것. 대략 1850년 이전의 전형적인 카우디요의 상황에 관해서는 Lynch,
John: *Caudillos in Spanish America, 1800–1850,* Oxford 1992, pp.183-237, 402-
437을 참조할 것. 19세기 스페인어권 아메리카의 폭력과 발육부진의 국가조직
상황에 관해서는 Riekenberg, Michael: *Gewaltsegmente. Über einen Ausschnitt der
Gewalt in Lateinamerika*, Leipzig 2003, pp.35-79를 주로 참고했다. 특히 pp.59-
63에 카우디요에 관한 내용이 나온다. 중부 아메리카에 관해서는 주로 Holden,
Robert H.: *Armies Without Nations. Public Violence and State Formation in Central
America, 1821–1960,* Oxford 2004를 참고했다(특히 pp.25-50).

10) Schneider, Ronald M.: *Latin American Political History. Patterns and Personalities,*
Boulder, CO 2007, p.139. 이웃나라 우루과이와는 달리 아르헨티나에서는 로
사스의 통치가 끝났을 때 카우디요는 지주 과두집단에 '순종'했다.

11) 개황에 관해서는 Herzfeld, Michael: *Anthropology. Theoretical Practice in Culture
and Society,* Malden, MA 2001, pp.118-32를 참조할 것.

12) Newbury, Colin: *Patrons, Clients and Empire. Chieftaincy and Over-rule in Asia, Africa and the Pacific,* Oxford 2003, pp.256-284.

13) Clark, Christopher M.: *Kaiser Wilhelm II,* Harlow 2000, p.162. Röhl, John C.G.: *Wilhelm II.,* 3vls, München 1993-2008은 이 분야의 권위 있는 저작이다.

14) Schudson, Michael: *The Good Citizen. A History of American Civic Life,* New York 1998, p.132.

15) Matthew, H.C.G.: *Gladstone 1809–1898,* Oxford 1997, pp.293-312, 특히 pp.310f.

16) Lynch, John: *Argentine Dictator.* p.112와 Bernand, Carmen: *Histoire de Buenos Aires,* pp.149f, 155-57.

17) Brandt, Peter(et al,, ed.): *Handbuch der europäischen Verfassungsgeschichte im 19.Jahrhundert. Institutionen und Rechtspraxis im gesellschaftlichen Wandel, v.1: Um 1800,* Bonn 2006, p.42.

18) Rickard, John: *Australia,* p.113.

19) Wortman, Richard S.: *Scenarios of Power. Myth and Ceremony in Russian Monarchy. From Peter the Great to the Abdication of Nicholas II* (one-volume edition), Princeton, NJ 2006, p.347.

20) Steinberg, David Joel (et al. ed.): *In Search of Southeast Asia. A Modern History,* Honolulu 1987, pp.57-91은 군주제 형식에 대해 전면적으로 소개하고 있다.

21) Pennell, C.R.: *Morocco since 1830. A History,* London 2000, pp.158-63.

22) 인도의 상황에 관해서는 Fisher, Michael H.: *Indirect Rule in India*를 참조할 것.

23) Thant Myint-U.: *The Making of Modern Burma,* Cambridge 2001, pp.209f. Kershaw, Roger: *Monarchy in South-East Asia. The Faces of Tradition in Transition,* London 2001, p.25

24) Price, Pamela G.: *Kingship and Political Practice in Colonial India,* Cambridge 1996 은 인도 동남부 지역 토후국에 대한 사례연구이며 관련 분야의 수많은 저작 가운데서 돌출적인 성과이다.

25) Kershaw, Roger: *Monarchy in South-East Asia.* p.26.

26) *Ibid,* pp.28f.

27) Sahlins, Marshall D.: *Anahulu. The Anthropology of History in the Kingdom of Hawaii, v.1: Historical Ethnography,* Chicago 1992, pp.76f.

28) Geertz, Clifford: *Negara. The Theatre State in Nineteenth-Century Bali,* Princeton, NJ 1980가 이런 주장을 하고 있다. 이 영향력 있는 주장의 단편성, 특히 그의 정태적인 기술에 대해 Schulte Nordholt, Henk: *The Spell of Power. A History of Balinese Politics 1650–1940,* Leiden 1996(특히 pp.5-11에서)이 비판했다.

29) Kroen, Sheryl: *Politics and Theater. The Crisis of Legitimacy in Restoration France, 1815-1830,* Berkeley, CA 2000.

30) Koenig, William J.: *The Burmese Polity, 1752–1819. Politics, Administration, and Social Organization in the Early Kon-baung Period*, Ann Arbor, MI 1990, pp.16–84.

31) Morris, Donald R.: *The Washing of the Spears. A History of the Zulu Nation under Shaka and Its Fall in the Zulu War of 1879,* London 1965, pp.79f, p.91, pp98f. 샤카와 그의 악마화에 관해서는 Hamilton, Carolyn: *Terrific Majesty. The Powers of Shaka Zulu and the Limits of Historical Invention,* Cambridge, MA 1998을 참조할 것.

32) Laband, John: *Kingdom in Crisis,* pp22f. Cope, R.L.: *"Characters of Blood? The Reign of King Cetshwayo Ka Mpande 1872–9"* (Journal of African History, v.36 [1995], pp.247–69에 수록. 인용된 부분은 pp.266f.). Fortes, Meyer/E.E.Evans-Pritchard (ed.): *African Political Systems,* London 1967은 아프리카 군주제에 관한 고전적인 저작이며 이 저작에 줄루왕국이 상세하게 기술되어 있다(pp.25–55).

33) Wyatt, David K.: *"The Eighteenth Century in Southeast Asia"* (Blussé, Leonard/Femme Gaastra [ed.]: *On the Eighteenth Century as a Category of Asian History,* Aldershot 1998. pp.39–55에 수록, 인용된 부분은 p.47).

34) 헌법형식의 분류에 관해서는 Kirsch, Martin: *Monarch und Parlament im 19.Jahrhundert. Der monarchische Konstitutionalismus als europäischer Verfassungstyp. Frankreich im Vergleich,* Göttingen 1999, pp.412f(도표)를 참조할 것. 또한 Brandt, Peter(et al,, ed.): *Handbuch der europäischen Verfassungsgeschichte im 19.Jahrhundert,* pp.41–51도 참조할 것.

35) Anderson, Eugene N./Pauline R. Anderson: *Political Institutions and Social Change in Continental Europe in the Nineteenth Century,* Berkeley, CA 1967(p.35)은 이 분야의 고전적 저작이다.

36) Clark, Christopher M.: *Kaiser Wilhelm II,* pp.259f

37) Kohlrausch, Martin: *Der Monarch im Skandal. Die Logik der Massenmedien und die Transformation der wilhelminischen Monarchie,* Berlin 2005, pp.45f. 빌헬름 황제의 기술에 대한 열정에 관해서는 König, Wolfgang: *Wilhelm II. und die Moderne. Der Kaiser und die technischindustrielle Welt,* Paderborn 2007(특히 pp.195-33)을 참조할 것.

38) Daniel, Ute: *Hoftheater,* p369.

39) Rathenau, Walther: *Der Kaiser. Eine Betrachtung,* Berlin 1919, p.34.

40) 이런 유형의 또 하나의 사례는 브라질 황제 페드로 2세(Pedro II)일 것이다. 그의 전기에 관해서는 Barman, Roderick J.: *Citizen Emperor. Pedro II and the Making of Brazil, 1825–1891,* Stanford, CA 1999를 참조할 것.

41) Bagehot, Walter: *The English Constitution* [1867], ed. by R.H.S.Crossman,

London 1964, p.61, pp82f.

42) 최신 저작 가운데서 뛰어난 저작으로서는 Thompson, Dorothy: *Queen Victoria. Gender and Power,* London 2001과 Homans, Margaret: *Royal Representations. Queen Victoria and British Culture, 1837–1876,* Chicago 1998이 있다.

43) Thompson, Dorothy: *Queen Victoria,* pp.144f.

44) Keene, Donald: *Emperor of Japan,* pp.632-35.

45) Amanat, Abbas: *Pivot of the Universe,* p.431

46) 그의 조카이자 계승자의 전기에서 인용했다. Georgeon, François: *Abdulhamid II,* p.33을 참조할 것.

47) Fujitani Takashi: *Splendid Monarchy. Power and Pageantry in Modern Japan,* Berkeley, CA 1996, p.49.

48) *Ibid,* p.229. 이 저작은 19세기 군주제에 관한 가장 뛰어난 저작 가운데 하나이다.

49) Deringil, Selim: *The Well-Protected Domains. Ideology and the Legitimation of Power in the Ottoman Empire,* London 1998, p.18.

50) 페르시아의 젊은 샤의 견해가 그러했다. Amanat, Abbas: *Pivot of the Universe,* p.352를 참조할 것.

51) Paulmann, Johannes: *Pomp und Politik,* p.325. 이 책의 pp.301-31에 이때의 방문에 관한 치밀한 분석이 나온다.

52) 관련 토론은 Kirsch, Martin: *Monarch und Parlament im 19. Jahrhundert,* pp.210f를 참조할 것. 새롭고 독창적인 토론은 Rosanvallon, Pierre: *La démocratie inachevée. Historie de la souveraineté du peuple en France,* Paris 2000, pp.199를 참조할 것. 저자는 루이 나폴레옹이 '카이사르주의' 이론가라고 주장한다.

53) Price, Roger: *The French Second Empire,* p.95. 제국의 축제행사에 관해서는 Baguley, David: *Napoleon III and His Regime. An Extravaganza,* Baton Rouge, LA 2000를 참조할 것.

54) Price, Roger: *The French Second Empire,* p.211.

55) Beller, Steven: Franz Joseph. *Eine Biographie,* Wien 1997, p.52.

56) Price, Roger: *People and Politics in France, 1848–1870,* Cambridge 2004, pp.67-120은 반대파 가운데서 각종 유파를 소개하고 있다.

57) 이 부분은 Rosanvallon, Pierre: *La démocratie inachevée,* pp.199f, 특히 pp.237f를 참조했다.

58) Toledano, Ehud R.: *State and Society in Mid-Nineteenth-Century Egypt,* Cambridge 1990, pp.50f.

59) Bernier, Olivier: *The World in 1800,* pp.76, 78

60) *Ibid,* p.150.

61) Fujitani Takashi: *Splendid Monarchy,* pp.182-85

62) 방법론에 관한 역사학적 근거가 튼튼한 토론으로서 Tilly, Charles: *Democracy,* Cambridge 2007, pp.59-66을 참조할 것.

63) Caramani, Daniele: *Elections in Western Europe since 1815. Electoral Results by Constituencies,* London 2004, p.53(도표2.3). *Eine vergleichende Geschichte von der Entstehung bis zum 20.Jahrhundert,* Paderborn 2001, p.516.

64) Raphael, Lutz: *Recht und Ordnung. Herrschaft durch Verwaltung im 19.Jahrhundert,* Frankfurt a.M. 2000, p.28을 참조할 것.

65) Rosanvallon, Pierre: *Der Staat in Frankreich von 1789 bis in die Gegenwart,* Münster 2000, p.51.

66) Fehrenbacher, Don E.: *Slavery, Law, and Politics. The Dred Scott Case in Historial Perspective,* abridged ed., Oxford 1981.

67) 여러 국가의 정치참여에 대한 시각에 관해서는 Turner, B.: *Theory of Citizenship* (Sociology, v.24 [1990], pp.189-217에 수록)을 참조할 것.

68) Ikegami, Eiko: *"Citizenship and National Identity in Early Meiji Japan, 1868–1889. A Comparative Assessment"* (International Review Social History v.40, Supplement 3 [1995], pp.185 - 221에 수록)는 반대파와 저항운동의 작용을 강조한다.

69) 최근의 연구에 의하면 '하버마스적' 공적영역이 나타난 가장 빠른 시기를 1640년대의 영국으로 상정한다. McKeon, *Secret History* (2005), pp.56 and passim을 참조할 것.

70) Habermas, Jürgen: *Strukturwandel der Öffentlichkeit. Untersuchungen zu einer Kategorie der bürgerlichen Gesellschaft,* Neuwied 1962, pp.157f.

71) Barker, Hannah/Simon Burrows (ed.): P*ress, Politics and the Public Sphere in Europe and North America, 1760–1820,* Cambridge 2002. Uribe-Uran, Victor M.: *"The Birth of a Public Sphere in Latin America during the Age of Revolution"* (Comparative Studies Society and History v.42 [2000], pp.425 - 57에 수록).

72) 관련된 기본적인 소개는 Milner, Anthony: *The Invention of Politics in Colonial Malaya,* Cambridge 1995를 참조할 것.

73) 여러 도시의 역사에 대한 사례연구 이외에 전면적인 소개도 있다. 예컨대, 미국에 관해서는 Ryan, Mary P.: *Civic Wars. Democracy and Public Life in the American City during the Nineteenth Century,* Berkeley, CA 1997을, 중국에 관해서는 Rankin, Mary Backus: *Elite Activism and Political Transformation in China*를 참조할 것.

74) Price, Pamela G.: *Acting in Public versus Forming a Public. Conflict Processing and Political Mobilization in Nineteenth-Century South India* (South Asia, v. 14 [1991], pp.91-121에 수록).

75) *Ibid,* p.113. Irschick, Eugene F.: *Dialogue and History. Constructing South India; 1795–1895,* Berkeley, CA 1994는 식민당국이 통제할 수 없었던 남인도의 표

현의 자유에 관해 소개했다.

76) Tocqueville, Alexis de: *Über die Demokratie in Amerika* [1835 – 40], I/ii/4: ed. by Hans Zbinden, München 1976.(1976), pp. 216 – 24.

77) Finer, Samuel E.: *The History of Government from the Earliest Times*, v. 3, pp.1567f, Oxford 1997. 주요 헌법문건은 Gosewinkel, Dieter/Johannes Masing (ed.): *Die Verfassungen in Europa 1789–1949*를 참조했다.

78) 관련 목록은 Navarro García, Luis (ed.): *Historia de las Américas*, v.4, Madrid 1991, pp.164-73을 참조할 것.

79) 세기가 바뀔 무렵에 발생한 혁명에 관해서는 이 책의 제10장을 참조할 것.

80) Fenske, Hans: *Der moderne Verfassungsstaat* 를 참조할 것. 간략한 소개는 Reinhard, Wolfgang: *Geschichte der Staatsgewalt*, pp.410-26을 참조할 것. Kirsch/Schiera, *Verfassungswandel*은 헌정화 과정 고조기의 유럽 각국 상황을 전면적으로 소개하고 있다.

81) Fenske, Hans: *Der moderne Verfassungsstaat*, pp.525f. 이상하게도 Fenske는 영국을 민주정체 국가에 포함시키지 않는다. 이유는 영국의 직업 정치가 계층은 여전히 귀족이 주류를 형성하고 있다는 것이다.

82) Fisch, J.: *Geschichte Südafrikas*, pp.203f.

83) Hoppen, K.Theodore: *The Mid-Victorian Generation 1846–1886*, Oxford 1998, p.253.

84) Caramani, Daniele: *Elections in Western Europe since 1815*. p.60.

85) *Ibid*, p.65.

86) *Ibid*, p.952. Searle, Geoffrey R.: *A New England?*, p.133.

87) Rosanvallon, Pierre: *La démocratie inachevée*. pp.299-302.

88) Rosanvallon, Pierre: *Le sacre du citoyen. Histoire du suffrage universel en France*, Paris 1992는 관련 상황을 전면적으로 기술한 저작이다.

89) Keyssar, Alexander: *The Right to Vote. The Contested History of Democracy in the United States*, New York 2000, pp.105f.

90) 상하이의 사례는 Elvin, Mark: "*The Gentry Democracy in Chinese Shanghai, 1905–1914*" (같은 저자의 *Another History. Essays on China from a European Perspective*, Broadway [New South Wales] 1996, pp.140 – 65에 수록)를 참조할 것.

91) 권위 있는 연구 성과로서 Wilentz, Sean: *The Rise of American Democracy. Jefferson to Lincoln*, New York 2005, chs.9-14를 참조할 것.

92) Fehrenbacher, Don E.: *The Slaveholding Republic. An Account of the United States Government's Relations to Slavery*, New York 2001, pp.24f, 76f, 236f.

93) Wahrman, Dror: *Imagining the Middle Class. The Political Representation of Class in Britain, c.1780–1840*, Cambridge 1995, chs. 9-11.

94) 관련 수치는 Bock, Gisela: *Frauen in der europäischen Geschichte*, p.199를 참조할

것.

95) 여성 선거권의 상황에 관해서는 *Ibid*, pp.201-15를 참조할 것.

96) Smith, Thomas C.: *The Agrarian Origins of Modern Japan*, Stanford, CA 1959, p.197.

97) M.W.Steele, From Custom to Right: *"The Politicization of the Village in Early Meiji Japan"* (Kornicki, Peter [ed.]): *Meiji Japan. Political, Economic and Social History 1868–1912*, 4 vls, London 1998. v.2, pp.11–27, 인용된 부분은 pp.24f).

98) Mason, R.H.P.: *Japan's First General Election 1890*, Cambridge 1969, p.197.

99) Welskopp, Thomas: *Das Banner der Brüderlichkeit. Die deutsche Sozialdemokratie vom Vormärz bis zum Sozialistengesetz*, Bonn 2000은 이런 관점을 보여준다.

100) 초기 사회주의와 무정부주의에 대한 전체적인 소개는 Weber, Petra: *Sozialismus als Kulturbewegung. Frühsozialistische Arbeiterbewegung und das Entstehen zweier feindlicher Brüder Marxismus und Anarchismus*, Düsseldorf 1989를 참조할 것.

101) Grebing, Helga (ed.): *Geschichte der sozialen Ideen in Deutschland*, Essen 2000, pp.160-68.

102) Sombart, Werner: *Warum gibt es in den Vereinigten Staaten keinen Sozialismus?* Tübingen 1906 은 여전히 유효한 이 시대에 관한 분석을 제시하고 있다.

103) 국가의 네 가지 형태를 분석한 Rosanvallon, Pierre: *Der Staat in Frankreich von 1789 bis in die Gegenwart*, p.14를 참조할 것.

104) Rodgers, Daniel T.: *Contested Truths: Keywords in American Politics since Independence*. Basic Books. 1987, pp.146, 169.

105) 이 경로에 대한 여러 가지 해석은 Anderson, Perry: *Lineages of the Absolutist State*, London 1974를 참조할 것. 오스만제국에 관한 내용도 포함되어 있다. 또한 Ertman, Thomas: *Birth of the Leviathan. Building States and Regimes in Medieval and Early Modern Europe*, Cambridge 1997도 참조할 것.

106) Jones, William C.: *The Great Qing Code*, Oxford 1994.

107) Brown, Howard G.: *War, Revolution and the Bureaucratic State. Politics and Army Administration in France, 1791–1799*, Oxford 1995, p.9 passim.

108) Aylmer, G.E.: *"Bureaucracy"* (Burke, Peter [ed]): *The Cambridge Modern History*, v.13: Companion Volume, Cambridge 1979. pp.164–200에 수록)은 훌륭한 개설이다..

109) Krauss, Marita: *Herrschaftspraxis in Bayern und Preußen im 19.Jahrhundert. Ein historischer Vergleich*. Frankfurt a.M. 1997, p.240 passim.

110) Berend, Iván T.: *History Derailed*, pp.188f. 합스부르크 군주정체가 최소한 1859년 이전까지는 '유럽의 중국'이라고 불렸던 것은 우연이 아니다. 인용

문은 Langewiesche, Dieter (ed.): *Liberalismus im 19.Jahrhundert. Deutschland im europäischen Vergleich,* Göttingen 1988, p.72를 참조할 것.

111) 유럽국가의 '합리화' 경로는 Breuer, Stefan: *Der Staat. Entstehung, Typen, Organisationsstadien,* Reinbek 1998, pp.175-189에 잘 정리되어 있다.

112) 징세의 합법성은 매우 중요하면서도 흔히 경시되어온 부분인데 정부의 효율을 높이는 데 중요한 작용을 했다. 관련 내용은 Daunton, Martin J.: *Trusting Leviathan. The Politics of Taxation in Britain, 1799–1914,* Cambridge 2001을 참조할 것.

113) 중국의 사정은 Watt, John R.: *The District Magistrate in Late Imperial China,* New York 1972를, 인도의 사정은 Gilmour, David: *The Ruling Caste. Imperial Lives in the Victorian Raj,* London 2005, pp.89-104를 참조할 것.

114) *Ibid,* p.43.

115) Misra, Bankey Bihari: *The Bureaucracy in India. An Historical Analysis of Development up to 1947,* Delhi 1977, pp.299-308.

116) Smith, Richard J.: *China's Cultural Heritage. The Qing Dynasty, 1644–1912,* Boulder, CO 1994, pp.55-67에 훌륭하게 기술되어 있다. Hucker, Charles O.: *A Dictionary of Official Titles in Imperial China,* Stanford, CA 1985, pp.83-96. Bello, David Anthony: *Opium and the Limits of Empire. Drug Prohibition in the Chinese Interior, 1729–1850,* Cambridge, MA 2005는 아편금지라는 좋은 사례를 통해 19세기 초 중국정부의 행동공간을 고찰하고 있다.

117) '중국의 부패'에 관한 무수한 편견에 대한 비판은 Reed, Bradly W.: *Talons and Teeth. County Clerks and Runners in the Qing Dynasty,* Stanford, CA 2000, pp18-25를 참조할 것.

118) Elman, Benjamin A.: *A Cultural History of Modern Science in China,* Cambridge, MA 2006, pp.569f.

119) Osterhammel, Jürgen: *China und die Weltgesellschaft,* pp.163f. 비교적 새로운 문헌으로는 Eberhard-Bréard, Andea: "*Robert Hart and China's Statistical Revolution*" (Modern Asian Studies, v.40 [2006], pp.605-29에 수록)이 있다.

120) Hwang, Kyung Moon: *Beyond Birth. Social Status in the Emergence of Modern Korea,* Cambridge, MA 2005, p.334.

121) Woodside, Alexander B.: *Lost Modernities. China; Vietnam, Korea, and the Hazards of World History,* Cambridge, MA 2006, p.3은 매우 선구적인 해석을 제시하고 있다.

122) Findley, Carter V.: *Ottoman Civil Officaldom. A Social History,* Princeton, NJ 1989, p.292 passim.

123) Findley, Carter V.: *The Turks in World History,* p.161.

124) Silberman, Bernard S.: *Cages of Reason. The Rise of the Rational State in France,*

Japan, the United States, and Great Britain, Chicago 1993, p.130.

125) 『대일본제국헌법』(大日本帝国憲法) 전문(前文)과 제1장 제3조.

126) Wakabayashi, Bob Tadashi: *Anti-Foreignism and Western Learning in Early-Modern Japan. The "New Theses" of 1825,* Cambridge, MA 1991. pp.147-277 이 아이자와의 『신론』(新論)의 번역문이다.

127) Schwentker, Wolfgang: *"Staatliche Ordnungen und Staatstheorien im neuzeitlichen Japan"* (Reinhard, Wolfgang [ed.]: *Verstaatlichung der Welt? Europäische Staatsmodelle und außereuropäische Machtprozesse,* München 1999, pp.113-31에 수록, 인용된 부분은 pp.126f).

128) 관련 기본 상황의 소개는 Raphael, Lutz: *"L'État dans les villages: Administration et politique dans les sociétés rurales allemandes, françaises et italiennes de l'époque napoléonienne à la Seconde Guerre Mondiale"* (Mayaud, Jean-Luc/Lutz Raphael [ed.]: *Histoire de l'Europe rurale contemporaine,* Paris 2006, pp.249-81).

129) Baxter, James C.: *The Meiji Unification through the Lens of Ishikawa Prefecture,* Volume 165 of Harvard East Asian Monographs. Harvard University Asia Center, 1994는 19세기 70년대의 일본에 관한 뛰어난 사례연구다. 일본은 하층 민중의 저항과 불안정한 외교적 처지에 직면해 있었다는 점에서 독일과 차이가 있다. Yoda Yoshiie: *The Foundations of Japan's Modernization. A Comparison with China's Path towards Modernization,* Leiden 1996, pp.72f를 참조할 것.

130) Baxter, James C.: *The Meiji Unification through the Lens of Ishikawa Prefecture,* pp.53-92.

131) Breuer, Stefan: *Der Staat.* 또한 Mann, Michael: *The Sources of Social Power,* pp.444-75도 참조할 것.

132) Bensel, Richard Franklin: *The Political Economy of American Industrialization, 1877–1900,* Cambridge 2000, p.367.

133) Mann, Michael: *The Sources of Social Power,* p.472.

134) Wunder, Bernd: *Geschichte der Bürokratie in Deutschland,* Frankfurt a.M. 1988, pp.72f.

135) Ullmann, Hans-Peter: *Der deutsche Steuerstaat. Geschichte der öffentlichen Finanzen vom 18.Jahrhundert bis heute,* München 2005, pp.56f.

136) Mann, Michael: *The Sources of Social Power,* p.366 (도표 11.3).

137) Raphael, Lutz: *Recht und Ordnung,* p.123.

138) Daunton, Martin J.: *Progress and Poverty. An Economic and Social History of Britain 1700–1850,* Oxford 1995, p.519.

139) Ali, Imran: *The Punjab under Imperialism, 1885–1947,* Princeton, NJ 1988, pp.109f. Heathcote, T.A.: *The Military in British India. The Development of British*

Land Forces in South Asia, 1600–1947, Manchester 1995, pp.126f. 인도의 '호전적 민족'의 형성에 관해서는 Peers, Douglas M.: *Between Mars and Mammon. Colonial Armies and the Garrison State in India 1819–1835,* London 1995를 참조할 것.

140) Frevert, Ute (ed.): *Militär und Gesellschaft im 19. und 20.Jahrhundert,* Stuttgart 1997 의 사례연구를 참조할 것. Foerster, Roland G. (ed.): *Die Wehrpflicht. Entstehung, Erscheinungsformen und politisch-militärische Wirkung,* München 1994.

141) Frevert, Ute: *Die kasernierte Nation. Militärdienst und Zivilgesellschaft in Deutschland,* München 2001, pp.193f.

142) Beyrau, Dietrich: *"Das Russische Imperium und seine Armee"* (Frevert, Ute [ed.]: *Militär und Gesellschaft im 19. und 20.Jahrhundert,,* pp.119 – 42, 인용된 부분은 pp.130 – 33).

143) Fahmy, Khaled: *All the Pasha's Men. Mehmed Ali, His Army and the Making of Modern Egypt,* Cambridge 1997, 특히 pp.76f.

144) Zürcher, Erik J.: *"The Ottoman Conscription System in Theory and Practice"* (Zürcher, Erik J. [ed.]: *Arming the State. Military Conscription in the Middle East and Central Asia,* London 1999, pp.79 – 94수록, 특히 pp.86, 91 참조).

145) McClain, James L.: *Japan. A Modern History,* New York 2002, p.161.

146) Evans, Richard J: *Rituale der Vergeltung. Die Todesstrafe in der deutschen Geschichte 1532–1987,* Berlin 2001, pp.379–400. 그러나 1939년 이전까지 프랑스에서는 산발적인 공개처형이 있었다.

147) Schrader, Abby M.: *Languages of the Lash. Corporal Punishment and Identity in Imperial Russia,* DeKalb, IL 2002, pp.49, 144f.

148) 개략적인 서술로서 Bayley, David: *"The Police and Political Development in Europe"* (Tilly, Charles [ed.]: *The Formation of National States in Western Europe,* pp.328 – 79에 수록. 특히 pp.340 – 60을 참조할 것.. 정치사회학적 관점의 연구로서 Knöbl, Wolfgang: *Polizei und Herrschaft im Modernisierungsprozeß. Staatsbildung und innere Sicherheit in Preußen, England und Amerika 1700–1914,* Frankfurt a. M. 1998을 참조할 것.

149) Emsley, Clive: *Gendarmes and the State in Nineteenth-Century Europe,* Oxford 1999.

150) Westney, D. Eleanor: *Imitation and Innovation. The Transfer of Organizational Patterns to Meiji Japan,* Cambridge, MA 1987, pp.40–44, 72f.

151) *Ibid,* p.94.

152) Arnold, David: *Police Power and Colonial Rule. Madras 1859–1947,* Delhi 1986, pp.99, 147은 남부 인도를 중심으로 기술했다.

153) Clive, John: *Macaulay. The Shaping of the Historian,* New York 1973, pp.435-

66.

154) Townshend, Charles: *Making the Peace. Public Order and Public Security in Modern Britain,* Oxford 1993, pp.23-29.

155) Hobson, John A.: *Imperialism. A Study* [1902], London 1988(3rd ed.), p.124.

156) Monkkonen, Eric H.: *Police in Urban America, 1860–1920,* Cambridge 1981, pp.42, 46.

157) Monkkonen, Eric H.: *"Police Forces"* (Foner, Eric/John A.Garraty [ed.]: *The Reader's Companion to American History,* Boston 1991, pp.847 - 50에 수록).

158) Petrow, Stefan: *Policing Morals. The Metropolitan Police and the Home Office, 1870–1914,* Oxford 1994가 이 주제를 다루었다.

159) Kraus는 이 주제에 관한 논문을 1902-1907년 동안에 잡지 『Die Fackel』에 연속적으로 발표했고 이것을 모아 뒤에 책으로 출판했다. Kraus, Karl: *Ausgewählte Schriften,* v.1, Frankfurt a.M. 1987을 참조할 것.

160) Major, Andrew J.: *State and Criminal Tribes in Colonial Punjab,* pp.657f, 663. Metcalf, Thomas R.: *Ideologies of the Raj,* pp.122-25도 참조할만하다. 이 책의 제3장과 제4장도 종족구분에 대해 전면적으로 소개하고 있다.

161) Curtin, Mary Ellen: Black *Prisoners and Their World. Alabama, 1865–1900,* Charlottesville, VA 2000, pp.1f.

162) Lenz, Karl-Friedrich: *"Penal Law"* (Röhl, Wilhelm [ed.]: *History of Law in Japan since 1868,* Leiden 2005, pp.607 - 26에 수록, 인용된 부분은 pp.609f).

163) Umemori Naoyuki: *"Spatial Configuration and Subject Formation: The Establishment of the Modern Penitentiary System in Meiji Japan"* (Hardacre, Helen/Adam L.Kern [ed.]: *New Directions in the Study of Meiji Japan,* Leiden 1997, pp.734 - 67에 수록. 특히 pp.744 - 46, 754, 759f 참조할 것..

164) Dikötter, Frank: *Crime, Punishment and the Prison in Modern China,* New York 2002, pp56-58. 그러나 중화민국 시기에 들어와서 이런 계획이 큰 범위로 실행되었다.

165) Lindert, Peter H.: *Growing Public. Social Spending and Economic Growth since the Eighteenth Century, v.1: The Story,* Cambridge 2004, pp46f.

166) Rosanvallon, Pierre: *Der Staat in Frankreich von 1789 bis in die Gegenwart,* p.104. Raphael, Lutz: *Recht und Ordnung,* p.102. Lindert, Peter H.: *"Poor Relief Before the Welfare State. Britain Versus the Continent, 1780–1880"* (European Review of Economic History, v.2 [1998], pp.101 - 40에 수록).

167) 기본적인 상황은 권위 있는 저작 Lindert, Peter H.: *Growing Public,* pp.171f를 참조할 것. 또한 Reinhard, Wolfgang: *Geschichte der Staatsgewalt,* pp.460-67도 참조할 것.

168) Eichenhofer, Eberhard: *Geschichte des Sozialstaats in Europa. Von der "sozialen*

Frage" bis zur Globalisierung, München 2007, p.54.

169) 세계 각국의 수치 대비는 Schmidt, Manfred G.: *Sozialpolitik in Deutschland. Historische Entwicklung und internationaler Vergleich*, Opladen 1998, p.180(Tab.3) 를 참조할 것.

170) Rodgers, Daniel T.: Atlantic Crossings. *Social Politics in an Progressive Age*, Cambridge, MA 1998은 이 주제를 다루고 있다. 특히 (사회보험에 관한) pp.209f를 참조할 것.

171) Esping-Andersen, Gøsta: *The Three Worlds of Welfare Capitalism*, Cambridge 1990.

172) 이 절의 전부는 Curtin, Philip D.: *The World and the West*, Cambridge 2000, pp.128-91을 참조했다.

173) Faroqhi, Suraiya: *Kultur und Alltag im Osmanischen Reich*, p.30을 참조할 것.

174) 오스만제국의 역사를 다룬 모든 저작 가운데서 다음 몇 권이 핵심을 간명하게 기술하고 있다. Davison, Roderic H./Clement Dodd: *Turkey. A Short History, Huntingdon*, TX 1998(3rd ed.), pp.91-104. Kreiser, Klaus/Christoph K.Neumann: *Kleine Geschichte der Türkei*, Stuttgart 2003, pp.330-38. Hanioglu, M. Sükrü: *A Brief History of the Late Ottoman Empire*, Princeton, NJ 2008, pp.72-108. 오스만제국의 영향을 받아 이란에서 일어난 좀더 온건한 개혁에 관해서는 Bakhash, Shaul: *Iran. Monarchy, Bureaucracy and Reform under the Qajars, 1858–1896*, London 1978을 참조할 것.

175) Anastassiadou, Meropi: *Salonique 1830–1912*와 Hanssen, Jens: *Fin-de-siècle Beirut*를 참조할 것.

176) Rich, Norman: *The Age of Nationalism and Reform 1850–1890*, New York 1977, pp.145f는 같은 시기 영국과 러시아의 얼마간의 "자유주의" 개혁을 비교했다.

177) Lincoln, W.Bruce: *The Great Reforms. Autocracy, Bureaucracy, and the Politics of Change in Imperial Russia*, DeKalb, IL 1990. Eklof, Ben, (et al, ed.): *Russia's Great Reforms, 1855–1881*, Bloomington, IN 1994. Beyrau, Dietrich, (et al. ed.): *Reformen im Rußland des 19. und 20.Jahrhunderts. Westliche Modelle und russische Erfahrungen*, Frankfurt a.M. 1996.

178) 심지어 강력한 쇄국정책을 펴던 마지막 동아시아국가 조선조차도 "강국"을 위한 개혁정책을 시작했다. Palais, James B.: *Politics and Policy in Traditional Korea*, Cambridge, MA 1991을 참조할 것.

179) Reinhard, Wolfgang (ed.): *Verstaatlichung der Welt? Europäische Staatsmodelle und außereuropäische Machtprozesse*, München 1999.

180) Roussillon, Alain: *Identité et modernité. Les voyageurs égyptiens au Japon (XIX e – XX e siècle)*, Arles 2005.

181) Wanderwood, Paul: *"Betterment for Whom? The Reform Period, 1855–1875"* (Meyer, Michael C./William H,Beezley [ed.]: *The Oxford History of Mexico,* Oxford 2000, pp.371 – 96에 수록).

182) Polunov, Aleksandr Ju.: *Russia in the Nineteenth Century. Autocracy, Reform, and Social Change, 1814–1914,* Armonk, NY 2005, pp.123f, 174–89.

183) Maurus Reinkowski, *"The State's Security and the Subjects' Prosperity: Notions of Order in Ottoman Bureaucratic Correspondence"* (Karateke, Hakan T./Maurus Reinkowski [ed.]: *Legitimizing the Order. The Ottoman Rhetoric of State Power,* Leiden 2005, pp.195 – 212에 수록. 인용된 부분은 p.206). Reinkowski, Maurus: *Die Dinge der Ordnung. Eine vergleichende Untersuchung über die osmanische Reformpolitik im 19.Jahrhundert,* München 2005, pp.284, 287.

184) Perkins, Kenneth J.: *A History of Modern Tunisia,* pp.14f.

185) Mock, Wolfgang: *Imperiale Herrschaft und nationales Interesse. "Constructive Imperialism" oder Freihandel in Großbritannien vor dem Ersten Weltkrieg,* Stuttgart 1982.

186) Torp, Cornelius: *Die Herausforderung der Globalisierung. Wirtschaft und Politik in Deutschland 1860–1914,* Göttingen 2005.

187) Trocki, Carl A.: *Opium, Empire and the Global Political Economy. A Study of the Asian Opium Trade, 1750–1950,* London 1999.

제3부 주제

제 12 장

에너지와 공업

누가, 언제, 어디서
프로메테우스를 풀어놓았는가?

1873년도에 출간된 사무엘 그리피스(Samuel Griffiths)
『영국의 철물 무역 가이드』(Guide to the iron trade of Great Britain)에 수록된 삽화 1

19세기는 공업화 생산방식과 그것과 관련된 사회형태가
세계 대부분의 지역에 널리 전파된 시기였다. 공업화로 인해 등장한 새로운
에너지원 가운데 가장 대표적인 것이 화석연료 석탄이었다. 19세기 중반 이후로 전통적인
에너지원의 사용량이 감소하고 현대적인 에너지원(처음에는 석탄, 이어서 석유와 수력)의
사용량이 급격하게 늘어났다. 석탄채굴이 공업화의 핵심이 된 것이다.
선진기술의 응용, 즉 증기동력을 이용한 채굴과 석탄을 필요한 곳에 운송하는
증기기관차와 증기선의 운영이 공업적 성취를 이루는 데 중요한 전제조건이었다.

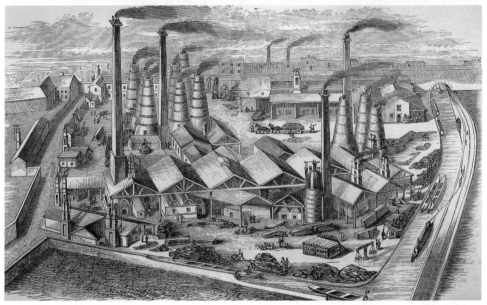

그리피스, 『영국의 철물 무역 가이드』에 수록된 삽화 2

근대 중국의 석탄채굴

송응성(宋應星)이 1637년에 간행한 백과사전인
『천공개물』(天工開物)에 실려 있는 석탄채굴도다. 이때는 명 왕조였다.

1901년 미국의 풍자잡지 『퍽』(*Puck*)에 실린
존 록펠러(John Rockefeller, 1839-1937)를 그린 만화
1859년 8월 28일, 펜실베이니아에서 처음으로 상업적 유정의 굴착이 성공했다.
캘리포니아에서 금광열풍이 분 뒤 정확히 10년 뒤에 석유열풍이 불었다.
1865년부터 록펠러란 청년사업가가 석유로 거대한 부를 쌓기 시작했다.
1880년, 그가 10년 전에 세운 '스탠더드 오일'(Standard Oil)은
세계시장을 독점했다. 초기에 원유는 윤활유와 주로 램프와
난로에 사용되는 석유로 가공되었다. 1920년 무렵 자동차가 보급되면서
석유는 전 세계 에너지원의 구조를 바꾸어놓았다.

▲ 1905년에 촬영한 미국 펜실베이니아주 헤이즐턴(Hazleton)의 광부들
▼ 세계 최초의 상업적 유정, 1859년 8월 굴착

안경병기제작소(安慶內軍械所)

정치가 증국번(曾國藩)이 주도해 1861년에 개설한 병기제조공장이다.
1864년 난징으로 옮긴 후 금릉(金陵)기계제조국으로 이름을 바꾸었다.
탄환, 화약, 대포를 생산했다. 중국의 공업화는 저지된 도약이다.
기계화 이전의 유구한 수공업의 전통과 보편적인 원시공업의 전통을 갖고 있던
중국에서 오래된 형식의 기술과 조직으로부터 직접 현대적 공장제 생산으로
향하는 길은 없었다. 중국공업화의 첫 번째 단계는 국가가 주도했으나
조정이 직접 주도한 게 아니라 몇몇 성의 관직이 주도했다.
그들은 1862년부터 일련의 대규모 사업을 시행하면서
외국기술을 응용하고 외국인 고문을 초빙했다. 첫 번째 사업은 군수공장과
조선소 건설이었고 1878년에는 중국 북방에서 대형 석탄광을 개발했다.
이후 면방공장을 세웠으며 1889년에는 철강공장을 세웠다. 이런 정책의
주요 동기는 국방이었다. 어느 사업도, 지역적 공업화 전략의 틀 안에서조차
성장의 핵심축이 되지 못했다. 그리고 1894-95년 청일전쟁의 패배로 중국은
끝내 전반적인 공업화로 전환하는 길을 찾아내지 못했다.

금능기계제조국에서 만든 포탄

▲ 강남제조국에서 생산한 대포

강남제조국은 1865년 이홍장(李鴻章)이 상하이에 설립한 군수공장이며
청 조정 최대의 군사공업시설이었다. 총, 탄환, 화약을 제조했고
전함도 만들었다. 1905년 조선부문을 분리하면서
상하이병공창(上海兵工廠)과 강남조선소(江南造船所)로 나뉘었다.

▼ 강남제조국 번역처

군함과 무기를 생산하는 과정에서 다량의 외국어 서적과 문서를
번역해야 했다. 이 때문에 1868년 전문 번역부서를 제조국 내에 설치해
서방의 과학기술 서적을 번역했다. 현대 과학기술은 여기서부터 시작하여
중국에 뿌리를 내렸다. 좌로부터 서건인(徐建寅), 화형방(華衡芳),
서수(徐壽)이며 이들은 현대 중국의 1세대 전문번역가였다.

복주선정국(福州船政局)

신식 전함을 건조할 목적으로 1866년에 푸젠 · 저장성 총독
좌종당(左宗棠, 1812-85)이 설립한 병기공장이다. 선정국은
제철소, 조선소, 선정학당(船政學堂) 세 부분으로 구성되어 있었고
조선재료, 조선, 선장 양성까지 일관된 체제를 갖추었다.

선정학당 학생과 서양인 교관

1906년에 촬영한 한양철창(漢陽鐵廠) 전경 사진

한양철창은 호광(湖廣)총독 장지동(張之洞)이
한양에 세운 제철소다. 1890년에 공사를 시작해
1893년에 완공했다. 강철 6만 톤의 생산능력을 갖추었다.

잠세치 타타(Jamshedji Tata, 1839-1904) 기념우표

1965년 1월 인도정부가 발행했다. 그는 강철업계의 거인 앤드루 카네기,
아우구스트 티센과 동시대인이었다. 타타는 방직공장을 경영해 돈을 벌었는데
미국에서 강철공장을 보고 온 뒤 철강업으로 전환했다.
인도에서는 정부의 정책 때문이 아니라 민간 기업가의 결심으로
1910-20년 무렵에 몇몇 영역에서 대규모 공장이 등장했다.
인도 철강공업의 성장은 19세기의 위대한 기업가 잠세치 타타가 추진했다.
이때부터 자신의 이익을 지키기 위해 목소리를 낼 줄 아는
프롤레타리아 계급이 형성되었으며 인도의 도시지역에서
현대화를 기치로 내건 공업화 발전과정이 나타났다.

마츠카타 마사요시(松方正義, 1835 – 1924)
공업화를 이루기 위한 일본의 조건이 중국이나 인도의 특정 지역에 비해
더 좋았는지는 분명치 않다. 인도와 달랐던 점은 국가와 기업가가
함께 실현했다는 데 있었다. 일본형 공업화는 국가주도의 정치적 계획이었다.
일본의 엘리트들은 서방의 대국을 자세히 연구한 뒤 부강한 국가를
건설하기 위한 열쇠는 공업건설이라는 사실을 알게 되었다.
이 단계에서 외국자본의 도입은 중요한 역할을 하지 않았다.
일본은 국내에 현금화할 수 있는 자본이 있었고 그 자본을
생산에 투입하려는 정치적인 의지가 있었다.
일본은 1879년부터 공업부문에 기민하게 자금을 제공해줄
현대화된 은행체계를 서둘러 마련하기 시작했다. 일본 공업화
초기의 재정과 경제정책이 그랬듯이 이 은행체계도 마츠카타 마사요시의
걸작 가운데 하나였다. 그는 여러 차례 재무장관을 역임하면서
일본은행을 창립하고 태환제도를 확립했다.

세이코사(精工社)가 1882년에 출시한 일본 최초의 벽시계
초기 단계에서 일본은 서방의 기술과 외국인 고문에게
의존할 수밖에 없었다. 그러나 기술은 일본의 환경에 맞도록
개선되고 변형되었다. 세이코사로 대표되는 시계공업이
중요한 사례다. 1881년에 설립된 이 회사는
빠른 시간 안에 고품질의 시간 측정기기 제조에서
뛰어난 기업으로 성장했고, 일본 최초로
손목시계를 생산하기도 했다.

1. 공업화

1910년 무렵 세계 대부분의 지역이 1780년 무렵과 비교해서 다르게 보였다면 지구라는 행성의 외관을 변화시킨 가장 중요한 원인은 공업이었다. 19세기는 공업화와 생산방식 그리고 그것과 관련된 사회형태가 세계 대부분의 지역에 널리 전파된 시기였다. 그러나 이 시대의 공업화는 단일형태도 아니었고 균형 잡힌 발전을 이루지도 않았다. 어떤 지역에서는 공업화가 이미 뿌리를 내렸을 때 다른 지역에서는 공업화에 실패했다. 어떤 지역에서는 비교적 늦게 공업화가 시작되었으나 다른 지역에서는 시도조차 하지 않았다. 이 모든 것이 각 지역의 미래 발전의 방향을 결정한 중요한 전환점이 되었고 나아가 중심부와 주변부, 역동적인 지역과 정체된 지역으로 구성된 새로운 세계판도를 만들어 놓았다. 그렇다면 무엇을 공업화라 하는가? 간단할 것 같은 이 개념을 두고 오늘날까지도 논쟁이 그치지 않고 있다.

논쟁

'공업화'란 용어는 1837년부터 사용되기 시작했고 '공업혁명'이란 개념은 1799년에 처음 등장하여 1884년부터 학술용어가 되었다. 그러나 아직까지도 어떤 용어를 사용해야 하는지를 두고 역사학자들 사이에 일치된 견해는 없다.[1] 공업화에 관한 논쟁은 혼란스러워 정리하기 어렵다. 논쟁의 주제는 구체적인 하나의 문제가 아니라서 토론하고 있는 문제가 무엇인지 반복적으로 상기해야 한다. 혼란의 또 하나의 원인은 토론에 참여한 역사학자들이 각자의 경제학 이론과 학설을 근거로 논증하려 한다는 사실이다. 어떤 역사학자는 공업화는 기술혁신으로 촉진된 계량화할 수 있는 경제발전 과정이라 주장한다. 다른 역사학자는 이 과정 가운데서 제도변화를 더 중시하며 제도변화 자체가 공업화의 동인이므로 '공업혁명'이란 개념은 '제도혁명'으로 대체되어야 한다고 주장한다.[2] 공업화를 연구하는 학자들 사이에서는 두 가지에 대해서는 대체로 관점이 일치한다.

1) 1900년 무렵 세계 각지에서 발생한 공업과 관련된 경제적·사회적 변화의 근원은 1760년 이후 영국에서 시작된 혁신이다(그 혁신이 상대적으로 그렇게 극적이지 않았으며 '공업혁명'이란 용어를 사용할만한 정도는 아니었다고 주장하는 사람들도 이런 관점을 부정하지는 않는다).
2) 공업화 현상은 국가 단위로 발생한 적이 없으며 시종일관──최소한 초기에는──지역적 현상이었다.

19세기 민족국가의 법과 제도를 높이 평가하는 사람도 공업화는 특정 지역의 자원 배치와 밀접하게 관련되어 있으며 반드시 '전체' 민족국가 사회를 형성하는 데 장기적인 영향을 주지 않았다고 주장한다. 1920년 무렵 전 세계에서 '공업사회'는 몇 개 국가뿐이었다. 유럽에서도 이탈리아, 스페인, 러시아 같은 (공업발전 시대의 섬 같은) 국가에서는 일부 지역의 공업발전이 전체 사회에 결정적인 영향을 끼치지 않았다.[3]

오늘날 가장 흥미 있는 토론은 아래 몇 가지 문제를 둘러싸고 벌어지고 있다.

첫째, 단편적인 통계자료들을 보다 세밀하게 재검토해보면 18세기의 마지막 사반세기 19세기의 첫 사반세기 동안에 영국의 경제성장은 대폭발 이론의 지지자들이 지금까지 주장해온 것보다는 완만하고 불균형적이었다. 또한 경제의 급격한 성장을 설명해주는 수치도 찾을 수 없고 심지어 당시에 성장을 주도했다는 면방직공업과 관련된 수치도 찾을 수 없다. '혁명적인' 영국의 공업화도 시발점에서 이처럼 완만하고 점진적이었다면 우리는 이런 질문을 던지지 않을 수 없다. 공업화는 좀더 먼 어느 시기에서부터 시작되어 이어지지 않았을까? 어떤 역사학자는 중세기 때부터 급속한 경제발전 시기가 시작되었으며 공업혁명은 그 시기의 연속이라고 주장한다.

둘째, 양적인 관점에서 공업혁명의 발생을 부인하는 회의론자라도 공업혁명 시대에 살았던 사람들의 대량의 질적 증거가 존재한다는 사실을 인정하지 않을 수 없다. 그들은 공업의 전파와 그것이 가져온 거대한 변화와 '새로운 시대'의 시작을 목격했다. 영국만이 아니라 유사한 과정을 뒤따라간 유럽의 다른 국가, 대규모 공업이 등장했고 새로운 노동제도가 형성되었으며 새로운 사회계급 제도가 생겨난 전 세계의 모든 국가도 마찬가지였다. 그래서 하나의 문제가 등장한다. 공업혁명을 분석하고 서술할 때 양적 요소와 질적 요소를 결합해야 하지 않을까? 주류 신고전주의 이론을 대체한다고 자부하는 (극단적으로 과격하지 않은) 제도경제학을 받드는 학자들은 질적 요소를 경제행위의 '유형적 제한'(무엇보다도 계약과 법률)과 '무형적 제한'(개별 문화에서 통용되는 준칙, 가치관, 풍습 등)으로 나누자고 제안한다.[4] 이처럼 한층 더 풍부한 공업화의 개념은 분명히 환영받고 있다. 그러나 지나치게 많은 관점과 요소의 미사여구는 간결하고 우아한 해석을 포기하게 만든다.

셋째, 일반적으로 공업화는 유럽 역사의 '독특한 경로'를 보여주는 표지로 인식되고 있다. 19세기 말 세계 각 지역에서 전례 없는 부와 생활수준의 격차가 나타나게 된 원인은 어떤 사회는 공업사회로의 전환을 성공적으로 완성했고 어떤 사회는 그러지 못했다는 데서 찾을 수 있었다.[5] 그러나 여기서 몇 가지 문제가 발생할 수 있다. 유럽의 '기적'(에릭 존스Eric Jones)의 원인을 연구한 사람들은 영국, 유럽, 서방(이곳에 적용할 수 있는 가장 적합한 지역 단위가 무엇이든 상관없다)은 다른 문명이 갖지 못한 자연, 지리, 경제, 문화의 조건을 갖추고 있었다는 결론을 내렸다. 이런 관점의 근원을 찾아가면 20세기 초 막스 베버의 세계경제사와 종교의 경제윤리 연구에 이르게 된다. 어떤 사람은 반사실적(反事實的, counterfactual) 추론의 방식을 이용해 비슷한 조건을 갖춘 지역, 특히 중국에서는 생산력의 수준을 높이려는 자발적 변혁이 왜 일어나지 않았는지 묻는다.[6] 중국도 유럽과 유사한 조건을 갖추었다면 그런 조건들이 이용되지 못한 원인을 찾아내야 한다.

넷째, 월트 로스토(Walt Rostow)는 공업화에 대해 교과서적인 해석을 내놓았다. 모든 국가경제는 도약지점(take-off point) — 일종의 이륙 직전의 준비상태 — 에 이르면 이때부터 안정적이며 미래지향적인 '자동적 지속성장'의 길로 접어들게 된다. 이런 방식의 연구를 통해 획득한 각국 경제의 주요 사건에 관한 수치 데이터는 각국 경제 현대화의 시발점이 어디인지를 보여준다. 이런 해석과 견해는 오늘날에도 여전히 유효하다. 로스토의 또 하나의 관점은 공업화의 표준 모형은 자체의 내재적 논리에 따라 한 국가에서 다른 국가로 연속적으로 반복된다는 것인데, 오늘날에는 지지자가 많지 않은 관점이다. 현실 세계에서 경제의 가속 성장은 언제나 내재적(endogenous) 요인과 외부(exogenous) 요인이 함께 작용한 결과이기 때문이다. 문제는 구체적인 상황에서 각국 경제의 급속한 성장에 공동으로 작용한 요소가 무엇인지를 조사하기 어렵다는 것이다. 모든 비영국적 공업화, 다시 말해 모든 후발 공업화 과정에서 최소한 한 차례의 기술이전이 일어났고, 그러므로 국경을 초월한 관계는 공업화의 역사에서 예외

없이 일정 정도의 작용을 했다. 19세기 초에 영국에는 유럽 대륙과 미국에서 온 산업스파이가 널려 있었다. 인도, 중국, 오스만제국, 멕시코 등에서 (최소한 1914년 이전에) 대규모의 공업화가 일어나지 않은 주요한 이유는 이들 국가가 성공적으로 기술을 도입할 수 있는 정치적·문화적 선결조건을 갖추지 못했기 때문이란 증거가 여럿 있다. 고도로 발달한 상업적 전통을 가지고 있던 이들 국가가 새로운 생산과 관리 기술을 도입하기만 했더라면 현대화는 실현되었을 것이다. 수공업 국가 프랑스는 그렇게 해서 성공한 경우였다.[7] 공업화 과정은 구체적으로 지역 또는 국가 단위별로 그 자주성의 정도에 차이가 있었다. 어떤 지역의 공업화는 순전히 외국자본에 의해 추진되었고 공업생산 방식은 조차지에만 이전되었다. 그런가 하면 어떤 지역에서는 국민경제의 전면적이고 자주적인 — '식민'자본의 참여가 거의 없는 — 공업화가 매우 성공적으로 이루어졌다. 일본이 그런 경우인데, 19세기에 북대서양 이외의 지역에서는 유일한 사례다.

공업화에 관한 고전적 이론

지난 30년 동안 전문가들이 공업화를 두고 벌인 논쟁 가운데서 공업화에 관한 낡은 이론 혹은 '고전적' 이론을 뛰어넘는 새롭고 의미 있는 공헌이 별로 없었다. 이런 이론의 공통점은 공업화를 대규모 사회적·경제적 전환의 한 부분으로 파악한다는 것이다.

칼 마르크스와 마르크스주의자들(1867년 이후)

공업화는 봉건주의에서 자본주의로 이행하는 과도기 현상이며 자본의 축적과 집중, 공장을 통해 생산자료 소유자가 비노예적 임금노동이 생산한 잉여자원을 차지하는 과정이다. 훗날 경쟁자본주의의 독점(또는 조직된)자본주의로의 이행에 관한 이론이 보충되었다.[8]

니콜라이 콘드라티에프(Nikolai Kondratiev, 1925년 경)와 조지프 슘페터(Joseph A. Schumpeter, 1922/1939년 경)

공업화는 자본주의 세계경제의 주기적 성장 과정이다. 이 과정은 이전 과정과 연결되어 있으며 주기마다 선도 업종이 다르다.[9]

칼 폴라니(Karl Polanyi, 1944년 경)

공업화는 '대전환'의 한 부분이다. 시장체계가 이윤의 실현보다 수요의 충족으로 중심을 이동하는 자기조절 현상이며 근본적으로 경제가 사회, 문화, 정치 등 외부환경에 대한 의존으로부터 탈피한다.[10]

월트 로스토(1960년 경)

공업화는 발생 시기에는 차이가 있지만 보편적으로 발생하는 발전 과정이며 다섯 단계로 나뉜다. 그중에서 가장 중요한 단계가 세 번째인 도약단계(take-off)다. 이 단계에서 경제발전은 지속적이며 '기하급수적인' 성장의 단계로 진입하지만 반드시 사회의 질적 개선과 연결되지는 않는다(즉, 체제 중립적 변화이다).[11]

알렉산더 게르센크론(1962년 경)

공업화는 '후발 공업화 국가'가 모방의 이점을 활용하여 점차적으로 장애를 극복하고 자기 고유의 공업화 방식과 발전경로를 형성해가는 과정이다.[12]

폴 베로치(Paul Bairoch, 1963년 경)

공업화는 앞선 농업혁명의 연속이자 그것을 뒤이은 공업경제 형식이 전 세계에 완만하게 전파되는 과정이다. 이 과정에서 아직 공업화 과정이 시작되지 않은 경제체제의 주변화가 수반된다.[13]

데이비드 랜디스(David Landes, 1969년 경)

공업화는 기술혁신과 수요증가가 상호작용하여 일어난 경제성장 과정이다. 이 과정은 19세기 후반에 유럽 대륙의 국가들이 영국을 모방함으로써 최종적으로는 전 유럽 발전모형이 되었다.[14)]

더글러스 노스(Douglass North)와 로버트 토머스(Robert Thomas, 1973)

공업화는 수세기에 걸쳐 수립된 (개인의 재산권을 보장하고 자원의 효율적인 이용을 가능케 한) 유럽의 제도적 틀과 질서의 부산물이다.[15)]

지금까지 요약한 모든 이론이 완전히 동일한 문제를 제기하고 있지는 않으며 나아가 모두가 공업혁명이란 개념을 사용하고 있지도 않다.[16)] 그러나 이들 이론의 공통점은 (노스/토머스 제외) 공업혁명은 1750-1850년에 발생한 대전환의 개략적인 연대기라는 인식이다. 어떤 이론은 변화의 깊이와 강도를 강조하는데(마르크스, 폴라니, 로스토, 랜디스), 이 유형은 '열성'(熱性)이론이라 부를 수 있을 것이다. 다른 이론은 '냉성'(冷性) 이론이라 부를 수 있는데, 공업화는 오랜 숙성과 준비 과정의 사전 단계가 필요한 점진적인 과정이라고 주장한다. 전환이 발생하기 이전의 사회상황은 봉건적 생산방식, 농업사회, 전통사회, 전현대 등 여러 가지 이름으로 불린다. 이것과 상응하여 전환 발생 이후의 상황도 자본주의, 공업자본주의, 과학적 공업세계 또는 자유로운 시장의 지배——폴라니의 경우 공업 그 자체보다는 사회 내부의 조절 메커니즘에 대해 더 관심을 가졌다)——등 여러 가지 명칭으로 불린다.

마지막으로, 이들 이론은 그 창시자들이 실제로 이론을 전 세계를 대상으로 적용한 방식에서도 차이가 있다. 대체적으로 이론가는 역사학자보다 좀더 확장적으로 적용했다. 마르크스는 공업자본주의가 봉건주의를 혁명적으로 와해시키고 세계의 많은 지역이 균질적으로 진보하리라 예상했다. 만년에 이르러서야 그는 아시아는 특수한 길을 걸을 것이라고 암시하였다(아시아적 생산방식). 새로운 세대의 이론가들 가운데서 로스토, 베로치, 게르셴크론이 가장 먼저 아시아의 상황에 관한 견해를 발표했다. 그중에서 로스토의 관점은 지나치게 도식적이어서 각국의 구조적 특성에 대한 고려가 많지 않았다. 그러나 모든 이론가가 이분법적 문제—서방이 역동적으로 발전하고 있을 때 왜 동방은 (표면적으로는) 정체되어 있었는가?—에 집중하지는 않았다. 바꾸어 말하자면 계몽운동 말기와 헤겔 이후로 반복적으로 토론된 문제는 "왜 유럽인가?"였다. 오직 노스와 토머스 그리고 데이비드 랜디스만, 특히 랜디스가 자신의 (특히 말기) 저작을 통해 이 문제를 핵심 주제로 하여 연구했다.[17] 베로치는 독립적이고 단원적인 문명은 존재하지 않는다고 보았으며—페르낭 브로델의 관점과 유사하다—19세기와 20세기의 '저개발' 경제권의 상호작용에 대해 매우 세밀하게 연구했다. 같은 시대의 로스토와는 달리 그는 세계 각 지역이 동일한 발전경로를 따라가지 않는다고 주장했으며 차이를 강조했다. 게르셴크론은 낙후상황을 이용한 보상적 발전이란 모형으로 일본의 현상을 가볍게 설명할 수 있었다. 슘페터와 마찬가지로 그는 비공업화에 대해서는 이렇다 할 관심을 보이지 않았다(이점은 원래 많은 관점에서 근접했던 막스 베버와는 전혀 달랐다).[18]

애덤 스미스가 국가의 부에 관한 선구적 저작을 발표한 1776년 이후로 다양한 이론이 쏟아져 나왔다는 것은 문제의 복잡성을 반영한다. 그러나 패트릭 오브라이언(Patrick O'Briendl)이 1998년에 정리한 것처럼 우리는 진지한 결론을 생각해보지 않을 수 없다. "역사학과 사회학 분야 뛰어난 학자들의 300년 가까운 실증적 연구와 사고를 거친 뒤에도 공업화에 관한 보편적 이론은 제시되지 못했다."[19]

경제학자로서 오브라이언은 이 점에 대해 유감스러움을 느꼈겠지만 역사학자로서 오브라이언은 그렇게 불만스럽지는 않았을 것이다. 공업화 현상을 풍부하고 다양하게 개괄할 뿐만 아니라 좋은 이론이라면 마땅히 갖추어야 할 소박하고도 품위를 잃지 않은, 비할 데 없이 위대한 이론은 언제쯤 나올 수 있을까?

영국의 공업혁명

2000년 무렵 중국의 국내총생산(GDP)은 연평균 8퍼센트의 성장률을 보였다(1950년 이후 공업국의 평균 성장률은 오랫동안 3퍼센트였다). 19세기 유럽이라면 이런 성장률은 상상할 수가 없었다. 지금도 중국의 성장은 공업의 확장이 주도하고 있다. 그러므로 장래에는 서비스업, 통신 등 '공업시대 이후'의 영역이 성장을 주도하리라 예상할 수 있지만 지금까지도 공업혁명은 지속되고 있으며 그 추세는 더 강해지고 있다. 오늘날의 공업은 다른 어떤 시대보다도 혁명성이 강하다. 그러나 당연한 얘기지만 그것은 역사학자들이 사용하는 공업혁명과 같은 개념이 아니다.[20] 그들의 이론에 따르면 공업혁명은 1750-1850년에 ― 이보다 10년 빠를 수도 있고 10년 늦을 수도 있다 ― 브리튼 제도의 중심 섬(아일랜드 제외)에서 발생한 복잡한 경제 변혁과정이었다. 그들은 공업혁명이라고 불리려면 무엇보다도 연간 1인당 실질 GDP 성장률이 10년 동안 지속적으로 1.5퍼센트 이상을 유지해야 한다고 주장한다. 이상적인 상황이라면 국민 실질 평균소득이 이에 상응하여 증가하거나 더 높게 증가해야 한다.[21] 이런 성장은 화석연료의 개발과 전통적인 에너지원의 이용 효율을 높이는 새로운 에너지 관리제도를 기반으로 하여 발생한다. 또 하나의 특징은 생산의 조직화 과정에서 기계화된 대규모 공장이 (모든 생산형식을 대체하지는 않았으나) 주도적 지위를 차지한다는 것이다. 공업화는 대부분이 자본주의의 보호막 아래서 발생했지만 그렇지 않은 경우도 있다. 20세기에 일부 사회주의 국가의 공업화는 매우 성공적이었다. 공업화가 국민경제의 모든 영역에 침투하기를 기대하기는 어렵다. 전면적인 공업화는 오늘날에는 자명한 현상이지만 19세기에는 전례가 없는 일이었다. 당시에는 세계를 둘러보아도 전면적으로 현대화된 '공업사회'는 찾아볼 수 없었다. 1차 대전이 폭발하기 직전 미국, 영국, 독일을 제외하면 무리하게라도 '공업사회'라고 부를 수 있는 국가는 소수뿐이었다. 그러나 인도, 중국, 러시아처럼 원시농업을 위주로 하는 국가에서도 대형 공업설비 보유와 공업성장의 흔적이 나타났다. 따라서 우리는 공업화 과정이 소수의 영역과 지역에 한정되었더라도 공업화라고 불러야 할 것이다.

공업화만이 국가의 부를 확장하는 경로는 아니었다. 네덜란드, 덴마크, 오스트리아, 캐나다, 아르헨티나처럼 경제적으로 뛰어난 성취를 보여준 국가는 고도로 발달한 공업국가와 한 가지 공통점을 갖고 있었다. 이들 국가는 모든 생산 영역과 운송 영역에서 새로운 기술을 응용했다. 19세기 말 이전에 이들 국가의 경제활동 인구의 절반가량이 비농업분야에서 일했다. 그러나 이들 국가에서 '공업 벨트'를 찾는 일은 무의미하다. 모든 강대한 군사정권의 배후에 장기적으로 정권을 떠받쳐주면서 동시에 대중의 기본적인 생활 수요를 충족시켜줄 수 있는 공업적 기초가 존재하지는 않았다. 세계사적인 관점에서 볼 때 이런 요소의 분류는 중요한 의미를 갖는다. 현대사회가 추구해야 할 핵심 경제적 목표는 공업화 자체가 아니라 전 지구적으로 빈부의 격차가 날로 깊어져가는 상황에서 ——기대수명을 참고해보라—— 인간생존 조건의 보편적 개선이다.

공업혁명은 영국에서 일어났다. 오직 영국에서만 각종 조건이 상호 결합하여 만들어낸 특수상황이 경제를 새로운 수준으로 발전시켰다. 이 과정에서 작용한 가장 중요한 요소를 열거하기란 그리 어려운 일이 아니다. 관세장벽으로 사분오열되지 않고 전국 단위로 통일된 경제, 17세기 중엽 이후로 이어져온 국내정세의 평화와 안정, 운송원가를 낮출 수 있는 지리적 조건(연안 해운), 고도로 발달한 정밀기계와 공작기계 제조의 전통, 에너지자원 공급과 판매시장 개척을 쉽게 해준 대규모 식민무역, 노동력의 도시 유출을 가능케 한 높은 농업생산성, 생활 개선을 추구하는 대다수 사회 엘리트의 의지, 소집단(특히 종교적 이단자)의 강렬한 모험심 등등.[22]

이 긴 목록 가운데서 다른 나라와 비교할 때 특히 중요한 세 가지를 강조할 수 있다.

1) 18세기를 통틀어 영국 경제는 지속적으로 성장했고, 국내시장에서는 생활필수품과 사치품 사이에 끼어 있는 '비교적 고품질 상품'에 대한 수요가 크게 늘어났다. 점진적으로 형성된 중산층이 소비의 주력군이 되었다. 유럽 대륙에서는 이런 소비층이 아직도 귀족계층과 상업 엘리트들로 한정되어 있었다. 프랑스의 관찰자는 잉글랜드에서 (프랑스에는 존재하지 않는) 대중상품 시장이라는 새로운 사물이 이미 출현한 사실에 특별히 주목했다.[23]

2) 18세기 초, 영국은 어떤 나라보다도 강성했고 해외 무역량은 네덜란드를 초과했다. 생산량이 늘어나는 상품을 영국 국내시장에서 소화하지 못하게 되었을 때 특히 북아메리카의 13개 식민지가 중요한 소비시장이 되었다.

또한 영국이 세계무역과 해운을 통해 구축한 관계망은 기본 원료의 공급을 보장해주었다. 예컨대 면화는 처음에는 주로 서인도제도에서 왔고 19세기 중반이 되자 아프리카에서 팔려간 흑인 노예들이 미국 남부의 새로운 개간지에서 싼 값에 생산한 면화를 들여올 수 있었다. 이러한 무역이 공업혁명의 궁극적인 원인은 아니었지만 중요한 보충 요인이기는 했다. 이런 형식의 무역이 없었더라면 기술혁신이 그처럼 광범위한 경제적 영향을 미치지는 못했을 것이다. 독립된 '민족경제'

에서라면 공업혁명의 투입 원가는 지나치게 높아졌을 것이다.

19세기 영국은 '세계의 공장'에다 또 하나의 역할을 더했다. 그것은 유럽 대륙의 공업화에서 필요한 원료와 반제품 무역의 조직자이자 분배자의 역할이었다. 중개자 신분의 시발점도 근대 초기였다. 아직은 연관성에 대한 연구가 더 진행되어야 하는 단계이지만 그래도 한 가지 분명한 것은 세계경제라는 배경을 떠나서는 공업혁명을 해독할 수 없다는 점이다. 공업혁명은 영국이 '문닫아놓고 혼자서 만든' 것이 아니었다.[24]

3) 프랑스와 중국도 위대한 과학전통과 풍부한 기술경험을 갖고 있었다. 그러나 영국에서는 '이론가' 집단과 '실천가' 집단이 더 활발하고 긴밀하게 접촉했다. 그들은 점진적으로 문제를 해결하는 공동의 언어를 찾아냈다. 뉴턴 물리학은 쉽게 실천으로 전환될 수 있는 사유방식이었고 영국은 새로운 공정의 적용을 장려하기 위해 특허권 관련 기구를 창설했다. 이렇게 영국에서 처음으로 공업화 개념의 또 하나의 표지가 등장했다. 그것이 기술혁신의 표준화였다. 이전 시기와 다른 점은 이때의 혁신 물결은 중단되지 않았다는 것이다. '위대한' 발명은 한 번의 시도로 완성된 것이 아니라 꾸준한 탐색과 개량을 통해 실현되었다. 기술은 지속적인 적용을 통해 습득되었다. 진정으로 중요한 지식은 하나도 유실되지 않았다. 혁신의 물결이 기술문화로 전환되어 영국에서 꽃을 피웠다. 일찍이 18세기에 영국 각지는 보편적으로 매우 높은 기술 수준에 도달해 있었고 공업혁명이 그것을 확고하게 정착시켜놓았다. 이 모든 일은 세상과 단절된 국가에서 일어나지 않았다. 18세기에 과학과 기술의 지식은 북대서양을 건너 유럽 전체에 전파되었다. 다른 국가가 기술 분야에서 선도적 위치에 오르면 영국이 기술을 독점할 수 없었다. 프랑스, 독일, 스위스, 벨기에, 북아메리카의 과학자와 기술자들이 많은 영역에서 영국의 동업자들을 앞질렀다.[25]

가령 1720년 무렵에 장래에 공업화로 인해 생겨날 유토피아 같은 사회의 모습을 식견이 풍부한 관찰자에게 설명해주고 세계의 어느 지역에서 최초의 공업화가 발생할 것 같으냐고 물었더라면 그는 분명히 영국을 첫 번째로 꼽고 추가적으로 네덜란드, 플랑드르, 북부 프랑스, 중부 일본, 양쯔강 삼각주 지대와 아마도 보스턴과 필라델피아를 지목했을 것이다. 이들 지역의 공통점은 규모의 경제를 지향하는 각종 활동이 일어나고 있다는 것이었다. 구체적으로 말하자면 노동과 수공업 활동은 갈수록 중시되었고, 농업생산성의 수준은 높으면서도 지속적으로 증가했다. 농업의 시장지향적인 분업체계가 발달해 있었고 대량의 수출시장이 존재했으며 (일부는 농가 수공업과 일부는 대규모 '공장제수공업'으로 구성된) 효율이 높은 방직공업이 존재했다. 이 모든 것을 가능케 한 제도적 틀은 자유(비노예)노동, 생산자료 소유의 보장, 거래 쌍방의 신의와 계약의 신뢰성을 기반으로 한 상거래 방식이었다.

1729년 무렵 영국은 이미 많은 분야에서 앞서가고 있었다. 그러나 그때도 그랬고 그 뒤로도 그랬지만 정체된 농업의 바다에서 영국만 섬처럼 빛을 발하는 상황은 특이한 것이 아니었다. 이 설득력 있는 가설은 앞에서 예시한 지역 전부에서 충분히 입증되지는 않았고 좀더 깊은 연구를 기다려야 한다. 공업혁명(Industrial Revolution) 시기에 생산량은 증가했으나 같은 시기에 실질소득은 증가하지 않았다는 관찰을 근거로 하여 오늘날에는 '근로혁명'(industrious revolution)이라고 부르자는 주장이 제기되고 있다. 이 이론에 따르면 공업화가 시작되기 전 한 세기 동안 유럽의 서북부지역, 일본, 북아메리카 식민지에서 모두 유사한 상황이 나타났다. 가계의 소비욕구는 늘어나고 있었고 따라서 그 욕구를 충족시키기 위해 더 열심히 노동할 준비가 되어 있었다. 더 많은 소비를 위해서는 더 많은 생산이 필요했다. 공업혁명은 이러한 소비 주도형 고속성장 과정의 연속이었다. 동시에 이것은, 육체노동자 계층의 부담은 행복한 농민이 음산한 공장으로 들어간 뒤 갑자기 증가한 것이 아니라 공업화가 시작되기 전에 이미 가중되고 있었음을 의미한다.[26]

연속성

근로혁명의 개념을 확장하면 '원시공업화'(proto-industrialization)란 특수한 관점이 생겨난다. 이 관점은 20세기 70년대 초에 제시되었고 지금까지 관련 연구가 진행되고 있다. 간단하게 말하자면 원시공업화는 지역 경계를 넘어선 시장의 수요를 충족시키기 위해 농촌가정 단위로 진행되던 상품생산의 확대를 가리킨다.[27] 전형적인 특징은 생산이 전통적인 도시 동업조합의 틀을 벗어나 도시 기업가에 의해(선대제수공업先貸制手工業*, 방식으로) 조직되었으며, 농촌가정의 잉여 노동력과 그들이 자발적으로 수용한 착취를 전제로 했다는 점이다. 지역 권력구조가 농민에게 일정 정도 '기업가 정신'을 발휘할 수 있는 공간을 허용한 곳일수록 이런 생산방식이 더욱 활기를 띠었으나 '봉건' 지주가 가내공업을 장려하고 농촌공동체의 집단주의가

* 선대제수공업은 중세 말 근세 초 유럽에서 등장한 생산방식으로, 상인에게서 원재료를 제공받은 소생산자가(대개 농민이 농한기에 부업으로) 집에서 재료를 가공하고 제품을 만들어 상인에게 주고 상인은 삯을 지급한 후 그 제품을 시장에 갖다 파는 산업형태다. 그전의 가내수공업과 기술적인 차이는 없지만 공정별 분업이 가능해지면서 생산성이 향상되었다. 섬유산업에서 특히 발달했다. 생산자 규모가 커지면 공장제수공업으로 발전하는 경우도 있었지만 공장제수공업이 선대제수공업을 완전히 대체한 것은 아니고, 선대제수공업과 공장제수공업은 같은 시기에 공존하다가 기계제대공업에 의해 동시에 대체되었다. 또한 원시공업화론에서는 공업혁명에 선행하는 생산형태로서 공장제수공업보다 선대제수공업 쪽을 중시한다.

그것의 걸림돌이 되지 않는 지역에서도 상황은 같았다.[28] 일본, 중국, 인도, 러시아 등 많은 국가에서 다양한 형태의 원시공업이 등장했는데 특히 면방수공업과 단철(鍛鐵) 수공업의 발달에 관한 연구가 많이 진척되어 있다. 그러나 원시공업은 공업화로 갈 때 반드시 거쳐야 하는 단계라는 가설은 아직 입증되지 않았다. 이런 모형은 특히 영국에는 맞지 않는다. 공업혁명은 결코 보편적인 원시공업화로부터 선형으로 발전하지 않았다.[29] 18세기 70년대 중반 이전의 약 70년 동안 잉글랜드와 스코틀랜드 남부의 생산 활동은 활발했다. 대규모 생산에 투입된 증기기관은 새로운 시작이 아니라 이전부터 내려오던 발전 추세의 연속이었다. 영국에도 분명히 원시공업이 있었으나 그 밖에 수공업과 공장제수공업의 생산량과 생산성도 보편적으로 증가했다(셰필드의 칼과 낫 생산이 대표적인 사례이다).[30] 어떤 경우에는 원시공업화가 뒤에 오는 공장 기반 공업조직의 기초가 되었다. 다른 경우에 원시공업화는 진화 없이 그대로 고착됨으로써 불필요한 존재가 되었다.

　장기적인 연속성으로써 공업화의 사례를 찾고자 한다면 서유럽과 남유럽의 부분적인 지역이 중세 이후 경험한 경제적 번영을 들 수 있다. 첫 번째 밀레니엄 말기의 이슬람을 믿는 중근동 지역, 11-12세기의 송대 중국, 18세기 청대 중국, 1400-1650년의 동남아시아 연해지역도 경제의 비상한 번영기를 경험했다. 공업혁명과 초기의 각 번영주기를 서로 비교하면 성장 효과는 특별히 괄목할만하다고 할 수는 없었다. 새로운 것은 공업혁명과 여러 가지 국가적·지역적 공업화 과정이 '긴 물결'의 주기적인 부침 속에서 안정적인 장기성장 추세의 기초를 다졌다는 점이었다. 이것은 이전에는 볼 수 없었던 새로운 상황이었다. 공업혁명과 그것과 관련된 사회변화가 발생하면서 근본적으로 정태적 경제의 시대는 끝났다. 이른바 정태적 경제는 생산성의 제고와 경제적 번영이 일정 시간이 흐른 뒤에는 (주로 인구증가라고 하는) 반작용에 의해 상쇄되는 상황을 가리킨다. 인구추세는 상당한 정도로 독자적인 법칙에 따라 작동하기도 하거니와 공업혁명과 그에 따른 공업화가 19세기 전반에 '맬서스의 인구함정'*을 철저하게 벗어나게 했다.[31] 크게 다른 두 관점 — 계량적 논증을 통한 성장 회의론과 문화적 요소를 중시하는 '제도적' 혁명론 — 이 지금까지도 대립하고 있지만 영국의 공업혁명은 독특했다는 해석은 설득력을 갖고 있다. 그러나 항공기술에서 빌려온 '도약단계'라는 기술적 묘사는 지나친 극화이다. 한편으로, 경제의 역동성은 갑자기 정체될 수는 없다. 18세기를 통틀어 영국은 장기적·안정적 경제발전을 경험하고 있었다. 다른 한편으로, 19세기 초 몇십 년의 경제성장은 오랫동안 추정해온 것처럼 그렇게 극적이지 않았다.[32] 19세기 중반이 되어서야 경제의 새로운 성장을 제약하는 각종 요소가 점차로 사라졌다. 19세기 초의 수십 년은 첨예한 사회적 충돌이 빈번하게 일어난 시기, 공업화의 진정한 '돌파기'라기보다는 과도기 또는 부화기였다.

경제성장은 인구성장의 보폭을 겨우 따라갔지만 그래도 역사상 처음으로 인구압박이 생활수준을 저하시키지 않았다. 물론 일부 노동자 집단은 극도의 빈곤에 빠졌다. 새로운 에너지원으로서 석탄의 이용을 포함하여 신기술의 보급은 완만했고 1815년 이전까지는 전쟁과 그로 인한 재정 부담이 이 나라를 무겁게 압박하고 있었다.

---

* 생산성 증가 속도가 인구 증가 속도를 따라가지 못해 소득이 정체되고, 항구적으로 빈곤에서 벗어나지 못하는 상태를 맬서스 (인구)함정이라고 한다. 쉬운 예를 들자면, 식량이 늘면 인구가 늘어 노동력이 증가하지만 곧 인구포화로 임금이 떨어지고 식량가격이 올라간다. 임금이 떨어지면 지주들은 농업 노동자를 더 고용하게 되어 다시 식량 생산량이 증가하지만 인구가 더 빨리 늘어 또 식량 부족에 직면하게 된다.

1688년 이후로 변화가 없었던 낡은 정치제도 때문에 정부는 새로운 경제적 사회적 요구에 맞게 제도를 개선하고 만들 능력이 부족했다. 1832년에 개혁법(Reform Act)이 제정되면서 정치질서의 개혁이 일어났다. 그 뒤부터 제약을 벗어난 '이익집단'이 정책결정에 영향을 미치게 되었고 특히 대지주와 독점상인이 누리던 특권이 폐지되었다. 자유무역과 금본위제를 통한 화폐공급의 자동조절은 제도의 합리성을 높여주었다. 1851년, 수정궁(Crystal Palace)에서 열린 세계박람회(Great Exhibition)는 공업국 영국의 모습을 정식으로 처음 선보이는 기회였다. 상징적인 의미가 풍부한 이해를 기점으로 하여 영국은 공업혁명으로부터 진정한 공업화로 가는 과도기를 완성했다. 이후 평균소득은 현저하게 증가했고, 증기기관이 공장, 증기선, 철도의 중요한 에너지 전달 수단이 되었으며, 식품가격의 하락 추세가 토지소유자인 귀족의 권력독점을 흔들기 시작했다.[33]

유럽대륙의 국가와 비교했을 때 영국의 초기단계에서의 주도적 지위를 과대평가해서는 안 된다. 이름난 영국 발명품의 전파 속도는 매우 빨랐다. 1851년에 사람들은 수정궁에서 미국의 기계 제조기술이 영국을 추월한 실상을 분명하게 확인할 수 있었다.[34] 시작단계에서부터 수출제한 조처가 있었음에도 불구하고 영국의 기술은 단시간 안에 유럽대륙과 북아메리카에 상세하게 알려졌고 그 통로는 주로 영국의 기술자와 노동자였다.[35] 경제사의 시간척도에 비추어 보면 30, 40년의 '낙후'는 특이한 일이 아니며 대부분의 개별적인 발명이 완성되고 경제적 성과를 내기까지는 그 정도의 시간이 걸렸다. 각국이 언제 도약했는지에 대한 정확한 시점을 확정하려는 시도는 처음부터 잘못 설정된 문제이다. 어떤 국가의 공업화는 갑자기 시작되었고 어떤 국가의 공업화는 인식하지 못하는 사이에 시작되었다. 어떤 경제는 돌발적으로 성장하기 시작했고 어떤 경제는 몇 차례나 도움닫기 과정이 필요했다. 정부가 공업화에 관심을 쏟았던 지역 — 예컨대 비테(Sergei J. Witte)가 재무대신을 맡았던 러시아——은 그렇지 않은 지역보다 더 큰 변화가 있었다. 정확한 시점을 특정하기는 어렵지만 유럽 각국에서 공업화가 발생한 순서는 비교적 명확하다. 벨기에와 스위스에서는 비교적 일찍 공업화가 시작되었고, 프랑스에서는 1830년 이후에 시작되었으며, 독일은 1850년 이후, 그 밖의 유럽 국가는 모두 이보다 훨씬 뒤였다.

그러나 공업화의 대열에서 시간적인 서열보다 더 중요한 것은 공업화의 전모였다. 여기서 우리는 하나의 모순에 부닥친다. 모든 유럽 국가에는 고유의 공업발전 경로가 있었다. 그들이 모두 '영국모형'을 모방했다고 한다 해도 그중에서 어떤 국가도 '영국모형'을 직접 도입했다고 할만한 국가는 없었다. 다시 말해, 당시에 영국 밖에서는 '영국모형'이란 게 있는지 잘 몰랐다. 당시 영국의 상황은 이처럼 독특했기 때문에 직접 도입은 거의 불가능했다.[36]

그러나 다른 한편으로, 만약 한 걸음 물러나서 본다면 국가별 특색을 갖춘 경로 이외에 범유럽 공업화라고 부를만한 상호 교류와 융합이 갈수록 늘어나고 있었다. 19세기 중반이 되자 거의 모든 지역에서 공업화는 정부의 지지를 받았다. 상업적 교류와 국제협약(자유무역을 포함하여)은 전체 유럽시장의 통합을 촉진했다. 유럽대륙의 문화적 동질성이 과학기술의 교류를 더욱 쉽게 만들었다.[37] 1870년 무렵 몇몇 유럽 국가의 경제는 공산품 시장을 영국과 대등하게 나눠 가질 정도로 발전해 있었다. 사람들은 공업화가 성공하기 위해서는 우월한 자연조건 이외에 다른 요소도 갖추어야 한다는 것을 알고 있었다. 그중 하나가 토지개혁이었다. 토지개혁은 농민을 비경제적 요소의 속박으로부터 해방시켰다. 또 하나는 '인력자원'을 개발하기 위한 투자였다. 교육사업은 문맹퇴치 운동에서부터 국가연구기관의 설립에 이르기까지 종류가 다양했다. 양호한 교육을 받은 노동력은 토지와 광물자원의 부족을 보완해 줄 수 있었다. 이것을 가장 잘 이해한 몇몇 유럽 국가와 일본은 19세기 말의 수십 년 동안에 모범적인 성과를 거두었다.[38] 공업화 생산방식의 큰 장점은 최소한 어느 면에서는 혁명적이지 않다는 것이었다. 공업화 생산방식은 이전의 모든 가치를 제거하거나 전혀 새로운 세계를 만들지 않았다. 달리 말하자면 공업은 여러 형태로 발전해왔고 현재도 발전하고 있으며, 비공업적 생산방식을 파괴하지 않고 쉽게 이용할 수 있다. 수천 명의 노동자가 하나의 공장에 집중되는 대기업은 당시 세계에서는 예외적인 존재였다. 대량생산 방식 — 이것은 중국인의 발명품이라고 할 수 있다. 중국인은 수 세기 전부터 도자기와 목기 제작에서 표준화된 분업을 기반으로 한 대량생산을 실행하고 있었다[39] — 이 여러 분야로 확산되어 가는 상황에서 '탄력적 생산'이라 불리는 생산방식도 여전히 유지되었다.[40] 집중 방식과 분산 방식이 결합된 곳에서는 공업화의 성과가 탁월했다. 20세기 20년대 말에 이르러 전혀 다른 공업화 모형이 등장했다. 그러나 스탈린식의 중앙 계획 공업화 방식의 성과는 제한적이었다. 여러 규격의 전동기와 콘센트를 이용한 전기 공급방식은 19세기 말에 소기업 생산방식이 발전할 수 있는 동기가 되었다.[41] 기본 양식은 일본, 인도, 중국 어디서든 동일했다. 대규모 공장을 소유한 대기업 주위에 공급자와 경쟁자가 모여들었다. 정부의 개입이 없는 한 소기업 노동자의 작업조건은 엄격한 공정관리, 숙련공 고용, 때로는 가부장적 관리방식을 특징으로 하는 대기업 공장 노동자보다 열악했다.

제2차 경제혁명

'제2차 경제혁명'이란 용어는 주로 19세기 말 강철(1880년 이전 공업혁명이 시작되던 시기보다 규모가 훨씬 큰 독점적 '강철대기업'), 화학, 전력 업종이 방직과 제철을 제치고 선도 업종이 된 시기를 가리킬 때 사용되어 왔다. 선도 업종의 전환과 함께 공업발전 또한 영국에서부터 독일과 미국으로 옮겨갔다. 이 두 나라는 신기술 영역에서는 이미 영국에 크게 앞서 있었다.[42] 기술 영역에 국한된 비교보다 더 의미 있는 이론이 베르너 아벨스하우저(Werner Abelshauser)의 '제2차 경제혁명'이다. 이 이론은 훨씬 넓은 범위를 다룬다.[43] 이 경제혁명으로부터 20세기의 주도적 기업형태 ─ 콘체른*(konzern) ─ 가 나왔다. 아벨스하우저는 1880-90년에 발생한 새로운 변혁이 최초의 공업혁명보다 중요한 의미를 갖는다고 주장한다. 이 변혁이 전 지구적으로 직접적인 영향을 미쳤던 데 반해 제1차 공업혁명은 그 발생지를 벗어난 곳에서는 영향이 완만했다. 19세기의 마지막 사반세기에 선도 업종의 전환이 일어났을 뿐만 아니라 그 밖에도 많은 새로운 상황이 출현했다. 경제적으로 가장 선진적인 국가에서 생산방식의 전반적인 기계화가 실현되어 공업화 이전의 '소규모 공방'이 사라졌다. 자영 소기업주를 대체하여 고용된 직업적 경영자가 사회와 문화의 주류를 형성했다. 이와 함께 주식시장을 통해 자금을 조달하는 유한책임회사가 흥기하기 시작했고 민간기업의 관리가 관료화되면서 '화이트칼라'라는 직업계층이 두각을 나타냈다. 생산이 집중되고 카르텔이 형성되면서 전통적인 경쟁 메커니즘이 제약을 받게되었고, 다국적 콘체른이 등장했으며, 상표가 마케팅의 주도적인 요소가 되었다. 따라서 이런 목적으로 각지의 협력자와 손잡고 만든 전 지구적 판매 네트워크가 등장했다.

앞에서 예시한 여러 요소들 가운데 마지막 요소가 세계적으로 공업생산 방식을 변화시키는 데 특히 중요한 작용을 했다. 예컨대, 19세기 90년대에 뉴저지 스탠더드 오일(Standard Oil of New Jersey)

* 독일에 흔한 기업형태로 법률적으로는 독립되어 있으나 경제적으로는 통일된 지배를 받는 집단이다. 주식이나 출자 등 자본으로만 결합되는 형태를 뜻한다.

과 브리티쉬 아메리칸 토바코(British-American Tobacco Corporation: BAT) 등의 '다국적 콘체른'이 중국에 상륙하여 전례 없는 방식으로 중국의 소비제품 시장에 침투하기 시작했다. 수직적 통합구조를 갖춘 이들 회사는 원재료에서부터 가공과 판매에 이르기까지 시장을 독점 지배했다. 순수한 공업은 이제 공업기업과 은행이 긴밀하게 얽힌 새로운 다국적·상업적 운영 모형인 '사업'(business)으로 변했다. 이것은 미국에서 처음으로 대기업집단으로 발전했다. 19세기 80년대 중반에 공업화를 시작한 일본은 특수한 시발점의 이점을 갖고 있었다. 도쿠가와 시대의 몇몇 대 상인 집안이 시대의 변화와 더불어 자연스럽게 '재벌'(財閥, 자이바쓰)로 변신했다. 다양한 업종에 진출한 대규모 가족기업이었던 재벌은 공동으로 국가의 대부분 경제영역을 독과점했다. 일본의 재벌과 미국의 수직통합형 대기업집단은 유사성이 적었다. 19세기 말에 미국의 대기업집단은 국내 공업을 할거하고 다양한 영역에서 활동했지만 사업의 연광성이 높지 않은 지주회사의 형태로 운영되었다. 대략 1910년부터 미쓰이(三井), 미쓰비시(三菱), 스미토모(住友) 같은 대재벌이 엄격한 중앙집권적 조직을 갖추기 시작했고 그 결과 일본에서도 미국과 독일처럼 —영국이나 프랑스와는 다른— 수직뿐만 아니라 수평으로도 통합된 대기업 집단이 등장했다.[44]

갈림길

지난 20-30년 동안 주로 학회지와 각종 논문집에 실렸던 공업화에 관한 토론은 아직 새로운 이론으로 종합되지 못했고 따라서 이전의 주요 이론이 이룩한 수준에 미치지 못했다.[45] 연구 주제는 국지적이고 연구 방법은 간단하고 피상적이었다. 대부분의 연구는 전통적인 성장이론을 바탕으로 했다. 20세기 70년대와 80년대에 영향력이 컸던 세계체제론의 이론가 이매뉴얼 월러스틴(Immanuel Wallerstein)은 이 논쟁에 참여하지 않았다. 그는 방대한 전거를 인용하여 공업혁명 이론에 반대하는 몇 가지 오랜 관점을 열거하면서 공업혁명 이론은 세계경제 전체의 발전이라는 핵심 주제로부터 멀어지도록 유도함으로써 사람들의 관점을 "심각하게 오도"한다고 주장했다.[46] 주류 학계가 공업화에 관한 논쟁에 다시 불을 붙인 때는 2000년 무렵이었다. 역설적이게도 이 논쟁은 유럽사가 아니라 역사 전반의 심층적인 연구가 촉발했다. 지역사를 연구하는 전문가들은 17, 18세기의 중국, 일본, 인도와 이슬람세계의 일부 지역이 유럽 사회학계가 초기의 빈약한 지식을 끌어 모아 만들어낸 가난하고 정체된 아시아란 전형적인 형상과는 전혀 부합하지 않는다는 사실을 발견했다. 이 지역은 공업혁명이 발생할 수 있는 상당한 조건을 갖추고 있었다. 또한 일부 학자들은 보상적 정의감의 열정에서 다른 극단으로 흘러갔다. 그들은 현대 이전의 아시아를 과도하게 찬양하고 '유럽의 기적'은 착각이 아니면 유럽이 자기과시를 위해 만들어낸 허구의 형상 또는 (내재적 필연성을 찾을 수 없는) 일련의 우연한 사건이 상호작용한 결과라고 주장했다. 이 말은 쉽게 풀이하자면 중국에서도 공업혁명이 발생했어야 한다는 뜻이다.[47] 이 말은 과장되었으나 아시아의 근대 초기에 대한 적극적인 재평가는 "왜 유럽인가?"라는 오랫동안 거의 모든 분석이 다 끝난 화제에 새로운 생명을 불어넣었다. 그러므로 유럽의 장점과 업적(로마법, 기독교, 인쇄술, 정확한 자연과학, 합리적인 경제관념, 경쟁적인 국제체제, '유럽인의 개인주의' 등)을 하나씩 열거한 뒤 유럽 이외에는 이런 조건을 갖춘 지역이 없었기 때문이라고 두리뭉실한 결론을 내려서는 설득력이 없다. 근대 초기의 유럽과 아시아는 상호 접근이 늘어갈수록 그들 사이의 질적·양적 차이는 좁혀졌고 (19세기 중반에 출현한) 세계를 성공자와 실패자로 나누는 이분법은 더욱 지지를 받기 어려워졌다.[48] 지금까지 유럽의 지리-생태적 우월성(에릭 존스Eric Jones의 말)[49] 또는 문화적 특질(자칭 막스 베버주의 사회학자라고 하는 데이비드 랜더스와 니얼 퍼거슨Niall Ferguson, 그 밖의 많은 저자의 주장)때문에 유럽의 성공은 예정되어 있었다고 한다면 도대체 무엇이 유럽의 특질을 만들어냈단 말인가?

상대적인 '아시아의 쇠퇴' 시점이 늦게 설정될수록 아시아와 유럽의 차이가 실제로 나타난 시간도 더욱 뒤로(19세기까지) 밀려난다. 유럽의 특수한 경로의 시발점은 때로는 중세까지 소급되기도 했다(에릭 존스, 좀더 최근의 인물로서는 미카엘 미테라우어Michael Mitterauer). 다른 역사학자들은 중세라면 중국과(특히 11세기에) 일부 이슬람세계가 사회적·경제적·문화적으로 세계를 선도하고 있었다는 충분한 증거를 제시하고 있다. 이런 관점이 한동안 유행한 후 최근에는 유럽과 아시아가 성공자와 실패자로 나뉘는 시점이 뒤로(통상적으로 인정되고 있는 공업혁명시기로) 밀렸다. 이런 이분법은 19세기에 들어와서야 생겨났다는 분명한 증거가 다수 있다. 유럽과 아시아의 사회적·경제적 격차는 지금은 메워지기 시작했다. 그러므로 20년 전과는 달리 이 문제는 화제성과 긴박성을 갖추고 있다. 오늘날 유럽에서 중국과 인도의 부상은 '세계화'의 한 부분으로 인식된다. 그러나 실제로 그 배후에는 진정한 공업혁명이 있다. 이 공업혁명은 유럽이 19세기에 경험한 모든 것을 정확하게 되풀이하고 있지는 않으며 많은 부분을 추가하고 있다.

2. 에너지체계
석탄의 세기

에너지원, 문화의 주선율(主旋律)*

1909년, 막스 베버는 '문화의 에너지 결정론'을 견제해야겠다는 생각을 하게 되었다. 그해 초에 화학자이며 철학자이자 같은 해의 노벨상 수상자인 빌헬름 오스트발트(Wilhelm Ostwald)가 관련 논쟁에 불을 붙였다. 베버의 설명에 따르면 오스트발트는 "모든 문화의 급격한 전환은…… 새로운 에너지 환경에 의해 촉발되며" "의식적인 문화활동"은 "무료 에너지원을 획득하는 것을" 목표로 한다고 주장했다.[50]

그 무렵 사회과학은 연구방법 면에서 자연과학의 속박을 벗어나려 노력하고 있었으나 가장 핵심적인 영역 ─ 문화 ─ 은 일원론 이론체계 속에 갇혀 있었다. 그러나 우리가 에너지원을 경제발전사의 중요한 요소로 본다고 해서 반드시 베버가 지적한 이론의 함정에 빠지는 것은 아니다. 베버가 살아가던 시대에는 환경사란 학문은 존재하지 않았지만 (오늘날의 에너지원문제의 시각에서처럼) 환경이란 요소의 중요성에 대한 인식은 존재했다.

문화의 에너지 결정론의 출현은 19세기와 잘 어울렸다. 에너지원만큼 과학자의 집중적인 연구 주제가 되고 대중의 관심을 끈 개념은

---

* 흔히 다성 음악에서 주도적인 역할을 하는 선율을 뜻한다.

없었다. 초기의 동물 전기실험에서 시작하여 19세기 중반에는 응용 범위가 매우 넓은 에너지원 과학이 이미 성립되어 있었다. 동물전기 실험에서 영감을 받아 알레산드로 볼타(Alessandro Volta)가 1800년에 처음으로 전지를 발명했다. 에너지원 과학의 기초 위에서, 특히 헤르만 헬름홀츠(Hermann Helmholtz)의 획기적인 논문 『힘의 보존에 관하여』(*Über die Erhaltung der Kraft*)가 발표된 뒤로, 다시 우주학의 체계가 수립되었다.

새로운 우주학은 낭만적인 자연철학의 추측과 결별하고 실질적인 실험을 통해 검증될 수 있는 법칙성을 찾아냈다. 1831년에 마이클 패러데이(Michael Faraday)가 전자기 감응을 증명하고 최초의 발전기를 만들었다. 그 뒤를 이어 스코틀랜드인 맥스웰(James Clark MaxwelL)이 전동역학의 원리와 방정식을 발견하고 대량의 전자기 현상을 해석해냈다.[51] 광학과 밀접하게 연관된 새로운 에너지원 물리학의 지속적인 발전이 대량의 기술적 성과가 실현될 수 있는 길을 열어놓았다. 이 시기의 핵심적인 인물 가운데 한 사람이 윌리엄 톰슨(William Thompson, 1892년부터 켈빈 경Lord Kelvin이라 불렸다. 그는 작위를 받은 첫 번째 과학자였다)이었다. 그는 여러 가지 역할을 동시에 수행함으로써 세인의 주목을 받았다. 그는 과학 행정가, 제국의 정치가, 기초물리학자, 실용기술자였다.[52] 지멘스(Siemens)형제는 약전(弱電)기술*을 응용하여 대륙 간 통신을 실현함으로써 처음으로 돈을 벌었다. 1866년에는 베르너 지멘스(Werner Siemens)가 전동기의 원리(즉, 강전強電기술**)를 발견했다.[53] 지멘스와 에디슨(Thomas Alva Edison)같은 위대한 발명가로부터 아마추어 애호가에 이르기까지 수많은 전문가가 전 세계에 전기를 보급하는 과정에 참여했다. 19세기 80년대부터 발전소가 운영되기 시작했고 도시 전력계통이 수립

* 통신을 다루는 전기 공학을 통칭하는 말.
** 에너지를 다루는 전기 공학을 통칭하는 말.

되었다. 90년대에 소형 3상전동기가 대량생산되기 시작하여 저렴한 가격으로 공급되었다.[54] 그러나 이미 19세기 전반에 대중의 생활에 가장 중요한 의미를 갖는 에너지의 생산과 변환 기술이 발명되었다. 증기기관이 바로 생명이 없는 물질을 기술적으로 의미 있는 동력으로 변환시키는 기기였다.[55]

에너지원은 19세기라는 음악의 주선율이었다. 그전까지 사람들에게 익숙한 에너지원은 (주로 불의 모습으로 나타나는) 자연의 힘이었지만 이제는 보이지 않으면서도 효능을 발휘하는 힘, 사람들이 상상도 못한 여러 가지 기능과 작용을 하는 힘이 되었다. 19세기에 자연과학의 이상은 더는 근대 초기의 기계장치가 아니라 역동적인 에너지원과의 상호관계에 있었다. 그 밖의 과학 분야도 모두 이런 경로를 따라갔다. 실제로 정치경제학은 막스 베버가 공격했던 에너지론, 즉 문화의 에너지 결정론보다 훨씬 더 많은 성과를 거두었다. 1870년 이후로 신고전주의 경제학은 물리학을 흉내 내어 에너지원의 개념을 대대적으로 차용했다.[56] 동물의 신체를 이용하여 얻어낸 에너지가 경제적인 의미를 잃어가고 있던 바로 그때에 얄궂게도 인체는 에너지로 가득 차 있다는 사실이 밝혀졌다. 인체는 에너지의 한계가 없는—헬름홀츠가 보여주었듯이 에너지가 허공으로 사라지지 않는—우주의 한 부분이었다. 추상적이고 철학적인 고전적 정치경제학의 '노동력'이란 표현은 열역학의 영향을 받아 '인체발동기'로 바뀌었다. 근육과 신경의 결합체인 인체발동기는 계획적인 작업 과정에 응용될 수 있었고 에너지의 투입-산출 비율은 실험을 통해 정확하게 계량될 수 있었다. 마르크스가 주창한 노동력의 개념은 19세기 중반에 이미 헬름홀츠 이론의 영향을 반영하고 있었고 막스 베버도 학자로서의 생애 초기부터 공업노동의 정신물리학적 연구에 몰두했다.[57]

19세기 유럽인과 북아메리카인이 에너지원에 대해 그토록 깊은 관심을 보였던 것은 우연이 아니었다. 그들은 공업화를 에너지원 체계의 중대한 변화로 인식했다. 어떤 종류의 경제활동이든 예외 없이 에너지원의 공급이 필요했다. 값싼 에너지원을 획득할 통로가 충분하지 않을 때 사회는 발전의 병목현상이란 위험에 직면할 수 있었다. 공업화 이전 시대에는 자연자원이 상대적으로 풍부하고 각종 문화적인 우위를 가진 국가라 할지라도 생존을 위해 의존할 수 있는 에너지는 인력자원을 제외하고는 몇 가지뿐—물, 바람, 장작, 토탄, 사료를 근육의 힘으로 바꿀 수 있는 가축—이었다. 에너지원이 유한한 상황에서는 경작의 확대, 벌목, 비교적 영양가가 높은 농작물의 이용을 통해 에너지를 공급할 수밖에 없었다. 이용 가능한 에너지원의 증가가 인구 증가를 따라잡지 못할 위험은 상존했고 각국의 이용 가능한 에너지원의 사용비율은 차이가 있었다. 어떤 추산에 의하면 1750년 무렵 유럽에서 소모된 에너지원 가운데서 목재가 절반을 차지한 반면에 같은 시기 중국의 목재 점유율은 8퍼센트를 넘지 않았다. 이것은 뒤집어 말하자면 당시 중국의 인간노동력 사용은 유럽에 비해 몇 배나 많았음을 의미한다.[58]

화석 에너지원의 개발

공업화와 더불어 새로운 에너지원이 등장했다. 새로운 에너지원은 당연히 갑자기 나타난 것이 아니라 점진적으로 모습을 드러냈다. 대표적인 것이 화석연료 석탄이었다. 유럽에서는 16세기 말부터 석탄의 사용이 늘어났고 영국은 석탄 사용량이 가장 많았다.[59] 그러나 이 변화의 속도를 과장되게 평가해서는 안 된다.

유럽에서 19세기 중반까지 사용된 에너지원 가운데서 석탄의 비중은 미미했다. 19세기 중반 이후 전통적인 에너지원의 사용량이 감소하고 현대적인 에너지원—처음에는 석탄, 이어서 석유와 수력—

의 사용량이 급격하게 늘어나기 시작했다. 강을 막는 댐과 신형 터빈의 등장으로 수력 이용이 한결 편해졌다.[60] 오늘날처럼 에너지원의 종류가 다양해진 것은 공업화의 유산이다. 에너지원의 다양화는 수천 년 동안 장작을 주연료로 사용한 뒤에 찾아온 변화였다. 오늘날의 시각으로 보면 불가사의한 일이지만 19세기에 유럽에서는 여전히 대량의 장작이 사용되고 있었다.[61] 용도가 갈수록 확대되던 석탄과 사용량이 갈수록 줄어가던 장작을 제외하면 19세기 후반까지 운송과 곡물도정(搗精)에 주로 이용된 에너지원은 풍력이었다. 가연성 기체는 처음에는 석탄에서 추출되었다. 대도시 거리를 밝힌 가스등은 바로 이 기체를 사용했다. 현대 세계 에너지수요의 1/4을 담당하고 있는 천연가스는 19세기에는 사용되지 않았다. 인류에게 익숙한 석탄과는 달리 천연가스의 역사는 확실한 시발점이 알려져 있다. 1859년 8월 28일, 펜실베이니아에서 처음으로 상업적 유정의 굴착이 성공했다. 캘리포니아에서 금광 열풍이 일기 시작하고 정확히 10년 뒤에는 석유 열풍이 불기 시작했다. 1865년부터 존 록펠러(John Rockefeller)란 이름의 청년 기업가가 석유로 거대한 부를 쌓기 시작했다. 1880년, 그가 10년 전에 세운 석유회사 스탠더드 오일(Standard Oil Company)이 성장하고 있던 세계 석유시장을 거의 독점했다. 이전의 석탄시장에서 이와 비견할만한 자리에 올라간 사람은 없었다. 초기에 원유는 윤활유와 주로 램프와 난로에 사용되는 석유로 가공되었다. 1920년 무렵 자동차가 보급되면서 석유는 전 세계 에너지원의 구조를 바꾸어놓았다. 전 세계에서 사용되는 연료 가운데서 석유는 20세기 20년대에 상대적인 의미에서 최대치에 도달했다.[62] 동물 에너지원은 여전히 환영받았다. 예컨대, 낙타와 당나귀는 극히 저렴한 운송도구로서 애용되었고, 농업에서는 황소와 물소가 사용되었으며, 열대 우림에서는 (인도)코끼리가 사용되었다. 유럽에서는 인력을 대체하는 말이 점차로 늘어나 농업혁명의 한 부분을 구성했다.

1700-1850년 사이에 영국에서 말의 숫자가 두 배로 늘었다. 공업혁명의 고조기인 1800-50년 사이에 영국에서 농업에 종사하는 노동자한 사람이 평균적으로 사용할 수 있는 말의 숫자가 21퍼센트 증가했다. 1925년 이후로 영국에서 1헥타르(1만 제곱미터) 당 말의 숫자가줄어들기 시작했다. 이런 추세의 선두주자였던 미국에서는 동일한과정이 이미 수십 년 전에 시작되었다. 트랙터가 말을 대신하자 새로토지를 개간하지 않은 상태에서 경지면적이 확대되었다(말의 사료를생산하는 데 투입되는 토지가 줄어들었기 때문이다).[63] 그럼에도 불구하고 1900년 무렵 미국에서 농업용 토지의 1/4이 여전히 말의 사료를 경작하는 데 사용되고 있었다. 아시아에서 벼농사를 할 때는 축력(畜力)을 거의 사용하지 않았기 때문에 기계화를 적용하기 어려웠다.따라서 아시아는 농업현대화 과정에서 효율을 증가시키는 중요한완충시기를 거치지 않았다.

　19세기의 공업문명은 화석연료에 의존했고 에너지의 보다 효율적인 기술적·기계적 전환이 꾸준히 일어났다.[64] 석탄을 연료로 하는증기기관의 사용은 그 자체의 나선형 발전과정을 열었다. 증기기관으로 구동되는 승강기와 환풍기가 등장하자 지하 심층부 석탄층 개발이 가능해졌다. 증기기관이 발명된 초기에 광산업계는 갱도의 물을 배수하기 위한 펌프를 찾고 있었다. 기능은 아직 미흡했지만 첫번째 증기기관이 설계된 것은 1697년의 일이었다. 1712년, 토머스 뉴커먼(Thomas Newcomen)이 설계한 첫 번째 진공펌프이자 세계사 최초의 피스톤 증기기관이 광산에 설치되었다.[65] 기술자 제임스 와트(James Watt, 1736-1819)와 그의 사업파트너이자 투자자인 매튜 볼턴(Matthew Boulton, 1728-1809)이 체적(體積)은 비교적 작으면서 성능은 더 좋은 증기기관을 처음 설치한 곳은 방직공장이 아니라 콘월(Cornwall)의 주석광산이었다. 콘월은 영국의 구석진 광산촌이었고공업적 성취도 이렇다 할 게 없는 곳이었지만 초기 증기기관의 성과가 풍부한 실험장이었다. 1784년, 줄기차게 실험을 계속하던 와트는 핵심적인 기술적 난관을 돌파했다. 그가 설계한 증기기관은 수직운동뿐만 아니라 회전운동도 할 수 있었고 게다가 효율까지 매우 높았다.[66] 이리하여 기계식 구동장치로서 증기기관은 기술적으로 성숙해졌다. 19세기기 내내 증기기관의 석탄 소모효율(방출된 에너지가 기계 구동에 사용되는 비율)이 높아졌다.[67] 1785년, 와트의 증기기관이 영국의 한 면방공장에서 처음으로 사용되었다. 그러나 증기기관이 경공업 분야에서 가장 중요한 에너지원이 된 건 수십 년 뒤였다. 1830년, 유럽 대륙에서 가장 중요한 공업지역의 한 곳인 작센에서 대다수의 방직공장은 여전히 주로 수력에 의존하고 있었지만 철도가 열리자 저렴한 석탄이 공급될 수 있었고 많은 지역에서 증기기관으로 전환하여 이익을 보았다.[68] 이제 석탄채굴이 공업화의 핵심이 되었다. 이런 선진기술의 응용 ─ 증기동력을 이용한 석탄채굴, 석탄을 필요한 곳에 운송하는 증기기관차와 증기선 ─ 이 공업적 성취를 이루는 데 중요한 전제조건이었다.

일본은 국내의 석탄 매장량이 아주 적어 커다란 문제에 직면했다. 일본이 증기기관을 사용한 시간이 매우 짧았던 것은 당연한 일이었다. 첫 번째 고정식(증기선에 장착되지 않은) 증기기관이 1861년 나가사키(長崎)의 국영 강철공장에 설치되었다. 이 증기기관은 네덜란드로부터 수입되었다. 그 전에는 대부분의 상업용 에너지원은 수력 터빈이었다. 영국에서도 초기의 면방공장은 같은 방식의 에너지원을 사용했다. 상당한 기간 동안 다양한 종류의 에너지가 나란히 존재했다. 19세기 80년대에 일본의 공업화는 비약적으로 진행되었다. 단지 몇 년 사이에 일본의 공장은 보편적으로 증기기관을 보유했다. 19세기 90년대 중반, 증기(동력) 사용량이 정점에 이르렀다. 가장 먼저 전력을 사용한 국가 가운데 하나인 일본은 수력과 석탄을 최대한으로 응용하여 생산한 전력 덕분에 공업발전에서 뛰어난 우위를 차지할 수 있었다. 19세기 60년대에 증기기관이 일본에서 사용되기 시작했다. 증기기관의 사용시점을 기준으로 한다면 일본은 영국에 비해 80년 정도 뒤떨어졌다. 1900년 무렵이 되자 격차는 완전히 메워졌다. 에너지원의 발전 면에서 보자면 일본은 고속 방영 영화처럼 빠른 속도로 서방을 따라잡았다.[69]

석탄생산 발전의 통계 수치로 한편으로는 공업발전 수준을 파악할 수 있고 다른 한편으로는 발전의 원인을 볼 수 있다. 그러나 중국의 석탄생산 수치는 그대로 믿어서는 안 된다. 중국의 기계화되지 않은 석탄 생산의 기록을 주목한 사람도 없고 기록을 작성하려는 시도조차 없었기 때문이다. 분명한 사실이지만 그 시기에 중국은 공업용 에너지원으로서 석탄을 생산한 적이 없었다. 세계 석탄생산량 통계를 보면 19세기 중반은 전환점이었다. 석탄의 연간 생산량은 1850년에는 8,000만 톤이었던 것이 1914년에는 13억 톤으로 증가했다. 다시 말해 60여 년 동안에 16배 증가한 것이다. 처음에 영국은 전 세계 석탄채굴량의 65퍼센트를 차지하는 1위 국가였으나 1차 대전 직전에는 그 자리를 미국에 내어주고 미국(43퍼센트)과 독일(15퍼센트) 사이의 2위로 내려갔다(25퍼센트). 이들 3대 석탄 생산국 이외의 기타 국가의 석탄 생산량은 미미했다.

성장 중인 몇몇 국가, 특히 러시아와 인도와 캐나다만이 수 년 내에 괄목할만한 석탄생산량을 보여주었다. 세 나라 가운데서 석탄 생산량이 가장 많은 나라는 러시아였지만 1910-14년 러시아의 석탄 생산량이 전 세계 생산량에서 차지하는 비중은 평균 2.6퍼센트에 지나지 않았다.[70] 일부 국가—프랑스, 이탈리아, 중국 남부—는 석탄자원 과잉 지역이란 평가를 받던 영국의 근해 탄광지역, 독일의 루르(Ruhr)지역, 베트남으로부터 석탄을 수입하여 수요를 충족시켰다.

19세기 60년대에 세계의 석탄자원이 머지않아 고갈될 것이란 두려운 추측이 세상을 소란스럽게 만들었다. 그로부터 반세기가 지나 새로 발견된 석탄층이 석탄 공급을 충족시켰고 동시에 석탄 시장이 분산되었다. 영국은 석탄 시장에서 오랫동안 누려왔던 지배적 지위를 유지할 수 없었다.[71] 어떤 정부는 에너지정책의 필요성을 인식했으나 어떤 정부는 그렇지 못했다. 1892년 이후 러시아의 재무대신이자 현대화의 설계자였던 세르게이 비테는 고급 과학기술이 필요한 철강공업과 기계제조에 치우친 공업화 전략을 추진했다.[72] 그러나 러시아는 이를 뒷받침할 적절한 석탄 공급원을 개발하는 데 실패했다. 반면에 일본 정부는 석탄채굴과 공업발전을 다 같이 중시했다. 일본은 석탄 매장량이 미국이나 중국만큼 많지는 않았으나 1885년 이후 1단계 공업화 시기에 석탄의 완전한 자급자족을 실현했다. 공업화 2단계에 들어가자 야금(冶金)*공업이 지속적으로 발전했으나 일본 석탄의 품질은 이를 뒷받침하지 못했다. 일본이 중국의 동북 3성(랴오닝성, 지린성, 헤이룽장성)을 식민지로 만들려 했던 이유는 그곳에 코크스(coke)**를 만들기에 적합한 우수한 품질의 석탄광이 풍부했기 때문이었다. 1905년 이후로 남만철도주식회사(南滿鐵道株式會社)는 회사가 지배하는 식민지역에서 우수한 품질의 석탄을 채굴하기 시작했다.[73] 일본만큼 분명하고도 대담한 '자원제국주의'——공업자원의 약탈을 목적으로 한 이민족 정복행위——는 많지 않았다.[74]

중국은 통상적인 경우와는 반대로 식민지 상황을 보여주는 사례다. 에너지원의 결핍은 인구가 조밀하고, 넓은 영토의 삼림은 거의 전부 벌채된 국가를 장기적으로 괴롭혔다. 중국 북부와 서북부의 석탄 매장량은 매우 많지만 오늘날까지도 일부의 석탄자원만 개발되

---

* 광석에서 금속을 골라내는 일. 또는, 골라낸 금속을 정제 · 합금 · 특수 처리해 여러 가지 목적에 맞는 금속재료를 만드는 일이다.
** 코크스는 석탄이나 석유에서 생산되는 탄소가 주요성분인 고체다. 철의 강도를 조절하는 데 사용하며, 기존에 사용하던 목탄보다 효율이 좋아 공업혁명의 핵심이라 평가된다.

어 있다. 이런 자원이 지금까지 아무도 관심을 갖지 않고 방치되었던 것은 아니며 아주 일찍부터 철 생산에 대규모로 이용되었다. 믿을만한 추론에 따르면 중국의 1100년 무렵 철 생산량은 유럽 전체(러시아 제외)의 1700년 무렵 철 생산량보다 많았다.[75] 이런 생산이 지속되지 않은 이유가 무엇인지는 알 수가 없다. 결론적으로, 중국의 18, 19세기 석탄 생산량은 많지 않았다. 서북지역 광상(鑛床)과 무역중심지——1842년의 개방 후에 해안지역에 형성된 통상항——가 서로 멀리 떨어져 있었기 때문이다. 영국의 경우에는 길은 멀지 않고 수로가 발달되어 있어서 일찍부터 비교적 적은 비용으로 석탄을 사용할 수 있었으나 중국은 이런 조건을 갖추지 못했다. 1895년 이후 대형 석탄광에서 기계식 채탄이 시작되었을 때 중요한 광산은 외국인 지배 아래 놓여 있었고 일본 기업이 통제하는 탄광은 생산된 석탄을 직접 일본으로 수출하거나 인근의 일본인이 지배하는 강철공장에 공급했다. 1914년 이후 급성장하고 있던 공업 집중지역, 특히 상하이는 에너지원 결핍의 고통이 심했다. 에너지원 결핍은 다시 공업발전을 제약했다. 그 원인은 생산능력의 부족과 식민착취뿐만이 아니라 중국의 정치적 혼란에도 있었다. 예를 들자면 철도는 동란 때문에 항상 마비상태에 빠져 있었다. 중국은 잠재적인 에너지 대국이었지만 공업화 제1단계에서 화석 에너지원을 자유롭게 이용할 수 없었다. 일본과는 달리 중국에는 당시에 공업발전을 중심으로 경제정책을 수립할 때 에너지 공급문제를 중시하는 중앙정부가 없었다.

에너지 격차

총체적으로 볼 때 20세기 초 세계에 심각한 에너지 격차가 등장했다. 1780년 무렵, 지구상의 모든 국가와 지역이 생물에너지원에 의존했다. 국가별로 제정된——또는 특수한 자연조건 때문에 제정할 수밖에 없는──에너지원 이용의 우선순위에 차이가 있었다. 1910년 또는 1920년 무렵 세계는 화석에너지원을 확보할 수 있는 통로를 갖고 있고 화석에너지원을 이용하기 위한 기초 시설을 갖춘 소수 국가와 에너지원 결핍으로 인한 압력이 증가하는데도 어쩔 수 없이 전통적인 에너지원에 의존하여 힘들게 국가를 유지해나가는 다수 국가로 나뉘어 있었다. 석탄생산량의 분포를 보면 세계 기타 국가와 서방의 격차가 분명하게 드러난다. 1900년대 아시아의 석탄생산량은 세계 총생산량의 2.82퍼센트를 차지했고, 오스트레일리아가 1.12퍼센트, 아프리카가 0.07퍼센트를 차지했다.[76] 이것을 국가별로 살펴보면 비율에 변화가 생긴다. 1910-14년 사이의 연평균 석탄생산량을 보면 일본의 생산량이 오스트리아-헝가리제국을 앞질렀고 인도는 그 뒤를 바짝 따라갔다.[77] 1910년 무렵 미국의 상업용 에너지의 1인당 평균 소비량은 대략 중국의 100배였다.

수력발전의 신기술은 수자원이 풍부한 국가의 오래된 수력 터빈의 효율을 새로운 수준으로 올려놓았다. 발동기로서 증기기관의 초기 효율이 수차(水車)보다 높았다고 한다면 19세기 후반에 들어와 수차에서 발전한 수력 터빈이 이 관계를 역전시켜 놓았다.[78] 19세기 80년대부터 댐 건설과 수력 터빈 기술이 등장하자 스위스, 노르웨이, 프랑스 일부지역에 석탄결핍을 보완할 수 있는 기회가 찾아왔다. 비서방국가 가운데서 유일하게 일본만 새로 등장한 각종 가능성을 활용했다.

어떤 특정한 생태환경하에서는 대체수단이 존재하지 않았다. 중동, 근동과 아프리카의 광활한 지역은 석탄도 없었고 에너지를 생산할 수 있는 수자원도 없었다. 석탄 매장량이 매우 적고 나일강의 희소한 유수량으로는 물레방아도 돌릴 수 없는 이집트 같은 국가는 수자원이 풍부한 일본과 비교했을 크게 열세에 처했다. 공업화의 제1단계에서 이집트는 수출 지향의 가공업 경제를 건설하고 관개시설을 부분적으로 기계화했으나 에너지의 주력은 여전히 인력과 축력이었다.[79] 20세기 초, 중동지역에서 석유가 나왔을 때 이란 같은 나라는 공업의 기반이 거의 없었다. 이 나라는 1912년에 처음으로 석유를 수출했고 그 뒤로 채굴된 석유는 전량 수출했다. 석유는 이란의 국내경제와 아무런 관련이 없었다.

증기기관의 응용분야가 지속적으로 늘어났다. 증기기관은 공산품 생산에 이용되었을 뿐만 아니라 1850년 무렵부터는 네덜란드가 증기펌프를 이용해 바닷물을 빼내고 농경지를 조성했다. 1896년이 되자 풍차를 이용해 배수하는 지역의 면적은 41퍼센트에 지나지 않았다. 높은 비용은 높은 효능뿐만 아니라 증기기관의 우수한 조작성을 통해 균형을 이루었다. 17, 18세기의 풍경화에 흔히 보이던 네덜란드의 풍차는 시간이 흐르면서 사라졌다. 결론을 말하자면, 몇 가지 사실이 보여주듯이 에너지체계의 변화는 공업화의 가장 중요한 표지 가운데 하나였다. 이런 변화는 돌발적으로 일어나지도 않았고, 혁명의 형태로 일어나지 않았으며, 우리가 영국의 발전과정을 보며 추측하듯이 그렇게 일찍 일어나지도 않았다. 20세기에 들어와서 러시아, 미국, 멕시코, 이란, 아라비아와 기타 국가가 석유를 채굴하기 시작했고 나아가 석유가 석탄 이외의 새로운 에너지원으로써 공업경제에서 응용된 뒤에야 광물에너지원을 기초로 한 에너지경제가 세계적인 범위에서 수립되기 시작했다.[80]

에너지가 풍부한 유럽은 비서방세계와 마주할 때 "에너지가 넘쳤다." 이 시대의 문화 영웅들은 무위도식하는 명상가, 고행승, 과묵한 학자가 아니라 정력이 넘치고 '적극적으로 살아가는'(vita activa) 실천가, 피로를 모르는 정복자, 두려움을 모르는 여행가, 지칠 줄 모르는 탐색자, 독재적이고 오만한 기업 경영자였다. 이들은 가는 곳마다 개인적인 패기와 활력을 통해 서방세계 힘의 본질을 보여줌으로써 찬탄과 공포를 불러일으켰다. 서방의 현실적인 우위는 태생적인 속성처럼 비쳤고 나아가 인종적 우위를 보여주는 표지로 인식되었다. 이 시기의 인종주의는 피부색만을 따지지 않았고, 인간의 '종류'를 육체적 에너지와 지적 에너지의 잠재적인 크기에 따라 구분했다. 그러므로 세기가 바뀔 무렵 비유럽 세계는 서방의 전형적인 특징은 '젊다는 것'이지만 비유럽 세계 자신의 전통과 통치자는 '늙고' 수동적이며 무기력하다는 인식을 갖게 되었다. 비유럽 세계의 청년 애국자들은 조국을 발전시키기 위해 잠자고 있는 에너지를 깨우는 정치적 방향을 제시하는 것이 스스로 짊어져야 할 가장 중요한 임무라고 생각했다. 그리하여 오스만제국에서는 '청년터키당'이 등장했고, 중국에서는 1915년부터 정치와 문화의 대대적인 혁신을 주장하며 등장한 잡지의 이름이 「신청년」(新青年)이었다. 따라서 민족주의혁명은 이 시기에 아시아의 거의 모든 지역에서 —어떤 경우에는 사회주의혁명을 포함하여 —국가가 스스로 에너지를 확충하는 도구로 인식되었다.

3. 경제발전과 비발전의 경로

지금까지 한 국가의 공업화 정도를 측정하는 명백한 통계적 지표는 없었지만 1차 대전 폭발 직전에는 유럽에서 어느 나라가 '공업세계'에 속하는지 또는 속하지 않는지 분명하게 드러났다. 공업생산의 절대 수치를 기준으로 했을 때는 두 나라(독일과 영국)가 공업대국으로 분류될 수 있었다. 그 뒤를 러시아와 프랑스가 따라갔지만 앞 선 두 나라와의 격차는 상당히 컸고 세 번째 줄에 오스트리아–헝가리제국과 이탈리아가 있었다. 1인당 평균 공업생산을 기준으로 하면 서열에 약간의 변화가 생긴다. 영국이 독일 앞으로 가서 첫째가 된다. 벨기에, 스위스, 독일제국의 공업화 수준은 비슷했다. 프랑스와 스웨덴은 비교적 큰 격차로 뒤로 밀려난다. 그 밖의 유럽국가 가운데서 1인당 평균 공업생산량이 영국의 1/3에 이르는 나라는 하나도 없었다. 이 기준을 적용할 때 러시아, 스페인, 핀란드는 맨 마지막 줄에 서게 된다.[81] 이런 통계가 제시하는 (대부분의 경우 추측에 근거한) 숫자는 당연히 1인당 평균소득과 그것으로부터 추론할 수 있는 한 국가의 생활수준을 보여주지 못했다. 유럽 각국에 대한 미시적 관찰은 근본적으로 '공업화된 유럽'—세계의 기타 낙후지역(미국 제외)과 상대되는 전체로서의 유럽—이라고 할만한 상황은 존재하지 않았다는 사실을 보여준다.

수출지향형 경제, 특히 라틴아메리카의 수출지향형 경제

대략 1880년 이전에 제국주의 지질학—실용적인 가치가 매우 큰 과학—은 세계의 구석구석에서 광물자원을 탐사하고 있었다. 인도와 브라질에서 (강철을 정련할 때 가장 중요한 첨가제인) 망간(Manganese)이 발견되었다. 칠레, 멕시코, 캐나다, 일본, 콩고에서 구리가 발견되었다. 말라야 연방과 인도네시아에서는 아연이 발견되었다. 멕시코는 17세기부터 1차 대전 시기까지 세계 최대의 은 생산국이었고 남아프리카는 최대의 금 생산국이었다. 칠레는 화약제조에서 빠져서는 안 되는 초석(Saltpeter)의 가장 중요한 생산국이었다. 심지어 칠레는 국경을 공유하는 지역의 초석광을 두고 페루, 볼리비아와 전쟁까지 벌였다.

북아메리카에도 이런 광물자원의 매장량이 많았다. 여러 대륙 가운데서 북아메리카의 공업원료 매장량이 가장 풍부했다. 유럽 이외의 지역에서 특수 광물자원이 유럽식 공업발전의 도약대가 된 곳은 거의 없었다. 특수 광물자원은 늘 외국자본에 의해 채굴되고 외국자본이 조차한 항구를 통해 수출되었으며 전체적으로 보아 현지 국민경제에 어떤 도움도 주지 않았다. 공업원료로서 농산품—고무, 비누원료인 야자유 등—생산과 수출도 마찬가지였다. 그러나 영국령 말라야는 1차 대전 이전 20년 동안에 아연과 고무 덕분에 비교적 부유한 식민지가 되었다. 이곳에서 원료생산은 국제적인 기업집단이 장악하고 있었을 뿐만 아니라 소수민족인 화교가 기업경영에서 중요한 역할을 했다.

유럽과 미국 공업기업의 새로운 수요는 전 세계 많은 국가에서 수출을 겨냥한 생산부문의 성장을 자극했다. 라틴아메리카가 수 세기 동안 지배해왔던 귀금속 무역이 이렇게 해서 종결되었다. 새로운 상품이 많은 국가에서 은과 금이 대외무역에서 차지하던 지위를 대체했다. 전통적인 은 생산국 페루는 1890년 이후 전기공업에서 특별한 중요성을 갖는 구리의 중요 공급국이 되었고 1913년에 구리는 이 나라 수출의 1/5을 차지했다. 볼리비아에서 은의 중요도는 떨어지고 아연의 중요도가 올라갔다. 1905년 아연의 수출은 볼리비아 전체 수출액의 60퍼센트를 차지했다. 칠레는 처음에는 구리 생산국으로서 국제시장에 등장했으나 뒤에 가서 초석 생산으로 전환했는데 1913년에 초석 수출은 전체 수출액의 70퍼센트를 차지했다.[82) 상품의 종류에는 변화가 있었지만 소수의 상품에 집중된 수출구조는 라틴아메리카 경제의 특징으로 남았다. 수출도—커피, 설탕, 바나나, 양모, 고무를 포함하는 농업원료의 수출—경제성장의 효과를 낼 수 있지만 몇몇 상품에 집중될수록 수출주도 성장모형은 더 쉽게 세계시장 가격변동의 영향을 받는다. 페루는 세계적으로 열대 원료생산이 확대되기 전인 19세기 80년대에 이미 구아노(guano) 수출 붕괴를 경험했다. 아르헨티나만 1914년 이전에 위험을 분산시키기 위해 수출상품 다양화를 실현했다. 아르헨티나 인구는 라틴아메리카의 10퍼센트가 안 되었지만 가장 성공적인 수출 국가였고 수출액은 라틴아메리카의 1/3을 차지했다.[83) 수출주도형 경제의 거시경제적 성공 여부는 첫째, 생산이 노동집약적 가족기업에서 이루어짐으로써 수출에서 발생한 수익이 국내에 남아 사회 내부에 비교적 균등하게 배분되는지, 둘째, 수출상품 생산의 주력 형태가 다량의 저임금노동으로 생산하고 소유권이 외국기업의 수중에 있는 플랜테이션 또는 광산이어서 대부분의 수익이 국외로 흘러나가는지에 따라 결정되었다. 일반적으로 첫 번째 유형의 구조가 두 번째 유형의 구조보다 국민경제와 사회 전체의 발전에 유리했다. 두 번째 유형의 구조에서도 경제성장은 일어났지만 고립된 지역에 국한되어서 다른 경제 영역에 자극효과를 주지 못했다. 이 법칙의 중요한 예외는 남아프리카뿐이었다.[84)

모든 국가가 공업화 과정에서 기회를 가장 이상적으로 활용하지는 않는다. 20세기에 자국의 특색을 무시한 공업화 전략으로 실패한 몇 몇 사례가 있다. 수출지향형 경제구조를 두고 모든 대륙에서 이익을 공업화 과정에 투입할 것인지, 다시 말해 고립된 수출 분야에서 획득한 생산성 증가의 성과를 비수출 분야로 이전할 수 있느냐를 두고 논쟁이 벌어졌다. 문제가 되는 공업이 주로 국내시장을 대상으로 할 때는 어느 정도 독립적인 공업화를 기대할 수 있다. 1870년 이전의 라틴아메리카는 이런 상황이 아니었다. 뒤에 가서 최소한 일부 국가가 수출에서 얻은 수익이 사회 내부에 배분되어 내부 구매력이 높아졌다. 철도의 확산이 전통적으로 발전을 제약하던 수송문제를 해결했고, 전기기술의 응용이 에너지의 병목현상을 타파했다. 면화와 양모가 현지에서 공급되지 않는 지역에서도 방직공업이 공업발전의 선도 업종이 되었다. 세계 도처에서 이런 양상이 나타났다. 누구나 의복이 필요했고 주변부 국가의 정부는 보호관세를 실행하고자 할 때 우선 수입 방직품에 관세를 부과했다. 이 밖에 라틴아메리카에서 상대적으로 도시화가 잘 진행된 여러 지역에서 공간적으로 집중된 시장이 형성되었고 시장 주위에 방직공장이 등장했다. 1913년을 전후해 라틴아메리카의 모든 공화국 가운데서 아르헨티나는 (방직공업은 아직 선도 업종이 아니었지만) 공업화의 정도에서 가장 앞서 있었고 바로 그 뒤를 따르고 있던 나라가 칠레와 멕시코였다. 그러나 아르헨티나에 중공업은 없었고 소기업이 경영하는 식품과 사치품 생산이 주류였으며 그 다음이 방직업이었다. 공업화 초기에 소비제품의 수입은 기계류 수입의 압박을 받아 밀려났고 사치품 수요만 변함없이 유럽 수입품을 통해 충족되었다. 아르헨티나에서는 세계 어떤 지역에 비해서도 복잡한 공업구조가 형성되었다. 브라질 같은 대국도 빈곤의 악순환을 벗어나지 못했고 내수 자극을 통한 공업발전도 불가능했다. 브라질이든 다른 국가든 수출 능력을 갖춘 공업 생산체계를 세우지 못했고, 어떤 국가에서도 수공업과 (널리 전파되어 있던) 원시공업이 자주적 공업화의 예비단계로 진화하지 못했다. 브라질에서도 드물게 나타난 고성장율은 전체 경제에 파급되지 못했다. 많은 소규모 국가에서 공업화는 시작조차 되지 않았다.[85] 두 차례의 세계대전 사이에 라틴아메리카 국가들이 수입 대체형 공업화를 시도하기 전에 왜 서유럽, 북아메리카, 일본의 역동적인 공업화에 편승하지 못했는지는 아직도 풀리지 않은 의문으로 남아 있다.

중국, 저지된 도약

여기서 우리의 목적은 새롭게 부상한 공업화의 흔적을 체계적으로 찾기 위해 세계를 돌아다는 것이 아니다. 중요한 몇 가지 사례만으로 충분하다. '갈림길' 논쟁의 반사실적 문제 — 왜 인도와 중국은 1800년 이전에 자신들의 공업혁명을 일으키지 않았는가? — 만큼 흥미 있는 것은 두 나라가 백 년이 넘게 지난 뒤에야 공업화를 시작했다는 사실이다. 기계화 이전의 유구한 수공업의 전통과 보편적인 원시공업의 전통을 갖고 있던 중국에서 오래된 형식의 기술과 조직으로부터 직접 현대적 공장제 생산으로 향하는 길은 없었다. 1895년 이전에는 외국인이 중국 영토 안에서(통상항이라 할지라도) 공장을 세우는 일은 허락되지 않았다. 극히 소수의 공장은 존재가 미미했다. 중국 공업화의 첫 번째 단계는 국가가 주도했으나 조정이 직접 주도한 게 아니라 몇몇 성의 순무(巡撫)*가 주도했다. 그들은 1862년부터 일련의 대규모 사업을 시행하기 시작하면서 완전히 외국기술을 응용하고 외국인 고문을 초빙했다. 첫 번째 사업은 군수공장과 조선소 건설이었다. 그런 후에 (1878년) 중국 북방에 대형 석탄광을 개발했고, 머지않아 몇몇 면방공장을 세웠으며, 1889년에는 호북성에 한양

---

* 명나라와 청나라 시기의 관직.

철창(漢陽鐵廠, 철강공장)을 세웠다. 이런 정책의 주요 동기는 국방이었다. 70퍼센트의 자금이 군사관련 기업에 투입되었다. 초기의 사업을 모두 실패로 평가한다면 지나치게 단순한 해석이다. 중국은 이 사업들을 통해 현대적 기술을 채택할 수 있는 충분한 능력을 갖고 있음을 보여주었다. 한양철창은 생산을 시작한 1894년 이후 몇 년 동안 사실상 아시아에서 가장 규모가 크고 가장 현대적인 철강공장이었다. 물론 개별 사업 사이에 협력이 부족했고, 어느 사업도 지역적 공업화 전략의 틀 안에서조차 성장의 핵심축이 되지 못했다. 중국의 완전한 패배로 끝난 1894-95년의 청일전쟁이 폭발하기 전에 중국은 공업화를 시작했으나 전반적인 공업화로 전환하는 길을 찾아내지 못했다.[86]

1895년 이후로 중국의 상황은 한층 더 복잡해졌고 발전 또한 가속되었다. 영국, 일본, 기타 국가들이 상하이, 톈진, 한커우와 그 밖의 일부 대도시에 공장을 세웠다. 정부는 여전히 무기력했으나 중국의 기업가들은 막 일어서기 시작한 현대적 경제를 외국인이 주도하도록 내버려두지 않았다. 모든 분야에서 중국 기업가들이 외국 기업과 경쟁을 벌였다.[87]

중국에는 일찍이 19세기 60년대부터 증기선 운송사업이 도입되었다(초기에는 국영이었다가 민영으로 바뀌었다). 18세기부터 줄곧 중국의 주요 수출 업종이었던 비단 직조 공업도 새로운 석탄과 증기 기술에 빠르게 적응했다. 경쟁상대인 일본도 새로운 기술을 받아들이고 보다 체계적으로 품질을 높이는 노력을 기울인 결과 세계시장에 보다 적합한 상품을 내놓았기 때문에 20세기의 두 번째 10년 동안에 국제 소비자를 쟁취하는 경쟁에서 일본이 중국보다 한 발 앞서갔다. 중국의 또 하나의 중요한 업종—1905년 이후로 일본이 지배하던 남만주에서 빠르게 성장하고 있던 석탄과 철강공업 제외—은 면방 직공업이었다. 1913년, 중국 영토 안에 세워진 면방공장에 설치된 방추

(紡錘)의 60퍼센트가 중국인 소유였고 27퍼센트는 유럽 기업이, 13퍼센트는 일본 기업이 지배하고 있었다. 1차 세계대전 직전 중국의 면방직 공업은 아직도 상대적으로 낙후한 상태에 놓여 있었다. 이 무렵 중국 국내에 설치된 방추의 합계 숫자는 86만 6,000개인데 반해 일본은 240만 개, 인도는 심지어 (프랑스와 별 차이가 없는) 680만 개에 이르렀다. 이후 전시 수요의 증가 덕분에 방추의 합계 숫자는 360만 개로 늘어났다. 1912-20년, 중국 공업의 성장률은 세계에서 가장 높았다.[88] 1920년 무렵, 중국은 취약하기는 하지만 발전 잠재력이 있는 공업화 경제의 기초를 갖추었다. 군벌의 혼전으로 인한 내정의 혼란, 경제발전 정책을 추진할 강력한 정부의 부재, 일본의 제국주의 정책은 중국 경제의 도약단계가 반세기나 늦춰진 주요 원인이었다. 1980년 이후 위대한 도약이 시작되었다. 그 전의 중국 공업화 역사의 특징은 제국 말기의 정부 지지를 거의 받지 못한 지체된 발전과정이 아니라 이미 시작되었다가 저지된 1920년대의 도약이었다.

새로운 형태의 영국식 대량생산 방식으로 생산된 값싼 면포가 중국과 인도 현지의 방직업을 절망 속에 빠트렸고, 이 때문에 자주적 공업화의 싹이 잘려나갔다는 포괄적인 추론은 설득력이 떨어진다. 중국에서는 보호관세가 없는 상황에서도 지방과 지역의 수요를 충족시키던 방직 농가의 저항력이 증명되었다. 20세기 초 통상항의 신형 공장에서 생산된 면포가 점차로 수공업 면포를 대체해 나가자 방직 농가도 필요한 만큼 기기를 채택하여 계속 명맥을 이어갔다. 인도에서는 오랫동안 '탈공업화'란 주제로 '아시아 시장 붕괴론'에 관한 논쟁이 벌어졌다. 논쟁의 시발점은, 인도 수공업은 17, 18세기에 각종 품질의 면포를 대량으로 생산할 수 있었고 그중에서 고품질 면포의 유럽 판매량이 매우 많았다는 사실이었다. 중국도 면포의 수출 규모에서 차이가 났을 뿐 상황은 인도와 마찬가지였다. 아시아의 면포는 유럽에 도착한 후 날염을 거쳐 팔려나갔다. 이것이 유럽의 면포 수요를 자극했고 나아가 유럽인이 면제품 생산에 대해 흥미를 갖게 된 근본적인 원인이었다. 뒤에 가서는 공업혁명의 결과로 유럽 현지의 기계식 공장에서 생산된 면포가 수요를 충족시켰다. 1840년 무렵, 랭커셔(Lancashire)에서 생산된 면포가 아시아로부터 수입된 면포를 현지 시장에서 밀어냈다. 영국 신사는 더 이상 난킨(nankeen, 중국 난징에서 생산된 촘촘한 면포)으로 만든 옷을 입지 않았다. 유럽의 공업화는 시작하자마자 아시아로부터 수입한 상품을 대체할 상품을 생산했다. 이것이 경제적으로 가능했던 이유는 영국이 기술적으로 경쟁우위에 있었기 때문이다.[89] 인도와 중국의 입장에서 수출시장의 차단은 ― 오스만제국의 방직공업이 19세기 전반에 경험한 바와 같이 ― 직물 수출을 특색으로 하는 아시아에 재난에 가까운 충격을 안겨주었다. 그렇다고 해서 현지 시장을 목표로 한 생산도 유럽 수입상품 때문에 붕괴되지는 않았다. 우리는 여기서 지역적 차이를 주목해야 한다. 벵골인은 수출위기로부터 심각한 타격을 입었으나 인도 남부의 국내시장을 상대로 생산 활동을 하던 직조공들은 비교적 오래 버틸 수 있었다. 수입 방직품은 영원히 인도산 직물의 정교한 품질을 따라잡지 못했고 사치품 시장은 오랫동안 인도산 직물이 점거했다. 중국과 마찬가지로 인도에서도 기계 방적은 보편적이었고 방직품 ― 심지어 농촌 가정의 극단적으로 자기착취적인 조건 아래서 생산되는 방직품 ― 보다 가격하락에 대한 저항력이 더 컸다. 수공업 방직 농가가 계속 유지될 수 있었던 주요한 원인은 경제학자들이 말하는 시장의 '분할'때문이었다. 다시 말해 수입품과 토산품 사이에 보편적이고 전면적인 경쟁은 존재하지 않았다.[90]

인도, '낙후'의 상대성

중국과는 달리 뭄바이와 기타 지역에서 1856년에 면방공업이 세워질 때에 외국자본은 거의 참여하지 않았다. 최초의 창건자들은 생산 영역에도 투자를 시작한 인도의 방직물 상인들이었다.[91] 식민정부와 영국 공업계는 이런 경쟁에 흥미를 갖지 못했고 그들이 넘지 못할 장애도 없었다. 정치적 수단으로는 막을 수 없었던 은 가격의 하락으로 인도 루피화의 가치는 19세기 마지막 사반세기 동안에 1/3이 떨어졌다. 이것은 기술적으로는 전혀 뒤떨어지지 않았던 인도의 면사공장에게 유리한 환경이었다. 인도 면사는 아시아 시장에서 가격이 더 높은 영국 면사를 성공적으로 제압했다. 유럽-아시아의 교역량만 본다면 아시아 생산자들의 근거리 시장에서의 활약상을 저평가하기 쉽다. 세계 면사 교역량의 점유율이 1877-92년 사이에 4퍼센트에서 36퍼센트로 9배 성장한 인도 면방공업이 올린 수익은 주로 중국과 일본으로의 수출에서 나왔다.[92] 인도 공업에서 현대에 형성된 부분은 식민지 배경하에서 자본과 기술을 도입한 결과가 아니었다. 가장 중요한 배경은 인도에서 18세기에 시작된 보편적인 상업화였다. 이 때문에 시장은 확장되었고, 상업적 부는 축적되었으며, (다량의 값싼 노동력이 존재했음에도 불구하고) 기술개선을 위한 자극이 주어졌다.[93] 일부 지역에 고도로 집중된 인도의 공업이 1차 대전 이전 인도 전체의 경제에서 맡은 역할은 부차적이었다는 것이 역사학자들의 일치된 평가이다. 그러나 양적인 면에서 유럽과 비교했을 때 인도 경제의 성취는 그리 나쁘지 않았다. 1913년 인도의 총 방추 6,800만 개로 제정러시아의 8,900만 개와 그리 큰 차이가 나지 않는다.[94] 수량으로만 비교한다면 인도의 면방직공업의 성적은 결코 가볍게 볼 수 없다. 중국, 일본과는 달리 인도의 면방직공업은 정부의 지원이 전혀 없는 환경에서 일어나기 시작했다.

중국 초기의 철강공업은 (1차 대전 이후 많은 부분이 일본의 지배 아래로 들어갔지만) 전적으로 관부의 주도 아래 성장했지만 인도 철강공업 성장의 공로는 모두 한 인물, 19세기의 위대한 기업가 잠셰지

타타(Jamshedji Tata, 1839-1904)에게 돌아가야 한다. 평생의 경력을 보면 그는 늦게 시작하여 두각을 나타낸 신인이 아니었다. 그는 강철 업계의 거인 앤드류 카네기(Andrew Carnegie, 1835-1919, 미국), 아우구스트 티센(August Thyssen, 1843-1926, 독일)과 동시대인이었다. 타타는 방직공장을 경영하여 돈을 벌었고, 미국을 방문하여 강철공장을 보고는 철강업으로 전환했다. 그는 미국 기술자를 초빙하여 인도 동부의 탄광과 철광이 가까운 지역에 장소를 찾아냈다. 그가 세상을 떠난 후 잠셰드푸르(Jamshedpur)에 타타 가족의 대형 강철공장이 탄생했다. 이 강철공장은 건설 초기부터 애국기업을 표방했으며 이 때문에 수천 수만 명의 개인이 출자자로 참여했다. 창립자는 일찍부터 인도는 반드시 기술면에서 자주독립의 길을 걸어야 한다는 인식을 갖고 있었고, 그래서 인도과학연구소(Indian Institute of Science)의 초기 설립자금을 제공했다. 1911년부터 생산을 시작한 타타강철공장은 설립 초기부터 세계 최고수준의 강철을 생산하기 위해 온갖 노력을 기울였다. 정부의 발주도 중요한 역할을 했고 세계대전은 공장이 성공적으로 궤도에 진입하는 데 많은 도움이 되었다. 그러나 중국의 국영 한양철창이 그랬듯이 1914년 이전에는 홀로 뛰어난 타타강철회사(Tata Iron and Steel Company) 혼자의 노력만으로는 중공업 분야를 일으킬 수 없었다.

인도의 사례는 공업화 연구에서 일반적인 모형을 생각해볼 수 있는 동기가 된다. '낙후'란 상대적인 개념이다. 이 개념을 사용할 때는 적용 대상이 누구인지 밝혀야 한다. 어떤 시점에서는, 특히 19세기 말에는 유럽에서 경제적으로 가장 낙후한 지역은 분명히 인도나 중국의 비교적 발달한 지역보다 앞서 있지 않았다. 경제적 성취를 판정하는 잣대는 유럽과 북아메리카의 소수의 대형 성장 지역이었다. 인도에서는 정부의 정책 때문이 아니라 민간 기업가의 결심의 결과로 1910년 또는 1920년 무렵 몇몇 영역 — 주로 영국자본이 지배하던 황마(黃麻)공업은 따로 논해야 한다──에서 대규모 공장생산이 등장했고, 이로부터 자기이익을 지키기 위해 목소리를 낼 줄 아는 공업 프롤레타리아 계급이 형성되었으며, 인도의 도시지역에서 '현대화'를 기치로 내건 공업화와 기타 발전과정이 나타났다. 식민통치를 받지 않았더라면 (민족주의자와 마르크스주의자들이 주장하듯) 인도 경제는 '좀더' 발전할 수 있었을 것인가?

이 물음에 대한 답은 영원히 찾을 수 없을 것이다. 사회구조('카스트'제도)와 국민성 또는 종교적 성향('힌두교는 노동을 적대시한다') 이 인도의 자주적 발전과 외부세계로부터의 학습을 가로막는 장애물이라고 주장하는 문화결정론의 논조는 서방 사회학계에서 오랫동안 상당한 인기를 누렸다. 그러나 20세기 말에 인도가 보여준 첨단기술 분야의 성공은 이런 주장의 신뢰성을 크게 떨어뜨렸다. 마찬가지로, 이익을 좇지 않는다는 '유교사상'의 경제관이 19세기와 그 이전 세기에 중국의 '정상적인' 경제발전을 가로막은 장애물이었다고 줄기차게 주장하는 사람들이 있었다. 중국, 싱가포르, 타이완 등 중국어 사용권 국가──최소한 간접적으로 유교사상의 영향을 받은 일본과 한국을 포함하여──와 지역이 놀라운 경제성장의 성과를 보여준 뒤로 이런 낡은 논조는 조용히 사라졌다. 같은 유교사상이 지금은 특수한 동아시아 자본주의의 문화적 기초라고 찬양받고 있다. 성공과 실패가 동일한 이론적 도구를 동원해 해독되니 의문이 생기지 않을 수 없다. 오늘날 많은 역사학자는 인도와 중국 같은 나라는 왜 '당연히' 따랐어야 할 모형대로 발전하지 않았는지 질문하지 않는다. 그러므로 당장의 과제는 각국이 걸어간 특수한 발전의 길을 진지하고 세밀하게 묘사하고 서술하는 것이다.[95]

일본, 국책으로서의 공업화

인도와 중국을 두고 한 세기 동안이나 논쟁이 이어진 문제는 왜 두 나라는 유리한 조건을 갖추고 있었으면서도 정상적인 경제발전의 경로를 따라 발전하지 않았느냐는 것이었다. 그러나 일본에 관해서 논쟁의 초점은 왜 일본은 순조롭게 "해낼 수 있었느냐"는 것이었다.[96] 19세기 중반에 일본사회는 이미 고도로 도시화, 상업화되어 있었다. 국내시장 통합의 추세는 강했고, 국가의 경계는 섬나라이기 때문에 명확하게 확정되어 있었다. 내정은 안정되어 있었고 많은 비용을 들여 방어시설을 설치해야 할 필요가 없었다. 가장 기층부에 이르기까지 국가는 잘 관리되고 있었다. 유한한 자연자원을 관리하는 데는 경험이 쌓여 있었다. 민중의 문화수준은 문자해독율로 추론해볼 때 아시아 이외의 지역과 비교해도 상당히 높은 수준이었다. 그러므로 일본은 새로운 기술과 새로운 생산조직 방식을 학습할 수 있는 좋은 조건을 갖추고 있었다.

그러나 여기서 공업발전의 객관적 법칙만 보려한다면 피상적인 관찰이다. 일본의 조건이 중국이나 인도의 특정 지역에 비해 결정적으로 더 좋았는지는 분명하지 않다. 핵심은 국가와 기업가가 함께 실현한 일본형 공업화의 정치적 계획으로서의 특징이다. 1868년 도쿠가와 막부의 붕괴 그리고 두 달 뒤 메이지 질서의 수립은 경제와 사회의 변화의 결과라기보다는 일본이 서방과의 갑작스런 대면에서 보여준 반응이었다. 일본의 공업화는 민족재생이라는 방대한 정책의 한 부분으로서 시작되었다. 이 혁신계획은 19세기에 가장 규모가 크고 가장 야심찬 계획이었으나 잘 정리된 전면적인 전략에 따라 진행되지는 않았다. 일본의 엘리트들은 서방의 대국을 자세히 연구한 뒤 공업건설은 부강한 국가를 건설하기 위한 열쇠라는 사실을 알게 되었다. 그리하여 중국과 마찬가지로 공업화는 정부주도로 시작되었고 첫 번째 공업화 사업을 벌일 때는 필요한 장비를 구입하기 위해 귀중한 외화가 지원되었다. 하지만 이 단계에서 외국자본의 도입은 중요한 역할을 하지 않았다.

러시아가 유럽(특히 프랑스)의 자본시장에서 대규모 차관을 조달하고 오스만제국과 중국이 가혹한 조건의 차관을 강요당할 때 일본은 해외 채권자에 대한 의존을 피했다. 일본은 경제적으로 여전히 취약하고 불평등조약에 의해 주권이 제약받고 있었기 때문에 19세기 90년대 이전까지는 해외자본을 조달하기 어려웠다. 일본은 국내에 현금화할 수 있는 자본이 있었고 그 자본을 생산에 투입하려는 정치적인 의지가 있었다. 일찍이 막부시대부터 일본에서는 유럽의 영향을 받지 않은 상황에서(유럽 이외의 세계에서는 분명히 유일무이하게) 은행 간 대출(interbank lending)이 행해지고 있었고, 이것이 훗날 공업화 사업의 자본조달에 큰 도움을 주었다. 1879년부터 일본은 공업부문에 기민하게 자금을 제공해줄 현대화된 은행체계를 서둘러 마련하기 시작했다. 일본 공업화 초기의 재정과 경제정책이 그랬듯이 이 은행체계도 마쓰카타 마사요시(松方正義)의 걸작 가운데 하나였다. 지독하게 가난한 사무라이의 아들로 태어나 재정장관으로서 오랫동안 재임했던 그는 그 시대의 위대한 경제 마술사 가운데 한 사람이었다.[97]

메이지정부 세수정책은 당시 꾸준히 생산이 증가하던 농업부문에 체계적인 부담을 주었다. 농업은 일본 공업화 초기의 가장 중요한 자본조달원이었다. 1876년 이후 국가 세입의 70퍼센트가 토지세 징수에서 나왔고 대부분이 공업과 기초건설에 사용되었다. 같은 시기에 중국의 농업은 정체되었고, 재정과 관리능력 면에서 허약한 정부는 얼마 되지 않는 잉여자원에서 거의 아무것도 거두어들이지 못했다. 일본은 그 밖에 다른 이점도 갖고 있었다. 인구는 내수시장을 형성할 만큼 충분했고 생산자들(특히 실크)은 일찍부터 체계적으로 국제시장을 개척하기 시작했다. 그러나 일본의 발전전략은 라틴아메리카와는 달리 일방적으로 수출주도형 성장모형에 매달리지 않았다. 몇몇 지역 ── 특히 오사카(大阪) 주위 ── 에서는 증기기관으로 구동되는 공장 생산(특히 면제품 생산) 이외에 비교적 생산성이 높은 원시공업이 상당한 시간 동안 유지되었다. 이것이 영국 맨체스터와 '동방의 맨체스터'의 (많은 면에서 공통점을 갖고 있는 가운데서도) 가장 큰 차이였다.[98]

  메이지정부는 지속적으로 국영경제를 건설할 생각이 없었다. 초기 단계의 자극을 제공한 후 정부는 점차로 대다수 공업 분야에서 빠져나왔다. 이것은 정부의 예산부담을 줄이기 위한 조치였다. 기업계의 선두주자들도 공업화를 전체 일본을 위한 애국사업으로 생각했다. 사업의 동기는 개인이익의 최대화가 아니라 조국을 위한 봉사였고 미국식의 놀라운 사치성 소비(사회학자 소스타인 베블런Thorstein Veblen이 말한 과시성 소비)를 비난했다. 이런 국가관의 결과로 기업은 짧은 시간 안에 습득한 세계시장에서의 귀중한 경험을 서로 나누어 가졌을 뿐만 아니라 신속하게 사회로 전파했다. 관료와 자본가들은 다양한 공업구조를 구상하고 또 실현했다. 이로써 일본은 수입의 존성을 최대한 탈피할 수 있었다. 이런 정책은 국가의 안보를 고려한 것이기도 했지만 한편으로 메이지 과두체제는 물질적 발전의 약속과 실현을 통해 자신의 취약한 대중적 지지기반 ── 어쨌든 그들은 전통적인 정치질서를 파괴했다 ── 을 개선하고 넓히려는 생각을 갖고 있었다. 이와 더불어 적극적으로 투자하려는 민간 기업인들도 충분했다. 일본의 공업화는 막부시대의 조건에 순종하면서 자연스럽게 발생하지 않았다. 초기 단계에서 일본은 서방 기술, 수입 기계, 외국인 고문에게 의존할 수밖에 없었다. 그러나 대부분 기술은 일본의 환경에 맞도록 개선되고 변형되었으며 그 밖의 국가가 이처럼 일찍부터 체계적으로 기술도입에 나선 경우는 찾아보기 어렵다.[99] 여러 사례에서 알 수 있듯이 메이지시대 초기부터 일본의 공업은 기술의 간단한 응용에 만족하지 않고 지식을 습득하고 국제적으로 최고 수준의 시장에 진입하려 시도했다. 1892년에 설립된 세이코(精工, 정확하고 치밀하다는 의미다)사를 모함으로 하는 시계공업이 대표적인 사례다. 이 회사는 빠른 시간 안에 고품질의 시간 측정기기를 제조하는 데 뛰어난 기업으로 성장했다.

여기서 19세기 80년대 이후 스웨덴의 눈부신 성공사례에 대해 세세하게 서술할 생각은 없고 한 세대 만에(대략 1870-1900년) 미국을 세계의 선진 공업국으로 올라서게 한 (유럽 이외의) 또 하나의 위대한 공업화의 기적을 자세히 살펴볼 생각은 없지만 두 가지는 강조하고 싶다. 오늘날에는 시장혁명(maerket revolution)의 시대(대략 1815-50년)라고 불리는 시기에 미국의 비노예제 북부주에서 '근로혁명'과 평균소득의 괄목할만한 증가를 기반으로 하여 발생한 공업화의 발전 속도는 일본보다 더 빨랐다. 그리고 국제무역 또한 일본에서 보다 더 큰 작용을 했다.[100] 결론적으로 말하자면, 미국 공업화의 빠른 속도를 지나치게 극적으로 서술해서는 안 되며 미국 공업화의 장기 연속성을 주목해야 한다. 그 밖에도 미국의 공업화는 주로 자본주의 시장역량의 자유로운 발전이란 법칙을 따랐지만 그것이 성공요인의 전부는 아니었다. 1862-1913년 사이의 (중간에 두 명의 민주당 대통령이 집권한 시기를 제외한) 공화당 집권기에 연방정부는 공업화를 정책적 사업으로서 추진하면서 전국 시장의 통합, 보호관세, 금본위 화폐제도 등 중요한 제도를 실시했다.[101] 정부의 지원이 전혀 없는 공업화는 — 일부 자유주의 경제학자들은 이것이 추구할만한 가치가 있고 실현가능하다고 주장하지만 — 역사적으로 예외에 속한다. 서방의 자유주의 공업화와 동방의 국가계획 공업화란 양대 모형이 선명하게 대립한 상황은 절대로 존재하지 않았다.

4. 자본주의

지난 20년 동안 여러 나라의 역사학자들은 공업화를 보는 우리의 시각을 근본적으로 바꾸어놓았다. 세계의 많은 지역에서 18세기는 상업적 확장과 역동적인 기업의 시대로 인식되었다. 18세기에 시장은 커지면서 집중되었고, 전문적인 수공업 생산이 장려되었다. 생산된 제품은 가까운 시장과 먼 시장으로 팔려나갔고 또한 다른 나라, 심지어 다른 대륙에까지 팔려나갔다. 유럽인들이 어둠의 땅이라고 비하한 '동방 전제주의' 국가의 정부도 국가의 금고를 채워주는 데 도움이 되는 이러한 활기찬 경제활동을 억압한 적이 없었다. 그러나 인구의 증가와 전 세계 거의 모든 국가가 쉽게 빠져드는 '맬서스의 함정' 때문에 진정하고 안정적이며 보편적인 평균소득의 성장은 나타나지 않았다. 그러므로 이 시기에 여러 국가의 경제는 활기차고 평균소득도 완만하게 성장했지만 18세기 마지막 사반세기의 영국을 제외하면 어떤 국가의 경제도 현대적인 의미의 고속성장을 보이지 않았다고 말해야 더 정확할 것 같다. 18세기에 관한 이러한 새로운 묘사는 전통적인 시간의 순서를 모호하게 만들었다. 현대 초기의 '근로혁명'은 때로는 1800년이란 시대의 표지를 확장시켰다. 알렉산더 게르센크론은 후기 공업화 과정이 1세대와 2세대 공업화보다 돌발적이었고 시간적으로도 압축적으로 진행되었다——스웨덴, 러시아, 일본이 바로 그런 사례이다——고 분석했는데 이는 정확하다고 할 수 있다. 다만, 변화는 우리가 오랫동안 알고 있었던 것처럼 질주하는 단거리 달리기처럼 일어나지는 않았다. 최초의 영국 공업혁명이 그랬듯이 훗날의 공업화도 결코 무에서 출발하지 않았으며 일반적인 경제운동 내부의 속도, 형태와 궤적을 같이했다. 공업화는 지역적인 구도 안에서, 혹은 갈수록 빈번하게 국가적 구도 안에서 시작되었지만 그 결과가 완전한 대형 공업의 지배인 경우는 드물었다. 마르크스가 말한 '소상품생산'은 완강하게 자리를 지켰고 때로는 공장생산과 대등한 자리를 차지했다. 당연히 공장노동자의 초기 세대는 농촌 출신이었고 이들은 농촌과의 유대를 오랫동안 유지했다. 공장과 광산은 도시화를 유인하는 자석이었으나 수많은 이주노동자가 농촌과 생산현장 사이를 주기적으로 순환했다.

새로운 질서는 이 세기의 중반부터 자본주의로 불리기 시작했다. 마르크스는 이 용어를 단일 명사로 사용한 적이 별로 없었고 '자본주의적 생산방식'이란 표현을 선호했다. 그는 『자본: 정치경제학 비판』(*Das Kapital: Kritik der politischen Ökonomie*, 1867–94)에서 이 새로운 질서를 노동력의 소유자와 물질적인 생산자료 소유자의 대립이란 의미에서 자본관계(Kapitalverhältnis)라고 분석했다. 엥겔스(Friedrich Engels), 카를 카우츠키(Karl Kautsky) 등 권위자의 간명한 해석과 세기가 바뀔 무렵 루돌프 힐퍼딩(Rudolf Hilferding)과 로자 룩셈부르크(Rosa Luxemburg)의 수정을 거쳐 마르크스의 자본주의 분석은 유럽 노동운동의 주류 이론이 되었다. 오래되지 않아 '자본주의'란 용어는 마르크스와 그의 추종자들에 비해 새로운 질서에 대해 덜 비판적인 태도를 갖고 있던 사람들에게 받아들여졌다. 세기가 바뀐 후 '부르주아' 경제학자들이 연구와 논쟁에 참여하였으나 마르크스의 영향을 받은 국민경제학파, 특히 독일의 국민경제학파들이 방대한 자본주의 이론을 발전시켰다. 그중에서 대표적인 인물이 베르너 좀바르트(Werner Sombart)와 막스 베버였다.[102] 매우 독창적인 이 이론가들은 자본주의의 개념을 19세기 공업과의 편협한 관계로부터 떼어내고, "자본주의"를 국민경제 발전의 어느 단계의 명칭이 아니라 모든 형태의 경제활동에서 볼 수 있는 현상—일부 학자는 심지어 근원이 유럽 고대까지 거슬러 올라가는 경제활동의 형식—으로 파악했으며, 자본주의를 농업자본주의, 상업자본주의, 공업자본주의, 금융자본주의 등으로 나누었다. 비마르크스학파 독일 경제학자들은 마르크스의 '객관적' 노동가치설—마르크스는 노동만이 측정 가능한 가치를 생산한다고 주장했다—을 핵심으로 한 이론에 동의하지 않았다. 동시에 이들은 대략 1870년 이후로 영국과 오스트리아 경제학계에서 주류를 형성한 '한계효용가치론'—시장참여자의 선호는 '주관적 효용'에 대한 평가에 의해 결정된다—도 받아들이지 않았다.

세기가 바뀔 무렵 자본주의 이론은 분파들 사이에 미세한 차이가 있었지만(예컨대 막스 베버와 좀바르트) 그들은 모두 제도문제를 소홀히 보지 않았으며 역사의 변화에 대해 민감한 후각을 갖고 있었다. 그들은 결코 노동과 자본의 모순을 회피하지 않으면서도 마르크스보다 자본주의 조건하의 생산기업의 상황을 더 중시했고, 마찬가지로 자본주의 질서의 활력을 유지해주는 사고방식('경제적 태도'와 세계관)도 더 중시했다. 더 나아가, 이 이론의 대표 인물들은 역사 연구에 지나치게 몰두하고 있어서 현재의 상황에 대한 분석을 부차적인 과제로 생각했다. 좀바르트는 그가 살고 있던 시대의 경제생활에 대해 수시로 평론했고 막스 베버는 일찍부터 주식거래, 신문, 프로이센 농촌 노동자에 관한 실증적 연구를 통해 현실문제에 깊은 관심을 보였지만 그들의 연구 초점은 대부분 훗날 '근대초기'라고 불리는 시기에 집중되어 있었다. 베버는 이 시기에서 프로테스탄트 윤리의 기원을 발견했고 좀바르트는 이 시기에서 이미 세상에 널리 퍼져 있던 상업자본주의를 발견했다. 마르크스에서 베버에 이르기까지 자본주의는 줄곧 그 시대 사회분석의 핵심 주제였다. 자본주의에 관한 논쟁에서 파생되어 나온 급진적 자유주의 이론과 제국주의에 대항하는 사회주의 이론, 막스 베버와 좀바르트 그리고 그 밖의 독일 국민경제학파 가운데서 "신역사학파" 학자들의 저서가 세기말에 같이 태어나 전혀 다른 19세기의 자화상을 보여주었다.[103] 이 시기에 자본주의 개념에 대해서는 아직 통일된 인식이 형성되어 있지 않았다. 어떤 학자의 연구에 의하면 1918년 — 막스 베버가 아직 생존하고 있던 때 — 이전의 문헌에 나오는 자본주의에 대한 해석이 111가지나 된다고 한다.[104]

이런 불확정성이 자본주의 개념이 포기되었음을 의미하지는 않는다. 고전시대부터 주류 경제이론은 자본주의란 개념의 사용을 회피했으나 자본주의는 마르크스주의의 전통 속에 굳건하게 자리를 잡았을 뿐만 아니라 공개적인 체제 변호자들도 — 신주류는 '시장경제'라고 하는 무미건조한 표현을 선호했지만 — 활용했다. 지난 20년 동안에 일어난 사건들이 자본주의 개념의 일정한 부활을 불러왔다. 공업화의 힘, 초기 프롤레타리아의 빈곤화, 기업편향적인 도구적 합리주의에 대한 세계의 굴복이 초기의 자본주의 연구자들을 자극했던 주제였다고 한다면 오늘날 자본주의에 대한 관심이 되살아나게 된 동기는 전 세계에 퍼진 다국적 기업결합 현상과 모든 비자본주의적 대안의 실패다(대표적인 사례는 사회주의가 내부로부터 공동화空洞化된 중국과 사회주의 질서가 혁명적으로 붕괴한 소련과 그 영향권 국가). 20세기 90년대부터 '전 지구적 자본주의'를 묘사하고 해석하려는 수많은 시도가 있었으나 새로운 종합적 이론은 나오지 않았다.[105] 지금의 유형학적 분류는 100년 전과는 달리 주로 각 지역 자본주의 — 유럽모형(더 세분하여 내려간다면 '라인'모형과 기타 모형으로 나뉜다), 미국모형, 동아시아모형 등등 — 사이의 차이에 주목한다. 현재 많은 자본주의 연구자들이 역사적 안목 없이 당대의 현상에 주목하고 있다. 그들은 페르낭 브로델과 그의 제자들이 베르너 좀바르트의 발자국을 따라 (유럽에서 발원했으나 유럽인만 추구하지는 않았던) 근대 초기의 세계무역을 '전 지구적 자본주의'의 첫 번째 표현 방식으로서 연구하고 저술한 사실을 경시하고 있다.

이제 우리는 19세기를 새롭고 유례가 없는 자본주의의 역동적인 무대로 파악한 1920년대 이전의 관찰자들의 견해에 동의할 수 있을 것이다. 또한 우리는 자본주의의 발전을 19세기 훨씬 이전에 시작된 장기적인 과정으로 해석한 좀바르트, 브로델, 월러스틴의 견해에도 동의할 수 있을 것이다. 그렇다면 어떻게 19세기 자본주의를 포괄적으로 설명할 수 있을까?[106]

첫째, 자본주의는 단순한 교환과 유통 현상일 수 없다. 사치품의 장거리 무역은 부의 이전과 증가를 가져올 수 있으나 새로운 형태의 경제제도의 기초를 놓지는 않는다. 그러기 위해서는 특수한 생산조직이 필요하고, 이 특수한 생산조직은 19세기에 나타났다.

둘째, 자본주의는 하나의 경제 질서이다. 그것은 분업과 (마르크스가 말한) '축적' ─ 생산을 통해 이윤을 만들어내고 그 이윤의 대부분을 재생산에 투입하는 개인 또는 기업의 행위 ─ 으로 구성된 시장지향형 생산을 기반으로 한다.[107]

셋째, 자본주의는 보편적 상품화, 즉 물건과 관계의 전환과 연결되어 있다. 상품화는 '모든 물건'은 아니지만 모든 생산요소를 시장에서 교환 가능한 상품으로 변화시킨다. 그 대상은 토지일 수도 있고, 자본과 지식일 수도 있고, 특히 인간의 노동력일 수도 있다. 그러므로 자본주의의 전제 조건은 '자유로운' (또한 공간적인 의미에서는 이동 가능한) 임금노동의 존재이다. 자본주의는 그 체제의 주변부에 비자유 노동을 부분적으로 남겨둔 경우가 더러 있었으나 자본주의의 중심부에서는 그런 노동이 용인될 수 없다. 노예제와 '경제외적' 속박은 자본주의의 무제한의 자유라는 논리와 모순된다.

넷째, 경제 질서로서 자본주의는 가장 창조성이 풍부한 기술과 조

직 형식을―그 효율은 시장에서 증명된다―응용할 줄 아는 기민
성을 갖추고 있다. 19세기에 공업/공업생산 이외에 기계화의 정도가
갈수록 높아가던 대형 농업기업, 특히 북아메리카의 대형 농업기업
(농장)이 있었다. 농업자본주의는 공업자본주의의 상류부문에 놓을
수 있지만 예비단계의 농업혁명이란 의미에서 공업자본주의와 공생
관계다.[108] 19세기 말 이후로 두 형식은 농산물 생산, 가공, 판매에
이르는 상품생산 체인 전체를 지배한다.[109]

　다섯째, 마르크스주의의 '봉건주의로부터 자본주의로의 전환'이
라는 유명한 문제는 상당히 학술적인 문제이며 일부 유럽국가와 일
본에 가장 잘 들어맞는다. 19세기에 자본주의가 특별히 많은 성과를
낸 몇몇 지역―미국, 오스트레일리아, 남아프리카 광산지역―은
봉건주의를 경험하지 않았고 20세기 말에 국가자본주의 경제라는
특수한 형식을 건설한 중국에서도 봉건주의의 비중은 매우 적었다.
전반적으로 문제의 핵심은 주로 법규와 국가행위를 통해 규정되는
자본주의의 제도로 집중되어야 한다. 그러나 국가는 시장의 산물이
아니다. 시장은 민간 경제주체의 활동을 통해 자연스럽게 형성되고
성장할 수 있으나 시장이 '자유롭게 발전할 수 있는 공간'은 정부의
불간섭주의(laisser-faire)의 결과이거나 아니면 "정치적 간섭"의 결
과다. 자유무역은 19세기 영국 정치엘리트들의 창조물이었다. 20세
기 말에 중국의 사회주의 일당독재는 자본주의 경제질서를 세웠다.
세밀하고 완벽한 "부르주아" 법제―1804년 제정된 나폴레옹법전
(Code Napoleon)부터 오늘날 세계 모든 지역에서 모범으로 삼고 있
는 1900년에 제정된 독일 민법전까지―를 통해 국가기구는 모든 영
역에서 자본주의 경제활동을 보장했다. 이런 법체계는 자본주의 법
령의 기초인 사유재산권의 보장에서부터 시작했다. 동아시아에서는
상당히 긴 시간 동안 경제주체들 사이에서 강력한 비정부적(시민사
회적) 신뢰 메커니즘이 국가의 사유재산권 보장을 대신했다. 독일의

광업에서부터 중국의 공업화에 이르기까지 정부도 민관 혼합경제에 기업주로서 적극적으로 참여했다.

여섯째, 자본주의와 영토의 관계는 특히 논쟁거리가 많은 주제다. 1945년 이후 등장한 전 지구적 자본주의는 이전의 자본주의 형식에 비해 '다국적'이었으며 특정 지역에 닻을 내리는 경향이 약했다. 생산은 갈수록 유동성이 강해지고 있고 인터넷과 최신 통신기술에 힘입어 세계 어느 곳에서든 경영이 가능하다. 상인 개인 소유의 무역선과 운송회사 전용선으로 대표되는 근대 초기의 상업 자본주의도 모국인 네덜란드나 영국과 유대가 약한 교역망을 구축했다. 그러나 19세기 자본주의와 (민족) 영토국가(Territorialstaat)의 관계는 매우 긴밀했다. 자본주의가 국가의 경계를 넘을 수 없었던 시대에 (자본주의는) 주로 국가의 강력한 정책으로 통합된 국내시장에서 수익을 실현했다(예컨대 프랑스, 1834년 관세동맹Zollverein 성립 이전의 독일, 1868년 이후의 일본). 유럽대륙과 미국의 시각에서 보자면 극단적인 자유무역은 19세기의 세 번째 사반세기에 발생한 한 가닥의 삽입곡일 뿐이었다. 대략 1870년 무렵부터 일어나기 시작했고 제2차 경제혁명 중에 형태를 갖추고 전 지구적 무대에서 활동한 대기업 집단은 일반적인 세계주의 추세에서 (공업보다는 금융업에서 더 분명하게) 흘러넘치는 민족적 정신을 드러냈다.[110]

일곱째, 공업화 과정에서 업종의 분화는 공업의 물질적 속성과 관계가 있다. 근대 초기의 대 상인은 생산성 자산을 단독으로든 공동으로든 상선과 운송 가능한 상품에 투자했다(셰익스피어의 『베니스의 상인』에 나오는 안토니오를 생각해보라). 공업시대 초기의 기술구조는 비교적 장기간 투자란 새로운 경로를 제공했다. 광산, 공장, 철도망 건설은 근대 초기의 도매업과 해양운송업의 전형적인 자본회전 기간과는 다른 비교적 긴 사용주기에 착안했다. 생산성 자본을 어딘가에 투자할 때 이전에는 건축업만 이런 방식을 택했다. 이리하여 자연환경에 대한 전례 없는 침해가 발생했다. 어떤 경제제도도 19세기 공업자본만큼 자연환경을 급격하게 바꾸어놓지 않았다.

여덟째, 자본의 물질화는 자본의 또 하나의 특징인 현저한 유동성의 증가와 부합했다. 순전히 기술적인 관점에서 보자면 이것은 화폐와 금융시장이 통합된 결과였다. 18세기 후반, 식민지에서 국내로의 송금은 인도에서 활동하던 영국인에게는 커다란 현실적 난제였다. 19세기에 들어와 국제적인 지급수단의 발전과 함께 이 난제를 풀 수 있는 간단한 해법이 나왔다. 런던이 세계 자본시장의 중심으로 뛰어올랐고 그 하위에 유럽, 북아메리카, (19세기 말에) 아시아지역까지, 금융망은 더 조밀해졌다. 영국의 은행과 갈수록 늘어난 기타 국가의 은행과 보험회사는 전 세계를 향해 금융서비스를 제공했다. 1870년 이후 자본주의는 자본을 수출하는 방도로서 해외투자를 찾아냈다. 그러나 자본수출은 상당한 기간 동안 영국의 독점상품이었다. 동시에, 시간적으로는 분할상환이, 공간적으로는 계획투자가 성행했다. 사람들은 미래에 대한 투자뿐 아니라 장거리 투자도 구상했다. 유럽의 방직공업은 시작부터 먼 나라에서 공급하는 원료로 유지되었다. 그런데 장거리 전보라는 기술이 등장하고 전기공업이 발전되었기 때문에 시작하면서부터 전 세계를 향해 상품을 팔았다. 많은 사람이 '전 지구적 자본주의'라는 개념을 1945년 이후, 심지어 1970년 이후의 시기에 적용하고 싶어 하지만 1913년 무렵에 몇몇 국가에서는 이미 전 지구적 범위에서 활동하는 국가자본주의가 등장했다. 공업화, 구체적으로 말해 현지 에너지원을 이용하여 발전한 기계화된 생산은 모든 사례가 지역적 특성에 기반한 발전과정이었다. 반면에 19세기의 자본주의는 점진적으로 지역적 기업 활동을 전 지구적 범위의 활동으로 확장시킴으로써 더 많은 가능성을 창조한 활동이자 경제제도였다.

1) Pierenkemper, Toni: *Wirtschaftsgeschichte*, München 2005, pp.21f. Buchheim, Christoph: *Industrielle Revolutionen*을 참조할 것.

2) Wischermann, Clemens/Anne Nieberding: *Die institutionelle Revolution. Eine Einführung in die deutsche Wirtschaftsgeschichte des 19. und frühen 20.Jahrhunderts*, Stuttgart 2004, pp.17-29.

3) Pollard, Sidney: *Peaceful Conquest. The Industrialization of Europe 1760-1970*, Oxford 1981을 참조할 것.

4) Wischermann, Clemens/Anne Nieberding: *Die institutionelle Revolution*. p.26에 소개된 D.C. North의 관점.

5) 이 책 제5장을 참조할 것.

6) Pomeranz, Kenneth: *The Great Divergence*. Vries, Peer H.H.: *Via Peking back to Manchester*. 이 문제는 20세기 50년대에 중국의 경제사학자들이 처음 제기했다.

7) Amsden, Alice H.: *The Rise of "the Rest"*가 제시한 논점(pp.51f)이다.

8) 이 유파의 여전히 매력적이며 비교조적인 해석으로서 Hobsbawm, Eric J.: *Industrie und Empire. Britische Wirtschaftsgeschichte seit 1750*, v.2, Frankfurt a.M. 1969, 제1장, pp.33-78을 참조할 것.

9) Schumpeter, Joseph A.: *Konjunkturzyklen. Eine theoretische, historische und statistische Analyse des kapitalistischen Prozesses*, 2 vls, Göttingen 1961(초판 1939). 콘드라티에프는 1938년 9월 모스크바의 감옥에서 총살되었다. 그의 문집은 1998년이 되어서야 서방에서 전부 출판되었다.

10) Polanyi, Karl: *The Great Transformation* [1944], Boston 1957.

11) 이 이론의 최종판은 Rostow, Walt W.: *The World Economy. History and Prospect*, Austin, TX 1978이다.

12) Gerschenkron, Alexander: *Economic Backwardness in Historical Perspective*, Cambridge, MA 1962. 유익한 토론은 Verley, Patrick: *La révolution industrielle*, Paris 1997, pp.26, 111-14, 324를 참조할 것.

13) Bairoch, Paul: *Révolution industrielle et sous-développement*, Paris 1963. Bairoch, Paul: *Victoires et déboires*, v.1/3, Paris 1997.

14) Landes, David S.: *Der entfesselte Prometheus. Technologischer Wandel und industrielle Entwicklung in Westeuropa von 1750 bis zur Gegenwart*, Köln 1973은 역사 종합 이론의 걸작이며 지금도 이 주제에 관한 중요한 전거가 되는 저작이다.

15) North, Douglass C./Robert Paul Thomas: *The Rise of the Western World. A New Economic History*, Cambridge 1973.

16) Schumpeter는 분명하게 이 개념을 거부했다. Schumpeter, Joseph A.:

Konjunkturzyklen. v.1, p.264. Max Weber는 기술결정론을 반박할 때만 언급했을 뿐이다. 관련하여 Swedberg, Richard: *Max Weber and the Idea of Economic Sociology,* Princeton NJ 1998, pp.149f를 참조하라

17) Landes, David S.: *Wohlstand und Armut der Nationen. Warum die einen reich und die anderen arm sind,* Berlin 1999.

18) Sylla, Richard/Gianni Toniolo (ed.): *Patterns of European Industrialization. The Nineteenth Century,* London 1991은 세계 각국을 하나하나 연구하여 Gerschenkron의 이론을 검증했지만 일본에 관한 기술은 많지 않다.

19) O'Brien, Patrick K.: *"Introduction"* (O'Brien, Patrick K. [ed.]: *Industrialisation. Critical Perspectives on the World Economy,* 4 vls., London 1998, 제1권, p.43에 수록).

20) 예외는 Stearns, Peter N.: *The Industrial Revolution in World History*이다.

21) Easterlin, Richard A.: *Growth Triumphant,* p.31. Jones, Eric L.: *Growth Recurring. Economic Change in World History,* Oxford 1988은 "급격한" 성장을 말했다 (p.13).

22) 지금까지 복합적 요인분석의 대표적 성과로서 Mathias, Peter: *The First Industrial Nation. An Economic History of Britain 1700-1914,* London 1969가 있다.

23) Verley, Patrick: *La révolution industrielle,* Paris 1997(2nd ed.), pp.34-36.

24) 현재 가장 앞선 연구 성과는 Inikori, Joseph E.: *Africans and the Industrial Revolution in England. A Study in International Trade and Economic Development,* Cambridge 2002이다. 다른 시각에서 출발하여 유사한 결론을 도출한 저작으로서 Findlay, Ronald/Kevin H.O'Rourke: *Power and Plenty. Trade, War, and the World Economy in the Second Millenium,* Princeton, NJ 2007(pp.330-52, 특히 339-42)이 있다.

25) Mokyr, Joel: *The Gifts of Athena,* Princeton, NJ 2002는 획기적 저작인 Jacob, *Scientific Culture* (1997)의 길을 따라간 저작이다. 이와 대비해서 참조할만한 저작으로서는 보편적 역사관을 바탕으로 하여 기술이전에 중점을 둔 Inkster, Ian: *Science and Technology in History. An Approach to Industrial Development,* Basingstoke 1991가 있다.

26) Vries, Jan de: *"The Industrial Revolution and the Industrious Revolution"* (Journal of Economic History, v.54 [1994], pp.249-70d에 수록. 인용된 부분은 pp.255f). 그보다 앞서 일본의 경제사학자 Akira Hayami와 Osamu Saito가 유사한 관점을 제시했다. 일본의 상황에 관한 자세한 내용은 Hayami Akira (et al, ed.): *Economic History of Japan, 1600-1990,* v.1: *Emergence of Economic Society in Japan, 1600-1859,* Oxford 2004, chs.1, 9-11을 참조할 것.

27) Ogilvie, Sheilagh C./Markus Cerman (ed.): *European Proto-Industrialization. An Introductory Handbook,* Cambridge 1996. Mager, *Protoindustrialisierung* (1988).

28) 예컨대 러시아의 상황은 Gestwa, Klaus: *Proto-Industrialisierung in Rußland. Wirtschaft, Herrschaft und Kultur in Ivanovo und Pavlovo, 1741-1932,* Göttingen 1999, pp.345f를 참조할 것.

29) 이것은 태도가 신중한 Daunton의 판단이다. Daunton, Martin J.: *Progress and Poverty,* p.169를 참조할 것.

30) Berg, Maxine: *The Age of Manufactures 1700-1820,* London 1985는 이것에 대해 특별히 선명한 시각을 제공한다.

31) Komlos, John: "The Industrial Revolution as the Escape from the Malthusian Trap" (Journal of European Economic History, v.29 [2000], pp.307-31에 수록).

32) Findlay, Ronald/Kevin H. O'Rourke: *Power and Plenty. Trade, War, and the World Economy in the Second Millenium,* Princeton, NJ 2007, p.313은 경제사의 새로운 공동인식을 보여준다.

33) Daunton, Martin: "Society and Economic Life" (Matthew, Colin [ed]: *The Nineteenth Century. The British Isles, 1815-1901,* Oxford 2000, pp.41-82, 인용된 부분은 pp.51-55).

34) Verley, Patrick: *La révolution industrielle,* p.107.

35) 중요 저작은 Jeremy, David J.: *Transatlantic Industrial Revolution. The Diffusion of Textile Technologies between Britain and America, 1790-1830,* Oxford 1981이다.

36) Cameron, *New View.*

37) Craig, Lee A./Douglas Fisher: *The European Macroeconomy. Growth, Integration and Cycles, 1500-1913,* Cheltenham 2000, pp.257f.

38) 거시역사학의 새로운 이론은 이것이 경제성장의 궁극적 원인이라고 본다. "Growth is generated overwhelmingly by investments in expanding the stock of production knowledge in societies." Clark, Gregory: *A Farewell to Alms. A Brief Economic History of the World,* Princeton, NJ 2007, pp.197, 204-7.

39) Ledderose, Lothar: *Ten Thousand Things: Module and Mass Production in Chinese Art.* Princeton University Press, 2000, pp.2-4를 참조할 것. 서방의 대량생산에 관한 중요한 저작으로서는 Hounshell, David A.: *From the American System to Mass Production, 1800-1932. The Development of Manufacturing Technology on the United States,* Baltimore, MD 1984가 있다.

40) Sabel, Charles F./Jonathan Zeitlin (ed.): *World of Possibilities. Flexibility and Mass Production in Western Industrialization,* Cambridge 1997.

41) 독일에 관해서는 Herrigel, Gary: *Industrial Constructions. The Sources of German Industrial Power,* Cambridge 1996을 참조할 것.

42) 훌륭한 교과서적 서술로서 Matis, Herbert: *Das Industriesystem. Wirtschaftswachstum und sozialer Wandel im 19.Jahrhundert,* Wien 1988. pp.248-65를 참조할 것. Chandler, Alfred D. jr.: *The Visible Hand. The Managerial*

Revolution in American Business, Cambridge, MA 1977은 오랫동안 가장 영향력 있는 저작으로 평가받아왔다. 같은 저자의 *Scale and Scope. The Dynamics of Industrial Capitalism,* Cambridge, MA 1990을 참조할 것. 전형적인 국가적 전환과정에 관해서는 Smith, Michael Stephen: *The Emergence of Modern Business Enterprise in France, 1800-1930,* Cambridge, MA 2006, pp.325f를 참조할 것. 보다 최근에는 Peter Temin 등이 대안적인 관점을 제시했다.

43) Abelshauser, Werner: "*Von der Industriellen Revolution zur Neuen Wirtschaft. Der Paradigmenwechsel im wirtschaftlichen Weltbild der Gegenwart*" (Osterhammel, Jürgen [et al., ed]: *Wege der Gesellschaftsgeschichte,* Göttingen 2006, pp.201-18에 수록).

44) Blackford, Mansel G.: *The Rise of Modern Business in Great Britain, the United States, and Japan,* Chapel Hill, NC 1998 (2nd ed.), pp.9f.

45) O'Brien, Patrick K. (ed.): *Industrialisation. Critical Perspectives on the World Economy,* 4 vls., London 1998은 이 분야의 뛰어난 저작이며 Church, Roy A./E. A. Wrigley (ed.): *The Industrial Revolutions,* 11 vls., Oxford 1994는 더욱 풍부한 내용을 담고 있다.

46) Wallerstein, Immanuel: *The Modern World-System III. The Second Era of Great Expansion of the Capitalist World-Economy, 1730-1840s,* San Diego, CA 1989, p.33.

47) Frank, André Gunder: *ReOrient. Global Economy in the Asian Age,* Berkeley CA 1998과 전혀 사실에 의거하지 않았고 완전히 신뢰할 수 없는 Hobson, John M.: *The Eastern Origins of Western Civilisation,* Cambridge 2004는 똑같이 이런 주장을 펼친다. 전자는 완고한 자세로 그 논점을 주장하고 있다.

48) 기초적인 저작은 Pomeranz, Kenneth: *The Great Divergence*이다. 논점은 평범하지만 실증적 방법론에서는 본받을 만한 저작이 Blussé, Leonard/Femme Gaastra (ed.): *On the Eighteenth Century as a Category of Asian History*이다.

49) Jones, Eric L.: *The European Miracle. Environments, Economies and Geopolitics in the History of Europe and Asia,* Cambridge 1981, p.160.

50) Weber, Max: *Gesammelte Aufsätze zur Wissenschaftslehre,* Tübingen 1968 (3rd ed.), p.407

51) Smith, Crosbie: *The Science of Energy. A Cultural History of Energy Physics in Victorian Britain,* London 1998, pp.126-69.

52) Smith, Crosbie/M.Norton Wise: *Energy and Empire. A Biographical Study of Lord Kelvin,* Cambridge 1989는 Lord Kelvin과 그 시대에 관하여 거대한 그림을 보여준다. 흥미 있는 것은, (지멘스의 사례에서 보듯) 전보는 과학적 도전으로서 중요한 의미를 지닌다는 사실이다(pp.445f참조).

53) Feldenkirchen, Wilfried: *Siemens. Von der Werkstatt zum Weltunternehmen,* München 2003 (2nd ed.), pp.55f.

54) König, Wolfgang/Wolfhard Weber: *Netzwerke, Stahl und Strom. 1840 bis 1914*, Berlin 1990, pp. 329-40. Smil, Vaclav: *Creating the Twentieth Century*, Ch. 2.

55) 19세기 기술사에서 이 기계가 차지하는 핵심적인 중요성에 관해 알고자 한다 면 Wagenbreth, Otfried (et al.): *Die Geschichte der Dampfmaschine*, Münster 2011 을 반드시 읽어야 한다.

56) Mirowski, Philip: *More Heat than Light. Economics as Social Physics, Physics as Nature's Economics*, Cambridge 1989.

57) Rabinbach, Anson: *The Human Motor. Energy, Fatigue, and the Origins of Modernity*, New York 1990.

58) Malanima, Paolo: *Economia preindustriale. Mille anni, dal IX al XVIII secolo*, Mailand 1995, p.98.

59) Malanima, Paolo: *Uomini, risorse, tecniche nell'economia europea dal X al XIX secolo*, Mailand 2003, p.49. 세계 채광사에 관한 두 권의 새로운 저작 Gregory, Cedric E.: *A Concise History of Mining*, Lisse 2001과 Lynch, Martin: *Mining in World History*, London 2002를 참조할 것. 이 두 저작은 석탄에 관해서만 기술하 고 있지 않다. 공업화와 에너지원 문제를 전반적으로 이해하려면 Sieferle, Rolf Peter, (et al.): *Das Ende der Fläche. Zum gesellschaftlichen Stoffwechsel der Industrialisierung*, Köln 2006 (주로 Chs.4-5)를 참조할 것.

60) Malanima, Paolo: "*The Energy Basis for Early Modern Growth, 1650-1820*" (Prak, Maarten [ed.]: *Early Modern Capitalism. Economic and Social Change in Europe, 1400-1800*, London 2001, pp.51-68에 수록, 인용된 부분은 p.67). 기술사의 중요 저작 으로서 Hunter, Louis C.: *A History of Industrial Power in the United States, 1780-1930*, v.1: *Waterpower in the Century of the Steam Engine*, Charlottesville, VA 1979 를 참조할 것.

61) Malanima, Paolo: *Uomini, risorse, tecniche nell'economia europea dal X al XIX secolo*, p.45는 근대 초기 유럽인의 소모량을 1인 평균 2킬로그램으로 추산한다. 아마 도 가장 낮은 이탈리아 남부의 수치인 듯하다.

62) Grübler, Arnulf: *Technology and Global Change*, Cambridge 1998, p.250. 1914년 이전의 석유사에 관해서는 Yergin, Daniel: *Der Preis. Die Jagd nach Öl, Geld und Macht*, Frankfurt a.M. 1991, chs.1-8을 참조할 것.

63) Overton, Mark: *Agricultural Revolution in England*, p.126. Grübler, Arnulf: *Technology and Global Change*, p.149.

64) Wrigley, E.A.: *People, Cities and Wealth*, p.10.

65) Lynch, Martin: *Mining in World History*, London 2002, pp.73f. Newcomen 기 계의 기술과 국제적인 전파과정에 대해서는 Wagenbreth, Otfried (et al.): *Die Geschichte der Dampfmaschine*, pp.18-23을 참조할 것.

66) Marsden, Ben: *Watt's Perfect Engine. Steam and the Age of Invention*, Cambridge

2002, pp.118f.

67) Grübler, Arnulf: *Technology and Global Change*, p.209,

68) Wagenbreth, Otfried (et al.): *Die Geschichte der Dampfmaschine*, p.240.

69) Minami Ryoshin: *Power Revolution in the Industrialization of Japan, 1885-1940*, Tokyo 1987pp.53f, 58, 331-33.

70) Pohl, Hans: *Aufbruch zur Weltwirtschaft, 1840-1914*, p.127 (tab.VI.4).

71) Debeir, Jean-Claude (et al.): *Prometheus auf der Titanic. Geschichte der Energiesysteme*, Frankfurt a.M. 1989 (p.177)는 Smil, Vaclav: *Energy in World History*를 제외하면 에너지원의 역사를 전면적으로 서술한 가장 뛰어난 저작이다.

72) Trebilcock, Clive: *The Industrialization of the Continental Powers 1780-1914*, Harlow 1981, p.237.

73) Lockwood, William W. jr.: *The Economic Development of Japan*, Princeton, NJ 1968, p.91.

74) Sugihara Kaoru: "*Japanese Imperialism in Global Resource History*" (University of Osaka, Department of Economics, Working Paper 07/04, 2004, p.13).

75) Pomeranz, Kenneth: *The Great Divergence.*

76) Reinhard, Rudolf: *Weltwirtschaftliche und politische Erdkunde*, Breslau 1929 (6th ed.), p.119

77) Pohl, Hans: *Aufbruch zur Weltwirtschaft, 1840-1914*, p.127 (tab.VI.4).

78) Smil, Vaclav: *Energy in World History*, p.228.

79) Alleaume, Ghislaine: "*An Industrial Revolution in Agriculture? Some Observations on the Evolution of Rural Egypt in the Nineteenth Century*" (Proceedings of the British Academy V. 96 [1999], pp.331-45에 수록. 인용된 부분은 p.341).

80) Verley, Patrick: *La révolution industrielle*, pp.492f.

81) Fischer, Wolfram: "*Wirtschaft und Gesellschaft Europas, 1850-1914*" (Fischer, Wolfram [ed.]: *Handbuch der europäischen Wirtschafts- und Sozialgeschichte*, V.5, Stuttgart 1980-93에 수록, 인용된 부분은 pp.149 [Tab. 42]).

82) Bulmer-Thomas, Victor: *The Economic History of Latin America since Independence*, Cambridge 1994, pp.58f. Haber, Stephen (ed.): *How Latin America Fell Behind. Essays on the Economic Histories of Brazil and Mexico, 1800-1914*, Stanford, CA 1997은 역사편찬의 중간보고라고 할 수 있다. Cárdenas, Enrique (et al., ed): *An Economic History of Twentieth-Century Latin America*, V.1, Basingstoke 2000는 라틴아메리카의 19세기 80년대 이후 수출 경험을 분석했다.

83) Bulmer-Thomas, Victor: *The Economic History of Latin America since Independence*, p.61.

84) Feinstein, Charles H.: *An Economic History of South Africa*, pp.90-99.

85) Bulmer-Thomas, Victor: *The Economic History of Latin America since Independence*, pp.130-39.

86) 보다 상세한 내용은 Osterhammel, Jürgen: *China und die Weltgesellschaft*, pp.188-94를 참조할 것. 중국과 일본의 상황 대비는 Yoda Yoshiie: *The Foundations of Japan's Modernization*, pp.119-25를 참조할 것.

87) Köll, Elisabeth: *From Cotton Mill to Business Empire. The Emergence of Regional Enterprises in Modern China*, Cambridge, MA 2003. Cochran, Sherman G.: *Encountering Chinese Networks. Western, Japanese, and Chinese Corporations in China, 1880-1937*, Berkeley, CA 2000.

88) Osterhammel, Jürgen: *China und die Weltgesellschaft*, pp.263f.

89) Inikori, Joseph E.: *Africans and the Industrial Revolution in England. A Study in International Trade and Economic Development*, Cambridge 2002, p.428.

90) Rothermund, Dietmar: *"The Industrialization of India: Technology and Production"* (Chaudhuri, Binay Bhushan [ed.]: *Economic History of India from Eighteenth to Twentieth Century*, New Delhi 2005. pp.437-523에 수록. 인용된 부분은 pp.441f). Roy, Tirthankar: *The Economic History of India 1857-1947*, Delhi 2011, pp.123-31.

91) Farnie, Douglas A./David J.Jeremy (ed.): *The Fibre that Changed the World. The Cotton Industry in International Perspective, 1600-1990s*, Oxford 2004, p.401. 이 책의 pp.400-13은 인도 면방직공업의 초기 역사를 서술하고 있다.

92) *Ibid*, p.418.

93) Roy, Tirthankar: *The Economic History of India 1857-1947*, pp.131-33.

94) Kahan, Arcadius: *"Rußland und Kongreßpolen 1860-1914"* (Fischer, Wolfram [ed.]: *Handbuch der europäischen Wirtschafts- und Sozialgeschichte*, v.5, pp.512-600, 인용된 부분은 p.538 [Tab. 11]).

95) 이 주제에 관하여 많은 시사점을 던져주는 저작으로서 Chandavarkar, Rajnarayan: *Imperial Power and Popular Politics. Class, Resistance and the State in India, c.1850-1950*, Cambridge 1998 (pp.30-73)을 참조할 것.

96) 훌륭한 소개수준의 문장으로서 McClain, James L.: *Japan. A Modern History*, pp.207-45를 참조할 것. Hunter, Janet E.: *"The Japanese Experience of Economic Development"* (O'Brien, Patrick K.: *Industrialisation*, v.4 [1998], pp.71-141에 수록). 전문가들의 토론이 Church, Roy A./E. A. Wrigley (ed.): *The Industrial Revolutions* 에 수록되어 있다.

97) Tamaki Norio: *Japanese Banking. A History, 1859-1959*, Cambridge 1995, pp.51f.

98) Mosk, Carl: *Japanese Industrial History. Technology, Urbanization, and Economic*

Growth, Armonk, NY 2001, p.97. 일본 면방직공업이 세계시장에서 도약한 과정을 연구한 중요 저작으로서 Howe, Christopher: *The Origins of Japanese Trade Supremacy. Development and Technology in Asia from 1540 to the Pacific War,* London 1996, pp.176-200을 참조할 것.

99) Morris-Suzuki, Tessa: *The Technological Transformation of Japan. From the Seventeenth to the Twenty-First Century,* Cambridge 1994.

100) Winlentz, Sean: *"Society, Politics, and the Market Revolution, 1815-1848"* (Foner, Eric [ed.]): *The New American History,* rev. ed., Philadelphia 1997, pp.61-84. 그 밖에 Barney, William L. (ed.): *A Companion to Nineteenth-Century America,* chs.9-10도 참조할 것.

101) 이것이 Bensel, Richard Franklin: *The Political Economy of American Industrialization, 1877-1900,* Cambridge 2000의 핵심 주제이다.

102) Takebayashi Shiro: *Die Entstehung der Kapitalismustheorie in der Gründungsphase der deutschen Soziologie,* Berlin 2003, pp.155f.

103) Mommsen, Wolfgang J.: *Imperialismustheorien*를 참조할 것.

104) Grassby, Richard: *The Idea of Capitalism before the Industrial Revolution,* Lanham, MD 1999, p.1.

105) Sklair, Leslie: *"Artikel Capitalism: Global"* (Smelser, Neil J./Paul B.Baltes [ed.]: *International Encyclopedia of the Social and Behavioral Sciences,* 3/26vls., Amsterdam 2001. pp.1459-63에 수록)을 참조할 것.

106) 자본주의에 관한 최근의 논쟁이 시작될 때 출간된 2권의 서로 대립되는 관점을 대표하는 저작은 여전히 중요한 시사점을 보여준다. Berger, Peter L.: *The Capitalist Revolution. Fifty Propositions about Prosperity, Equality, and Liberty,* New York 1986과 Heilbroner, Robert L.: *The Nature and Logic of Capitalism,* New York 1985. Arrighi, Giovanni: *The Long Twentieth Century. Money, Power, and the Origins of Our Times,* London 1994는 (Braudel과 맞서 논쟁하는 과정에서) "la longue durée"(장기지속)에 대해 특별히 자세하게 설명했다. Swedberg, Richard: *"The Economic Sociology of Capitalism: An Introduction and Agenda"* (Nee, Victor/Richard Swedberg [ed.]: *The Economic Sociology of Capitalism,* Princeton, NJ 2005, pp.3-40에 수록)는 한 단계 높은 토론의 시발점이 되었다.

107) Berger, Peter L.: *The Capitalist Revolution,* p.19를 부분적으로 변형했다.

108) 기본 내용은 Byres, Terence J.: *Capitalism from Above and Capitalism from Below. An Essay in Comparative Political Economy,* Basingstoke 1996을 참조할 것.

109) Lever Brothers/Unilever의 설립과 1895년 이후의 해외활동이 표본적인 사례이다.

110) Chandler, Alfred D. jr., (et al., ed.): *Big Business and the Wealth of Nations,*

Cambridge 1997는 민족적 특색에 관해 논했다. Arrighi, Giovanni: *The Long Twentieth Century* 는 "자본주의"와 "지역주의" 사이에 존재하는 첨예한 모순이 존재한다고 주장한다. 또 하나의 흥미 있는 관점이다(이 책의 pp.33f를 참조할 것.

제 13장

노동

문화의 물질적 기초

프레더릭 테일러(Frederick Taylor, 1856–1915)
철강회사의 공원(工員)으로 출발해 과학적 공정관리 이론으로
명예학위를 받고 대학의 교수가 되었다.
19세기의 공장은 대형 생산 장소이면서 동시에
사회적 행위의 장소였다. 공장노동은 시발점에서부터 작업의
효율을 높이는 방식을 시험해왔고 마침내 1911년에는
뛰어난 관리자문가 테일러가 과학적으로 작업과정을 통제하는
심리물리학적 이론, 즉 '테일러주의'(Taylorism)를 창안했다.
테일러주의는 노동자가 지니고 있는 숙련도를 제거하고
노동자를 기계적 자동화로 환원시키는 것이다.
일종의 긴장상태를 유지하는 것이며 아주 억압적이었다.

베들레헴 철강회사(Bethlehem Steel) 1896년의 모습
이 회사는 미국의 철강 및 조선 회사다.
20세기에 세계 최대의 철강 생산 회사였다.
1898년 베들레헴 철강회사에 초빙된 테일러는 그의 이론을
이 공장에 적용해 거액의 포상금을 받았고 특허도 획득했다.

토미오카 제사(富岡製糸場)공장 내부
일본 정부가 현대적인 견사 방직기술을 소개하기 위해
1872년에 설립한 공장으로 일본에서는 1891–99년 사이에
기계식 견사(繭絲)공장의 숫자가 네 배로 늘었다.
당시 대부분이 여성노동자였으며 일반적으로 가난한 소작농 가정 출신이었다.
실제로 많은 여성노동자가 사실은 아동이었다. 일본의 면방공업은
머지않아 견사공업보다 더 중요한 고용주가 되었다.
면방공업의 특징은 작업자를 극도로 피곤에 빠뜨리는 야간작업이었는데
여성노동자의 절반 이상이 3년을 넘기지 못하고 각종 병을 얻었다.

뉴래너크(New Lanark) 마을, 1828년의 석판화

뉴래너크는 방직업자 데이비드 데일(David Dale)이
1786년에 만든 마을이다. 오웬은 이곳에 세워진 장인의 방직공장에서
1800년부터 공동경영자로 일했다. 인간은 환경의 산물이라는 믿음으로
노동자 교육 등에 힘쓰고 협동조합을 만들고 임금과 노동 조건을 고쳐
노동자의 의욕을 북돋우는 운동을 벌여 대성공을 거뒀다.

1904년에 촬영한 에른스트 아베(Ernst Abbe, 1840-1905)

칼자이스(Carl Zeiss) 광학기기 회사의 공동소유주이자 대학교수인
아베는 새로운 광학기기의 발명에 두각을 나타냈을 뿐만 아니라
노동개혁가로서도 훌륭한 업적을 남겼다.

그는 1890년에 사회민주주의를 선양(煽揚)하는
지역신문인 『예나이셰 신문』(Jenaische Zeitung)을 창간했고,
1900년에는 1일 8시간 노동 제도를 실시했다.
뿐만 아니라 그는 연금과 퇴직금 제도도 도입했다.

▶ 아베가 1879년에 고안한 칼자이스 현미경
▶ 1968년 발행 칼자이스 회사설립 100주년 기념우표

장젠(张謇, 1853-1926)
장젠은 1894년에 과거시험에서 장원으로 합격했으나
청일전쟁의 패배와 열강의 침입으로 기울어가는
나라의 형편을 보고 관직을 포기하고 실업구국(實業救國)에
뜻을 두어 여러 가지 현대적 기업을 세워 경영했다.
그는 모범적인 공장공동체를 만들어 사회개량의 길을 열려고 했다.

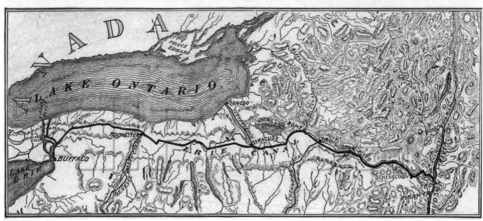

피라미드, 만리장성, 중세 유럽의 대형 교회당이 건설된 후에도 운하 건설공사는
오랫동안 존재해왔다. 그러나 19세기에 운하 건설공사의 수량은 더 많아지고,
지리적 분포는 더 넓어지고, 규모는 더 커졌다. 이리(Erie)운하 공사는
1817-25년 동안 길이 584킬로미터에 달하는 대규모 공사였고
경제적 중요성도 막대했다. 공사과정에서 사고는 끊임없이 일어났고
각종 전염병이 수시로 돌아 노동자들을 괴롭혔다. 사망자 유족과
노동력을 상실한 사람에게는 어떤 지원도 없었다. 운하건설은
미국이 흥기할 수 있었던, 피와 눈물로 얼룩진 물질적 기반이었다.

▲ 이리운하 1855년, 석판화 작품

▼ 1840년 무렵에 작성된 이리운하 지도

수에즈운하 개통 장면

19세기의 가장 장관이었던 운하 공사는 당연히 수에즈운하 공사였다.
운하 건설의 아이디어는 1846년에 처음 제시되었고
1869년 11월 20일에 정식으로 개통되었다. 가장 큰 난관은 노동자의 동원과
그들에게 제공할 보급품을 조달하는 문제였다.
모든 조처가 효과를 내지 못하자 운하회사와 이집트 정부는
강제노역을 시행했다. 1862년부터 이집트 노동자가
대규모로 징집되기 시작했다. 위생과 주거문제를 해결하기 위해
계획된 도시 이스마일리아가 건설되었다.
식수를 해결하기 위해 해수 담수화 설비를 설치했으나 석탄 소모가
너무 많아 사용할 수가 없었고 낙타와 범선을 이용해 물을 실어날랐다.
1869년 성대한 준공식이 열렸을 때 프랑스 나폴레옹 3세의 황후,
오스트리아의 황제, 그 밖에 상당수의 유럽국가 왕위계승권자들이 참석했다.

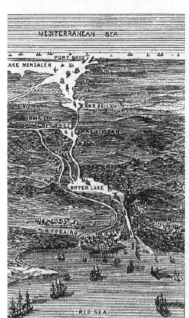

◀ 1881에 그린 수에즈운하 드로잉
▶ 수에즈운하 건설회사 설립자인 페르디낭 레셉스(Ferdinand Lesseps, 1805-94)

미국의 센트럴퍼시픽철도(Central Pacific Railroad) 건설공사
철도를 부설하기 위해서는 지형과 지세를 아주 정밀하게 측량해야 했다.
철도부설은 운하건설과 마찬가지로 원시적 육체노동은 물론이고
현대적 장비도 필요했다. 시카고에서 새크라멘토(캘리포니아)에 이르는
센트럴퍼시픽철도는 수에즈운하가 완공된 1869년에 완공되었다.
공사에 투입된 노동자 수는 미국내전 시기에 동원된 군대보다 약간 작은 규모였다.
실제로 공사 현장은 내전이 끝난 직후 제대 병사들의 집결지가 되었다.
이들 외에도 10만 명의 중국인 노동자가 고용되었다.
중국인은 근면하고 기율을 잘 지켰기 때문에 노동자로서 중시되었는데도
인종차별을 받았다. 이 철도는 미국에서 주로 육체노동에 의존해 완성된
마지막 대규모 건설공사였다.

「마지막 침목 놓기」(The Last Spike)
토마스 힐(Thomas Hill, 1829 – 1908)의 1881년 유화작품으로
동쪽 끝과 서쪽 끝에서 시작된 철도공사가 1869년 5월 10일 유타주에 있는
중간지점에서 만나 완공되는 장면을 묘사한 그림이다.

▲ 역에 나와 기차를 구경하는 시베리아의 농민들

▼ 철도건설에 투입된 죄수들

철도공사를 하고 있던 나라 가운데서 극히 소수만
필요한 중공업과 충분한 규모의 기계제조업 기반을 갖추고 있었다.
자국의 힘만으로 시베리아횡단철도를 건설할 구상을 했던 러시아도
강철은 미국산을 사용해야 했다. 서부 시베리아에서 공사를 할 때는
현지 농민을 동원했으나 동부시베리아로 옮겨가면서
병사를 동원했고 후에는 우크라이나지역에서 실어온 죄수들이 투입되었다.

동인도철도회사(East Indian Railway)의 운행 여객열차
인도의 철도는 19세기 아시아에서 가장 큰 규모의 기술적인
건설공사이자 영국제국의 최대 단일규모 투자항목이었다. 1901년
인도는 철도 총연장에서 미국, 러시아, 독일, 프랑스 다음으로 세계 5위였다.
인도의 철도건설은 1853년에 시작되었고 50년 동안 1,000만 명 이상의
노동자가 투입되었다. 이처럼 특이한 노동밀도—대략 영국의 3배—는
주로 부녀자와 아동이 포함되었기 때문이다. 특히,
저렴한 임금으로 가족 전체가 고용되는 방식이 환영받았다.

영국 해군전함의 채찍형벌

돛을 올리기 위해 대량의 비숙련 노동력이 필요했던
범선의 시대에 특별한 기능을 갖추지 못한 대다수 선원은
해상 프롤레타리아였다. 선박은 군대와 플랜테이션을 제외하면
가장 폭력적인 작업 장소였다. 미국은 1850년이 되어서야 선상에서 행해지는
채찍 형벌을 폐지했다. 19세기 70년대까지도 영국 해군은
잔혹한 형벌 도구인 '아홉꼬리 고양이'를 사용했다. 장교가 수병에게
폭력을 행사하는 것은 상선에서도 모방하는 완고한 '관습'이었다.

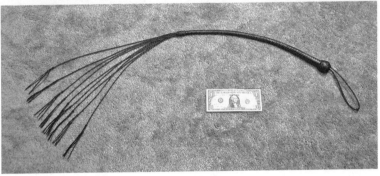

▲ 영국 상선의 선원에 대한 채찍형벌
▼ 가죽으로 만든 '아홉꼬리 고양이'

대다수의 사람들은 평생 동안 노동한다.[1] 성인으로서 노동하지 않는 사람은 어느 사회에서나 소수다. 노동하지 않는 소수는 한가롭게 생활하는 상류사회 구성원이거나 여러 가지 이유로 운이 좋은 사람들이다.

노동에는 몇 가지 종류와 관계가 있으므로 '공업' 또는 '자본주의'와 같은 비교적 고급의 조직체계와 비교해서는 노동에 관해 일반적으로 기술하기 힘들다. 노동의 역사는 노동의 특수한 상태에 관한 역사일 수밖에 없고 자료가 특별히 충분한 상황이라면 노동량의 역사 또는 젠더에 따른 노동의 분화과정에 관한 역사가 될 수 있다.[2]

노동을 추상적인 관념이 아니라 구체적인 생활의 한 양상으로 본다면 노동의 여러 영역이 드러날 것이다. 우리는 소송사건의 기록을 통해 1873년 뭄바이에 살고 있던 어느 푸주한의 특수한 노동영역을 이해할 수 있다. 조아키노 로시니(Gioachino Rossini, 1792-1868)가 활동하던 시대의 이탈리아에서 후견인 제도가 없어지고 오페라 가수가 자유직업이 되었을 때 한 여성 오페라단원이 스스로 출로를 찾아야 했던 노동영역은 전혀 달랐다. 또한, 중국의 쿨리가 경험했던 남아프리카 광산의 저임노동이나 원양항해 중에 없어서는 안 되는 선상 의사는 또 다른 노동영역에 속했다.[3]

노동이 있기 때문에 산출이 있다. 가장 흔한 노동은 음식 만들기다. 요리는 분명히 역사상 가장 널리 보급되었고, 시간소비가 가장 많고, 체력소모가 가장 많은 노동이었을 것이다. 요리의 사례에서 알 수 있듯이 모든 노동이 시장 지향적이지는 않으며 모든 노동력이 시장에서 중개되지는 않는다. 노동은 가정에서도 발생할 수 있으며, 좀더 넓은 범위(예컨대 마을)에서나 좀더 복잡하고 종합적인 조직(공장, 정부기관, 군대)에서 발생할 수도 있다.

'정규 직업'이란 개념은 19세기에 비로소 나타났다. 많은 직업이 과거에도 현재도 '비정규적'이다. 작업은 일반적으로 '공정'의 틀 안에서 표준화된 형태를 따라 진행된다. 이 과정은 사회적 속성을 갖고 있다. 대부분의 경우 사람과 사람 사이의 직접적인 협력과 관련되어 있고 또한 사회질서 속에 수용되어 있다.

구체적인 노동자와 노동과정은 사회 계층의 특징을 대표한다. 권력과 지배의 관계가 노동의 자율성과 타율성의 정도를 결정한다. 노동과정의 표준화와 기본적으로 노동을 통해 정의되는 의식이 서로 결합했을 때 그 결과가 '직업'이다. 직업에서 정체성을 찾는 노동자는 고용주로부터 인정받기를 추구할 뿐만 아니라 스스로 설정한 기준에 따라 자신의 작업을 평가한다. 그러나 그 기준은 집단적으로 정의된다. 달리 표현하자면, 어떤 직업에 종사하는 사람들은 직업의 영역을 통제하거나 때로는 독점한다. 그들은 "시장을 우회하여" 진입을 제한하고 흔히 정부의 지원을 받는다. 이런 방식을 통해 생겨난 폐쇄적 직업조직(장인조합, 동업조합 등)은 그 자체가 수익을 창출하는 자본이 된다.[4]

이처럼 복잡한 가능성을 염두에 두고 세계적인 범위에서 세기 전체를 관통하는 노동의 보편적 발전추세를 찾아내기란 쉬운 일이 아니다.[5] 그럼에도 불구하고 이 작업이 중요한 이유는 노동문제에 있어서 19세기가 특별한 의미를 지니기 때문이다.

서유럽과 일본처럼 노동을 중시하는 문화에서 자본주의는 노동이 발전할 새로운 공간을 제공했다. 서방에서 노동은 존중되기 시작했고 동시에 사람들이 좋아하는 자기표현 방식이 되었다. 노동을 멀리하고 한가롭게 생활하는 방식은 더 이상 사람들의 이상이 아니었다. 여왕이 뜨개질하는 자신의 모습을 대중 앞에 드러냈다.

인류학의 어떤 학파에서처럼 경제학에서도 공작인(工作人, homo faber) 즉, 도구로서의 인간은 고정 유형이 되었다. 고전파 정치경제학의 노동가치설 또는 '객관적' 가치설에서는 창의력과 육체노동이 가치창조의 원천이라고 주장한다. 이 학설은 또한 사회주의의 기본 원칙이 되어 노동자에게 좋은 보수와 대우를 해주라는 요구를 촉발했다.

어떤 사람은 한걸음 더 나아가 노동을 통해 인류가 정화될 수 있다고 주장했다. 노동해방의 유토피아사상이 자본주의의 노동 소외, 노동 착취와 대립했다. 기계가 널리 보급되면서 수공업 노동의 우위는 주목받는 주제가 되었다.

영국의 공예미술운동(Art and Crafts Movement)의 창시자이자 작가이며 초기 사회주의 활동가이자 영향력이 큰 문양 설계자였던 윌리엄 모리스(William Morris) 같은 기계반대론자는 이론과 실천을 통해 위기에 처한 공예작업 분야에 현대 이전의 이상을 부활시키려 했다. 세기말에 유럽의 일부 지역과 미국에서 평균 노동시간이 (공업화 초기의 증가 추세에서) 감소 추세로 전환하자 여가시간이란 문제 — 노동하지 않는 시간을 그냥 흘려보내지 않고 어떻게 능동적으로 활용할 것인가 하는 문제 — 가 등장했다.

하르트무트 켈블레(Hartmut Kaelble)는 노동하는 시간과 노동하지 않는 시간의 경계를 분명히 하는 것이 유럽의 특징이라고 주장했다.[6] 그러나 유럽에서도 노동의 개념에 관해서는 학설이 다양하게 나뉘어 있어서 노동에 대한 '전형적인 유럽식' 인식을 정의하기란 쉽지 않은 일이다.[7]

19세기 비유럽 문명의 노동윤리에 관한 연구 성과는 아직 없다. 이 분야에 관한 연구 조사가 시작된다면 노동에 대한 태도는 단지(또는 주로) 문화를 나누는 경계에 따라 차이가 생기는 것이 아니라는 사실이 밝혀질 것이다. 한편으로 노동에 대한 관념은 사회 계층에 따라 크게 달라지며, 다른 한편으로 외부 자극과 제도의 구조에 따라 노동 에너지는 다양하게 표출된다. 서부 아프리카의 많은 농민이 농산물 수출이란 새로운 기회에 빠르고 적극적으로 반응한 것이 좋은 사례다. 식민지 이전 시대부터 존재하던 고효율 생산영역(예컨대 면화재배)은 변화에 적응했고 새로운 생산부문이 일어나기 시작했다.[8] 모든 (또는 대부분의) 문명에서 과거에도 현재에도 노동에 대한 관념은 기대치에 차이가 있을지라도 결국은 노동자를 어떻게 '공정하게' 대우하느냐와 관련이 있다.[9]

1. 농업노동의 비중

토지소유

19세기에 농업은 유럽을 포함해 전 세계에서 가장 규모가 큰 취업 영역이었다.[10] 2차 대전 직후에 와서야 소련을 포함한 전체 유럽에서 공업사회가 주도적인 사회형태가 되었다. 공업이 주도적인 지위를 차지한 시간은 길지 않다. 1970년 무렵 유럽의 서비스업 취업인구의 규모가 공업 분야를 초과했다. 그러므로 전통적인 공업사회는 세계사에서 한 순간의 현상이다. 영국, 독일, 벨기에, 스위스 등 소수의 국가에서만 공업의 (취업인구 면에서) 주도적인 지위가 반세기 이상 지속되었다. 네덜란드, 노르웨이, 덴마크, 그리스, 심지어 프랑스에서도 공업은 그런 지위를 가져본 적이 없었고 이탈리아, 스페인, 스웨덴, 체코슬로바키아에서는 그 보다 더 짧은 시간만 그러했다.

유럽의 경계를 넘어 외부세계를 보면 공업사회가 주도적인 지위를 차지한 시간은 더 짧았다. 공업의 효율이 가장 높은 두 국가 미국과 일본에서도 공업노동 인구의 비율이 농업과 서비스업을 넘어선 적이 없었다. 이 두 나라와 다른 나라에도 당연히 공업 밀집지역이 있었지만 1900년 무렵에 공업노동이 농업노동에 비해 중시되는 나라는 세계에서 몇 나라뿐이었다(영국, 독일, 스위스).[11]

19세기에 세계의 대부분 지역에서 농업의 의미는 더 중요해졌다. 확장된 프런티어가 대부분 농업 개간지였기 때문이다.[12] 개척자의 주류가 플랜테이션 소유주와 대농장주였던 때도 있었으나 더 흔하게는 소농이었다. 그들은 중국의 고원지대, 아프리카, 카프카스 초원지대, 버마, 자바섬에 분포되었다.

동남아시아 전체를 놓고 볼 때 19세기는 농업의 세기였다. 동남아시아 평원지대는 1900년 무렵 무수한 소규모 경작지로 덮여 있었다.[13] 농민은 '항상 그곳에' 존재해오지 않았으며, 더 정확하게 말하자면 신석기 혁명 이후로 자연스럽게 '나타나지' 않았다. 19세기에도 농민은 여전히 '만들어지고' 있었다.

1900년 또는 1914년 무렵 세계의 대다수 사람들은 농업에 종사했다. 그들은 땅 위에서 노동했고 토지가 그들의 생계수단이었다. 그들의 작업장은 야외였으며 야외 환경이 그들의 생존을 결정했다.

노동의 장소가 실내로 옮겨진 것은 19세기에 일어난 거대한 변혁이었다. 농촌에서 막 옮겨온 사람들은 공장을 교도소라고 생각했을 것이다. 같은 시기에 광산기술의 혁신이 일어나면서 노동은 지하 깊숙한 곳까지 파고 들어갔다. 19세기의 가장 보편적 발전추세——무엇보다도 도시화——도 농업의 강세를 흔들지 못했다. 농업의 반(反)추세는 더 강해졌다. 1870-1914년 사이(특히 1896년 이후로) 세계경제의 확장은 수출용 농업생산을 크게 자극했다.

가장 발달한 국가에서도 농업부문의 이해관계는 정치적으로 큰 영향을 미쳤다. 토지를 소유한 귀족의 비중이 상대적으로 하락했음에도 불구하고 19세기의 마지막 사반세기까지도 대토지 소유자는 영국 정치엘리트의 주류를 형성했다. 유럽대륙의 많은 국가에서 농촌 대지주는 여전히 큰 발언권을 지니고 있었다. 프랑스의 모든 정권은 (군주정이든 공화정이든) 소농계층의 강대한 세력을 고려해야 했다. 미국에서는 농업부문의 이익이 정치체제 안에서 충분히 반영되었다.

대부분이 농민이었다는 것은 무엇을 의미할까? 농업사, 농업사회학, 인류학과 인근의 민속학 등 여러 학문 분야에서 오랫동안 이 주제를 연구해왔다. 현대 이전 시기의 유럽과 19세기 세계의 대부분 지역에서 별도의 '농업사'가 필요하지 않았다. 이 시기의 농민과 농촌 사회는 그 자체로 경제사와 사회사의 핵심 주제였다.[14] 1920년대 초에 알렉산더 차야노프(Alexander Chayanov)의 획기적인 연구 성과가 나온 이후로[15] 1970년대에 들어와 세계사 학계에서는 '윤리적 경제'를 지지하는 학파와 '합리적 선택'을 지지하는 학파 사이에 치열한 논쟁이 벌어졌다. 전자의 관점에 따르면 농민은 자급자족적이고 시장에 대해 적의를 품고 있으며, 집단소유제와 개인소유제 사이에서 집단소유제를 지지하는 경향이 있다. 집단으로서 농민의 대외적 행위는 방어형과 위험 회피형이다. 그들의 이상은 전통의 틀 안에서의 정의와 상호부조——후원자로서의 지주와 수혜자로서의 소작인의 관계를 포함하여——이다. 이때 토지의 매각은 최후의 수단(ultima ratio)이 된다. 후자의 관점에 따르면 농민은 최소한 잠재적인 소규모 기업가다. 농민은 반드시 이윤의 최대화를 목표로 하지는 않으나 스스로의 노력으로 생존의 물질적 조건을 확보하기 위해, 집단의 단결과 상호부조에 전적으로 의존하지 않기 위해 시장의 기회를 어떻게 활용할지 알고 있다. 또한 이 학파는 자본주의가 전파되면서 애초에는 동일한 사회적 상황에 처해 있던 농민들 사이에 차이가 생겨났다고 주장한다.

학파마다 다른 사례를 열거하기 때문에 비교를 통해 실증적 신뢰도를 확인할 수가 없다. 어떤 역사적 환경에서는 농민은 기업주 유형의 특색을 드러내고 다른 역사적 상황에서는 집단 중심의 전통주의가 우세하다. 여기서 중요한 것은 지역적 또는 문화적 특성을 기준으로 한 분류의 결과는 차이가 크지 않으며 전형적인 서유럽 농민 또는 전형적인 아시아 농민은 존재하지 않았다는 사실이다.

농민의 시장지향적–경영형 정신은 라인란트, 중국의 북부지역, 서

아프리카에서 다 같이 발견된다. 일본의 경우 이미 17세기부터 고립된 작은 마을에서 자급자족적 생활을 하는 전형적인 '아시아 농민'의 모습은 찾아볼 수 없었다. 시장 상황을 보고 어떤 작물을 재배할 것인지를 결정하는 농민, 최신 관개기술을 이용하는 농민, 최우량 종자를 사용하는 농민, 생산능력을 높이기 위해 의식적으로 끊임없이 노력하는 농민은 고대로부터 변함이 없는 좁은 생활영역 속에서 순박하게 살아가는 농민의 모습과는 부합하지 않는다.[16]

마을

구체적인 노동조건은 농촌마다 천차만별이다. 대자연은 어떤 작물을 편애하고 어떤 작물은 배척한다. 수확의 횟수와 수확기의 길고 짧음을 결정하는 주체는 자연이다. 관개농업, 특히 농민이 직접 물 속에 들어가 조직적으로 작업하는 동아시아와 동남아시아의 노동집약적 도작(稻作)농업은 건조한 토지에서 괭이에 의존하는 농업과는 다르다.

가사노동의 참여방식도 천차만별이다. 두 가지 극단적인 상황 사이에 거대한 차이가 존재한다. 하나는 어린이를 제외한 가족 구성원 전체가 경작노동에 종사하며 여가시간에는 가내공예에 전념하는 상황이다. 다른 하나는 남성으로만 구성된 임시 집단이 가족을 떠난 이주노동의 상황이다.

대다수 농업사회에서 마을은 존재하지만 그 기능의 차이는 크다. 극단적인 경우에 마을은 여러 가지 기능을 함께 갖추고 있다. 마을은 "경제 공동체, 상조(相助) 공동체, 종교 공동체이며 그 구역 안에서 평화와 질서를 유지하고 공공의 도덕과 사적 도덕의 수호자"이다.[17] 마을 공동체는 다음 두 가지 요소 가운데서 하나 또는 둘을 갖추었을 때 특히 강하다.

① 마을은 행정단위다. 예컨대 마을은 정부의 징세 단위이며 심지어 법률적으로는 독립된 법인이 될 수 있다.

② 마을은 공동체가 공유하는 토지를 갖고 있으며 이 토지는 (러시아의 농촌 공동체 옵쉬나Obshchina처럼) 공동체의 결정에 의해서만 분배되거나 재분배될 수 있다.

공유지는 결코 당연한 일이 아니다. 중국 북방의 집약적 소농경제에서 거의 모든 토지는 개인 소유였다. 국가의 행정력은 지역 수준까지만 미쳤고 징세는 마을을 직접 대상으로 하지 않고 공동체가 추대한 영향력 있는 인물(향보鄉保)을 통해서만 이루어졌다. 할당된 세금을 마을에서 어떻게 거둘지는 이 인물이 결정했다.[18] 그러므로 유럽과 비교할 때 중국 북부지역의 발전 수준은 낮았다.

중국 남부지역에서 반드시는 아니지만 대체로 폐쇄적인 주민 거주지역과 맞물리는 (북부의 마을보다 좀더 확장된) 문중조직이 통합과 조정의 기능을 담당하고 있었다. 이런 문중조직을 역사발전의 시각에서 본질적으로 낙후되었거나 나아가 '원시적'이라고 평가하는 것은 온당치 못하다. 문중조직은 고도로 효율적인 농업을 창조하는 조건이었다. 유사한 기능을 공유재산을 보유한 사원(寺院) 공동체가 담당했다. 이런 상황은 중국에만 국한되지 않았다.

유라시아대륙에서 마을 공동체의 지위는 차이가 매우 컸다. 러시아에서—최소한 수상 표트르 스톨리핀(Pyotr Stolypin)이 토지개혁정책을 시행한 1907년 이전까지는—마을 공동체는 사유재산제가 제대로 발전하지 못한 상황에서 토지를 재분배할 때 중요한 역할을 했다. 반면에 일본에서 마을은 '공동체정신'(쿄도타이共同體)을 응집시키는 다기능 공동체였고, 중국 대부분의 지역(특히 문중의 연대감이 낮고 토지를 갖지 못한 소작농민의 비중이 높은 지역)에서 마을 내부의 응집력은 비교적 낮았다.[19] 또한 일본의 사례는 마을 엘리트가 농민들 사이에서 확보해야 하는 안정적인 지위가 얼마나 중요한 문제인지 알려준다. 서유럽과 마찬가지로 일본에서 이 문제는 장자상속권(primogeniture)——장자가 토지를 승계한다——과 맞물렸다. 중국과 인도의 일부 지역에서 사유 토지는 언제나 남성 상속인이 나누어 승계했다. 그러므로 가족소유의 소규모 토지조차도 연속성을 유지하기 어려웠다.[20]

농민의 생존에 똑같이 중요한 요소가 토지에 대한 접근권이었다. 누가 '소유주'인가? 누가 '사용권'을 (계층에 따라서) 갖는가? 이런 권리는 얼마나 확실한가? 이런 권리는 승계될 수 있는가? 임대차 상황[21]은 명료한가? 임대차 규모는 어떤가? 임차인은 고정적인 임차료를 납부하는가, 아니면 수확의 일부를 납부하는가? 납세는 어떤 방식으로 하는가? 달리 말하자면 농촌경제의 화폐화는 어느 정도에 이르렀는가? 그 밖에도 농민은 지주뿐 아니라 국가를 위해 (도로와 제방 건설에) 봉건적 노역을 제공해야 하는가? 토지는 자유롭게 매매할 수 있는가? 토지거래 시장은 어떻게 구성되어 있는가?

마지막으로 중요한 참고 요소는 생산의 시장지향성의 정도이다. 목표 시장은 근거리에 있는가, 원거리에 있는가? 교환관계의 지역 네트워크가 존재하는가, 예컨대 중심 소도시에 정기 시장이 열리는가? 농민의 생산 전문화의 정도는 어떠한가, 자급자족까지도 희생시키는가? 농민이 직접 시장에서 판매하는가, 아니면 중간상인을 거치는가? 한마디로 하자면 농민과 비농민 사이에 정규적인 접촉이 있는가?

비농민은 도시 주민일 수도 있고 인근의 유목민일 수도 있다. 부재지주(不在地主)——마을에 대리인을 두어 사무를 처리하는 지주——는 도시 주민이기 때문에 농민과 그들 사이에는 어떠한 문화적 공통점도 없었다. 현지 대지주는 교회나 사원에 모습을 나타내지만 도시에 거주하는 대지주나 토지임대를 주업으로 하는 도시의 부호라면 전혀 다른 세상 사람이었다.

인도의 예

농업을 근간으로 하는 다양한 생존방식은 동방과 서방 또는 대륙을 기준으로 분류할 수 없다. 1863년의 시점에서 충분히 발달했고 언뜻 보기에 전형적인 농업사회를 예로 살펴보자.

이 나라의 인구는 100만 명인데 그중 93퍼센트가 주민이 2,000명이 넘지 않는 농촌 마을에서 생활한다. 한 마을의 주민은 거의 전부가 친족관계다. 주민의 일부는 여러 세대가 함께 살았고 절반은 핵가족이다. 거의 모든 주민이 토지를 소유했고 토지는 부족하지 않았다. 토지의 15퍼센트는 경작, 방목, 과수재배에 사용되고 나머지는 삼림과 황야다. 토지가 필요한 사람은 누구든지 마을 공동체로부터 토지를 분배받을 수 있다. 대규모로 토지를 소유한 사람도 없고 토지를 임대하는 사람도 없었다. 상대적으로 부유한 농민은 있지만 지주계층이나 귀족은 없다. 농민은 노동시간의 거의 전부를 자신의 생활에 필요한 것들을 생산하는 데 사용한다. 그들은 자신이 먹을 식량을 생산하고, 자신이 입을 옷을 짓고, 자신이 사용할 신발·가구·그릇을 만든다. 옥수수 창고를 두어 흉년에 대비한다. 극소수의 몇 개 도시만 시장으로부터의 공급에 의존한다. 납세할 때 필요한 현금은 가축을 팔아 쉽게 준비할 수 있다. 철도는 없고, 마차가 다닐 수 있는 길도 거의 없고, 수공업 또는 원시공업도 없고, 금융기관도 없다. 농촌인구의 98퍼센트는 문맹이다. 그들은 표면적으로는 '정통' 종교를 믿지만 일상생활에서는 미신에 의존한다. 그들은 생활에서 많은 것을 기대하지 않으며 생활과 힘든 노동을 개선할 동기는 거의 없다. 가족의 식량을 해결하는 수준을 넘어 경작하는 농민은 거의 없다. 그래도 자연자원이 풍부하기 때문에 이 나라는 아주 가난하다고 할 수는 없다. 1인당 평균소득은 같은 시기 독일의 1/3 수준이다.

지금까지 묘사한 평등한 농민의 전원생활은 유럽인이 상상하던

'전형적인 아시아'의 자급자족적 농경사회의 모습이 아니다. 19세기 중엽의 유럽인이 상상했던 아시아는 대를 이어 한 곳에서 살아가는 자족적 농가로 구성된 자족적 마을의 느슨한 연결망이었다.

적도 아프리카의 일부 비옥한 지역의 모습도 이것과는 달랐다. 위에서 묘사된 농촌의 모습은 어느 정도 신뢰할 수 있는 인구조사가 처음 시행되었을 때의 유럽대륙 세르비아의 상황이다.[22]

이러한 농업사회는 유럽은 물론 아시아에서도 보편적이지 않았다. 유라시아대륙의 무수한 농업사회 유형 가운데서 인도를 두 번째의 예로 든다면 우리는 다음과 같은 모습을 보게 될 것이다.[23]

농촌생활의 실제적인 단위는 마을이었다. 농촌사회는 계층사회였고 거의 모든 마을에 사회적 지위가 비교적 높은 소수의 사람들이 있었다. 그들은 주로 신분제도의 상층부 사람들이거나 군대의 장교 출신이었다. 그들이 모두 지주는 아니었고 (중국 농촌의 지주처럼) 육체노동과 완전히 단절된 사람은 많지 않았다. 그들은 문자를 해독했기 때문에 농촌생활에서 '관리자'의 역할을 했고 결정적인 문화적 권위를 갖고 있었다.

중국에서 가장 깊은 사회적 단층은 소작료 수취에만 기대어 기생적 생활을 영위하는 지주와 힘든 노동을 하는 소작인 또는 소농 사이의 간극이었다. 중국과는 달리 전형적인 인도 마을에서 가장 깊은 사회적 단층은 비교적 안정적인 토지사용권을 가진 계층(흔히 마을의 대다수 사람들)과 고용노동에 기대어 생존하는 하층 계층 사이의 간극이었다. 인도의 농촌마을은 도시에 거주하는 대지주나 호화로운 장원에 거주하는 대지주가 지배하지 않았고 중국처럼 소량의 재산을 가진 지주가 지배하지도 않았다.

인도의 마을에서는 대부분의 자원(토지, 가축, 빌려줄 수 있는 자금)이 우월한 위치에 있는 농민집단의 손에 집중되어 있었다. 그들의 지위는 소속된 카스트 때문에 자동적으로 주어진 것은 아니었지만 그들은 대부분 상층 카스트 출신이었다. 그들은 일반적으로 자기소유의 토지는 물론이고 임차한 토지도 경작했다. 식민지 법체계는 원칙적으로 농민을 자유인으로 간주했다.

근대 인도의 대형 농업기업에서 노예는 존재하지 않았다. 노예제의 유물인 가정 노예는 1848년 노예제 폐지와 함께 사라졌다. (기타 영국령 식민지에서 노예제가 분명하게 금지된 것은 그보다 15년 뒤의 일이었다). 그러나 (중국과 유사하게) 금전대여는 각종 경로를 통해 농촌 위계체제 안에서 약자인 구성원을 종속적 지위로 내몰았다.

인도 농민의 우선적인 목표는 가족의 생존을 보장하는 것이었다. 식민지 시대 이전부터 (1760년대 이후 벵골에서 시작된) 이어진 상업적 관계는 마을의 경계를 넘어 꾸준히 확장되어왔다. 일부 지역에서는 수출시장을 겨냥한 현금작물—주로 중국으로 수출하는 인디고와 아편—재배에 집중했다. 그러나 전체적으로 볼 때 19세기 후반의 신대륙, 동남아시아 또는 아프리카 일부 지역과는 달리 수출용 단일작물 경작이 인도의 특색이 되지는 않았다(중국도 마찬가지였다).

인도의 농촌은 일반적으로 도시와 개방적인 관계를 맺었기 때문에 교역 네트워크를 이루었다. 도시의 배경을 가진 중간상이 농민의 잉여생산물을 사들여 시장에서 팔았다. 대다수의 농민 생산자는 '시장 지향적 의사결정'을 할 수 있는 위치에 있지 않았다. 재산권 관계, 환경조건(관개시설의 존재 여부), 지배적인 집단으로부터 오는 제약 때문에 그들은 합리적 선택 이론에서 말하는 '독립적인 기업가'로서 행동할 수 없었다. 1760년대 이후의 수십 년 동안 인도는 궤멸적인 정복전쟁의 경제적 후유증과 조세부담의 증가를 통해 식민지로서의 처지를 절감했다.

식민통치의 장기적 후유증은 세 가지로 나타났다. ① 예상할 수 있는 수준이긴 하지만 높은 조세부담의 상례화. ② 식민지 사법제도를 통해 점진적으로 강화된 토지의 개인소유권-계약관계. ③ 농촌 마을에서 지배적 지위를 차지하고 있는 집단에 대한 우대(한편으로는 농촌 평등주의를 억제하고, 다른 한편으로는 기존 또는 신흥 귀족의 분명한 특권을 제어하려는 식민정부의 정책).

식민지 이전 시대 인도의 사회구조는 19세기에 들어와 다양한 변화가 생겼다. 수많은 저항운동에서 드러났듯이 변화는 여러 가지 위기를 불러왔다. 변화는 사회와 경제의 자주적 발전과 식민지 상태가 상호작용한 결과였다. 인도 농업사회의 구조는 새로운 도전에 충분히 대응할 수 있을 만큼 유연했으나 전혀 다른 '자본주의' 농업을 향해 나아가는 역동성을 자기 내부에서 만들지 못했다.

역사를 되돌아보면 이런 기대는 지나치게 순진하다는 사실을 발견하게 된다. 아무리 자유로운 반사실적 상상일지라도 서북유럽의 농업혁명을 인도에서 재현하는 마술을 부릴 수는 없기 때문이다. 이런 점에서 인도의 농업, 중국의 농업, 자바의 농업은 유사한 상황이었다. 대량으로 존재하는 저렴한 노동력, 합리적인 기계사용이 제한되는 경작조건, (서북유럽 특유의) 농업-목축업 혼합경제의 부재는 모두 철저한 변혁을 가로막는 장애물이었다.

경영유형

서술하는 과정에 삽입되어 있는 중국과 인도의 대비에서 알 수 있듯이 세계의 양대 농업사회는 여러 면에서 유사했다. 농민은 원칙적으로 법률상 자유인이었다. 그들이 생산한 것은 일부는 시장에서 팔려나갔다. 경영의 가장 중요한 단위이자 원시 생산단위는 (때로는 소수의 하인과 고용 노동자의 도움을 받는) 가정이었다. 이 세 가지 특징은 인도/중국과 서유럽—최소한 프랑스와 엘베강 서쪽의 독일—의 공통점이면서 동시에 인도/중국이 19세기에 세계의 다른 지역에서 노예를 사용하거나 예속적인 노동에 의존하는 플랜테이션, 라티

푼디움(Latifundium)*, 대형 농업기업과 대비되는 점이다. 그러므로 자유로운 서방과 노예노동에 의존하는 동방이란 이분법적 구분은 착오다. 중국의 농업구조는 (지역별로 수많은 변형이 존재하지만) 동유럽의 농촌 질서와 비교할 때 훨씬 더 자유롭고 개방적이었다.

다양한 농업생산 방식과 농촌생활 방식을 분류하기란 쉬운 일이 아니다. 분류를 위해 여러 가지 기준을 고안해내야 하지만 그 기준도 실제상황과 부합하는 경우란 많지 않기 때문이다. 가장 중요한 세 가지 기준만 고려한다면 다음과 같다.

① 생물/생태적 기초(무엇을 재배하는가?).
② 경영형태와 노동체제(무엇을 생산할 것인지 조직적으로 결정할 때 누가 어느 정도의 결정권을 갖는가?).
③ 소유권 관계(누가 토지를 소유하는가? 누가 실제로 토지를 사용하는가? 그 토지로부터 누가 어떤 방식으로 이득을 보는가?).

예를 들자면 (밀이나 면화 재배와는 전혀 다른) 무논의 쌀 재배에 대형 기업이 진입하여 수익을 낼 가능성은 적지만 다른 소유관계—개인이 소유한 소규모 토지, 소작농, 문중 또는 사원이 소유한 토지—에서라면 수익을 낼 수 있을 것이다.

첫 번째 기준은 쌀농사, 농목축 혼합영농, 원예 등으로 세분할 수 있다.[24] 두 번째와 세 번째 기준을 합하면 새로운 분류가 나온다.

ⓐ 장원경제(자급자족식 생산과 정치적으로 지배적 위치에 있는 지주의 영지를 경작하기 위해 무상으로 제공되는 노동을 결합한 형태).
ⓑ 가족 임차영농(지대를 수취하는 지주와 농민의 대립).
ⓒ 비교적 안정적인 소유권을 가진 소규모 가족영농.

* '광대한 토지'라는 뜻으로 고대 로마의 토지 소유 제도를 의미한다. 이 제도는 로마가 영토를 확장하는 과정에서 점령한 토지를 유력자가 사유화하면서 발전했다.

ⓓ 플랜테이션(비현지 노동력 — 흔히 외래 인종 — 을 사용하는 자
   본집약적 수출위주의 열대작물 생산).

ⓔ 대규모 자본주의 영농(토지 소유주가 임금노동자를 고용).[25]

실제상황에서 ⓑ와 ⓒ 사이의 경계는 명확하지 않다. 인도네시아
자바섬과 라인강 부근인 라인란트에서는 토지 임차권을 상속받았다
는 사실을 입증할 수 있는 소작인이 반드시 법률상으로 소유권을 보
장받는 것은 아니지만 토지의 소유자가 될 수 있었다.

19세기를 통틀어 세계의 거의 모든 지역에서 농업노동은 육체노
동이었다. 유럽의 대부분 지역과 아시아, 아프리카, 라틴아메리카 사
이에는 별 차이가 없었다.[26] 계층상황도 문화에 따른 차이는 없었다.
포메라니아(Pomerania)* 또는 폴란드 장원의 고용 농업노동자와 인
도의 고용 농업노동자는 (각자 특유의 위계질서와 문화적 환경 안에
놓여 있었지만) 본질적으로 차이가 없었다.[27] 물질적인 불안정 때문
에 일거리를 찾아 사방을 떠돌아야 한다는 것은 그들의 생활환경과
경험의 기본적인 유사성이었다.

이전 시대와 마찬가지로 19세기에도 농업지식은 인구이동을 통해
원거리까지 전파되었다. 그러나 이런 유사성이 국경을 초월한 연대
를 낳지는 못했다. 초기 노동자운동의 성장과 함께 공업과 운수업 분
야에서는 국제적인 안목이 형성되었으나 농업노동자의 국제적인 연
대는 이루어지지 않았다. 비하르(Bihar)**의 농업노동자와 농민은 멕
클렌부르크(Mecklenburg)***나 멕시코의 동업자를 전혀 알지 못했다.
농촌의 일상 노동의 변화는 도시와 신흥 광산촌과 공업지역의 노동
의 변화보다 훨씬 완만하게 일어났다.

---

　* 유럽의 중북부, 발트해 남부연안지역 현재는 대부분 폴란
    드에 속하며 서쪽 끝 일부는 독일에 속한다.
　** 인도 북부의 동쪽 끝에 자리한 주.
　*** 독일 북동부 발트해에 면한 지역.

세계적으로 노동의 변화가 일어나고 있었다고 한다면 어디서 어떻게 영향을 받았을까? 일반적으로 말해 농산품, 특히 열대농산품의 국제적인 수요증가는 농업노동의 자유화에 반드시 영향을 미치지는 않았다. 자유주의 경제학은 국제교역이 '봉건적' 제도를 해체함으로써 사람들을 낡은 속박으로부터 해방시키고 노동의욕과 창의력을 북돋울 것으로 예상했다.

예상은 실제로 현실이 되었다. 특히 외부의 이해관계가 개입되지 않은 곳에서는 소농 경영자는 해외 판매망을 이용해 생산품의 판매처를 찾아냈다. 그러나 자국 정부(예컨대 일본)가 명확하게 수출을 지지하고 이를 위한 법률제도와 필요한 사회기반시설을 건설했을 때에만, 또는 식민정부가(정치적 안정을 위해 식민지 농민을 보호하려는 의도에서) 외국 플랜테이션 기업을 억제하는 상황에서만 장기적인 성공을 기대할 수 있었다. 대부분의 경우 이런 조건이 갖춰지지 않았고 그 결과 외부의 이해관계가 우위를 차지했다.

플랜테이션

유럽의 식민지, 미국, 브라질에서 노예제가 법적으로 종결되었다고 해서 플랜테이션이란 경영 형식이 종결되지는 않았다. 커피, 차, 바나나 등 인기농산품의 생산은 주로 플랜테이션에 집중되어 있었다. 플랜테이션은 세계 각지의 소규모 생산자와 (언제나 우위에 서지는 않았지만) 경쟁했다. 1860년 이후로 남아프리카 나탈(Natal)의 설탕, 말라야와 코친차이나(남부 베트남)의 고무, 수마트라의 담배 같은 새로운 플랜테이션 형태가 등장했다. 플랜테이션은 1600년 무렵에 유럽인이 신대륙에 도입한 '현대적인' 경영형식이었으며 1900년 무렵 다시 번성했다.

플랜테이션은 현지에서 완만하게 지속적으로 발전한 것이 아니라 외부의 적극적인 개입으로 건설되고 조직되었다(현지 기업주가 새로운 기회를 이용해 플랜테이션 경영에 진입한 경우도 있었다. 자바와 실론이 그런 곳이었다).[28] 새로운 플랜테이션은 현지 사회에 새로운 공장만큼 깊은 단층을 남겼다. 19세기 말에 새로운 플랜테이션의 자본과 경영방식이 유럽과 북아메리카로부터 들어왔다.

플랜테이션은 수익의 최대화를 추구하면서 합리적이고 과학적인 영농방식을 실천했다. 플랜테이션은 소수의 기술 인력을 제외하고는 모두 교육받지 않은 노동자를 고용했다. 플랜테이션은 인구가 희박한 지역에 위치했으므로 늘 먼 곳에서 노동력을 찾아야 했다. 예컨대 동수마트라의 대형 담배 플랜테이션은 중국인을 고용하고 창고를 숙소로 제공했다. 그들은 명목상으로만 '자유로운' 임금노동자였을 뿐 지급되는 임금은 철저한 성과급이었고 중간 모집책의 착취와 가혹한 기율에도 복종해야 했다. 그들의 작업환경은 노예제 플랜테이션과 크게 다르지 않았다. 지정된 작업장을 이탈하면 범죄로 간주되어 처벌받았다.[29]

1900년 무렵에 가족소유의 플랜테이션은 극소수에 지나지 않았다. 대부분의 플랜테이션은 주식회사였고 회사는 철도와 항만시설에 대규모 자금을 투입하여 세계시장과의 연결을 강화했다. 식민지 플랜테이션은 전혀 새로운 형태가 아니라 구시대 노예제 플랜테이션이 진화한 산물이었다. 플랜테이션은 글로벌 자본주의의 도구였으며 하나의 예외도 없이 열대지역 국가에서 등장했다. 공업과는 달리 플랜테이션 경제는 국민경제 발전의 과정에 포함되지 않았다.[30]

플랜테이션은 생산품이 현장에서 가공된다는 점에서 공업의 성격을 띠는 경우가 흔했다. 이런 일체형 경영방식의 표본은 고무 플랜테이션이었다. 고무나무는 사계절 고무액을 채집할 수 있었기 때문에 계절에 관계없이 지속적인 생산이 가능했다. 고무 플랜테이션은 공장에 가까웠다. 1900년 무렵 동남아시아와 아프리카에서 일어난 플랜테이션 설립의 물결은 당시 전 세계에서 일고 있던 도도한 종합농업기업의 발전과정의 시발점은 아니었다. 20세기 내내 플랜테이션과 수출지향형 소농경제는 공존하면서 서로 경쟁했다.

플랜테이션은 자본과 노동력이 몇 개 국가에서 나왔다는 점에서 세계기업이라고 할 수 있었다. 수마트라는 이런 발전추세의 핵심 지역이었다. 1913년에 이곳 플랜테이션 투자의 절반만 네덜란드인이 장악하고 있었고 나머지는 영국, 미국, 프랑스, 벨기에, 스위스 자본이었다.[31]

플랜테이션은 현지 왕공으로부터 사들인 토지 위에 세워졌다. 현지 왕공은 이 광대한 지역에 대한 영향력을 상실했다. 그러나 네덜란드 식민정부의 법도 이곳에서는 제한적인 효력을 갖거나 때로는 전혀 효력을 갖지 못했다. 일종의 특수한 법률체계가 생겨났다. 이것은 정부의 관할에서 벗어난 엘베강 이동지역의 프로이센 대장원의 세습영주 지배와 유사했다.[32] 인도 서남부 지역에서도 수십 년 앞서서 비슷한 상황이 일어났다.

아시엔다(Hacienda)

플랜테이션은 수출시장에 대응한 대형농업기업의 유일한 모형은 아니었다. 19세기 이집트에서는 정치권력이 개입하여 대형장원이 생겨났다. 정부는 부채를 진 마을을 고위 관료에게 넘겨주고 반대급부로서 정부의 조세수입을 보장받았다. 이렇게 하여 토지는 파샤와 관계가 있는 고위층의 손에 집중되었다.

다른 원인도 있었다. 수백 년 동안 지속적으로 무너지고 있던 나일강의 관개시설을 보수 개량하기 위해서는 현대적 기술을 갖춘 대형농업기업이 필요했다. 이렇게 생겨난 장원은 투자자를 모으고 정부에 조세수입을 보장해주기 위해서 단기간 내에 높은 수익을 낼 수 있는 현금작물——주로 면화와 사탕수수——을 재배했다. 타지에서 모집한 노동자들이 현지에서 고용한 농민들과 함께 일했다.

이집트가 19세기 20년대부터 세계에서 가장 중요한 면화 수출국이 된 것은 외국자본의 적극적인 개입으로 이집트가 세계경제 체제에 강제로 편입되었기 때문이 아니라 무함마드 알리와 그의 후계자들의 정책 때문이었다. 이집트의 대장원은 외국자본이 주도적인 작용을 하지 않았다는 점만 빼면 플랜테이션과 유사한 조직구조와 경영방식을 갖고 있었다.[33]

19세기의 모든 대형 농업기업이 세계경제와 긴밀하게 연결되어 있지는 않았다. 라틴아메리카 대장원의 채무고용농(債務雇傭農, peones)은 노예도 아니었고 임금노동자도 아니었다. 대장원의 구조는 가부장적 가족의 모형을 띠고 있었다. 장원주와 채무고용농은 보호 감독과 연결된 유사 친족관계를 맺고 있었다. 그들 사이에는 계약을 벗어난 상호 의무, 시장의 논리를 벗어난 '도덕경제'의 관계가 존재했다. 많은 아시엔다는 외부 구조로만 본다면 폐쇄된 세계였다. 장원주의 저택은 채무고용농이 생활하는 마을로 둘러싸인 요새와 같았다.

플랜테이션과 달리 19세기 말 아시엔다는 자본투입이 적었고 기술적으로 낙후했다. 채무고용농의 예속성은 공개적으로 강제된 관계가 아니라 장원주(haciendado)에 대한 채무관계에서 나왔는데 이것은 중국과 인도 농촌의 보통 농민과 지배적 위치에 있는 엘리트 사이의 채무관계를 연상케 한다.

(노예제) 플랜테이션과 마찬가지로 아시엔다도 현대 초기 식민시대의 유물이었다. 플랜테이션과의 대립적 성격을 강조하기 위해 아시엔다를 '봉건적'이었다고 표현하는 경우가 흔히 있지만 실상은 그렇지 않았다. 아시엔다는 경제적으로는 자급자족적이었으며 수출지향적이지 않았다. 아시엔다 내부의 노동관계는 비경제적이었다.

예속관계는 라틴아메리카 각 공화국에서 개인의 권리를 누리는 자유로운 시민이 될 수 없었던 농민의 지위가 그 요인이었다. 그들은 공화국들이 독립할 때 약속했던 자유를 누릴 기회를 갖지 못했고 대부분의 농민 저항운동도 실패로 끝났다.[34]

멕시코의 경우 1820-80년의 시기는 아시엔다가 발전하는 과도기라고 할 수 있다.[35] 식민국가 체제가 붕괴되면서 토착 인디오(indios)는 완전히 신뢰할 수 없었지만 그래도 어느 정도는 그들을 보호해주던 세력을 잃어버렸다. 그들을 대체하여 등장한 자유주의 세력은 유럽과 (후에는) 미국을 모형으로 하여 멕시코를 발전시키려는 구상을 갖고 있었기 때문에 인디오를 발전을 가로막은 장애요소로 보았다.

식민지 시대의 아시엔다가 원칙적으로 장원주와 인디오 공통체 사이의 균형을 중시했다고 한다면 공화국은 인디오의 공동체 재산소유제를 전면적으로 폐지함으로써 토착 공동체를 아시엔다에 완전히 굴복시키는 정책을 펼쳤다. 이런 정책은 1876년 독재자 포르피리오 디아스(Porfirio Diaz)가 권력을 잡은 후 더 강화되었다. 이것이 아시엔다가 동남아시아나 브라질의 플랜테이션과는 달리 수출시장 지향형 경영으로 나아갈 수 없었던 중요한 원인이었다. 그렇다고 해서 아시엔다가 역사의 유물로 사라지지는 않았다. 1880년 이후 철도가 확산되면서 멕시코도 서서히 공업화의 길로 들어섰다. 일부 아시엔다는 이 기회를 이용하여 보다 자유로운 노동계약을 체결하고, 생산노동의 분업을 더 세분화하고, 경영을 더욱 전문화하고, 가부장적 사회와 결별했다.[36]

이처럼 현대화된 아시엔다──대체로 규모가 컸다──와 함께 여전히 식민지 시기의 경영방식을 따르는 다수의 소규모 아시엔다가 존재했다. 전체적으로 볼 때 19세기 라틴아메리카의 아시엔다는 폐쇄된 왕국이었다. 아시엔다 내부에서 농장주(patrón)가 모든 일을 독단했다. 법률제도는 매우 선진적이었으나 경찰과 법원이 채무고용농의 이익을 보호하는 경우는 드물었고 그들의 생존을 보장해주던 마을 공동체는 더 이상 존재하지 않았다.

채무고용농을 플랜테이션의 임금노동자나 엘바강 이동지역과 칠레 혹은 아프리카의 이주 농업노동자와 같은 '무토지 프롤레타리아'로 보아서는 안 된다. 채무고용농은 현지에 정주했고 생활의 중심은 '그들의' 아시엔다였다. 그런 그들도 러시아, 서유럽, 인도의 농민처럼 마을 공동체에 구조적으로 예속되어 있지는 않았다. 그렇다고 해서 라틴아메리카에 토지를 소유하지 못했거나 또는 토지를 소유할 기회가 없는―이것이 핵심이다―이주 프롤레타리아가 없었다는 의미는 아니다. 아르헨티나에서 이런 프롤레타리아의 존재는 보편적 현상이었다.[37] 아르헨티나의 임금노동자(와 소작농)는 대체로 이탈리아와 스페인 출신이었으며 일반적으로 독신으로서, 또는 가족과 함께 도시에 거주했다.

2. 작업 장소
공장, 공사장, 사무실

수공업 공방

작업은 발생한 장소에 따라 그 특성을 분류할 수 있다. 19세기의 많은 작업 장소가 이전 각 시대에 비해 큰 변화가 없었다. 19세기 말에 전동기가 작업에 사용되고 공업적 대량생산이 보편화되기 전까지는 유럽의 독립 수공업자—아시아와 아프리카의 독립 수공업자도 마찬가지였다—는 여전히 '근대 초기의' 노동조건하에서 작업했다. 다른 문화권에서도 수공업 노동의 구조는 옛 공방 형태를 벗어나지 않았다. 길드나 동업조합 형식의 조직을 통한 지식의 구두 전수와 시장 조절—이것이 수공업자와 '평범한' 노동자의 차이였다—이 오스만제국과 중국에서는 유럽에 비해 훨씬 전에 등장하여 더 오랫동안 지속되었다. 성장하는 공업과 경쟁하면서 많은 수공업 업종 생산 활동의 가치가 저평가되었다.

그런 가운데서 시장변화에 적응한 수공업 업종의 사례도 있었다. 전체적으로 보아 19세기에도 정교한 공예품 생산 작업은 경제적 중요성을 잃지 않았다. 유럽에서 고품질의 의복은 여전히 봉제장인이 제작했고 신발은 여전히 신발장인이 제작했으며 밀가루는 여전히 방앗간에서 빻았다. 넓은 의미에서 수공업은 자조(自助), 협동, 전문적 협업을 융합하는 방향으로 진화했다. 세계의 대부분 지역에서 개인주택이—유럽의 반목조 주택에서부터 아프리카의 가옥에 이르기까지 —지어진 방식이 이러했다.[38] 주택건설은 '공업화 이전 방식'을 따랐고 그런 공정의 일부는 오늘날까지도 그대로 활용되고 있다.

19세기에 일부 새로운 수공업 분야가 등장했고 일부 오래된 수공업 분야는 새로운 의미를 갖게 되었다. 예컨대, 말의 숫자가 꾸준히 늘어나면서 금속장인의 노동이 19세기 내내 상당히 주목받았고 중공업으로서 제철공업이 성장하면서 장인의 개인적 특색이 발휘될 여지는 별로 없었으나 '강철 단조'(鍛造, Steel Forging) 분야에서 새로운 발명 수준의 기술 상승이 있었다. 여러 문화권에서 대장장이는 역사(力士), 도구제작자, 무기제작자, 불을 능숙하게 다루는 존재로서 높은 권위를 누렸고, 심지어 사회적으로 신화적인 지위를 누렸다 (예외적으로 인도에서는 철을 다루는 노동이 낮은 카스트의 몫이었다). 대부분의 사하라 이남 아프리카지역에서 단조는 오래된 수공업 기술이 아니었다. 이곳에서 단조의 전통은 18세기가 되어서야 등장했으며 1820-1920년 사이에 번성하기 시작했다. 금속장인은 쓸모가 있으면서 아름다운 물건, 예컨대 신분을 상징하면서 소장가치도 있는 장식품을 만들었다.

국가가 화폐제조를 독점하지 않은 곳에서는 금속장인이 화폐도 제조했다. 그들은 상당한 정도로 생산과정을 자주적으로 관리할 수 있었다. 우리가 지닌 전통적인 마을 대장장이 이미지는 오류다. 금속장인은 실제로 자기 마을을 벗어난 지역의 수요를 충족시키기 위해 일했다. 콩고에서 많은 금속장인의 고객은 종족적으로나 사회적 계층으로나 다양하고 먼 곳에서 온 사람들이었다.[39] 원료를 확보하는 과정에서 금속장인은 다양한 상업 집단과 접촉하게 되었고 그 때문에 광범위한 사회적 관계를 형성할 수 있었던 것이다.

조선소

19세기에 작업 장소는 새로운 모습을 갖추었다. 공장과 달리 조선소는 몇몇 문명에서 수천 년 동안 수공업노동 협업의 장소로서 알려져 왔다. 근대 초기 영국, 프랑스, 네덜란드에서 조선업은 대기업 조직형식을 갖춘 가장 중요한 경제부문의 하나가 되어 있었다. 그 시절 조선업은 목수들의 세계였고 그 뒤로 공업화를 주도하는 부문이 되었다.

1900년 무렵 조선업은 영국의 가장 중요한 공업부문이었다. 영국은 세계의 조선시장에서 주도적 지위를 차지했다. 그렇게 되기까지 가장 큰 공헌을 한 것은 스코틀랜드 조선소의 높은 생산효율이었다. 이 업종은 철저한 기술교체를 경험했다. 기술교체는 하루아침에 일어나지 않았다. 1868년 영국에서 진수된 신식 철선의 총톤수가 처음으로 그해에 진수된 목선의 총톤수를 넘어섰다.[40]

조선 목공과 철선 기술자/기능공은 각기 다른 형태의 사회적 조직을 형성했다. 예컨대, 조선 목공은 여전히 폐쇄형 조합을 구성하고 상당한 기간 동안 공동으로 생활하고 작업했다.[41] 모든 지역에서 목선에서 철선으로의 전환이 성공적으로 이루어지지는 않았지만 그렇다고 유럽에서만 그런 일이 일어난 것도 아니었다. 인도네시아의 조선업은 이런 전환을 성공적으로 완수했다. 당시 인도네시아의 식민 종주국 네덜란드는 조선업에서 영국에게 패배한 상태였기 때문에 식민지인 인도네시아의 조선업을 적극 장려했다.[42]

조선업의 노동자는 대부분 남성이었고 비교적 높은 수준의 교육과 기능을 갖추어야 했다. 많은 나라의 초기 노동자 정치조직이 조선노동자를 중심으로 형성되었던 데는 이런 조건이 작용했다. 조선노동자 조직은 항상 항구의 기타 부문 노동자 조직과 연대했다. 일부 국가(예컨대 중국)에서 프롤레타리아 조직의 초기 핵심세력은 조선소와 군비제조 공장의 노동자였다.

공장

19세기의 공장은 새로운 특성 — 이중성 — 을 지녔다. 공장은 대형 생산 장소이면서 동시에 사회적 행위의 장소였다.[43] 각종 협력의 형태와 권력의 등급이 공장에서 먼저 나타난 후 사회의 다른 부문에 확산되었다. 공장은 가정과는 완전히 분리된 순수한 생산의 장소였다. 공장에서는 새로운 작업 습관과 리듬이 필요했고, '자유로운' 임금노동의 이념이 제한적으로만 적용되는 새로운 규범이 필요했다. 공장노동은 분업과 협력 — 노동자의 능력에 따라 분배되고 조정되는 — 이었다. 공장노동은 시발점에서부터 작업의 효율을 높이는 방식을 시험해왔고 마침내 1911년에 뛰어난 관리자문가 프레드릭 테일러(Frederick Winslow Taylor, 1856-1915)가 작업과정의 속도를 높이고 보다 과학적으로 작업과정을 통제하는 심리물리학적 최적화 이론 — 이른바 '테일러주의'(Taylorism) — 을 창안해냈다.

구체적으로 얘기하자면 역사상 처음으로 공장이 어떤 지역에 등장했을 때 공장은 낯선 사물이었다. 공장은 반드시 도시 안에 자리 잡지는 않았다. 실제로는 그 반대로 공장을 둘러싸고 도시가 생겨났다. 때로 공장은 '들판'에 홀로 우뚝 선 건물이었다. 1900년 무렵 러시아에서는 60퍼센트의 공장이 교외에 있었다.[44] 극단적인 경우 새로 세워진 공장은 '전체주의 제도'(totalen Institutionen)였다. 그곳에서는 공장주가 노동자들에게 식량과 주거를 제공하고 그들을 사회로부터 거의 격리시켰다.[45]

이런 상황은 러시아에서만 일어나지는 않았다. 1885년에 남아프리카의 다이아몬드 광산에 도입된 '폐쇄형 단지' 안에서 흑인 광산노동자는 병영이나 감옥 같은 환경에 갇혀 지냈다.[46] 그러나 자주적인 공장이란 개념을 완전히 부정적으로만 보아서는 안 된다. 훌륭한 인품을 갖춘 박애주의자 공장주도 있었다. 스코틀랜드의 로버트 오웬(Rovert Owen), 독일 예나의 에른스트 아베(Ernst Abbe), 중국의 장쑤성 난통(南通)의 장건(張謇) 등은 모범적인 공장 공동체를 만들어 사회개량의 길을 열려고 시도했다.[47]

1세대 공장 노동자는 모두가 공장 인근지역에서 모집된 사람들은 아니었다. 한 예를 들자면, 우크라이나 돈바스(Donbas) 지역 공장의 노동자들은 대부분 먼 곳에서 온 사람들이었다.[48] 기업주가 현지 청부인에게 노동자 모집을 위탁하면 농촌으로부터 새로운 공장으로 노동력을 수송하기 위해 대규모의 인맥 네트워크가 움직였다. 노동시장이 존재하지 않고 이질적인 문화배경을 가진 관리자가 대량의 비숙련 노동자를 마주한 곳에서는 청부인의 노동자 모집에 의존해야 했다. 현지 청부인에게 일회성의 보수를 지급하면 청부인은 정해진 기간 동안 고정된 임금을 받는 노동력을 조달해주었다. 청부인은 노동력의 질과 노동자의 행위에 대해 책임을 져야했으므로 항상 기율감독의 역할을 맡았다.

청부인은 한편으로는 금전대출업자이기도 했다. 그들은 자신에게 의존해야 하는 노동자들에게 불리한 조건으로 돈을 빌려 쓰도록 강요했다. 경공업 발전의 초기단계에서 기업주는 노동자들로부터 기본적인 원시공업의 숙련기능 이상을 기대하지 않았다. 그러므로 청부인은 노동자를 모집할 때 세밀하게 살필 필요가 없었다. 중국, 일본, 인도는 물론이고 러시아와 이집트에서도 그런 대체노동력 시장이 존재했다.[49] 이들 국가에서 노동운동의 초기 요구사항이 혐오스러운 청부모집을 금지하라는 것이었다. 경영자의 입장에서도 이처럼 노동자에 대한 간접적 통제는 인사정책을 집행하는 데 장애가 되었기 때문에 어느 시점에 이르면 청부모집을 지속할 수가 없게 되었다.

청부모집은 그러므로 과도기적 현상이었다. 농촌과 공장 사이의 조직적 순환과정이 농촌과 결별한 초기 노동자 계층의 형성 시점을 늦추어 놓았고, 따라서 노동자들도 상당히 긴 시간 동안 농촌적 특성을 유지했다.

세계의 다양한 지역과 문화에서 등장한 각종 공장의 공통점은 노동자에 대한 강제와 속박이었다. 우리에게 비교적 익숙한 영국과 독일의 사례와 또한 인도와 일본의 사례를 통해(위르겐 코카Jürgen Kocka가 말한) 초기 '공장노동의 비참한 실상'을 알 수 있다. 일본에서는 1891-99년 사이에 기계식 견사(絹絲) 공장의 숫자가 네 배로 늘어났다. 공장은 대부분 일본 중부의 누에고치 생산지역에 위치했다. 여성노동자—남성노동자는 무시해도 좋은 숫자였다—는 일반적으로 가난한 소작농 가정 출신이었다. 많은 여성노동자가 사실은 아동이었다. 그들의 2/3가 20세 미만이었다.[50] 그들은 모두 청부인이 모집했고, 그들의 임금을 청부인이 직접 고향의 부모에게 지급했다.

공장에서 어린 여성노동자를 맞이한 것은 공포스러운 작업조건이었다. 그들은 감시받는 대형 숙사에 기거하면서 한 가지 채소 반찬만 곁들인 쉰밥을 먹어가며 하루 15-17시간을 일했다. 중간 휴식시간은 매우 짧았고 성폭력은 빈번했다. 작업은 단조로웠으나 온 신경을 집중해야 했다. 누에고치를 삶는 솥 주변에서는 수시로 사고가 발생했다. 이런 환경은 무서운 폐결핵의 온상이었다.

같은 시기에 번성기에 들어간 면방공업의 작업조건도 이보다 나을 게 없었다. 일본의 면방공업은 머지않아 견사공업보다 더 중요한 고용주가 되었다. 면방공업의 특징은 작업자를 극도로 피곤에 빠트리는 야간작업이었다. 1916년 이전까지는 하루 14시간 노동이 보편적이었다. 귀가 멀 정도의 소음 속에서 섬유조각이 떠다니는 공기를 호흡하며 아무런 방호장치도 없이 기계 옆에서 작업하는 여성 노동자들이 기계에 말려들어가 목숨을 잃는 사고는 끊임없이 일어났다.

작업감독자는 작업기율을 유지하기 위해 몽둥이와 채찍을 들고 다녔다. 1905년 이후가 되어서야 일부 적극적인 동기부여 제도가 점진적으로 도입되었다. 면방공장의 노동자도 공기가 탁한 감옥 같은 대형 숙사에서 어떤 때는 자기만의 침구도 없이 거주했다. 의료시설은 거의 찾아볼 수 없었고 작업환경은 견사공장보다 열악했다. 여성 노동자의 3/4이 3년을 넘기지 못하고 발병했다.[51]

최초의 '공장'조직 형식은 다양한 환경에서 무수한 유형이 생겨났다. 그러나 어디서든 공장의 등장은 노동시장의 모습을 완전히 바꾸어놓았고, 사람들의 생활기회를 재분배했으며 새로운 위계질서를 만들어놓았다.[52] 과거와의 단절은 초기 공장의 등장과 동시에 일어나지는 않았다. 작업조직의 형성에 광범위한 영향을 미칠 수 있는 정도로 성장한 안정된 공장이 등장하면서 전환이 일어났다. 새로운 사회로 진입한 결정적인 전환점은 전일제(全日制) 노동자가 출현한 때였다. 많은 사람이 공업노동자가 되었고 그대로 공업노동자로서 살아갔다.[53]

19세기의 상당히 긴 시간 동안 작업의 이미지는 '주도부문'인 중공업(철강업)의 상황을 기반으로 한 것이었다. 아돌프 폰 멘첼(Adolf von Menzel)의 회화작품 「압연공장」(Eisenwalzwerk, 1875 완성)은 시대의 정수를 반영한 그림으로서 보는 사람 모두에게 깊은 인상을 준다.[54] 그러나 1913년 무렵까지도 강철생산은 전 세계 몇몇 나라의 몇몇 지역에 집중되어 있어서 흔히 볼 수 있는 산업이 아니었다.

미국이 다른 나라보다 훨씬 앞선 최대 강철 생산국이었고(3,180만 톤) 그다음이 독일(1,760만 톤), 이어서 상당한 차이를 두고 영국(770만 톤), 러시아(480만 톤), 프랑스(470만 톤), 오스트리아-헝가리(260만 톤)가 자리 잡았다. 일본의 강철 생산량은 30만 톤을 넘지 못했다.

몇몇 나라에는 소규모 강철공장이 몇 곳 있었을 뿐이었고(인도 타타 가문의 강철공장과 중국의 한야평漢冶萍철강공사) 취업노동자의 숫자로 보면 강철공업은 큰 의미를 갖지 못했다. 아프리카대륙 전체, 동남아시아와 중근동지역(오스만제국 포함) 그리고 유럽의 네덜란드, 덴마크, 스위스도 강철을 생산하지 못했다.[55] 전 세계에서 극소수의 노동인구만 초기 공업시대의 가장 웅장한 생산형식에 대해 알고 있었다.

운하공사

두 번째 유형의 작업 장소는 중공업처럼 새로운 사물은 아니었으나 시대적 표지로서의 의미는 중공업에 뒤지지 않았을 뿐만 아니라 중공업에 비해 지리적으로 광범위하게 분포된 거대 건설공사였다. 피라미드, 만리장성, 중세기 유럽의 대형 교회당이 건설된 이후 운하 건설공사는 오랫동안 존재해왔다. 그러나 19세기에 운하 건설공사의 수량은 더욱 많아졌고, 지리적 분포는 더욱 넓어졌으며, 규모는 더 커졌다. 이제는 기념비적 건설공사의 주목적이 종교적 신성성과 장엄함을 표현하고 통치자의 위엄과 사치를 찬양하는 것이 아니라 사회생활의 편의를 높이는 기초시설 확충으로 바뀌었다.

철도가 놓이기 전부터 운하가 있었다. 18세기에 영국에서 건설된 운하는 고착된 '무산계급'이 만든 것이 아니라 이주 노동자가 건설했다. 그들은 대부분 청부인이 타국에서 모집해온 사람들이었다. 미국에서 1780-1860년의 80년 동안(그중에서도 특히 19세기 20, 30년대)은 위대한 운하 개통의 시대였다. 이 기간에 미국과 캐나다는 44개의 운하를 개통했다. 1860년에 미국은 6,800킬로미터의 운항 가능한 운하를 보유하고 있었다.[56]

19세기 중엽에 운하건설은 가장 선진적인 공업 분야였다. 이 업종은 다량의 자본과 첨단기술을 필요로 했고 동시에 대량의 노동력을 조직하고 그들에게 기율을 지키도록 훈련시켜야 했다.

운하공사는 한 시대를 대변하는 대규모 사업이었다. 운하는 새로운 시장을 열어놓았고 새로운 질서의 사업전략을 세우게 했다. 운하 건설은 고도의 상징적 의미를 지닌 활동이었다. 지구는 더 이상 농민과 광산노동자의 세상이 아니었다. 자본주의의 동맥이 지구 곳곳에 퍼져나가고 있었다. 운하공사는 노동의 세계가 직면한 새롭고도 가혹한 경험이었다. 수공업 공방에서 공장으로 가는 길이 19세기의 유일한 길이 아니었다. 매우 다양한 배경의 비숙련 노동자 군단이 미국의 운하 건설공사장에 벌떼처럼 모여들었다. 이들은 농촌에서 일거리를 찾아 나선 사람들, 새로운 이민자, 노예, 자유인 신분의 흑인, 여성과 아동이었다. 이들은 권력도 지위도 갖지 못했고 작업조건을 선택할 힘도 없었다. 이들이 연대하고 상호 부조할 기회는 거의 없었다. 운하건설 작업에서는 조직적인 노동운동이 형성될 수 없었다. 지리적인 분포만 보더라도 운하건설 노동자의 작업 장소는 변방이었다. 그들의 세계는 공사 현장과 임시 숙소가 전부였다.

18세기의 하천 정비사업과 비교했을 때 운하건설은 정말로 거대한 공사였다. 운하를 건설하기 위해서는 토지를 파헤치고, 늪지의 물을 퍼내고, 깊은 수로를 파고, 경사진 언덕을 고정시키고, 바위를 폭파하고, 벽돌을 구워서 깔고, 갑문을 세우고, 다리를 놓고, 고가다리를 만들어야 했다. 간단한 땅파기 작업에도 노동자 한 사람이 하루 평균 70수레의 흙을 날라야 했다.[57] 작업 시간은 여름에는 하루 12-14시간, 겨울에는 하루 8-10시간이었다. 농업노동에 비해 작업은 지극히 단조롭고 고통스러웠다. 임금은 청부인이 작업 실적을 기준으로 지급했기 때문에 청부인은 수하의 노동자들에게 공장노동과 유사한 작업압력을 가했다. 보충 노동력은 초기에는 말뿐이었고 기계는 훗날 수에즈(Suez)운하를 건설할 때가 되어서야 비교적 큰 역할을 했다.

가장 고난도의 공사는 1817-25년 미국 뉴욕주에 건설된 이리(Erie)운하 건설공사였다. 올버니(Albany)와 버펄로(Buffalo)를 연결하는 이 운하의 길이는 584킬로미터였고 경제적 중요성이 막대한 건설공사였다.[58] 공사 과정에서 사고는 끊임없이 일어났다. 말라리아, 이질, 티푸스, 콜레라 같은 전염병이 수시로 폭발하여 노동자들을 위협했다. 의료조건은 매우 열악했다. 사망자 유족과 노동능력을 상실한 사람에게는 어떤 지원도 없었다. 운하건설로 미국은 흥기할 수 있었지만 피와 눈물로 얼룩진 물질적 기반이었다.

이 시대의 가장 장관이었던 운하공사는 당연히 수에즈운하였다.[59] 운하의 구상은 1846년에 처음 제시되었다. 1854년 11월에 페르디낭드 레셉스(Ferdinand de Lesseps)가 이집트 정부로부터 특허장을 받고 운하건설 자금을 모을 회사를 설립했다. 2년 동안의 측량작업을 마친 후 1859년 4월 25일 포트사이드(Port Said)의 해수욕장에서 공사가 시작되었다. 1865년 8월 12일, 첫 번째 석탄운송 선단이 홍해에 도착했다. 다음 해 2월에 수에즈운하가 들어설 지역이 획정되었고 1868년 7월에는 이스마일리아(Ismailia)와 카이로 사이를 오가는 정기 열차가 운행을 시작했다.

1869년 8월16일, 홍해 바닷물이 그레이트비터호(Great Bitter Lake)와 스몰비터호(Small Bitter Lake)로 흘러들어왔다. 이것은 10여 년에 걸친, 전체 길이 162킬로미터 운하공사가 거의 완성되었다는 것을 의미했다. 1869년 11월 20일, 수에즈운하의 해운이 정식으로 개통되었다.

수에즈운하 건설공사는 프랑스의 민간사업이었고 이집트 정부가 주식의 절반을 소유했다. 이집트는 자금을 조달하기 위해 많은 부채를 지게 되었고 이것이 1882년에 영국이 수에즈운하를 점령하는 이유 가운데 하나였다. 건설현장은 19세기 최대 규모였고 시행조직은 복잡했다. 최고책임자(Director-General)는 왕궁 같은 관사에 상주했고 그 아래에 관료조직과 프랑스 국립고등교량도로학교(École nationale des ponts et chaussées)를 본뜬 기술자조직이 자리 잡았다.

수에즈운하의 자연환경은 북아메리카 운하와는 다른 문제를 갖고 있었다. 극단적으로 더운 기후 때문에 노동자들에게 식수를 공급하는 일이 중대한 과제였다. 1859년 4월, 네덜란드 회사가 증기기관으로 구동하는 해수 담수화 설비를 설치했으나 석탄 소모량이 너무 많아 사용할 수가 없었다. 낙타와 범선을 이용해 다미에트(Damietta)로부터 식수를 실어 나를 수밖에 없었다.

이집트 파샤는 첫 번째 조서를 통해 노동자의 4/5가 이집트인이어야 한다고 규정했다. 이집트에서 강제노역(corvée, 형사처벌을 받은 범죄자가 아닌 평민에게 강제적으로 부과된 의무노동)은 예로부터 보편적이었으나 농촌의 관개시설을 정기적으로 보수할 때만 농민에게 부과되었다. (이 제도는 동방의 낙후성을 보여주는 사례라고 할 수는 없었다. 프랑스에서도 1836년 이전까지 모든 농민은 매년 3일 동안 거주지역의 도로를 보수하는 작업에 나가야 했고, 과테말라에서는 20세기 30년대까지도 원주민 인디오에게 의무노동이(보수를 지급하는) 부과되었다.)[60]

공사 초기에 수에즈운하회사(Suez Canal Company)는 프랑스 국내의 여론을 고려하여 자유로운 노동자를 모집했다. 회사는 북부 이집트, 시리아, 예루살렘에 이르는 넓은 지역의 이슬람사원, 기차역, 경찰서에 노동자 모집공고를 붙이고 농촌에 모집전단을 뿌렸다. 광고활동의 효과는 미미했다. 모집에 응한 노동자의 다수도 열악한 노동조건 — 얕은 호수에서 진흙을 파내야 했다 — 때문에 얼마 안 가 건설현장에서 자취를 감추었다. 유럽 노동자(예컨대 몰타Malta출신)를 모집하기는 더욱 어려웠다. 심지어 2만 명의 중국인을 모집하려는 계획까지 나왔다. 이 무렵 중국의 '쿨리수출'이 막 시작된 때라 이 계획은 주목받았다.

모든 조처가 효과를 내지 못하자 레셉스와 이집트 파샤는 강제노역을 시행하기 시작했다. 1862년 1월, 노동자가 대규모로 징집되기 시작했다. 파샤는 노동력을 제공하겠다는 약속을 지켰으나 운하회사의 (프랑스인) 청부인은 약속을 지키지 않았다. 임금은 체불되거나 이집트인에게는 쓸모없는 프랑이나 상팀(Centime)*으로 지불되었고 때로는 한 푼도 지급되지 않는 경우도 있었다. 환자나 사고로 목숨을 잃은 노동자에게는 어떤 지원이나 구제도 없었다.

하루 17시간 작업은 보통이었다. 노동자들 사이에서 불만이 터져나왔고 도망자가 속출했다. 영국의 대중들 사이에 이집트의 강제노역에 대한 강렬한 분노 여론이 형성되었고 이것이 런던 당국이 운하공사를 방해하는 중요한 무기가 되었다. 무엇보다도 이 무렵 러시아의 농노도 미국의 노예도 모두 해방되었다. 영국의 압력 때문에 형식상 파샤의 지배자인 술탄이 강제노역을 금지하는 명령을 내렸다.

1864년 7월, 나폴레옹 3세가 쌍방이 수락한 중재법원의 판결을 선포했다. 그 후 1864년 말에 프랑스 회사들은 이집트 노동자의 강제노역을 중지했다. 그러나 이집트정부의 비호 아래서 일부 보조적 작업은 여전히 강제노역으로 충당했다. 강제노역에 징용된 노동자수에 관한 통계는 없다. 추산에 의하면 매월 2만여 명의 노동자가 신규로 징용되었다고 하니 합계 약 40만 명의 노동자가 운하건설에 노동력을 바친 셈이 된다.[61] 그러나 가장 중요한 공정은 모집된 자유로운 노동자들에 의해 완성되었다. 강제노역 노동자는 단기간 징용되었고 고향과 가까운 공사장에서 일했다. 이집트 북부에서 징용된 노동자는 공사현장에 가는 데만 징용기간의 절반을 소모했기 때문이다.[62]

운하를 건설하기 위해 여러 나라의 자원이 필요했다. 증기 준설기

* 프랑스 통화의 보조단위로 100상팀은 1프랑이다.

와 증기 펌프를 가동하는 데 사용된 석탄은 영국에서 들여왔고(공정 마지막 단계이자 기술적으로도 가장 어려운 단계인 1867년 말에는 매일 1만 2,250톤의 석탄이 소모되었다), 공사현장 숙사를 짓는 데는 크로아티아와 헝가리에서 들여온 목재가 사용되었고, 기술 장비와 표준화된 강철 부품은 프랑스에서 들여왔다. 유럽 기술자들의 숙사는 아랍인 노동자의 천막촌과 엄격하게 분리되어 있긴 했지만 시간이 지나면서 노동자의 주거환경은 개선되었다.

위생문제는 처음부터 중요한 관심사였다. 새로 건설된 계획도시 이스마일리아와 공사현장에 위치한 많은 병원과 응급구조대는 이집트 노동자의 건강을 돌보는 서비스를 제공했다. 시간이 흐르면서 위생방역, 주거와 취사는 분명하게 개선되었다. 이 또한 영국과 기타 국가의 비판자들의 입을 막으려는 의도가 크게 작용한 결과였다.

총체적으로 보아 방대한 규모의 기술/행정체계가 등장하여 각종 직능을 훌륭하게 이행했다. 1869년 11월 20일, 성대한 운하 준공식이 열렸을 때 프랑스의 외제니(Eugénie) 황후, 오스트리아의 프란츠 요제프(Franz Joseph) 황제, 그 밖에 상당수의 유럽국가 왕위 계승자들이 참석했다. 영국은 대사를 대표로 파견했다. 인구 5,000명이 안 되는 이스마일리아시가 10만 명의 내빈을 접대했다. (이집트) 파샤는 자비로 수천 명의 손님을 초대했다. 여행사는 이 세기의 행사를 직접 참관하는 여행단을 모집했다. 준공식에서 축사를 한 내빈과 신문사 논설위원들은 수많은 훈장을 받은 레셉스를 역사상 가장 위대한 영웅들과 비교했다.[63] 쥬세페 베르디(Giuseppe Verdi)는 준공식에 맞춰 가극 「아이다」(Aida)를 상연하기로 계약을 맺었으나 작곡이 늦어져 날짜를 맞추지 못했다. 이 가극은 1871년 성탄절 전야에 카이로 극장에서 세계 각국으로부터 온 관중들 앞에서 초연의 막을 올렸다.

철도

수십만 명의 아랍 노동자들이 사막에서 삽으로 운하를 파고 있을 때 세계의 많은 지역에서는 철도 궤도가 놓이고 기차역이 세워지고 있었다. 여러 대륙에서 철도를 부설하고 운하를 건설할 때 기술적 요소는 원칙적으로 동일했다. 철도를 부설하자면 지형과 지세를 세밀하게 측량해야 하고 교량과 터널을 건설할 때도 높은 수준의 기술이 필요했다. 그리하여 철도건설을 전문분야로 하는 직업적 토목기술자가 등장했다. 철도를 건설할 때 움직여야 할 흙의 양은 도로건설 때보다 훨씬 많았다. 한꺼번에 1만 5,000명의 노동자가 동원되어 일사불란하게 작업해야 하는 경우가 흔했다.

철도부설에는 운하건설과 마찬가지로 삽, 도끼, 쟁기를 사용하는 원시적 육체노동은 물론이고 증기 크레인 같은 현대적 장비도 필요했다.[64] 시카고에서 (네브래스카주) 오마하(Omaha)를 거쳐 (캘리포니아주) 새크라멘토(Sacramento)에 이르는 동서횡단 철도는 수에즈 운하가 완공된 1869년에 완공되었다. 공사에 투입된 노동자 수는 미국 내전시기에 동원된 군대보다 약간 적었다. 실제로 공사 현장은 내전이 끝난 직후 제대한 병사들의 집결지가 되었다. 이들 외에도 10만 명의 중국인 노동자가 고용되었다. 중국인 노동자를 고용하자는 계획이 처음 제시되었을 때 어떤 사람은 그들의 열등한 신체조건을 들어 의문을 표시했다. 이런 의문에 대해 수석 엔지니어 찰스 크로커는 "그들은 만리장성을 쌓은 사람들"이라고 응수했다.[65]

중국인 노동자는 청부인이 모집했다. 그들은 12-20명 단위로 한 조를 구성했고 조마다 조리사 한 사람과 조장(headman) 한 사람이 있었다. 머지않아 중국인 노동자들은 서방인이 세운 계획을 집행하는 것뿐만 아니라 공사 과정에서 마주치는 난제들을 창조적으로 해결하는 것에서도 뛰어난 지능을 증명해 보였다.

중국인 노동자는 스스로 방법을 찾아내 취사문제를 합리적으로 해결했다. 그들은 차와 더운 물을 마시는 습관 덕분에 유럽과 미국 노동자들이 시달리던 질병으로부터 벗어날 수 있었고 사고 건수도 줄일 수 있었다. 중국인 노동자만큼이나 숫자가 많았던 아일랜드인 노동자와는 달리 그들은 술 때문에 문제를 일으키지 않았고 아편 흡연은 주말에만 했으며 싸움과 파업은 찾아볼 수 없었다.

중국인은 근면하고 기율을 잘 지켰기 때문에 노동자로서 중시되었음에도 불구하고 인종적으로는 차별받았다. 숙련된 조는 하루에 많게는 4.8킬로미터의 선로를 깔았다. 그들의 뒤를 이어 망치로 못을 박는 조와 나사를 조이는 조가 작업을 완성했다. 그들이 작업할 때 내는 기계음의 합창은 리하르트 바그너의 오페라 「라인골트」(Rheingold, 유럽 중부에서 철도건설이 큰 물결을 이루었던 1853-57년에 작곡)에 나오는 망치질 합창——「니벨룽의 노래」(Nibelungenlied)——과 같았다. 궤도 1.6킬로미터를 부설하는 데는 4,000개의 못을 박아야 했고, 못 하나를 박을 때는 세 번의 망치질이 필요했다. 동서횡단 철도는 1869년 5월에 운행을 시작했고 뉴욕을 출발하여 샌프란시스코에 도착할 때까지 7일이 걸렸다. 이 철도는 미국에서 주로 육체노동에 의존하여 완성된 마지막 대규모 건설공사였다.

세계 각지에서 대형 철도공사는 다국적 성격이었다.[66] 1860년 이전에는 철도건설에 참여한 자본은 영국과 프랑스 자본이 주류였다. 1860년 이후로는 보조적이었던 민족자본이 점점 더 중요한 역할을 했다. 공사용 자재, 노동력, 기술지식이 자국 내에서만 조달되는 경우는 거의 없었다. 유럽과 북아메리카의 기술자들이 어디서나 취업 피라미드의 정상을 차지했다. 경험이 풍부한 기능공에 대한 수요도 많았다. 철도건설공사를 하고 있던 나라 가운데서 극히 소수만 필요한 중공업과 충분한 규모의 기계제조업 기반을 갖추고 있었다.

자국의 힘만으로 시베리아횡단 철도를 건설할 구상을 했던—그리고 상당한 성과를 거두었던—러시아의 재무대신 비테도 강철은 미국산을 사용하지 않을 수 없었다. 서부 시베리아에서 철도공사를 할 때는 현지의 농민을 모집했다. 공사현장이 점점 동쪽으로 옮겨가면서 지형은 더 복잡해지고 인구는 더 희박해졌다. 그 때문에 러시아의 유럽지역에서 노동력을 모집했다.

이렇게 모집된 노동자 가운데서 카잔(Kazan)지역 타타르인과 주로 이탈리아에서 온 외국인이 다수였다. 공사가 우수리지역까지 진척되었을 때는 병사를 동원했고 동시에 8,000명의 중국, 조선, 일본 이주노동자를 투입했다. 우크라이나와 기타 지역으로부터 실어온 죄수들도 공사에 투입되었는데, 일정 시간 작업을 한 뒤부터는 이들에게도 임금이 주어졌다. 죄수 징발은 미래에 등장하게 될 스탈린주의의 전조였다.[67]

로디지아 공화국에서 대형 철도건설 공사는 대부분 1892-1910년 사이에 진행되었다. 노동자는 세계 각국에서 모여들었다. 그중 이탈리아인과 그리스인이 적지 않았다. 숙련 백인 노동자는 영국에서 모집했고 비숙련 노동자는 남아프리카에서 모집했다. 철도가 완공되고 나서 많은 시간이 흐른 뒤까지도 세계의 여러 지역에서(로디지아와 인도를 포함하여) 철도회사는 농업분야를 제외한 민간부분의 최대 고용주였다.

인도의 철도는 19세기 아시아에서 가장 큰 규모의 기술적인 건설 공사이자 영국제국의 최대 규모 단일 투자항목이었다. 1901년 인도는 철도 총연장(4만 800킬로미터) 면에서 미국, 러시아, 독일, 프랑스 다음으로 세계 5위였다. 인도 철도의 총연장은 프랑스(4만 3,600킬로미터)에 근접했고 영국(3만 5,500킬로미터)과 오스트리아-헝가리(3만 7,500킬로미터)보다 길었다.[68]

인도의 철도건설은 1853년에 시작되었고 50년 동안 1,000만 명 이상의 노동자가 참여했다(최고점은 1898년의 46만 명).[69] 이처럼 특이한 노동밀도 — 대략 영국의 3배였다 — 는 주로 부녀자와 아동이 포함되었기 때문이다. 저렴한 임금으로 가족 전체가 고용되는 방식이 환영받았다.

이 방식으로 고용된 사람들은 대부분 토지를 소유하지 못한 하층민으로서 농촌사회와 괴리되어 있었다. 그들 가운데서 많은 사람이 한 공사장에서 다른 공사장으로 일거리를 찾아 떠도는 '전문적' 비숙련 노동자였다. 정확한 통계수치는 없지만 많은 사람이 철도공사 현장에서 목숨을 잃었을 것이다. 인도의 철도건설 공사장의 작업환경은 가장 열악한 공장보다 더 위험했다.[70]

모든 대륙에서 철도건설 공사가 벌어지는 곳이면 지역의 경계를 넘어선(흔히 국제적인) 새로운 노동시장이 형성되었다. 많은 대형 공사가 아시아 농촌사회라고 하는 거대한 노동력 비축기지로부터 비숙련 노동력을 조달했다. 반면 철도 운영에는 높은 수준의 기술인력 — 기관사, 열차장, 철도 순시원, 철도 수리공 등 — 이 필요했다.

가변적이기는 하지만 결코 사라진 적이 없는 인종차별의 벽 앞에서 멈추어야 했던 식민지 주민들에게 새로운 신분상승의 기회가 찾아왔다. 이 기회는 민족주의가 촉발한 권리요구와 관련성이 있었을 것이다. 예컨대, 멕시코에서는 1910년의 혁명이 시작되기 전에 현지 노동자들이 미국이 출자한 철도회사에서 고위 기술직을 차지하기 위한 투쟁을 벌였다. 전 세계에서 철도종사자 특유의 행태가 형성되었다. 철도가 국유인 곳에서 '철도인의 행태'는 더 뚜렷했고 '철도인'은 공공의 권위를 대표했다.

작업 장소, 선박

19세기에 또 하나의 전형적인 작업 장소는 선박이었다.[71] 거대한 유조선을 단지 몇 명의 선원이 움직이는 오늘날의 시각으로는 상상할 수 없는 일이지만 돛을 올리기 위해 대량의 비숙련 노동력이 필요했던 범선의 시대에 특별한 기능을 갖추지 못한 대다수 선원은 해상 프롤레타리아였다. 공업화 이전 오랫동안 유럽의 원양 상선의 선원은 일반적으로 자유로운 임금노동자였다.[72]

증기선이 등장한 이후 초기 수십 년 동안 선상에서 일하는 선원의 숫자는 큰 변화가 없었다. 내륙 하천, 특히 라인강, 장강, 미시시피강―마크 트웨인은 개인적인 경험을 바탕으로 한 자전적 소설 『미시시피강의 생활』(Life on the Mississippi)에서 선원들의 작업환경을 세밀하게 묘사했다―의 승객과 화물이 동시에 늘어나면서 선박은 19세기의 작업 장소로서 정점에 이르렀다.[73] 선박은 근대 초기의 모습―세계 도처에서 모집되어온 사람들의 코스모폴리탄적인 공간―을 유지했다.

선박은 군대와 플랜테이션을 제외하면 가장 폭력적인 작업 장소였다. 미국은 1850년이 되어서야 선상에서 행해지는 채찍 형벌을 폐지했다. 19세기 70년대까지도 영국 해군은 아주 잔혹한 형벌 도구인 끝부분이 '아홉 갈래로 갈라진 채찍'을 사용하고 있었다. 장교가 수병에게 폭력을 행사하는 현상은 상선에서도 모방하는 완고한 관습이었다.

궁극적으로 선박은 극단적인 위계질서와 세밀한 분업이 지배하는 사회적 공간이었다. 후갑판(quarterdeck)이 선장을 위한 암묵적인 영지였다고 한다면 전갑판(forecastle)은 선원들을 위한 연옥이었다.

『모비-딕』(Moby-Dick) 같은 낭만적 모험이 없지는 않았으나 포경선은 현대 이전의 광산과―1900년 무렵, 다른 분야에서는 현대화된 미국에서도 유독 광산만은 여전히 악명 높은 위험장소로 남아있었다―구아노(guano)를 캐는 칠레의 섬을 제외한다면 상상할 수 있는 범위 내에서 가장 혐오스러운 작업 장소였다. 오스트레일리아의 포경선처럼 대문을 나가면 바로 중요한 어장이 펼쳐지는 경우가 아니라면 특히 더 그랬다.

1840년 무렵이라면 포경선이 한 번 원양으로 나가면 (중간에 어쩌다 항구에 정박하는 경우는 있지만) 4년씩 항해하는 일은 보통이었다. 이 방면에서 신기록을 세운 포경선은 11년 만인 1869년 4월에 코네티컷의 모항으로 돌아온 '나일'(Nile)호였다.

음식은 삼키기가 어려울 정도로 형편없었고, 30-40명이 좁은 공간에서 새우잠을 자야했고, 의료적 조치란 없는 것이나 다름없었다. 배 위에서 벌어지는 모든 일에 대해 전권을 가진 선장이 선원들을 가혹하게 통제했다. 10톤이나 되는 죽은 고래는 여러 용도로 사용되었다. 고래 가죽을 연료로 사용하여 고래 기름을 뽑아내는 거대한 가마솥으로부터 안전한 장소는 없었다. 사람들은 고래 포획장면을 흔히 지옥에 비유했다. 포경업이 몰락하게 된 원인 가운데 하나는 다른 업종에서는 볼 수 없는 혐오스러운 작업조건이었다.[74]

사무실과 가정

'사무실' 자체는 19세기의 발명품이 아니다. 관리업무가 있는 곳이라면 사무요원이 앉아서 일할 수 있는 장소가 있어야 한다. 기록체계를 가진 모든 문명에서 사무실이 존재해왔다. 베이징의 고궁에 가보면 고급 관리가 사용했던 근엄한 분위기의 사무실을 지금도 볼 수 있어서 몇 세기 전과 지금의 사무실 모양이 크게 다르지 않다는 사실을 알 수 있다. 실제로 19세기 이전에 이미 '기록요원'이 있었다. 규모가 방대한 동인도회사는 런던과 암스테르담에 본부를 설치했고 다량의 문서 왕래를 처리하기 위해 기록요원 — 요즘 말로 하자면 비서와 행정요원 — 을 두었다.[75] 19세기의, 특히 1870년 이후의 새로운 현상으로서 기업이 일정 규모에 이른 뒤부터 관료기구화하는 추세가 나타났다. 이 때문에 직원들이 사무실에 모여서 일하는 방식이 점차 중요한 사회적 유형으로 자리 잡았다.

'직원'이란 용어는 육체적인 작업을 하지 않아도 되는 '화이트칼라'로 불리는 사람들을 가리키는 매우 포괄적인 표현이다. 직원에는 위로는 이사로부터 아래로는 회계원과 비서까지 포함되었다. 70년대 중반부터 타자기가 보급되자 비서의 업무가 늘었다. 사다리의 아래쪽으로 갈수록 정책결정의 공간은 줄어들고 결정된 내용을 실무적으로 집행하는 업무는 늘어났다. 대형 제조기업에도 재무와 기술 부문에 직원이 있었다. 노동자가 거의 없는 도매업과 무역업, 은행과 보험업에서는 직원이 절대적인 주류를 형성했다. 화이트칼라의 작업이 확장되면서 새로운 직능과 성별 위계질서가 생겨났다. '제3'의 산업분야(소형상점부터 백화점에 이르는 소매업)에서 여성 노동시장이 '제2'의 산업분야(수공업과 공업)보다 더 빠르게 성장했다. 그러나 이것을 노동세계의 '여성화'—당시의 사회적 토론에서 이런 표현이 이미 나왔다—라고 부를 수 없는 이유는 여성은 일반적으로 새로 나타난 직업분야에서 일을 찾았기 때문이다. 여성에게는 승진의 기회가 거의 없었다. 여성 노동자는 남성 관리자가 결정하는 곳에서 고용되고 일했다.[76]

유럽과 북아메리카 이외의 국가에서 첫 세대 직원은 외국회사의 현지 지사 직원이었다. 외국회사는 잘 알지 못하는 상업 환경에서 일하기 위해 정책결정을 할 수 있는 위치에 현지인을 고용할 수밖에 없었다. 오늘날에도 그렇지만 현지 직원에 대한 처우는 차이가 컸다. 그러나 현지 직원은 일반적으로 매우 중요한 역할을 했는데, 그 가운데서도 특히 돌출적인 경우가 중국의 '매판'(買辦, comprador)이었다. 물론 유사한 업종은 다른 나라에도 있었다. 매판은 거래 알선 수수료를 지급받는 조건으로 유럽과 북아메리카 회사에 임시로 초빙된, 원래는 자기 나름의 자본력도 갖추고 평판이 좋은 현지 상인이었다. 매판은 외국회사의 현지 영업확장을 지원하고, 현지의 공급자 또는 매수자의 지급능력을 보증해주고, 자신이 모집한 현지 노동력에 대한 감독을 책임지고 임금을 지불했다.[77]

20세기 20년대에 비교적 규모가 큰 중국기업(초기에는 주로 은행)이 등장하여 중국의 거래 관습과 서방의 거래 관습을 연결해줌으로써 중국 현지 직원계층의 기초를 놓았다. 일본은 중국보다 수십 년 먼저 이런 과정을 거쳤다. 일본이 경제의 현대화와 도시 경제의 초기 관료기구화에 앞서 있었기 때문이다.

서비스업의 발전과 서방 국가의 대형 공업의 관료기구화에 따라 직원이란 직업이 그 시대의 생존방식이 되었다고 한다면 가사(家事) 고용인은 세계에서 가장 오래된 직종 가운데 하나이다. 오늘날까지 어떤 직업도 하인이란 직종만큼 (직업의 역사)연구의 한 분야로서 이해하기 어려운 홀대를 받고 있는 경우는 없다.

세계 대부분의 지역에서 이 직업에 관한 연구는 거의 없었다. 동서방을 가릴 것 없이 예부터 지금까지 하인의 숫자는 부와 권력을 가진 집안을 평가하는 지표였다. 모든 문명에서 궁정생활은 수많은 하인들의 서비스에 의존했다. 궁정과 '고대광실'(高臺廣室)이 존재하는 한 이런 상황은 변함이 없었고 19세기 내내 상황은 마찬가지였다.

이 밖에도 많은 나라의 도시 시민계층에서 정기적인 가사 서비스(요리, 보모, 마부 등)에 대한 수요가 빠르게 증가했다. 일부 하인 직종은 시간이 흐르면서 사라졌다. 19세기 초, 가난한 집안 출신의 몇몇 문인은 가정교사로 생계를 유지해야 했다. 독일 시인 프리드리히 휠데를린은 평생을 가정교사로 일했던 반면에 그의 친구 게오르크 헤겔은 철학교수가 되었다.[78] 19세기 말, 비교적 고품질의 공교육이 보급되자 서방세계에서 가정교사란 직업은 더 이상 존재하지 않게 되었다. 그 시대에 연주자도 더 이상 통치계급이 부리는 하인의 일부가 아니었다. 이제는 에스테르하치(Esterházy) 후작 집안을 위해 30년을 봉사한 요제프 하이든의 시대는 사라졌다. 물론 예외는 있었다. 1850년 무렵까지 러시아에서는 강대한 영주가 소유한 뛰어난 현악사중주단과 교향악단의 일부 연주자는 여전히 농노신분이었다. 리하르트 바그너의 후원자였던 바바리아 국왕 루트비히 2세는 여전히 전속 현악 4중주단을 소유하는 사치를 즐겼다.[79]

어떤 직업은 새로운 의미를 갖게 되었다. 유럽에서 하인을 — 하녀한 명이라도 — 고용하는 것은 중상층 부르주아와 프티 부르주아를 구분하는 명백한 표지였다. 하인은 서방사회에서 부유함의 상징이자 가장 뚜렷하게 신분을 나타내는 표지 가운데 하나였다.[80] 착취적 노동관계라는 비판이 많은 경우 상당한 근거가 있었지만 농촌의 젊은 여성에게 하녀는 도시 노동시장에서 찾아낼 수 있는 상대적으로 생활이 보장되는 중요한 일자리였다. 공장노동이나 매춘보다는 밥하고 빨래하는 일이 훨씬 나은 직업이었다.

19세기 말 러시아의 대도시에서 농촌출신의 유동인구 대부분은 공장을 찾아가 노동자가 되지 않고 가정집을 찾아가 가사를 돕는 노동자가 되었다. 1882년, 모스크바 가정의 39퍼센트가 하인을 두고 있었고 베를린도 20퍼센트의 가정이 하인을 두고 있었다.[81] 이런 현상의 중요성은 지속적으로 높아졌다. 영국의 인구추이 결과를 보면 1911년의 가사 고용인의 숫자는 직종별 취업인구 가운데서 최대였다. 농업을 제외한 가사 고용인이 250만 명이었던 반면에 광산과 채석장 노동자는 120만 명이었다.[82] 19세기의 세 번째 사반세기에 미국에서 경제가 가장 발전한 동북부 도시지역에서 가사 고용인은 여성에게 다른 어떤 직업보다 중요한 일자리였다. 소수집단인 흑인 여성에게 하녀는 유일하게 가능한 선택이었다.[83]

부유함의 정도에서 약간 차이가 나는 가정에서는 흔히 하녀 한 명만을 고용했다. 그러므로 하녀는 '고대광실'에 고용된 직능과 성별에 있어서 등급이 나뉘는 하인과 격이 달랐다. 19세기에 가사노동의 여성화라는 일반적 추세가 나타나기는 했지만 그것이 세계 어디에서나 일부 유럽국가처럼 분명하지는 않았다. 농업노동이 의미를 잃어가고 사무실, 기타 서비스업과 공장노동의 새로운 기회가 아직 충분하지 않은 지역에서 도시 가정의 하녀는 선망의 직업이었다.[84]

유럽과 북아메리카 이외의 지역에서는 많은 가정이 상당히 긴 시간동안 다수의 하인—대부분 남성—을 고용했다. 시장경제의 수요공급 법칙에 따라 조절되지 않았더라면 다수의 하인을 유지하는 일은 고용 가구주에게 부담이 되었을 것이다. 일부 국가에서는—예컨대 중국에서는 축첩과 입양의 풍속이 있어서—가족 구성원과 하인의 경계가 유럽보다 유동적이었다. 식민지에서는 최말단의 백인 정부 관리나 민간 기업주도 다수의 시종이나 심부름꾼을 부릴 수 있었다. 아시아와 아프리카의 대량의 저렴한 노동력은 식민지 생활을 마음껏 즐길 수 있는 매력이었다.

가사노동은 부근에 어떤 일이든 기꺼이 하겠다는 노동력이 부족하지 않을 때 중요한 취업 기회였다. 하녀 또는 남성 집사는 '주인'은 물론 초대된 손님들과 예절에 맞게 교류할 수 있어야 했다. 유럽 부르주아 가정에서 아프리카인 하인은 찾아보기 힘든 예외였다. 가사 고용의 세계화—베를린의 폴란드인 청소부, 페르시아만 국가의 필리핀인 하녀—는 20세기 후반에 가서야 생겨난 현상이었다. 그러나 19세기에 일종의 소규모 역방향 노동력 이동현상이 나타났다. 유럽 국가(주로 영국)가 세계 각지에 수출한 여성 가정교사는 중요한 문화 전파자의 역할을 했다.

집사 또는 보모 겸 가정교사로 활동한 여성들은 현지에 정착한 유럽인과 동방의 부호들로부터 다 같이 환영받았다. 그들은 자녀들이 영어와 프랑스어, 피아노 연주 그리고 유럽의 식탁예절을 습득하기를 바랐다. 여성 가정교사는 유럽과 유럽 이외의 지역에서 사회적 지위가 비교적 높은 고용인이었다. 고급 학교의 교사나 대학의 교수가 될 기회가 매우 적었던 중간 계층 출신의 여성에게 가정교사는 '존경받을 수 있는' 최고의 직업이었다.[85]

3. 해방의 길
노예, 농노, 농민

자유로운 노동

19세기 경제학 이론에 뿌리를 두고 있는 오늘날의 자유주의 경제학 이론은 노동은 자유로우며 시장의 수요공급 법칙을 따른다고 말한다. 인간을 노동하도록 강제할 수는 없다. 인간은 '동기부여'가 있을 때 노동한다. 이것이 현실상황을 묘사하는 이론이라고 한다면 20세기를 대상으로 할 때 이 이론은 어느 정도 적용이 유보되어야한다.

소련의 굴라그(GULAG)와 이것과 대응되는 중국과 나치의 수용소는 역사에서 드러난 최대의 강제노동수용소였다. 세계에서 이런 대규모 강제노동 체계가 사라진건 수십 년밖에 안 된다. 그러나 세계화의 물결을 타고 극단적인 예속적 노동의 새로운 방식이 ─ 때로는 '신노예제'라 불린다 ─ 다시 뿌리를 내리고 있다. 이런 면에서 19세기는 전환의 시대, 자유로운 노동의 역사적인 추세가 시작된 시대였다.

'자유로운' 노동은 형식상으로나 법률상으로 어느 정도 모호하게 정의될 수밖에 없다. 자유로운 노동이란 직접적인 외부의 압력이 없는 상태에서 맺어진 계약관계이며, 이 계약을 근거로 고용인이 자기 노동력의 사용권을 고용주에게 제공하고 그 반대급부로서 금전적 보상을 받는다. 원칙적으로 이 관계는 쌍방 모두에 의해 해제될 수 있으며 고용주에게는 고용인을 지배할 수 있는 어떤 권리도 주어지지 않는다.

1900년 무렵에는 이러한 노동개념은 세계 대부분의 지역에서 자명한 원칙으로 받아들여졌으나 1800년 무렵의 상황은 전혀 달랐다. 임금노동의 범주를 넘어서는 좀더 넓은 정의를 적용해도 마찬가지다. 다시 말해 자유로운 노동은 노동자의 시민으로서의 자유 또는 신체적 자기결정권이 제약받지 않는 상황에서 행해지는 노동이다.

근대 초기에 세계의 절반에 가까운 지역 ─ 카리브해를 포함한 북아메리카, 남아메리카, 아프리카, 이슬람세계 전체 ─ 에서 노예제는 (여러 형태로) 중요한 사회제도였다. 노예제가 없는 주요 지역은 중국, 일본, 유럽이었다. 그러나 유럽에서는 폐지된 노예제가 신대륙에서는 더 활발하게 시행되고 있었다. 좀더 보편적인 '노예상태'란 개념을 적용한다면 노예제 이외에 최소한 ① 농노제 ② 계약고용인 ③ 채무노예 ④ 형벌노역 등 네 가지가 추가된다.[86] 이런 용어들은 보편적으로 사용될 수 있지만 기본적으로 서방의 개념이기 때문에 다른 사회 환경에서는 수세기 동안 명확한 정의(定意)를 주장하는 로마법의 훈련을 받아온 유럽만큼 각 형태의 경계가 분명하지 않다. 예컨대 동남아시아에서는 여러 형태의 예속적 노동으로부터 공개적인 노예제에 이르는 각 형태의 차이와 변화가 그렇게 뚜렷하지 않았다.

세계의 모든 지역에서 다섯 개의 기본 유형 가운데 최소한 하나는 존재했다. 유럽에서 1800년 무렵에 채무노예는 거의 없었으나(채무자 감옥으로 곧장 끌려갔기 때문에) 농노제도는 여전히 남아 있었다. 인도의 상황은 정반대였다. 오스트레일리아는 처음에는 유배된 죄수들의 식민지에 불과했다. 1800년 무렵(프랑스대혁명의 횃불이 타오른 직후), 법률이 허가한 자유의 박탈 형태는 일반적으로 결코 비난받지 않았다. 프랑스와 네덜란드 같은 입헌 정치체제를 갖추고 앞서가던 자유주의 민족국가도 1848-63년이 되어서야 식민제국의 범위 안에서 노예제를 폐지했다. 이 시기에 프랑스에서는 새로운 혁명이 일어났고 네덜란드는 수리남(Surinam)의 플랜테이션에서 거두는 수익이 나빠졌다. 이 밖에도 노예인구의 번식이 문제를 일으켰다. 유럽-대서양연안 지역에서 자유로운 노동은 끊임없이 정체와 후퇴를 반복하는 복잡한 과정을 거쳤다(나폴레옹은 1802년에 프랑스 식민지에서 노예제를 다시 시행했다).

노예제[87]

근대 초기에 유럽인은 서방에서는 대체로 사라진 노예제 생산방식을 아메리카 식민지에서 부활시켰고 그 기초 위에서 매우 강력한 생산능력을 갖춘 플랜테이션 경제를 발전시켰다. 아메리카 여러 지역의 원주민이 멸종하거나 중노동을 감당할 수 없다는 사실이 밝혀진 뒤 그리고 유럽의 하층민 집단에서 노동력을 찾아내려는 시도가 실패한 뒤에, 그들은 아프리카로부터 흑인노예를 사들여 노동력에 충당했다.[88]

열대와 아열대 플랜테이션 경제는 유럽을 위한 설탕과 담배 등 사치성 소비재와 유럽과 북아메리카 초기 공업화에 사용된 중요 원료인 면화를 생산했다. 플랜테이션 경제를 떠받치는 노예제와 대서양 노예무역에 대한 최초의 비난은 기독교 문화권(특히 퀘이커교도 Quakers)에서 나왔다. 이리하여 대서양 양안의 영어를 모국어로 하는 지역에서 노예제 폐지 운동이 시작되었다.[89]

1808년, 영국과 미국이 동시에(그러나 독자적으로) 국제적인 노예 교역은 불법이라고 선언했다. 이때부터 미국은 노예 수입을 중단했다. 영국은 노예를 수입하려는 식민지를 봉쇄하고, 자국 선박의 노예 수송을 금지했으며, 노예무역에 동원된 제3국의 선박에 대해 해군력을 동원한 공격도 마다하지 않았다.

노예제 자체가 이 때문에 완전히 소멸되지는 않았다. 노예제가 처음으로 철폐된 곳은 1791-1804년의 혁명기간 동안의 생도맹그/아이티였다. 다른 곳의 노예제 폐지는 노예혁명의 결과가 아니라 식민 종주국 수도의 자유주의 세력의 압력 때문이었다. 유럽 식민지의 노예제 불법화는 1834년 영국제국에서 시작되어 1886년 쿠바에서 종결되었다.

라틴아메리카 각 공화국에서는 일찍이 독립운동 초기에 노예제가 폐지되었다. 그러나 이들 국가의 노예인구가 전체 인구에서 차지하는 비중은 미미했다. 브라질에서는 1888년에 마지막 노예집단이 자유를 얻었다. 미국에서 노예해방운동은 80여 년간 지속되었다. 1780년에 펜실베이니아주가 북아메리카 식민지 가운데서 처음으로 노예제 반대를 선언했다. 뒤이은 수십 년 동안에 미국 북부 각 주가 노예제를 금지하는 법률을 제정했다.

같은 시기에 남부 각 주에서는 노예제가 더욱 강화되었을 뿐만 아니라 전 세계의 면화경제가 번영하면서 노예제도의 경제적 지위는 정점에 이르렀다. 노예제는 새로 연방에 가입한 서부의 일부지역에까지 확산되었고, 이것이 국론을 분열시킨 핵심 문제였다. 결국 남부 각 주가 연방을 탈퇴하면서 내전이 시작되었다. 전쟁이 종결되면서 미국의 노예는 법적으로 해방되었다.

수백만 명의 아프리카 노예가 경제의 가장 역동적인 분야에서 노동하고 있는 나라에서 노예제는 결코 점차 위축되어가는 근대 초기의 유물이 아니었다. 미국 남부 각 주, 브라질, 쿠바, 안틸레스제도의 일부 도서에서 노예제는 존속한 기간 동안에는 기본적인 사회제도였다. 이런 사회는 원칙적으로 노예제 사회, 노예주-노예 관계가 일상생활의 모든 곳에 존재하면서 사회의식을 결정하는 사회다. 우리가 어떻게 이해하든 관계없이 노예제는 모든 것을 포괄하는 존재방식이다. 노예는 다른 어떤 방식으로도 자신을 정의할 수 없고, 노예제 덕분에 정도의 차이는 있지만 사치스러운 생활을 유지할 수 있는 노예주 역시 다른 어떤 방식으로도 자신을 정의할 수 없다. 본질적으로 대서양 세계의 노예제는 일종의 노동착취 관계였고, 논의는 그런 관점에서 진행되어야 한다.

로마법에서 노예는 주인의 비인격적 재산이었다. 로마법은 대서양 지역의 법체계에 많은 영향을 주었다. 노예주는 노예의 노동력을 무한히 사용할 수 있는 권리, 사용목적을 달성하기 위해 폭력으로 강제할 수 있는 권리를 가졌다. 노예주는 노예에게 보수를 지급하거나 노예를 부양할 의무가 없었다. 국가의 일반적인 법률은 노예에게 적용되지 않거나 매우 제한적으로 적용되었다. 그러므로 가축을 잡듯 노예주는 노예를 죽일 수 있었다. 노예는 (가족관계를 고려하지 않은 채) 다른 사람에게 팔아버릴 수 있었다. 이것은 실제 상황이었다.

스토우부인(Harriet Beecher Stowes)의 베스트셀러 『톰 아저씨의 오두막』(Uncle Tom's Cabin)은 강렬한 반향을 일으켰다. 노예의 신분은 일반적으로 죽을 때까지 유지되었고 대부분의 경우 여성 노예의 후손에게 이어졌다. 반항과 도주는 범죄이므로 가혹하게 처벌되었다. 이것이 대서양 세계 노예제의 기본 모형이었다.

세계사적 관점에서 비교하면 대서양 세계의 노예제는 노예에게는 사실상 어떤 권리도 인정하지 않는 강력한 예속제도였다. 노예의 생존상황이 현실생활에서 노예 신분으로서 마주해야 할 가장 극단적인 처지였는지를 두고 사학자들은 오랫동안 논쟁을 벌여왔다. 노예제 폐지론자들은 도덕적 의분과 전략적 필요에서 노예를 순수한 객체로서 묘사했지만 좀더 새로운 연구는 노예도 자기 집단 안에서는 풍부한 생활문화를 갖고 있었으며 더 나아가 노예제하에서도 행동공간과 개인생활을 만들 공간이 있었음을 보여준다.[90) 그러나 중요한 사실은 19세기 전반에—서방 일부 국가에서는 그 기간이 더 길었다(동아시아는 제외했을 때)—수백만 명의 노동조건은 같은 시기에 자유주의가 찬양하던 도덕적·경제적 이상인 '자유로운' 노동과는 하늘과 땅만큼의 차이가 있었다는 점이다. 그들이 노동한 부문은 각 국가의 경제에서 원시적이고 낙후한 부문이 아니었다. 이미 증명되었듯이 영국이 노예제를 폐지하기 직전의 카리브해 지역이건 아니면 내란이 일어나기 전의 미국 남부의 각 주이건 노예제 플랜테이션은 모두가 효율성과 수익성이 높았고 따라서 경제적으로 합리적인 생산방식이었다.[91]

노예제로부터 자유의 왕국으로 가는 직행로나 지름길은 없었다. 노예제가 폐지되면서 갑자기 해방된 이전의 노예도 새롭고 실제적인 권리와 물질적 생존의 기초를 당장에 가질 수는 없었다. 노예제가 폐지되었다고 해서 노예가 하룻밤 사이에 완전한 권리를 누리는 시민으로 대접받게 된 곳은 어디에도 없었다. 영국령 식민지에서는 그들의 이익이 대변될 수 있는 기회가 어느 정도는 있었지만 다른 식민지에서 그들은 '자유로운' 이웃과 마찬가지로 정치적 소수집단으로 남았다.

미국에서는 1870년이 되어서야 피부색에 관계없이 남성에게 보통선거권이 주어졌다. 그러나 남부에서 이 권리는 1890년대부터 차별적 특별입법을 통해 거의 완전히 효력을 상실했다.[92] 내전이 끝나고 다시 온전히 한 세기가 지나서야 흑인은 현실생활 속에서 가장 중요한 시민의 권리를 쟁취했다. 대부분의 노예해방 과정에서 이전의 노예주는 (일반적으로 이전의 노예가 과도적으로 일정한 노동을 제공하는 방식을 통해) 보상을 받았다. 정부도 항상 거액의 몸값을 지급해주었다.

유독 미국에서만 노예제는 노예주 계층의 군사적 패배와 더불어 종결되었다.[93] 미국의 노예제 폐지의 후속처리 과정은 사유재산의 징벌적 박탈을 통한 사회혁명과 같았다. 그러나 미국에서도 해방된 노예는 곧장 공장의 자유로운 임금 노동자나 자기 소유의 토지를 경작하는 독립적 소농이 되지는 못했다.

플랜테이션은 소작농지로 분할되었다. 플랜테이션 소유주는 여전히 토지 소유권을 보유하고 이전의 노예가 소작인으로서 경작하여 수확을 토지 소유주와 나누어 가졌다.[94)

결론적으로 말하자면 남부 각 주의 플랜테이션 귀족은 노예에 대한 소유권은 상실했지만 토지와 기타 재산에 대한 소유권은 상실하지 않았고 이 때문에 이전의 플랜테이션 노예는 토지를 갖지 못한 채 백인으로부터 인종차별을 당하는 하층민이 되어 소작인이나 임금 노동자로서 이전보다 더 불안정한 처지에 빠졌다. 머지않아 가난한 백인이 같은 대열에 합류하자 그들은 계층과 인종의 장벽이란 이중고에 빠지게 된다.[95) 아이티에서 플랜테이션은 혁명기간 동안에 파괴되었고 이와 함께 한때는 고수익을 자랑하던 식민지 설탕경제도 무너졌다. 그 결과 오늘날까지도 소규모 토지를 경작하는 소농이 이 나라 농업의 특색이다.

영국과 프랑스가 식민통치하는 카리브해 지역에서도 대규모 생산이 중단되었다. 일부 섬에서는 플랜테이션 소유주가 사탕수수 농장을 성공적으로 지켜냈지만 이전의 노예를 고용하는 경우는 거의 없었고 대다수는 중개인이 인도에서 모집한 계약노동자였다. 이곳의 노예는 일반적으로 소농이 되었지만 전체적으로 보아 미국 남부의 이전 노예보다는 비교적 적게 차별받았고 영국 법률로부터 최소한의 기본적 보호를 받았다.[96)

노예해방의 경험으로부터 배울 수 있는 교훈은 자유란 전부가 아니면 전무의 문제도 아니라는 점이다. 자유는 다양한 모습과 다양한 정도로 찾아왔다. 한 사람이 자유로운지의 여부는 학술상의 질문이고 한 사람이 얼마나 자유로운가, 무엇을 할 수 있을 만큼 자유로운가, 지금까지 어떤 권리를 박탈당해왔는가, 최근에 또 어떤 권리를 박탈당했는가 하는 것은 현실적인 문제이다.[97) 브라질처럼 물질적 생존을 위한 사전조처도 전혀 없이 '노예에게 자유를 주는 것'과 노예에 대한 사심 없는 배려 사이에는 엄청난 차이가 있었다. 해방노예는 사회와 자연스런 유대를 형성하지 못한 취약하고 상처받기 쉬운 존재였다. 그들이 시장경제의 생존경쟁에서 살아남으려면 초기의 완충장치가 있어야 했다.

농노

기독교 문화권인 유럽, 특히 알프스산 이북의 유럽에서는 중세기 이후로 노예가 존재하지 않았다. 이 지역에서 강박에 의한 노동의 전형적인 형태는 농노제였다.[98] 19세기가 시작될 때 이 제도는 주로 러시아에 (18세기보다 훨씬 더 강화된 형태로) 남아 있었다. 러시아 농노의 규모가 어느 정도였는지를 이해하려면 1860년 미국에서 거의 400만 명에 가까운 인구가 노예 신분이었던 사실을 상기해야 한다(남부 인구의 33퍼센트, 북부 인구의 13퍼센트). 브라질의 노예인구는 1850년대에 225만 명(전체 인구의 30퍼센트, 미국 남부 노예인구에 근접)이었다.[99] 러시아의 농노인구는 이보다 더 많았고 대부분 유럽 쪽 러시아에 분포했다. 1858년의 민간에서 소유한 농노의 숫자는 1,130만 명, 온전한 자유인 신분이 아닌 '국유 농민'이 1,270만 명이었다. 농노는 러시아 남성인구의 약 40퍼센트였고 국유농민까지 포함시킨다면 러시아 남성인구의 80퍼센트였다.[100]

이 시기 러시아와 미국 남부의 인구구성의 가장 중요한 차이는 노예적 노동의 밀집도였다. 러시아에서는 한 농장에 수백 명의 농노가 예속되어 있는 일은 흔했지만 미국의 플랜테이션에서 이런 대규모는 예외적인 경우였다. 이 밖에도 미국 남부의 주는 도시화의 정도에서 더 앞서 있었고 노예를 소유하지 않았거나 몇 명의 가사 노예만 소유한 백인의 비율이 훨씬 더 높았다. 1860년, 남부의 전체 노예주

가운데서 단지 2.7퍼센트만 5명 이상의 노예를 소유했다. 같은 시기 러시아의 귀족 지주(pomešciki) 가운데서 22퍼센트가 100명 이상의 농노를 소유하고 있었다.[101]

농노는 노예가 아니었다.[102] 러시아의 농노는 대다수가 일정한 권리를 누리고 있었다. 그들은 지주의 장원에서 노동하는 시간을 제외한 시간에 스스로 경작하여 자급자족했다. 그들 대다수는 노예처럼 태어난 곳에서 붙잡혀 머나먼 타향으로 끌려온 사람들이 아니라 현지 농민이었다. 농노는 농민문화에 젖어 있었고 태어난 마을에서 생활했다. 농노는 남녀 성별에 따라 작업의 영역이 엄격하게 나뉘었다. 농노는 영주에게 청원할 권리를 가졌지만 노예에게는 일반적으로 어떤 권리도 없었다. 농노는 유럽의 법률 환경 안에서 관습법이 규정한 권리를 가졌지만 노예는 이런 권리를 누릴 수 없었다.

요컨대 농노는 농민이었고 노예는 그렇지 않았다. 상이한 두 제도의 내용을 일반화하기는 어렵다. 노예제는 농노제에 비해 더 가혹한 경향이 있었지만 구체적인 상황에서 항상 그랬던 것은 아니다. 좁은 의미에서 농노는 러시아의 전통에 따른 세습적 신분의 하인을 가리키며 타인에게 팔거나, 증여하거나, 도박의 판돈으로 걸 수 있는 존재였다. 그들은 '토지에 묶여 있지' 않았으며 이론상으로는 이주할 수 있었으나 소유주가 임의로 처분할 수 있다는 점에서는 미국의 노예보다 나을게 없는 존재였다.

두 제도는 정확하게 같은 시점에 폐기되었다. 두 제도는 세계의 보편적 제도는 아니었지만 하나의 흐름이 우랄과 텍사스 사이에서 다른 형태로 나타난 두 가지 지류라고 할 수 있다. 러시아의 농노제도 수익을 만들어 낼 수 있었고 경제적으로 지속가능한 제도였다. 신흥 자유주의-자본주의 사상의 대표 인물들은 강제노동에 기반을 둔 생산방식은 머지않아 확장의 한계에 부닥칠 것이라 예측하고 있었지만 두 나라 가운데 어느 나라에서도 현존하는 체제의 가장 중요한 부분을 대체할만큼 자본주의가 충분히 강력한 수준에 이르지 못했다.

19세기 중엽에 서유럽, 미국 북부의 주, (서방을 현대화의 모형으로 인식하고 있던) 러시아에서 죄 없는 사람에게 장기적인 노예노동을 강제하는 것은 과거의 악습이자 혐오스러운 일이라는 공동인식이 형성되었다. 러시아황제가 1861년 1월에 농노제폐지령을 발표했다. 러시아 역사에서 이것은—폐지령은 농노를 소유한 영주를 정면으로 공격하지 않았고 법령을 집행하는 단계에서는 농노 소유주의 의견을 반영했지만—1863년 1월 1일 발표된 링컨의 '흑인노예해방선언'과 맞먹는 혁명적 사건이었다.

해방 시점에서 미국의 흑인노예는 미래에 대한 희망적 전망을 가졌을 것이다. 승리한 북부가 제시한 재건계획은 노예 신분을 벗어난 사람들이 사회에서 적절한 자리를 찾도록 돕겠다고 약속했다. 이것과 비교했을 때 러시아에서 농노의 신분을 벗어나는 과정은 점진적이고 완만했다. 미국의 새로운 시작이 직접적이고 보편적인 적용성을 중시했다고 한다면 러시아의 폐지령은 비상하게 복잡하고 난해한 문장으로 의무와 권리를 시간과 지역에 따라 다르게 규정했고 사법제도는 이것을 농민에게 불리한 쪽으로 해석하는 경향을 갖고 있었다.[103]

농노의 소유자들은 후한 보상금을 받았고 해방된 농노는 부담을 가중시키고 생활을 어렵게 만드는 새로운 제약을 받아들여야 했다. 1905년이 되어서야 러시아정부는 혁명의 압력 때문에 남아 있는 농노의 몸값을 지불하는 모든 방식을 폐지했고 1907년에는 마지막으로 남은 농노의 채무를 탕감하는 법령이 시행되었다.

1900년 무렵의 시점에서 보면 두 해방 과정은 60년대 중반에 예상했던 것과 크게 다르지 않게 진행되었다. 두 해방 과정은 노예제와 농노제를 폐지한 곳에서 즉시 평등과 풍요가 실현되는 것이 아니라 새로운 강제적, (약간 완화된) 예속적 노동 형태와 빈곤이 등장한다는 법칙을 입증해주었다.

미국에서 좋은 의도를 갖고 시작된 재건계획은 몇 년 뒤 실패로 끝났다. 플랜테이션 소유주들이 다시 정치적으로 주도적인 지위를 차지했다. 해방노예에게 토지를 제공하는 정책은 실패하고 값비싼 대가를 치르게 된다.

러시아에서 농민은 귀족지주가 소유한 토지의 절반을 매입할 수 있는 권리를 갖게 되었다. 러시아는 '농민국가로 변했고' 새로운 '농민문제'가 옛 농민문제를 대체했다. 그러나 미국의 해방노예는 농민이 될 수 있는 기회를 가질 수 없었다. 1907년부터 스톨리핀(Pyotr Stolypin)의 토지개혁이 시작되었다. 러시아는 20세기에 농민문제를 해결하려는 일련의 실험을 했지만 대부분의 정책이 농민 자신의 이익을 보호하려는 목적을 갖고 있지 않았다. 자본주의 중대형 농업기업을 발전시키려던 조심스러운 시도는 1928년의 집단농장 정책으로 무참하게 꺾였다.[104]

1861년의 농노해방은 문화적 혁명이 아니었다. 전혀 목가적이지 않은 농촌 상황에 아무런 변화도 일어나지 않았다. 거칠고 저속한 농촌사회의 기풍은 개선되지 않았으며, 농촌의 교육수준을 높이고 보드카 소비량을 줄이겠다는 계획도 별 성과를 내지 못했다. '해방'은 (서유럽 계몽주의의 관점을 엄격하게 적용한다면) 일어난 일들의 실상을 묘사하기에는 지나치게 과장된 용어이다. 미국 남부에서 해방노예는 '재건' 이후에도 학교 교육을 받을 수 있는 어떤 도움도 받지 못했다.

농민해방

자유주의적인 이론에 따르면 러시아의 농노는 이중적으로 자유롭지 못했다. 농노는 주인의 소유물이면서 동시에 농촌공동체의 집단주의에 갇혀 있었다. 1861년에 첫 번째 질곡이 사라졌고 1907년에 두 번째 속박에서 벗어났다. 유럽의 나머지 지역을 말하자면 농민이 무엇인가로부터 해방되었다고 말하기는 더 어렵다. 특정 유형 —— 예컨대 '러시아식 농노제' —— 을 정의하려는 시도가 간단명료하게 유럽을 자유로운 서쪽과 노예상태의 동쪽으로 구분하는 실수를 불러와서는 안 된다.

가장 보편적인 추세를 찾아냈다 하더라도 인신자유의 부재도 여러 단계로 나눌 수 있다. 예를 들면, 18세기 중반 홀슈타인(Holstein)이나 메클렌부르크(Mecklenburg) 농민의 평균적인 상황은 러시아 농민의 상황과 큰 차이가 없었다. 1803년에 정치평론가 에른스트 모리츠 아른트(Ernst Moritz Arndt)는 '노예제'라는 강렬한 단어를 사용하여 자신의 고향 뤼겐(Rügen) —— 발트해의 섬 —— 의 상황을 묘사했다.[105]

일반적으로 '농민해방'은 1870년 이전, 아무리 늦어도 1900년 무렵 이전까지 유럽의 대부분 농민이 옛 신분에서 벗어나는 것을 가리킨다. 이는 100년 전에는 생각할 수 없었던 새로운 신분을 갖게 되는 힘든 과정이었다. 새로운 신분의 농민은 다른 사람과 똑같은 권리를 가진 평등한 시민, 각국의 규범에 따라 법적 행위능력을 갖춘 경제적 주체, 자유롭게 이주할 수 있는 권리 주체, 납세자이자 지대 지급자, 명문 계약을 하지 않고는 누구에게든 ('불합리하고' 무제한적인 노동은 말할 것도 없고) 노동을 제공할 의무를 지지 않는 노동자였다.

이런 자유는 토지소유 여부와는 관계가 없었다. 영국 소작농의 생활은 스페인 북부의 토지소유 소농의 생활보다 나았다. 핵심은 영국 정부가 농민이 유리한 조건으로 토지를 경영할 수 있도록 일정 정도 보장해 줄 수 있었다는 것이다.

구체적인 방식은 소작기간의 장기화였다. 농촌에 과잉노동력이 발생했을 때 지주가 소작농을 경쟁시켜 지대를 올리려고 한다면 농민에게는 대응 방법이 없었다. 이런 '고액 지대' 수법은 유럽에서건 중국에서건 완전히 '자유로운' 농민이 당면하는 '현대적인' 수법이었다. 어느 정도의 가부장적 구제 의무를 포함하는 윤리적 경제의 잔재가 사라지면서 정부가 — 유럽이나 북아메리카에서처럼 — 농민을 보호하는 '농업정책'을 시행하지 않으면 농민 가정의 생존은 시장의 난폭한 움직임에 그대로 휘둘릴 수밖에 없었다.

농민해방은 전체 유럽에 파급된 대사건이었다. 이 현상은 법률적인 정의(定義)를 따르면 1864년 루마니아 국왕의 농민해방 조서가 발표되면서 완성되었지만 실제로는 더 오래 지속되었다. 농민해방은 유럽의 일부 지역을 피해갔다. 영국에서는 18세기의 인클로저 운동(Enclosure)으로 (막스 베버의 풍자적 표현을 빌리자면) "농민은 토지로부터 해방되었고 토지는 농민으로부터 해방되었다."[106) 그 결과 19세기에 진입했을 때 영국 농촌은 세 등급 — 대지주, 대형 소작농, 농업 노동자 — 으로 구성된 사회였다.

안달루시아의 상황도 비슷했다. 이곳에서 중세부터 세습되어온 장원은 농업인구의 3/4을 차지하는 일용 농업노동자(Jornaleros)가 경작했다.[107) 농민해방은 농촌사회가 막 형성되기 시작한 보편적인 사회적·정치적 역할에 적응하는 것을 의미했다. 농민 '계층'의 특수성은 박탈되었다. 이 과정의 배후에 어떤 세력이 존재하는지는 비교적 분명했다. 분명하지 않은 것은 이 세력의 정확한 성분과 이 과정을 유발한 시초의 원인이었다.

제롬 블럼(Jerome Blum)은 유럽의 시각에서 이 문제를 연구한 대가다. 그는 (1771년 사보이Savoy 공작령이 반포한 해방법과 함께 시작된) 농민해방을 계몽전제통치의 마지막 승리로 해석했다.[108) 그의 분석에 따르면 비전제체제가 실행한 농민해방은 예외적인 소수이며 대표적 사례가 대혁명 시기의 프랑스였다. 그러나 나폴레옹을 통해 전파된 바로 그 프랑스혁명이 각국 정부가 조처를 취하게 만든 자극이었다. 군주정 체제가 농민문제에 관심을 갖도록 압박한 것은 흔히 군사적 패배였다. 1807년, 프로이센은 프랑스와의 전쟁에서 패배한 뒤 농노제를 폐지했다. 크리미아전쟁 패배는 러시아가 농노해방을 포함한 일련의 개혁정책을 실시하게 된 동인이었다. 미국 내전의 원인은 노예해방이었다.

농민해방 과정이 시작된 데는 더 많은 원인이 작용했다. 그 무엇보다도 프랑스대혁명이 일어나기 훨씬 전부터 농민은 자유를 갈망하고 있었다. 그들은 '봉건' 질서의 제약과 맞서 싸워 구체제로부터 어느 정도의 행동공간을 확보했다.[109] 농민봉기에 대한 공포는 19세기 초까지도 사라지지 않았다. 미국의 플랜테이션 소유주들은 아이티의 유혈 혁명에 이어서 노예 반란이 일어나지 않을까 우려했다. 이 우려는 1816년과 1823년에 자메이카에서 현실이 되었고 1831년에는 버지니아에서 재현되었다(냇 터너 반란Nat Turner's Rebellion).

농민해방은 거의 언제나 개량적 타협이었다. 귀족 지주의 토지를 박탈하는 극단적인 조치를 취한 사례는 프랑스가 유일했다. 지주계급은 농민해방을 견뎌냈다. 대다수의 유럽 국가에서 지주의 정치적·사회적 지위가 한 세기 전에 비해 약화되었다고 한다면 그들이 지주로서의 특권을 상실했기 때문은 아니다. 이런 경우는 드물었다. 많은 지주에게 행동공간은 이전보다 확대되었고 선택은 더 명확해졌다. 그들은 적극적으로 대규모 기업농으로 변신하거나 수동적으로 은둔하여 이자수입으로 살아갔다.

놀라울 정도로 유사한 유럽의 농민해방 과정에는 그 밖의 목표와 이해관계가 섞여 있었다. 예컨대 프랑스대혁명 이전에도 오스트리아 왕실은 농업잉여에서 자기 몫을 늘리기 위해 귀족지주의 이익을 희생시키려 했다. 역설적이게도 농촌을 떠나 주요 수입이 공직에서 나오는 이른바 공직담당 귀족이 바로 이 정책을 고안하고 실행했다. 토지소유 엘리트계층도 특수한 조건에서는—특히 정치적으로 농민계층의 지지가 필요할 때—개혁노선을 추종했다. 국가 분열의 위기에 빠진 폴란드에서 그랬고 합스부르크 왕가에 저항한 헝가리에서도 그랬다.

사회발전은 새로운 보편적 구조를 만들어냈다. 농노제(특히 17세기에 새로 건설된 동유럽의 '2차' 농노제)는 신대륙의 노예제와 마찬가지로 노동력 결핍에 대한 반응이었다. 19세기 유럽 인구의 빠른 증가가 이 문제를 해결했다. 동시에 도시발전과 초기 공업화가 농촌에서 온 사람들에게 새로운 취업의 기회를 제공했다. 노동시장은 더 유연해지고 반면에 강압적인 노동안정은 이념적으로도 점점 더 유지하기 어려워졌다.

18세기에 '봉건적' 예속관계가 존속하던 국가에서도 대다수의 농촌인구가 지주에 대한 경제 외적 의무에서 벗어났다. 해방의 결과는 국가에 따라 달랐다. 농민의 몫이 가장 현저하게 개선된 국가는 프랑스였다. 오스트리아도 괜찮은 편이었다. 프로이센과 러시아의 농민에 대한 타협의 폭은 훨씬 적었다. 이 스펙트럼의 한쪽 끝에는 포메라니아(Pomerania), 메클렌부르크, 루마니아가 자리 잡고 있었다. 이 지역의 19세기 말 농민의 상황은 세기 초에 비해 근본적인 개선이 없었다.

농민해방의 최대 '패자'는 프랑스대혁명 이전의 프랑스 귀족을 제외하면 바로 무토지 노동자 신분을 벗어나지 못한 유럽의 수백만 인구였다. 이전의 영주와 이전의 노예소유주는 큰 손실을 입지 않았다. 승자는 대다수 농민이었으며 나아가 국가 관료기구도 의문의 여지가 없는 승자였다. 농민해방의 과정이 완결되었을 때 유럽의 농민은 국가와 직접적인 관계를 맺었지만 그렇다고 해서 국유농민이 되지는 않았다. 유럽의 농민이 영주와의 관계에서 누리던 '옛' 자유는 농촌에서 사라지고 19세기의 '새로운' 자유는 국가가 설정한 틀을 깰 수 없었다. 가장 강인한 자유주의자도 그 어떤 시장보다도 농업시장이 정책적 통제와 개입을 요구한다는 점을 깨닫게 되었다. 이리하여

19세기의 마지막 사반세기에 농업정책이 탄생했다. 유럽 농민의 생존은 이때부터 이 정책에 의존해왔다.

4. 임금노동의 비대칭성

힘든 과도기

해방과정이 종결되었을 때 농촌에서는 두 가지 주도적인 역할이 분명한 모습을 드러냈다. 그것은 농업경영자(규모를 불문하고)와 임금노동자였다. 두 역할은 차이가 분명한 '자유로운' 노동의 변종이었다. 그러나 시장의 자유와 이전의 농민유토피아식 자유는 직접적인 관계가 없었다. 이런 계보학은 간단히 말해 봉건주의에서 자본주의로의 과도기라는 관련성 바깥에서 생겨난 '자유로운 노동'이란 개념을 설명할 수 없다.

법사학자 로버트 스타인펠트(Robert J. Steinfeld)는 미국과 영국의 다른 역사를 보여준다. 그의 주장에 따르면 자유로운 노동으로 가는 결정적인 전기는 노동자가 노동을 거부할 수 있는 힘을 가졌을 때, 작업장소로부터의 이탈이 더 이상 범죄행위로서 처벌의 대상이 되지 않았을 때라고 한다. 이런 역사의 시발점은 노예제나 농노제가 아니라 신대륙 식민화와 정주이민과 함께 생겨난 계약노동 형태(indentured service)였다.[110]

이것은 이민자가 신대륙에 도착한 후 일정 기간 동안 자신의 노동력을 제공하는 것으로 대서양을 건너는 여비를 대신하는 계약관계다. 간단히 말하자면 기한이 정해져 있는 노예노동이다. 영국의 법률문화에서 이처럼 개인 권리의 자발적 포기는 항상 논란이 많은 주제였다. 17세기에 생겨나 빠르게 사회규범으로 전파된 '자유롭게 태어난 영국인'이란 관념은 예속적 노동형식과는 대립적이었다. 대략 1830년 이후 미국에서 이런 대립관계는 노예제에 대한 비판이 거세지면서 사회적으로 뜨거운 화두가 되었다.

아메리카 식민지에서는 18세기 초부터 자유로운 노동이 존재했지만 오랫동안 계약노동에 가려져서 특수한 예외처럼 비쳐졌다. 기한이 정해진 계약관계는 계약노동과 노예제 · 농노제의 가장 중요한 차이였다. 사회사나 법률사의 시각에서 보더라도 계약노동은 낡은 제도의 유물이 아니라 철저하게 '현대적인' 형태의 노동관계였다. 이 모든 것이 노예제를 폐지할 때 극복해야 할 어려움을 감소시켜주었다. 노예제 비판논리는 계약노동의 해석에도 영향을 미쳤다. 사람들은 계약노동이 진정으로 자발적인 계약관계라고 할 수 있는지 의문을 제기했다.

이 논쟁의 핵심은 계약노동자에 대한 실질적인 대우가 아니었다. 노예제와는 달리 누구도 공개적으로 계약노동을 변호하지 않았다. 그러므로 19세기 20년대에 그 비합법성이 논증된 후 30년대에 들어와 계약노동은 폐지되었다. 이때부터 영미법체계에서 자유로운 노동은 자명한 규범으로 자리 잡았다.

미국법원이 1821년에 처음으로 노동의 의무는 자발성을 바탕으로 해야 하며, 노동자가 작업장을 떠나기로 결정했을 때 물리적인 제재를 받는다면 자유로운 노동이 아니라고 판결했다. 이런 해석은 노예제를 둘러싼 논쟁에도 영향을 미쳤다. 미국 북부의 주가 남부의 연방 탈퇴를 반대하는 전쟁에서 '자유로운 노동'은 전투구호가 되었다. 이와 함께 노동자에 대한 신체적 폭력의 사용은 본질적으로 불법으로 규정되었다. 미국 법원의 판례는 독자적인 가정을 가진 노동자와 주인으로부터 부양받는 예속노동자 · 하녀 · 하인 사이의 구분을 없앴다는 점에서 이것은 중요한 의미를 지녔다. 이 방면의 법운용에서 미

국이 영국보다 앞섰다.[111]

　이 밖에도 여러 가지 역사적 과정이 있었다. 프랑스대혁명 이후의 프랑스에서 자유로운 노동의 관념이 발전한 결과는 『나폴레옹법전』(Code Napoléon)에 담겨 유럽 전역에 영향을 미쳤다. 또 하나의 역사를 소개하자면 독일의 하인법(Gesinderecht)의 발전이 있다. 고도 공업화시대에 진입한 뒤에도 오랫동안 프로이센과 기타 독일의 제후국에서 하인은 일부 경제외적인 자유의 제한을 받았다. 주인이 하인에게 체벌을 가할 수 있는 권리는 1896년 『독일민법시행법』(Einführungsgesetz zum Bürgerlichen Gesetzbuch)이 통과되면서 폐지되었다. 그런데도 독일제국 시대 내내 체벌권은 약화된('간접적인') 형태로 법체계 안에 유령처럼 모습을 드러내고 있었다. 달리 표현하자면 체벌은 상당히 보편적으로 행해졌음이 분명하다.[112]

　로버트 스타인펠트의 해석은 자유로운 노동의 발전과정에서 19세기를 결정적인 시기로 본다는 점에서 매우 흥미롭다. 어떤 점에서 결정적인가? 스타인펠트는 계약노동이 종결되고 바로 자유로운 노동이 주류 노동형태가 되었다고 보지 않는다. 노예제와 (특히 러시아의) 농노제가 그랬듯이 일종의 과도적 단계가 있었다. 영국에서도 비금전적 강제에 의한 노동은 하룻밤 사이에 사라지지 않았다. 성문법과 실제 사법판결 모두 기업주와 농업 고용주에게 노동관계를 지속적으로 유지할 수 있는 각종의 강제적인 수단—오늘날 우리가 '강제구류'라 부르는 법절차와 유사한—을 인정해 주었다. 수십 년 동안 강제노동의 잔재가 자유로운 임금노동의 관계 속에 은폐되어 있었다.

　로버트 포겔(Robert Fogel)과 스탠리 엥거만(Stanley Engerman)은 1974년에 발표한 유명한 연구결과를 통해 고전경제학의 이론과는 달리 노예노동은 (플랜테이션의 노예노동이건 수공업 공방 또는 공업기업에서의 노예노동이건 관계없이) 최소한 자유로운 노동과 같은 효율성과 합리성을 갖추고 있었음을 입증했다.[113] 그 뒤 강제노동에서 자유노동으로의 이행은 선형발전이었다는 관점은 더 이상 설득력을 갖지 못하게 되었다.

따라서 강제노동과 자유로운 노동 사이에는 아무런 관계가 없고 둘은 다른 시기에 속하며, 완전히 다른 사회영역을 대표한다는 주장은 폐기되어야 마땅하다. 노동자가 복잡하고 다양한 형태의 압력에 노출되는 일종의 통일연속체를 상정하는 것이 더 설득력이 있다.[114] 그러므로 19세기의 위대한 역사적 전환점은 좀더 앞으로 옮겨져야 한다. 영국에서조차 노동자에 대한 경제외적 강제는 대략 1870년 이후에 공업분야 임금노동관계에서 사라졌고, 이런 현상이 그보다 더 늦게 나타난 나라도 많지 않았다.

계약노동이 폐지된 후에도 그 기능은 남아서 여전히 일정한 작용을 했다. 신유럽 사회로 이민한 사람들은 먼저 와서 정착한 동족에게서 보호와 지원을 구했다. 화교는 빠르게 차이나타운을 형성했던 반면에 남부 유럽으로부터 미국으로 온 이민자들의 경우에 반(半)합법적 후견인의 역할은 직업중개인, 보호자, 착취자를 결합한 것이었다. 그런 점에서 이들의 역할은 유럽 밖의 도시로 쏟아져 들어간 1세대 노동자들의 물결을 조직한 모집중개인과 유사했다.[115]

이것은 자유주의 이론에서 말하는 자유로운 노동이 아니었다. 뿐만 아니라 이미 여러 차례 언급한 바 있지만 모집 중개인을 완충지대로 하는 간접적 노동관계는 결코 '비유럽' 지역의 특색이 아니었다. 예컨대, 이탈리아에서 19세기 말까지 오페라 극장주에게 가수를 공급한 임프레사리오(impresario)는 이러한 모집 중개인과 크게 다르지 않았다.[116]

노동시장의 불균형

세기 말에 등장한 새로운 요소는 조직적인 노동운동이었다. 집단으로서의 노동자가 강대한 자본소유자에게 도전할 수 있는 조건이 점차 형성되어갔을 때 노동시장의 불균형이 교정되었다. 그러나 국가입법으로 노동자와 자본가의 담판(단체교섭, Collective bargaining)이 가능해졌을 때 노동운동은 비로소 돌파구를 찾았다.[117] 여기서 여러 장애를 넘어온 자유로운 노동의 발전은 하나의 역설과 마주쳤다. 노동자 쪽에서 담판을 독점하는 조직을 형성하여 시장의 자유를 제한해야만 노동자 개인은 노동력을 구매하는 쪽이 갖고 있는 통제수단—일자리를 찾는 노동자를 서로 경쟁시키고 언제든지 해고할 수 있는 힘—으로부터 자유로울 수 있었다.

자유로운 노동은 복지국가가 발전하면서 실질적으로 무제한의 계약의 자유를 제한해야 가능하게 되었다. 노동관계의 계약화만으로는 (프랑스의 사회학자 로베르 카스텔Robert Castel이 말했듯이) "임금노동자 계층의 존엄이 훼손되는 상황"을 예방하거나 극복할 수 없었다. 노동자는 노동할 수 있는 체력을 제외하고는 어떤 보장도 권리도 갖지 못했다. 이런 면에서 그들은 노예로 비유될 수 있었다. 그러므로 순수한 노동시장의 자유는 필연적으로 불안정을 의미할 수밖에 없었다. 노동자의 저항, 혁명을 저지하려는 엘리트계층의 노력, 혁명가 소집단의 도덕의식이 상호작용하여 수십 년 뒤에 복지국가의 기초가 놓였다.

아무런 보호 장치가 없는 자유로운 노동은 사회통합의 기초로서 거의 역할을 하지 못한다는 사실을 처음 발견한 사람들은 자비심이 많은 기업주였다. 19세기 80년대에 생겨나 발전한 초기 복지국가는 구제활동을 체계화했고, 다음으로는 소리 없는 혁명이라고 할 수 있는 새로운 강제보험 제도를 도입했다.[118] 그 배후에는 사회를 개인의 집합이 아니라 모순과 대립으로 가득 찬 각종 집단으로 구성된 다원적 집합체로 보는 인식이 있었다.

보수파와 사회주의자들은 이 인식을 공유했다. 이렇게 하여 고전적 자유주의를 뛰어넘어 초기 복지국가 체계의 건설이 가능해졌다. 반면에, 고전적(특히 영국식과 프랑스식) 자유주의의 이론적·정치적 대변자들이 모두 '맨체스터 모형'을 지지하는 극단적 개인주의자는 아니었다. 그래서 '신자유주의'는 정부를 통해 노동(시장)을 조절하려는 보편적 추세를 충분히 받아들일 수 있었다.

1차 대전이 일어나기 전 수십 년 동안 유럽의 공업화된 국가에서는 '사회복지문제'에 대해 일정한 정도의 공동인식이 형성되어 있었다. 사회보험은 독일에서는 애초에 체제를 안정시키려는 보수적 조치로서 시작되었고, 영국에서는 1906년 이후 자유주의를 주장하는 정부에 의해 채택되었다.[119]

자유로운 임금노동은 오늘날 우리가 보기에는 자연스러운 노동관계이지만 언제나 모든 환경에서 그랬던 것은 아니다. 특히 농업사회에서 '무산계급화'는 사회적 지위의 하락으로 인식되었다. 예를 들자면, 동남아시아 농촌사회에서 노동은 존중받았고, 사람들은 토지와 긴밀하게 연결되어 있었으며, 전통적인 후견-피후견 관계는 과도하게 착취적이지 않았다. 이러한 지역에서 도시 노동시장이 등장하자 사람들은 서서히 도시로 나가 일자리를 찾는 것도 괜찮겠다는 생각을 하게 되었다. 이러한 지역에서는 오래전부터 사람들이 부유한 집안의 가사 노동이나 시장화 되지 않은 예속성 노동을 선택하는 경향이 있었다.[120]

사회적 취약집단에게는 강자에게 의존하거나 다른 약자와 연대하는 두 가지 기본적 생존전략만 남아 있었다. 첫 번째 선택이 일반적으로 더 많은 안전을 제공했다. 식민정부가 노예제를 금하고 싶으면서도 과감한 결정을 내리지 못했던 이유는 노예제를 폐지 한 후에 정치적으로 통제하기 어려운 토지를 소유하지 않은 노동자 계층이 형성되는 것을 두려워했기 때문이었다(엄격한 통제를 받는 플랜테이션은 예외였다). 정치적 야심도 없고 불만이 가득하지도 않은 정착 농민은 자신이 먹을 식량과 수출용 식량을 생산하기 위해 부지런히 노동하고 성실하게 세금도 냈다.

이런 농민은 19세기 후반 세계의 대부분 정권이 ─ 식민정권이든 비식민정권이든 ─ 바라는 이상적인 농민의 모습이었다. 농촌에서 '자유로운 임금노동'은 의심스러운 개혁이었다. 공업부문은 달랐지만 비대칭적 노동시장에서 완벽한 개인주의적인 자유에 대에 의문을 품은 사람들은 사회주의자뿐만이 아니었다.

1) Kocka, Jürgen/Claus Offe (ed.): *Geschichte und Zukunft der Arbeit*, Frankfurt a.M. 2000, pp.121f는 본 장을 읽기 위한 다량의 개괄적 견해를 제공하고 있다.

2) 이 책 제5장을 참조할 것.

3) Siddiqi, Asiya: *"Ayesha's World. A Butcher's Family in Nineteenth-Century Bombay"* (Comparative Studies in Social History, v.43 [2001], pp.101-29에 수록). Rosselli, John: *Singers of Italian Opera. The History of a Profession,* Cambridge 1992, chs.3-4. Richardson, Peter: *Chinese Mine Labour in the Transvaal,* London 1982. Druett, Joan: *Rough Medicine. Surgeons at Sea in the Age of Sail,* New York 2000. 이 저작들은 자서전 형태의 문헌을 바탕으로 하여 특수 직업영역을 복원한 매우 귀한 연구 성과이다.

4) Tilly, Chris/Charles Tilly: *Work under Capitalism,* Boulder, CO 1998, p.29.

5) 조사보고서와 논문의 목록은 Jan, Lucassen: *Global Labour History* (2006)를 참조할 것.

6) Kaelble, Hartmut: *"Der Wandel der Erwerbsstruktur in Europa im 19. und 20.Jahrhundert"* (Historical Social Research, v.22 [1997], pp.5-28에 수록).

7) Biernacki, Richard: *The Fabrication of Labor. Germany and Britain, 1640-1914,* Berkeley, CA 1995.

8) Lynn, Martin: *Commerce and Economic Change in West Africa. The Palm Oil Trade in the Nineteenth Century,* Cambridge 1997, pp.34-59.

9) 아프리카의 상황에 관해서는 Atkins, Keletso E.: *The Moon is Dead! Give Us Our Money! The Cultural Origins of an African Work Ethic, Natal, South Africa, 1843-1900,* Portsmouth, NH 1993, p.128을 참조할 것.

10) 세계농업사를 연구하려는 시도는 거의 없었다. 그러나 최소한 대서양지역의 농업사에 관해서는 Herr, Richard: *"The Nature of Rural History"* (Herr, Richard [ed.]: *Themes in Rural History of the Western World,* Ames IA, 1993. pp.3-44에 수록)를 참조할 것. Hobsbawm, Eric J.: *Die Blütezeit des Kapitals,* Ch.10은 유럽 농촌의 전경을 탁월하게 묘사한 저작이다.

11) Kaelble, Hartmut: *"Der Wandel der Erwerbsstruktur in Europa im 19. und 20.Jahrhundert"* (Historical Social Research, v, 22 [1997], pp.5-28에 수록. 인용된 부분은p.8, p.10).

12) 이 책 제7장을 참조할 것.

13) Elson, Robert E.: *The End of the Peasantry in Southeast Asia. A Social and Economic History of Peasant Livelihood, 1800-1990s,* Basingstoke 1997, pp.23f.

14) 이 분야 연구의 간단한 개설로서 Kearney, M.: *"Peasants and Rural Societies in History"* (Smelser, Neil J./Paul B.Baltes [ed.]: *International Encyclopedia of the Social*

and Behavioral Sciences, 26vls., Amsterdam 2001. V.16 [2001], pp.11163-71에 수록)
을 참조할 것. Wimmer, Andreas: *Die komplexe Gesellschaft. Eine Theorienkritik am Beispiel des indianischen Bauerntums,* Berlin 1995도 농민사회의 각종 이론을 개괄한 뛰어난 저작이다. 대부분의 이론은 동남아시아와 러시아의 사례를 기반으로 했다.

15) Little, Daniel: *Understanding Peasant China. Case Studies in the Philosophy of Social Science,* New Haven, CT 1989, pp.29-67은 훌륭한 종합이다.

16) Hanley, Susan B./Yamamura Kozo: *Economic and Demographic Change in Preindustrial Japan, 1600-1868,* Princeton, NJ 1977, p.332.

17) Blum, Jerome: *"The Internal Structure and Polity of the European Village Community from the Fifteenth to the Nineteenth Century"* (Journal of Modern History v.43 [1971], pp.541-76dp 수록. 인용된 부분은 p.542).

18) Huang, Philip C.C.: *The Peasant Economy and Social Change in North China,* Stanford, CA 1985, pp.225-228.

19) 유럽 농촌 마을에 관해서는 Blum의 저서 이외에도 Rösener, Werner: *Die Bauern in der europäischen Geschichte, München 1993,* pp.225-228을 참조할 것. 러시아에 관해서는 Ascher, Abraham: *P.A.Stolypin: The Search for Stability in Late Imperial Russia,* Stanford, CA 2001, pp153-164를 참조할 것. 아시아에 관해서는 아직도 참고할만한 문헌이 없다. 역사적 깊이는 없는 인류학 연구(일본, 중국, 인도) 저서로서 Fukutake Tadashi: *Asian Rural Society. China, India, Japan,* Seattle 1967를 참조할 것. 그 밖에도 Rozman, Gilbert: *"Social Change"* (Hall, J.W.: *Cambridge History of Japan,* v.5 [1989], pp.499-568에 수록, 인용된 부분은 pp. 526f)을 참조할 것. 당연히 "전형적인" 유럽식 마을이나 일본식 마을은 존재하지 않는다.

20) Fukutake Tadashi: *Asian Rural Society,* p.4.

21) 1885년의 조사 결과를 보면 일본에서 20여 종의 농토 임대 방식이 보인다. Waswo, Ann: *Japanese Landlords. The Decline of Rural Elite,* Berkeley, CA 1977, p.23.

22) Palairet, Michael: *"Rural Serbia in the Light of the Census of 1863"* (Journal of European Economic History, v.24 [1995], pp.41-107에 수록, 인용된 부분은 pp.41-43, 69f, 78, 85-90).

23) 주요 근거는 Robb, Peter: *"Peasants' Choices? Indian Agriculture and the Limits of Commercialization in Nineteenth-Century Bihar"* (Economic History Review, v. 45 [1992], pp.97-119에 수록)이다. 비교적 최근에 발표된 우수한 종합적 기술은 Markovits, Claude(et al.): *A History of Modern India, 1480-1950,* London 2002. pp.294-315, 410-31에 수록된 Jacques Pouchepadass의 논문이다. Mann, Michael: *Geschichte Indiens,* pp.149-87과 Ludden, David: *An Agrarian History*

*of South Asia*도 참조할 것.

24) 예컨대 Grigg, David: *The Agricultural Systems of the World. An Evolutionary Approach,* Cambridge 1974를 참조할 것.

25) Stinchcombe, Arthur L.: *Stratification and Organization. Selected Papers,* Cambridge, MA 1986, pp.33-51.

26) 이 책 제5장을 참조할 것.

27) 인도의 상황에 관해서는 Prakash, Gyan (ed.): *The World of the Rural Labourer in Colonial India,* Delhi 1994를 참조할 것.

28) Peebles, Patrick: *The History of Sri Lanka,* Westport, CT 2006, p.58.

29) 노동조건의 세부 내용에 관해서는 Breman, Jan: *Taming the Coolie Beast,* pp.131f 를 참조할 것.

30) Grigg, David: *The Agricultural Systems of the World,* pp.213-16은 이 유형에 때 간략하게 기술하고 있다.

31) Stoler, Ann Laura: *Capitalism and Confrontation in Sumatra's Plantation Belt, 1870-1979,* New Haven, CT 1985, p.20.

32) *Ibid.*, pp.25-36.

33) Alleaume, Ghislaine: *"An Industrial Revolution in Agriculture? Some Observations on the Evolution of Rural Egypt in the Nineteenth Century"* (Proceedings of the British Academy v.96 [1999], pp.331-45에 수록. 인용된 부분은 pp.331, 335, 338, 342f). Owen, Roger: *The Middle East in the World Economy 1800-1914,* pp.66-68,

34) 멕시코와 페루의 상황에 관해서는 Mallon, Florencia: *Peasant and Nation. The Making of Postcolonial Mexico and Peru,* Berkeley, CA 1995를 참조할 것.

35) Nickel, Herbert J.: *Soziale Morphologie der mexikanischen Hacienda,* Wiesbaden 1978, pp.73-83.

36) *Ibid.*, pp.110-16. 아시엔다의 개황에 관해서는 Wasserman, Mark: *Everyday Life and Politics in Nineteenth-Century Mexico. Men, Women, and War,* Albuquerque, NM 2000, pp.23-29, 70-72, 150-54를 참조할 것.

37) Adelman, Jeremy: *Frontier Development,* p.130.

38) Zeleza, Paul Tiyambe: *A Modern Economic History of Africa,* v.1, pp.212-16은 아프리카의 상황을 훌륭하게 기술했다.

39) Kriger, Colleen E.: *Pride of Men. Ironworking in Nineteenth-Century West Central Africa,* Portsmouth, NH. 1999, p.119.

40) Friel, Ian: *Maritime History of Britain and Ireland,* p.228,

41) 최소한 이 세기 말까지의 함부르크의 상황은 이러했다(길드의 요소는 영국과 스코틀랜드에서는 약했다). Cattaruzza, Marina: *Arbeiter und Unternehmer auf den Werften des Kaiserreichs,* Wiesbaden 1988, pp.118f를 참조할 것.

42) Boomgaard, Peter: *"The Non-Agricultural Side of an Agricultural Economy: Java*

1500-1900" (Alexander, Paul[et al. ed]: *In the Shadow of Agriculture. Non-Farm Activities in the Javanese Economy, Past and Present,* Amsterdam 1991, pp.14-40에 수록. 인용된 부분은 p.30).

43) Eggebrecht, Arne(et al.): *Geschichte der Arbeit. Vom alten Ägypten bis zur Gegenwart,* Köln 1980, pp.206-34에 수록된 Akos Paulinyis Kapitel의 문장은 공업화 초기단계의 공장 경영과 관리의 실제 상황을 잘 묘사했다. 도시 공장 노동에 관해서는 Bilanz/Heerma van Voss/Linden, *Class* (2002)를 참조할 것.

44) Bradley, Joseph: *Muzhik and Muscovite. Urbanization in Late Imperial Russia,* p.16.

45) Johnson, Robert Eugene: *Peasant and Proletarian. The Working Class of Moscow in the Late Nineteenth Century,* Leicester 1979, p.26을 참조할 것.

46) Turrell, Robert Vicat: *Capital and Labour on the Kimberley Diamond Fields 1871-1890.* Cambridge 1987, pp.146-73.

47) 사람들이 잘 모르는 중국의 상황에 대해서는 Shao Qin: *Culturing Modernity*를 참조할 것.

48) Friedgut, Theodore H.: *Iuzovka and Revolution,* 2vls, Princeton, NJ 1989-94, v.1 pp.193f.

49) Beinin, Joel/Zachary Lockman: *Workers on the Nile. Nationalism, Communism, Islam and the Egyptian Working Class, 1882-1954,* Princeton, NJ 1987, p.25. Tsurumi, E.Patricia: *Factory Girls* (1990), pp.59-67을 참조할 것.

50) 아동노동이란 중요한 주제를 부득이 약술할 수밖에 없었다. 이 방면의 유럽 이외 국가의 연구성과는 많지 않다. Rahikainen, Marjatta: *Centuries of Child Labour. European Experiences from the Seventeenth to the Twentieth Century,* Aldershot 2004은 10개 유럽 국가의 상황을 개괄하고 있는데, 총체적인 결론은 어느 시대 어느 국가에서든 아동노동은 있었고 19세기 80년대에 들어와서 먼저 영국과 독일에서 신중한 보호법이 제정되었지만 그마저도 공업 분야에 한정되었다는 것이다(pp.150-57). Cunningham, Hugh: *Die Geschichte des Kindes in der Neuzeit.* Düsseldorf 2006도 참조할 것.

51) Johnston, William: *The Modern Epidemic, pp.74-80.* Tsurumi, E. Patricia: *Factory Girls,* pp.59f. 미국의 상황에 관해서는 Kocka, Jürgen: *Arbeitsverhältnisse und Arbeiterexistenzen. Grundlagen der Klassenbildung im 19. Jahrhundert,* Bonn 1990, pp.448-61을 참조할 것.

52) 권위 있는 저작인 Ritter, Gerhard A./Klaus Tenfelde: *Arbeiter im Deutschen Kaiserreich 1871 bis 1914,* Bonn 1992, pp.265f를 참조할 것.

53) 초기 공업화시대 뉴잉글랜드의 사례연구로서 Prude, Jonathan: *The Coming of Industrial Order. Town and Factory Life in Rural Massachusetts, 1810-1860,* Cambridge 1983, pp.76f를 참조할 것.

54) 독일 이외 국가의 강철공업 노동관계에 관해서는 Kocka, Jürgen:

Arbeitsverhältnisse und Arbeiterexistenzen, pp.413-36을 참조할 것.

55) Kennedy, Paul M.: *Aufstieg und Fall der großen Mächte,* p.310(Tab. 15). Mitchell, Brian R.: *International Historical Statistics: Europe, 1750-1988,* Basingstoke 1992, pp.456f.

56) Way, Peter: *Common Labor. Workers and the Digging of North American Canals, 1780-1860,* Baltimore, MD 1993, p.8.

57) 노동의 현실상황에 관한 묘사는 *Ibid.,* p.133-43을 참조할 것.

58) Meinig, Donald W.: *The Shaping of America,* v.2, pp.318-22.

59) 이하의 내용의 출처는 수에즈운하회사 내부 문서를 바탕으로 하여 연구한 Montel, Nathalie: *Le chantier du Canal de Suez (1859-1869). Une histoire des pratiques techniques,* Paris 1998이다. 관련된 배경에 대해서는 Karabell, Zachary: *Parting the Desert. The Creation of the Suez Canal,* London 2003을 참조할 것. 운하 개통 이후의 의미에 관해서는 Farnie, Douglas A.: *East und West of Suez*를 참조할 것.

60) McCreery, David J.: *The Sweat of Their Brow. A History of Work in Latin America,* New York 2000, pp.117f.

61) Montel, Nathalie: *Le chantier du Canal de Suez,* p.64.

62) Diesbach, Gislain de: Ferdinand de Lesseps, Paris 1998, p.194.

63) 행사의 상세한 묘사는 *Ibid.,* pp.261-72를 참조할 것.

64) 독일 철도 노동자의 상황에 관해서는 Kocka, Jürgen: *Arbeitsverhältnisse und Arbeiterexistenzen.* pp.361-66을 참조할 것.

65) Ambrose, Stephen E.: *Nothing Like It in the World. The Men Who Built the Transcontinental Railroad, 1863-1869,* New York 2000, p.150. 가장 체계적인 연구는 Licht, Walter: *Working for the Railroad. The Organization of Work in the Nineteenth Century,* Princeton, NJ 1983.이다.

66) Stromquist, Shelton: "*Railraod Labor and the Global Economy*" (Lucassen, Jan [ed.]: *Global Labour History. A State of the Art,* Bern 2006, pp.623-47에 수록. 특히 pp.632-35를 참조할 것..

67) Marks, Steven G.: *Road to Power,* pp.183-85.

68) *Meyers Großes Konversations-Lexikon,* Leipzig 1903(6th ed.), v.5, p.505.

69) Kerr, Ian J.: *Building the Railways of the Raj, 1850-1900,* Delhi 1997, p.214(Tab.2).

70) *Ibid.,* pp.88-91, 157f.

71) 제6장에서 이미 서술한 부두노동이 이것과 밀접한 관계가 있다. Davies, Sam(et al. ed.): *Dock Workers*를 참조할 것.

72) Stinchcombe, Arthur L.: *Sugar Island Slavery in the Age of Enlightenment. The Political Economy of the Caribbean World,* Princeton, NJ 1995, pp.57-88은 보통 사람은 상상할 수 없는 깊이 있는 묘사를 하고 있다.

73) 이 점은 늘 무시되고 있다. 이를 무시하지 않았으면서도 지금도 여전히 유용한 초기 저작으로서 Fohlen, Claude/François Bédarida: *Histoire générale du travail, v.3: L'Ère des révolutions (1765-1914)*, Paris 1960 (pp.166-73)을 참조할 것.

74) Mawer, Granville Allen: *Ahab's Trade*, pp.14, 73-75, 230의 관점을 원용했다. 이 책 제7장도 참조할 것.

75) Bowen, H.V.: *The Business of Empire*, ch.6.

76) Simonton, Deborah: *A History of European Women's Work, 1700 to the Present*, London 1998, p.235.

77) Osterhammel, Jürgen: *China und die Weltgesellschaft*, pp.185-88.

78) Hessen-Homburg의 궁정도서관 사서로 단기간 일한 적이 있다.

79) Stites, Richard: Serfdom, *Society, and the Arts in Imperial Russia. The Pleasure and the Power*, New Haven, CT 2005, pp.71-82. Finscher, Ludwig: *Streicherkammermusik*, Kassel 2001, p.84.

80) Budde, Gunilla-Friederike: "Das Dienstmädchen" (Frevert, Ute/Heinz-Gerhard Haupt [ed.]: Der Mensch des 19.Jahrhunderts, Frankfurt a.M. 1999, pp.148-175에 수록). 그 밖에 Simonton, Deborah: *A History of European Women's Work*, pp.96-111, 200-6도 참조할 것.

81) Rustemeyer, Angela: *Dienstboten in Petersburg und Moskau 1861-1917. Hintergrund, Alltag, soziale Rolle*, Stuttgart 1996, p.88.

82) MacRaild, Donald M./David E.Martin: *Labour in British Society, 1830-1914*, Basingstoke 2000, p.21 (Tab.1.1).

83) Dublin, Thomas: *Transforming Women's Work. New England Lives in the Industrial Revolution*, Ithaca, NY 1994, pp.157-62.

84) Tilly, Louise A./Joan W.Scott: *Women, Work and Family*, New York 1987, p.69.

85) 해외에서 일한 독일 여성 가정교사에 관한 일류 저작인 Hardach-Pinke, Irene: *Die Gouvernante. Geschichte eines Frauenberufs*, Frankfurt a.M. 1993, pp.206-40은 보다 넓은 시야를 제공한다.

86) 분류는 Bush, Michael L.: *Servitude in Modern Times*, Cambridge 2000를 따랐다.

87) 이 주제는 다른 관점으로 17장에서 언급될 것이다.

88) Eltis, David: *The Rise of African Slavery in the Americas*, Cambridge 2000, pp137f.

89) 이 주제를 둘러싼 논쟁에 관해서는 노예제도를 연구한 두 사람의 뛰어난 연구자가 쓴 Davis, David Brion: *Inhuman Bondage. The Rise and Fall of Slavery in the New World*, Oxford 2006, chs. 12-13과 Hochschild, Adam: *Bury the Chains*를 참조할 것. Hochschild의 묘사는 세밀하나 관점은 단순하다.

90) 이 학파의 선구적이며 고전적인 저작이 Genovese, Eugene D.: *Roll, Jordan, Roll. The World the Slaves Made*, New York 1972이다.

91) Smith, Mark M.: *Debating Slavery. Economy and Society in the Antebellum American South,* Cambridge 1998를 참조할 것.

92) Cooper, William J./Thomas E.Terrill: The American South, v.2, pp.517-19.

93) 이 책 제10장을 참조할 것.

94) Byres, Terence J.: *Capitalism from Above and Capitalism from Below,* pp.268-336은 체계적인 분석을 제공한다.

95) Jones, Jacqueline: *The Dispossessed. America's Underclasses from the Civil War to the Present,* New York 1992는 백인과 흑인 "농촌무산자"의 운명을 감동적으로 그려냈다.

96) Ward, J.R.: *Poverty and Progress in the Caribbean 1800-1960,* London 1985, pp.31f.

97) 뛰어난 비교연구 저작으로서 Scott, Rebecca J.: *Degrees of Freedom. Louisiana and Cuba after Slavery,* Cambridge, MA 2005를 참조할 것.

98) 1570년 이후 점진적으로 엘베강 이동지역에서 농업관계의 주도 형태로 자리 잡은 "영지장원제"에 관해서는 여기서는 언급하지 않기로 한다.

99) Berlin, Ira: *Generations of Captivity. A History of African-American Slaves,* Cambridge, MA 2003, 부록(Tab.1). Drescher, Seymour/Stanley L.Engerman (ed.): *A Historical Guide to World Slavery,* pp.169f.

100) Kolchin, Peter: *Unfree Labor. American Slavery and Russian Serfdom,* Cambridge, MA 1987, p.53(tab.3).

101) *Ibid.,* p.54(tab.5, 6).

102) Bush, Michael L.: *Servitude in Modern Times,* pp.19-27. Engerman, Stanley L. "Slavery, Serfdom and Other Forms of Coerced Labour: Similarities and Differences" (Bush, Michael L. [ed.]: *Serfdom and Slavery. Studies in Legal Bondage,* London 1996. pp.18-41에 수록, 인용된 부분은 pp.21-26).

103) Kolchin, Peter: *A Sphinx on the American Land. The Nineteenth-Century South in Comparative Perspective,* Baton Rouge, LA 2003, pp.98f.

104) Kolchin, Peter: *Unfree Labor,* pp.359-75. Kolchin, Peter: "After Serfdom: Russian Emancipation in Comparative Perspective" (Engerman, Stanely L. [ed.]: *The Terms of Labor. Slavery, Serfdom, and Free Labor,* Stanford, CA 1999, pp.87-115에 수록).

105) Blickle, Peter: *Von der Leibeigenschaft zu den Menschenrechten. Eine Geschichte der Freiheit in Deutschland,* München 2003, p.119.

106) Weber, Max: *Wirtschaftsgeschichte,* p.106.

107) Ruiz, Teófilo F.: "The Peasantries of Iberia, 1400-1800" (Scott, Tom [ed.]): *The Peasantries of Europe from the Fourteenth to the Eighteenth Centuries,* London 1998, pp.49-73에 수록. 인용된 부분은 p.64).

108) Blum, Jerome: *The End of the Old Order in Rural Europe*, p.373.

109) 이것이 Blickle, Peter: *Von der Leibeigenschaft zu den Menschenrechten* 의 기본 관점이다.

110) 이 책 제4장과 Northrup, David: *Indentured Labour in the Age of Imperialism*을 참조할 것.

111) Steinfeld, Robert J.: *The Invention of Free Labor. The Employment Relation in English and American Law and Culture, 1350-1870,* Chapel Hill, NC 1991, pp.4-7, 147f, 155-57.

112) Vormbaum, Thomas: *Politik und Gesinderecht im 19.Jahrhundert,* Berlin 1980, pp.305, 356-59.

113) Fogel, Robert W./Stanley L.Engerman: *Time on the Cross. The Economics of American Negro Slavery,* Boston 1974.

114) Steinfeld, Robert J.: *Coercion, Contract and Free Labor in the Nineteenth Century,* Cambridge 2001, p.8.

115) Peck, Gunther: *Reinventing Free Labor. Padrones and Immigrant Workers in the North American West, 1880-1930,* Cambridge 2000, 특히 pp.84f.

116) Rosselli, John: *Singers of Italian Opera. The History of a Profession,* Cambridge 1992, p.5.

117) Linden, Marcel van der/Jürgen Rojahn (ed.): *The Formation of Labour Movements, 1870-1914. An International Perspective,* 2 vls., Leiden 1990에 모든 유럽국가와 미국에 관한 구체적인 내용이 나온다.

118) Castel, Robert: *Die Metamorphosen der sozialen Frage. Eine Chronik der Lohnarbeit,* Konstanz 2000, pp.189, 254f.

119) Hennock, Ernest P.: *The Origin of the Welfare State in England and Germany, 1850-1914. Social Policies Compared,* Cambridge 2007, p.338.

120) Elson, Robert E.: *The End of the Peasantry in Southeast Asia,* pp.23f

제 *14* 장

네트워크

작용범위, 밀도, 틈

네트워크는 반복적 관계와 상호작용으로 구성된 환경이다.
세계를 뒤덮는 네트워크의 형성을 '세계화'라고 부른다면 1860-1914년은
세계화가 뚜렷하게 진행된 시기였다. 네트워크의 관점에서
문제를 사고하는 방식은 19세기의 새로운 진전이었다.
19세기 70년대가 되자 북반구(北半球)에서 증기기관으로 구동되는
교통수단을 이용하여 런던―수에즈―뭄바이―캘커타―홍콩―요코하마―
샌프란시스코―뉴욕―런던을 경유하는 세계일주가 가능해졌다.

◀ 넬리 블라이(Nellie Bly, 1864-1922)
미국의 기자로 1889-90년에 72일 만에 세계일주에 성공했다.

▶ 조지 트레인(George Train, 1829-1904)
쥘 베른(Jules Verne, 1828-1905)이 1872년에 발표작
『80일간의 세계일주』(*Around the World in Eighty Days*)의 주인공
필리어스 포그(Phileas Fogg)의 실제 모델이며 미국의 독특한 사업가다.
이 사람은 1870년에 베르너 소설의 제목과 같은 여행계획을 발표하고
이후 세 차례나 세계여행을 떠났으나 실제로 이 기록을 깬 것은
1890년에 67일 만에 성공한 세계일주다.

▲ 빌리 스토워(Willy Stöwer, 1864-1931)

「타이타닉호의 침몰」(Der Untergang der Titanic)

해운업 시장의 표지는 정기성, 정확성, 우수한 서비스, 안정성이었다.
그런 가운데서도 세상을 놀라게 하는 해난사고는 몇 차례 일어났다.
대표적인 것이 1912년 4월 14일 뉴펀들랜드 근해에서 침몰한 타이타닉호였다.

▼ 타이타닉호가 보낸 마지막 조난 신호

타이타닉호의 전신수 잭 필립스(Jack Phillips, 1887-1912)는 타이타닉이 빙산에 부딪치자
"타이타닉이 빙산과 충돌했다 급속히 가라앉고 있다"는 메시지를 계속 보냈다.
오전 1시 40분에 보낸 마지막 구조요청은 "우리 배는 빠르게 침몰하고 있고
승객은 구명정으로 옮기는 중이다"이었으며 이는 영국 국립문서보관소가
소장하고 있다. 필립스는 구명선을 타라는 선장의 명령을 거역하면서
전신기를 두드리다 타이타닉과 운명을 함께 했다.

보잉707 여객기

오늘날에는 거의 모든 도시가 공중교통으로 연결되어 있고
비행 빈도는 전성기 증기선 항해 빈도의 몇 배나 된다.
교통의 역사에서 세계화로 나아가는 강한 흐름은 제2차 세계대전 이후,
특히 비행기를 이용한 장거리 여행이 더 이상 정치인, 기업가, 부호의
전유물이 아니게 된 20세기 60년대부터 형성되었다.
1958년 보잉707 모델이 취항하면서 우리는 제트여객기 시대로 진입했다.
19세기의 가장 대담한 환상으로도 상상할 수 없었던 일이 현실이 된 것이다.

철도의 세계화 효과는 그보다 수십 년 먼저 등장한 증기선만큼
크지 않았다. 철도는 공간의 제약을 받는 시스템이다. 석탄을 기초로 하는
기술이 등장했을 때 항구는 만들어져 있었지만 기차역과 궤도는 없었다. 그러나
철도는 한 번 건설된 후로는 환경과 기후에 대한 의존성이 증기선만큼 크지는 않았다.
1910년이 되자 리스본을 출발해 베이징에 이르는 기차여행이 가능해졌다.
또한, 1910년부터 철도건설의 고조기가 시작된 조선도 대륙을 가로지르는
장거리 철도운송 노선에 연결되었다. 유럽과 아시아대륙의 교통기술이 통일된 것이다.

오송선(吳淞線) 개통식

앞 줄 정중앙에 이홍장(李鴻章)이 있다. 중국의 첫 번째 철도인 오송선은
완공된 다음 해인 1880년에 현지 주민들이 자연의 조화('풍수')를 해친다며
철거해버렸다. 프랑스에서도 19세기 40년대에 이른바 '철도문제'는
엘리트계층이 국가의 미래를 토론할 때 중심 화두가 되었다.
철도건설이 국가의 번영에 도움이 된다는 공동인식은
천주교 보수파에 맞서 투쟁하는 과정에서 서서히 생겨났다.
수십 년 뒤 철도가 다른 나라에서 등장했을 때도 비슷한 과정을 거쳤다.
유럽인은 자신들이 초기에 느꼈던 공포를 잊어버린 채
미개하고 미신을 믿는다며 동양인을 비웃었다.

1898년 무렵 런던 중앙전보국(Central Telegraph Office)의 전보기사들
해저케이블이 세계를 이어주면서 19세기의 세 번째 사반세기에
세계를 포괄하는 네트워크가 등장했다. 이때부터 시작된
전보의 시대는 20세기의 마지막 사반세기에 팩스, 이메일,
이동전화가 등장하면서 끝났다. 대서양 해저케이블이 부설되기
1년 전인 1865년 4월 5일에 워싱턴에서 링컨이 암살당했다.
런던은 이 소식을 13일이 지나서 들었다.
반면 1881년 3월 13일 러시아 황제 알렉산드르 2세가 상트페테르부르크에서
암살되었을 때 런던은 12시간 뒤에 이 소식을 알게 되었다.

1881년 알렉산드르 2세를 향한 폭탄테러
사회주의 운동가 그리네비츠키, 소피아 페로브스카야, 페룹스타야 등이
폭탄테러를 감행했다. 첫 폭탄은 나폴레옹 3세가 선물한 방탄 마차 덕분에
호위병과 마부만 다치고 황제는 무사했으나, 다친 호위병들을 살피러
마차 밖으로 나왔을 때 두 번째 폭탄에 맞았다. 바로 죽지는 않았고
궁으로 옮겨져 죽음을 맞이했다.

소피아 페로브스카야(Sophia Perovskaya)

알렉산드르 2세의 암살에 가담했다.
러시아에서 여성으로써는 최초로 정치범으로 사형당했다.
톨스토이는 소피아를 '이념적 잔다르크'라고 불렀으며
러시아 혁명을 앞당겼다고 평가받는다.
소피아는 '토지와 자유'(Land and Liberty)라는 비밀 혁명 조직에 들어가
활동하기 시작했고 이후 '토지와 자유'에서 파생된 단체로서
테러에 찬성하는 '인민의 의지파'에 들어갔다.
그는 27세의 나이로 사망했으며 사형대에 목이 매달리기 전
공범자들에게 한 번씩 키스를 한 것으로 알려져 있다.

▲ 카를 살츠만(Carl Saltzmann), 「베를린의 첫 번째
전기 가로등」(Erste elektrische Straßenbeleuchtung), 1884.
▼ 1878년 파리 세계박람회 때에 등장한 오페라거리의 전기 아크등

마지막에 등장한 새로운 네트워크 기술은 전력공급이었다.

인도 파트나(Patna)의 아편공장 창고에 쌓인 아편

아편전쟁이 발생하기 전 인도 식민정부가 아편 수출을 통해 거두어들이는 수익은
토지세 다음으로 많았다. 19세기의 국제 화폐체계는 처음으로
몇몇 국가가 협력해 1540년대 이후로 전 세계에서 유통되어오던 귀금속의 흐름을
통제하려고 시도했다. 영국과 중국 사이에 벌어진 아편전쟁(1839~42)의 가장 중요한 원인은
바로 은(銀) 문제였다. 중국은 18세기 내내 차와 비단을 수출하고 대량의 은을 받았고
이것이 중국 국내 경제에 활기를 불어넣었다. 19세기 초에 영국은 마침내
중국인이 흥미를 가질 상품을 찾아냈다. 그것은 동인도회사가 인도에서 생산한 아편이었다.
그 뒤로 수출입 구조가 역전되었고 그 영향은 세계의 구석까지 미쳤다. 중국의 비단과
차 수출시장이 위축되면서 중국으로의 은 유입량이 줄어들었고
동시에 남아메리카의 은 생산량이 감소하면서 은의 국제가격이 올랐다.
두 요인이 합쳐져 중국 은의 대외 유출을 자극했다.

'네트워크'는 생생하고도 매혹적인 은유다. 네트워크는 평면 이차원의 관계를 만든다. 네트워크는 평면공간으로 구성된 조직구조이며 기복이 없다. 사회과학에서 네트워크 분석은 가치 있는 작업이기는 하지만 언제나 네트워크의 위계, 즉 수직 삼차원의 관계를 무시하거나 낮게 평가하는 경향이 있다. 이것은 네트워크가 어느 정도 민주적 구조의 조직체라는 점과 관계가 있다.

우선 네트워크의 모든 접속점은 동등한 가치를 갖고 있다. 그러나 네트워크 가운데서도 비교적 강한 중심과 비교적 약한 주변이 형성될 수 있다는 점을 인정하지 않으면 또한, 네트워크 접속점의 '크기'가 균일하지 않다는 점을 인정하지 않으면, 역사적 시각으로 관찰한다 하더라도 네트워크를 이해하기 어려울 것이다. 모든 네트워크가 거미줄처럼 하나의 중심이 있고 거미줄의 나머지 부분은 중심에 의해 통제되는 구조가 아니다. 도시 네트워크 또는 교역 네트워크의 기본 형태는 다중심만큼 단일중심도 흔하다.

네트워크란 은유가 의미 있는 주된 이유는 다수의 접촉점과 교차점의 개념을 수용하기 때문이며, 따라서 네트워크에 연결되지 않은 부분에 대해서도 관심을 가질 수 있게 해주기 때문이다. 모든 네트워크에는 구조적 틈이 있다. 그러므로 오늘날의 세계에 존재하는 기이하며 지금까지 알려진 적이 없는 연결과 관계, 특히 원거리에 걸친 연결과 관계에 대한 강한 흥미 때문에 사람의 발길이 닿지 않았거나 인구가 희소한 지도상의 공백지대를 잊어서는 안 될 것이다.

네트워크는 상당한 정도의 규칙성과 안정성을 갖춘 관계로 구성되어 있다. 네트워크는 반복적인 관계와 상호작용하면서 구성되는 환경이다. 그러므로 네트워크는 '중간정도'의 밀도를 가진 구조물이다. 일회성의 우연한 관계도 아니고 또한 조직적으로 고착되지도 않은 제도는 네트워크 형태의 관계에서만 발전할 수 있다.

19세기의 뚜렷한 특징 가운데 하나는 반복적인 상호작용의 증가와 가속화였다. 이런 증가와 가속화는 국가의 경계를 넘어 지역과 대륙 사이에서 일어났다. 이때 우리는 시점에 대해 좀더 정확히 해야 한다. 19세기 중반부터 1차 대전이 일어나기까지 60년 동안은 전례 없는 네트워크 형성의 시기였다. 이것이 중요한 의미를 지니는 이유는 1차 대전 중에 많은 네트워크가 해체되었을 뿐만 아니라 전후 수십 년 동안 자기중심주의의 힘이 더 강해졌기 때문이다. 세계를 뒤덮는 네트워크의 형성을 '세계화'라고 부른다면(화려한 색깔의 모호한 정의이긴 하지만) 1860-1914년은 세계화가 뚜렷하게 진행된 시기였다. 우리는 두 가지 사례—대륙 사이의 인구이동과 식민제국의 확장—에 대해서는 이미 논한 바 있다.[1] 여기에서는 앞선 여러 장의 이곳저곳에서 등장했던 세계화 관련 주제, 특히 교통, 통신, 무역, 금융에 대해 좀더 깊이 살펴보고자 한다.

네트워크의 관점에서 문제를 사고하는 방식은 19세기의 새로운 진전이었다.[2] 17세기에 영국의 의사 윌리엄 하비(William Harvey)가 인체는 하나의 순환계통이란 사실을 발견했고, 18세기에는 프랑스의 의사이자 중농주의 이론가인 프랑수아 케네(François Quesnay)가 이 모형을 경제와 사회현상에 응용했다.[3] 그다음 단계가 네트워크였다.

1838년, 독일의 프리드리히 리스트(Friedrich List)가 전국적인 철도교통망인 '전국운수체계'(National-Transport-System)를 설계했다. 이것은 미래를 내다본 대담한 구상이었다. 1850년 이전에는 유럽대륙의 어떤 국가도 진정한 의미의 철도망을 갖추지 못했다. 리스트는 이 구상을 실행할 기초 설계도를 확정했다. 철도가 완공되고 실제 운행에 들어가자 비판자들이 철도망을 상징하는 거미줄 그림을 보여주며 철도를 곤충을 질식시켜 죽이는 거미에 비유했다. 그 뒤로부터 거미줄은 '미로', (특히 미국에서) '격자'(格子, grid)와 함께 도시의 모습을 상징하는 그림이 되었다. 사회의 자기 이미지로서 네트워크는 그러므로 19세기에 시작되었다. 오랜 시간이 흐르면서 그 함의는 더욱 풍부해졌고 오늘날에는 '사회적 네트워크'를 의미하게 되었다.

일상생활에서 네트워크의 가장 강력한 경험, 고장의 위험이 있는 네트워크에 대한 의존성은 가정이 중앙관제 체계에 접속되었을 때 나왔다. 수도꼭지에서 나오는 물, 파이프에서 나오는 가스, 전선을 통해서 오는 전기 등이 실제적인 사례였다.[4]

개인적 영역이 침범당하는 정도는 차이가 있었다. 예를 들자면 전신기는 사무기기여서 사무실에 설치했지만 가정의 거실에 설치하는 사람은 없었다. 전화기는 완만하게 보급되기 시작하여 개인적 용도로 일상생활에서 쓰이는 가정의 설비가 되었다. 20세기 초에 세계인구의 극소수만 기술적인 체계에 접속되어 있었다. (임의로 예를 들자면) 인도는 국제전보 네트워크의 한 부분이었으나 대다수 인도인은 전보를 직접 경험하지 못했다. 그들은 철도와 전보 같은 기술체계가 생산과 정보의 흐름에 미치는 영향을 일상생활에서 간접적으로 경험할 뿐이었다.

잠재적인 기회와 현실적으로 이용할 수 있는 기회는 구분되어야 한다. 19세기 70년대가 되자 적도 이북에서 (짐꾼, 말, 낙타 없이 또한, 두 발로 걸어야 하는 수고를 하지 않고도) 증기기관으로 구동되는 교통수단을 이용하여 런던-수에즈-뭄바이-콜카타-홍콩-요코하마-샌프란시스코-뉴욕-런던을 경유하는 세계일주가 가능해졌다.

그런데 실제로 그런 여행을 떠난 사람이 있었을까? 두 사람이 있었다. 한 사람은 쥘 베르너(Jules Verne)가 1872년에 발표한 소설 『80일간의 세계일주』(Le Tour du monde en quatre-vingt jours)의 주인공인 필리어스 포그(Phileas Fogg)다. (실제 모델은 미국의 독특한 사업가 조지 트레인George Francis Train이다. 이 인물은 1870년에 베르너 소설의 제목과 같은 여행계획을 발표하고 이 후 세 차례나 여행을 떠났으나 실제로 이 기록을 깬 것은 1890년 67일 만에 성공한 세계일주였다). 또 한 사람은 미국의 여기자 넬리 블라이(Nellie Bly, 1889-90년에 72일만에 세계일주에 성공했다)였다.[5]

1. 교통과 통신 [6]

증기선

교통의 역사에서 어떤 발전경로도 온건한 기술결정론을 벗어난 적이 없었다. 새로운 교통도구는 사람들의 문화적 갈망 때문에 등장한 것이 아니라 누군가 그것을 만들려는 구상을 했기 때문에 나왔다. 새로운 교통도구가 문화적으로 수용될 것인지 거부당할 것인지, 아니면 특수한 의미와 기능을 갖게 될 것인지는 별개의 문제였다. 강둑에서 사람이 배를 끄는 방식을 제외한다면 선박운송은 (육로운송과는 달리) 언제나 무기(無機)에너지 ─ 풍력과 물의 흐름 ─ 를 이용해왔다. 이미 이용 중이던 에너지에 증기 동력이 추가되었다.

교통수단의 현대화에 앞서서 세계의 두 지역 ─ 영국(남부스코틀랜드 포함)과 미국의 동북부 지역은 공업화의 선발주자였다 ─ 은 증기선 운항이 발달할 수 있는 유리한 조건을 갖추고 있었다. 증기선과 증기기관차가 등장하기 전에 촘촘한 상업용 운하망이 갖추어져 있었다. 운하망은 대부분 토지가격의 상승을 기대하는 지주들의 투자에 의해 건설되었다. 영국에서 운하건설의 열기가 ─ 운하는 인기 있는 투자처였다 ─ 정점에 이르렀던 때는 1791-94년이었다. 그들은 훗날 철도가 더 효율적으로 충족시키게 되는 운송 수요를 만들어냈다.

어떤 역사학자는 이른바 운하의 시대가 초기 철도시대까지 지속되었다고 주장한다. 두 가지 교통수단은 한편으로는 서로 경쟁하면서 또 한편으로는 서로 연합하여 더 큰 규모의 운송체계를 형성했다.

19세기 중반 영국의 내륙수로에는 2만 5,000척의 화물 바지선이 운항중이었다. 그곳에는 5만여 명이 이동하며 수륙양서(水陸兩棲) 생활을 하고 있었다. 그중 1/3이 대형 운하회사에 고용되어 있었다.[7] 배는 주로 말이 끌었다. 아시아에서는 상당히 오랫동안 사람이 배를 끌었다. 1940년까지도 장강 상류에서는 소형 선박이 강을 거슬러 오르거나 험한 여울을 건널 때는 사람이 배를 끌었는데, 이런 일을 하는 노동자들을 '견부'(縴夫)라고 불렀다. 그 격류와 험한 여울은 이제는 장강 삼협(三峽)댐 속에 묻혀버렸다.

증기선은 18세기에 건설된 운하를 항행하기에는 너무 컸다. 그러나 증기선은 평온한 수역에서는 순조롭게 통행했다. 그래서 사람들은 더 넓고 긴 운하를 건설하려 했다. 많은 도시가 통항 가능한 큰 운하에 면해 있었기 때문에 새로운 발전기를 맞았다. 예컨대 1825년 이리운하 개통 후의 뉴욕과 1876년 북해운하가 완공된 후의 암스테르담이 그런 도시였다.

네덜란드에서는 일찍이 1814-48년에 국왕 윌리엄 1세(William I)의 개인적인 관심 때문에 완벽한 운하망이 형성되었다. 이 운하망은 운송에도 이용되었고 하천 치수(治水)에도 이용되었다. 네덜란드의 운하망 건설에는 프랑스 점령기에 형성된 우수한 기술자집단의 공헌이 컸다.[8] 발달된 운하망은 네덜란드의 철도건설을 지연시켰다.

미국에서는 최초의 철도 노선 몇 개를 운하와 운하를 연결하려는 목적에서 건설했다. 뉴욕주에서는 1851년까지도 화물운송에 있어서 철도가 국영 운하와 경쟁하지 못하도록 금지되어 있었다.[9] 증기선은 외부 에너지에 의존하지 않고 스스로 연료(석탄)를 가지고 다녔다. 1910년에 디젤엔진이 화물선에 사용된 뒤로 기름을 사용하는 증기선이 갈수록 늘어났다. 증기선은 독립적인 항행이 가능했다. 범선과 비교했을 때 증기선은 환경적 요소의 제약으로부터 크게 벗어날 수 있었고 그 때문에 연안, 풍랑이 없는 내륙호수, 하천, 운하 항행에 적합했다. 더 이상 변화무상한 바람의 영향을 받지 않게 되자 역사상 처음으로 항행시각표를 만드는 일이 가능해졌고 수로 운수의 네트워크화는 새로운 수준에 이르게 되었다.

네트워크를 구성하는 각종 관계는 신뢰할 수 있게 되었고 예측 가능해졌다. 증기선이 갖고 있던 초기의 위대한 의미는 전 세계에서 나타난 것이 아니라 유럽과 북아메리카의 내륙 운수에서 드러났다. 19세기 30년대 증기선은 기술과 경제의 중심지역에서 빠르게 발전하기 시작했다. 당시 글래스고에는 10분에 한 척 꼴로 증기선이 입항했다.[10] 1826년, 빈과 부다페스트 사이에 정기항로가 열렸고 1829년부터는 유명한 '도나우강 증기선회사'(Donaudampfschifffahrtsgesellschaft. 독일어에서 가장 긴 단어 가운데 하나다)가 이 항로를 운영하기 시작했다. 1850년 운항 중인 선박은 71척, 운항 소요시간은 14시간이었다.[11]

새로운 운송능력과 새로운 운송수요는 상호작용을 했다. 예컨대, 미시시피강과 멕시코만의 증기선 운수의 확장은 노예노동에 기반을 둔 플랜테이션의 면화생산 확장과 긴밀하게 연결되어 있었다.

모든 상업적 증기선이 네트워크의 한 부분으로서 운행되지는 않았다. 증기선은 개발이 덜 된 지역에서 상업 활동을 확대하기 위한 모험적 탐색을 벌였다. 이런 지역에서 증기선은 자본주의 세계무역 체계를 확장하는 외곽 도구로서의 기능을 수행했다.

모든 증기선이 외국자본의 지배를 받지는 않았다. 중국정부는 19세기 60년대부터 국영 ─ 후에는 민간에서도 참여했다 ─ 항운회사의 성공적인 운영을 통해 중국의 주요 강과 연해지역에서 외국자본의의 진출을 저지하고 독점적인 지위를 확립했다.[12] 1860년, 중국은 외세의 압력에 굴복하여 모든 항로에서 자유로운 통항을 약속할 수밖에 없었다. 영국의 항운회사——뒤에는 일본의 항운회사도 참여했다——는 중국회사와의 경쟁에서 인도에서만큼 압도적인 우위를 보여주지 못했다. 인도에서 현지 선주가 시장에서 확보한 지위는 아주 미미했다. 그 원인 가운데 하나는 영국의 증기선회사가 공식 우편 배달 기구로서 대량의 국가보조를 받았기 때문이다.

식민지 인도와 반(半)식민지 중국은 하나의 공통점을 갖고 있었다. 두 나라는 자체적인 역량으로는 (민영이든 국영이든) 원양선단을 건설할 수 없었다. 이 방면에서 일본은 또 다시 아시아-아프리카의 특수한 예외였다. 아무리 늦어도 1918년 이전에 일본의 군용과 민용 조선업은 다 같이 세계적인 수준에 도달했다. 일본은 상업해운과 해상 군사력에서 세계의 선도국가 가운데 하나가 되었다. 이것은 일본민족 성공의 표지이자 동시에 성공의 원인 가운데 하나였다.[13]

아시아 기타 지역에서——라틴아메리카도 마찬가지였다——원양무역이 외국 항운회사의 지배를 받고 있는 상황은 새로운 형태의 기술적·경제적 예속관계를 분명하게 드러냈다. 아시아-아프리카의 어떤 국가도(일본 제외)국제 운수시장에서 유럽인과 북아메리카인에 의존하지 않는 자신의 운수사업을 일으키지 못했다. 인도에서 타타 가문의 철강공장은 비교적 성공적이었지만 시장에서 새로운 항로, 특히 일본으로 가는 항로를 개설하려던 시도는 영국 회사와의 경쟁에서 밀려 실패로 끝난 것이 전형적인 사례이다.[14] 1828년 윌리엄 벤팅크 경(Lord William Bentinck)이 증기선을 타고 콜카타에 도착하여 총독의 직무를 시작한 때부터 영국인은 새로운 시대의 표지로서 증기선의 실질적·상징적 의미를 매우 중시했다.

최초의 원양 증기선 항로가 북대서양에서 운영되기 시작했다. 19세기 전반의 빠른 기술진보 덕분에 19세기 중반 이후 증기선으로 브리스톨에서 뉴욕까지 가는 데는 14일이면 충분했고 이 항행시간은 수십 년이 지나서야 다시 한번 크게 단축되었다.[15] 대규모 이민의 물결이 신대륙을 향해 흐르기 시작하면서 전례 없는 규모의 여객운송 수요가 생겨났다.

세계 기타 지역에서는 유사한 상황이 등장하지 않았다. 처음에 인도에서 그랬듯이 신대륙에서 정부가 지원하는 증기선 우편서비스는 해양으로의 확장을 견인하는 주요한 동력이 되었다. 모든 제국과 식민정부는 본국과 식민지 사이의 우편배달 서비스를 소홀히 해서는 안 된다는 인식을 갖고 있었다. 비스마르크도 이점을 인식하고 지체 없이 우편업무에 대한 재정지원 정책을 시행했다.

1869년 수에즈운하의 개통은 유럽-아시아 원양 여객운송 사업의 확장을 자극했다. 해운회사의 사업에는 이 밖에도 열대 수출상품의 운송도 포함되었다. 19세기 중반 이후로 미국이 내륙 항운의 비약적인 증가로 전 세계 항운화물 적재량 최대의 국가가 되었지만 영국은 여전히 원양운수 분야에서 우월한 지위를 유지했다. 1914년, 영국과 그 식민지 사이의 해운화물 적재량은 세계 총톤수의 45퍼센트를 차지했다. 그 뒤를 따라가는 독일제국과 미국이 각기 11퍼센트와 9퍼센트를 차지했다. 일본은 3.8퍼센트로서 프랑스(4.2퍼센트)에 약간 뒤졌지만 17세기에 해양의 패권을 장악했던 네덜란드(3.2퍼센트)를 추월했다.[16)]

세계 원양무역을 고르게 연결된 네트워크로 생각해서는 안 된다. 여전히 넓은 지역이 이 네트워크 안에 포함되지 않았다. 예컨대 북아시아 태평양 연안에서 유일한 부동항인 블라디보스토크는 1860년에야 건설되었다. 1888년, 출항 선박의 톤수를 기준으로 할 때 세계에서 가장 중요한 항구는 런던, 뉴욕, 리버풀, 함부르크였다. 홍콩은 중국 내륙시장으로 향하는 관문이자 동시에 동남아시아로 가는 중요한 중개 기지였다. 오늘날에는 세계 최대의 컨테이너 환적항인 홍콩은 당시에도 이미 세계에서 일곱 번째 규모의 항구였지만 그 뒤로 오랫동안 홍콩을 제외하고는 아시아의 항구가 출현하지 않았다.[17)]

중요한 해운항로로서는 ① 일본에서 출발하여 홍콩을 경유하고 말라카해협(싱가포르)을 가로질러 북인도양을 건넌 뒤 홍해와 수에즈운하를 통과하여 지브롤터해협을 지나 대서양과 북해의 항구에 이르는 항로. ② 오스트레일리아에서 출발하여 희망봉을 돌아 아프리카 서해안을 따라가다가 유럽에 도착하는 항로. ③ 대서양을 가로지르는 뉴욕-런던/리버풀 항로. ④ 유럽에서 리우데자네이루와 라플라강의 항구에 이르는 또 하나의 항로. ⑤ 마지막으로는 샌프란시스코와 시애틀에서 출발하여 일본의 주요 항구인 요코하마에 이르는 태평양 횡단항로가 있었다.[18] 1900년 무렵이면 개별 항로의 지선이 대양의 가장 외진 섬에까지 닿아 있었지만 전 세계 항운의 지리적 분포를 보면 여전히 편중도가 아주 높았다.

항운업은 원래 집중도가 높은 업종이었다. 이때는 민간 해운회사의 황금시대였고('해양강국'을 추구하는 정부의 이상은 세기 말의 열정을 유지하고 있었으나 기본적으로 철도분야에 참여하려는 의지보다는 훨씬 약했다) 그 속에서 일부 해운회사는 풍부한 자금력을 자랑하고 있었다. 해운업 시장의 표지는 정기성, 정확성, 우수한 서비스, 차별화된 가격 그리고 (범선시대와 해운 사고가 빈발하던 증기선 시대 초기 수십 년 동안에는 상상할 수 없었던) 안전성이었다. 그런 가운데서도 세상을 놀라게 하는 해난사고는 몇 차례 일어났다. 대표적인 사고가 1912년 4월 14일에 대형 증기선 타이타닉(Titanic)호가 뉴펀들랜드 근해에서 침몰한 사건이었다. 홀랜드-아메리칸 라인(Holland-America Lijn), 노르트도이체 로이드(Norddeutsche Lloyd), 함부르크-아메리칸 라인(Hamburg-Amerika-Linie, 약칭 HAPAG), 쿤라드(Cunard), 알프레드 홀트(Alfred Holt), 페닌슐라 오리엔탈 라인(Peninsula & Oriental Line) 같은 대형 해운회사는 전 세계로 뻗어가는 자본주의, 성숙한 기술수준과 평화롭고 우아한 여행으로 나타나는 '우월한 문명'의 구체적인 표현이었다.

'물위의 궁전'은 당시 널리 환영받던 광고 문구였다. 19세기 80년 대부터 호화로운 '물위의 궁전'은 시대의 상징이 되었다.[19] 각국 대형 해운회사들 사이의 경쟁은 60년대부터 끊임없이 시장 분할과 (카르텔과 유사한 기능을 하는) '해운동맹'——주요 기능은 운임담합이었다——을 통해 균형을 찾아갔다.

서북유럽과 미국이 지배하는 세계 해운업은 남위 40도와 북위 50도 사이의 모든 해안지역을 포함했지만, 20세기 마지막 사반세기의 항공산업의 자로 재어본다면 이 지역이 진정한 의미의 세계 운송 네트워크라고 할 수는 없었다.[20] 대부분 내륙에 위치한 공항 사이를 오가는 공중교통이 등장한 뒤로 육지와 해양의 간극이 사라졌다. 오늘날 거의 모든 도시가 공중교통 네트워크에 연결되어 있고 비행 빈도는 전성기의 증기선 항해 빈도의 몇 배나 된다. 뿐만 아니라 초기의 유럽-미국 독점체제도 무너졌다.

20세기 70년대부터 아무리 작은 국가라도 국적항공사를 갖는 것이 얼마나 중요한지를 알게 되었다. 2001년 스위스항공(Swissair)의 파산은 새로운 민영화 추세와 국가 운송주권의 약화를 알리는 신호였다. 교통의 역사에서 세계화로 나아가는 강한 흐름은 2차 대전 이후, 특히 비행기를 이용한 장거리 여행이 더 이상 정치인, 기업가, 부호의 전유물이 아니게 된 20세기 60년대부터 형성되었다. 이런 발전의 기술적 기초는 항공 여객운송에 적용된 분사식 추진력이었다. 1958년 보잉 707 모델이 취항하면서 우리는 제트여객기의 시대로 진입했다. 19세기의 가장 대담한 환상으로도 상상할 수 없었던 일이 현실이 되었다.

네트워크 기술로서의 철도

철도의 세계화 효과는 그보다 수십 년 먼저 등장한 증기선만큼 크지 않았다. 철도는 공간적 제약을 받는 시스템이다.[21) 기술면에서 철도는 한 번도 사용해본 적이 없는 완전히 새로운 것이었다. 증기선은 수십 년의 완만한 과도기를 거치며 과거에 만들어 놓은 수상 운송의 기초 시설을 그대로 사용할 수 있었다. 석탄을 기초로 하는 기술이 등장했을 때 항구는 만들어져 있었지만 기차역과 궤도는 없었다. 철도가 한 번 건설된 후로는 환경과 기후에 대한 의존성이 증기선만큼 크지 않았다. 철도는 폭풍, 얼어붙는 항구, 가뭄으로 낮아지는 수위를 걱정할 필요가 없었다. 철도운송은 더 믿을 만했고, 운행은 더 규칙적이었다. 이 때문에 철도는 생산계획에 포함될 수 있었다. 철도가 생김으로써 발전 중이던 대도시에 대한 식량공급이 보장되었다.

식량공급 문제가 해결되자 다시 도시의 발전이 촉진되었다. 철도 화물운송의 위험은 비교적 낮았다. 선박 침몰은 거대한 재산손실을 의미했지만 철도 사고는 중대한 재산손실로 이어지는 경우가 드물었고 따라서 보험비용도 저렴했다. 정부가 철도건설에 투자하는 경우는 정부가 해운회사에 투자하는 경우보다 더 흔했다. 영국에서는 그렇지 않았지만 벨기에, 독일의 일부 제후국, 중국, 일본에서는 정부가 철도건설에 투자했다. 혼합형도 있었다. 네덜란드는 수십 년간의 경험을 통해 민간 기업만으로는 완전한 철도 네트워크를 수립할 수 없다는 사실을 알게 되었고, 1875년에 제정된 철도법에 따라 국유철도회사가 태어났는데 그 조직기구와 운행규칙은 완전히 독일을 모방했다.[22)

철도네트워크를 이해하는 관점은 사람마다 다르다. 특히 비유럽 세계에는 어떤 노선과도 연결되지 않고 고립된 철도 지선이 여럿 있었다. 예컨대 프랑스가 건설한, 베트남 북부의 항구 하이퐁(海防)과 중국 윈난성 수도 쿤밍(昆明)을 잇는 전월선(滇越線) 철도가 그랬다. 아프리카에서 이런 모양의 철도는 흔했고 용도는 강의 통항할 수 없는 부분을 연결하는 것이었다(예컨대, 콩고강, 나이저강, 나일강 연안). 이 대륙의 남부에만 1937년에 희망봉과 로디지아(현재는 잠비아)의 구리광산 벨트를 연결하는 철도가 완성되면서 2차원 네트워크가 형성되었다.[23]

시베리아철도는 (몇 개의 지선을 갖고 있기는 하지만) 과거에도 그랬고 지금도 변함없이 황야를 화살처럼 달리는 외로운 철도노선이다. 이 철도의 옴스크(Omsk) 동쪽 구간은 단지 전략적인 목적에만 사용되었을 뿐 대규모 이민을 운송한 적도 없고 내륙 지역의 경제개발에 기여한 적도 없었다. 유럽 쪽 러시아에는 철도 네트워크가 형성되어 있었지만 시베리아에는 없었다.

중국은 1897년부터 철도건설을 시작했다. 그러나 계획도 되어 있고 사업성도 있는 몇 개의 노선은 수십 년 동안 탁상 위에만 머물렀다. 그러므로 중국의 철도노선은—특히 장강이남 산악지역에서—말단 접촉부가 비어 있는 파편화된 네트워크를 형성할 수밖에 없었다.[24] 아시아 내륙지역은 20세기가 되어서야 철도가 열렸고 티베트에는 2006년에 철도가 들어갔다. 시리아와 레바논의 철도는 프랑스 회사가 운영했고 궤도 폭은 오스만제국과 달랐다. 두 계통은 접촉점 없이 독립적으로 운행될 수밖에 없었다.[25] 언뜻 보면 네트워크이지만 자세히 들여다보면 네트워크가 아닌 경우가 많다.

기성품 패키지처럼 철도를 도입할 수 없었던 1세대 철도건설 국가는—훗날에도 대부분의 기술은 국가마다 특수한 형태로 남아 있었지만[26]—무에서부터 하나씩 필요한 경험을 쌓아가야 했다.[27] 철도의 건설과 운행에는 강철기술, 기계제조, 채광, 통신, 지질, 교량건설, 터널건설, 기차역 설계, 공사현장 조직관리, 자금조달, 인사관리, 운행시간 조정 등 대량의 전문지식이 필요했다. 특히 철도사업이 아직 과학으로 자리 잡지 못한 초기에는 임시변통으로 해결책을 찾아내야 했다. 기술문제는 해결책을 찾아낸다 해도 토지를 징발하고 보상해야 하는 법률문제가 동시에 등장했다. 이 밖에도 철도는 항상 중요한 전략적 의미를 지니는 정치적 화제였다. 미국 철도와 (부분적으로) 영국 철도의 특징은 전략적 고려의 비중이 유럽대륙의 철도만큼 높지 않았다는 것이다. 그러므로 정부는 (미국의 경우 내전 시기는 제외하고) 직접 참여를 전혀 고려하지 않았다.

1880년 무렵 영국, 프랑스, 독일, 이탈리아, 오스트리아-헝가리제국과 (19세기 말이 되자) 기타 유럽국가에서도 오늘날 우리가 이들 나라에서 볼 수 있는 철도 네트워크가——일부 노선은 원래 노선을 재건한 것이다——이미 완성되어 있었다.

기술이 국경을 넘어 전파되자 철도건설 초기부터 독자적 기술을 발전시키기 쉬워졌다. 유일한 예외는 궤도의 폭이었다. 철도의 아버지라 불리는 조지 스티븐슨(George Stephenson)이 궤도 폭을 '4피트 8.5인치'로 정했다. 영국의 철도기술이 우위에 있었기 때문에 이것이 각국으로 수출되어 표준으로 자리 잡았다. 네덜란드, 바덴, 러시아는 처음에는 좀더 넓은 궤도 폭을 선택했지만 끝까지 자기 표준을 지킨 나라는 러시아뿐이었다. 1910년이 되자 바퀴 간격을 바꾸기 위한 단시간 정차를 제외한다면 리스본을 출발해 베이징에 이르는 중단 없는 기차여행이 가능해졌다. 같은 1910년에, 1900년부터 철도건설의 고조기가 시작된 조선도 대륙을 가로지르는 장거리 철도운송 노선에 연결되었다. 이제 유럽과 아시아대륙의 교통기술이 통일되었다.

철도와 국가통합

'철마'(鐵馬, iron horse)라는 바퀴달린 괴물이 처음 등장했을 때 그 속도가 너무 빨라 짐작하기 어려웠다. 쏜살같이 다가와서는 이내 사라지는 창밖의 풍경은 전혀 새로운 경험이었다. 기차는 현대성의 화신이었다. 기차가 모습을 드러내는 곳마다 이런 현대성이 바람직한 것인지를 두고 논쟁이 일어났다.[28] 프랑스에서 19세기 40년대에 '철도문제'는 엘리트계층이 국가의 미래를 토론할 때 중심 화두가 되었다. 천주교 보수파에 맞서는 투쟁 가운데서 철도건설이 국가의 번영에 도움이 된다는 공동인식이 형성되었다.[29]

수십 년 뒤 기차가 세계의 다른 곳에서 등장했을 때도 같은 반응이 나타났다. 유럽인은 자신들이 초기에 느꼈던 공포를 잊어버린 채 미개하고 미신을 믿는다며 동방인을 비웃었다. 중국의 첫 번째 철도(상하이 부근에 건설된 길이 16킬로미터의 오송선嗚淞線)는 완공된 다음 해인 1880년에 현지 주민들이 자연의 조화('풍수')를 해친다며 철거해버렸다. 서방에서는 이를 두고 현대성에 대한 우매한 반항이라며 조롱했다. 그러나 몇 년이 지나지 않아서 중국에도 철도건설의 필요성에 대한 인식이 보편화되었다.

20세기 초에 지역 상층사회의 애국지사들이 각 성에서 대량의 자금을 모아 외국인들로부터 철도경영 특허를 사들이는 운동을 벌였다. 청 정부는 1911년 봄에 전국적으로 통일된 철도정책—유럽 표준을 따르는 합리적인 철도정책—을 시행한다고 발표했다. 이 시도는 결국 청 왕조 정부가 붕괴되는 중요한 원인의 하나가 되었다. 중국인뿐만 아니라 외국인 투자자와 공급자에게 매력적인 이익을 안겨줄 현대 기술에 대한 지배권을 둘러싸고 지방 세력과 중앙 세력이 쟁탈전을 벌였다. 중국에서 철도는 거대한 역사의 중요한 흐름을 기록했다.

이 무렵 중국은 철도시대에 진입한 지 얼마 되지 않았으나 이미 자주적 철도건설 능력을 갖추었다. 그 전까지는 대다수의 철도가 중국 정부의 소유이기는 했으나 외국인의 자본과 외국 기술자의 설계로 건설되었다. 첫 번째의 예외가 기술적 난도가 매우 높은 평수선(平綏線: 베이징과 베이징 서북쪽의 장가구張家口를 연결하는 노선) 철도였다. 1909년에 완공된 이 철도는 중국 국유철도 체계와 몽고의 대상(隊商)무역을 연결하기 시작했다. 외국인 전문가들조차도 중국이 비교적 낮은 건설원가에 독자적으로 건설한 이 철도를 대단한 기술적 성취라고 인정했다. 그러나 궤도 위를 달리는 기관차는 중국제품이 아니었다. 유럽의 지배와 영향력에 맞선 유사한 상징적 철도는 시리아의 다마스쿠스에서 시작하여 요르단의 암만을 거쳐 사우디아라비아의 메디나에 이르는(중간에 지선 하나가 하이파Haifa를 연결했다) 히자즈(Hijaz) 철도였다.

영국과 프랑스가 이 지역에서 갖고 있던 직접적인 이해관계에 비추어본다면 이 철도의 지정학적·전략적 의미는 더욱 분명해진다. 1차 대전이 일어나기 전 15년 동안 오스만제국은 아라비아 여러 주에서 자강을 위한 마지막 시도를 했다. 그 밖의 오스만제국 철도는 유명한 바그다드 철도를 포함하여 모두가 유럽인이 건설했지만 히자즈 철도는 오스만인이 투자하고, 건설하고, 운영했다.

오스만인의 시도는 평수선 만큼 성공적이지는 못했다. 히자즈 철도건설에 참여한 (독일인 최고설계사가 지휘하는) 외국인 기술자의 숫자는 평수선 건설에 참여한 외국인 기술자 숫자와는 비교할 수 없을 정도로 많았다.[30] 그러나 근본적인 메시지는 분명했다. 비유럽 국가는 유럽의 기준에 맞춰 자신의 기술구조를 보여줄 수 있을 때 실력을 충분히 증명할 수 있었다. 당연히 이것이 일본이 성공한 방식이었다. 일본의 방식은 박수받을 만한 것이었으나 쉽게 따라할 수는 없는 것이었다.

해운과 항공교통과는 달리 철도는 궁극적으로 국가통합의 도구였다. 괴테는 1828년에 ─그는 이때 80에 가까운 나이이면서 여전히 자신이 살고 있던 시대에 대한 예리한 관찰자였다─ 요한 에커만(Johann Peter Eckermann)에게 장담했다. "나는… 독일의 통일에 대해 비관하지 않는다. 우리의 훌륭한 도로와 미래의 철도가 반드시 어떤 역할을 할 것이다."[31]

철도는 먼저 전국의 시장을 통일했다. 때로는 철도가 열리자 시장이 나타났다. 지역 간의 가격차가 이것을 가능케 했다. 아우구스부르크와 킬의 빵 값이 같아졌다. 1870년, 뉴욕시와 아이오와의 밀 가격 차이는 69퍼센트였지만 1910년에는 19퍼센트에 지나지 않았다.[32]

철도의 국제성이 유럽인의 주의를 끌었다. 한 국가의 전국적 네트워크가 합류하여 유럽의 (거의) 단일 교통체계를 형성했다.[33] 이리하여 전체 유럽에 통용되는 규범이 생겨났다. 기차는 일정한 수준까지는 운행시각표에 따라 정시에 운행되었고 표준화된 여행 절차가 등장했다. 그러나 철도는 바다를 건널 수 없었다. 영국해협을 건너는 해저 터널을 뚫겠다는 나폴레옹의 꿈은 20세기 말이 되어서야 실현되었다.

따라서 기차의 세계화 효과는 제한적이었다. 지금까지도 여객 수송량이 많지 않은 시베리아철도는 현대판 실크로드 이상이 되지 못했다. 아득한 거리에 떨어져 있는 두 지역을 한 줄기 가느다란 철도로 연결한다고 해서 양적으로 의미 있는 네트워크가 형성되지는 않았다. 아시아 철도체계는 서로 연결되지 않은 채로 남아 있었다(유일한 예외는 시베리아-만주-조선반도를 잇는 노선이었다). 인도의 철도는 북쪽에서 넘을 수 없는 히말라야 산맥에 막혀 아프가니스탄까지 연장되지 못했고, 그 때문에 러시아가 인도 아대륙을 침입할 통로가 열리지 않았다. 오늘날까지 아프가니스탄은 사실상 철도 시설이 없는 나라로 남아 있다. 철도가 '철도제국주의'의 도구로 기능하는 한 (인도 바깥에) 전략적으로나 경제적으로 덜 중요한 지역을 포함시키는 유럽식 국유철도와 같은 철도 네트워크를 건설할 필요가 없었다.[34]

유럽 각국은 국가이익을 지키는 철도정책을 시행했다. 프랑스와 독일은 19세기 내내 치열한 철도건설 경쟁을 벌였다.[35] 1차 대전이 일어나기 전의 충돌 과정에서 군대 동원은 중요한 문제였다. 세계 대부분의 지역에서 철도는 서유럽, 미국, 인도, 일본처럼 사회에 결정적인 영향을 미치지는 않았다. 그런 지역은 라틴아메리카지역(아르헨티나는 제외. 이 나라는 규모는 크지만 부에노스아이레스를 중심으로 외부세계로 연결되는 네트워크를 갖고 있었다), 중앙아시아, 아프리카였다. 수레, 보행, 낙타대상 등 전통적인 육로 운송방식의 지위는 오랫동안 흔들리지 않았을 뿐만 아니라 비용이 많이 들고 기민성이 떨어지는 철도와 비교했을 때 상당한 경쟁력을 보여주었다.

'기차가 다니지 않는' 아시아 또는 아프리카 국가 일부가 그 상황을 유지할 수 있었던 데는 충분한 이유가 있었다.[36] 이런 지역이 철도시대를 생략하고 인력과 축력(畜力)의 시대에서 곧바로 전천후 차량과 제트여객기 시대로 진입한 경우는 흔히 있었다. 더 나아가 철도가 강, 운하, 도로와 원활하게 연결되지 않은 상황이라면 철도의 통합기능은 제한적일 수밖에 없었다. 예컨대, 19세기 60년대 이후로 러시아의 교통정책은 전적으로 철도발전을 중심으로 했다. 그러나 철도와 연결되는 도로건설이 지체되었기 때문에 광활한 러시아와 시베리아지역의 불편한 교통상황은 크게 개선되지 않았고 지역 간의 운송비용 격차도 컸다. 이것이 러시아의 국가통합 수준이 낮았음을 보여주는 분명한 표지였다.[37]

세계를 이어준 해저케이블

해저케이블이 세계를 이어주면서 19세기의 세 번째 사반세기에 세계를 포괄하는 네트워크가 등장했다.[38] 이때부터 시작된 전보의 시대는 사람들에게 장거리 전화의 비용을 감당할 수 있는 능력이 생길 때까지 수십 년 동안 지속되었다. 역사상 처음으로 개인 간의 통신이 상이한 매체의 혼합—손 편지와 단문의 전보—에 의존하게 되었다.[39] 20세기의 마지막 사반세기에 팩스, 이메일, 이동전화가 등장하면서 전보는 사라졌다. 해저케이블로 세계를 연결한 것은 대단한 기술적 성취였다. 특수 선박을 이용해 뛰어난 보호막을 입힌 튼튼한 해저케이블을 수천 킬로미터나 바닷속에 부설하는 일에 비한다면 육상의 물류는 더할 나위 없이 가벼운 일이었다.

해저케이블 부설은 운하나 철도건설 공사와는 달리 거대한 인력 동원이 필요하지 않았고 기술 또한 도시 환경에 큰 영향을 주지 않았다. 80년대 중반이 되자 세계는 이미 문자 그대로 해저케이블을 통해 연결되었다. 해양을 가로지르는 케이블 이외에 근거리 통신망도 셀 수 없이 많았다. 중간 규모의 도시 —— 최소한 유럽과 북아메리카의—— 라면 예외 없이 전보국을 갖추고 있었다. 미국 중서부 쓸쓸한 기차역의 외로운 전보수(電報手)는 서부극에 흔히 등장하는 전형적인 실제 풍경이었다.

철도와 전신선로는 항상 함께 부설되었다. 벽지라도 기차가 들어오면 장거리 전신선로를 부설하기는 쉬웠다. 오스트레일리아에서는 첫 번째 철도보다 몇 달 먼저 첫 번째 전신기가 사용되었다.[40]

전신의 기본 원리는 비물질화된 정보를 사람이나 물건보다 더 빠르게 이동시키는 것이며, 각종 매체가 이런 목적에 이용될 수 있다. 19세기에 세계화에 기여한 가장 위대한 새로운 매체는 전화가 아니라 전보였다. 30-40년 뒤 뉴욕(1877-78년)과 파리(1879년)에서 첫 번째 전화 중계국이 가동되고, 얼마 뒤 도시를 잇는 전화선로가 부설되자(미국은 1884년, 프랑스는 1885년) 전화의 역사가 시작되었다. 처음에 전화는 대륙 간 네트워크의 한 부분이 아니었다. 전화는 70년대 후반까지도 작동범위가 매우 제한적인 기술 장치여서 도시 내에서의 통신에만 사용되었다.

1881년 상하이에 전화기가 처음 도입되었지만 불과 몇 대만 설치되었을 뿐이다. 전화의 초기 역사는 주로 미국의 발전사와 겹쳤다. 19세기 80년대와 90년대에 전화통신의 조건은 도시 안에서뿐만 아니라 (미국) 도시 사이에서도 점진적으로 개선되어갔다. 전화기술은

1900년 이후 빠르게 발전했고 1915년 이후 또 한 번 빠르게 발전했다. 그러나 20세기 20년대까지도 북아메리카와 세계 기타지역의 전화 연결은 기술적으로 여전히 불가능했다.

20세기 50년대부터 기술은 신뢰할 수 있는 수준에 도달했다. 20세기 60년대 말부터 개인도 전화를 사용할 수 있게 되었다. 초기의 전화기술 연구는 거의 모두 벨연구소(Bell Laboratories)에서 진행되었고 그 후 미국의 반독점법 체제 아래서 AT&T(American Telephone and Telegraph Company)가 법이 허용하는 범위 안에서 사실상 독점적인 연구를 이어갔다. 벨연구소와 AT&T는 핵심적인 특허를 보유했고 그것을 전 세계를 상대로 판매했다.

20세기 초에 등장한 각국의 전화 네트워크는 거의 모두가 국영 독점회사가 운영했다.[41] 비교적 일찍 전화를 사용한 지역에서는 전보를 빨리 받아들인 사람들이 전화도 빨리 받아들였다. 첫 번째 전화 사용자 집단은 뉴욕 증권시장의 중개인들이었다. 그들은 알렉산더 그레이엄 벨(Alexander Graham Bell)이 발명한 초기 전화기를 빠르게 받아들여 사용했다.[42] 그 뒤 에디슨(Thomas Alva Edison)이 발명한 표준형 전화기가 1895년부터 대량 생산에 들어갔다. 1900년에 미국인은 평균 60명당 1대꼴로 전화기를 소유했고 스웨덴인은 115명당 1대, 프랑스인은 1,216명당 1대, 러시아인은 7,000명당 1대를 소유했다. 영국은행(Bank of England) 같은 중요한 기관도 이때 처음으로 전화를 설치했다.[43] 1900년에 미국은 이미 전화사회로 변모해가고 있었고 개인 통신에서 전보가 차지하는 비중은 내려가고 있었다.

유럽에서 전화는 1차 대전 이후에 비로소 문화적 영향력을 갖게 되었다. 전화기술은 극히 완만한 발전과정을 거쳐 강력한 기능의 네트워크를 형성했다. 20세기 20년대 말, 각국은 기본적으로 국가 네트워크를 갖추었으나 기술적인 문제 때문에, 더 중요하게는 정치적인 원인 때문에 다시 수십 년이 지난 뒤에야 국가 네트워크 사이의 순탄한 통화를 실현했다. 국영 전화회사가 설립되었다는 사실이 (인도는 1882년, 에티오피아는 1899년, 터키는 1908년) 그 나라의 일상생활에서 이 새로운 매체가 차지하는 실제적인 중요성을 설명해주지는 않았다.[44] 전화의 예상했던 기능 가운데서 일부는 적용될 수 없음이 밝혀졌다. 예컨대, 1914년에 야전 전화선로를 가설하려던 계획은 독일군이 서부전선으로 진격하는 속도를 따라잡을 수 없어 무산되었고 몇 대밖에 안 되는 무전기는 충분히 활용될 수 없었다. 슐리펜계획(Schlieffen-Plan)*이 요구하는 결정적인 돌파를 위해 필수적인 군단 사이의 신속하고도 유효한 협조를 통신기술이 보장해주지 못했다.[45]

사용자의 개인생활에 혁명적인 변화가 일어났다는 면에서 보자면 전보는 그 뒤에 등장한 전화나 인터넷에 비해 영향력이 적었지만 상업, 군사, 정치적 활동에서 전보의 중요성은 결코 낮게 평가할 수 없다. 링컨 대통령은 내전시기에 전보를 통해 군대를 지휘했는데 사람들은 이를 'T-mail'이라 불렀다.[46] 1800년 무렵, 아직 관련 기술이 등장하기 전이었지만 전보를 통해 네트워크화된 세계를 상상할 수 있었다. 무함마드 알리가 1823년에 알렉산드리아항과 카이로 사이에, 러시아 정부가 19세기 30년대에 상트페테르부르크와 바르샤바 사이에 도입한 광신호로 정보를 전송하는 방식은 최초의 실질적인 진전이었다.[47]

1837년에 전기신호를 이용한 전보가 시험에 들어갔고 1844년에 모스 부호(Morse code)가 상업적 서비스에 투입되었다. 19세기의 세

* 슐리펜계획은 독일제국 참모총장(1891-1906년)이었던 알프레트 폰 슐리펜(Alfred von Schlieffen) 원수가 고안한 프랑스(제3공화국)를 상대로 하나의 전선을 형성하여 승리하겠다는 전쟁계획이었다. 독일군이 1차 세계대전 초기에 프랑스를 침공하기 전에 먼저 벨기에를 침공한 배경이 된 전쟁계획이다.

번째 사반세기에 해저케이블이 전 세계에 부설되었다. 이때부터 케이블을 통해 인도(1870년), 중국(1871년), 일본(1871년), 오스트레일리아(1871년), 카리브해(1872년), 남아메리카의 모든 대국(1875년까지), 남아프리카와 동아프리카(1879년), 서아프리카(1886년)로 전보를 보낼 수 있게 되었다. 역사에 전례가 없는 밀도의 정보전달 체계가 짧은 시간 안에 등장했다. 그러나 지구 전체를 덮는 전보네트워크는 1902년 10월에 태평양 해저케이블이 사용에 들어가면서 등장했다.[48]

1880년대에는 전 세계의 공개된 상업정보 — 예컨대 주식거래량과 호가 — 가 (정보를 발표한 시간과 전신선로의 한쪽 말단에서 공개하는 시간을 기준으로 할 때) 단 2-3일 만에 런던으로 모여들었다. 개인적인 전보는 일반적으로 하루 안에 수취인의 손에 들어갔다. 1798년 나폴레옹이 이집트를 침입한 소식은 62일이 지나서야 런던에 알려졌다. 이런 속도는 16세기 초의 정보전달 속도와 별 차이가 없었다. 1815년, 런던의 영국 내각은 나폴레옹이 워털루전투에서 패배한 정보를 이틀 반나절만에 입수했다. 그러나 네이선 메이어 로스차일드(Nathan Mayer Rothschild, 1777-1836)*는 그로부터 다시 하루가 지난 뒤에 개인 밀사로부터 이 소식을 전해 들었다. 1815년 1월 8일, 수천 명의 영국인 병사와 미국인 병사가 뉴올리언스 전투에서 전사했다. 그런데 전투 현장 지휘관들은 교전 쌍방이 이미 1814년 12월 24일에 네덜란드 헨트(Gent)에서 평화협정에 서명한 사실을 알지 못했다. 전보의 탄생 전야에 세계 각지로부터 발송된 편지가 런던에 도착하기까지 걸리는 시간은 발신지별로 보면 뉴욕 14일, 케이프타운 30일, 콜카타 35일, 상하이 56일, 시드니 60일이었다.

* 로스차일드는 독일계 유대인으로 금융업자다. 로스차일드
  금융제국 창시자 가운데 한 사람이며 가족의 영국 내 사업
  을 관장했고 런던에서 죽었다.

대서양 해저케이블이 부설되기 1년 전인 1865년 4월 15일에 워싱턴에서 링컨이 암살당했다. 런던은 이 소식을 13일이 지나서 들었다. 그런데 러시아황제 알렉산드르가 1881년 3월 13일 상트페테르부르크에서 암살되었을 때 런던은 12시간 뒤에 이 소식을 알게 되었다.[49]

이제 개별 시장 상호 간의 반응은 빨라졌고 가격 수준은 근접했다. 주문이 신속하게 이루어지면서 많은 업종이 대량의 재고를 가질 필요가 없어졌다. 이것은 소기업에게 특히 유리한 환경변화였다. 전보는 대기업의 발전에도 유리한 조건을 제공했다. 사업 내용이 방대하고 복잡한 대형 기업은 각지에 지사를 세우고 이전에는 대리인에게 맡겨 두었던 교섭과 정보수집 활동을 직접 수행할 수 있게 되었다. 중개인과 중간상인에 대한 의존으로부터 점차 벗어났다. 정치적 영향도 피할 수 없었다. 전보는 해외 현지에 나가 있는 외교관은 물론이고 내각과 수도의 의사결정 기구에 대해서도 압박을 가중시켰다. 국제적 위기가 발생했을 때 반응속도는 더 빨라졌고 대형 회의의 회기는—꼭 이 원인 때문만은 아니지만—단축되었다. 암호를 사용한 전보는 해독과정에서 실수가 발생하거나 오독될 가능성이 있다. 군사총사령부와 대사관에 전보전문요원이 배치되었다. 그들은 스파이가 쉽게 해독할 수 없는 복잡한 암호체계를 만드느라 머리를 싸맸다. 우연히 암호가 노출되거나 적이 암호를 해독해낼 가능성에 대한 염려는 전혀 근거 없다고 할 수 없었다.[50] 염려와 공포는 통신의 광채를 가렸고 검열이라는 새로운 기회가—때로는 실행하기 어렵기는 했지만—열렸다.

전보통신의 계층과 몰락

훗날 등장한 전화가 미국의 산물이었듯이 전보는 압도적으로 영국의 산물이었다는 사실은 새로운 매체의 군사적·정치적 응용에도 영향을 미쳤다. 1890년 무렵 전 세계 전신선로의 2/3가 영국 소유였고 대부분이 이스턴전보회사(Eastern Telegraph Company)와 그 밖의 영국 정부로부터 특허를 받은 회사의 소유였다. 영국의 민간회사가 소유한 15만 6,000킬로미터의 전신선로를 제외한 나머지 7,800킬로미터는 영국 정부가 소유했는데 대부분 인도에 있었다. 미국의 전신선로는 세계 2위를 차지했다. 독일의 전신선로는 전 세계 선로의 2퍼센트를 차지했다. 전 세계에서 정부가 직접 지배하는 전신선로는 1/10에 미치지 못했다.[51]

영국이 이러한 독점적 지위를 이용하여 다른 국가의 통신을 질식시키거나 암암리에 타국을 감시할 것이란 우려는 입증된 적이 없었다. 나아가 영국이 독점적 지위를 지키려는 행동이 언제나 성과를 내지도 않았다. 1차 대전 직전에 북대서양의 해저케이블은 많은 부분이 조용히 미국인의 손에 넘어가 있었다. 얼마 되지 않아 사람들은 네트워크 접근권을 세밀하게 규정해두지 않으면 안 된다는 인식을 갖게 되었다. 이 매체가 처음으로 사용된 크리미아전쟁에서 영국과 프랑스의 지휘관들은 군사지식이 별로 없는 민간정치가들이 함부로 보내오는 모순된 내용의 전보더미에 파묻혔다.[52] 전보는 공정한 무대가 아니라 새로운 계층질서를 만들어 냈고 고위 관료들만 그것에 접근할 수 있었다. 국외에서의 협상은 당연히 수도의 본부로부터 직접 내려오는 지시의 압력을 받게 되었다. 전권을 부여받은 노련한 외교관이 큰 틀의 외교를 연출하던 시대가 저물어가고 있었다.[53]

이런 자주성이 위협을 받는 상황에서는, 예를 들자면 외부세계와의 전보통신이 단절되거나 전쟁 중에 흔히 볼 수 있듯이 외부세계와의 접촉이 완전히 끊겼을 때 새로운 곤경에 빠질 수 있었다. 1898년 9월, 제국이 충돌한 역사에서 가장 유명한 '대결' 장면——실제로는 두 적대자가 마주 앉아 샴페인 한 병을 함께 마신 사건이었지만——인 파

쇼다(Fashoda)사건*에서 영국 군대와 프랑스 군대가 마주쳤다. 영국
군 지휘관 키치너(Kitchener) 장군은 (수단의 옴두르만Omdurmann 성
을 경유해) 전보통신을 할 수 있는 조건이었으나 그의 상대인 프랑스
군 지휘관 마르샹(Marchand) 소령은 그럴 수 없는 상황에 처해 있었
다. 키치너는 이 우위를 이용하여 외교적·군사적 위협으로 프랑스인
의 기를 꺾어 놓았다.[54]

다른 상황에서도 전보는 파괴적인 목적에 사용될 수 있었다. 전보
는 광범위한 지역에 걸친 정치적 저항운동을 조직하는 데 동원될 수
있었다. 1908년 인도에서(1년 전에는 미국에서) 전국적인 규모의 전
보수 파업이 발생했다. 파키스탄의 라호르(Lahore)에서부터 인도의
마드라스(Madras)까지, 파키스탄의 카라치(Karachi)에서 미얀마의
만달레이(Mandalay)까지 벌어진 파업으로 정부 행정과 상업이 마비
상태에 빠졌다.

해저케이블은 국제정치에서만이 아니라 제국의 내정에서도 중요
한 목표가 되었다. 캐나다는 서쪽 이웃 국가들과의 접촉을 늘리기
위해 20년 동안이나 태평양 해저케이블을 부설하려 노력했다. 그러
나 런던은 주변국 상호 간의 접촉은 반드시 제국의 중심부를 경유해
야 하는 전통적인 통신망을 유지하려고 (통제를 벗어나려는) 캐나다
의 통신정책을 끊임없이 방해했다.[55] 세계는 20년 동안에 해저케이
블로 연결되었지만 후발주자와 모방자에게는 기술이 거의 이전되지

---

* 파쇼다 사건(Fashoda Incident, Crise de Fachoda)은 영국과
  프랑스 간의 동아프리카 식민지 확보 경쟁의 절정을 이루었
  던 사건이다. 케이프타운과 카이로를 잇는 종단 정책을 펼
  치던 영국과 알제리와 마다가스카르를 잇는 횡단 정책을 펴
  던 프랑스 두 나라의 군대가 수단의 파쇼다에서 마주쳤다.
  먼저 도착한 프랑스군이 자국 국기를 게양하자 영국군이 철
  거를 요구했다. 양국 군 지휘관의 담판 끝에 프랑스 측의 양
  보로 물리적 충돌을 피했다.

않았고 하드웨어의 소유권과 운용지식은 모두 소수의 발명자와 투자자가 장악하고 있었다.

신흥 전기매체뿐만 아니라 시대에 뒤떨어졌다는 평가를 받던 매체도 비약적으로 발전했다. 1871-1913년 사이에 독일제국 국내에서의 연간 편지 왕래건수는 4억 1,200만 건에서 68억 건으로 증가했고 국외와의 왕래건수도 비슷한 규모로 증가했다.[56] 유럽의 국제 서신왕래는 1914년 여름처럼 밀집된 적이 없었다. 그 무렵 사람들은 우편을 통해 지구상의 모든 사람과 연락할 수 있으리라고는 실오라기만큼도 상상하지 못했다. 유럽의 변경지대에서 우편노선은 희소했다. 대다수 러시아 농촌주민은 아직도 우체국이나 편지통을 알지 못했다. 러시아와는 달리 (국토가 러시아 못지않게 광활한) 미국은 내전시기 직전에 변경지역까지 포함하여 완전한 우편노선을 갖추고 있었다. 통신매체와 문자 해독률은 상호작용하며 나선형 성장추세를 나타냈다.[57]

마지막에 등장한 새로운 네트워크 기술은 전력공급이었다. 이 기술은 위대한 전환기였던 19세기 80년대에 등장하여 세계를 전선으로 연결된 네트워크로 바꾸어놓았다. 전력 공급체계는 초기의 몇몇 대도시 조명계통과 최초의 장거리 송전—1891년에 시작된 독일 넥카르(Neckar)강변의 라우펜(Lauffen)에서부터 마인(Main)강변의 프랑크푸르트까지의 송전—에서 시작하여 20세기 20년대에는 방대한 지역의 전력 생산과 분배 체계로 발전했다.

영국이 세계 전보의 선구자였다고 한다면 미국은 전화의 탄생지였고 세계 전력의 중심은 독일, 더 정확하게 말하자면 '전기의 도시'(electrical metropolis) 베를린이었다.[58] 초기 철도에 비견될 수 있는 대규모 표준화는 1914년까지 기다려야 했다. 그러므로 그전까지는 모든 지역의 전압과 주파수가 각기 다른 혼란을 겪어야 했다. 전력 네트워크의 작용은 지역적 범위를 넘지 못했다. 20세기 20년대에 들어와서 광범위한 전력 연결망을 구축할 수 있는 기술적·정치적 조건이 갖추어졌고 1924년, 제1차 세계에너지대회(World Energy Conference)에서 국제적인 전력규범의 필요성이 인정되었다.

2. 무역

세계시장-지역시장-틈새시장

오랫동안 서방에서는 현대 세계경제의 발전이 유럽이라는 유일한 중심에서 형성된 각종 관계와 연결의 확장이라고 주장해왔다. 이런 관점을 심화시키는 데는 '현대세계체제'(modern world-system)의 단계적 발전이라는 간단하고 쉽게 이해할 수 있는 개념이 한 몫을 했다.

오늘날의 시각에서 보면 17세기와 18세기 초에 형성된 세계경제는 다중심이었다고 추론하는 것이 더 설득력이 있다. 원거리 시장을 겨냥한 생산이 증가하면서 몇 가지 상이한 상업자본주의가 세계의 여러 지역에서 동시에 번영하고 있었다.[59] 대서양을 지배하던 유럽의 무역이 18세기 중반부터는 아시아의 경쟁자를 압박하기 시작했다. 그러나 1840년 이후 자유무역 추세하에서 재구성된 세계경제를 전 세계를 포괄하는 단일 네트워크로 보는 것은 지나치게 단순한 시각이다.[60]

세계시장이란 하나의 추상적이며 이론적인 허구이다. 상품(또는 사람)을 기준으로 하면 세계시장이라고 부를 수 있는 많은 대형 시장이 생겨났다. 이런 세계시장 가운데서 어떤 시장도 특유의 지리적 환경을 벗어날 수 없었고, 어떤 시장도 기하학적으로 골고루 지구 전체를 뒤덮지 못했다.

지역적 하부체제가 자체적인 발전 속도를 유지하거나 새롭게 발전했다. 1883-1928년에 아시아 내부 무역의 발전은 아시아와 유럽 사이의 무역보다 훨씬 더 빨랐다.[61] 최초에 유럽에서 도입되지도 않았고 유럽인이 장악하지도 않았던 지역 하부체제는 자기 내부에서 역할분배 체계를 발전시켰다. 예를 들자면, 1800년 이후——분명히 그 이전일 수는 없다——아시아는 국제 쌀시장을 발전시켰다. 버마, 샴, 인도차이나는 쌀을 수출하고 실론(오늘날의 스리랑카), 말라야 연방, 네덜란드령 동인도제도, 필리핀, 중국은 쌀을 수입했다.[62]

쌀에 대한 수요는 빈곤의 지표라기보다는 지역적 (생산)전문화의 결과였고 어느 정도는 소비수준 향상의 표지였다. 쌀은 모든 아시아 국가에서 유럽의 밀과 같은 주식이었다. 현대적 기술이 국경을 초월한 지역시장에서 '전(前)현대적' 형태의 교통과 교환은 반드시 소멸하지는 않았다. 예컨대, 대규모 항구도시 광저우(廣州)의 동남아시아 지역을 대상으로 한 범선무역은 결코 '전통적인' 중국의 유산이 아니라 건륭황제가 1757년에 반포한 조서를 통해 광저우에 부여한 독점적 지위였다. 인도양의 아라비아 범선처럼 중국식 범선은 19세기에도 여전히 활약했다. 유럽 선박은 면화와 아편을 나르는 것 말고는 어떤 우위도 갖지 못했다. 동남아시아 무역은 여전히 중국이 장악하고 있었다.[63]

무역사의 관점에서 보면 19세기는 여러 면에서 근대초기의 연속이었다. 17세기와 18세기에 유럽 상인들은 문화의 경계를 넘어 대륙 사이의 무역에서 큰 성공을 거두었다. 특허회사는 특히 아시아무역에서 한 때 매우 효율적인 혁신이었다.

홋날 특허회사가 쇠퇴하게 된 것은 자체적인 결함 때문이 아니라 새롭게 대두한 자유주의 이념이 가졌던 유보적 태도 때문이었다. 아프리카가 식민지가 되는 과정에서 특허회사는 19세기 70년대부터 한 차례 (작은 범위의) 부흥을 경험했다. 영국의 동인도회사(East

India Company)와 네덜란드의 동인도회사(Vereenigde Oostindische Compagnie) 같은 대형 관료기구 이외에 (주로 대서양지역을 중심으로) 여러 대륙을 넘나들며 활약하던 개별 상인들이 있었다.

18세기에 이들 집단의 주류는 런던과 영국 남부 항구도시의 신사자본가들(gentlemanly capitalists)이었고 스코틀랜드인과 북아메리카인도 점차로 이 집단에 합류했다. 이들은 범선과 중상주의가 만들어낸 무역 네트워크 안에서 19세기 세계무역을 선도했다.[64] 해저케이블이 급속하게 확장되고 있던 1900년 무렵의 시점에서 되돌아보면 이들의 활동 방식은 '전현대적'이었다고 할 수 있다. 개별 기업주들로 구성된 대형 무역조직과 상업 네트워크는 끊임없는 서신 왕래를 통해 응집력과 번영을 유지했다. 그들은 '서신의 왕국'(empire in writing)에 존재했다.[65]

19세기를 공업화의 시대로만 본다면 상인들이 이 시대에 세계경제를 하나로 묶어내는 데 중요한 역할을 했다는 사실이 묻히게 된다. 그들은 시종 세계경제 네트워크의 중요한 건설자였다. 그들은 각종 상황변화에 적응하고 동시에 영향을 주었다. 그들은 멀리 떨어진 시장과 여러 가지 생산체계—예컨대 면방직공장과 면화 플랜테이션—를 연결시켰다. 그들이 축적한 자본은 은행과 공장으로 흘러들어갔다. 그들의 활동으로부터 초국가적 협조와 규제의 필요성이 대두했고 그것이 새로운 협력방식과 국경을 초월하는 상법의 성립으로 이어졌다.

조직을 만들어내는 상인의 능력은 서방의 전유물이 아니었다. 중국에서 교역 네트워크는 제국 내부의 지역별 상업적 분업을 촉진함으로써 18세기 중국의 번영에도 기여했다. 이 네트워크도 발달된 서신왕래가 전제조건이었고 주로 출신—단순한 혈족관계가 아니라 지역적 연고—이 같은 사람들끼리 단결과 상호부조를 기반으로 만들어졌다.

특정 도시 출신의 상인이 특정 업종을 장악하고 있는 현상은 전국 각지에서 동일했다. 동방이든 서방이든 상업적 기교는 비슷했다. 유럽이든, 중국이든, 오스만제국이든 동반자 관계는 자본을 모으고 실력을 증강시키는 중요한 도구였다.[66] 중요한 차이는 서유럽에서는 국가가 상업자본주의를 포용했을 뿐만 아니라 적극적으로 지원했다는 점이다.

19세기에 비유럽 지역의 상인 네트워크는 서방 자본주의가 '외곽지역'에 도착하자마자 소멸되지 않고 대부분 존속했으며 나아가 새로운 도전에도 적응했다. 이런 네트워크의 특징은 원시공업 생산방식과의 긴밀한 관계였다. 하나의 예를 들자면, 19세기 후반 중국 면포(綿布)의 국내 도매 거래 네트워크는 전혀 다른 분야와 전혀 다른 공업화 단계에서 생산된 상품 — 가내공업, 중국의 초기 공장생산 제품, 수입상품 — 을 판매하는 역할을 떠맡았다.[67]

18세기부터 이어져 내려온 또 하나의 구조적 요소는 종교적·종족적 소수집단이 활동하는 시장이었다. 오스만제국과 이집트의 아르메니아인과 그리스인, 인도와 중앙아시아의 조로아스터(Zoroastrianism) 교도, 영국 세력권에서 활약한 아일랜드인과 스코틀랜드인은 국가와 국가 사이, 대륙과 대륙 사이를 넘나들며 활동했다. 이런 소수집단 — 그중에서 유대인의 활약은 갈수록 중요해졌다 — 은 19세기와 함께 출현한 새로운 기회를 열정적으로 활용했다. 대부분의 세계무역을 유럽인이 장악한 상황에서도 신드(Sind, 오늘날의 파키스탄에 속함)주의 힌두교도 상인들은 아시아 내지와의 연결을 강화하고 중국인, 영국인, 러시아인 사이에서 중개자의 역할을 확고히 해나갔다. 이것이 시카푸르(Shikarpur, 신드주의 도시) 상인공동체의 특기였다.

하이데라바드(Hyderabad) 상인들이 건설하고 운영하던 무역 네트워크는 19세기 말의 수십 년 동안에 빠르게 발전한 유럽의 여행업이 가져다 준 새로운 기회를 이용하여 이국적 특색이 강한 방직품과 동방 공예품의 판매에 주력했고 여행 노선을 따라 지역 거점을 설립했다. 이들 집단은 주로 친족관계 — 그중 일부는 허구였지만 — 를 중심으로 연결되어 있었다. 그들의 사업은 두 차례의 세계대전 기간 중에도 번성했다. 시장의 빠른 변화를 세밀하게 관찰해 정확한 결정을 내리지 않았더라면 이런 성공은 불가능했을 것이다.

정치적 경계는 이들 상인에게는 아무런 의미가 없었다. 그들의 성향은 '초국가적'이었다.[68] 초국가 무역네트워크는 인도 또는 중국 내륙의 무역 네트워크와 긴밀하게 연결되어 있었다. 범인도 네트워크의 발전과 여러 상인 공동체 활동의 확장은, 중국 각 성 간의 유통 확대와 중국 상인의 동남아시아 또는 미국으로의 활동 확대가 그랬듯이 동전의 양면이었다.[69] 요컨대, 노동력으로서 아시아인과 아프리카인은 유럽화된 새로운 세계경제에서 필수불가결한 요소였을 뿐만 아니라 많은 경우에 이들은 상인으로서도 시대의 흐름을 놓치지 않고 변화에 적응해나가는 능력을 보여주었다.

그들에게 더 힘든 일은 공업과 금융업에서 종속적인 지위를 벗어나는 것이었다. 1차 대전이 시작되었을 때 오직 일본만 이 분야에서 성공했다. 일본의 공업은 아시아 시장에서 유럽/미국에 맞서 점차로 경쟁력을 갖추었고 일본의 무역과 해운회사는 일본열도를 벗어나 먼 곳까지 활동범위를 넓혔다.

낡은 모형, 새로운 중점

통계수치는 1840-1913년 사이의 세계무역의 평균 성장률이 역사상 유례없이 높았음을 보여준다. 이 기록은 1948-71의 이른바 전후 '황금기'가 찾아오기 전까지는 깨지지 않았다. 불변가격으로 계산하면 세계무역액은 1850-1913년에 10배 증가했다.[70] 세계무역 연평균 증가율은 1500-1820년은 1퍼센트 미만, 1820-1870년은 4.18퍼센트, 1870~1913년은 3.4퍼센트였다.[71]

급속한 증가 단계에서 대부분의 국제무역은 유럽인들 사이에서, 또는 유럽인과 식민지의 유럽 정착민 사이에서 발생했다. 유럽(러시아 포함)과 북아메리카 사이의 무역은 1876-80년의 세계무역의 3/4를 차지했고 이 비율은 1913년까지도 거의 변화가 없었다.[72] 상대적으로 소득 수준이 높은 경제끼리의 교역이었기 때문에 이런 결과가 나올 수 있었다.

19세기 20년대부터 유럽의 열대지역 산품(産品)에 대한 수요는 설탕이 최고 인기상품이었던 18세기에 비해 약간 줄어들었다. 이 때문에 온대지역에서 수입하는 식품과 공업원료의 중요성이 더 높아졌다. 90년대가 되자 아시아, 아프리카, 라틴아메리카로부터 수입하는 열대산품 무역이 다시 번성하기 시작했다. 서방의 수출입 회사가 서방 이외의 지역에서 판매시장을 찾고자 할 때 현지의 무역구조와 접촉하지 않을 수 없었고 아시아(그리고 규모가 제한적인 아프리카)시장을 개척하기 위해 협력하지 않을 수 없었다. 세기말 전까지는 서방 상품의 직접적인 판매는 상상하기 어려웠다.

어느 지역에서든 상이한 경제문화를 중개할 방법을 찾아내야 했다. 동아시아와 비교할 때 문화장벽이 낮은 라틴아메리카에서도 유럽 수출입상이 시장을 완전히 지배하는 경우는 거의 없었고 시장 정보수집과 판매 관계망에서 우월한 스페인인이나 크레올 도매상과 합작해야만 했다. 같은 시기의 중국 상황과 유사했다. 그들은 지급문제의 높은 위험을 감수해야 했다. 전보는 대형 무역회사의 지위를 약화시켰다. 시장 진입을 위해서는 소량의 초기 자본금만 필요했기 때문에 수많은 유럽과 현지 소규모 회사들(주로 최근에 이탈리아, 스페인, 기타 국가로부터 온 이민자들이 운영하고 있었다)이 이 기회를 이용했다.[73] 고객이 유럽 이외의 정부라면 문제는 쉬웠다. 무기와 철도

차량은 정부와 직접 거래할 수 있어서 지급거절을 당할 가능성이 (전혀 없지는 않았지만) 적었기 때문이다.

미래의 '제3세계'로부터 수입은 또 다른 문제였다. 이 영역에서 서방자본은 서방상품의 판매보다 훨씬 더 일찍, 훨씬 더 강력하게 핵심적인 생산 공급원(플랜테이션, 광산)에 대한 직접적인 지배를 유지해왔다. 이런 상황에서 그들은 독립적이며 자신감을 가진 현지 상인들과의 거래를 피하고 의존적인 현지 노동자와 거래했다.

수출지향의 플랜테이션과 광산의 번성은 (현지에 확고한 독자적 기반을 갖지 못한) 현지 기업주들의 세력을 약화시켰다. 라틴아메리카에서 이런 사례는 지금까지 생각해왔던 것보다는 더 흔했다.[74] 주변부에서의 수출지향 생산은 분명히 새로운 경제 형태였다. 이런 경제 형태에서 내륙과의 통합은 중요한 문제가 되지 않았다. 이런 '이중' 구조에서 해외 네트워크와의 통합은 자국의 '국민'경제와의 통합 정도보다 높았다. 19세기 전반기의 발전을 세계경제의 '유럽화'라고 부르는 데는 충분한 이유가 있었다.[75] 이 과정이 단순히 유럽 영향력의 확산이 아니라 유럽 기업들이 ① 유럽 이외의 지역에 이미 존재하고 있던 교역 네트워크에 연결되었거나, ② 수출지향의 생산 교두보를 세웠거나, ③ 대형 프런티어지역(오스트레일리아, 뉴질랜드, 아르헨티나 등)을 유럽의 수요에 맞춰 재구성했기 — 그래서 한 국가 전체가 생산 교두보로 변모했기 — 때문이다.

구체적인 접촉 사례에 관한 분석을 넘어서 보다 넓은 시각으로 19세기 세계무역의 발전상을 살펴보면 다른 과정도 일어나고 있었다. ① 관세장벽의 철폐(특히 유럽, 영국제국, 중국, 오스만제국).[76] ② 공업화와 생산성이 높은 프런티어지역의 점진적인 소득 향상에 따른 새로운 수요의 형성. ③ 철도의 등장으로 열린 새로운 운송통로 ④ 여객과 화물운송의 원가 하락. 이상의 네 가지 중에서 마지막 요소가 특별히 중요한 의미를 지닌다. 시간의 절약이 곧 돈의 절약이다. 1869년 수에즈운하의 개통은 런던과 뭄바이 사이의 노정을 41퍼센트나 단축시켰다. 배를 타고 북대서양을 횡단하는 데는 1840년 무렵에는 35일이 걸렸으나 1913년이 되자 12일로 줄어들었다. 범선의 개량, 초기 증기선, 효율이 높은 엔진을 장착한 철갑선으로의 진화는 꼬박 한 세기가 걸렸고 그 동안에 화물운송(규모는 매우 작았지만)과 여객운송의 비용은 꾸준히 하락했다.

1906년 영국과 인도 사이의 단위당 운송비는 1793년의 2퍼센트 수준을 넘지 않았다. 같은 시기에 면제품 1톤을 리버풀에서 뭄바이까지 운송하는 비용은 같은 화물을 맨체스터에서 리버풀까지(45킬로미터) 기차를 이용해 운송하는 비용의 2~3배에 지나지 않았다.[77] 이런 운수혁명의 효과는 전 세계 어디서나 비슷했다.

19세기 세계무역 체계의 기본 맥락은 18세기 중반에 이미 형태를 갖추고 있었다. 북대서양과 남대서양의 상설 항로에는 배들이 끊이지 않고 왕래했고, 모피무역은 유라시아대륙과 아메리카대륙 북반구 지역을 연결시켰으며, 유럽과 아시아의 해상무역은 북해에서 남중국해와 나가사키(長崎)만까지 이어졌다. 무역로는 유라시아대륙을 가로질렀고, 낙타 무리는 고비사막을 건넜으며, 마닐라 갤리온(Manila Galleons)*이 태평양을 건넜다. 오스트레일리아와 아프리카 남부의 일부 지역만 아직 세계무역 네트워크에 연결되지 않았다.

무역의 조직형태는 19세기 말 다국적 기업이 등장하기 전까지는

---

* 마닐라 갤리온(또는 아카풀코 갤리온)은 1년 내지 2년 간격으로 태평양을 건너 필리핀의 마닐라와 멕시코의 아카풀코를 왕래하는 스페인의 무역선을 일컫는다. 1565년부터 19세기 초반까지 존재했다. 멕시코 독립전쟁과 나폴레옹전쟁에 의해 끝나게 된다. 마닐라 갤리온은 크리스토퍼 콜럼버스의 사후 60년 가까이 지나서 취항했지만 "인도의 부를 스페인으로 가져간다"는 콜럼버스의 꿈을 현실화시켰다. 또한 이 무역을 '갤리온(또는 아카풀코) 무역'이라 불렀다.

혁명적인 변화를 경험하지 못했다. 18세기와 마찬가지로 개인기업과 가족기업이 무역에서도 거대한 네트워크를 수립했다. 사업하기 좋은 곳이면 어디든 이런 네트워크가 갈수록 많이 나타났다. 로스차일드 가족과 그들이 세운 금융제국은 1830년 이후 유럽 어디에든 지사를 둔 거대기업으로 성장했고 윌리엄 맥키넌(Sir William Mackinnon)경이 세운 투자그룹은 19세기 90년대에 파산하기 전까지 스코틀랜드의 조선업, 인도의 수출입무역, 동아프리카의 연안 해운 등 손대지 않은 곳이 없었다.[78]

유럽과 북아메리카의 상업자본주의는 기존의 해외 네트워크를 일거에 없애버리지 않았다. 서방의 공산품이 서방의 무역기구를 통해서만 팔려나가는 게 아니었으므로 서방 공산품의 수출은 세계 여러 지역에서 현지 상업의 발전을 크게 자극했다. 심지어 유럽인이 빠르게 성장하는 신흥 시장에서 발판을 마련하지 못하는 상황도 벌어졌다(중국과 일본 사이의 면화와 석탄거래).[79] 동아시아의 상업적 기반구조가 최소한 18세기부터 지속적으로 발전해왔으며, 제국주의와 중국의 공산화란 재난을 만나 부분적으로 손상을 입기는 했어도 파괴되지 않았다는 사실을 잊지 않는다면 '아시아의 약진'이란 수수께끼를 풀기는 어렵지 않을 것이다. 19세기 후반의 광범위한 시장 확장이 기회를 만들어 냈고 이 기회를 유럽인만 이용하지는 않았다.

근대 초기로부터 이어져 내려온 연속성 이외에 19세기에 형성된 상업 네트워크의 어떤 요소가 새로운 것이었을까?

첫째, 1800년 이전의 국제무역은 결코 경량 사치품에 한정되지 않았다. 원면*, 설탕, 인도의 직물은 이미 18세기에 대륙 간 무역에서 대량으로 거래되던 상품이었다. 그러나 운송혁명으로 수송비용이 급격하게 하락한 뒤에야 밀, 쌀, 철, 석탄 등 상품의 운수는 일정 규모에

---

* 면방직의 원료가 되는, 가공하지 않은 솜.

도달하게 되었고 가격으로 계산했을 때 이들 상품은 세계무역에서 주도적 위치를 차지했다.

근대초기의 무역에서 수입상품은 수입지역에서 경쟁상대가 없을 때만 높은 수익을 낼 수 있었다. 1780년 무렵 차(茶)는 중국에서만 나왔고 설탕은 거의 전부 카리브해 지역에서 나왔다. 그로부터 80년 뒤에 세계 여러 지역에서 생산하는 다양한 상품이 장거리 해상운송을 통해 수익을 낼 수 있었다. 이 때문에 대형 항구에는 문자 그대로 세계 각국의 산품이 모여들었다. '자연스러운'(정부가 개입하지 않았다는 의미에서) 독점무역은 크게 줄어들었고 따라서 경쟁은 더 늘어났다.[80]

둘째, 대규모 운송이라는 요인이 아니라면 가격으로 계산하든 부피로 계산하든 역사에 전례가 없는 대륙 간 무역의 확장은 설명될 수가 없다. 상품교역의 대규모 증가로 대외무역은 세계적인 범위에서 몇몇 사회에 심각한 영향을 미쳤고 그 영향은 부자들의 생활수준에만 관련되지 않았다. 이런 확장은 시장의 통합과 함께 나타났다. 국제 상품가격의 점진적인 상호접근에서 이 점을 확인할 수 있다.

1800년 이전에는 대양 이쪽과 저쪽의 가격형성은 체계적인 연관성이 거의 없었다. 19세기의 발전과정에서 서로 멀리 떨어진 시장 사이의 가격변동에 점차로 밀접한 연관성이 형성되었고 가격 수준도 상호 근접해갔다.[81] 이렇게 된 데는 운송비용의 하락이 3/4의 영향을 미쳤고 1/4은 관세장벽의 철폐가 영향을 미쳤다.[82] 시장통합은 꼭 국경선을 따라서 일어나지는 않았다. 예컨대 뭄바이, 싱가포르, 홍콩은 영국의 해외경제 통합의 한 부분이었다. 이들 지역의 상품가격과 런던의 상품가격의 상호 연동성은 인도, 말라야, 또는 중국 내륙 상품가격과의 연동성보다 높았다.

셋째, 대륙 간 운송화물의 많은 부분이 ―원면, 철, 야자유, 고무― 원료로서 공업생산에 투입되었기 때문에 상품사슬(commodity chain)이 더 복잡해졌다. 최초 생산자와 최종 소비자 사이에도 추가적인 가공단계가 늘어났다.[83] 아시아, 아프리카, 라틴아메리카에는 성숙한 공업부문이 부족했기 때문에 부가가치의 창출은 선두 공업국가에 집중되었다.

근대 초기에 유럽이 해외로부터 완제품(인도의 세면포細棉布, 중국의 차와 비단, 카리브해의 정제精製설탕)을 수입했던 반면에 당시에 가공은 대도시에 집중되었다. 대도시에서 사람들이 기계를 이용하여 면화를 면사로 가공했고, 커피콩을 볶았고, 야자유를 식물성 버터(마가린)와 비누로 가공했다. 이렇게 해서 만들어진 완성품 가운데 일부는 원료를 생산한 국가로 되팔려나갔다(예컨대 인도로 팔려간 면제품). 오늘날에는 아주 자연스러운 현상이지만 19세기에는 신선한 사물이었다.

3. 화폐와 금융

표준화

대규모 교환체계의 생성과 제도화 과정이 더 극적으로 펼쳐진 곳은 화폐와 금융부문이었다. 이 두 영역에서 유럽은 얼마전까지만 해도 유럽과 실력을 겨루던 사회에 비해 합리성과 효율성 면에서 몇 단계 높은 우위를 보여주었고, 이 우위는 무역 분야에서 더 두드러졌다. 복잡한 화폐관계, 화폐의 다양한 형태, 화폐 사이의 교환비율 계산의 어려움은 언제나 추가적인 비용을 발생시킨다. 근대 초기의 유럽에서 그랬고 1935년 이전의 중국에서도 그랬다.

여러 차례의 시도에도 불구하고 청 왕조는 혼란스러운 은·동복본위제(銀·銅復本位制)를 단순화하는데 실패했다. 신뢰할만한 지폐의 유통은 극히 느렸고 온갖 종류의 외국화폐──18세기 말에 스페인 은화는 장강 삼각주 지역에서 통용되는 화폐였다──가 계속 유통되었다. 이것 또한 중국이 19세기와 20세기 초기에 낙후한 중요한 원인 가운데 하나였다. 1914년 '원대두'(袁大頭)*가 발행되기 전에는 중국

> * '원대두'는 중화민국시기 주요 유통화폐의 하나이다. 북양정부(北洋政府)는 화폐제도를 정리하기 위해 은본위제를 실시하기로 결정하고 은화를 발행했다. 위안스카이(袁世凱)의 두상을 도안으로 사용했기 때문에 민간에서는 원대두라 불렸고 서방세계에서는 '위안스카이 달러'(Yuan-Shi-kai-Dollar)라고 불렀다.

이 통일된 화폐제도를 시행한 흔적은 없다. 지폐는 성(省) 단위에서 발행되었다. 1928년에 비로소 중앙은행이 생겨났지만 내우외환 때문에 선천적으로 허약했다.[84] 세계의 많은 지역에서 유사한 상황이 벌어지고 있었으나 그중에서도 중국이 대표적이었다.

이런 상황과는 반대로 19세기 유럽에서는 국가 단위로 통합된 화폐정책이 만들어졌다. 특히 신생 민족국가에게 이것은 어려운 문제였다. 이 분야에서 중요한 것은 경제학 전문지식, 정치적 의지, 지역 이익의 통합이었다. 전국적인 시장의 통합과 경제적 성장은 흔히 공업화의 결과라고 평가되어왔지만 통합된 화폐정책이란 중요한 요소가 없었더라면 불가능했을 것이다.[85]

표준화와 안정성에 대한 신뢰할만한 보장이 있었기 때문에 일부 서방세계의 화폐(무엇보다도 영국의 파운드화)가 국제적으로 통용될만큼 강해졌다. 화폐와 통화 개혁은 언제나 고도로 복잡한 문제였다. 모방할만한 성공사례가 있어야 하고 새로운 통화를 발행하고 관리할 은행이 있어야 했다. 전국적으로 통일된 제도를 갖추는 데 종종 방해가 된 것은 파편화된 채 끈질기게 생명력을 이어가는 신용대출 시장이었다. 예컨대, 이탈리아에서 1862년에 리라가 법정통화로 지정된 후에도 수십 년 동안 각 지역의 이자율 차이가 사라지지 않았다.[86]

논리적으로 다음 단계는―시행과정에서 전국적인 동질화와 보조를 같이해야 하겠지만―통화의 국제적 조정이었다. 그러나 여기서 경계해야 할 것은 갈수록 확대되는 통합이었다. 스페인제국은 18세기에 세계에서 가장 규모가 큰 단일 화폐와 재정정책이 통용되던 지역이었다. 1810-26년 제국의 붕괴로 통합의 이점은 사라지고 분열 후 제국을 계승한 국가는 예외 없이 독자적인 통화와 재정 체계를 수립해야 하는 문제와 부닥쳤다. 이 과제가 한 번의 시도로 해결될 수 없었던 것이 정치적 불안정과 경제적 비효율의 악순환을 불러온 원

인 가운데 하나였다.[87]

1866년에 체결된 라틴화폐동맹(Latin Monetary Union)으로 유럽 대부분의 지역이 사실상의 단일 통화권이 됨으로써 경제활동과 여행이 편리해졌다. 그러나 이것이 화폐동맹의 원래 목표는 아니었다. 동맹을 추구하게 된 두 가지 주요 원인은 첫째, 자국의 금·은복본위제를 유럽대륙의 표준으로 만들려던 프랑스의 정치적 의도였고, 둘째, 금과 은의 가격 균형을 재정립해야 할 필요성이었다(북아메리카와 오스트레일리아에서 새로운 금광이 발견되면서 금 가격이 크게 떨어졌다).[88]

처음으로 국제적인 방식으로 실시된 이 경제정책의 좀더 근본적인 목표는 가격안정이었다. 프랑스, 벨기에, 스위스, 이탈리아, (뒤에 가입한) 스페인, 세르비아, 루마니아가 가입한 라틴화폐동맹의 통화는 실제로는 은화였다. 가입국은 고정된 은 함량을 기준으로 자국의 화폐단위를 확정했다. '체계 밖'의 사태발전이 이 체계를 붕괴시켰다. 새로운 은광이 발견되면서 은 가격이 떨어졌고 동맹 가입국에서는 은이 범람했다. 실행 가능한 대안으로서 금본위제가 제시되었으나 은은 놀라운 지구력을 보여주었다.

은

19세기의 국제 화폐체계는 처음으로 몇몇 국가가 협력하여 1540년대 이후로 전 세계에서 유통되어오던 귀금속의 흐름을 통제하려는 시도였다.[89] 경제(와 기타)방면에서 대외관계를 엄격하게 제한하던 국가—일본 그리고 특히 중국—도 이런 화폐의 유통을 수용했고, (원인을 알지 못한 채) 화폐와 금속의 세계적 유통이 가져온 통화팽창 또는 통화긴축의 피해를 그대로 받아들일 수밖에 없었다.

그 후과는 정치에도 영향을 미쳤다. 영국과 중국 사이에 벌어진 아편전쟁(1839-42년)의 가장 중요한 원인은 바로 은 문제였다. 중국은 18세기 내내 상품(특히 차와 비단)을 수출하고 대량의 은을 받았고 이것이 중국 국내 경제에 활기를 불어넣었다. 19세기 초에 영국은 마침내 중국인이 흥미를 가질 상품을 찾아냈다. 그것은 동인도회사가 인도에서 생산한 아편이었다. 그 뒤로 수출입 구조가 역전되었고 그 영향은 세계의 구석까지 미쳤다. 대략 1780년 이후로 중국인에게 팔 수 있는 물건을 찾기 위해 태평양의 자원이 ─ 피지와 하와이의 단향목림(檀香木林) ─ 파괴되었다. 인도산 아편이 중국의 수입상품에서 중요한 자리를 차지할수록 태평양의 경제와 생태가 받는 압력은 줄어들었다.

아편무역의 시작은 세계경제에 대한 중국의 개입방향을 반대로 바꾸어 놓았다. 이때부터 중국은 아편을 수입하기 위해 은을 지불했다. 이것이 심각한 통화긴축을 불러왔고 위기의 영향은 중국의 남부지역(농촌까지 포함하여)에 미쳤다. 당연히 국가의 세수도 영향을 받았다. 청 조정은 그때까지 밀수하던 아편수입을 금하기로 결정했다. 황제의 특명을 받아 파견된 관리가 광저우에 도착하여 영국 상인의 아편 재고를 압수하여 파괴했다. 아편이 압수되기 전 광저우에서 영국 상인의 활동을 보호하던 영국관리가 아편은 왕실의 재산이라고 선언했다.

전쟁을 시작할 이유(casus belli)는 충분해졌다. 이 시기에 인도 식민정부가 아편수출에서 거두어들이는 수익은 토지세 다음으로 많았다. 그러므로 영국이 아편무역을 계속해야 할 강력한 정치적 동기가 있었다. 물론 중국-인도의 은-아편 경제는 더 넓은 세계경제의 맥락 속에서 진행되고 있었다. 중국의 조처는 단순히 영국이 중국 인민에게 끼치는 해독에 대한 대응 이상의 복합적인 의미를 지니고 있었다. 중국의 비단과 차 수출시장이 위축되면서 1820년 이후로 중국의 은 유입량이 줄어들었고 동시에 남아메리카의 은 생산량이 감소하면서 은의 국제가격이 올라갔다. 두 요인이 합쳐져 중국 은의 대외 유출을 자극했다. 그러므로 침략적이고 범죄적인 영국의 아편무역이 19세기 30년대 중국 경제위기의 유일한 원인이라고 할 수는 없다.[90]

은은 인도의 경제적 운명에도 큰 영향을 미쳤다. 원래 스페인령 아메리카의 은광에서 생산된 은이 중국으로 흘러들어갔고 그 은이 1820년 이후로는 아편을 생산하는 인도에 대량으로 흘러들어갔다. 얼마 후 새로 발견된 북아메리카 광산에서 생산된 은도 늘어나고 있던 인도산 수출품(차와 인디고 염료)의 구매에 사용되었다. 미국의 남북전쟁 시기에 대서양을 건너 유럽 공업지대로 공급되던 면화 수출이 위축되면서 이집트와 인도가 일시적으로 대체공급지가 되었다.

인도는—18세기에 중국이 그랬듯이—은을 끝없이 빨아들이는 능력을 갖고 있는 것처럼 보였다. 이것은 인도 식민정부가 바라는 바였다. 은의 유입은 인도 농촌경제의 화폐화와 토지세 징수에 도움이 되었고 이것은 영국 식민통치의 기초였다. 그러나 1876년부터 세계 은 가격은 지속적으로 하락하기 시작했고 따라서 인도 루피(rupee) 화의 교환율도 떨어졌다. 인도 농산품의 가격이 내려가고 수출 규모는 증가했지만 인도정부는 그 가운데서 수익을 얻을 수 없었다. 자유무역의 주된 이념은 어떤 형태로든 관세를 올리는 것을 반대했기 때문이다.

인도정부는 압력을 받고 있었다. 공무원에게 약속한 급여 인상을 이행해야 했고 런던에도 공납금(貢納金, home charges)을 보내야 했다. 1893년에 콜카타 정부는 근본적으로 은화 때문에 생겨난 세수증가 둔화와 지출증가의 함정에서 빠져나오기 위해 시장 자유주의에서 크게 벗어난 급진적인 조처를 시행했다. 정부는 지금까지 누구에게나 소액의 은화는 루피로 교환해주던 인도조폐창을 폐쇄했다. 이때부터 인도는 정부가 조종하는 통화를 갖게 되었다. 이 화폐의 표면 가치는 런던에 있는 인도사무장관(Secretary of India)이 결정했고 화폐재료의 금속가치와 일치하지 않았다. 이 때문에 인도 화폐는 세계시장에서 통화로서의 힘을 잃었고 식민정부는 인도경제를 런던의 이익에 부합하도록 조종할 수 있는 새로운 통로를 갖게 되었다.[91] 인도의 사례는 자유로운 은 시장—근대 초기부터 19세기 말까지(중국의 경우 심지어 대공황의 타격을 받는 1931년까지) 세계화의 가장 중요한 요소—의 실제 작동행태가 어땠는지를 보여준다. 또한, 이 사례는 결국 주요 서방국가만 세력의 상호작용에 참여할 수 있었음을 설명해준다.

금

정부와 투자자들은 은의 위험을 피하기 위해 안전한 금을 사들였다. 19세기에 영국경제는 다른 나라를 크게 앞서 있었다. 금은 18세기부터 영국의 사실상 통화였다. 중세 영국에서 법률이 규정한 화폐로서의 1파운드는 1파운드 무게의 은을 가리켰다. 1774년부터 금화가 법적인 지불수단이 되었다.

유명한 '기니'(guinea) 금화는 금의 주요 생산지에서 이름을 따왔다. 일상생활에서 금화는 머지않아 은화를 대체했다. 나폴레옹전쟁이 끝난 후 영국정부는 금본위제의 시행을 공식적으로 선포했다. 이것은 당시의 유럽에서 평범한 결정은 아니었다. 1821년, 영국은 법률상으로 일관성 있는 화폐체계를 시행했다. 법에 따라 왕립조폐창은 수량에 관계없이 고정된 가격으로 황금을 사고 팔아야 했다. 잉글랜드은행(Bank of England)과 이 은행의 위탁을 받은 기타 영국의 은행은 반드시 지폐를 금으로 바꾸어주어야 했다.

금의 수출입에는 어떤 제약도 없었다. 이것은 국가 화폐유통량 전액에 해당하는 금이 비축되어있음을 의미했다. 19세기 70년대 초 이전에는 세계에서 영국이 유일하게 이런 통화체계를 채택하고 있었다. 영국에 대응하는 라틴화폐동맹이란 통화체계가 얼마가지 않아 요절하자 금·은복본위제는 사라지고 유럽 각 국가는 앞다퉈 금본위제를 실시했다. 독일은 1873년에, 덴마크와 스웨덴은 같은 해에, 노르웨이는 2년 뒤에, 프랑스와 기타 라틴화폐동맹 가입국은 80년대에 금본위제를 실시했다.

모든 국가에서 금본위제의 실시여부를 두고 대토론이 벌어졌다. 이론과 실천 사이에 괴리가 생긴 곳은 프랑스만이 아니었다. 미국은 1879년부터 (논란이 많은) 금본위제를 시행했지만 의회가 정식으로 승인한 때는 1900년이었다. 19세기가 시작되기 전부터 은본위제를 시행하던 러시아는 19세기에 들어오면서 다량의 불태환화폐(Fiat currency)*를 발행했고, 1897년에 금본위제의 실시를 선언했다. 일본은 1895년에 중국으로부터 받은 거액의 전쟁배상금으로 중앙은행의 비축 금을 확충한 그해에 바로 금본위제를 실시했다. 당시 일본의 여러 정책이 그러했듯이 이 조처는 '문명세계'에 합류하려는 시도와도 관련이 있었다. 갈수록 일본의 멸시를 받던 중국은 낡은 은본위제를 벗어날 수가 없었다.

이런 방식의 반응을 보인 국가는 일본만이 아니었다. 사실상 모든 국가(특히 비유럽 국가)는 영국과 비교하자면 벼락부자였다. 금본위제의 채택은 국제사회에서의 존경을 의미했고 서방식 게임의 규칙을 받아들인다는 의사표시였다. 어떤 국가는 해외자본을 끌어들이는 수단으로서 금본위제를 채택했다. 이런 면에서 러시아는 금본위제를 시행하여 큰 성공을 거두었다. 러시아는 제정(帝政) 말기에 세계 최대의 채무국이 되었다.[92] 러시아가 금본위제를 채택했다는 것은 유럽의 주요 경제대국이 모두 동일한 종류의 통화를 갖게 되

---

* 불태환화폐는 명목화폐로써 발행한 정부가 그 가치를 보증하는 화폐다.

었음을 의미했다. 금본위제에서 유럽대륙의 통합은 상업 분야에서 1860년대의 자유무역체제로의 ─ 여기에 러시아는 참여한 적이 없었다 ─ 통합보다 더 큰 규모였다.

좀더 자세히 관찰하면 몇 가지 차이가 드러난다. 영국을 제외한 거의 모든 국가는 (재정적으로 강력한 채권국이던 프랑스와 독일까지도) 유사시에 자국의 비축 금을 보호할 수단을 갖춘 통화관리기구를 설치했다. 비상상황에서 지폐의 태환은 정지될 수 있었다. 유럽대륙 국가 가운데서(프랑스는 제외) 자본 순수출국은 하나도 없었고, 영국처럼 넓게 퍼져 있는 은행조직을 갖춘 나라도 없었다. 그러므로 그들은 영국 모형을 부분적으로만 모방할 수 있었다.

도덕적 질서로서 금본위제

금본위제가 갖고 있는 화폐와 가격 안정의 기술적 기능에 관해서는 여기서 논할 필요가 없을 것 같다.[93] 네트워크의 형성이란 관점에서 볼 때 중요한 것은 다음과 같다.

첫째, 영국의 18세기 금본위제는 우연한 사건이었다. 19세기에도 이 제도는 금·은복본위제와 비교하여 분명한 장점을 보여주지 않았다. 유럽 국가가 앞다퉈 금본위제를 채택한 중요한 요인은 하나의 사실, 즉 영국은 ─ 여기서 강조해야 할 것은 금본위제가 결코 주요인이 아니라는 점이다 ─ 빅토리아시대에 이미 발달한 공업국이자 세계에서 가장 중요한 금융 중심이었다는 사실에 기반을 두고 있었다. 뒤에 가서 신흥 공업국 독일이 영국을 모방하면서 연쇄반응을 촉발시켰다. 영국, 독일과 무역과 금융 거래가 있는 국가에게 거래 상대국의 통화체계에 가입한다면 유리한 점이 많았다. 이때 실용주의와 명예욕이 함께 작용했다. 금은 '현대적'이지만 은은 그렇지 않다고 인식되고 있었다.

둘째, 진정한 의미에서 금을 기초로 한 국제 통화체계는 제대로 작동하기까지 오랜 시간이 걸렸다. 실제로 이 제도는 20세기 초에 들어와서야 그런 수준에 도달했지만 이내 1차 대전 때문에 파괴되고 말았다.

셋째, 북아메리카에서부터 일본에 이르기까지 세계에 영향을 미치는 국제 조정체계로서 금본위제는 결코 경제학 교과서에 나오는 추상적 도구가 아니었다. 경제사학자 베리 아이첸그린(Barry J. Eichengreen)의 말을 인용하자면 금본위제는 "사회적으로 조직된 제도이며 그 생명력은 그것이 작용하는 환경에 의해 결정된다."[94] 이 제도는 통화의 태환성을 지키기 위해 무엇이라도 하겠다는 참여국 정부의 명시적 또는 묵시적 의지—다시 말해 경제정책 수준의 공감대—가 있어야 유지될 수 있었다. 이것은 어떤 참여국도 통화의 평가절하나 평가절상을 생각조차도 해서는 안 되며, 모든 참여국이 국제체제의 치열한 경쟁 속에서 재정위기를 맞았을 때 상호 협의와 상호지원을 통해 해결할 준비가 되어있어야 함을 의미했다.

실제로 이런 일이 1890년의 베어링은행(Baring Bank) 위기 때에 일어났다. 영국의 대형 민간은행이 지급불능을 선언했을 때 프랑스와 러시아의 국책은행이 신속한 원조를 제공함으로써 런던 시장에서의 유동성이 유지될 수 있었다. 그 후 다른 나라에서도 몇 차례 유사한 상황이 벌어졌다. 아직 전화도 등장하지 않았고 고위 관료들의 정기적인 회담(체계)도 없던 시대에 이러한 국제적인 협조가 이루어지기란 오늘날보다 훨씬 어려운 일이었다. 그러나 전문적인 연대—'신뢰'라고 한다면 과장된 표현일 것이다—덕분에 이 제도는 각국 정부와 각국 중앙은행 사이에서 유효성을 입증했다. 외교와 군사 영역과 비교할 때 1914년의 국제체제에서 금융정책 영역에서는 훨씬 더 많은 이해관계의 일치와 협력정신이 존재했다. 국제관계에서 영역 사이의 불일치는—강대국들의 자기중심적 명예추구 정책을 포함하여 —1차 대전이 폭발하기 전 25년 동안의 가장 중요한 특징의 하나였다.

넷째, 금본위제는 실제로 전 세계에서 운용되지는 않았다. 중국 같은 은본위제 국가는 금본위제 체계의 바깥에 남아 있었다. 식민지 국가의 통화는 인도의 사례에서 보았듯이 외부 간섭을 받지 않았다. 금본위제를 시험적으로 실행한 최대의 주변부 비식민 국가군은 라틴아메리카였다. 20세기 20년대 이전까지 대부분의 라틴아메리카 국가에는 중앙은행과 위기대응 능력을 갖춘 민간 은행은 없었다. 금속 화폐의 유출과 유입에 개입하는 기능을 가진 기관도 없었다. 대중은 지폐의 태환에 대한 정부의 보장을 충분히 신뢰하지 않았다. 남아메리카 국가뿐만 아니라 남유럽 국가도 금 태환을 금지하고 자국 통화 가치의 하락을 방치할 수밖에 없었던 때가 여러 차례 있었다.

이런 상황은 흔히 엘리트 집단—지주 또는 수출상. 대체로 동일 집단이었다—의 영향 때문에 생겨났다. 통화팽창은 이들의 이익에 부합했기 때문이다. 과두체제가 지배하는 국가에서 자국 통화의 약세와 금융혼란은 과두집단의 이해관계와 일치했다. 그들은 외국 자본주의 동맹자와 외국 채권자의 압력을 물리치고 자기 의지를 관철시킬 수 있었기 때문이다.

이런 일은 놀라우리만치 자주 일어났다. 그러므로 그들이 추진하는 화폐개혁은 언제나 열성이 부족했고 대체로 실패로 끝났다. 몇몇 국가는 금본위제에 한 번도 합류한 적이 없었고 어떤 국가(아르헨티나 또는 브라질)의 금본위제는 형식과 구호에 그쳤다. 영국은 라틴아메리카에 대해 '패자(霸者)의 위치'에 있었는데도 런던으로부터 오는 압력이 그들의 순종을 끌어낸 적이 없었다. 그들과 일본의 차이는 매우 교훈적이었다. 일본은 주요 원료를 수출한 적이 없었고, 따라서 수출과 관련된 특수한 이해관계는 정치적 무게를 갖지 못했다. 오히려 일본의 중요한 과제는 신속한 현대화에 도움이 되는 상품의 수입이었다. 그러므로 통화안정은 일본의 국가적 관심사였다. 이런 환경 때문에 일본은 금본위제의 이상적인 후보국이었다.[95]

다섯째, 금본위제의 작동은 19세기 중반에 수립된 자유무역 질서가 자리 잡기 위한 전제조건이었다. 역설적이게도 20세기에 들어와서 미국경제 — 당시에 세계 최대 규모의 경제 — 는 가장 큰 불안정 요소가 되었다. 미국경제의 거대한 농업부문은 배후에 발달된 농촌 은행체계가 없었던 탓에 주기적으로 대량의 금 부족사태가 발생했고, 이것이 금을 비축한 유럽 국가에게 큰 부담을 주었다.

금본위제가 세계화와 네트워크 건설의 진정한 진전이라고 찬양하는 것은 지나치게 단순한 평가다. 우리는 영국 중심의 이 체계의 내재적인 위험에 대해서도 주목해야 한다. 무엇보다도, 식민지는 물론이고 세계경제의 비식민지 주변부도 이 체계에 (간접적으로든 미약한 정도로든) 통합되지 않았다.

금본위제는 일종의 도덕적 질서였다. 금본위제는 고전적 자유주의의 가치 — 자기책임으로 자신의 이익을 추구하는 개인, 신뢰할 수 있고 예측 가능한 경제활동 환경, 개입을 최소화하는 정부 — 를 전파했다. 금본위제가 제대로 작동하기 위한 전제조건은 참여국이 이런 규범을 지키고 이 규범의 바탕이 되는 철학을 공유하는 것이었다. 뒤집어 말한다면 성공적인 금융질서는 자유주의 세계관이 생활의 실제적 목표에 부합한다는 사실을 증명해주었다.[96]

금본위제에 빈틈이 없었던 것은 아니다. 이 제도는 자연적(경제적) 요인에 종속적이었고 부분적으로는 자본주의 이전의 조건에서 수립되었다. 1848년 이후 세 대륙의 프런티어에서 대량의 금이 발견되지 않았더라면 이 제도의 최종적인 형태는 유지되지 못했을 것이다. 새로운 금과 은의 채굴은 훗날에는 (특히 남아프리카에서) 자본주의적 방식으로 진행되었지만 본질적으로 계획과 예측이 불가능한 일이었고 외부세력이 개입하여 영향을 미쳤다.

캘리포니아, 네바다, 오스트레일리아에서 금의 발견은 평범한 사금채취자 무리의 '원시적인' 치부 본능에서 비롯되었다.[97] 거친 사금채취자와 잉글랜드은행의 이사회 회의실에 앉아 있는 세련된 신사 사이에는 기다란 인과의 사슬이 뻗어 있었다. 이 제도의 영향은 지속적으로 나타났다. 후대에 와서 흔히 미화되고 있는 1914년 이전 '아름다운 시대'(Belle Époque)의 빠른 안정도 노동자들이 20세기라면 전체주의 국가에서나 찾아볼 수 있는 규율에 복종했기 때문에 가능했다. 조직적인 노동운동이 소득수준과 임금을 높이려는 투쟁에서 일구어낸 승리를 지켜낼 힘이 없었기 때문에 급여 삭감이 단기적인 위기의 대응책으로 동원될 수 있었다.

유럽과 북아메리카 노동자의 상황은 문자 그대로 자본주의의 '황금시대'에 전보다 좋아졌다. 프런티어지역이라도 생산성이 크게 올라간 지역, 농민이 노동력 확장의 주력이었던 열대 농산물 플랜테이션에서 자신의 노동력 말고는 아무것도 갖지 못한 사람들의 상황도 호전되었다. 그러나 적응과 변화의 비용은 손쉽게 경제적 약자 집단에 전가될 수 있었다. 금본위제는 역설적이게도 자유주의가 같은 정도로 경제 메커니즘의 '철칙'에 굴복한 자본과 노동의 손을 잡은 경제질서의 규칙이자 상징이었다.[98]

자본수출

19세기를 세계경제에 네트워크가 형성된 시기라고 한다면 이런 표현은 상업(자유무역 체제)과 통화(금본위제)뿐만 아니라 제3의 영역, 즉 국제금융 시장에도 적용된다.[99] 여기서도 통화 관계와 마찬가지로—그러나 무역 영역과는 달리—근대 초기와의 비연속성이 연속성보다 더 크다.

'현대' 유럽의 은행체제는 16세기부터 점진적으로 모습을 갖추기 시작했다. 장기국채 발행과 외국 정부에 대한 융자 같은 수법은 잘 발전해왔다. 예컨대 외국투자자가 다량의 영국 국채를 인수한 것은 두 수법이 결합된 방식이다. 해외 관계도 이미 존재했다. 신생독립국 미국은 암스테르담 금융시장에서 장기차관을 순조롭게 조달할 수 있었다. 당시 네덜란드의 상업적 패권은 붕괴되었지만 암스테르담의 금융시장은 여전히 제대로 작동하고 있었다.

18세기에 형성된 유럽 내부의 자유로운 자본이동은 대륙을 뒤흔든 1792-1815년의 전쟁으로 큰 제약을 받았다. 그 후 자본시장은 각국 정부가 강력하게 개입하여 각국의 제도로서 재건되었다가 다음 단계에서 점차 통합되어 국제적 제도의 형태를 되찾았다.[100]

근대 초기의 '코스모폴리타니즘'(cosmopolitanism)은 유럽에서만 통했다. 아시아와 아프리카의 어떤 통치자나 개인도 런던, 파리, 암스테르담, 앤트워프에서 돈을 빌릴 생각을 하지 않았다. 19세기(특히 후반)에 접어들면서 이런 상황에 변화가 발생했다. 수천만 명의 유럽인과 아시아인이 해외 이민의 길에 나서는 동안에 90-100억 파운드의 돈이 해외 투자금으로 국경을 넘어 흘러나갔다.[101] 이 자금은 소수의 유럽 국가로부터 — 영국이 뚜렷한 차이로 선두를 차지했다 — 세계 각지로 흘러나갔다. 이 돈은 세 가지 형태로 유통되었는데 첫째, 외국정부에 대한 대출. 둘째, 해외거주 개인에 대한 대출. 셋째, 유럽 기업의 외국 직접투자였다.

본질적으로 자본수출은 19세기 후반에 일어난 혁신이었다. 1820년 무렵, 해외 직접투자는 아주 소액이었을 뿐만 아니라 전부 영국, 네덜란드, 프랑스가 장악했다.[102] 그러나 1850년 이후로 필요한 조건들이 점진적으로 갖추어지기 시작했다. 차입국과 대출국 모두에서 특수한 금융기구가 세워졌고, 신흥 중산층의 저축이 축적되었고, 해외투자 기회에 대한 인식이 생겨났다. 무엇보다도 유동자산과 그것을 관리할 수 있는 능력을 갖춘 역사에 유례가 없는 혼합체가 사람들

이 런던금융가(City of London)라고 부르는 곳에 등장했다.[103]

1870년 이전에는 전 세계에서 의미 있는 해외투자를 한 나라는 영국과 프랑스뿐이었다(네덜란드는 더 이상 역할을 할 수 없었다). 1870년 무렵에 시작된 자본수출의 급격한 확장기에 독일, 벨기에, 스위스, 미국이 이 대열에 합류했다. 1차 대전 직전 영국은 이미 공업 분야에서 선도국의 지위를 잃었으나 그래도 해외투자에서는 전 세계 해외투자의 50퍼센트를 차지하면서 압도적인 우위를 지키고 있었다. 그 뒤를 프랑스와 독일이 따라갔다. 당시 미국의 해외투자 점유율은 6퍼센트로서 세계 자본시장에서의 무게가 아직은 미미했다.

19세기에 영국의 자본이 진출하지 않은 곳이 없었다. 영국은 이리 운하 건설에 자금을 제공했고, 아르헨티나에서 일본에 이르기까지 초기 철도건설에 자금을 제공했으며, 1848년의 미국-멕시코전쟁에도 자금을 제공했다. 상당히 오랜 기간 영국이 선도적인 지위를 누렸고 훗날(1960년대) 미국이 잠시 그 자리에 올랐다.

자본흐름의 기존 구조를 네트워크로 상상한다면 실상을 오해할 수 있다. 무역과는 달리 이 영역의 관계는 호혜적인 관계가 아니었다. 자본은 교환되는 것이 아니라 중심부에서 주변부로 이전되었다. 채무국과 투자 목적국에서 돌아 나오는 자금은 대출자본이 아니라 이윤으로서 자본 점유자의 주머니 속으로 사라졌다. 그러므로 자본수출은 비대칭성이 분명하게 드러나는 전형적인 제국주의적 세력배치도였다.

자본수출은 통제중심이 소수이기 때문에 무역의 흐름에 비해 훨씬 손쉽게 조절될 수 있었다. 또한 자본수출은 전 세계에 걸쳐 은행, 보험회사, 증권거래소 같은 현대적인 기구의 설치를 전제로 하기 때문에 유럽 상인과 기존 현지 네트워크가 연결되던 무역과는 유사성이 별로 없었다. 자본흐름과 각종 화폐가 교차하는 국제 통화네트워크는 대외 금융사업의 핵심이기는 해도 둘 사이의 차이는 컸다.

1914년 이전에는 투자자본의 유통을 조절하는 어떤 국제협약도 없었다. 어디에도 자본통제는 없었고, 관세와 유사한 무역 조절체계도 없었고, 자본이전에 대한 제한도 없었다. 누구든 자본소득세를 내기만 하면 그만이었다(그것도 그런 과세항목이 있을 때만). 독일과 프랑스는 1871년 이후 외국 채권의 공개적인 발행을 금지했다. 영국과 미국에는 이런 장치조차 없었다.

오늘날과는 달리 정부가 차관을 제공하는 경우는 흔치 않았고 개발원조는 들어본 적도 없었다. 자금이 필요한 국가는 런던이나 파리 또는 베를린의 관계부처가 아니라 자유로운 자본시장에서 도움을 찾았다. 대형 프로젝트가 있으면 기존 또는 그 일을 위해 임시로 조직된 은행단에서 움직였다. 여러 나라의 은행이 연합하는 일은 흔했다. 예컨대, 1895년 이후 중국의 국채발행이 그랬다. 대형은행은 대부분의 국제채권이 발행되는 런던에 지사를 설치했다. 놀랄만큼 큰 금액의 전쟁배상금은 늘 민간 자본시장에서 조달될 수밖에 없었다. 1894-95년의 청일전쟁이 끝난 뒤 중국이 지급한 전쟁배상금은 그렇게 조달되었다.

유럽 각국 정부 자신이 채권자 또는 원조제공자로서 적극적으로 활동하지는 않았지만 외교와 군사적 지지를 통해 은행가들의 사업에 편의를 제공했다. 채무국인 중국과 오스만제국에게 장기차관을 받아들이도록 압박한 것이 그런 사례이다. 차입국으로부터 담보금(물)을 받아낼 때도 외교적 개입이 필요했다. 독일과 러시아 은행은 1890년 이후 자국의 정부와 긴밀하게 협력했으나 영국의 대형은행은 자국 정부와 일정한 거리를 유지했다. 이 시대의 영국 대형은행가들은 런던의 정치적 허수아비 역할을 한 적이 없었다. 그 반대도 마찬가지였다. 영국정부는 특히 인도정부를 대표할 때는 민간은행 민간경제의 이해관계와 엄격한 거리를 유지했다. 금융계 고위층과 국제정치의 관계는 그렇게 원만하지 않았다. 그렇지 않았더라면 러시아와 독일이 동맹관계를 유지하고 있던 1887년에 프랑스 은행가들이 러시아를 상대로 한 자본수출에 열정을 보인 일이 어떻게 가능할 수 있었을까?[104]

많은 경우에 민간 상업이익과 국가전략 사이의 경계는 분명하지 않았다. 외국에 대한 대출이 정부의 승인을 받아야 하거나 외국정부와 조건 협상을 위해 외교관의 '알선'(Freundschaftsdienste)이 필요할 때는 특히 그러했다. 몇몇 충격적인 사례에서 ― 공개적으로 중국(1913년)과 오스만제국(1910년)을 겨냥한 사건. 당시 두 나라 정권은 다 같이 혁명의 후유증 때문에 쇠약해져 있었다 ― 차관 요청은 거대한 압력을 행사하는 기회로 활용되었다. 국가자본과 민간자본이 이런 형식의 금융제국주의에서 각기 어느 정도의 비율을 차지하느냐는 돈을 빌려야 하는 입장에서는 문제가 되지 않았다.

1870년 이후 대규모 자본수출이 등장하게 된 이유는 소규모 투자자, 특히 영국과 프랑스의 소규모 투자자들이 해외와 러시아에 대한 투자는 수익률도 높고 비교적 안전할 것이란 기대를 갖고 있었기 때문이었다. 모든 투자자가 선호하는 투자 대상 국가는 현대화가 진행 중인 나라, 서방 공산품(특히 철도건설 관련한)의 소비자일 뿐만 아니라 소비력도 왕성한 나라, 정치적으로 안정되어 있으면서 또 한편으로는 당연히 채권국의 조건을 받아들여야 할 만큼 허약한 나라였다.

이런 희망은 전혀 실현될 가망이 없지는 않았다. 러시아, 오스트레일리아, 아르헨티나는 이러한 모양에 비교적 가까운 이상적인 투자 대상국이었다. '이자로 살아가는' 유럽 백성들은(레닌의 말) 중국, 오스만제국, 이집트, 모로코 같은 나라의 허약한 정부를 강대국이 충분히 보호해주고 위기가 오면 채권국이 손실을 보전해주기만을 기대했다. 그렇다면 투자수익에 대한 기대는 충족되었을까? 1850-1914년에 가장 중요한 열 개 차입국에 지급된 대출금으로 얻은 평균 이자 수익율은 본국 정부가 발행한 국채의 수익률보다 낮았다.[105]

일본은 어떤 기준에서 보더라도 불안정한 채무국은 아니었다. 일본은 화려한 변신을 마치고 금융시장에서 최고의 신용도를 누리는 모범 채무국이었다. 일본은 연례적인 국제수지 적자를 메꾸기 위해 외채에 의존하지 않을 수 없었고, 게다가 청일전쟁과 러일전쟁을 수행하기 위해 거액의 전쟁비용을 조달해야 했다. 그러나 1895년에 중국으로부터 거액의 전쟁배상금을 받아냈다.

세기말에 일본은행(Bank of Japan)은 필요한 경우 영국은행에 도움을 줄 수도 있을 정도로 충분한 실력을 갖추었다. 하지만 일본정부는 신중했다. 일본은 압력에 눌려 차관을 도입하지 않았고, 대비책 없이 돈을 빌려오지 않았으며, 무엇보다도 과대한 차입을 피했다. 1881-95년 외국인이 일본에서 상업적인 투자를 한다는 것은 불가능에 가까웠다.

일본은 다루기 '쉬운' 고객이 아니었다. 일본은 서서히 가장 유리한 차입조건을 끌어내는 능력을 갖추어갔다. 무엇보다도 신중하고 장기적인 정책덕분에, 그다음으로는 세제개혁과 아시아 유일의 저축은행 네트워크 구축을 통해 동원한 국내자본 덕분에 일본은 유럽 금융제국주의의 침입에 맞서 어떤 틈도 보여주지 않았다.[106]

일본과 비교했을 때 이슬람세계의 발전을 가로막는 근본적인 약점은 자신이 지배하는 효율적인 은행체계를 갖지 못했다는 것이다.[107] 내부에서 나오는 외채도입의 욕구는 너무나 커서 금융패권을 장악하려는 서방의 시도에 저항할 수가 없었다.

지금까지 부분적으로 남아 있는 19세기의 통계자료에는 국제무역에 비해 자본수출의 내용이 너무나 빈약하게 담겨 있다. 그러므로 유일한 방법은 은행의 출자자 관련 문헌을 통해 상세한 정황을 파악하는 것이다. 런던금융가를 통해 처리된 거액의 '영국' 수출자본은 영국 본토에서 나온 자본만이 아니었다. 그중에는 제3국 투자자의 자본이 포함되어 있었다. 제3국에는 금융기관이 없었기 때문에 선택의 여지가 없이 런던을 경유하여 해외투자를 할 수 밖에 없었다.

1850년 무렵 영국의 해외투자 자금의 절반이 유럽에 투자되었고 1/4이 미국에, 그다음이 라틴아메리카에, 마지막이 영국제국 식민지에 투자되었다. 대략 1865년 이후 새로운 투자분포 모형이 형성되었고 그 기본 틀은 1914년까지 변화 없이 유지되었다. 이 시기에 새로 발행된 유가증권의 34퍼센트가 북아메리카(미국과 캐나다)에, 17퍼센트가 남아메리카에, 14퍼센트가 아시아에, 13퍼센트가 유럽에, 11퍼센트가 오스트레일리아와 뉴질랜드에, 11퍼센트가 아프리카(그 중 절대부분이 남아프리카)에 투자되었다.[108]

눈길을 끄는 것은 유럽의 의미가 위축되고 있는 반면에 미국이 영국 자본의 가장 중요한 투자 목적국으로 부상하고 있었다는 사실이다. 영연방 국가에 투자된 금액이 거의 정확하게 40퍼센트, 그중에서 인도가 시종 가장 중요한 투자 목적국이었고, 오스트레일리아는 1890년 이전까지 줄곧 영국의 가장 중요한 차입국이었다가 그 뒤로는 급속하게 성장하는 캐나다에 자리를 내어주었다. 아프리카와 카리브해 지역의 작은 식민지에 투자된 금액은 너무나 적었다. 그럼에도 불구하고 식민지에 대한 자본수출이 의미를 지니는 이유는 대형 건설 사업에 들어가는 비용 조달이 더는 현지의 자원에만 의존하지 않게 되었다는 데 있다.

1800년 무렵 콜카타는 확장 공사를 거친 후 찬란한 건축예술의 도시로 변했다. 이 사업에 투입된 자금은 전액이 여전히 인도 내의 세수로 조달되었다. 훗날 벌어진 방대한 규모의 인도철도 건설 공사는 자금 조달을 같은 방식에 의존했더라면 절대로 성공할 수 없었을 것이다.

새로운 유형의 자본수출이 시작되고 나서 수십 년 이내에 전 세계를 포괄하는 금융네트워크가 등장했고 '남반구' 몇몇 지역도 여기에 연결되었다. 그 범위가 얼마나 넓었는지는 현재의 상황과 비교하

1966

면 금방 알 수 있다. 1913-14년에 전 세계의 모든 해외투자 가운데서 42퍼센트 가까이가 라틴아메리카, 아시아, 아프리카에 집중되었는데 2001년에는 이 숫자가 18퍼센트에 불과했다. 라틴아메리카의 점유율은 20퍼센트에서 5퍼센트로 급감했고, 아프리카는 10퍼센트에서 1퍼센트로 떨어졌고, 아시아의 점유율은 12퍼센트(1913-14년과 2002년이 같았다)로 변화가 없었다.[109]

절대규모를 보면 지금은 백 년 전과는 비교할 수 없을 정도로 커졌다. 그러나 지리적 분포는 넓어지지 않고 서유럽과 북아메리카에 극도로 집중되어 있다. 세계의 자본네트워크는 무역네트워크나 (1950년 이후의) 항공운수 네트워크처럼 고르게 두터워지지 않았다. 오늘날 라틴아메리카는 상당히 높은 정도로, 아프리카는 거의 완전히 자본의 흐름과 단절되어 있다. 이에 반해 거대한 규모의 자본이 1913년에는 세계 금융체계의 주변부였던 지역(아랍산유국, 중국)으로부터 북아메리카와 서유럽의 중심도시로 유입되고 있다.

20세기는 국제금융의 탈세계화를 목격했다. 가난한 국가는 1차 대전 전과 비교해서 외국자본 도입 경로에 접근하기가 더 어려워졌다. 좋은 소식이라고 한다면 정치적 식민주의가 몰락했다는 것이고, 나쁜 소식은 외국자본이 전혀 참여하지 않는 경제발전은 더 어려워졌다는 것이다.

포트폴리오 투자든 회사가 자기자금으로 하는 직접투자든 영국(어쩌면 유럽) 해외투자의 절대부분이 1914년 이전에는 새로운 공업분야로 들어가지 않고 기반시설(철도, 항만, 전신선로 등) 건설 분야에 투입되었다. 자본수출 그 자체는 분산된 네트워크 구조를 경유하는 경우가 드물었으면서도 전 세계의 통신네트워크를 건설하는 데 결정적인 요소였다.

물론, 자본수출의 많은 부분이 유럽 기계-건설업(주로 철도관련)의 수출을 지원하는 데 사용되었다. 대량의(전부는 아니고) 차관이 직접 무역거래와 연계되어 있었다. 현지 금융체계가 국제적인 자본의 흐름과 어떻게 연결되었는지는 아직까지 알려진 것이 거의 없는 연구과제다. 수입된 자본은 대부분 최종적으로는 국고와 민간기업의 현대화 사업에 흘러들어갔다. 농업 분야의 비중이 큰 사회에서 극도로 중요한 농업금융의 순환은 1910년 무렵까지도 별로 영향을 받지 않았다. 특히 서방과 접촉이 일어나기 이전 시대부터 효율적인 금융기구를 갖추고 있었던 지역에서 그러했다. 서방의 진부한 인식과는 달리 아시아와 아프리카의 금융이 전부 '고리대'는 아니었다.[110]

채무

1차 대전이 폭발하기 전 50년 동안 (자본수출) 채권자와 채무자의 차이는 국제관계에도 투영되었다.[111] 그때부터 채권국과 채무국이 생겨났다. 적지 않은 채무자가 능동적으로 자본을 찾는다. 19세기 70년대에 미국의 대형은행 대표들이 런던과 유럽 대륙의 금융기관을 찾아가 미국의 사회기반시설 건설에 필요한 투자금을 모집했다.[112] 자금을 구하려는 사람은 담판을 통해 유리한 이율, 유리한 기한과 대출방식을 끌어낼줄 알아야 한다. 일부 외국정부는—예컨대 일본과 1876년 이후 디아스(Porfirio Díaz) 통치하의 멕시코—온갖 방책을 동원하여 채무상환의 의무를 성실하게 이행하는 금융파트너라는 평가를 받았다.

어떤 국가가 투자 대상국으로서 높은 평가를 받게 되면 까다롭지 않은 조건으로 꾸준히 외국자본을 끌어올 희망을 가질 수 있다.[113] 물론 반대의 경우도 있다. 유럽형의 약탈적 행태와 비유럽의 사치와 낭비가 결합되어 일부 채무국에서는 금융재난이 발생했다. 19세기 60, 70년대의 이집트가 바로 그런 사례였다. 이집트 정부는 수에즈운하에 1,200만 파운드를 쏟아 부었으나 경제적으로 아무것도 얻지 못하자 주식을 400만 파운드에 영국정부에 팔았다. 프랑스의 외교관 페르디낭 드 레셉스가 사이드 파샤를 설득하여 이처럼 거대한 규모의 자금을 투자하게 했다. 1875년 11월, 영국 수상 벤저민 디즈레일리는 이집트 총독의 재정파탄을 이용하여 재빨리 이집트 정치에 개입했다. 디즈레일리는 영국을 프랑스와 함께 영향력의 중심에 세웠고 동시에 영국 국고를 채울 기회를 약속했다. 주식인수를 위한 재정 지출은 의회의 동의가 필요했으나 당시 의회는 회기 중이 아니었다. 수상은 로스차일드 가족에게 대출을 요청했고 로스차일드는 10만 파운드의 수수료를 요구했다. 수에즈운하 건설회사의 주식 관계는 매우 복잡했고 디즈레일리는 영국이 장악한 44퍼센트의 주식만으로는 운하 경영을 장악할 수 없다는 사실을 알게 되었다. 디즈레일리는 이 주식이 장래에 얼마나 큰 이익을 가져다줄지 예상하지 못했지만 훗날 주식 가격은 10배나 뛰어서 4천만 파운드에 이르렀다.[114]

이스마일(Ismail) 통치시기에 이집트는 운하 건설자금 융자와 관련하여 엄청난 사기를 당했다. 뿐만 아니라 총독은 지나치게 관대하게 외국인들에게 사업 특허권을 남발하고, 발행 명목 이율은 매우 낮지만 실제 이율은 엄청나게 높은 차관을 받아들였다. 1862-73년, 이집트는 명목가치(이자를 먼저 지급해야 하므로) 6,800만 파운드의 차관을 들여왔지만 실제로 받은 금액은 4,500만 파운드였다.[115] 이스마일을 오페라에 나오는 동방의 군주로 묘사하기를 즐기는 풍자작가와 비평가들은 그가 이 자금의 이용에 대해서 전혀 무책임했다고 비난했다.

오늘날까지도 이런 해석을 믿는 사람들이 있지만 사실은 전혀 그렇지 않다. 자금의 일부는 철도건설과 알렉산드리아 항구 개선사업 같은 유익한 사업에 투입되었다.[116] 문제의 핵심은 다른 곳에 있었다. 이집트 경제는 역동적으로 확장되었으나 진부하고 경직된 조세제도 때문에 정부는 얻는 게 없었다. 게다가 면화 수출로부터 거두어들이던 수입도 1865년 미국 내전이 끝난 뒤로는 현저하게 감소했다.

1876년, 이집트 정부는 국가파산을 선포했다. 그 뒤로 수 년 동안 이집트의 재정은 영국과 프랑스가 완전히 통제했다. 이집트 국채관리위원회(Commission de la Dette)가 중앙정부의 주요 부서로 확장 개편되었고 부서의 직원은 거의 전부가 외국인이었다.[117] 영국인이 이집트를 준(準) 식민지로 통치하기 시작하는 1882년까지는 몇 걸음 밖에 남지 않았다. 채무국으로서 이집트의 운명은 오스만제국보다 더 비참했다.

오스만제국은 1875년에 지급불능을 선언했으나 외국인의 채무관리 개입은 이집트만큼 심하지 않았다. 외국인 채권자에 대한 채무의 상환거절은 '동방'의 특징이 아니었다. 라틴아메리카의 모든 국가가 그런 지경에 빠졌다. 미국 내전이 일어나기 전 남부의 주, 오스트리아(다섯 차례), 네덜란드, 스페인(일곱 차례), 그리스(두 차례), 포르투갈(네 차례), 세르비아, 러시아에서도 같은 상황이 벌어졌다.[118] 그런가 하면 빚더미에 올라앉아 있으면서도 성실하게 채무를 상환한 비유럽국가도 있었다.

대표적인 사례가 중국이었다. 중국은 20세기 20년대에 정치적 혼란에 빠지기 전까지는 철도차관을 제대로 상환해왔다. 중국의 성실함은 결코 자각 때문이 아니었다. 19세기 60년대 이후로 중국의 세관은 제국 정부가 직접 관리하지 못하고 유럽의 강력한 영향 아래 있었기 때문이다. 90년대 말부터 관세 수입은 중국 정부의 소관 부처를 거치지 않고 차관을 제공한 외국은행에 직접 건네졌다.

1825년 이후 라틴아메리카 국가에서 집중적으로 발생한 새로운 유형의 위기(국가채무위기)는 아무리 늦어도 19세기 70년대부터 일종의 지역적 특징으로 자리 잡았다. 이 위기는 대부분 라틴아메리카 국가 정부와 유럽 민간 채권자 사이의 충돌이었지만 정치적 또는 외교적 문제를 남기지 않고 해결된 적은 거의 없었다. 채권자는 돈을 돌려받고 싶었지만 쌍방 정부가 담판해야만 해결할 수 있었다.

따라서 금융제국주의가 국제금융시장에 강력하게 개입하는 경향이 있었다. 채무는 피할 수 없었기에 관계자 모두에게 위험하기도 했다.[119] 한 세기 가까이(1820-1914년) 국제 금융네트워크에는 개입을 통해서도 복원할 수 없을 만큼 심각한 신용의 붕괴는 발생하지 않았다. 그런 붕괴는 20세기의 특징적 현상이었다.

1914년, 멕시코의 국고가 텅 비었다(전쟁 때문이 아니라 혁명 때문에). 1918년, 신생 소비에트정권이 제정 러시아가 갖고 있던 대외 채무에 대해 지급거절을 선언했다. 1949년, 중화인민공화국이 '제국주의자들'의 채권은 무효라고 일방적으로 선언함으로써 30년 전 소비에트정권의 행동을 정확하게 재현했다. 이런 금융 극단주의는 19세기에는 상상하기 어려운 일이었다.

주註

1) 이 책 제5장과 제8장을 참조할 것.

2) 현재 네트워크에 관한 이론적 역사적 저작은 풍부하다. 그중에서 Beyrer, Klaus/Michael Andritzky (ed.): *Das Netz. Sinn und Sinnlichkeit vernetzter Systeme*, Heidelberg 2002는 중요한 목록을 제공한다.

3) 이것이 도시의 개념과 어떤 관련이 있는지를 Sennett, Richard: *Flesh and Stone. The Body and the City in Western Civilization*, New York 1994, pp.256–81이 잘 기술하고 있다.

4) Millward, Robert: *Private and Public Enterprise in Europe. Energy, Telecommunications and Transport, 1830-1990*, Cambridge 2005는 전체 유럽의 개황을 종합적으로 서술하고 있다.

5) Dehs, Volker: *Jules Verne. Eine kritische Biographie*, Düsseldorf 2005, pp.211, 368.

6) Voigt, Fritz: *Verkehr*, v.2/4. Berlin 1965-73 은 가장 뛰어난 종합적 저술이다.

7) Bagwell, Philip S.: *The Transport Revolution from 1770*, London 1974, pp.17, 32.

8) Woud, Auke van der: *Het lege land*, pp.115-32.

9) Ray Gunn, L.: "*Antebellum Society and Politics (1825-1865)*" (Klein, Milton M. [ed.]: *The Empire State. A History of New York*, Ithaca, NY 2001, pp.307-415, 인용된 부분은 p.312).

10) Clark, Peter (ed.): *The Cambridge Urban History of Britain*, v.2/3, p.718.

11) Bled, Jean-Paul: *Wien*, p.199.

12) Rawlinson, John L.: *China's Struggle for Naval Development*, Cambridge, MA 1967.

13) Howe, Christopher: *The Origins of Japanese Trade Supremacy*, p.268.

14) Broeze, Frank: "*Underdevelopment and Dependency. Maritime India during the Raj*" (Modern Asian Studies v.18 [1984], pp.429-57에 수록).

15) Hugill, Peter J.: *World Trade since 1431*, p.127.

16) Reinhard, Rudolf: *Weltwirtschaftliche und politische Erdkunde*, p.194.

17) Sartorius von Waltershausen, August: *Die Entstehung der Weltwirtschaft. Geschichte des zwischenstaatlichen Wirtschaftslebens vom letzten Viertel des achtzehnten Jahrhunderts bis 1914*, Jena 1931, p.269. 홍콩이 '어촌'에서 아시아의 가장 중요한 항구로 성장한 과정에 관해서는 Meyer, David R.: *Hong Kong as a Global Metropolis*, pp.52f를 참조할 것.

18) 지도는 Hugill, Peter J.: *World Trade since 1431*, p.136(Tab.3-3)을 참조할 것. Reinhard, Rudolf: *Weltwirtschaftliche und politische Erdkunde*, p.201.

19) Rieger, Bernhard: *Technology and the Culture of Modernity in Britain and Germany, 1890-1945*, Cambridge 2005, pp.158-92.

20) Hugill, Peter J.: *World Trade since 1431*, pp.249f.

21) Roth, Ralf: *Das Jahrhundert der Eisenbahn. Die Herrschaft über Raum und Zeit 1800-1914*, Ostfildern 2005는 독일의 철도에 관해 종합적으로 서술하고 있다. 영국 철도에 대한 종합적인 서술은 Wolmar, Christian: *Fire and Steam. A New History of the Railways in Britain*, London 2007을 참조할 것.

22) Veenendaal, Augustus J. jr.: *Railways in the Netherlands. A Brief History, 1834-1994*, Stanford, CA 2001, pp.29, 50.

23) 지도는 Fage, J.D./Roland Oliver (ed.): *The Cambridge History of Africa*, 7/8 vls, Cambridge 1975-86, p.82를 참조할 것.

24) Huenemann, Ralph William: *The Dragon and the Iron Horse. The Economics of Railroads in China, 1876-1937*, Cambridge, MA 1984는 건설과정의 상세내용을 보여준다(pp.251-57).

25) Owen, Roger: *The Middle East in the World Economy 1800-1914*, p.246.

26) 미국과 독일의 초기 철도건설 기술의 특징에 관해서는 Dunlavy, Colleen A.: *Politics and Industrialization. Early Railroads in the United States and Prussia*, Princeton, NJ 1994, pp.202-34를 참조할 것.

27) Caron, François: "The Birth of a Network Technology: The First French Railway System" (Berg, Maxine/Kristine Bruland (ed.): *Technological Revolutions in Europe. Historical Perspectives*, Cheltenham 1998. pp.275-91에 수록).

28) Schivelbusch, Wolfgang: *Die Geschichte der Eisenbahnreise*. Freeman, Michael J.: *Railways and the Victorian Imagination*.

29) Caron, François: *Histoire des chemins de fer en France*, v.1/2, pp.84, 113, 169.

30) Ochsenwald, William: *The Hijaz Railroad*, Charlottesville, VA 1980, pp.30f, 152.

31) 1828년 10월 23일의 대화. Eckermann, Johann Peter: *Gespräche mit Goethe in den letzten Jahren seines Lebens [1836-48]*, ed. by Ernst Beutler, München 1976, p.702.

32) Findlay, Ronald/Kevin H.O'Rourke: "Commodity Market Integration, 1500-2000" (Bordo, Michael D., et al. (ed.): *Globalization in Historical Perspective*, Chicago 2003. pp.13-62에 수록, 인용된 부분은 p.36).

33) 첫 번째의 관점에 대해서는 Cebulla, Florian: "*Grenzüberschreitender Schienenverkehr. Problemstellungen, Methoden, Forschungsüberblick*" (Burri, Monika, et al. [ed.]: *Die Internationalität der Eisenbahn 1850-1970*, Zürich 2003, pp.21-35에 수록)을 참조할 것.

34) Davis, Clarence B./Kenneth E.Wilburn, jr. (ed.): *Railway Imperialism*, New York 1991은 각국의 사례에 대한 훌륭한 연구서이다.

35) Mitchell, Allan: *The Great Train Race. Railways and the Franco-German Rivalry 1815-1914*, New York 2000.

36) Bulliet, Richard W.: *The Camel and the Wheel,* New York 1975, pp.216f.

37) Cvetkovski, Roland: *Modernisierung durch Beschleunigung,* pp.79, 167f, 189.

38) 이 책 제1장과 제9장을 참조할 것.

39) Karl Kraus의 서신왕래가 실제 사례이다.

40) Briggs, Asa/Peter Burke: *A Social History of the Media,* p.134.

41) Hugill, Peter J.: *Global Communications since 1844. Geopolitics and Technology,* Baltimore, MD 1999, pp.53f.

42) Winston, Brian: Media Technology and Society. A History from the Telegraph to the Internet, London 1998, p.53.

43) *Ibid.,* pp.254f.

44) Wessel, Horst A.: "*Die Rolle des Telephons in der Kommunikationsrevolution des 19.Jahrhunderts*" (North, Michael [ed.]: *Kommunikationsrevolutionen. Die neuen Medien des 16. und 19. Jahrhunderts,* Köln 2001 [2nd ed.], pp.101-27에 수록, 인용된 부분은 pp.104f).

45) Strachan, Hew: *The First World War,* v.1, pp.233f.

46) Wheeler, Tom: *Mr. Lincoln's T-Mails. The Untold Story of How Abraham Lincoln Used the Telegraph to Win the Civil War,* New York 2006.

47) Wobring, Michael: *Die Globalisierung der Telekommunikation im 19. Jahrhundert. Pläne, Projekte und Kapazitätsausbauten zwischen Wirtschaft und Politik,* Frankfurt a. M. 2005, pp.39f, 80f.

48) 네트워크의 건설에 관해서는 Headrick, Daniel R.: *The Invisible Weapon,* pp.28-49를 참조할 것.

49) Ahvenainen, Jorma: "The Role of Telegraphs in the 19th-Century Revolution of Communications" (North, Michael [ed.]: *Kommunikationsrevolutionen.* pp.73-80에 수록 인용된 부분은 pp.75f). Clark, Gregory: *A Farewell to Alms,* pp.306f. Ferguson, Niall: *Die Geschichte der Rothschilds. Propheten des Geldes,* Stuttgart 2002. v.1/2, pp.127.

50) Davison, Roderic H.: "*Effect of the Electric Telegraph on the Conduct of Ottoman Foreign Relations*" (Farah, Caesar E. [ed.]: *Decision Making and Change in the Ottoman Empire,* Kirksville, MO 1993, pp.53-66에 수록).

51) Headrick, Daniel R.: *The Invisible Weapon,* pp.38f. Wilke, Jürgen: "*The Telegraph and Transatlantic Communications Relations*" (Finzsch, Norbert/Lehmkuhl, Ursula [ed.]: *Atlantic Communications: The Media in American and German History from the Seventeenth to the Twentieth Century* [2004], pp.107-34에 수록, 인용된 부분은 p.116).

52) Nickels: *Under the Wire* (2003), p.33.

53) *Ibid.,* pp.44-46.

54) Headrick, Daniel R.: *The Invisible Weapon*, pp.84f.

55) Boyce, Robert W.D.: *"Imperial Dreams and National Realities. Britain, Canada and the Struggle for a Pacific Telegraph Cable, 1879-1902"* (English Historical Review, v.115 [2000], pp.39-70에 수록).

56) Neutsch, Cornelius: *"Briefverkehr als Medium internationaler Kommunikation im ausgehenden 19. und beginnenden 20. Jahrhundert"* (North, Michael [ed.]: *Kommunikationsrevolutionen*, pp.129-55에 수록. 인용된 부분은 pp.131f).

57) Cvetkovski, Roland: *Modernisierung durch Beschleunigung*, pp.135f, 149. Henkin, David M.: *The Postal Age. The Emergence of Modern Communications in Nineteenth-Century America*, Chicago 2006, chs.1~2.

58) Hughes, Thomas P.: *Networks of Power. Electrification in Western Society, 1880-1930*, Baltimore, MD 1983, pp.232, 175-200. 이 책은 "긴" 세기의 기술사에 관한 중요한 저작 가운데 하나이다.

59) 이런 해석의 선구자는 Frank Perlin이다. 그의 영향력 있는 논문을 모은 Perlin, Frank: *The Invisible City. Monetary, Administrative and Popular Infrastructures in Asia and Europe, 1500-1900*, Aldershot 1993을 참조할 것.

60) 자유무역에 관한 비교적 새롭고 내용이 풍부한 문헌은 영국을 위주로 서술하고 있다. 주로 Howe, Anthony: *Free Trade and Liberal England*, Oxford 1997을 참조했다. 영국 정치문화의 핵심요소로서 자유무역을 비교적 새롭게 분석한 저작으로는 Trentmann, Frank: *Free Trade Nation*, 특히 chs. 1-3을 참조할 것. 전체 유럽의 관점에서 서술한 고전적 문헌으로서 Kindleberger, Charles P.: *"The Rise of Free Trade in Western Europe"* (Journal of Economic History, v.35 [1975], pp.20-55에 수록)이 있다.

61) Sugihara Kaoru: *"Japan as an Engine of the Asian International Economy, c.1880-1936"* (Japan Forum, v.2 [1989], pp.127-45에 수록).

62) Latham, A.J.H.: *Rice. The Primary Commodity*, London 1998.

63) Cushman, Jennifer Wayne: *Fields from the Sea. Chinese Junk Trade with Siam during the Late Eighteenth and Early Nineteenth Centuries*, Ithaca, NY 1993, p.36.

64) Hancock, David: *Citizens of the World. London Merchants and the Integration of the British Atlantic Community, 1735-1785*, Cambridge 1996, 특히 p.279f의 신사의 생활방식에 관한 부분.

65) Bowen, H.V.: *The Business of Empire*, 특히 pp.151f의 동인도회사에 관한 내용.

66) Çizakça, Murat: *A Comparative Evolution of Business Partnerships. The Islamic World and Europe*, Leiden 1996.

67) Gary G.Hamilton/Chang Wei-An: *"The Importance of Commerce in the Organization of China's Late Imperial Economy"* (Arrighi, Giovanni [et al. ed.]: *The Resurgence of East Asia. 500, 150 and 50 Year Perspectives*, London 2003. pp.173-213

에 수록).

68) Markovits, Claude: *The Global World of Indian Merchants, 1750-1947. Traders of Sind from Bukhara to Panama,* Cambridge 2000, ch.5.

69) Markovits, Claude: *"Merchant Circulation in South Asia (18th to 20th Centuries): The Rise of Pan-Indian Merchant Networks"* (,Markovits, Claude [et al. ed.]: *Society and Circulation. Mobile People and Itinerant Cultures in South Asia 1750-1950,* Delhi 2003. pp.131-62에 수록). 홍콩을 중심으로 한 중국의 교역 네트워크에 관해서는 Meyer, David R.: *Hong Kong as a Global Metropolis,* Cambridge 2000, pp.91-98 을 참조할 것.

70) Torp, Cornelius: *Die Herausforderung der Globalisierung,* p.41. Rostow, Walt W.: *The World Economy,* p.67(Tab.II-7). Rogowski, Ronald: *Commerce and Coalitions. How Trade Affects Domestic Political Alignments,* Princeton, NJ 1989, pp.21-60는 생겨난 결과에 대해 상세하게 설명하고 있으나 지나치게 복잡하여 이 책에서 인용하기는 적절치 않다.

71) Maddison, Angus: *Contours of the World Economy, 1-2030 AD,* p.81(Tab.2.6).

72) Kenwood, A.G./A.L.Lougheed: *The Growth of the International Economy 1820-1990,* London 1999(4th ed.), p.80.

73) Miller, Rory: *Britain and Latin America in the Nineteenth and Twentieth Centuries,* Harlow 1993, pp.79, 83f, 98.

74) 훌륭한 사례연구로서 Topik, Steven C.: *"Coffee Anyone? Recent Research on Latin American Coffee Societies"* (Hispanic American Historical Review, v.80 [2000], pp.225-66에 수록. 특별히 pp.242f)를 참조할 것.

75) Pollard, Sydney: *"The Europeanization of the International Economy 1800-1870"* (Aldcroft, Derek H./Anthony Sutcliffe [ed.]: *Europe in the International Economy 1500-2000,* Cheltenham 1999, pp.50-101에 수록).

76) 세계 각지의 수입관세 수치는 Amsden, Alice H.: The Rise of *"The Rest,"* pp.44f(Tab.2.3)를 참조할 것.

77) Clark, Gregory: *A Farewell to Alms,* p.309.

78) Ferguson, Niall: *Die Geschichte der Rothschilds.* Munro, J. Forbes: *Maritime Enterprise and Empire. Sir William Mackinnon and His Business Network, 1823-93,* Woodbridge (Suffolk) 2003.

79) Sugihara Kaoru: *"Japan as an Engine of the Asian International Economy, c.1880-1936,"* chs.2-4. 조선을 포함한 몇 가지 사례는 Sugiyama Shinya/Linda Grove (ed.): *Commercial Networks in Modern Asia,* Richmond 2001, 특히 chs.1,3,5,6을 참조할 것.

80) Findlay, Ronald/Kevin H. O'Rourke: *Power and Plenty,* pp.307f.

81) Torp, Cornelius: *Die Herausforderung der Globalisierung,* pp.34-36.

82) Lindert, Peter H./Jeffrey G.Williamson: *"Does Globalization Make the World More Unequal?"* (Bordo, Michael D.[et al. ed.]: *Globalization in Historical Perspective,* Chicago 2003, pp.227-71에 수록. 인용된 부분은 p.233).

83) Topik, Steven C.(et al. ed.): *From Silver to Cocaine. Latin American Commodity Chains and the Building of the World Economy, 1500-2000,* Durham, NC 2006은 이 주제와 유사한 주제에 관한 모범적 사례연구이다.

84) Kuroda, Akinobu: *"The Collapse of the Chinese Imperial Monetary System"* (Sugihara Kaoru [ed.]: *Japan, China, and the Growth of the Asian International Economy, 1850-1949,* Oxford 2005, pp.103-26에 수록, 특히 pp.106-13).

85) 치밀한 분석으로서 Otto, Frank: *Die Entstehung eines nationalen Geldes. Integrationsprozesse der deutschen Währungen im 19.Jahrhundert,* Berlin 2002를 참조할 것.

86) Toniolo, Gianni: *An Economic History of Liberal Italy 1850-1918,* London 1990, p.59.

87) Leandro Prados de la Escosura: *"The Economic Consequences of Independence in Latin America"* (Bulmer-Thomas, Victor[et al. ed.]: *The Cambridge Economic History of Latin America,* v.1/2, Cambridge 2006, pp.463-504에 수록. 인용된 부분은 pp.481f).

88) North, Michael: *Das Geld und seine Geschichte. Vom Mittelalter bis zur Gegenwart,* München 1994, pp.143-51.

89) Flynn, Dennis O./Arturo Giráldez: *"Cycles of Silver. Global Economic Unity through the Mid-Eighteenth Century"* (Journal of World History, v.13 [2002], pp.391-427에 수록)를 참조할 것.

90) Lin Man-houng: *China Upside Down. Currency, Society, and Ideologies, 1808-1856,* Cambridge, MA 2006, p.114. Chang Hsin-pao: *Commissioner Lin and the Opium War,* Cambridge, MA 1964는 아편전쟁의 원인에 관한 고전적 저작이다.

91) Rothermund, Dietmar: *Indiens wirtschaftliche Entwicklung. Von der Kolonialzeit bis zur Gegenwart,* Paderborn 1985, pp.56-8.

92) Gregory, Paul R.: *Before Command. An Economic History of Russia from Emancipation to the First Five-Year Plan,* Princeton, NJ 1994, p.67.

93) Eichengreen, Barry: *Vom Goldstandard zum Euro. Die Geschichte des internationalen Währungssystems,* Berlin 2000, pp.45-50. Frieden, Jeffry A.: *Global Capitalism. Its Fall and Rise in the Twentieth Century,* New York 2006, pp6f, 14-21, 48f.

94) Eichengreen, Barry: *Vom Goldstandard zum Euro.* p.51

95) Cecco, Marcello de: *Money and Empire. The International Gold Standard, 1890-1914,* Oxford 1974, p.59. Miller, Rory: *Britain and Latin America in the Nineteenth and Twentieth Centuries,* pp.168, 174f(저자는 칠레의 경우 외부영향의 안정 효과에

대해 의문을 표시한다). Salvucci, Richard: *"Export-led Industrialization"* (Bulmer-Thomas, Victor: *The Economic History of Latin America since Independence,* Cambridge 1994., v.2 [2006], pp.249-92에 수록, 인용된 부분은 pp.256-60).

96) 다른 관점을 제시하는 Gallarotti, Giulio M.: *The Anatomy of an International Monetary Regime. The Classical Gold Standard, 1880-1914,* New York 1995 도 참조할 것.

97) 독립변수로서 금의 공급에 관해서는 Eichengreen, Barry/Ian W McLean: *"The Supply of Gold under the Pre-1914 Gold Standard"* (Economic History Review v.47 [1994], pp.288-309에 수록). 저자는 수요가 공급을 자극하는 효과는 제한적일 뿐이라고 주장한다.

98) Frieden, Jeffry A.: *Global Capitalism* 의 견해를 따랐다.

99) Allen, Larry: *The Global Financial System 1750-2000,* London 2001, pp.8f와 p.12 는 상충되는 관점을 제시하고 있다.

100) Neal, Larry: The Rise of Financial Capitalism. International Capital Markets in the Age of Reason, Cambridge 1990, p.220.

101) Kenwood, A.G./A.L.Lougheed: *The Growth of the International Economy 1820-1990,* p.6.

102) 1825~1995년의 데이터는 Maurice Obstfeld/Alan M.Taylor: *"Globalization and Capital Markets"* (Bordo, Michael D.[et al. ed.]: *Globalization in Historical Perspective,* Chicago 2003, pp.121-83에 수록, 인용된 부분은 pp.141f[Tab. 3.2])에서 인용했다.

103) Kynaston, David: *The City of London*을 참조할 것.

104) Girault, René: *Diplomatie européenne et impérialismes,* p.39.

105) Lindert, Peter H./Peter J.Morton: *"How Sovereign Debt Has Worked"* (Sachs, Jeffrey D. [ed.]: *Developing Country Debt and the World Economy,* Chicago 1989, pp.225-35, 인용된 부분은 p.230).

106) Suzuki Toshio: *Japanese Government Loan Issues on the London Capital Market 1870-1913,* London 1994는 이 주제에 관한 뛰어난 저작이며 런던 자본시장을 훌륭하게 분석하고 있다(pp. 23f를 참조할 것.. 또한 Tamaki Norio: *Japanese Banking,* pp.87f도 참조할 것.

107) Kuran, Timur: *Islam and Mammon. The Economic Predicaments of Islamism,* Princeton, NJ 2004, pp.13f.

108) Stone, Irving: T*he Global Export of Capital from Great Britain, 1865-1914. A Statistical Survey,* New York 1999, pp.381, 409.

109) Schularick, Moritz: *Finanzielle Globalisierung in historischer Perspektive,* Tübingen 2006, p.44(Tab.1.10).

110) Austin, Gareth/Kaoru Sugihara (ed.): *Local Suppliers of Credit in the Third*

World, 1750-1960, Basingstoke 1993, pp.5, 13.

111) 이 책 제9장을 참조할 것.

112) Kindleberger, Charles P.: *A Financial History of Western Europe,* London 1984, p.222.

113) Topik, Steven C.: *"When Mexico Had the Blues. A Transatlantic Tale of Bonds, Bankers, and Nationalists, 1862-1910"* (American Historical Revies v.105 [2000], pp.714-38에 수록).

114) Blake; Robert: *Disraeli,* London 1966, p.232.

115) Owen, Roger: *The Middle East in the World Economy 1800-1914,* p.127 (Tab.19).

116) 이스마일이 거금을 들여 카이로를 정비한 사업에 관해서는 이 책 제6장을 참조할 것.

117) Owen, Roger: *The Middle East in the World Economy 1800-1914,* pp.130-35.

118) 1914년 이전 국가파산 상황에 관해서는 Petersson, Niels P.: *Anarchie und Weltrecht. Das Deutsche Reich und die Institutionen der Weltwirtschaft, ca. 1880-1930,* Göttingen 2009를 참조할 것.

119) 라틴아메리카의 상황에 관해서는 Marichal, Carlos: *A Century of Debt Crises in Latin America. From Independence to the Great Depression, 1820-1930,* Princeton, NJ 1989 를 참조할 것. 아시아에 관해서는 아직까지 유사한 종합적 연구결과는 나오지 않았다.

제 15 장

등급제도

사회적 공간의 수직적 차원

19세기는 가장 오래된 사회집단인 귀족이 중요한 역할을 한 마지막 시대였다. 유럽 귀족의 몰락은 18세기 말과 20세기 초의 혁명 때문에 그리고 부와 권위의 원천이던 토지의 가치가 상대적으로 축소되었기 때문이다.

◀ 단치히 공작(Duc de Danzig)

프랑스대혁명 이후 대부분의 귀족은 원래 지니고 있던 권리를 회복하지 못했다. 나폴레옹 치하에서는 새로운 귀족이 생겼다. 1807년, 방앗간 집 아들로 태어나 뛰어난 군공을 세워 육군 원수의 자리에 오른 앙리 르페브르(François Joseph Lefebvre, 1755 – 1820)가 '단치히 공작'의 작위를 받는 사건이 일어났다. 이것은 구체제에서는 상상도 할 수 없는 일이었다. 19세기에 유럽의 거의 모든 국가가 나폴레옹을 모방해 친정부 세력을 포섭하는 도구로서 다량의 귀족 작위를 수여했다.

▶ 명예군단 훈장(Légion d'honneur)

나폴레옹은 공적이 뛰어난 인물들에게 '명예군단'이란 칭호를 수여했다. 이것은 비세습 작위였다. 이 칭호를 받은 사람들이 봉건시대 이후의 엘리트집단을 형성했고 이 제도는 순조롭게 공화국의 제도로 정착했다.

예카테리나 황제 통치시대(1762-96)의 러시아 「귀족회의」(Assembly of Nobility)
러시아의 귀족은 유럽의 다른 국가에 비해 왕실에 대한 의존도가 높았다.
표트르 대제부터 시작해 역대 황제는 귀족들에게 토지와 농노를 하사했다.
러시아의 귀족은 상대적으로 젊었고 귀족 작위를 내리는 일은
너무도 쉬웠다. 19세기 말에 러시아는 대량의 귀족을 봉했다.

「상원의 앤 여왕」(Queen Anne in the House of Lords)
피터 틸레만스(Peter Tillemans, 1684 – 1734)가 1708년에 발표했다.
영국의 귀족은 유럽에서 가장 부유한 귀족계층이었다.
계승법에 규정된 장자계승권은 부의 집중을 보장했다.
그러나 영국 귀족이 가진 특권은 많지 않았다. 법률로 규정된
가장 명확한 특권은 세습귀족으로서 상원의원의 의석이었다.
상층 귀족이 차지한 상원 의석수는 1830년 무렵 300여 개,
1900년 무렵에는 500여 개였다.

1630년 리처드 브래스웨이트(Richard Brathwait, 1588-1673)
「완벽한 영국신사」(The Complete English Gentleman)
영국 귀족이 발전시킨 신사의 규범은 사회통합에 중요한 역할을 하였고
영국 본국과 제국 전체에서 생활방식과 문화가 되었다. 이것은
유럽대륙의 등급이 분명한 귀족 엘리트 계층에서는 찾아볼 수 없는 특징이었다.
영국이 다른 국가와 대비되는 점이 있는데 그것은 귀족이 확정된 법률상의
지위라기보다는 정신적인 기질이었다는 것이다. 이는 사람을 이끄는 일종의 자신감이었다.

1. 세계사회사

'사회'는 여러 차원이 있다. 그중에서 가장 중요한 것이 등급 (Hierarchie)이다.[1] 대부분의 사회는 '객관적으로' 불평등한 구조다. 사회 구성원의 일부는 다른 사람보다 더 많은 자원과 기회를 가진다. 힘든 육체노동을 더 적게 하고 더 많은 존경을 누리며, 그들의 지시와 명령은 더 쉽게 준수된다. 통상적으로 사회구성원은 이것이 상층 등급과 하층 등급의 관계라고 '주관적으로' 인식한다.

평등한 사회라는 유토피아의 꿈은 여러 문명에서 각기 다른 시기에 존재했다. 유토피아는 개인이 어딘가에 자신의 자리를 찾아내야 하는 등급제도로서의 현실세계와 상충되기 때문에 유토피아다. 상당히 근대적이었던 빅토리아시대의 영국에도 노동자 집단 가운데 사회는 계층 사다리라는 인식이 널리 퍼져 있었다.[2]

등급제도는 사회사 연구의 몇 가지 경로 가운데 하나일 뿐이다. 사회사 연구자들은 계급과 사회계층, 집단과 환경, 가족형태와 젠더관계, 충돌과 폭력, 소통관계, 집단 상징세계 등에 주목해왔다. 이런 관점은 지리적으로 멀리 떨어진 사회 사이의 비교에도 적용된다. 다음과 같은 가설을 검증하는 것도 의미 있는 작업이다.

19세기에는 문명의 경계를 넘는 전파와 영향이 있었으며, 이런 전파와 영향은 사회구조의 형성 면에서보다는 경제 네트워크, 문화의 내용, 정치제도 면에서 더 쉽게 입증될 수 있다. 사회는 일상생활의 특정한 장소와 특정한 시점으로부터 생성된다. 사회는 또한 소재하는 곳의 생태적 조건에 종속적이다. 인간의 집단생활은 생활하는 장소가 열대우림인지, 사막인지, 지중해 연안인지에 따라 달라질 수밖에 없다. 베이징과 로마는 지리적으로는 대체로 같은 위도 상에 자리잡고 있지만 둘은 시간의 긴 흐름 속에서 전혀 다른 형태의 사회를 형성했다. 생태조건이 존재를 결정할 가능성은 있지만 왜 어떤 가능성은 현실이 되고 어떤 가능성은 현실이 되지 못했는지 설명해주지는 않는다.

다른 난제도 있다. 19세기의 발전 과정에서 특정한 민족사회는 반드시 정치적 경계가 분명한 민족국가와 일치해야 한다는 기대가 생겨났다. 실제로 어느 정도는 그렇기도 했다. 단일민족국가는 흔히 오래된 사회적 결합으로부터 발전해왔다. 사회는 처음에는 민족의 단결과 상호부조에서 시작되었다가 뒤에 가서 그것을 보장하기에 적합한 정치형태로 발전했다. 뒤집어 말하자면, 모든 사회는 각자의 정치적 구조로부터 깊은 영향을 받았다. 국가의 지속적 영향이 사회 형태에 낙인을 남겨놓았다.

이 영향의 본질적인 표현이 국가의 권위에 의해 유효성이 보장되는 법률이다. 그러므로 각자의 독특한 법률제도를 통해 '민족'사회의 특징이 드러난다. 토크빌(Alexis de Tocqueville)은 1835년에 재산 상속권을 예로 들어 이것을 강조한 바 있다. 소유자가 사망한 후 재산 분배에 관한 법률은 "민법의 범주 안에 들어가지만 모든 정치적 배려에서 가장 중요한 자리를 차지해야 한다. 왜냐하면 정치 관련 법령은 국가의 실제 모습을 반영할 뿐이지만 그것(재산 분배에 관한 법률)은 사회질서에 믿을 수 없을 정도로 영향을 미치고 있기 때문이다. 뿐만 아니라 그것은 확정적이고 안정적인 방식으로 사회에 영향을 주고 있다. (왜냐하면) 그런 법률은 태어나지 않은 미래세대를 상당한 정도로 고려하고 있기 때문이다."[3]

따라서 재산 상속제도가 다르면 전혀 다른 유형의 농업사회가 형성된다. 예컨대, 재산을 분할할 수 없었던 영국의 장자상속제는 토지와 농장을 온전하게 보존하는 형태가 발전했고, 분할 상속제가 있던 중국에서는 재산을 사회에 분산시키는 경향을 보였다. 이런 사회형태는 정치 권력자가 특정 영역 안에서 자신의 의지를 관철시킨 결과이기는 하지만 독일사회, 중국사회, 혹은 미국사회라고 포괄적으로 말하는 것은 쉽지도 않고 의미도 없는 일이다. 하물며 여러 주권 구역으로 나뉘어 있던 1800년 무렵의 독일을 하나의 사회라고 부를 수 있는지는 의문이고,[4] 중국의 경우에도 같은 시기에 10개의 상이한 '지역사회'가 있었다.[5]

또 하나의 예를 들자면, 19세기 중반과 그 이후 이집트 사회의 인종과 문화적 계층의 구분은 엄격해서 근본적으로 결집력을 갖춘 '하나의 사회'라고 부르기 어려울 정도였다. 이집트는 터키어를 사용하는 오스만 엘리트계층이 인구의 대다수를 차지하는 아랍어를 사용하는 민중을 지배하고 있었고 납세를 제외하고는 그들 사이에 연결은 많지 않았다.[6]

연합하여 아메리카합중국을 구성한 영국의 식민지는 본질적으로 각자 다른 사회형태와 지역적 정체성을 가진 13개의 국가였다.[7] 합중국을 구성하고 나서도 수십 년 동안 이런 성격은 변함이 없었고 어떤 차이는 오히려 더 커졌다. 1860년 무렵의 미국은 동북부(뉴잉글랜드), 노예제를 시행하던 남부, 태평양 연안(캘리포니아), 내륙 개척지 사이에 매우 큰 차이가 존재했다. 그 시대에 세계 여러 지역에는 생태, 기술, 제도 등 여러 방면에서 전통적인(심지어 고대로부터 내려오는) 사회형태가 존재했다. 그런 사회는 정체에 빠져 더 이상 사회형태의 변화를 주도하지 못한 지 오래되었고, 그런 사회의 규모는 오늘날 우리로서는 상상하기 어려운 정도였다.[8]

비교적 높고 초국가적인 단계의 '문명'에서도 사회학적 일반화는 문제가 된다. 미세한 차이와 장기간의 변화를 연구하도록 훈련받은 역사학자는 '유럽사회' '인도사회' '이슬람사회' 같은 정태적 거시 개념을 운용하기를 꺼린다. 유럽문화와 사회의 특징을 규정하려는 시도는 수없이 많았다. 그러나 이런 시도의 문제는, 그런 특징을 나열한 후 사실 확인도 없이 유럽 이외의 지역은 유럽과 같은 우위를 갖고 있지 않다고 단정해버린 것이었다. 최악의 경우 유럽 자신에 대한 편견은 인도사회 또는 중국사회에 대한 편견보다 더 심했다.[9]

거대서사

지금까지도 19세기 사회사에 관해서는 유럽 학계에서든 미국 학계에서든 종합적인 서술이 많지 않다. 원인은 연구가 부족해서가 아니라 다량의 지식을 귀납적으로 정리하여 개념화하기가 쉽지 않기 때문이다. 세계의 기타 지역에 대해서 이와 같은 종합적인 서술을 하기는 더더욱 어렵다. 기타 지역에 관한 실증적 문제들이 아직도 밝혀지지 않고 있고 서방의 사회학과 사회사학의 개념을 적용하는 것 또한 쉽지 않기 때문이다.

19세기 세계사회사 연구에 착수하겠다는 생각은 지나치게 대담한 시도이다. 무엇보다도 연구대상을 명확히 할 수가 없다. 1770년과 1800년이든, 아니면 1900년과 1920년이든 통일적인 '세계사회'는 찾아볼 수 없기 때문이다.

19세기 사람들은 용감한 사람들이었다. 계몽 진보사상의 기반 위에서 이 시대의 선구적인 인물들은 전 세계와 전 인류에게 적용할 수 있는 보편적인 사회발전 이론을 만들어냈다. 애덤 퍼거슨(Adam Ferguson)과 애덤 스미스(Adam Smith)같은 18세기 스코틀랜드의 도덕철학자, 경제학자, 역사철학자들은 인류사회는 수렵과 채집단계부터 시작하여 물질적 생존이 보장되는 유목과 농경단계를 거쳐 (그들이 살아가던) 초기 자본주의 '상업사회'로 발전해왔다고 주장했다.

독일의 역사학과 경제학자들은 이 개념을 수용한 반면에 프랑스에서는 콩트(Auguste Comte)가 인류의 지적 발전을 핵심으로 하는 발전단계 이론을 만들어냈다.

마르크스와 그의 추종자들은 인류사회는 원시사회, 노예사회, 봉건사회, 부르주아 또는 자본주의 사회라는 필연적 발전 순서를 거치게 된다고 주장했다. 마르크스 자신은 만년에 가서 아시아에는 이런 정상적인 발전 경로에서 벗어난 상황, 즉 '아시아적 생산방식'의 단계가 출현할 수 있다고 암시했다.

어떤 학자들은 (인류사회의 발전은) 사다리를 타고 올라가는 계단식 발전이 아니라 거대한 전환기──발전의 모든 추세를 품고 있는──를 거친다고 주장했다. 그들은 그들이 살고 있던 19세기가 바로 그런 대전환기라고 생각했다. 영국의 철학자 허버트 스펜서(Herbert Spencer)가 사회는 '군사사회'로부터 '공업사회'로 진보해왔다고 주장하는 논문을 발표했다. 이 이론은 사회발전은 분화로부터 재통합의 단계를 거친다는 복잡한 사회발전 이론에 뿌리를 두고 있었다. 인도의 사정을 잘 알고 있던 법사학자 헨리 메인(Henry Maine, Sir)은 여러 사회에서 계약관계가 어떻게 신분관계를 점진적으로 소멸시키는지를 관찰했다. 독일 사회학의 창시자 가운데 한 사람인 페르디난트 퇴니스(Ferdinand Tönnies)는 집단이 사회로 진화하는 발전추세를 주목했고 막스 베버는 경제와 정치에서부터 음악에 이르기까지 여러 생활영역의 '이성화' 과정을 관찰했다. 에밀 뒤르켐(Emile Durkheim)은 '기계적 연대'에 기반을 둔 사회가 '유기적 연대'에 기반을 둔 사회로 대체된다고 보았다. 그 시대의 대부분의 이론은 '유럽 중심적'이었지만 최소한 메인, 뒤르켐, 베버의 이론에는 비유럽 지역에 대한 관심이 있었다. 그들은 원칙적으로 비유럽 문명세계의 후발민족은 피부색과 신앙에 관계없이 사회진보의 보편적 모형에 적응할 수 있는 능력을 가졌다고 믿었다. 세기말이 되자 현대화 이론이 인종주의의 색깔을 띠게 되고—정말로 중요한 저자들의 저서에는 그런 주장이 한 번도 등장하지 않았다—'원시인'은(때로는 '동방인'을 포함하여) 더 높은 문화적 성취를 이룰 능력이 없다는 주장이 등장했다.[10]

등급에서 계급으로 ?

19세기(말)의 사회학 도식과 용어는 지금까지도 학술 토론에서 사라지지 않고 있다. 그러나 그 도식과 용어는 지나치게 일반적이어서 역사학이 구체적인 변화를 묘사하고자 할 때 사용될 수가 없다. 역사학자는 공업화, 도시화 또는 민주화 같은 자신들만의 거대 서사에 익숙하다. 19세기를 해석할 때 '등급사회' 또는 '봉건사회'로부터 '계급사회' 또는 '부르주아사회'로의 전환기 발전모형을 적용하는 것이 바로 그런 거대서사의 한 사례이다. 둘 사이의 대립은 이미 봉건-군주제 질서에 반대하는 계몽주의의 논쟁에서 첨예하게 드러났고, 이는 19세기에 유럽사회가 자신을 인식하는 기본 모형이 되었다.

이 모형에 따르면 근대 초기가 끝나갈 무렵 유럽사회의 기본적인 조직원칙에 변화가 일어났다. 명확하게 규정된 신분집단과 그 특수한 권리 의무와 상징적 표지를 특징으로 하는 경직된 등급질서가 개인이 사유재산을 지배하고, 개인이 시장에서 점유한 지위가 생활의 기회를 결정하고, 직업적 등급체계 안에서의 위치가 사회적 등급을 결정하는 사회로 대체되었다. 이런 사회에서 사회적 지위의 상승과 하락이 일어날 가능성은 경직된 등급질서에서보다 훨씬 더 높았다. 이러한 유동성의 전제는 공식적인 법률상의 평등이었다.[11]

유럽에서 기원한 이 모형은 유럽대륙 모든 지역의 실제상황과 부합하는 것은 아니었고 '현대화'의 선구자였던 영국에서조차도 일정한 조건하에서만 부합하는 모형이었다. 영국은 1750년 무렵에 이미 유럽대륙식의 등급사회를 벗어나 애덤 스미스가 말한 '상업사회' (commercial society)가 되어 있었다. 그러나 스코틀랜드 고지에서는 아프리카의 사회형태와 유사한 점이 있었던 전통적인 게일(Gael)족의 씨족제도가 18세기의 마지막 사반세기에 등급사회로의 발전과정을 거치지 않은 채 직접 농업자본주의 사회로 진입했다.[12]

러시아는 유럽에서 예외적인 무등급 사회였다. 18세기의 러시아에는 프랑스나 독일에서와 같은 신분은 존재하지 않았다. 다시 말해 법률로서 명확하게 규정된 지위와 영지, 현지의 법률전통에 뿌리를 내리고 정치적 참여의 기회를 가진 집단은 존재하지 않았다. 사회(좁은 의미로 말하자면 국가공직에 종사하는 엘리트를 가리킨다) 등급의 분화와 집단특권의 배분은 국가에 의해 시행되었다. 달리 말하자면 군주가 다시 박탈할 수 없는 집단의 권리는 없었다.[13]

러시아는 상대적으로 개방된 사회, 국가공직에 종사함으로써 사회적 지위의 상승을 도모할 수 있고, 비농촌 도시 주민과 기타 사회집단 사이의 경계가 모호하고 불안정한 사회였다. 법률로 명확하게 규정된 등급 제도를 시행하려던 차르 정부의 끈질긴 시도는 현실세계 신분과의 적응성에서 계속해서 마찰을 일으켰다. 그러므로 제정 말기의 러시아사회는 근본적으로 '구조결핍'의 사회, 보편적으로 수용된 사회질서의 관념이 결핍된 사회였다.[14]

초기의 상황이 지역마다 큰 차이가 있었기 때문에 '등급에서 계급으로'의 모형은 유럽사회의 변화를 불완전하게 묘사할 수 있을 뿐이다.[15] 19세기가 시작되었을 때 '등급'은 모든 유럽사회에 적용될 수 있는 주요 구분원칙은 아니었다. 1800년 무렵 '등급사회'는 세계 기타 지역에서는 흔치 않았다.

이 개념을 적용하기에 가장 적합한 곳은 도쿠가와 시대의 일본이다. 당시에 귀족(사무라이)과 평민 사이에는 법률상으로나 신분 상징 면으로나—일본의 신분집단은 프랑스나 신성로마제국과는 달리

정치적 대표권을 행사하지 않았지만──명확한 경계가 존재했다.[16]

아시아에서 사회적 등급의 구분 기준은 중부 유럽처럼 분명하지는 않았다. 어떤 상황에서는──태국이 특히 심했다──귀족(nai)과 평민 (phrai)을 가르는 경계는 깊고 견고했으나 두 집단은 다 같이 국왕의 극단적인 폭력통치에 굴복했다.[17] 중국에서는 고대로부터 국가가 사(士), 농(農), 공(工), 상(商)의 사회계층 구분을 강조해왔다. 그러나 이런 구분은 분명한 법률상의 등급과 특권제도로 발전하지 않았으며 18세기의 역사적 현실 속에서 보다 복잡한 계층체계 속에 함몰되어버렸다.

세계의 모든 지역에서 씨족부락이 지배적 지위를 차지한 곳(예컨대 아프리카, 중앙아시아, 오스트레일리아, 북아메리카 인디언 부락)에서만 등급사회와는 전혀 다른 조직 원칙을 찾아볼 수 있었다. 족내혼 (族內婚), 기생계층, 정결금기(淨潔禁忌, Reinheitstabu)를 기반으로 한 힌두교 카스트제도는 또 다른 등급구분 모형을 따랐다. 카스트제도의 관념은 지금은 옅어졌고 서방 민족학이 만들어낸 환상이라는 주장도 있지만 한 가지 분명한 것은 전(前)현대사회의 인도에서는 등급구분에 있어서 유럽의 전통적인 계층사회와는 다른 규칙이 적용되고 있었다는 점이다. 이 규칙을 식민주의가 자기목적에 맞게 강화했다. 영국인은 1796년 이후 실론섬으로 지배를 확장하면서 인도를 보던 시선으로 현지의 사회관계를 바라보고 이 섬에서는 존재한 적이 없었던 카스트제도를 시행했다.[18]

유럽의 전통적인 등급제도는 해외 식민지 이곳저곳에 산발적으로 전파되었다. 영국령 북아메리카에서 영국의 세습귀족이 누리던 신분특권은 발판을 마련하지 못했고 사회구조는 내부적으로 작은 격차만 있는 프로테스탄트 평등주의를 기반으로 했다. 미국의 모든 이민 개척사회에서 인종분리와 배척이 만들어낸 영향은 유럽에서는 없던 것이었다.

북아메리카에서 평등의 원칙은 처음부터 백인에게만 적용되었다. 스페인령 아메리카의 경우를 보면, 계몽시대 말기의 실천적 사회학자 가운데 한 사람이던 알렉산더 폰 훔볼트(Alexander von Humboldt)가 식민시대가 종결될 때 지적했듯이 다른 인종이 섞여 사는 사회에서는 피부색이 계층을 구분하는 모든 기준을 압도했다.[19] 16세기에 스페인으로부터 대서양을 건너 전해진 귀족 정복자의 사회등급 요소는 얼마 안 가 이 새로운 등급구분 원칙으로 대체되었다. 19세기 후반에 멕시코인도 자신과 타인의 지위를 확정할 때 피부색과 '혈통혼합의 정도'를 먼저 보고 그다음으로 직업이나 소속 계층을 보았다.[20]

　　19세기의 세계사회사는 대부분 이민사와 중복되며 디아스포라와 그 결과로서 형성된 새로운 프런티어의 역사와 밀접한 관련이 있다.[21] 1780년 이후 신유럽(neo-European)이민 정착사회는 원주민의 약한 저항을 물리치고 건설되었으며(오스트레일리아), 원주민의 강한 저항을 물리치고 건설되었거나(뉴질랜드), 새로운 대규모 이민 물결을 받아들여 인구가 희박한 변경으로부터 자신의 권리를 갖춘 상당한 규모의 국가로 성장하였다(미국, 캐나다, 아르헨티나). 이들 사회 가운데 유럽 사회구조가 통째로 수출된 경우는 하나도 없었다. 원래부터 사회에서 자체재생산이 가능한 귀족계층은 영국의 이민정착 식민지에 뿌리를 내린적이 없다. 반면에 사회적 스펙트럼의 다른 한쪽 끝에는 아일랜드 대기근 이후 발생한 대규모 극빈계층이민을 제외하고는 과도한 저층 빈곤인구가 존재하지 않았다.

　　오스트레일리아는 특수한 경우였다. 그곳(뉴 사우스 웨일즈)의 식민은 죄수의 유배에서 시작되었다.[22] 그러나 원래 속했던 등급을 벗어난 하층 계층은 식민지의 개방된 환경 속에서는 더 이상 하층 계층이 아니었다. 식민지는 세계관과 사회계층의 구분 방식을 새로 세워야 했고[23] 식민지에서 사회적 계층상승의 기회는 유럽에서보다 많왔다. 대서양을 건너는 이민의 물결 가운데는 하위 계층 이외에 수백만의 유럽 중산층 인구도 있었는데 그중에는 신분을 상실한 귀족과 귀족 가정 내부에서 비교적 특권을 적게 누리는 구성원이 포함되어 있었다. 유럽 이민은 유럽의 전통적 등급질서를 초월한 새로운 사회를 건설했다. 이것이 19세기 세계사회사의 가장 주목할만한 발전상 가운데 하나였다.

19세기에 세계의 여러 사회는 각양각색의 등급구분의 규칙을 보여주었다. 그중 하나는 재산관계였다. 대부분의 가능성을 포함하는 동시에 분명한 등급구분이 가능한 모형은 사실상 존재하지 않는다. 서유럽, 중부유럽, 또는 북아메리카의 시각에서 볼 때 19세기의 가장 전형적인 사회유형인 법률상으로 평등하고 시장에 의해 조절되는 재산 소유자의 사회('부르주아'사회) 이외에도 등급사회 — 1870년 이전의 일본, 부족사회, 성직자가 통치하는 신권(神權)사회(티베트), 소수의 엘리트가 통치하는 사회(중국, 식민지가 되기 전의 베트남), 노예사회(1863-65년 이전의 미국 남부 여러 주, 1889년 이전의 브라질. 조선에도 노예제의 잔재가 남아 있었다),[24] 식민통치하에서 여러 종족이 섞여 있는 식민지 다원사회(plural societies), 유동적인 프런티어 사회 — 가 있었다. 사회유형의 경계는 모호했고 혼합된 사회형식이 기본이었다. 등급제도의 특징을 나열하기보다는 구체적인 등급 지위를 택해 대비한다면 쉽게 이해할 수 있을 것이다. 그러므로 유럽으로부터 두 개의 사례 — 귀족과 부르주아 — 를 선별하여 비교해보자.[25]

2. 귀족의 완만한 쇠락

국제성과 민족화

19세기는 가장 오래된 사회집단인 귀족이 중요한 역할을 한 마지막 시대였다. 18세기에 유럽 귀족의 "사회적 지위는 경쟁자가 없는 상태"였으나[26] 1920년 무렵에는 그런 풍경은 더 이상 존재하지 않았다. 이때는 유럽의 어느 나라에서도 귀족에게 튼튼한 정치적 세력이나 중요한 문화적 영향력이 남아 있지 않았다. 유럽 귀족의 몰락은 한편으로는 18세기 말과 20세기 초의 혁명 때문이었고, 다른 한편으로는 부와 권위의 원천이던 토지의 가치가 상대적으로 축소되었기 때문이다.

혁명으로 군주정체가 붕괴된 국가에서 귀족은 보호자(황제 또는 국왕)를 잃었다. 심지어 구질서가 붕괴되지 않았고 귀족이 다른 국가에 비해 더 큰 영향력을 유지할 수 있었던 곳(예컨대 영국)에서도 기사나 귀족의 작위를 가진 사람들은 정치권력을 집행하는 고위직을 사실상 독점하던 특권을 상실했다. 두 차례의 예외를 제외하고는 1908년 이후 영국 수상은 모두 중산층 집안 출신이었다.

고대로부터 내려온 귀족이란 사회제도가 유럽에서 쇠락한 것은 대체로 1789-1920년의 비교적 짧은 시기에 일어난 일이었다. 물론 이 기간 동안에 귀족의 세력이 직선으로 하강하기만 한 것은 아니었다. 1차 대전이 막바지에 이르기 전까지는 라인강 이동지역의 귀족정치의 상황은 급격한 변화가 없었다. 전반적으로 말하자면 19세기도 귀족에게는 여전히 '좋은 시절'(belle époque)이었다.[27]

귀족은 '일부'를 제외하고 세계 도처에서 볼 수 있는 현상이었다. 전체 인구 가운데서 폭력을 행사할 수 있는 수단을 장악한 조그마한 소수집단이 유리한 조건으로 경제적 자원에 접근할 수 있었고, 육체노동(전투와 수렵은 제외)을 비하하면서 명예와 세련미를 숭상하는 고귀한 생활방식을 유지했고, 이런 특권을 대대로 물려줬다.

귀족계층은 강대한 세력을 이용하여 항상 귀족통치 제도를 만들었다. 역사에서는 이런 귀족통치가 전쟁 때문에 끊임없이 위축되거나 심지어 소멸한 사례가 반복적으로 생겨났다. 근대에 들어와 식민정복은 대부분의 경우 귀족정치에 특별히 타격을 주었다. 귀족정치는 파괴되고 귀족의 정치적·경제적 지위는 급격하게 하락했다.

16세기 멕시코의 아즈텍(Aztec) 귀족들이 가장 먼저 이런 운명을 맞았고 뒤이어 세계 각지에서 유사한 사건이 지속적으로 발생했다. 그러나 귀족이 원래의 생활상황을 유지하고 칭호와 작위를 보유하는 조건으로 더 큰 제국에 복종하고 동맹으로 편입되는 경우도 있었다. 1680년 이후, 원래 만주 귀족계층이었던 청 왕조는 몽고 귀족들에게 작위를 주는 방식으로 그들의 권력을 박탈하고 가신으로 편입시켰다. 유럽 식민제국의 간접통치도 유사한 책략을 동원했다. 그런데 그 밖의 제국은 현지 귀족의 존속을 허락하지 않았다.

오스만제국은 발칸 지역의 기독교 봉건정권을 진압한 뒤 새로운 지주 엘리트의 등장을 저지했다. 그러므로 19세기가 시작될 때 세르비아와 불가리아에는 귀족이 없었고 동유럽의 기준에 비추어보면 상대적으로 자유로운 농민계층이 있었다.[28] 이민족 통치하에서 귀족이 남아 있던 지역에서는 귀족도 참정권을 갖지 못하는 경우가 흔했다. 통일 이전의 이탈리아가 그런 경우였으며 그래서 귀족은 공공의 직무를 감당할 경험이 부족했다.

아랍세계와는 달리 18세기 유럽에서 말을 탄 기사의 시대는 이미 사라지고 없었다. 고대로부터 내려온 기능이 없어졌음에도 불구하고 1900년 무렵에도 1800년 무렵과 마찬가지로 유럽 각국에서 어떤 사람이 귀족계층에 속하는지는 한눈에 알아볼 수 있었다. 사회계층의 분류가 매우 탄력적인 영국에서만 급작스럽게 신분이 상승한 사람들이 결정적인 경계를 넘었는지 자문해야 했다.[29] 1차 대전까지 귀족이 일정한 법률적 특권을 누렸던 곳(특히 유럽대륙의 동쪽 절반지역)에서는 귀족세계 내부의 미세한 등급구분이 분명하게 드러나 보였다.

귀족은 작위, 이름에 따라붙는 명예로운 호칭, 그 밖의 상징적인 표지로 계층을 구분했다. 귀족은 어떤 사회집단보다 지위를 중시했다. 귀족에 속한다는 사실은 밖으로 분명하게 드러나야 했다. 가톨릭 고위 성직자나 유대인 거물 금융가를 제외한다면 19세기의 귀족은 유럽사회에서 가장 국제화된 집단이었다. 그들은 서로 알고 있었고, 서로의 등급을 평가할 수 있었다. 행동규범과 문화적 이상을 공유하고 있었고, 필요할 때는 프랑스어로 대화할 수 있었다. 또한, 국제 혼인시장에 참여했다. 등급이 높을수록 재산이 많았고 국제적인 교제 네트워크에 접촉하는 면도 넓었다.

다른 한편에는 토지, 농업, 전원생활과 긴밀한 관계를 갖고 있어서 한 장소를 고수하기 때문에 기타 사회집단과는 달리 유동성이 적은 귀족이 있었다. 이 두 계층 사이에 중등 귀족이 있었다. 이 계층의 단결과 신분형성은 19세기에 강화되었다. 새로운 통신기술 덕분에 귀족은 지속적으로 국제화되었고 동시에 더욱 민족화되었다.[30] 이런 기초 위에서, 특히 프로이센-독일에서 진보적 민족주의와 나란히 보수적 민족주의가 등장했다.

유럽 귀족역사의 세 갈래, 프랑스·러시아·영국

프랑스에서는 대혁명 시기에 귀족의 칭호와 특권이 모두 박탈되었다. 대혁명 이후 대부분의 귀족은 원래 가지고 있던 권리를 회복하지 못했고 특히 국외로 이주한 귀족에게는 '공허한' 호칭만 남았다. 귀족대지주가 소유하던 토지를 낮게 평가해서는 안 되겠지만 프랑스 귀족은 '부르주아화'의 정도가 매우 높은 사회에서 부차적인 역할만 했을 뿐이다. 나폴레옹─그 자신도 코르시카(Corsica)의 하층 귀족 출신이었다─치하에서 전통적인 앙시앵 레짐 귀족 이외에 새로운 귀족이 생겼다. 구식 귀족들은 이들을 벼락부자로 취급하며 경멸했지만 동시에 선망의 시선으로 바라보았다. 이들은 대부분이 군대의 요직을 차지했고, 장자계승권을 부여받았으며, 세습이 가능한 새로운 귀족 엘리트 계층의 핵심이 되었다.[31]

1807년, 방앗간 집 아들로 태어나 뛰어난 군공을 세워 육군 원수의 자리에 오른 인물이 '단치히 공작'(Duc de Danzig)의 작위를 받는 사건이 일어났다. 이것은 구체제에서는 상상도 할 수 없는 일이었다. 19세기에 유럽의 거의 모든 국가가 나폴레옹을 모방하여 친정부 세력을 포섭하는 도구로서 다량의 귀족 작위를 수여했다. 나폴레옹은 이 밖에도 공적이 뛰어난 인물들에게 '명예군단'(Légion d'Honneur)이란 칭호를 수여했는데, 이것은 비세습 작위였다. 이 칭호를 받은 사람들이 봉건시대 이후의 엘리트 집단을 형성했고 이 제도는 순조롭게 공화국의 제도로 정착되었다.

1830년 이후로 프랑스에는 (영국의 상원이나 기타 국가의 귀족들이 집결한 궁정 같은) 강력한 중앙기구는 없었다. '부르주아 군주'로 불리던 루이-필립(Louis-Philippe)도 독재자이던 나폴레옹 3세도 방대한 궁정기구를 설치하지 않았으며 통치와 대표성도 강대한 상층귀족에 의존하지 않았다. 1870년에 황제가 실각하자 남아 있던 궁중생활도 사라졌다.

19세기의 전반 2/3세기 동안 프랑스 귀족은——그들의 신분을 식별할 수 있다면——유럽의 동쪽 끝 나라의 귀족처럼 자기폐쇄적인 계층이 아니었다. 프랑스에서도 다른 나라처럼(폴란드는 제외하고) 빈곤한 몰락 귀족을 흔히 목격할 수 있었다. 출신 배경이 다양한 부유한 인물들(일찍부터 지역유지라고 불리던 여론 주도층)이 사회의 주도계층이 되었다.[32] 대략 1880년 이후 대부분 지방 도시에 거주하는 귀족-평민 혼합계층은 갈수록 주변화되었다. 프랑스 제3공화국처럼 귀족이 중요한 지역관리 분야에서 이처럼 (재산이나 권력에서) 세력이 미약한 경우는 유럽의 다른 강대국에서는 없었다.[33]

유럽의 정치적 스펙트럼의 한쪽 끄트머리에는 내부구조가 매우 비균질적인 러시아 귀족이 자리 잡고 있었다.[34] 러시아 귀족은 유럽 다른 국가의 귀족에 비해 왕실에 대한 의존도가 높았다. 1785년에 예카테리나 2세(Ekatherina II)가 「러시아귀족의 권리, 자유, 특권에 관한 조서」를 발표하자 귀족은 국가의 엄격한 속박으로부터 풀려날 수 있었다. 이 조서로 완전한 재산권을 갖게 된 귀족들은 비로소 서유럽의 귀족과 동등한 법률상의 지위를 획득했다. 그러나 국가와 황실은 여전히 최대 지주였다. 표트르 대제부터 시작하여 역대 러시아 황제는 귀족들에게 토지와 '영혼'(즉, 농노)을 하사했다.

러시아의 귀족은 상대적으로 젊었고 귀족 작위를 내리는 일은 너무도 쉬웠다. 19세기 말에 러시아는 대량의 귀족을 봉했다. 일부 대지주의 재산과 작위는 불과 수십 년 전에 주어진 것이었으며 수년 전에 토지와 작위를 받은 사람도 있었다. 영국에서라면 귀족 집단으로 분류되지 못할 '소귀족'도 있었다. 토지소유를 기초로 하여 평가되는 상부 계층이라는 모호한 개념은 유럽의 전통적인 귀족(nobilitas)의 개념과 매우 유사했다.

1861년 농노제의 폐지는 대지주의 재산상황과 사회적 지위에 큰 영향을 주지 않았다. 따라서 그 영향을 1865년 미국 남부의 노예제 폐지와 비교할 수는 없다. 개혁이 철저하지 못했던 탓에 이전 농노주의 정치적 지위는 전혀 손상되지 않았으므로 그들이 자본주의 대농장주로 변신할 동기는 제한적이었다.

영국의 귀족은 프랑스와 러시아의 귀족과는 분명히 달랐다. 결론부터 말하자면 그들은 유럽에서 가장 부유한 귀족계층이었다. 그들이 가진 법률상의 특권은 상대적으로 적었지만 정치와 사회 권력의 중심을 차지했다. 계승법에 규정된 장자계승권은 부의 집중을 보장했다. 가족 중의 나머지 아들과 그들의 가족은 점차로 귀족사회의 변두리로 밀려 나갔다.

그러나 영국 귀족이 가진 특권은 많지 않았다. 법률로 규정된 가장 명확한 특권은 세습귀족으로서 의회에서 상원의원의 자리를 차지하는 것이었다. 상층 귀족이 차지한 상원 의석수는 1830년 무렵 300여 개, 1900년 무렵에는 500여 개였다.[35] 이보다 앞서 18세기 80년대에 소 피트(William Pitt the Younger)가 수상이었을 때 영국정부는 작위 수여의 문을 넓혔다. 비교적 낮은 등급인 기사로 임명되기는 상대적으로 쉬웠다.

빅토리아시대에 얼마나 많은 신흥 부호가 자신의 명성을 높이기 위해 토지를 사들였는지는 지금까지도 잘 알려져 있지 않다.[36] 사교 장소로서 시골 별장은 절대적인 필수품이었다. 이와는 반대로 가장 고귀한 대지주라도 '부르주아' 사회에 참여하기를 꺼려하지 않았다.

영국 귀족이 발전시킨 신사(gentleman)의 규범은 사회통합에 중요한 역할을 했고 영국 본국과 제국 전체에서 생활방식과 문화가 되었다. 이것은 유럽대륙의 등급이 분명한 귀족 엘리트 계층에서는 찾아볼 수 없는 특징이었다.[37] 신사는 사회계층을 뛰어넘는 교육의 이상으로 자리 잡았다. 이제 '귀족혈통'은 중요하지 않게 되었다. 귀족으로 태어났을지라도 남자아이는 옥스퍼드대학교나 케임브리지대학교 등 귀족학교로 가서 사회생활에 필요한 훈련을 받고 신사가 되는 법을 배워야 했다.

일정 정도 부의 기반을 갖추면 부의 출처가 무엇이든 관계없이 이 이상과 관련된 생활방식, 가치관, 세밀한 예법을 배워야만 신사가 될 수 있었다. 사립학교 — 이튼(Eton), 해로(Harrow), 윈체스터(Winchester) — 와 엘리트들이 모여드는 중앙정부가 세운 교육기관에서는 근대 초기 유럽대륙의 기사학교(Ritterakademie) 식의 등급교육을 하지 않았고, 기본적인 지식교육에 치중하지도 않았다. 이들 교육기관의 목표는 계층을 초월한 일종의 귀족-부르주아 통합형 교육이었다. 그러나 시간이 흐르면서 교육의 목표는 제국주의와 군국주의로 기울었다.[38]

학업 성적의 평가기준은 지휘능력이었다. 영국사회에서 귀족으로서 살아가기는 편했지만 귀족은 경쟁과 대면해야 했다. 영국귀족은 자신의 계층 밖에서 끊임없이 동맹을 찾아내고 유지해야 했다.

영국귀족은 왕실에 의존하지 않았다. 빅토리아시대에 궁정귀족은 더 이상 존재하지 않았다. 그들은 몇몇 사회영역에서 지도자의 직무를 수행하면서 반대급부로서 사람들의 감사와 복종을 누렸다. 그러나 그들이 기대했던 복종은 폭력적 억압에 의한 것이 아니라 정치생활의 제도적 통로를 통해 유도해낸 민주적 관념에서 나온 것이었다.[39] 영국이 다른 국가와 대비되는 점은 귀족은 확정된 법률상의 지위라기보다는 정신적인 기질이었다는 것이다. 그것은 다른 사람을 이끄는 자신감이었다.

생존전략

유럽의 귀족은 몰락의 길로 들어서기 전에 여러 가지 생존전략을 시도했다. 그중에 성공한 것도 있고 실패한 것도 있었다.[40] 가장 성공 확률이 높은 방법은 지대와 이자 수입에 의존하는 정신자세를 버리고 평민들이 하는 사업에 뛰어들거나(대략 1880년 이후 유럽의 대부분 지역에서 농업은 장기적인 생산 감소 상황에 빠졌다), 새로운 투자처를 찾아내야 했다. 또한, 토지를 사들이려는 욕구가 강하고 — 귀족 소유의 대토지, 라틴아메리카의 경우 국가가 매각하는 교회재산 — 귀족지주의 생활방식을 선망하는 부유한 부르주아 계층의 세계로 통합되거나, 마지막으로는 (후보자가 많지 않을 경우) 국정운영의 책임 있는 자리를 맡아야 했다.

유럽 각지에서 이런 변신전략이 개별적인 상황에서는 즉각적인 효과를 냈지만 세기가 바뀔 무렵 유럽 귀족은 전통적으로 문화를 주도하던 기능을 상실했다. 하이든과 모차르트가 활동하던 시기까지는 예술과 음악의 발전에 크게 기여한 귀족의 후원제도가 이 무렵 시장지향적 문화산업으로 대체되었다. 음악가는 도시에서 열리는 음악회를 통해, 화가는 개방된 전시회와 막 일어나고 있던 예술시장을 통해 자금을 조달했다. 귀족을 소재로 한 문학작품은 갈수록 줄어들었다. 러시아 귀족지주의 몰락을 묘사한 안톤 체호프(Anton Chekhov)의 우울한 작품 속에서나 그들의 모습을 볼 수 있었다. 저명한 사상가들 가운데서 일부만 — 예컨대 니체(Friedrich Nietzsche)와 칼라일(Thomas Carlyle) — 계속해서(또는 다시) 귀족생활의 이상을 찬양했다. 물론 이들이 찬양한 대상은 귀족의 혈통이 아니라 귀족적인 정신과 공헌이었다.

제국은 유럽 귀족들의 놀이터였을까? 영국제국이라면 망설임 없이 그렇다고 말할 수 있겠지만 나폴레옹 3세의 식민주의와 제3공화국 시기의 프랑스는 부르주아 색채가 강했다. 영국제국의 군사와 행정 요직은 계속하여 주로 귀족으로 채워졌다. 그들은 아시아 또는 아프리카의 귀족들과 의기투합하는 관계를 형성하여 식민지 사회에서 문명과 정치문화의 차이를 초월한 고상한 제국을 건설하기 위해 헌

신한다고 자부했다.[41]

인도처럼 견고한 귀족세계에서는 이런 논리가 적용될 수 있었지만 아프리카와 기타 지역에서는 행정관리를 담당하는 부르주아계층 출신의 전문가가 늘어나고 있었다. 식민지가 쇠락하면서 생겨난 일종의 낭만적인 분위기 속에서 영국제국에 복종하는 비유럽인 사회에는 문화의 경계를 초월하여 최소한의 동질감이 형성되었다.[42]

내전이 발생하기 전의 미국 남부에는 특수한 귀족의식이 나타났다. 대형 노예제 플랜테이션을 지배하고 있던 극소수의 대지주 엘리트들은 자신이 '태생적인' 통치계층이라는 환상과 확신을 갖고 있었다. 노예주는 새로운 중세기의 영주를 자처했다. 노동하지 않았으며 이른바 공업화된 북부의 저속한 '물질주의'를 혐오했다. 노예에게 주인으로서 권력을 마음대로 행사하는 그들의 행태는 지나간 시대의 기사제도가 부활한 것 같은 착각을 일으켰다.[43]

1917년 이후 발생한 '귀족의 죽음'(Aristozid)[44]과 비교하면 19세기는 유럽 귀족, 특히 상층 귀족의 '황금시대'였다. 19세기에 부르주아화 과정은 막을 수 없는 추세였지만 질풍노도처럼 맹렬하지는 않았다. 귀족의 쇠락은 기타 지역에서도 발생했다. 대표적으로 내란이 종결된 이후의 미국 남부, 1910년 혁명 후의 멕시코 그리고 아시아였다.[45]

인도, 새로운 영국식 농촌귀족

인도에서는 한 지역씩 이어가며 제후 귀족과 그 추종자들의 직능이 박탈되었다. 1857년의 대봉기 이후로 영국 식민정부는 제후 귀족을 억압하는 정책을 버렸다. 19세기 20년대와 30년대에 상당한 영향력을 가졌던 영국 공리주의자들이 꿈꾸었던 중산층화한 인도라는 유토피아는 매력을 잃었다. 그 후 영국인은 (최소한 표면적으로는) 봉건적 통치에 힘을 쏟았다. 마하라자(maharajah)와 니잠(nizam)*은 반항할 힘과 재정적으로 자결권이 없었다. 그들이 복종과 충성을 맹세하는 한 영국인은 걱정할 필요가 없었다. 그들은 식민지 관료주의의 특징을 가리기 위한 장식물에 지나지 않았다.[46]

인도에 독특한 새로운 귀족계층이 만들어졌다. 1876년, 멀리 떨어진 영국에 있는 빅토리아여왕이 인도의 황제로 즉위했다. 빅토리아 시대의 잉글랜드섬에서 신고딕식 건축과 기사의 무술 시합을 통해 남김없이 표현되던 기사도 숭배는 인도로 옮겨져 더 큰 무대에서 더 화려하고 웅장한 방식으로 연출되었다.

인도에서 '귀족'이 구체적으로 무엇을 의미하느냐는 복잡한 문제였다. 세계의 다른 지역에서도 비슷했지만 영국인—특히 '부르주아'가 만든 동인도회사에서 초기에 직책을 갖고 있던 귀족—은 인도에서 영국 귀족에 대응하는 귀족지주를 찾으려 했으나 법제도가 달랐기 때문에 그것은 쉬운 일이 아니었다. 근대 초기의 유럽 관찰자가 지적했듯이 아시아에는 기본적으로 토지의 사유재산권이 존재하지 않았다.

천하의 토지는 모두 왕의 소유였다. '동방전제주의' 이론가들이—가장 널리 알려진 인물이 몽테스키외였다—토지의 사유재산권(과 기타 사유재산권)이 전혀 보장되지 않는 아시아 국가의 모습을 그려냈다. 그들의 인식은 지나치게 과장된 면이 있었으나 완전한 오해는 아니었다. 상황이 각기 다른 여러 아시아 국가에서 법률관계의 차이를 고려하더라도 어떤 통치자라도 침범할 수 없는 (유럽에서와 같은) 특정 토지와 귀족가문의 관계는 찾아보기 어려웠다.

아시아에서 상층 계급의 신분과 수입은 대부분이 소유한 토지에서

* 니잠은 하이데라바드(Hyderabad) 지역의 통치자 칭호다. 마하라자는 인도 문화권에서 대왕의 의미로 사용되는 군주 칭호이다.

나오는 것이 아니라 유동적인 봉토나 군주가 개인 혹은 집단에게 하사한 토지세 수취권에서 나왔다. 동인도회사가 권력을 장악하기 전 벵골지역의 자민다르(zamindar)*는 영국식의 절대적인 이익을 보장받는 귀족지주가 아니라 (화려한 생활방식을 유지하고 농촌지역의 실권을 장악하고 있기는 했지만) 각종 명예직을 가진 농촌 엘리트였다. 영국인이 보기에 그들은 준 귀족이었고 농촌사회의 현재와 미래의 안정을 보장하는 존재였다. 상당히 오랫동안 그들을 '문명'세계와 어울리는 '진정한' 귀족으로 변화시키려는 시도가 있었지만 그들에게 경찰권과 재판권은 주어지지 않았다.[47]

벵골의 자민다르는 식민 당국으로부터 강제로 집행할 수 있는 토지소유권의 증빙을 획득함으로써 신분이 상승했으나 이것은 실제로는 몰락의 전주곡이었다. 그들 가운데 일부는 식민정부가 개방해놓은 시장경쟁에 적응할 능력이 없었고, 다른 일부는 영국인이 제시한 무자비한 경제적 요구를 받아들이느라 결국은 재산을 빼앗기는 처지가 되었다.

오래된 가문은 몰락하고 상인계층에서 새로운 가문이 일어섰다. 인도 지주의 지위를 안정시키고, 그들을 유럽의 세습귀족과 유사한 집단으로 변화시켜 (영국식의 개량파 지주처럼) 투자와 과학적 영농에 나서게 함으로써 벵골지역의 농업을 발전시키려던 구상은 실패로 끝났다. 벵골과 인도의 기타 지역에서 20세기 초에 농촌의 주도 계층이 된 집단은 자민다르가 아니라 토지를 소유한 중간 규모의 농민이었다. 이들은 또한 점차로 독립운동의 사회적 기초로 성장했다.

* 자민다르(zamindar)는 인도에서 공식적으로는 토지소유자라는 뜻이지만 보통은 대지주를 가리킨다. 무굴 왕조 초기에는 징세액의 10분의 1을 자기 것으로 하는 토지세 징세 청부인이었다. 영국이 인도를 지배하면서 근대법상의 지주로 오인하여 1793년부터 영구적으로 고정 토지세를 동인도회사에 납부할 의무를 지는 토지소유자로서 인정했다.

1920년 무렵 인도에서 지주의 사고방식과 생활방식이 주변화된 정도는 유럽과 비교하여 우열을 가리기 어려웠다.

일본, 사무라이의 자기혁신

일본은 독특한 길을 걸어갔다.[48] 세계에서 한 국가의 특권집단이 일본처럼 변신에 성공한 사례는 없었다. 유럽의 귀족에 대응하는 일본의 계층은 사무라이였다. 그들은 원래 주군을 시종하는 병사였고 주군과 주종관계, 긴밀한 충성관계를 형성했다. 대략 1600년에 일본이 안정된 후 수십 년 동안에 대부분의 사무라이들은 전투에 나갈 필요가 없게 되었으나 계속해서 막부의 쇼군(將軍)이나 일본열도를 분점하고 있던 260여 영주들(大名, 다이묘) 밑에서 일했다.

막부체제를 유지하기 위해 정교하게 설계된 등급질서 안에서 사무라이는 신분을 상징하는 각종 명칭과 표지를 부여받아 살육과 전투가 더 이상 필요하지 않은 시기에 독특한 '무사귀족'의 문화를 형성했다. 많은 사무라이가 칼을 내려놓고 붓을 잡아 행정관리 업무에 종사했다. 이리하여 일본은 세계에서 행정관리 분야가 가장 많은(모든 부문에서 최고의 효율을 보여주지는 않았지만) 국가가 되었다. 그럼에도 불구하고 많은 사무라이와 그 가족들은 할 일을 찾지 못했다. 일부는 교사가 되었고, 일부는 산림감독관이 되었고, 어떤 사람은 수위가 되었다. 또 어떤 사람은 드러나지 않게 장사에 나섰다(그때까지 상업은 천시받는 직업이었다). 상황이 이럴수록 그들은 세습 특권에 집착했다.

사무라이는 성(姓)을 가질 수 있었고, 칼 두 자루를 찰 수 있었다. 또한, 특수한 복장을 입을 수 있었고, 말을 탈 수 있었으며, 길에서 사무라이가 아닌 행인과 마주쳤을 때 우선 통행권을 가졌다. 몇 가지 세습 특권을 누리는 사무라이는 유럽의 귀족과 흡사했지만 전체 인구에서 차지하는 비율은 훨씬 높았다. 19세기에 사무라이는 전체 인구의 5-6퍼센트를 차지했다. 이런 비율은 유럽에서 특수한 사례이던 폴란드와 스페인 두 나라와 비슷한 수준이었으나 1퍼센트에도 못 미치던 유럽 전체 평균에 비하면 훨씬 높은 것이었다(19세기 독일의 경우는 0.5퍼센트, 그 뒤로 계속 하락했다).[49]

그 숫자로 볼 때 의미 있는 역할을 갖지 못한 사무라이는 심각한 사회문제이자 나아가 사회적 비용을 높이는 존재였다. 유럽의 귀족과 가장 중요한 차이는 사무라이는 토지와 분리되어 있었다는 점이다. 일반적으로 사무라이에게는 영지가 없었다. 그들의 보수는 쌀로 환산된 연봉이었다. 진정한 사무라이라면 세 가지 생산요소 가운데 어느 것도 갖지 않았다. 그들은 토지를 갖지 않았고, 노동하지 않았고, 자본도 갖지 않았다.

원칙적으로 사무라이는 일본사회에서 가장 상처받기 쉬운 집단이었다. 1853년 이후 서방과 대립하면서 여태껏 쌓여온 문제가 위험 수준에 이르렀다. 먼저 도쿠가와 가문으로부터 멀리 떨어진 번(藩)의 무사들이 국가차원에서의 혁신을 요구하고 나섰다. 1867-78년에 막부통치를 무너뜨리고 새로운 메이지질서를 건설하기 시작한 작은 집단은 전통적인 신분을 버려야 사무라이가 살아남을 수 있다고 인식했다. 다이묘가 폐지되고 그 영지가 중앙정부의 직할로 바뀌는 개혁이 일어나면서 사무라이가 생존이 가능했던 가장 중요한 제도적 틀이 사라졌다.

1869년 이후 일본은 단계적으로 사무라이 신분을 폐지했다. 가장 치명적인 경제적 타격은 연봉제도의 폐지였고(처음에는 연봉을 국채로 바꿔주면서 충격을 완화했다), 가장 심각한 신분적 굴욕은 1876년에 시행된 (당시 이미 기이한 모습으로 비쳐지던) 칼을 찰 수 있는 특권의 폐지였다. 이제 사무라이는 개별적으로 활로를 찾아나서야 했다.

1871년에 발표된 직업선택의 자유에 관한 규정이(프랑스는 이미 1790년에 같은 규정을 반포했다) 이 일을 위한 중요한 법률적 기초를 놓았다. 1877년에 마지막 몇 차례의 사무라이 반란이 진압된 뒤로 이 정책에 대한 저항은 사라졌다.[50] 수많은 사무라이와 그 가족들이 극도의 곤경에 빠졌으나 국가의 복지정책은 부분적인 도움밖에 주지 못했다. 무사도 정신은 존재했으나 일본사회에서 사무라이는 19세기 80년대에 사라졌다.

메이지정부가 영국을 모방하여 만들어낸 귀족작위는 다이묘와 교토의 오래된 궁정귀족에게만 주어졌고 메이지 정부를 만들어낸 과두집단도—1867-78년의 정권교체 때에 대부분 40대 미만이었다—스스로에 대한 포상으로서 '나폴레옹식'의 예술품을 활용했다. 새로운 정치체제는 1890년부터 영국의 상원을 본 따 제2의 의회를 만들었다. 제2의 의회는 저 높은 곳에 있는 천황과 평민사이의 완충층으로서 중요한 역할을 했다.

중국, '관리'의 몰락과 변신

중국의 상황은 유럽과 유사했다. 실제로 현대성이란 면에서는 중국이 여러 분야에서 유럽보다 앞서 있었다. 중국에는 18세기에 이미 상당한 정도로 제한 없는 토지시장이 존재했고, 봉건 영주에게 바치는 세금과 노역의 의무는 거의 사라지고 없었으며, 한 가문의 특정 토지에 대한 지속적인 관리권은 법률로 인정되지 않았다. 그러나 계약서를 손에 넣으면 (유럽에서와 마찬가지로) 기본적으로 정부의 개입을 걱정할 필요가 없었다. 중국의 학자 관리를—유럽의 관찰자들은 이들을 만다린(mandarin) 또는 '문인'(文人, literati)이라 불렀다—유럽의 귀족과 대응되는 계층으로 볼 수 있을까?

어떤 면에서는 완전히 같은 집단으로 볼 수 있었다. 관리는 대부분의 농업용 토지를 효과적으로 통제했고 근대 초기의 유럽 귀족과 비교할 때 논란의 여지가 없이 문화를 주도하는 계층이었다. 가장 중요한 차이점은 중국의 관리는 사유 토지를 후대에 물려줄 수 있었지만 신분은 상속되지 않는다는 것이었다. 신분과 토지는 거의 완전히 분리되어 있었다. 누구나 정기적인 과거시험을 통해 명예와 지위를 획득할 수 있었다.

과거에 합격한 사람을 중국어로는 신사(紳士, 서방에서는 젠트리 genrty)라고 불렀는데, 이들은 전체 인구의 1.5퍼센트를 차지했다(유럽과 일본의 중간 수준).[51] 아홉 개 등급의 고시에서 최소한 가장 낮은 등급의 고시에 합격한 사람이라야 납세와 태형(笞刑)의 면제를 포함하는 각종 특권과 명예를 누릴 수 있었다. 일단 신사가 되고나면 그와 그의 가족은 현지 상류사회의 일원으로 편입되었다. 신사는 지방의 요직에 임명될 수 있었다. 가문의 조직이 있는 지역에서는 신사는 가문 조직 내부의 엘리트가 되었다. 신사는 선비들의 문화와 사교 모임에 참여할 수 있었고 기본적인 신분역할은 영국의 대응되는 계층과 유사했다. 중앙정부는 가장 높은 등급의 과거 합격자 가운데서 황제가 수도에서 직접 면접시험을 본 인물을 골라서 임용했다. 한 집안에서 중앙 관직 또는 지방의 1급 관직을 맡은 사람이 나오면 등급 의식이 철저한 제국 중국에서 가장 높은 목표를 달성한 집안으로 인정받았다.

역사학자들은 일본의 성공과 중국의 실패를 거듭 대비해왔다. 일본은 개방의 충격을 현대화와 민족국가 건설의 주요 프로그램으로 승화시켰지만 중국은 시대의 신호를 오판하고 혁신을 통해 자강을 도모할 수 있는 기회를 놓쳐버렸다. 이런 해석은 여러 방면에서 설득력이 있다. 중국의 경직성에는 여러 원인이 있었다. 1820년 이후로 강력한 지도력을 가진 군주가 없었고, 국가기관 내에서 만주족과 한족 관료의 관계가 불안정했고, 문화적 폐쇄성도 중요한 원인으로 작용했다.

강력한 개혁을 추진하려는 모든 시도는 이처럼 취약한 균형을 위험에 빠뜨렸다. 그러나 역사에 대한 다른 해석도 가능하다. 중국과 대비할 때 왜 일본에서는 훨씬 작은 외부충격이 훨씬 더 강력한 반응을 유발했을까(페리 제독이 일본의 문호를 개방하는 과정에서는 유혈충돌이 발생하지 않았다. 이것은 1839-42년 아편전쟁의 폭력 정도와는 근본적으로 비교의 대상이 될 수가 없었다)?

두 가지 답이 가능하다. 첫째, 중국의 고위 관리들은 각종 외적의 침입에 대해 일본의 사무라이보다 경험이 많았다. 일본 사무라이는 코가 뾰족한 해외 야만인을 대면했을 때 참조할만한 행동규범이 없었기 때문에 과격한 방향전환에 매달릴 수밖에 없었다. 중국에서는 외부의 위협이 베이징의 권력중심을 위태롭게 하지 않는 한—그러나 1860년 원명원(圓明圓)이 약탈 방화되었을 때 외적은 베이징 근처까지 도달했다—외적을 막아내는 전통적인 방법이 언제나 효력을 나타냈다. 어찌할 바를 모르고 허둥대다가 문제에 대해 철저히 반성해야만 하는 상황을 맞지 않았다. 1900년 의화단운동 기간 동안에 8국 연합군에 침입당하는 굴욕을 겪고 나서야 조정은 퇴로가 없는 궁지에 빠졌다.

둘째, 중국에서 관료기구와 그 기반—신사계층—은 일본의 사무라이와는 달리 심각한 정도로 약화되지 않았다. 일본에서 거대한 변화가 일어나고 있던 시기에 중국의 통치계층은 중국사회 전체를 뒤흔든 태평천국운동을 경제적인 면에서나 정치적인 면에서도 극복해냈다. 1860년, 청 왕조도 영국, 프랑스 , 러시아 등 침략 대국과 협정을 맺었고 이후 30여 년 동안 중국은 외교적·군사적 압력을 면할 수 있었다.

일본의 구질서가 붕괴될 때 중국의 구질서는 시국을 뒤흔드는 변혁을 겪지 않고 안정을 유지했다. 조정과 국가 전체가 생사의 갈림길에 섰던 1900년에 중국 정부의 고위 정책결정자들은 (만주족과 한족을 가릴 것 없이) 급진적인 개혁을 시도할 마음의 준비가 되어 있었다.[52]

수백 년을 이어오며 엘리트 충원의 유일한 통로 역할을 해왔던 과거시험의 폐지는 30년 전에 일본이 사무라이 신분을 폐지한 조치와 매우 유사했다. 중국에서도 일본에서도 역동적인 엘리트 집단이 사회계층을 형성할 토대를 상실했다. 중국의 개혁에는 일본 메이지개혁이 보여준 제도적 특징이 결핍되어 있었고 개혁을 실행할 수 있는 외교적 완충공간도 없었다.

1911년 청 왕조가 붕괴되었을 때 많지 않은 만주족 귀족들은 하룻밤 사이에 특권을 잃어버렸다.[53] 이때부터 수많은 한족 신사 집안도 한편으로는 명예를 획득할 수 있는 전통적인 통로를 잃어버렸고 다른 한편으로는 중앙 관료기구에서 관직을 오를 기회도 잃어버렸다. 제국의 전성기에는 풍부한 학식과 교양을 갖추었고, 유능하며, (늘 그랬던 것은 아니지만 이상적인 이미지로는) 공공의 이익을 추구하던 신사들이 현실생활에서나 사회의 인식에서도 기생적 지주계층으로 빠르게 변신했다.

이와 동시에, 더 정확하게 말하자면 1915년 신문화운동이 시작된 이후 중국의 대도시에서 새롭게 등장한 지식분자 계층이 신사계층이 대표하던 세계관을 격렬하게 반대했다. 정부로부터 버림받고, 정치에 관심을 가진 지식분자들로부터 멸시와 반대의 표적이 되고, 농민과는 구조적인 충돌에 빠진 제국 중국의 전통적 상부 계층은 중국 사회에서 가장 취약한 한 부분이 되었다.

자기부정을 통해서 구원을 얻은 사무라이의 길은 이들에게는 유효한 선택지가 아니었다. 20세기 20년대부터 중국의 마르크스주의자들에게서 '지주계층'이라 하여 적대시되던 이들은 자기방어를 위해 동원할 물질적 기반도 없었고 국가의 미래를 위한 구상에서 동맹이 되어줄 세력도 찾을 수 없었다. 1937년 이후 제2차 청일전쟁을 거치면서 지속적으로 약화된 중국의 전통적인 농촌 상부계층에게는 20세기 40년대 말에 발생한 중국 공산당이 이끄는 농민혁명에 대항할 기력이 남아 있지 않았다.

중국의 신사는 유럽과 일본의 군사귀족과는 달랐다. 신사는 혈통이 아니라 재능 때문에 관리로 선발되었다. 또한 엘리트의 지위는 오래 지속되지 않았다. 개별 집안의 변천사를 살펴보면 한 집안이 흥했다 쇠퇴하는 과정이 단지 몇 세대 안에 일어났다.

엘리트 신분의 연속성은 혈통의 계승을 통해서가 아니라 새로운 인재를 지속적으로 선발하는 국가기관의 힘을 통해 보장되었다. 신사는 통치자와의 접근성, 국가를 유지하는 역할, (전투나 수렵 등 체력경쟁이 아니라) 고전에 통달한 지적 능력을 바탕으로 한 세계관을 갖고 있다는 점에서 '전통적인' 귀족과 유사했다. 이 밖에도 두 가지 공통요소는 토지에 대한 통제권과 육체노동으로부터의 이탈이었다. 총체적으로 보자면 유사성이 차별성보다 더 많았다.

여러 면에서 신사의 기능은 유럽 귀족과 대응했다. 유럽 귀족과 마찬가지로 신사는 비교적 평온하게 19세기를 넘겼다. 1864년에 태평천국의 위협이 지나간 후 그들이 사회 내부에서 직면했던 경쟁은 유럽에 비해 적었다. 중국 신흥 중산계층이 신사가 지닌 통치지위에 도전했지만, 이는 유사한 상황에서 유럽이 보여준 격렬함에 훨씬 못 미쳤다.

중국에서 위협의 주요 출처는 농민혁명과 외국 자본주의였다. 프랑스 귀족이 종점에 도달한 때는 1790년이었고, 일본 사무라이의 경우는 1873년, 독일 귀족은 1919년이었다고 한다면 신사계층이 종점에 도달한 때는 1905년이었다. 신사는 또한 가장 마지막으로 몰락한 토지를 기반으로 한 엘리트 계층이자 세계에서 가장 숫자가 많은 엘리트 계층이었다. 귀족과 준 귀족 엘리트의 운명은 부분적으로는 국내 상황으로부터 영향을 받았고 부분적으로는 국제적인 사태발전으로부터 영향을 받았다.

여기서 두 가지 상반된 발전 추세가 있었다. 한편으로는 귀족적 이상이 지닌 매력이 제한적이라는 점이 증명되었다. 미국과 오스트레일리아에서는 역사에 유례를 찾아보기 어려울 정도로 귀족에 대해 면역성을 가진 사회가 생겨났다. 식민제국도 다만 일시적으로 귀족계층을 안정시킬 수 있었다. 근대 초기 유럽 식민주의의 확장이 유럽 귀족의 지리적 활동범위를 크게 넓혀놓았다. 귀족 상호 간에는 일정 정도 문화의 경계를 초월한 동류의식이 형성될 수 있었으나 비유럽 귀족이 유럽 귀족의 세계관과 역할인식을 받아들인 경우는 거의 없었다.

이와 대비할 때, 유럽 중산층 문화는 수출상품으로서 더 큰 매력을 갖고 있었다. 19세기 말의 새로운 식민지에는 귀족의 흔적이 전혀 없었다. 1875년 이후 모든 유럽 강국의 아프리카와 동남아시아 식민지에서 주도적 지위를 차지한 것은 직능형 중산계층 인사들이었다. 인도에서도 봉건적 가면무도회는 식민국가의 관료적 특징을 은폐하지 못했다. 다른 한편으로는 보편적 변화가 점차 모습을 드러내기 시작했다.

강대국의 외교관이 모두 후작이나 백작이던 시대가 저물어가자 귀족 '인터내셔널'의 종말도 눈앞에 다가왔다. 1914년 이전부터도 아메리카합중국과 프랑스공화국의 외교관은 거의 전부가 중산계층 출신이었다. 19세기에 거의 모든 지역에서 국가 형성은 정부 중앙기구와 자신의 지역적 권력자원을 지키려 애쓰는 귀족 사이의 거리를 크게 늘여놓았다.

국가가 귀족을 고용한다면 귀족은 국가의 '하인'이 될 뿐이었다. 이와 동시에 귀족이 전통적인 농업소득원, 권력, 명예에 접근할 수 있는 기회도 줄어들고 있었다. 농민해방에 더하여 공업발전과 세계

경제 확장 시대의 농업소득 감소와 지역특권 약화는 귀족계층의 번영을 가능하게 해주었던 전통적 기회를 제한했다. 20세기 초에 귀족들은 자신의 운명을 재빨리 간파하고 더 이상 세습신분을 고집하지 않고 더 넓은 엘리트집단의 한 부분으로서 자신을 받아들였다. 그들은 이 범위 안에서 실제적인 자세로 사회적·정치적 동맹을 만들어 나갔다.

3. 부르주아와 준 부르주아

부르주아의 현상학

19세기는 (유럽에서는) 부르주아와 부르주아성(Bürgerlichkeit)이 주도한 시대였다.[54] 도시에서는 적당히 후퇴하면서 부유층에게 계급적 타협안을 제시한 쇠락해가는 귀족과, 이 세기의 마지막 1/3세기에 '폭민에서 무산계급'으로(베르너 콘체Werner Conze) 발전하고, 더 나아가 정치적 자치와 문화적 독립을 획득하고, 자신의 독특한 가치관과 생활방식을 갖춘 임금노동자가 등장했다.

1차 대전 이전 20년 동안 유럽 여러 도시의 교외에 등장한 별장촌은 자신의 존재를 각인시키려던 부르주아가 남겨 놓은 가시적 유물이다. 누가 부르주아이며 부르주아가 된다는 것이 무엇을 의미하는지는 집안의 내력, 소득 수준, 직업 등 객관적인 기준으로 정의할 수 없다.[55] 부르주아는 (많은 연구와 토론이 이구동성으로 지적하고 있듯이) 스스로 그 계층에 속한다고 생각하고 생활방식에서도 자기 신념을 실행하는 사람을 가리킨다. 극단적인 회의론자들은 심지어 '부르주아계급'(Bürgertum)이란 개념 자체에 대해 회의를 표시한다.

우리는 문학작품——토마스 만(Thomas Mann), 『부덴브룩스일가』(*Buddenbrooks*), 1901 출간——과 역사적 사실 양쪽에서 분명한 부르주아와 부르주아 가정의 수세대에 걸친 계승의 내력을 찾아볼 수 있을 것이다.[56] 하나의 계급 또는 계층으로서 부르주아는 정의할 수가 없다고 한다. 그렇다면 다음과 같은 질문이 나오게 된다. '부르주아'는 신화일 따름인가?[57]

부르주아를 부정법으로 정의하기는 비교적 쉽다. 부르주아는 토지와 혈통에 의존하여 신분을 획득한 봉건영주가 아니며, 종속적 지위의 육체노동자가 아니다. 달리 말하자면 '부르주아'의 범주는 어떤 사회적 개념보다 넓다. 1900년 무렵을 가정해보면 부르주아에는 그 시대 세계에서 가장 부유한 사람들이 ―기업주, 은행가, 선주, 철도 업계의 거물― 포함될 뿐만 아니라 숫자는 많지만 소득은 높지 않은 교수와 법관, 학술적 작업에 종사하는 '자유전문직'(의사와 변호사 등),[58] 잡화점주, 자영 구두장인, 경찰이 포함된다.

1900년 무렵에는 '화이트칼라'라고 하는 새로운 직업 유형이 주목을 받았다. 화이트칼라는 부르주아계층 언저리의 고용인으로서 작업의 내용은 종속적이지만 작업 환경을 매우 중시하는 업종이다. 일반적으로 은행의 출납창구나 기업의 회계부서에서 일하는 비육체 노동자를 가리켰다. 기업주가 관리하지 않고 보수를 받는 전문 경영자가 관리하는 기업이 늘어나면서 고용 '경영자'란 계층까지 생겨났다. 이들은 상층 중산층의 풍모를 보이면서 여러 분야에 널리 퍼져 있는 고용노동자였다. 이들은 부르주아계급 가치관의 가장 열렬한 수호자였다.[59]

'부르주아계층'이란 개념의 기만성은 부르주아계층의 생활방식에서 나왔다. 부르주아는 (계층) '상승'을 추구하면서 그 반대 ―빈곤 속에 떨어지고 경멸의 대상이 되는― 의 경우를 가장 두려워한다. 귀족은 몰락해도 귀족이지만 몰락한 부르주아는 사회적 지위를 완전히 상실한 낙오자(déclassé)일 뿐이다.[60]

성공한 부르주아는 자립심과 자기노력으로 지위를 획득했다고 인정받는다. 그에게는 태어나면서 물려받은 것이라고는 아무 것도 없다. 부르주아에게 사회란 사다리다. 부르주아는 그 사다리의 중간 어디 쯤에 위치하고 있기 때문에 항상 위로 올라가려는 욕망에 사로잡혀 있다.

부르주아의 야망은 단지 개인적 성취, 가정의 행복, 직접적인 계층 이익을 추구하는 욕망에서 나온 것만은 아니다. 부르주아는 창조와 개조에 참여하고자 한다. 부르주아는 자신의 책임에 대해 더 높은 차원에서 이해하고 있으며 기꺼이 ─생활조건이 허락할 때는─ 사회생활을 변화시키는 데 자신의 힘을 보탤 의지를 갖고 있다.[61] 가장 쓸모없는 부르주아에게서도 공공의 이익을 생각하는 '시민'(citoyen)의 정신은 찾아볼 수 있다.

부르주아 문화는 다른 어떤 비종교적 가치체계보다도 더 강력하게 '보편적 요구'(Anspruch auf Verallgemeinerung)[62]를 제시하며 그리하여 그 창시자가 생각했던 것보다 더 앞으로 나아가자고 주장한다. 언제나 많은 사람이 부르주아 아래에 있었고 부르주아는 이들에 대해 우월감을 가졌다. 비부르주아 엘리트가 ─귀족 또는 (이슬람의 울라마ulama* 같은) 명망 높은 성직자─ 존재하는 한 가장 부유한 부르주아라도 사회 등급의 최정상에 설 수 없다.

19세기에 소수의 사회만(예컨대 스위스, 네덜란드, 1870년 이후의 프랑스, 미국 동부 해안지역) 상황이 달랐다. 부르주아 계급의 색채가 가장 짙은 사회는 부르주아가 모든 영역에서 스스로 경쟁의 규칙을 만드는 사회이다. 이런 추세는 20세기에 들어와 하나의 규범이 되었지만 19세기에는 세계적으로 아직도 예외에 속했다.

그러나 20세기에 계급으로서 부르주아의 지위는 큰 폭으로 하락했고 모든 사회가 극단적인 탈부르주아화, 탈봉건화를 경험했다. 이 드라마는 1917년 러시아에서 막을 올린 뒤 얼마 지나지 않아 중부 유럽

---

* '학자'를 뜻하며 주로 이슬람법의 법학자를 말한다. 넓은 의미의 성직자에 해당한다.

과 (1949년 이후의) 중국에서 재연되었다. 20세기의 혁명은 부르주아와 잔류 귀족에게 다 같이 타격을 주었다. 19세기 유럽에서 부르주아로 살아가기는 어렵기는 했어도 위험한 수준은 아니었다. 1917년 이전에 (사회계층으로서) 유럽의 부르주아는 1789년 이후 일부 프랑스 귀족이 겪었던 운명을 경험하지는 않았다.

볼셰비키혁명은 혁명에 반대되는 생활방식을 제압하는 데 있어서 이전의 어떤 혁명보다도 가혹했다. 1861년 이후에야 등장한 러시아의 경제적 부르주아의 세계는 50년밖에 지나지 않았는데도 1920년대의 기준에서 보자면 침몰한 문명과 같았다.[63] 1차 대전이 끝난 뒤 독일과 오스트리아에서 발생한 통화팽창(유럽의 고전적 부르주아계급이 경험한 가장 심각한 타격)과 1929년에 시작된 세계경제의 대위기 이전에 대부분의 부르주아는 '고상한' 생활수준을 받쳐주던 요소를 집단적으로 상실한 적이 없었다. 부르주아의 입장에서 보자면 19세기는 꽤 괜찮은 시대였다.

프티 부르주아

부르주아 계층의 규모는 어느 정도였을까? 본래적 의미의 부르주아와 소상점주, 독립적인 수공업 장인을 포함하는 프티 부르주아 사이의 용어상의 근접성은 오늘날까지도 혼란을 불러일으키고 있다. 철강업계의 거물과 굴뚝 청소부는 표면적으로는 다 같이 부르주아다. 둘은 공통점을 갖고 있었을까? 비교적 쉽게 눈길을 끄는 것은 둘의 차이였다.

'대' 부르주아와 '소' 부르주아의 사회적 특징은 첫눈에도 쉽게 구분된다. 두 집단은 서로 다른 궤적을 따라 진화했다. 19세기 후반, 유럽 여러 국가의 '재산을 소유하고 좋은 교육을 받은' 부르주아와 공업노동자와 구분되기를 원하는 프티 부르주아는 정신적으로나 정치적 성향 면에서 더욱 거리를 넓혀갔다. 또한 프티 부르주아의 상황은 나라마다 달랐다.

프랑스는 완전히 프티 부르주아의 국가로 변했던 반면에 러시아는 중소 도시가 적었기 때문에 선구적인 자본가와 교육받은 신사들로 구성된 새로운 계층은 희박한 프티 부르주아 계층과 밀착관계를 유지할 수밖에 없었다.

프티 부르주아를 개념적으로 정의하기는 어렵다. 영국인과 미국인은 중산계급이란 이름을 만들어 내어 ——미국의 사전에 'middle class'란 단어가 처음 등장한 때는 1889년이었지만[64] ——이 문제를 해결하려 했으나 만족스러운 답은 되지 못했다. 처음부터 유럽에 비해 중산계급이란 개념에 대해 넓은 공감대가 형성되어 있던 미국에서도 중산계급(middle class, 독일어로는 중등계급Mittelschicht이라 번역한다)의 통일성과 동질성을 입증하기는 쉽지 않았다. 학자들은 하층 중산계급(lower middle class)과 상층 중산계급(upper middle class)의 사회적 경계를 찾아내려 끊임없이 시도했으나 아직까지 보편적인 결론을 얻지 못했고 오히려 그 과정에서 불가피하게 내부 분계선을 찾아냈다. 예컨대 영국은 자본가 중산계층(capitalist middle-class)과 비자본가 중산계층(non-capitalist middle-class) 또는 전문직 중산계층(professional middle-class) 사이에 경계를 그어놓았다. 이것은 독일의 '경제 부르주아계급'(Wirtschaftsbürgertum)과 '문화 부르주아계급'(Bildungsbürgertum)의 구분과 유사하다.[65] 중산계급(middle class) 또는 중등계층(Mittelschicht)이라는 두 개념은 부르주아계급(Bürgertum)이란 개념만큼 문화적 함의가 풍부하지 못하다.

따라서 중산계급 또는 중등계층은 여러 가지 맥락으로 응용될 수 있고 세계사회사를 설명하는 데 더 적합하다. 모든 중등계층 구성원이 부르주아 가치체계 전체를 가슴에 품고 있는 것은 아니다. 각자의 교류 공간과 각자의 기본 신념을 가진 사회의 구분은 특별히 유용하다.

하르트무트 켈블레(Hartmut kaelble)는 좁은 의미의 부르주아 사회('상층 중산계급')와 프티 부르주아 사회를 구분하자고 제안한다.[66] 이들 사회는 정확하게 구분되거나 경계가 분명한 집단이 아니라 경계가 모호하고 상호 중첩되며 상호 영향을 미치는 사회적 역장(力場)이다. 이들 사회는 좀더 구체적으로 생활의 공통점을 가진 지역집단이라고 가정할 수 있다. 가장 먼저 형성된 것은 우정, 혼인, 단체활동을 기반으로 한 사회였고 그들의 구성과 하부문화는 도시에 따라 특징을 달리했다. 그런 다음에 지역을 초월한 계층과 계급이 형성될 수 있었다.

프티 부르주아는 세계사회사 분야에서 아직도 연구를 진행하고 있는 과제다. 이것은 기이한 일이 아니다. 프티 부르주아는 19세기에 예외적으로 지역화된 존재였기 때문이다.[67] 그들의 경제활동 반경은 상시 접촉하는 이웃의 범위를 넘어가는 경우가 거의 없었다. 가게주인은 고객의 이름을 다 알고 있었다. 늘 낭만적 시의 주제로 등장하는 자유분방한 청년시절이 지나고 나면 전형적인 프티 부르주아는 지역사회의 울타리 밖으로 나가는 경우가 거의 없었다.

문화적 영향력도 제한적이었다. 프티 부르주아는 특히 국제화되지 않은 계층이었다(그런데도 1899년에 첫 번째 세계 프티 부르주아 대회가 열렸다!). 그들은 종일 돌아다니는 하층 계층에 비해 덜 유동적이었고, 귀족들처럼 친척관계가 도처에 널려 있지도 않았고, 사업 때문에 먼 지역을 왕래하는 상층 중산계급처럼 국제적인 관계망과 연결되어 있지도 않았다. 이런 지역 고착화의 특징 때문에 '프티 부르주아'란 용어는 하나의 맥락에서 다른 맥락으로 전환되기가 어렵다. 이란 이스파한(Isfahan)의 은장(銀匠)이나 한커우(漢口)의 찻집 주인을 프티 부르주아라 부른다고 해서 어떤 의미가 있을까? 독일어에서 프티 부르주아의 개념은 고루한 사람(Spießer*)을 쉽게 연상케 한다.

모호하며 경멸을 벗어나본 적이 없는 '프티 부르주아'란 용어의 배후에는 자기 윤리를 갖추고 자기 기술로 스스로 생계를 꾸려나가는 지역 장인의 자부심이 자리 잡고 있었다.[68] 이처럼 가치를 고집하는 수공업 문화는 세계 도처에 존재했다. 예컨대 인도의 일부 지방에서 어떤 직업은 카스트제도에 가까운 정도의 배타성을 갖고 있어서 항상 상업보다 더 많은 존경을 받았다.

이런 직업은 상층 사회라도 경쟁하거나 대체할 수 없는 독점적 기술을 기반으로 한 고정적이고 안정된 사회의 중간층이었다. 대를 이어 전해져 내려오는 기술은 법률적 특권이나 몰수당할 수 있는 재산과 비교했을 때 정치적 혁명을 만나 평가 절하되는 운명을 보다 쉽게 피할 수 있다.

수공업자와 생활의 기초적인 서비스를 제공하는 사람은 언제라도 쓸모가 있다. 이런 직업은 기계 생산이 등장하면서 위기를 맞지만 그렇다고 필요 없는 업종이 되지는 않는다. 그러므로 소규모 수공업자는 이러한 강인한 생명력으로 프티 부르주아가 보편적으로 갖고 있는 (프롤레타리아로 전락하는 것에 대한) 두려움을 이겨낸다. 프티 부르주아(넓은 의미의)는 등급질서의 상위 등급에 영합할 필요가 없다. 프티 부르주아는 상층 문화의 창시자나 실행자가 될 큰 뜻을 품고 있지 않기 때문에 교육에다 많은 문화자본을 투입하지 않는다. 프티 부르주아는 교육에 대해 실용적인 태도를 갖고 있으며 그가 원하는 교육—직업훈련이라고 해야 옳을 것이다—의 목표는 자식들이 활용할 수 있는 지식을 습득하는 것이다.

물론 프티 부르주아도 정치적인 집단행동을 할 능력을 갖고 있다. 그들이 사회적 소통의 주요 통로를 장악한다면 많은 공장주보다 더

---

* 시대에 뒤떨어지고 불평이 많은 사람을 가리킨다. 영어의 Fuddy-duddy와 유사하다.

큰 영향력을 발휘할 수 있을 것이다. 중국 항구도시 시장상인의 파업이나 소상인 집단의 저항이 중요한 정치적 압력으로 작용했던 사례가 여러 차례 있었다. 이런 행동이 외국세력을 겨냥했을 때는 민족주의 정치의 초기 표현방식이 되었다. 전쟁은 프티 부르주아의 중요한 국제화 경험이었다. 프티 부르주아는 농민, 노동자와 함께 유럽 군대의 주요 구성요소였고 식민지에서도 마찬가지였다. 위관과 하사관 등 하급 장교는 출신과 행동양식이 프티 부르주아였다. 하급 장교는 군복을 입은 프티 부르주아였다.

군대의 등급제도는 민간 생활의 계층 구조를 정확하고 선명하게 반영했다. 군대 내에서 지휘 장교의 자리에 오르거나 귀족 사령관으로부터 인정을 받기 위한 투쟁만큼 유럽 부르주아의 변화무쌍한 상승의 길을 보여주는 영역은 없었다. 또한 이 영역에서 유럽 각국은 각자의 특색을 갖추고 있었다.[69]

사회적 존경

진정한 부르주아 ─ 켈블레가 말한 '상층 중산계급'과 대체로 일치한다 ─ 는 프티 부르주아보다 사고의 지평이 넓고 자본(학술지식이란 문화자본)을 소유하고 있으며 육체노동에 종사하지 않는 사람들로 구성되었다. 자부심이 강한 에드몽 고블로(Edmond Goblot, 1858-1935)는 20세기 20년대에 발표한 뛰어난 논문에서 "부르주아는 장갑을 끼고 있다"고 지적했다.[70] 이것은 부르주아의 특징적 행동양식의 기본 요소 가운데 하나였다.

다른 특징의 하나는 명성을 잃는 것에 대한 두려움이었다. 귀족은 명예를 중시했고 전형적인 부르주아는 (때로 귀족의 결투 풍습을 부러워했지만) 사회적 존경에 집착했다. 부르주아는 주로 다른 부르주아의 눈에 존경할만한 인물로 비치기를 원했지만 (경시받기를 원

치 않는) 상층 계급과 사회적 사다리의 아래쪽에 있는 사람들로부터
도 존경받기를 —이들이 자신을 여론 지도자로 받아들이기를— 바
랐다.

사회적 존경을 추구하는 태도는 유럽 이외 지역의 중산계급에서도
보편적이었다. 그것의 경제적인 표현 형식이 신용(상업적 신뢰와 명
예)이었다. 부르주아는 비교적 안정적인 소득을 갖고 있어서 돈이 필
요한 경우 채권자는 돈을 빌려주어도 상환을 확신할 수 있었다. 존경
할만한 부르주아는 법을 존중하고 도덕적 규범을 지켰다. 그는 '체
면'이 무엇인지 알았고 체면을 지켰다. 여성이라면 나태를 멀리하고
가정 밖에서의 육체노동을 기피했다. 부르주아의 아내와 딸은 다른
사람의 하녀가 될 필요가 없었고 부르주아 사회의 상층 구성원이라
면 가사 노동자를 고용했다.

"존경받을 만한 품성"은 영국 신사의 성격 모형에서 보듯이 고정
되어 있지 않으며 학습을 통해 실현할 수 있는 문화적 이상이었다.
예컨대, 19세기 남아프리카의 도시에서 백인과 흑인 중산계층은 사
회적 존중을 추구한다는 면에서 정서적으로 서로 근접해 있었다(인
종주의가 고개를 들면서부터는 이런 동질성이 발전하기는 점차 어려워
졌지만).[71] 아랍, 중국, 인도의 상인도 육체노동을 멀리하고, 가정 내
부의 미덕을 중시했다(일부다처제에서도 특수한 방식으로 이 미덕을
실천했다). 또한, 행동할 때 통찰력을 중시했으며 이성적·상업적 계
산의 법칙을 따라 계획을 세우고, 행동으로 그 명성을 증명하기 위해
고통을 감수했다. 부르주아 행동양식의 특징은 서방문화와 필연적
관계를 갖고 있는 건 아니다. 따라서 20세기의 마지막 1/3세기에 일
본, 인도, 중국, 터키에서 등장한 수억을 헤아리는 중산계급을 서방
사회형태의 수입품이라고만 설명해서는 납득되지 않는다. 현지의
기반이 없이는 이런 일은 상상할 수가 없다.

19세기에 교육받았고 재산을 소유한 부르주아는 어디서나 소수집

단이었는데, 독일의 경우 전체 인구에서 차지하는 비중이 5퍼센트 (도시지역 프티 부르주아를 포함했을 때 15퍼센트)를 넘지 않았다.[72] 미국에서는 오늘날까지도 영향력을 잃지 않는 전통 — 미국사회는 중산계급으로만 구성되어 있다는 인식 — 이 생겨났다. 역사학자 루이스 하츠는 1955년에 이렇게 썼다. "미국인은 부르주아 개념의 국가단위의 구현이다."[73]

사회사학자들은 '용광로' 신화의 쌍생아인 무계급 신화를 해체하고 미국 부르주아계급의 생활상황과 세계관의 특수성과 차별성을 철저하게 밝혀냈다. 미국의 부르주아는 유럽의 부르주아와 비교했을 때 하위 사회계층과의 경계가 절대로 더 모호하지 않았다.[74] 1900년 무렵에 부르주아가 이른바 '서방'에서도 — 영국, 네덜란드, 벨기에, 스위스, 프랑스 북부, 카탈루냐, 독일 서부, 미국의 북부 주 등 소수의 국가와 지역을 제외하고 — 비부르주아 사회의 장식품과 같은 존재였다고 한다면 세계 전체로 보았을 때 부르주아의 숫자는 더욱 희소해진다. '부르주아의 시대'에 '좋은 교육을 받고 재산을 소유한' 부르주아가 세계 인구에서 차지하는 비중은 지극히 작았다. 부르주아와 부르주아계급의 생활방식의 세계적인 분포는 지극히 불균형했다. 분포의 양상은 '서방과 나머지 세계'라는 모형과도 전혀 맞지 않았다. 유럽은 결코 '전체'로서 부르주아계급의 시대에 진입하지 않았고 반면에 유럽과 북아메리카 이외의 지역에 부르주아 또는 준 부르주아계급의 형성과정이 전혀 없었던 것도 아니었다.

중간계층의 보편성

이 지점에서 세계사회사 연구는 흥미로워지기 시작한다. 분명히 부르주아와 부르주아적 가치는 근대 초기 서유럽 도시문화와 장거리 무역의 산물이며 19세기에 공업자본주의와 혁명적 평등사상의 영향 아래서 한걸음 더 진화한 모습이 되었다. 더 나아가 '부르주아 사회'의 이상과 실현된 현실의 일부는 (서)유럽 근대사의 특수한 경로 가운데서 가장 놀라운 면이기도 하다.

세계의 어떤 지역에서도 서유럽과 신유럽 이민사회에서처럼 사회 등급 제도의 중간계층이 그 생활의 이상으로 전체사회에 영향을 줄 수 있다는 관념이 형성된 적이 없었다. 그럼에도 불구하고 19세기에 서방의 북대서양 지역 바깥에서 서유럽 중산계급과 유사하거나 심지어 완벽하게 대응하는 역할을 하는 사회계층이 과연 그리고 어떻게 형성될 수 있었는지 질문을 던져볼 필요가 있다. 아래에서 묘사하고자 하는 것은 '유럽 이외' 지역의 부르주아 존재양식의 파노라마가 아니라[75] 주로 아시아지역의 사례를 통해 유사한 상황과 관계에 관한 설명이다.

근대 초기의 아시아는 정교함과 효율성에 있어서 같은 시기의 유럽에 결코 뒤지지 않는 상업문화가 형성된 대륙이었다.[76] 아무리 늦어도 20세기 20년대 이전에 자본주의와 비교적 높은 교육수준의 상호작용으로 초기형태의 부르주아가 형성된 곳도 아시아였다. 그들은 (역사에 유례가 없는 일이지만) 국가 정치의 관점에서 사고했다. 당시에 아프리카의 여러 지역에서도 새로운 사회구조의 형성과정이 시작되었다.

그러나 아시아와 비교할 때 사하라 이남 지역의 사회발전 과정은 연속성이 부족했다. 원인은 두 가지였다. 한편으로는 아시아 대부분의 지역과는 달리 유럽인이 형성 중이던 아프리카의 현대 경제부문(광산, 플랜테이션)을 보다 전면적으로 지배했다. 새로운 경제질서 가운데서 아프리카인이 할 수 있는 역할은 임금노동자 또는 소규모 농산물 공급자 정도였다. 다른 한편으로 기독교 선교사의 등장은 아프리카에서 아시아 어느 지역보다도 심각한 사회적·문화적 단절을 가져왔다. 선교사의 포교와 교화활동은 아프리카에서 서방의 가치관을 추종하는 지식 엘리트 집단을 탄생시켰지만 동아시아와 남아시아의 현지 지식문화의 변화과정은 훨씬 더 복잡했다.[77] 19세기의 아시아에서 준 부르주아를 찾아보기로 하자

전체적으로 볼 때 19세기에, 특히 19세기 중반 이후로 세계 여러 지역에서 사회 중간계층의 상대적인 비중이 증가하기 시작했다. 이것은 인구증가로 촉발된 사회의 분화와 관련이 있었고 또한 장거리와 근거리 무역활동의 보편적 확장과도 관련이 있었다. 그 과정은 모든 대륙, 심지어 식민정복 행동이 오래전에 시작된 사하라 이남의 아프리카에도 파급되었다.[78] 교환과 유통 영역의 전문가인 상인과 은행가가 다양한 문화 환경에서 이 과정을 이끌었고 그로부터 이익을 취했다. 세 번째의 결정적 요소는 정부 관리기구의 확대였다. 이것은 등급질서의 중간 계층—충분한 인문교육은 아니더라도 최소한의 공적 교육을 받은 비귀족 관리—에게 취업의 기회를 제공했다. 19세기에 부르주아는 주변부인 제3의 지점에 위치한 집단, 또는 사회의 수직 등급질서 가운데서 중간위치에 있는 집단을 가리켰다.

이런 방식으로 형성된 사회의 이미지는 명쾌할 수가 없었다. 사회는 그 내부에서 우애-평등의 집단으로 또는 이분법적 집단으로(상층-하층, 내부-외부) 비칠 수 있었다. 또한, 등급과 신분으로 명확하게 구분된 집단으로 비칠 수도 있었다. 엘리트와 농촌대중/도시평민 사이에 형성된 제3의 계층, 다시 말해 실제적인 의미를 지닌 중간 위치라는 관념은 18세기에 유럽과 아시아 여러 국가에서 초보적인 발전을 거친 후 경제적 부르주아계급의 세력이 강대해진 19세기의 특징이 되었다.

이 시기에 인정받을 뿐만 아니라 암묵적으로는 존경받게 된 상인과 은행가는 이제 사회의 주류 가치체계 속에서 보편적인 인정을 받았다. 이러한 평가는 반드시 '부르주아 계급의 상승'을 의미하지는 않았다. 때로 부유한 상인과 유력인사에게로 기우는 이익의 저울은

거의 알아차릴 수가 없었고 단지 사회적 교류의 지엽적인 문제를 통해서 분명하게 드러날 뿐이었다. 그러나 추세는 이미 전 세계에 널리 퍼졌다. 농업과 전원생활과 정통문화보다는 상업이나 비정통적 지식과 관련된, 나아가 시야가 '교회의 첨탑'을 넘어서는 직업과 생활방식과 사고방식이 지난 어떤 시대와 비교하더라도 중요해졌다.

이런 직업, 생활방식, 사고방식의 주체는 (반드시는 아니지만) 흔히 전통을 버린 새로운 형태의 사회세력, 준 부르주아였다. 그들은 기존 신분등급에 순응하지 않고 성취와 경쟁을 통해 사회적 정체성을 정립하려 했다. 그들은 (안전과 명성 때문에 돈의 일부를 부동산에 투자하기는 했지만) 유동적인 부를 축적하고 지키려 했다. 이것은 오랫동안 역사학자들 사이에 논쟁이 끊이지 않는 유럽 국가 부르주아계급의 '봉건화'와는 모순된 현상이었다.

준 부르주아계급 집단은 아시아의 어느 지역에서도 '권력을 장악한' 적이 없었으나 숫자는 적어도 영향력이 있었고 그들이 속한 사회의 현대화에 상당한 영향을 미쳤다. 이 과정에서 심사숙고한 끝에 나온 부르주아 행동주의의 강령은 없었고 부르주아적 규범과 가치에 관한 명확한 자기고백도 없었다. 선진 생산기술의 응용과 상업조직을 통해 성장업종(예컨대 수출지향형 농업생산과 기계화된 광산채굴)에 투자하고 현지의 전통을 초월한 자본운용 방식을 구사했다. 객관적 성과 면에서 보자면 이들 부르주아는 기업가의 계산능력을 갖춘 경제적 선구자였다. 그러나 그들이 확신에 찬 경제적, 심지어 정치적 자유주의의 대변인으로 행세한 적은 거의 없었다. 이 때문에 그들의 존재는, 동시대의 유럽인이나 자유주의의 현란한 수사학을 먼저 보고 그 뒤에 숨어 있는 사람에 대해서는 나중에야 주목하는 역사학자들의 눈에 잘 띄지 않았다.

아시아의 준 부르주아는 중앙집권에 반대하는 자유주의 관점을 지지했을 때 치러야 할 대가를 감당할 수 없었다. 그들과 정부의 관계가 대립적이었기 때문이다. 모든 지역의 경제 부르주아와 마찬가지로 그들의 목적은 한편으로는 가능하면 순조롭게 자발적인 조직을 만들고 자주적으로 시장 활동을 통제하는 것이었다. 이런 종류의 시장경제가 18세기 중국에 존재했다. 1911-27년에 중국 부르주아계급이 자유로운 공간을 쟁취할 수 있었던 것은 결코 우연이 아니었다. 이 시기의 중국 정부는 전무후무한 약체 정부였다.[79] 다른 한편으로는, 많은 아시아 국가의 상업 중산계급은 정부와 공생관계를 형성하고 있었다. 그들은 납세자와 은행가로서 정부에 자금을 제공했고 그 반대급부로서 정부로부터 보호받았다. 그들은 늘 주변의 질투를 받았고 정부는—현지 정부든 식민정부든—반드시 그들을 보호하고 최저한의 법률적 안전을 보장해주어야 했다.

유럽의 동남아시아 식민지에서 상업적 소수집단이 누리던 독점의 특혜(예컨대, 중국 상인의 아편거래 독점권)[80]로부터 영국령 홍콩의 자유방임 정책에 이르기까지 구체적인 유형은 다양했다. 대부분의 경우 부르주아계급과 정부의 친밀도는 서유럽보다 높았다. 19세기 말에 형성된 아시아 부르주아의 주류는 국가가 고용한 계층이 아니었고 정부가 주도하여 만든 경우도 거의 없었다. 그들 뒤에는 독자적인 상업적 성공의 역사가 존재했다. 그러나 그들은—오스만제국에서 일본에 이르기까지—정부의 보호와 지지를 받는 소규모의 상업집단이었다. 19세기 세계 대부분의 지역에서 민간시장이 조절하는 자주적인 체계가 수립될 수 있는 제도적 조건이 갖추어지지 않았다.

따라서 충분히 발전한 '부르주아사회', 최소한 부르주아 정치체제를 갖춘 사회는 세계에서 찾아보기 어려웠다. 더 많은 19세기적 특색을 갖춘 사회는 식민지뿐 아니라 아시아와 유럽의 동부와 남부 변방 독립국가에서도 등장한, 헝가리 출신의 역사학자 이반 베렌드가 동유럽을 염두에 두고 말한 '이원사회'(二元社會, dual society)였다.[81] 이 비대칭적 구조의 사회에서 부르주아의 경제적 중요도는 높아지고 있었으나 전통적 엘리트가—근면하고 지식을 갈구하며 자율적인 사회 중간계층의 눈에는 그들이 퇴폐적이며 노동능력을 갖지 못한 존재로 비쳤지만—여전히 정치적 주도권을 장악하고 있었고 어느 정도까지는 문화적 권위도 유지하고 있었다.

세계경제의 성장과 상업적 소수집단

비서방 지역의 준 부르주아 모두가 세계경제에 적응하지는 않았지만 그들의 네트워크 건설 능력은 의심의 여지 없이 가장 뛰어난 특징 가운데 하나였다. 예컨대 동아프리카 스와힐리(Swahili)족 같은 상인 단체는 끊임없이 변화하는 외부조건에 적응함으로써 오랫동안 번영할 수 있었다.[82] 준 부르주아의 절대 다수가 무역과 금융업에 종사했고 몇몇 가족(예컨대 인도 상인)은 일찍이 18세기부터 이 업종으로 거대한 부를 쌓아올렸다. 영국인은 현지 전문집단—인도-이슬람 행정관리 또는 아편전쟁 이전에 유럽인과 중국산품을 거래하던 홍콩 상인—에게 의존하지 않게 된 후로도 오랫동안 부분적으로 인도 상인에게 의존했다.

이런 집단은 1780년 이후 유럽, 특히 영국의 아시아무역이 확대되면서 여러 가지 방식으로 영향을 받아 부와 명성의 많은 부분을 상실했다. 인도 상인은 동인도 회사의 무역독점 때문에 타격을 받았고, 중국에서 국가의 대외무역 독점이 점진적으로 축소되다가 최종적으로는 완전히 폐지되고 제한적인 자유무역 체제로 개방되자 기생적 관료주의와 경직된 독점행위에 젖어 있던 중국 상인은 새로운 출로를 찾을 수가 없었다.[83]

이들 '근대 초기'의 상인계급이 (유럽의 거상들도 직접 기업가로 변신한 경우가 드물었듯이) 떨쳐 일어나 단번에 '현대' 부르주아로 변신한 경우는 드물었다. 세계 각지에서—일본, 파르시인(Parsis) 상인이 뭄바이와 그 주변에서 면방공업을 일으킨 인도 서부를 제외하고—1900년 무렵까지도 공업부문에서 기업가가 참여할 수 있는 공간은 여전히 좁았다. 철도는 유럽 여러 국가와 미국에서 민간기업 발전의 주요 동력이었지만 대부분 외국인의 수중에 들어갔다. 기껏해야 상대적으로 대규모 기술투입이 필요하지 않은 플랜테이션이 자본주의 생산영역으로 진입할 수 있는 통로였다.

아시아에서 역사가 가장 오래된 부르주아 계급인 식민지 시기 스리랑카의 싱할리족(Singhalese) 부르주아는—그중 선발주자였던 집안 일부가 지금까지도 스리랑카의 정치를 지배하고 있다—최초에 플랜테이션 경영을 통해 부를 일구었다. 말라야와 인도네시아의 아라비아 상업왕조도 이 부문에 투자했다.[84]

유럽과의 상업적 접촉이 시작되면서부터 비유럽 준 부르주아는 중간에서 거래를 알선해주는 '매판'(買辦, comprador)의 기능을 했다.[85] 이 과정에서 그들은 현지 교역 네트워크와 접촉하는 경험을 넓히고 이 네트워크를 세계경제와 연결시켰다. 그들을 통해야만 상이한 상업문화—인도, 중국과 서방—의 교류가 실현될 수 있었다(매판comprador이란 단어 자체가 근대 초기에 포르투갈과 중국이 교역할 때 사용된 포르투갈어다). 그들은 자금조달처를 알선해주고 본국의 사업파트너와의 관계를 활용했다.

1870년 무렵 중국에는 700여 명의 매판이 있었는데 1900년 무렵에는 2만여 명으로 늘어났다.[86] 종교적 소수파 또는 소수민족(유대인, 아르메니아인, 인도의 파르시인, 레반트Levante의 그리스인)이 늘 이런 역할을 맡았다.[87] 이것은 '유럽 이외' 지역의 특수한 현상이 아니었다. 예컨대, 재력이 풍부한 헝가리의 귀족들은 현대적인 경제활동에 대한 흥미가 많지 않았다. 이 때문에 유대인과 독일인 기업가들이 신흥 상업부르주아계급 내부에서 핵심적인 지위를 차지했다.[88] 그들은 헝가리와 세계경제를 접속시킨 가장 중요한 제안자였다.

중국에서 거래중개는 통상항의 중국 상인들이 장악하고 있었다. 그러나 동남아시아의 모든 국가에서는 상업 활동과 부분적으로는 광산(말라야의 주석광)과 플랜테이션에서 일하는 소수민족으로서의 해외 화교를 볼 수 있었다. 그들은 다시 내부에 부와 명성에 따라 나뉜 등급체계를 발전시켰다. 이 등급체계의 하부에는 내륙 농촌에서 잡화점을 운영하는 화교가 있었고 상층에는 쿠알라룸푸르, 싱가포르, 바타비아(Batavia)에서 사업하는 대자본가가 있었다. 그들의 방대한 부는 나라와 겨룰만했다. [89]

19세기 초, 네덜란드 식민지 자바에서 국내교역의 거의 전부를 화교가 장악했다. 식민정권은 이 섬을 약탈할 때 1619년 식민정부가 바타비아에 수도를 세운 이후로 이곳을 지배해온 소수민족 상인집단에게 거의 전적으로 의존했다. 훗날 유럽인이 자바섬에 대한 간섭을 강화했지만 화교상인은(인구는 전체 인구의 1.5퍼센트에 불과했다) 식민통치 체제 내부에서 필수불가결한 존재였고 뒤집어 말하자면 화교상인도 체제로부터 이익을 취했다. 1949년 네덜란드 식민통치가 종결될 때까지 그들은 줄곧 외국기업과 자바 주민 사이의 교량역할을 했다. [90] 소수민족 상인집단은 ― '제3자'로서 ― 장거리 교역을 담당했다. 예컨대, 19세기 초 러시아의 밀을 오데사항에서 미국으로 수출하는 사업은 전부 키오스(Chios)에서 온 그리스 상인들이 장악하고 있었다. [91]

이들 소수집단의 지위는 위기에 대응하기 어려웠다. 그들이 자부심을 가진 부르주아의 지위를 누렸다는 증거와 흔적은 거의 없다. 키오스에서 온 그리스인들은 1838년 오스만제국이 자유무역을 실시한 후 서방 회사의 대리상으로 전락했고 많은 사람이 영국 또는 프랑스 국적을 취득했다. 중국의 매판은 전부가 중국인이었고, 1900년 이후 중국 연해지역에서 일본과 서방의 대형 수출입회사에 고용된 중국인 직원들에게 밀려났다. 정부의 보호는 있었지만 공격과 약탈행위는 반복적으로 일어났다.

주류민족의 민족주의 정서가 팽창하면서 이런 침탈행위는 갈수록 전염성을 띠었고 그 규모와 정도는 20세기에 극치에 이르렀다. 1956년 수에즈운하 위기, 제2차 중동전쟁이 발생하자 유럽계 소수민족 상인집단이 이집트에서 쫓겨났고, 1964년 인도네시아에서는 화교를 상대로 대 학살극이 벌어졌다. 이런 사건은 19세기에는 일어난 적이 없었다.[92]

유럽 식민정부는 늘 상업적 소수민족 상인집단을 (납세능력 때문에) 보호했다. 유럽 이외 지역의 준 부르주아의 지위는 현지사회에 대해서도, 세계시장에 대해서도 취약했지만 자체적인 사업정책을 펼치고 경영 공간을 확대하는 데 장애가 되지는 않았다. 그러나 그들은 어떤 업종에 과도하게 의존하는 일은 조심스럽게 피하고 가족과 가까운 친지 안에서 부의 축적과 축적된 부의 안전을 도모했다. 오늘날에도 아시아 자본주의의 몇 가지 변종의 특색인 긴밀한 가족관계는 최대한도로 위험을 낮추는 유효한 전략임이 증명되고 있다.

또 하나의 전략은 가능한 한 경영을 다각화하는 것이었다(무역, 제조, 대부업, 농업, 도시부동산 등). 부르주아 경제문화의 특징이 제도적인 안전망이 없는 고위험 환경하에서의 자립경영이라고 한다면, 이것은 세계경제의 주변부에서 자신의 노력만으로 성공한 집단의 특징과도 부합한다고 할 수 있다.[93]

현대성과 정치

준 부르주아계급으로 간주되는 집단이 유럽 이외의 지역에서 적극적인 정치적 자신감을 표출한 적은 거의 없었다. 그들의 정치적 영향력은 크지 않았고, 그들은 사회에서 늘 고립된 상태에 놓여 있었다. 오스만제국의 그리스인이나 동남아시아의 화교처럼 분명하게 식별

되는 소수집단이라면 그들이 사회 환경에 적응하려는 의지나 능력은 한계가 있었다. 그러므로 그들은 자신만의 특수문화를 가꾸는 데 몰두했다.

이것은 많은 경우에 늘 개방을 추구하고 세계의 추세와 보편적 규칙에 발맞추려던 노력과는 모순되는 태도였다. 유사한 모순──주변 환경에의 동화(신념에 기반을 둔 보편적 문화가치의 수용)와 전통에 기반을 둔 종교공동체로서의 단결을 유지하려는 희망 사이의 갈등──이 서유럽의 유대인 부르주아계급 가운데 존재했다. 국경을 초월하여 세계 여러 지역의 공통적인 취향을 찾는다면 소수집단이 적응과정에서 중요하게 고려한 것은 정치권력이나 문화적 자치권이 아니라 '문명'에 대한 욕구였다는 사실을 발견하게 된다.

아시아와 아프리카에서 부르주아로서의 실존은 19세기말 이후로(모제스 멘델스존Moses Mendelssohn*, 1729-86시대 이후의 서유럽 유대인이 그랬던 것처럼) 사회풍속과 생활방식의 문명화란 큰 흐름에 연결되는 것을 의미했다. 그들은 이 과정을 유럽의 복사(輻射)로만 보지 않았으며 결코 수동적인 모방이라 생각하지 않았다. 파리, 런던, 빈 등 대도시에서 문명화의 추세는 분명했고 유럽 이외 지역의 준 부르주아 세력은 그 과정을 자신들이 충분히 적극적인 역할을 할 수 있는 보편적인 시대의 추세로 인식했다. 이스탄불, 베이루트, 상하이, 도쿄는 현대화되고 있었고 현지의 지식인들은 도시의 변화를

---

* 유대계 독일 철학자이며 18-19세기의 하스칼라(Haskalah, '유대인 계몽운동')는 그가 주장한 것이었다. 가난한 유대인의 아들로 태어나 랍비교육을 받다가 독학으로 독일 철학과 문학을 공부하여 일가를 이루었고 독일어 사용권의 기독교도와 유대교도 양쪽으로부터 학문적 업적을 인정받았다. 그의 후손 가운데서 뛰어난 작곡자, 연주가, 학자, 은행가가 다수 나왔다. 유명한 작곡가 펠릭스 멘델스존이 그의 손자다.

묘사하면서 '교과서'로서의 도시를 그려냈다.[94]

세계 어디에서나 '중산계급'은 현대적이고자 하는 욕구 때문에 서로를 알아보았다. 여기서 현대성의 보편적 요구에 대한 한정적인 수식어는 부차적인 중요성을 가질 뿐이다. 현대성은 당연히 영국, 러시아, 오스만 또는 일본적 특색을 가졌지만 더 중요한 것은 현대성의 분할 불가성이었다. 그래야만 현대성을 진정한 현대성과 모방적 현대성으로 나누는 우매함을 피할 수 있기 때문이다. 그러므로 오늘날의 사회학에서 중요한 주제가 되기 전에 19세기 말에 이미 개괄적으로 드러난 '복합적' 현대성은 형성 중이던 아시아의 준 부르주아 계급 엘리트에게는 양날의 칼과 같은 선물이었다. 현대성은 보편적으로 이해될 수 있는 권위를 갖추기 위해서는 문화 중립적이고 초국가적이어야 했다. 현대성은 지역 방언과 일치하는 상징이어야 했다.[95]

'중산계급'이 식민지적 분열의 양측에 나뉘어 있었을 때—처음에는 인도에서, 1920년 전후로는 인도네시아와 베트남에서 그랬듯이—그들 내부의 관계는 적대적이었다. 협력해야 할 파트너가 경제적·문화적 경쟁상대로 변했다. 유럽화된 아시아인 또는 아프리카인이 문화 중개인으로서 아무리 유용하다 해도 현대 유럽인의 가치체계를 교란할 수밖에 없었다. 현지인의 현대화에 대한 요구는 가혹하게 거부되었고 이로 인한 모욕감은 분노가 되었다. 동등한 중산계급 신분을 인정받지 못하게 되자(국적문제를 포함하여) '가장 서방화된' 아시아인 일부가 식민주의의 철저한 적으로 변했다.

아시아와 아프리카의 중산계급은 1900년 이후로, 더 정확하게 말하자면 1차 대전 이후 아일랜드, 러시아 변경지역, 이집트, 시리아, 인도에서부터 베트남, 중국, 조선에 이르기까지 거대한 저항의 물결이 제국주의 세계를 놀라게 한 뒤에야 비로소 자신의 민족주의 정책을 만들었다. 아시아에서 가장 선진적인 헌법을 갖추었던 일본에서조차 이 시점이 되어서야 부르주아 가치를 대표하는 인물들이 어느 정도의 발언권을 갖게 되었다. 이는 사무라이의 배경을 가진 메이지 시대의 통치자들이 줄곧 지배해오던 정치체제 내부에서 새로운 현상이었다. 일반적으로 20세기의 혁명(1945년 이후의 탈식민화를 포함하여)은 새롭게 성장하고 있던 시민의 정치생활이 채워나갈 '시민사회'(civil society)의 공간이 열린 결과가 아니라 그런 공간을 열어갈 전제조건이었다.

물론 시민사회의 요소는 일찍이 전(前)정치영역에서 광범위하게 존재했다. 동쪽으로 러시아의 지방도시에까지 확산된 유럽의 시민단체 문화에 대응될만한 문화는 세계의 다른 지역에서도 찾아볼 수 있었다. 중국, 중동, 인도의 부유한 상인들은 적극적으로 자선활동을 벌였다. 그들은 재난구조 활동을 지원했고, 병원을 세웠으며, 돈을 모아 사원이나 모스크를 지었고 선교사, 학자와 도서관을 후원했다. 그들은 흔히 지역을 뛰어넘는 협력을 통해 이런 활동을 조직화했다.[96]

조직적인 자선활동은 분쟁 없이 공공의 사무를 처리하는 시발점이자 사회의 '중간층'이 귀족과 국가정권의 대표와 어깨를 나란히 하는 공간으로 진화하는 경우가 많았다. 다른 하나의 시민사회 요소는 도시의 동업조합이었다. 예컨대, 1860년 이후 중국 중부의 대도시 한커우(漢口)에서 동업조합은 기능이 점차로 확대되어 '시민계급'의 연합체를 넘어 도시 모든 계층의 엘리트를 결집시키는 중요한 역할을 했다.[97]

문화 부르주아

어떤 형태의 '부르주아' 사회는 다른 사회보다 더 보편적이었다. 독일제국의 프로테스탄트 인문중학교 교사──호칭은 교수였고 그만큼 권위가 있었다──와 프랑스 제3공화국의 러시아 국채 이자로 생활하는 사람들은 지역의 특수 산물이었다. 그들은 아무리 늦어도 1920년 무렵에는 세계 각지에서 찾아볼 수 있는 공업과 금융 분야의 기업가들과는 달리 '국외수출에 적합한' 존재는 아니었다. 상업에 종사하는 중산계급은 세계 각지에 널려 있었지만 문화 부르주아는 중부 유럽, 더 정확하게 말하자면 독일의 특색이었다.[98] 원인은 교육의 내용(언어 구사의 형식, 또는 다른 곳에서는 이해하기 어려운 독특한 미학적 철학적 언어)뿐만이 아니라 사회에서 교육이 갖는 상대적으로 중요한 의미에도 있었다.

1810년 이후 실시된 새로운 인문주의 교육개혁의 기초 위에서, 특히 프로테스탄트 성직자가 주입한 독특한 문화세계를 통해서 독일의 교육받은 중산계급은 귀족의 (결코 천부적인 권리가 아닌) 교육우선권과 귀족문화의 형식과 주제에 맞서 독자적인 발전 공간을 열어나갔다. 부르주아가 문화적 주장을 통해 그 우수성을 보여줄 수 있었던 이유는 근대 이전 엘리트계층의 가치가 다른 영역 — 귀족의 비범한 감식안과 실제적인 경쟁력(예컨대, 하이든과 베토벤이 활동하던 시대의 빈의 음악문화를 생각해보라) — 에 있었기 때문이었다.

혈통의 뿌리를 갖지 못한 사람이 사회계층을 뛰어넘어 한 국가의 대문호나 철인이 된다거나, 자기수련을 통해서 완전한 자아를 실현한 모범이 된다는 것은 특정한 역사적 조건하에서만 가능한 일이었다. 그중에서 가장 중요한 조건의 하나는 독일이 국가적 과제로 추진한 '학술등급의 국유화'였다. 국가정책으로 '직업'과 '교육'은 장기간 연계되었고 자유로운 노동시장의 법칙을 따른다면 생각할 수 없는 공직에서의 상승기회가 사람들에게 주어졌다.[99]

국가의 강력한 개입 — 프로이센 또는 바바리아의 전형적인 방식 — 과 거리가 먼 시장경제를 통한 '문화'직업의 통제를 이해하려면 (미국까지 거론할 것 없이) 스위스와 영국을 살펴보면 된다. 다른 한편으로, 친정부적인 제도는 교육받은 중산계급의 형성에서 균질성을 보장할 수 없었다. 제정 러시아에서 대다수가 법률 전문가인 고위 행정관리의 자신감은 비교적 높은 문화수준에서 나온 것이 아니라 공적인 등급질서 안에서 나왔다.[100]

문화 부르주아는 이처럼 희귀종이어서 왜 다른 곳에서는 꽃을 피우지 못하는지 설명할 필요가 없다. 여기서는 '문화'라고 번역하는 'Bildung'이라는 독일어의 개념 자체가 번역하기 어려운 것으로 악명이 높다. 물론 문자전승이 있는 몇몇 문명에서도 문학·철학교육과 지적·정신적 성숙과 완성이라는 숭고한 이상이 있고 이것을 'Bildung'의 다른 모습이라고 해석할 수 있다.

전통적인 자기수련을 통한 내면세계의 완성은 아시아에서는 개인적인 과제로 인식되는 경우가 많았고, 왕조시대 말기의 중국에서는 심지어 상인들까지 추구하는 목표였다. 이는 유럽 또는 독일의 '문화'(Bildung)란 관념과 거리가 멀지 않았다. 일본에서도 도쿠가와 시대 말기에 사무라이 문화와 상업 활동에 주력하는 도시주민인 '조닌'(町人)의 문화가 (취향은 다르면서도) 상호 접근하는 일이 일어났다.[101] 그런데 가장 적합한 후보지인 중국에서는 왜 문화 부르주아 계급이 형성되지 않았을까? 주류 엘리트 자신이 문화를 통해 자신의 정체성을 정의하고 교육제도와 그 표현수단을 독점한 곳에서 그런 사회집단이 형성되지 않은 이유는 무엇일까?

중국에서는 1905년 과거제도가 폐지되고 1911년에 왕조 자체가 폐지될 때까지 정통 교육제도는 한 번도 더 높은 이념의 도전을 받아본 적이 없었다. 유가의 전통은 추월을 용인하지 않았다. 그러므로 유가는 문화적 혁명을 통해 파기되고 훼손될 수밖에 없었다. 세기가 바뀔 무렵, 지식인 집단 내부의 개혁운동이 실패한 후 바로 그런 혁명이 일어났다.

1915년, 전통적인 중국의 세계관에 대한 전면적인 공격이 시작되었다. 공격은 자본가 부르주아나 공직에 있던 인물이 아니라 낡은 전통에 대해 극단적인 반감을 가진, 신문학을 직업으로 하거나 서방식 교육기관에서 가르치는 지식분자의 대표인물이 주도했다. 그들 가운데는 붕괴된 왕조에서 고위직에 있었던 인물들의 후손도 포함되었다.[102] 따라서 중국에서는 정치 중립적이거나 정숙주의의 문화 부르주아가 형성되지 않았고 고도로 정치적이고 대도시에 집중된 지식분자 계층이 형성되었다. 훗날 공산혁명 지도자의 거의 대부분이 이 계층에서 나왔다. 유럽의 보헤미아니즘(Bohemianism)*과 그것의 반(反)부르주아적 하위문화와의 유사성은 숨길 수가 없었다.[103] 혼란과 폭력의 시대라는 정치적 조건 때문에 중국 지식계의 선택적 서방화는 한계가 있을 수밖에 없었고, 따라서 독자적인 특색을 갖춘 전통시대 이후의 새로운 문화세계는 등장할 수 없었다.

문화 부르주아계급이 형성될 수 있는 두 번째 전제조건은 정신세계가 어디에서나 마주치는 종교의 영향으로부터 벗어나는 것이다. 유럽에서는 계몽주의의 종교비판이 이 일을 해냈다. 이러한 전제하에서만 (교육지상주의가 찬양받고 예술과 과학이 종교를 대체하여 숭상의 대상이 되는 것은 말할 것도 없고) 세속적 지식이 높은 평가를 받게 될 것이다. 다른 종교 환경에서, 예컨대 이슬람과 불교 사회에서 세속적 내용에 대한 중시는 이 정도에까지 이르지는 않았다. 일반적인 세계 인식문제에서 종교의 영향력을 억제하는 과정은 이들 나라에서는 막 시작되었고, '문명화된' 생활방식의 이름으로 종교적 속

---

* 보헤미아니즘은 자유분방한 생활을 추구하는 것을 말한다. 19세기 유럽의 여러 나라에서 소설을 통해 구체적 형상을 얻게 된다. 보헤미안은 "전통적인 생활이나 관습에 얽매이지 않는 자유분방한 예술가와 같은 성격을 가진 청년들"을 가리키는 용어로 자리 잡았다. 또한 "남에게 얽매이지 않고 검소한 삶을 사는 사람들, 고상한 철학을 생활의 주체로 삼는 사람들"이라는 좋은 뜻, "일정한 직업이 없는 생활을 하는 사람들, 몸가짐이 헤픈 사람들"을 가리키는 나쁜 뜻을 함께 갖고 있었다.

박을 약화시키고 단계적으로 낮추는 행동도 첫걸음을 떼었다. 높은 문화적 가치와 취향에 대한 공동인식의 진지한 대변자로서 '문화 부르주아'(Bildungsbürger)는 유럽 중심부에서도 희귀한 존재였다. 많은 다른 문화와 정치 환경에서 정통 관념의 옹호자들과 반전통적이며 기성사회에 저항하는 서방 사조──아나키즘, 사회주의──에 영향을 받은 지식분자들(중에서도 급진적인 집단)이 첨예하게 대립했다.

식민지 부르주아와 코스모폴리탄 부르주아

19세기에 서방의 식민지 부르주아는 놀랍게도 상대적으로 미약한 존재였다. 전체적으로 보아 식민주의는 유럽 부르주아문화의 수출에 공헌한 바가 별로 없었다. 캐나다와 뉴질랜드 같은 소수의 예외를 제외한다면 유럽사회는 식민지에서 파편화되고 균열된 상태로 복제되었다. 모든 유럽인이 식민지에서 자동적으로 지배자의 역할을 하게 되었으므로 이전되는 과정에서 왜곡이 생기지 않을 수 없었다. 식민정부의 가장 낮은 직급의 공무원이거나 또는 민간기업의 말단 직원이라도 식민지에서는 사회적 신분과 소득이 식민지 현지인보다 높았다. 오직 상층부의 왕공귀족만(여전히 존재한다면) 예외였다.

식민지 부르주아는 따라서 유럽 대도시 부르주아 집단의 왜곡된 거울 속 모습이었으며 상당한 정도로 유럽 부르주아에게 문화적으로 종속되어 있었다. 충분한 인구가 모여들어 현지 '사회'를 형성할 수 있었던 비이민 식민지역은 소수였다. 물론 각 식민지의 사회구성의 특색은 전혀 달랐다. 인도에서 영국인의 민간경제 영역 참여는 비교적 적었고, 따라서 부르주아 생활방식은 (고위직만 귀족이 차지하고 있던) 식민정부의 기구에서 주로 찾아볼 수 있었다.

인도에서는 '공식 영국인'(official British)과 '비공식 영국인'

(unofficial British)의 구분이 있었다. 정부관리, 장교, 상인이 모여 현지 혼합사회를 형성했다. 1857년 인도인의 대봉기 이후로 영국인 사회는 피부색을 경계로 하여 외부세계와 점점 격리되어 갔다. 가족은 인도와 영국을 오가며 생활했고, 일반적으로 몇 세대가 지나도 '인도화'되지 않았으며, 가정생활의 중심을 인도로 옮기는 경우는 거의 없었다.[104] 그들은 식민지 이민자라기보다 임시체류자였다. 영국령 말라야는 이런 상황의 축소판이었다(주민 가운데서 이민의 요소가 영국의 다른 아시아 식민지보다 더 강하게 드러난 점만 달랐다).[105]

남아프리카는 독특하고 유일한 예외였다. 황금과 다이아몬드가 발견되면서 남아프리카에는 짧은 시간 안에 국가와 부를 겨룰만한 소수의 경제 부르주아 집단이 — 세실 로즈(Cecil Rhodes), 바니 바나토(Barney Barnato), 알프레드 베이트(Alfred Beit) 등 — 광산지역에서 출현했다. 이들은 여러 세대에 걸쳐 희망봉 지역에 거주해오고 있던 부르주아 사회와 관계가 약했다.

이민 식민지의 백인 집단 대부분은 모국의 사회적 재생산 구조와 간접적으로만 연결되어 있었다. 그들은 모국의 사회적 관계의 단순한 복사본이 아니었다. 일반적으로 그들은 식민지에 영구적인 뿌리를 내리고 식민지 지역주의와 배타주의를 발전시켰다. 프랑스의 가장 큰 이민 식민지 알제리에서 19세기 말에 식량과 포도를 생산하는 토지는 비교적 넓은 지역에 분산되어 있었다. 때문에 알제리에서는 프랑스 대도시에 거주하는 부르주아계급에게 사회적·정신적으로 큰 거리감을 느끼는 농민과 프티 부르주아계급의 프랑스 이민자 사회가 형성되었다. 알제리는 프티 부르주아계급 식민지의 표본이었다. 알제리에는 여러 가지 차별이 존재했음에도 규모가 크지 않으면서 성장 중인 상인, 지주, 정부기관 직원 등으로 구성된 '현지' 중산계급이 자리를 잡았다.[106]

부르주아의 또 하나의 표지는 가정생활이다. 그것은 꼭 특정한 형

식의 가정 ─ 예컨대 중부 유럽의 일부일처제 2세대 가정 ─ 과 관련
되지는 않지만 기본적인 표지는 명확하다. 가정의 영역과 공공의 영
역은 명확하게 구분되며, 가정은 낯선 사람이 발을 들여놓아서는 안
되는 개인적 영역이다. 사치스러운 생활을 하는 상층 부르주아계급
에게 개인적인 공간과 반(半)공공적인 공간의 경계선은 거실 또는
저택 안에 있었다. 그들은 살롱 또는 식당에서 손님을 접대했지만 손
님이 내실에 들어오는 것은 허락하지 않았다. 바로 이 점에 있어서
서유럽 부르주아 가정과 오스만제국의 가정은 차이가 없었다. 가정
내부에서 거실 기능의 분리는 유럽과 오스만제국의 도시에서 다 같
이 19세기에 나타났다.[107]

　신흥 부르주아 집단이 유럽을 우러러 보는 곳에서는 그들의 거실
은 탁자, 의자, 금속식기, 심지어 영국식 개방형 벽난로 등 (선택적으
로) 서방의 물건들로 채워졌다. 일본은 의자를 거부했고, 중국은 포
크와 나이프를 거부했다. 단일 색상에 몸에 달라붙는 형태의 유럽 부
르주아 복장은 '문명화 된' 그리고 현재 문명화를 추구하고 있는 세
계의 공식 복장이 되었지만 사람들은 집 안에서는 여전히 전통 복장
을 입었다. 세계화된 부르주아 문화는 복장의 통일성으로 구체화되
었다.

　부르주아 문화와 격리된 국가에서는 선교사들이 현지인의 '예의
바른' 복장에 관한 상상력의 부족한 부분을 채워주었다. 전통 복장의
특색도 의도적으로 강조되면 "부르주아 계급"의 의미를 띠게 되었
다. 오스만제국에서는 전통적으로 다양한 형태와 재료의 모자가 사
회적 신분을 드러내는 상징이었다. 술탄 마흐무트 2세(Mahmud II)
가 1829년에 펠트모자(페즈, fez)를 모든 정부 관리와 제국의 신민
이 써야 하는 통일된 모자로 선포했다.[108] 이 동방의 물건은 차별 없
는 통일성을 통해 부르주아계급이 추구하는 평등의 의미를 갖게 되
었다. 1839년에 마흐무트 2세는 오스만제국의 모든 신민에게(인종과

소속 집단에 관계없이) 평등권을 부여하는 탄지마트(Tanzimat) 법령을 반포한다. 10년 전 남성 머리의 평등이 실현될 때 예견되었던 일이었다.

마지막 현상은 동방과 서방 부르주아계급 문화에 다 같이 결정적인 영향을 미쳤다. 근대 초기, 대서양에서는 유럽과 미국의 상인들에 의해 상업적 일체화가 실현되었다. 같은 시기에 아랍의 항해자와 상인들도 인도양의 상업적 일체화를 실현했다. 네덜란드와 영국의 대형 무역회사도 ─ 하나의 예외도 없이 도시의 부유한 상인계층 부르주아가 경영했다 ─ 마찬가지로 대륙을 연결했다. 19세기의 새로운 사건은 새로운 코스모폴리탄 부르주아계급이 형성되었다는 사실이었다. 이 사건을 통해 우리는 두 가지를 이해할 수 있다. 한편으로, 시간이 흐르면서 서방의 부유한 국가에서 원거리 자본이익에 의존하여 살아가는 집단이 형성되었다. 19세기 중반 이후 세계 자본시장의 출현으로 유럽의 투자자들(당연히 다른 지역의 투자자도 포함하여)은 전 세계의 상업 활동으로부터 ─ 이집트와 중국의 국채로부터 아르헨티나의 철도건설과 남아프리카의 금광에 이르기까지 ─ 이익을 취할 수 있게 되었다.[109]

이런 점에서 본다면 코스모폴리타니즘은 상업 활동의 다양화와 범위 확대의 과정이라기보다는 그 결과였다. 이윤은 세계 각지로부터 모여들었지만 이윤의 소비는 대도시에서 이루어졌다. 투자 세계화의 수익자는 파리의 도심 아파트와 런던의 교외 별장에 거주했기 때문이다. 다른 한편으로, 부르주아 코스모폴리타니즘의 실패한 유토피아가 등장했다.[110] 19세기 중반에 정점에 이른 자유주의의 이상은 온갖 종류의 종교와 인종적 배경을 가진 모험심 강한 개인이 정부정책의 제한이나 국경의 제약 없이 국가와 대륙 사이에서 벌이는 자유로운 무역이었다. 19세기의 마지막 1/3세기에 국가주의, 식민주의, 인종주의가 이런 이상을 압살했다.

코스모폴리탄 부르주아는 실제적인 인식공동체와 사회집단을 형성해본 적이 없었다. 부르주아의 민족화가 이것을 막았고 세계 각 지역의 불균형한 경제발전으로 인해 코스모폴리타니즘의 현실적 기초도 취약했다. 이제 남은 것은 민족을 기반으로 한 기업가뿐이었다. 그중 일부가 부분적으로는 모험가로서, 부분적으로는 기업 전략가로서—둘 사이의 경계는 유동적이었다—진정한 의미의 '국제적 경영자'가 되었다. 모든 대륙에서 원재료가 개발되었고, 허가를 받아 광산이 열렸으며, 대출금이 나왔고, 교통망이 연결되었다. 1900년 무렵에 영국, 독일, 북아메리카, 심지어 벨기에와 스위스의 자본가 부르주아가 이전 시대의 엘리트라면 상상하기 어려운 범위에서 활동하고 있었다. 당시 일어서고 있던 초기단계의 세계자본주의에서 발판을 마련한 비서방 국가와 기업은 없었다. 일본기업조차도(소수의 해운회사를 제외하고) 1차 대전 전에는 중국 본토에 있는 정치적으로 안전한 식민통치 지역과 세력권으로만 확장할 수 있었다.[111]

19세기와 20세기의 여러 시기에 여러 사회—지역수준에서든 국가수준에서든—가 명확하게 정의하기 어려운 단계로 발전했다. 이 단계에서 (18세기 영미사회에서 '중간집단'middling sorts이라 부르던) 많은 집단이 나타났다. 그들의 연대와 상호부조 활동의 영향은 개별 도시를 초월했다. 그들은 어떤 기구 주위에 집결했고(독일의 경우 '인문중학'gymnasium), '가치관념'을 공유했으며, 정치적으로 사회의 상층과 하층과는 분명하게 구분되는 의식을 갖고 있었다. 프랑스에서 이 중간집단은 19세기 20년대에, 미국 동북부지역과 독일 도시지역에서는 19세기 중반에 부르주아계급에 흡수되었다(독일 부르주아계급의 구성은 프랑스만큼 균질적이지는 않았지만).[112]

전환기인 19세기에 부르주아 세계관과 인생관은 승리했다고 할 수는 없겠지만 영향력이 크게 확대되었다. 유럽에서 부르주아계급의 세계관과 인생관은 꾸준히 강대해지고 있던 노동자계급의 도전에 직면했다. 노동자계급의 부분적인 '부르주아화'가 꼭 부르주아의 세력을 강화시켜주지만은 않았다.

19세기 말에 몇몇 유럽국가와 미국에서 노동자 가운데서 사무직의 신분상승은 (노동자운동처럼 정치적인 독립을 요구하는 경우는 드물었지만) 위험할 정도로 부르주아에 근접했다. 1차 대전 후, 산업화된 오락문화가 보편적인 환영을 받기 전까지 부르주아계급의 문화 자체가 이미 대중문화의 요소를 흡수했다. 세기가 바뀔 무렵, 문화영역에서 전통적인 부르주아의 고급문화, 새롭게 성장하는 대중문화와 나란히 제3의 문화인 아방가르드(avant-garde)가 등장했다. 소규모 창작자 집단 ─ 예컨대, '불협화음의 해방'(Emanzipation der Dissonanz)이란 깃발을 들고 아르놀트 쇤베르크(Arnold Schönberg) 주변에 모여든 빈의 작곡가들 ─ 은 부르주아의 공공영역으로부터 철수하여 개인적인 연출기구를 발족시켰다. 19세기 90년대에 뮌헨, 빈, 베를린에서 '분리파'(secession) 조형 예술가들이 주류 예술 유파에 맞서 반기를 들었다. 이것은 부르주아 문화의 박물관화, 역사화에 대한 거의 필연적인 반응이었다. 부르주아 문화는 그 시대의 예술창작 활동과 그만큼 격리되어 있었다. 최종적으로, 20세기 초에 교외지역 개발과 철도와 자동차로 인해 교외화가 가속화되면서 부르주아 계급의 사교문화는 쇠퇴의 길로 접어들었다. 전통적인 부르주아는 '도시에 사는 사람'이었지 교외에 사는 사람이 아니었다. 도시 형태의 변화와 주민 성분의 변화는 부르주아의 교류 강도를 약화시켰다.

귀족과 상층 부르주아 계급의 좋은 시절을 끝낸 '충격'은 1차 대전만이 아니었다. 분화의 추세는 1914년 이전에 이미 형성되고 있었다. 20세기 전반의 유럽 부르주아계급의 위기는 1950년 이후 점차 중산계급 사회의 대폭적인 확장으로 바뀌었다. 부르주아의 '고전적'인 미덕과 존경에 대한 욕구는 소비주의로 대체되었다. 19세기에 부르주아 문화의 영향력이 미약했던 곳에서도 중산계급의 규모와 영향력은 분명하게 증가했다. 공산주의 통치가 이 과정을 억제했지만 '굴라슈 공산주의'(goulash communism)*는 프티 부르주아계급의 특징과 완벽하게 일치했으며 지도자들의 생활방식은 부르주아 계급, 심지어 귀족의 우스꽝스러운 복사판이었다(최고 지도자의 사냥에 대한 열정은 상상을 초월했다). 동유럽 각국과 중국에서 중산계급의 역사는 20세기 90년대 이후에 비로소 다시 이어졌다. 어떤 분야에서는 연속성의 시발점이 19세기로 거슬러 올라갈 수 있었다.

한 권의 세계사회사라면 이 책에서 개괄적으로 다룬 주제보다 더 많은 것들을 다룰 수 있었을 것이다. 예컨대, 상이한 사회 영역에서 지식의 수호자와 '지식노동자'는 어떤 지위를 차지하는지, 서방에서 '지식분자' 집단은 어떻게 형성되었는지, 또한 그 개념은 세계 기타 지역에서는 어떻게 변형되어 도입되었는지 —이 과정은 1900년 이후로 가속된 것 같다—에 대해 질문을 제기할 수 있다.[113] 너무나 다양해 일반화하기 어려운 젠더의 역할과 가족의 형태에 주목하는 것도 흥미 있는 일이 될 것이다.[114] 전형적인 유럽의 가족과 친족관계의 모형이 과거에 존재했는지, 지금도 존재하는지, 19세기에 어떤 특수한 변화가 생겼는지는 아직도 연구를 기다리는 주제이며 대량의 비교연구를 통해서만 밝혀질 수 있을 것이다.[115]

우리는 유럽 가정의 이상형이 간단한 확산과 모방작용을 통해 '전

---

* 굴라슈는 감자와 고기 등 온갖 재료를 섞어서 만드는 헝가리의 수프 이름이다. 헝가리인민공화국이 1962-89년에 시행한 일련의 개혁 정책을 가리킨다. 이 정책은 시장경제의 요소를 도입하고, 인권을 개선하며, 인민의 생활수준 향상을 추구함으로써 스탈린주의의 교조로부터 이탈했다. 이 개혁정책으로 헝가리는 인민의 소비수준이 향상되고 상대적인 문화적 자유를 누린다는 평가를 받았다. 이 무렵 서방 언론에서는 헝가리를 '동유럽에서 가장 행복한 병영'이라 불렀다.

세계로 전파'되지는 않았다고 확신할 수 있다. 유럽의 기술과 전투방식은 오히려 쉽게 이해될 수 있고 모방될 수 있었지만 생물학적·사회적 재생산 방식은 그렇지 않았다. 사회성격의 기본 요소는 그렇게 쉽게 이전되지 않았다. 식민정부는 다른 영역에서보다 이 영역에서 훨씬 더 신중한 태도를 보였다. 정부와 민간기구의 개혁 시도는 세기가 바뀐 뒤에야 비로소 대규모로 시작되었다.[116]

기독교도의 시각에서 볼 때 가장 혐오스럽고 유럽의 기준으로부터 멀리 벗어난 일부다처제와 축첩제도와의 전쟁도 대부분의 경우 흉내만 냈을 뿐 선교사들의 몫으로 넘겼기 때문에 기대한 성과를 거두기란 거의 불가능했다.

주註

1) 나는 이 용어를 사회학 이론의 관점에서 보자면 부정확하지만 좁고 기술적인 의미의 "계층"과 대체적인 동의어로서 사용하고자 한다. 여기서 나의 유일한 관심사는 그 구성원이 불평등하다고 인식하거나 "상상하는" 사회구조 안에서의 위치(특히 "위," "중간," "바깥")이다. 개괄적으로 말하자면 19세기의 "등급 제도"는 전 세계의 시대적 특징으로서 "사회계층의 구분"(Luhmann, Niklas)을 의미하는 것이 아니며 경험적으로 관찰 가능한 "기능적 구분"으로의 이행과정을 부인하지도 않는다. Luhmann, Niklas: *Die Gesellschaft der Gesellschaft*, v.2/2, Frankfurt a.M. 1997, ch.4를 참조할 것.

2) Cannadine, David: *The Rise and Fall of Class in Britain*, New York 1999, pp.88f, 91, 99.

3) Tocqueville, Alexis de: *Über die Demokratie in Amerika [1835-40]*, Hans Zbinden 역, München 1976, pp.55f(ch.3, 첫 번째 문단).

4) Kocka, Jürgen: *Das lange 19.Jahrhundert. Arbeit, Nation und bürgerliche Gesellschaft*, Stuttgart 2002, p.100.

5) Naquin, Susan/Evelyn S.Rawski: *Chinese Society in the Eighteenth Century*, pp.138f.

6) Toledano, Ehud R.: *State and Society in Mid-Nineteenth-Century Egypt*, pp.157f.

7) 13개 지역에 대한 개괄적 서술은 Heideking, Jürgen: *Geschichte der USA*, pp.6-18을 참조할 것.

8) Stinchcombe, Arthur L.: Economic Sociology, New York 1983, p.245. 이 저서는 사학계에서 명성이 높지 못하지만 사회사의 선구적 의미를 지닌 연구성 과이다. 프랑스에 관한 훌륭한 사례연구로서 Robb, Graham: The Discovery of France. A Historical Geography from the Revolution to the First World War, New York 2007를 참조할 것.

9) 이것이 Goody, Jack: *The Theft of History*, Cambridge 2006의 연구주제이다.

10) Burrow, John W.: *The Crisis of Reason. European Thought, 1848-1914*, New Haven, CT 2000, ch.2.

11) Gall, Lothar: *Bürgertum in Deutschland*, Berlin 1989, p.81을 참조할 것. 개념의 상세한 설명은 Kocka, Jürgen: *Weder Stand noch Klasse. Unterschichten um 1800*, Bonn 1990, pp.33-35를 참조할 것.

12) Devine, T.M.: *The Scottish Nation 1700-2000*, New York 1999, pp.172-83.

13) Wirtschafter, Elise Kimerling: *Structures of Society. Imperial Russia's "People of Various Ranks"*, DeKalb, IL 1994, p.148. Wirtschafter, Elise Kimerling: *"The Groups Between: raznochintsy, Intelligentsia, Professionals"* (Lieven, Dominic [ed.]: *The Cambridge History of Russia*, v.2: *Imperial Russia, 1689-1917*, pp.245-63에 수록. 인용된 부분은 p.245).

14) Hartley, Janet M.: *A Social History of the Russian Empire 1650-1825*, London 1999, p.51.

15) 18세기 말의 서유럽 사회에 관해서는 Dipper, Christof: *"Orders and Classes. Eighteenth-Century Society under Pressure"* (Blanning, Timothy C.W. [ed.]: *The Eighteenth Century. Europe 1688-1815*, Oxford 2000, pp.52-90에 수록)를 참조할 것.

16) Jansen, M.B.: *Modern Japan*, pp.96-126, "Status Groups"를 참조할 것.

17) 이 부분의 내용은 지극히 간략하다. 19세기 초기 아시아사회의 등급제도의 (유럽과 비교하여 상대적으로) 매우 복잡한 성격에 관해서는 Rabibhadana, Akin: *The Organization of Thai Society in the Early Bangkok Period, 1782-1873*, Ithaca, NY 1969, pp.97-170을 참조할 것.

18) Das, V.: *"Caste"* (Smelser, Neil J./Paul B.Baltes [ed.]: *International Encyclopedia of the Social and Behavioral Sciences*, 26 vls., Amsterdam 2001., v.3 [2001], pp.1529-32 에 수록). Peebles, Patrick: *The History of Sri Lanka*, p.48.

19) Humboldt, Alexander von: *Studienausgabe*, ed. by Hanno Beck, v. 4/7, Darmstadt 1991, pp.162f.

20) Wasserman, Mark: *Everyday Life and Politics in Nineteenth-Century Mexico*, p.12.

21) 이 책 제4장과 제7장을 참조할 것.

22) 이 책 제4장을 참조할 것.

23) Rickard, John: *Australia*, p.37.

24) 조선은 근대 동아시아에서 유일한 노예제사회였다. 노예제의 잔재는 19세기에 들어와서도 대량으로 남아 있었다. Palais, James B.: *Politics and Policy in Traditional Korea*, p.415를 참조할 것.

25) 농민과 노동자의 상황에 관해서는 이 책 제8장을 참조할 것.

26) Demel, Walter: *"Der europäische Adel vor der Revolution: Sieben Thesen"* (Asch, Ronald G. [ed.]: *Der europäische Adel im Ancien Régime. Von der Krise der ständischen Monarchien bis zur Revolution [ca. 1600-1789]*, Köln 2001, pp.409-33에 수록, 인용된 부분은 p.409). Lukowski, Jerzy T.: *The European Nobility in the Eighteenth Century*, Basingstoke 2003을 참조할 것.

27) Lieven, Dominic: *Abschied von Macht und Würden*, p.27. 귀족의 완만한 쇠망의 원인에 관해서는 Demel, Walter: *Der europäische Adel. Vom Mittelalter bis zur Gegenwart*, München 2005, pp.87-90.

28) Todorova, Maria: *"The Ottoman Legacy in the Balkans"* (Brown, L.Carl [ed.]: *Imperial Legacy. The Ottoman Imprint on the Balkans and the Middle East*, New York 1996, pp.46-77,에 수록, 인용된 부분은 p.60).

29) Beckett, J.V.: *The Aristocracy in England, 1660-1914*, Oxford 1986, p.40.

30) Demel, Walter: *Der europäische Adel*, p.17.

31) Woloch, Isser: *Napoleon and His Collaborators*, pp.169-73.

32) 중근동지역의 역사에도 이 개념이 사용되지만 통치자와 민중 사이의 정치적 역할을 강조한다(중국의 상류사회 인사와 유사하다). Hourani, Albert: *"Ottoman Reform and the Politics of Notables"* (Hourani, Albert[et al. ed.]: *The Modern Middle East. A Reader,* London 1993. pp.83–109에 수록)을 참조할 것.

33) Haupt, Heinz-Gerhard: *Sozialgeschichte Frankreichs seit 1789,* Frankfurt a.M. 1989, pp.116f. Charle, Christophe: *Histoire sociale de la France au XIX e siècle,* Paris 1991, pp.229f.

34) 그 특징을 잘 묘사한 저서로서 Lieven, Dominic: Empire, pp.241–44를 참조할 것.

35) Beckett, J. V.: *The Aristocracy in England,* p.31.

36) 논쟁의 상대는 주로 F. M. L.Thompson과 William D. Rubinstein이었다.

37) Asch, Ronald G. [ed.]: *Der europäische Adel im Ancien Régime.* p.298.

38) Searle, Geoffrey R.: *A New England?,* pp.37f.

39) 개황에 관해서는 Beckett, J. V.: *The Aristocracy in England,* pp.16–42를 참조할 것.

40) Malatesta, Maria: *"The Landed Aristocracy during the Nineteenth and Early Twentieth Centuries"* (Kaelble, Hartmut [ed.]: *The European Way. European Societies during the Nineteenth and Twentieth Centuries,* New York 2004, pp.44–67에 수록).

41) Cannadine, David: *Ornamentalism,* pp.85f.

42) Liebersohn, Harry: *Aristocratic Encounters. European Travelers and North American Indians,* Cambridge 1998는 북아메리카를 대상으로 하여 이 주제를 서술했으며 또한 유럽 귀족 여행자의 인디안 귀족제도에 대한 관찰 사례를 인용했다.

43) Fox-Genovese, Elizabeth/Eugen D. Genovese: *The Mind of the Master Class,* pp.304–82.

44) Wasson, Ellis A.: *Aristocracy and the Modern World.* Basingstoke 2006, p. 322에 인용된 이 개념은 대담하고 과장되어 있지만 완전히 잘못된 관점이라고 할 수는 없다..

45) Nutini, Hugo G.: *The Wages of Conquest. The Mexican Aristocracy in the Context of Western Aristocracies,* Ann Arbor, MI 1995, p.322는 멕시코에서 귀족의 근원은 식민시대 초기까지 거슬러 올라갈 수 있으며 궁극적으로 하시엔다를 소유하고 있었기 때문에 유지될 수 있었다고 주장한다.

46) 고전적인 저작으로서 Cohn, Bernard S.: *An Anthropologist among the Historians and Other Essays,* pp.632–82를 참조할 것.

47) Panda, Chitta: *The Decline of the Bengal Zamindars. Midnapore, 1870-1920,* Delhi 1996, p.2.

48) 이 문단은 Schwentker, Wolfgang: *Die Samurai,* München 2003, pp.95–116을 참조했다. 도쿠가와 시대의 사회사를 연구한 매우 흥미로운 저작으로서

Ikegami, Eiko: *The Taming of the Samurai. Honorific Individualism and the Making of Modern Japan*, Cambridge, MA 1995.이 있다. 하급 사무라이의 생활을 묘사한 Katsu Kokichi: *Musui's Story. The Autobiography of a Tokugawa Samurai*, Tucson, AZ 1993도 참조할 것.

49) Demel, Walter: *"Der europäische Adel vor der Revolution: Sieben Thesen,"* pp.88.

50) Ravina, Mark: *The Last Samurai.* pp.191f. 반란의 지도자는 메이지유신의 희생자가 아니라 메이지유신의 주도자 가운데 한 사람이었다.

51) Elman, Benjamin A.: *A Cultural History of Civil Examinations in Late Imperial China.* 이 밖에도 사회사의 고전적인 저작으로서 Chang Chung-li: *The Chinese Gentry. Studies on Their Role in Nineteenth-Century Chinese Society,* Seattle 1955 와 Smith, Richard J.: *China's Cultural Heritage* (pp.55-64, 71-75)가 있다. Esherick, Joseph W./Mary Backus Rankin:, *"Introduction"* (Esherick, Joseph W./Mary Backus Rankin [ed.]: *Chinese Local Elites and Patterns of Dominance,* Berkeley, CA 1990, pp.1-24에 수록. 인용된 부분은 pp.1-24).

52) Reynolds, Douglas R.: *China, 1898-1912*는 관련된 개괄적인 지식을 제공한다.

53) Crossley, Pamela Kyle: *Orphan Warriors.*

54) 독일의 상황에 관해서는(약간의 의문은 있지만) Kocka, Jürgen: *Das lange 19.Jahrhundert,* pp.98-137을 참조할 것. Bank, Jan/Maarten van Buuren: *1900 – The Age of Bourgeois Culture,* Assen 2004는 전형적인 유럽 부르주아사회의 포괄적인 모습을 보여준다. 풍부한 실증적 연구를 바탕으로 하여 세계에서 가장 "부르주아적인" 국가의 초상을 그려낸 Tanner, Albert: *Arbeitsame Patrioten – wohlanständige Damen. Bürgertum und Bürgerlichkeit in der Schweiz 1830-1914,* Zürich 1995를 참조할 것.

55) Lundgreen, Peter (ed.): *Sozial- und Kulturgeschichte des Bürgertums. Eine Bilanz des Bielefelder Sonderforschungsbereichs (1986-1997),* Göttingen 2000은 다량의 문헌을 참고했다. Kocka, Jürgen/Ute Frevert (ed.): *Bürgertum im 19.Jahrhundert. Deutschland im europäischen Vergleich,* 3 vls., München 1988의 일부는 독일 이외의 유럽국가에 관한 글을 수록하고 있다. Gall, Lothar (Hg.): Stadt und Bürgertum im Übergang von der traditionalen zur modernen Gesellschaft, München 1993. "빌레펠트학파(Bielefelder)"와 "프랑크푸르트학파(Frankfurter)"의 비판적 비교는 Sperber, Jonathan: *"Bürger, Bürgertum, Bürgerlichkeit, Bürgerliche Gesellschaft. Studies of the German (Upper) Middle Class and Its Sociocultural World"* (Journal of Modern History v.69 [1997], pp.271-97에 수록)을 참조할 것.

56) Gall, Lothar: *Bürgertum in Deutschland*는 바세르만(Basserman) 가족을 예로 했다.

57) Maza, Sarah C.: *The Myth of the French Bourgeoisie. An Essay on the Social*

Imaginary, 1750-1850, Cambridge, MA 2003.

58) Pilbeam, Pamela M.: *The Middle Classes in Europe 1789-1914. France, Germany, Italy and Russia,* Basingstoke 1990, pp.74-106.

59) Youssef Cassis: *"Unternehmer und Manager"* (Frevert, Ute/Heinz-Gerhard Haupt [ed.]: *Der Mensch des 19.Jahrhunderts,* Frankfurt a.M. 1999, pp.40-66에 수록).

60) Goblot, Edmond: *Klasse und Differenz. Soziologische Studie zur modernen französischen Bourgeoisie [1925],* Konstanz 1994, p.37은 지금까지 나온 부르주아에 관한 저작 가운데서 가장 지적 자극이 저작이다.

61) Daumard, Adeline: *Les bourgeois et la bourgeoisie en France depuis 1815,* Paris 1991, p.261.

62) Kocka, Jürgen: *"Bürgertum und bürgerliche Gesellschaft im 19.Jahrhundert. Europäische Entwicklungen und deutscher Eigensinn"* (Kocka, Jürgen/Ute Frevert [ed.]: *Bürgertum im 19.Jahrhundert,* v.1, pp.11-76에 수록. 인용된 부분은 p.31).

63) West, James L./Jurii A. Petrov (ed.): *Merchant Moscow. Images of Russia's Vanished Bourgeoisie,* Princeton, NJ 1998를 참조할 것.사진 포함).

64) Aron, Cindy S.: *"The Evolution of the Middle Class"* (Barney, William L. [ed.]: *A Companion to Nineteenth-Century America,* pp.178-91에 수록, 인용된 부분은 p.179).

65) 영국의 상황에 관해서는 Perkin, Harold: *The Origins of Modern English Society 1780-1880,* London 1969, pp.252f를 참조할 것.

66) Kaelble, Hartmut: *"Social Particularities of Nineteenth- and Twentieth-Century Europe"* (Kaelble, Hartmut [ed.]: *The European Way.* pp.276-317에 수록, 인용된 부분은 pp.282-84).

67) 유럽의 상황(독일, 영국, 프랑스, 벨기에)에 관해서는 Haupt, Heinz-Gerhard/Geoffrey Crossick: *Die Kleinbürger. Eine europäische Sozialgeschichte des 19.Jahrhunderts,* München 1998을 참조할 것.

68) Farr, James R.: *Artisans in Europe, 1300-1914,* Cambridge 2000, pp.10f.

69) Pilbeam, Pamela M.: *The Middle Classes in Europe 1789-1914.* p.172.

70) Goblot, Edmond: *Klasse und Differenz.* p.69.

71) Ross, Robert: *Status and Respectability in the Cape Colony, 1750-1870. A Tragedy of Manners,* Cambridge 1999. 그 밖에 아프리카(이 경우 라고스의)의 문화엘리트 사이의 "빅토리아시대의 가치"에 관해서는 Mann, Kristin: Marrying Well. Marriage, Status and Social Change among the Educated Elite in Colonial Lagos, Cambridge 1985를 참조할 것.

72) Kocka, Jürgen: *"Bürgertum und bürgerliche Gesellschaft im 19.Jahrhundert. Europäische Entwicklungen und deutscher Eigensinn"* (Kocka, Jürgen/Ute Frevert [ed.]: *Bürgertum im 19.Jahrhundert.* v.1, pp.11-76에 수록, 인용된 부분은 p.12). Kocka, Jürgen: *"The Middle Classes in Europe"* (Kaelble: *European Way,* pp.15-43

에 수록, 인용된 부분은 p.16). 이 두 저작은 이 주제에 관한 기본적인 교과서와 같다.

73) 인용문의 출처는 Blumin, Stuart M.: *The Emergence of the Middle Class. Social Experience in the American City, 1760-1900,* Cambridge 1989, p.2이다. 오랜 시간적 간격을 뛰어넘어 현대에 와서 이상화된 "계급이 없는 부르주아사회"의 이미지는 Lothar Gall이 상세하게 추적한 19세기 초의 독일의 모습을 떠올리게 한다.

74) Beckert, Sven: *The Monied Metropolis.*

75) 이것에 대해서는 Pernau, Margrit: *Bürger mit Turban. Muslime in Delhi im 19.Jahrhundert,* Göttingen 2008과 같은 뛰어난 사례연구가 계속 나와야 한다.

76) 이 주제에 관한 종합적 서술로서 Braudel, Fernand: *Sozialgeschichte des 15. bis 18. Jahrhunderts,* v.3을 우선 추천한다.

77) Boahen, A. Adu: *"New Trends and Processes in Africa in the Nineteenth Century"* (Ajayi, J. F. Ade [ed.]: *General History of Africa,* v.6: *Africa in the Nineteenth Century until the 1880s,* Paris 1989, pp.40-63에 수록, 인용된 부분은 pp.48-52).

78) 서아프리카의 이 방면의 상황은 일찍부터 알려져 있었다. 큰 관심을 받지 못한 또 하나의 상업 중심에 관해서는 Campbell, Gwyn: *An Economic History of Imperial Madagascar, 1750-1895,* Cambridge 2005, pp.161-212를 참조할 것.

79) Bergère, Marie-Claire: *L'Âge d'or de la bourgeoisie chinoise 1911-1937,* Paris 1986.

80) Trocki, Carl A.: *Opium and Empire.*

81) Berend, Iván T.: *History Derailed,* p.196.

82) 관련 내용의 모범적인 전문연구서로서 Horton, Mark/John Middleton: *The Swahili. The Social Landscape of a Mercantile Society,* Oxford 2000을 참조할 것.

83) Markovits, Claude, et al.: *A History of Modern India, 1480-1950,* pp.320, 325f. Cheong, Weng Eang: *The Hong Merchants of Canton. Chinese Merchants in Sino-Western Trade,* Richmond 1997, pp.303f.

84) Jayawardena, Kumari: *Nobodies to Somebodies. The Rise of the Colonial Bourgeoisie in Sri Lanka,* New York 2002, pp.68f. Freitag, Ulrike: *"Arabische Buddenbrooks in Singapur"* (Historische Anthropologie v.11 [2003], pp.208-23에 수록).

85) 이 책 제14장을 참조할 것.

86) Bergère, Marie-Claire: *L'Âge d'or de la bourgeoisie chinoise 1911-1937,* p.47. Hao Yen-p'ing: *The Commercial Revolution in Nineteenth-Century China. The Rise of Sino-Western Mercantile Capitalism,* Berkeley, CA 1986.

87) Dobbin, Christine: *Asian Entrepreneurial Minorities. Conjoint Communities in the Making of the World Economy 1570-1940,* Richmond 1996.

88) Ránki, Györgi: *"Die Entwicklung des ungarischen Bürgertums vom späten 18. zum frühen 20. Jahrhundert"* (Kocka/Frevert, *Bürgertum,* v.1, pp.247-65에 수록. 인용된

부분은 pp.249, 253, 256).

89) Elson, Robert E.: "International Commerce, the State and Society: Economic and Social Change" (Tarling, Nicholas [ed.]: The Cambridge History of Southeast Asia, v.2, Cambridge 1992, pp.131–95에 수록, 인용된 부분은 p.174).

90) Dobbin, Christine: Asian Entrepreneurial Minorities. pp.47, 69, 171.

91) Frangakis-Syrett, Elena: "The Greek Merchant Community of Izmir in the First Half of the Nineteenth Century" (Panzac, Daniel [ed.]: Les villes dans l'Empire ottoman, v.1. Marseille 1991, pp.391–416에 수록).

92) 그러나 1730년에 자바에서 유사한 원인으로 화교에 대한 대학살이 벌어진 적이 있었다.

93) 1870년 이전 인도 북부 상인가족의 상업전략에 관한 연구로서 Bayly, C. A.: Rulers, Townsmen and Bazaars. North Indian Society in the Age of British Expansion, 1770-1870, Cambridge 1983, pp.394-426을 참조할 것.

94) 훌륭한 사례로서 Hanssen, Jens: Fin-de-siècle Beirut, pp.213-35를 참조할 것. 또한 이 책 제6장도 참조하기 바란다.

95) 기본 관념은 Watenpaugh, Keith David: Being Modern in the Middle East, pp.14f를 참조할 것.

96) Rankin, Mary Backus: Elite Activism and Political Transformation in China, pp.136f. Kwan, Man Bun: The Salt Merchants of Tianjin. State Making and Civil Society in Late Imperial China, Honolulu 2001, pp.89-103. Freitag, Ulrike: Indian Ocean Migrants and State Formation in Hadhramaut. Reforming the Homeland, Leiden 2003, pp.9, 238-42.

97) Rowe, William T.: Hankow, v.1, pp.289f.

98) 이 개념의 의미론에 관한 기본 저작으로서 Engelhardt, Ulrich: "Bildungsbürgertum". Begriffs- und Dogmengeschichte eines Etiketts, Stuttgart 1986을 참조할 것. 여러 가지 유사 개념이 있었지만 이 개념의 실제적인 기원은 최근이라고 할 수 있는 20세기 20년대에 시작되었다. 그 밖의 관련 저작으로서 Conze, Werner(et al. ed.): Bildungsbürgertum im neunzehnten Jahrhundert, v.4, Stuttgart 1985-92는 유럽 내부 상황을 비교하고 있다.

99) Lundgreen, Peter: "Bildung und Bürgertum" (Lundgreen, Peter [ed.]: Sozial- und Kulturgeschichte des Bürgertums. pp.173-94에 수록. 인용된 부분은 p.173).

100) Geyer, Dietrich: "Zwischen Bildungsbürgertum und Intelligenzija: Staatsdienst und akademische Professionalisierung im vorrevolutionären Russland" (Conze, Werner[et al. ed.]: Bildungsbürgertum im neunzehnten Jahrhundert, v.1, pp.207-30에 수록, 인용된 부분은 p.229).

101) Lufrano, Richard John: Honorable Merchants. Commerce and Self-Cultivation in Late Imperial China, Honolulu 1997, pp.177f. 이 권위 있는 저작은 Lufrano

가 중국 상인을 묘사한 같은 개념인 "자기수양"을 사용하여 독일의 교육사상을 설명한다. Bruford, Walter H.: *The German Tradition of Self-Cultivation. "Bildung" from Humboldt to Thomas Mann*, London 1975. 일본의 상황에 관해서는 Rozman, Gilbert: *"Social Change"* (J. W. Hall et al.: *Cambridge History of Japan*, v.5 (1989), pp.499–568에 수록. 인용된 부분은 p.513). 이 저작은 일본의 상인문화가 같은 시대의 중국 상인문화에 비해 좀더 자주적이고 좀 덜 폐쇄적이었다고 설명한다.

102) Schwarcz, Vera: *The Chinese Enlightenment. Intellectuals and the Legacy of the May Fourth Movement of 1919*, Berkeley, CA 1986을 참조할 것.

103) Kreuzer, Helmut: *Boheme. Analyse und Dokumentation der intellektuellen Subkultur vom 19. Jahrhundert bis zur Gegenwart*, Stuttgart 1971은 사회사와 문화사 방면에서 다 같이 중요한 저작이다.

104) Buettner, Elizabeth: *Empire Families*. Yalland, Zoë: *Boxwallahs. The British in Cawnpore 1857-1901*, Norwich 1994. 철저하게 비귀족적인 중국의 조약항과의 비교는 Bickers, Robert: *Britain in China. Community, Culture and Colonialism 1900-1949*, Manchester 1999를 참조할 것.

105) 이것을 제대로 연구한 저작이 Butcher, John G.: *The British in Malaya 1880-1941*이다.

106) Ruedy, John: *Modern Algeria*, pp.99f.

107) Quataert, Donald: *The Ottoman Empire, 1700-1922*, p.153.

108) *Ibid.*, pp.146. 또한 이 책 제5장을 참조할 것.

109) 국제금융 분야에 대한 가장 최신의 종합적 연구저작으로서 Cassis, Youssef: *Capitals of Capital. A History of International Financial Centres, 1780-2005*, Cambridge 2005, pp.74f를 참조할 것.

110) Jones, Charles A.: *International Business in the Nineteenth Century* 에 대한 필자의 평가.

111) Wray, William C.: *Mitsubishi and the N.Y.K., 1870-1914. Business Strategy in the Japanese Shipping Industry*, Cambridge, MA 1984, p.513.

112) 이 과정에 대한 고전적 분석으로서 프랑스에 관해서는 Garrioch, David: *The Formation of the Parisian Bourgeoisie, 1690-1830*, Cambridge, MA 1996을, 미국에 관해서는 Blumin, Stuart M.: *The Emergence of the Middle Class*와 Bushman, Richard L.: *The Refinement of America*를 참조할 것.

113) 이 책 제16장에서 이에 대해 언급하고 있다.

114) 연구 경로에 관해서는 Bock, Gisela: *"Geschlechtergeschichte auf alten und neuen Wegen. Zeiten und Räume"* (Osterhammel, Jürgen[et al. ed.]: *Wege der Gesellschaftsgeschichte*, pp.45–66에 수록)을 참조할 것.

115) 많은 분야에서 아직도 유럽에 관한 종합적 연구 성과가 없다. Gestrich,

Andreas (et al.): *Geschichte der Familie,* Stuttgart 2003.

116) Clancy-Smith, Julia A./Frances Gouda (ed.): *Domesticating the Empire. Race, Gender, and Family Life in French and Dutch Colonialism,* Charlottesville, VA 1998 은 매우 훌륭한 사례연구이다.

제 *16*장

지식

증가, 농축, 분포

1806년 클레멘스 브렌타노(Clemens Brentano, 1778–1842)와
아힘 아르님(Achim von Arnim, 1781–1831)이 출간한
『어린이의 이상한 뿔피리』의 표지그림

1780년 무렵부터 유럽의 도시 지식인들이 전설과
민요를 수집하고 고도의 예술작품으로 치장해 선보이기 시작했다.
이는 구술문화의 자연스러운 교훈이 영향을 잃어가고 있다는 표지였다.
브렌타노와 아르님은 『어린이의 이상한 뿔피리』를,
그림 형제는 『어린이와 가정동화집』을 출판했다.
19세기의 가장 중요한 문화적 진보 가운데 하나는 문해력(文解力)의
대규모 확산이었고 문해력의 보급은 무엇보다도 '유럽'의 문화사적 과정이었다.
1914년의 유럽 남성인구의 문해력 보급 정도는 교전 쌍방 병사들이
무기 설명서를 읽고 이해할 수 있는 수준, 전쟁 선전물을 이해하고
전선에서 집으로 자신의 상황을 글로 써서 알릴 수 있는 수준에 도달해 있었다.

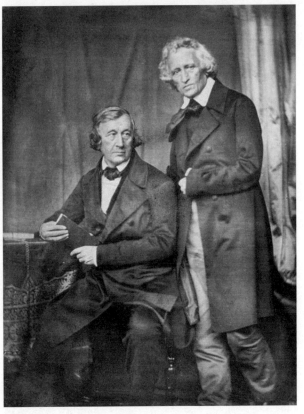

◀ 그림 형제의 『어린이와 가정동화집』 1819년 판 제1권 속표지 그림
▶ 그림 형제(Wilhelm Grimm(왼), Jacob Grimm,)
독일 민중들을 통해 구전되던 이야기들을 수집해 편집,
출간한 것으로 유명하다. 「개구리 왕자」, 「백설공주」, 「라푼젤」,
「헨젤과 그레텔」, 「잠자는 숲속의 미녀」 등이 있다.
대규모의 독일 민담을 수집하고 대중적으로 보급한 것은
그림 형제의 동화집이 최초였다.

◀ 귀스타브 플로베르(Gustave Flaubert, 1821–80)

▶ 1857년 초판 『마담 보바리』(Madame Bovary)의 표지

　엘리트들이 문해력 보급에 대해 보인 반응은 이율배반적이었다.
한편으로는 이성적인 읽기와 모범적인 문화생활을 통해 '보통사람들'을
계몽시키려고 했다. 이는 위로부터의 문명화와 민족통합의 촉진제였지만
다른 한편으로는 대중문화의 해방에 대한 의심과 염려가 여전히 남아 있었다.
읽고 쓰는 능력의 대중화는 명예와 권력이 지닌 등급질서의 변혁을 유발하거나
현존질서를 건드릴 수 있었다. 엘리트들이 갖고 있던 염려는
젠더정치의 요소에도 영향을 받았다. 그들은 '여성'이 현실을 벗어난 작품을
무절제하게 읽으면 성적 환상에 빠질 수 있다고 생각했다.
플로베르의 『마담 보바리』가 그런 작품의 대표로 꼽혔다. 이후
현실에 대한 불만으로 과대망상에 빠지다 못해 현실과 혼동하는
상태를 뜻하는 단어인 보바리즘(Bovarysme)이란 단어가 만들어지기도 했다.

19세기 독일의 학생운동 부르셴샤프트(Burschenschaft)
해방전쟁 후 독일의 대학생이 결성했다. 예나(Jena)대학에서
처음 만들어졌을 때는 단순한 친목 단체였으나
독일의 자유와 통일을 요구하는 운동 단체로 발전한다.
청년동맹 등의 이름으로 급진적인 경향을 나타냈고
1840년에는 현실 정치적인 방향으로 발전했으나
1935년 나치에 의해 완전히 소멸되었다.

▲ 3·1운동 당시 덕수궁 앞 만세시위 모습

▼ 3·1운동 당시 광화문 앞에 모인 인파

　　3·1운동은 도시에서 농촌으로, 국내에서 국외로 확산되었고
　　전체인구의 10퍼센트나 되는 200만여 명이 참여했다.
　　한국의 독립을 선언하고 일본제국의 한반도 강점에 맞서
　　저항권을 행사한 비폭력 시민 불복종 운동(civil disobedience)이었다.
　　3·1독립선언, 3·1혁명, 3·1독립만세운동, 기미독립운동 등으로 부르기도 한다.
　　공식 집계만으로도 7,500여 명이 살해되었고 1만 6,000여 명이 다쳤다.
　　그리고 49개의 교회와 학교, 715호의 민가가 불탔다.
　　학생은 퇴학당하거나 진급하지 못하였다. 2019년 3월 1일에 100주년을 맞이했다.

5·4운동(五四運動)

5·4운동은 1919년에 조선의 3·1운동과 1917년 러시아혁명에
영향을 받아 확산된 반제국주의·반봉건주의 혁명운동이다. 학생운동이
혁명운동으로 발전했으며 몇몇은 러시아혁명의 길을 가고자
중국 공산당을 창당하기도 했다. 학생들은 일본 상품의 불매운동과
국산품애용 등을 통해 반일운동의 저변을 확대하고 있었는데
정부가 강경하게 나가자, 6월 3일부터 몇몇 곳에서 수백 명이
집단을 이뤄 체포를 각오하고 계속 활동을 하기도 했다.
중국 공산당의 근대사·현대사에서도 중요 사건으로 일컬어진다.

◀ 장프랑수아 샹폴리옹(Jean-François Champollion, 1790-1832)

▶ 샹폴리옹의 연구노트

유럽의 인문과학이 성장하면서 타자의 문명에 관한
과학이 등장했다. 유럽인의 특별한 장점은 언어연구였다.
샹폴리옹은 상형문자의 수수께끼를 풀었고 게오르크 프리드리히
그로테펜트(Georg Friedrich Grotefend, 1775-1853)는
고대 페르시아 쐐기문자를 해독할 수 있는 첫 번째 열쇠를 찾아냈다.
그러나 약탈적 거래와 도굴을 통해 동방의 문화재를
유럽의 도시로 모아들인 경우도 많았다. 샹폴리옹의 연구노트는
1822년에 『Lettre à M. Dacier』란 제목의 책으로 출간되었으며,
고대 그리스어 알파벳, 이집트 신성상형문자의
음성기호, 민중문자를 비교 정리한 도표다.

로제타스톤(The Rosetta stone)
1799년에 발견된 고대 그리스어, 이집트 신성상형문자다.
민중문자로 기록된 이 비석 파편은 샹폴리옹이
이집트 상형문자를 해독하는 기본 자료가 되었다.
1802년부터 대영박물관에서 수장하고 있다.

▲ 그로테펜트(Georg Friedrich
   Grotefend, 1775~1853)
   그는 니부어 각편(刻片) 두 개를 비교하여
   '왕'이란 공통된 단어(밑줄 친)를 찾아냈다.

▲ 니부어 각편(Niebuhr inscription) 1
   "위대한 왕, 왕 중의 왕, 열방의 왕이며
   히스타스페스의 아들, 아케메니드인
   다리우스가 이 궁전을 세웠다."

▼ 니부어 각편(Niebuhr inscription) 2
   "위대한 왕, 왕중의 왕, 다리우스왕의
   아들, 아케메니드인 크세르크세스."

▲ 1860년에 원명원(圓明園) 서양루(西洋樓)를 약탈하는 영불연합군

1860년 12월 22일 자 『L'Illustration』 기사의 삽화다.
제2차 아편전쟁의 전투가 가장 치열하던 시기(1858-60)에
원명원은 철저히 약탈된 후 잿더미로 변했다.

▼ 현재 원명원 서양루의 잔해

엘긴 대리석 조각군(Elgin Marbles)

파르테논 대리석 조각군이라 불리기도 한다. 1801년,
오스만제국 주재영국대사 브루스(Thomas Bruce, 제7대 엘긴 백작)는
오스만제국으로부터 파르테논 신전의 부조 작품을
런던으로 실어갈 수 있는 '모호한' 허가를 받았다. 엘긴이 실어온
고대 그리스 대리석작품은 1816년 영국 정부에 매각해 지금은
대영박물관이 소장하고 있다. 엘긴은 당시 영국에서도 많은 비판을 받았고,
오늘날에도 대리석 조각군을 대영박물관에 둬야 할지 아니면
아테네에 반환해야 할지에 대한 논란이 계속되고 있다.

둔황(敦煌)석굴 문물 유실
20세기로 바뀐 지 얼마 되지 않아 중국 서북부 감숙성(甘肅省)
둔황석굴에 있던 수만 개의 4-11세기 불교경전이
싼값에 팔려나가 유럽의 도서관과 박물관으로 실려 갔다.

◀ 아우렐 스타인(Marc Stein, 1862-1943)
형가리인 스타인은 1907년에 둔황에서 불경 24상자와
불화 5상자를 헐값에 사들였다. 그가 수집한 둔황 자료는
대부분 대영박물관이 소장하고 있다.

▲ 둔황 문물을 싣고 가는 스타인 탐사대
▼ 스타인이 1907년에 촬영한 둔황석굴
12호실 '장경동'(藏經洞)의 내부모습

▲ 장경동에서 문헌을 고르는 폴 펠리오(Paul Pelliot, 1878-1945)
1908년에 둔황을 찾은 그는 거금을 들여 6,000여 권의 불경과
200여 점의 불화를 반출했다. 그가 반출한 둔황 문물은
대부분 파리 국립도서관과 기메박물관에 소장되어 있다.
그가 가져간 문헌 가운데는 당대(唐代)의 신라승 혜초(慧超)가
저술한 『왕오천축국전』(往五天竺国传)도 포함되어 있었다.

▼ 펠리오가 촬영한 둔황석굴

펠리오가 둔황에서 가져간

「관세음보살보문품변상도」(觀世音菩薩普門品變相圖)

지리학은 제국의 과학이었다. 유럽의 확장을 방조한 학문이 있다면
가장 먼저 지리학을 꼽아야 할 것이다. 19세기 첫 30년 동안 지리학은
지구상의 국가에 관한 서술적 데이터의 수집에서 시작해 지표면 상의
구체적인 공간과 지역의 자연과 사회의 관계를 다루는 종합 학과로 발전했다.

1872년에 찍은 스탠리(Henry Stanley, 1841-1904)의 사진명함(Carte de visite)
벨기에 국왕 레오폴드 2세가 자신의 아프리카지역 대리인으로 임명한
직업적 탐험가이자 기자 스탠리는 유럽 대륙의 매체에서 엄청난 반향을
불러일으킨 인물이었다. 그는 1870-89년에 세 차례 아프리카를 탐험했다.
사진 속의 흑인 소년은 그의 노예였다가 양자가 되었다.

▲ 스탠리가 이란의 페르세폴리스 유적에 남긴 낙서

그의 이름과 1870년이란 년도 그리고 'New York Herald'가
새겨져 있다. 몇 세대를 이어가며 남겨진 이런 종류의
낙서가 페르세폴리스의 외관을 훼손했다

▼ 리빙스턴을 만나는 스탠리

뉴욕헤럴드가 비밀리에 거액의 보상금 걸고
스탠리에게 실종된 영국 선교사 리빙스턴을 찾아가는
탐험여행을 제안했다. 스탠리는 이 탐험여행의 과정을
1872년에 『How I Found Livingstone』이라는 제목으로 출간했다.
이 책은 그에게 부와 명성을 함께 안겨주었다. 그림은 이 책에 실린 삽화다.

▲ 헤딘이 발굴한 누란 고성

▼ 스벤 헤딘(Sven Hedin, 1865-1952)

헤딘은 1894년부터 중앙아시아를 탐사했다.
그는 스웨덴의 민족주의자이자 군국주의자, 근본족인 우파 인사였다.
강대국이 경쟁을 벌이는 중앙아시아의 '세력진공' 상태를 이용해
지정학적 유희에 몰두했다. 1899-1902년 헤딘은 중국 서부와
티베트를 탐사했고 1900년에는 누란 고성을 발견했다.
이로써 서역문명에 대한 지식의 공백이 메워졌다.

'지식'은 특별히 생명이 짧은 실체다. 지식에 대한 여러 가지 철학적 정의와는 별도로 사회적 요소로서 지식은 역사가 백 년도 채 안되는 지식사회학이란 학문의 발명품이다. 지식사회학은 독일 이상주의 철학이 '정신'(Geist)이라고 부르는 것을 사회의 중심에 놓고 실제 생활이나 사회적 상황과 연결시킨다. 온갖 것을 포괄하는 '문화'라는 개념과 비교할 때 '지식'의 외연은 상대적으로 좁다.

여기서 우리가 다루고자 하는 지식은 종교와 예술을 포함하지 않는다.[1] 이 장에서 말하는 지식은 현실세계에서 문제해결과 생활상황에 대응하기 위해 이용되는 인지자원을 가리킨다. 이것은 최소한 유럽과 북아메리카에서 (지식에 관한) 이성주의적 이해와 도구론적 이해가 전면에 부상한 19세기의 상황을 고려하여 적용한 예비적 개념이다.

지식은 당연히 유용해야 한다. 지식은 대자연을 지배하는 인류의 능력을 높여주어야 하고 기술 운용을 통해 사회 전체의 부를 증가시켜주어야 하며, 사람들의 세계관을 미신의 영향으로부터 벗어나게 해주어야 한다. 요컨대 지식은 할 수 있는 한 모든 면에서 쓸모 있어야 한다. 유럽 엘리트의 눈에 진보는 시대의 표지였고, 지식의 확대와 증가만큼 인간의 진보를 분명하게 나타내는 척도는 없었다.

'지식계'(res publica litteraria)로부터 현대 과학체계로

사람들은 '현대 지식사회'가 형성된 시기를 1820년까지 이어지는 근대 초기의 긴 시간이라고 본다.[2] 그 뒤 백 년 동안 지식사회는 꾸준히 확장되고, 제도화되고, 심지어 세계화되었다. 그러나 이 연속성이 과장되어서는 안 된다. 전통적인 '과학'은 19세기에 들어와서야 오늘날 우리가 과학의 불가분의 요소라고 생각하는 것들을 흡수하여 처음으로 확충되고 풍부해졌다. 이때 만들어진 과학의 주제 분류가 지금까지 통용되고 있다.

지식 학습과 전파의 현대적 제도형식이—연구형 대학, 실험실, 인문학의 토론 과목—이때 갖추어졌다. 기술과 의학 분야에서 과학과 응용의 관계가 긴밀해지기 시작했다. 종교적 세계관에 대한 과학의 도전은 더 강해졌다. 생물학—1800년에 처음 사용된 용어다—또는 물리학 같은 과학의 여러 전문분야가 이때 널리 받아들여졌다. 과학자—이 또한 새로운 용어였다. 영어 scientist는 1834년에 등장한 신조어다—는 '학자' 또는 '지식분자'(이 단어 역시 19세기의 신조어이다)와 구분되는 (중첩되는 부분이 있기는 하지만) 독립된 유형이 되었다. 전체적으로 과학이 철학과 신학 그리고 기타 전통적인 지식과의 경계가 이처럼 분명했던 적이 없었다.

19세기 중반 과학자들 사회에서 과학의 엄격한 보편성, 무조건적 필요성, 절대적인 진리성을 버리고 지식의 자성적 특징, 유효조건, 상호주관성, 독립성을 강조하는 과학의 새로운 개념이 확산되었다.[3] 전통적인 가상의 학자집단(즉, '지식계'*res publica litteraria*)으로부터 문화사학자 피터 버크(Peter Burke)와 새뮤얼 테일러 콜리지(Samuel Taylor Coleridge)가 '지식인'(Clerisy)이라고 묘사한 특수한(연구분야의 분류가 매우 좁은) '과학자 집단'(*scientific community*)이 떨어져 나와 두각을 나타냈다.[4]

과학자들은 자신을 '지적 직업인'(professional)—경계가 분명한 영역의 전문가일 뿐 수많은 대중 앞에 나서서 적극적으로 정치적 성향을 드러내는 언어문자 예술에 종사하는 '지식인'과는 공통점이 별로 없는—으로 보았다. 이렇게 '두 문화'로 가는 큰 걸음이 시작되었다. 알렉산더 폰 훔볼트, 루돌프 피르호(Rudolf Virchow), 토머스 헉슬리(Thomas H. Huxley) 같은 소수의 자연과학자만 자연과학 이외의 문제에 관해 자기 견해를 밝히려 했고 또 주목을 받았다.

19세기 말, 각국 정부가 과학에 큰 관심을 기울이기 시작했다. 과학정책은 체계적인 정부 업무의 새로운 분과가 되었다. 대기업(예컨대 화학분야의 대기업)은 점차 자연과학 연구를 자신의 활동영역으로 인식해갔다. 과학과 전쟁, 제국주의 확장 사이에도 전례 없이 밀접한 관계가 형성되었다.

과학의 권위

1차 대전 직전, 많은 국가에서 현대적인 과학체계가 제도적으로 성숙기에 접어들었다(그 기본적인 골격은 지금도 유지되고 있다). 과학은 세계를 해석하는 권위 있는 힘, 비상한 명성을 누리는 문화적 실체였다. 사람들은 논쟁하고 설명할 때 과학적 근거를 제시하지 못하면 피동적인 처지에 빠질 수 있었다. 경건한 기독교도라 할지라도 과학적인 사고를 받아들이지 않을 수 없었다.

학교의 교과목에서 과학은 필수과목이었다. 직업인으로서 과학자의 숫자가 전례 없이 많아졌고 절대다수가 남성이었다. 17, 18세기에 많은 '과학혁명'의 영웅들이 한결같이 과학연구를 위해 기타 소득에 의존하였다고 한다면 1910년 무렵 그들의 후배는 과학연구만으로도 생계를 해결할 수 있었다. 어떤 분야의 전문가가 대량으로 등장하자 아마추어 과학자들이 모습을 감추고 있었다. 색채학, 해부학, 형태학에 동시에 해박했던 괴테 같은 아마추어 과학자는 인증받을 수가 없었다.

이 모든 것은 유럽의 일부 지역과 미국에 국한된 상황이었다. 그러나 전 지구적 관점에서 본다 하더라도 상황이 완전히 바뀔 것은 없었다. 화석에너지를 기초로 한 현대 공업이 유럽에서 생겨났듯이 오늘날 최고의 지배적 위치에 있는 과학도 유럽에서 생겨났다. 그러나 세계사적 시각에서 보면 유럽의 발전은 상대적인 위치에 놓일 수 있으며 이 때문에 서방의 지식폭발이 세계에 미친 영향에 관심을 갖게 된다. 그러나 그전에 먼저 '지식'의 개념을 과학 너머까지 확장시켜야 한다.

더 많은 대중이 과학 자체의 의미와 그 성과를 이해할 수 있도록 하자면 과학의 내용을 전파할 수 있는 부호체계에 의존해야 한다. 수학 — 대략 1875년 이후로 경제학에서도 중요한 표현수단이 되었다 — 과 대륙의 경계를 넘어 전파하는 자연언어가 과학적 의미의 유동성을 보장해주었다. 물론 언어는 조직적인 과학 말고도 여러 부문의 지식을 전달하는 가장 중요한 도구다. 그러므로 언어를 자세히 언급하지 않고는 19세기 지식의 역사를 논할 수 없다. 언어의 전파와 사용은 궁극적으로 변화무쌍한 정치지형과 문화적 지배의 풍경을 찾아내는 훌륭한 척도다.

1. 세계어
소통의 대 공간

19세기에 어떤 언어권은 근대 초기에 확장된 후 계속 확장되었다. 1910년 무렵, 세계어(이 개념의 정당성이 처음 입증되었다)가 전 세계에 전파되었고 지금도 통용되고 있다. 여기서 두 가지 상황이 구분되어야 한다(현실에서 둘 사이의 경계가 불분명하기는 하지만). 하나는 인구의 다수가 어떤 외국어를 일상생활 속에서 중요한 교류의 매개로 받아들여 이 언어가 제2의 모국어가 된 상황이고, 다른 하나는 이 언어가 시종 '외국어'로 남아 있으면서 실제적인 용도로(교역, 학술, 종교의식, 행정, 문화교류 등) 사용되고 있는 상황이다.

정치적·군사적 제국의 건설로 언어의 확장은 쉬워졌지만 언어의 확장이 제국 건설의 필연적인 결과는 아니었다. 근대 초기 아시아에서 페르시아어와 포르투갈어가 전파된 것은 이란과 포르투갈의 영토적 식민통치 때문은 아니었다. 이 밖에도 존속한 시간이 상대적으로 짧은 제국—중세의 몽고제국과 20세기 전반의 일본제국—은 지속적인 언어의 흔적을 거의 남기지 않았다. 반면 인도네시아는 네덜란드가 300년 가까이 식민통치를 했지만 네덜란드어는 현지의 언어와 공존하지 못했다. 인도에서의 영국인과는 달리 네덜란드인은 유럽화된 문화계층을 만들려는 노력을 하지 않았다.

인도양 지역에서 포르투갈어는 19세기 30년대까지 줄곧 다문화 배경하에서 상업용어의 역할을 해왔다. 13-17세기에 서아시아, 남아시아, 중앙아시아 서부에서 페르시아어는 널리 통용되었으나 18세기에 들어와 하나의 문학어로서 '페르시아어권'은 붕괴했다.[5] 그러나 페르시아어는 행정과 상업용어로서는 19세기 30년대까지도 이란의 국경선을 넘어 옛 역할을 수행했다.

포르투갈어와 페르시아어는 둘 다 영어로 대체되었다. 1837년 이후 영어는 인도에서 유일하게 통용되는 공용어로 승격되었다. 아무리 늦어도 1842년 이전에 중국의 개방에 따라 영어는 중국의 동부 해안지역에서 비중국인의 통용어가 되었다. 20세기 초, 포르투갈어의 통용범위는 포르투갈, 브라질, 아프리카 남부의 소수 포르투갈 식민지로 축소되었다.

중남아메리카에서 스페인어는 식민지시대의 유산이었다. 스페인어 사용국가의 지리적 범위는 19세기에 근본적인 변화가 없었다. 중국인 노동자의 수출로 중국어가 좁은 범위이긴 하지만 지속적으로 국외로 전파되었다. 중국어는 해외 화교사회의 내부 언어로 남았을 뿐이며 주변 환경 속으로 확산되지 못했다. 대부분의 화교는 푸젠성과 광둥성 출신이었고 그들의 방언은 베이징 관화*(官話, 만다린)를 말하는 중국인조차 알아듣지 못했다. 이것이 중국어의 폐쇄성을 배가시켰다.

언어 세계화의 승자

독일어는 식민주의가 시작되던 초기에 극히 제한된 범위에만 전파되었기 때문에 아프리카에서 주목할만한 영향을 미치지 못했다. 그러나 1871년 독일제국의 성립과 18세기부터 쌓아온 독일어권의 문학과 과학 영역에서의 명성 때문에 이 언어의 중부유럽에서의 지위는 확고해졌다. 독일어는 합스부르크왕조의 공용어였고, 제정 러시

* 베이징관화는 중국어 방언 가운데 하나이며 오늘날의 표준 중국어의 기반이 되었다.

아가 몰락하기 전까지는 러시아에서 프랑스어와 라틴어를 제외하면 가장 중요한 학술교류 언어였다. 상트페테르부르크 과학원에서 나오는 대부분의 저작은 독일어로 쓰였다. 독일제국이 게르만화 정책을 시행한 모든 변경지역에서 독일어 사용이 강제되었다.

러시아어의 확장 범위는 훨씬 더 넓었다. 이것은 제정 러시아의 성립과 19세기 중반부터 시행된 문화의 러시아화의 직접적인 결과였다. 러시아어는 제국의 유일한 공용어였다. 폴란드인이든 코카서스인이든 러시아에 저항하는 모든 민족에게 러시아어 사용을 강요했다. 러시아어는 차르 통치의 상징이었을 뿐만 아니라 제국의 가장 중요한 문화적 결집의 도구였다. 여러 민족으로 구성된 합스부르크 왕조의 군대와는 달리 차르 군대의 대부분 병사들은 러시아어를 사용했다.[6]

또한 이 시기는 러시아어가 세계적인 수준의 문학어로 발전한 시기이기도 했다. 그러나 제정 러시아가 분명한 하나의 언어공동체였는지는 총체적으로 볼 때 의문스러운 점이 많다. 특히 서북부 발트해 지역의 여러 주와 남부의 무슬림 지역에서 러시아어를 사용하는 집단은 러시아족 주민과 정부관리뿐이었다.

유럽의 문인과 학자들 사이에서 프랑스어 사용이 점차 줄어들고 있을 때 식민지에서는 오히려 프랑스어를 사용하는 인구가 증가하고 있었다. 캐나다의 프랑스어 사용권 퀘벡주는(1763년 이후로 프랑스령이 아니었다) 고립된 언어집단으로 남았다. 퀘벡주는 프랑스의 지배를 받은 적이 있는 모든 해외지역에서 19세기 말에 엘리트사회 말고도 주민들이 프랑스어를 생활언어로 사용하는 유일한 곳이었다(오늘날까지도 퀘벡 주민 약 80퍼센트의 모국어는 프랑스어다).

그러나 아프리카와 아시아 식민지의 상황은 달랐다. 식민시대가 종결되고 나서 한 세기가 지난 뒤 알제리인 가운데서 프랑스어를 말하고 알아듣는 사람은 전체 인구의 1/4로 추산된다.[7] 프랑스 식민지였던 서아프리카 국가를 보면 일상생활에서 프랑스어를 사용하는 인구는 8퍼센트 정도밖에 안 되지만 하나의 예외도 없이 프랑스어는 공용어다(카메룬에서는 영어도 함께 공용어다).[8] 아이티는 혁명을 통해 프랑스와 결별한 지 200년이 지난 지금도 프랑스어를 공용어로 사용하고 있다.

1913년 무렵 한 여행자가 여행 중에 프랑스어를 사용했을 때 영어 이외의 다른 어떤 언어보다도 소통하기가 쉬웠다고 한다면 그것은 1870년 이후 프랑스가 다시 식민지를 확장하려는 군사행동을 시작했다는 사실과 당시 프랑스가 (특히 중근동 지역 엘리트 사이에서) 누리고 있던 문화방면의 높은 권위 때문이었다. 예컨대 1834년 이후 프랑스어는 오스만제국의 엘리트 장교들이 배우는 교과목 가운데 하나였다. 또한 이집트에서는 1882년 영국에게 점령당한 뒤에도 여전히 프랑스어가 상류사회에서 유행하고 있었다.[9] 19세기 말에는 태평양 한 가운데에도 '프랑스어 사용지역'이 있었지만 그것을 언어의 세계제국이라고 말하기는 어려웠다. 문화의 자주적 응집력이란 정치적 제국을 벗어났을 때 매우 미약해지기 때문이다.

19세기에 언어 영역에서 세계화의 최대 승자는 영어였다. 1800년 무렵 영어는 유럽 전체에서 가장 존중받는 상업·문학·과학 언어였지만 그렇다고 의문의 여지 없이 첫 번째 언어는 아니었다. 아무리 늦어도 1920년 무렵에 영어는 전 세계에서 문화적 권위가 가장 높고 지리적 분포가 가장 넓은 언어가 되었다. 거친 추산에 의하면 1750-1900년에 출간된 중량감 있는 (자연)과학과 기술 출판물 가운데서 절반 정도가 영어로 편찬되었다.[10] 1851년 당시 저명한 언어학자 야코프 그림(Jacob Grimm)은 영어만큼 활력이 넘치는 언어는 없다고 말하기도 했다.[11]

북아메리카에서 (전설과는 달리 독일어는 미국의 국어가 될 기회를 갖지 못했다) 영어는 오스트레일리아, 뉴질랜드, 케이프타운에서와 마찬가지로 현지에 굳건한 뿌리를 내렸다. 이들 지역에서 영어는 정착이민과 침략자의 언어였으며 현지 원주민의 언어로부터 거의 영향을 받지 않았다 (식민정부조차도 원주민 언어는 중요하게 취급하지 않았다).

인도의 상황은 달랐다. 영어는 19세기 30년대에 들어와서야 상급법원의 표준 언어가 되었으나 지방법원의 안건 심리에서는 여전히 현지어를 사용했고 이 때문에 항상 통역의 도움이 필요했다. 인도와 실론에서 영어는 유럽 이민을 통해 전파된 언어가 아니었고 더욱이 식민정부의 폭압적인 영국화 정책의 결과도 아니었다. 영어는 문화적 권위와 구체적인 직업적 우위와 얽혀 있었다. 그러므로 영어를 능통하게 구사한다는 것은 '현명한 선택의 결과'였다.[12]

교육받은 새로운 계층은 벵골과 식민지 대도시 뭄바이와 마드라스 주변지역에서 먼저 출현했고 그 뒤 인도 아대륙의 기타 지역에서 등장했다. 19세기 30년대에 영어교육과 인도어교육의 우선순위 문제를 두고 '영어파'와 '동방파' 사이에 격렬한 논쟁이 벌어졌다.[13] 1835년, 영어파가 고위 정책 차원에서 승리했지만 실제 집행과정에서는 실용적인 타협이 이루어졌다. 영국 언어의 수출은 더 넓은 세계와의 교류를 바라는 인도 중산층과 지식분자에 의한 자발적인 수입이었다.

19세기 후반, 영국 식민정부의 관리와 선교사들을 통해 점차 영어는 동남아시아와 아프리카로 전파되기 시작했다. 태평양지역(필리핀, 하와이)에서는 미국식 영어가 절대적인 영향력을 갖고 있었다.[14] 그러나 19세기에 영어가 전 세계에 광범위하게 전파된 데는 미국보다 영국의 역할이 더 컸다. 오늘날 우리가 목격하고 있는 교육, 상업, 대중매체, 유행음악, 과학, 국제정치 등 여러 영역에서 영어가 보여주는 승리의 진군은 미국의 강력한 영향력을 바탕으로 한 것이지만 그 영향력은 1950년 이후부터 작동하기 시작한 것이다.

2. 언어의 전파, 일방통행

식민지가 아닌 곳에서도 유럽 언어에 대한 학습 압력과 자극이 증가하고 있었다. 청 왕조 시대에 3개의 공용어(중국어, 만주어, 몽고어)를 사용했던 중국 정부는 유럽언어 학습의 필요성을 느끼지 못했다. 역설적이지만 이렇게 된 데는 근대 초기 예수회 선교사들이 갖췄던 높은 수준의 중국어 구사능력이 중요한 원인의 하나였다. 그들 가운데서 많은 사람이 중국어에 대한 조예가 매우 깊어서 황제가 러시아, 포르투갈, 네덜란드, 영국에서 온 사절을 만날 때는 그들이 통역을 맡았다.

예수회가 해산된 뒤 중국에 남은 수도사들은 영어를 할 줄 몰랐기 때문에 1793년 처음으로 외교관계를 수립할 때 영국 사절은 발언 내용을 먼저 라틴어로 번역하여 통역을 맡은 수도사에게 알려주었다. 1840년 이후로는 복잡한 협상을 해야 할 때 중간에서 통역을 해줄 수도사가 더 이상 남아 있지 않았다. 중국에는 언어훈련을 받은 인재가 전혀 없었고, 이것이 중국과 서방의 불균형한 관계에서 중국 측 열세의 한 요소였다. 황실은 오랫동안 왕조의 전통을 지키느라 '오랑캐'가 중국어를 배우는 것을 강력히 막아왔다.

오스만제국도 19세기 초기까지 유럽 언어를 배우도록 장려하는 어떤 조치도 하지 않았다. 그러나 1877년부터 개혁을 시작한 중국과는 달리 오스만제국은 1834년부터 가장 중요한 유럽 국가의 수도에 장기간 외교사절을 파견하기 시작했고, 이 때문에 훗날 탄지마트 개혁의 지도자로 부상한 여러 인물이 외교관으로 일하면서 외국어를 배우고 외국에 관한 지식을 습득할 수 있는 기회를 가졌다. 탄지마트 시기의 새로운 권력 엘리트들은 군대나 울라마(이슬람 신학자, 율법학자) 출신은 거의 없었고 정부의 번역기관과 대사관 출신이었다.[15]

청 정부는 1860년 2차 아편전쟁에서 패배한 뒤 비로소 개혁정책을 시작했다. 1862년 베이징에 외국어학교인 경사동문관(京師同文館, 서방 제도를 모방하여 설립된 최초의 중국정부 교육기관)이 설립되었다. 동문관의 임무는 두 가지였다. 하나는 영어 인재의 양성이었고 또 하나는 서방의 기술문헌을 번역하여 중국에 소개하는 일이었다. 이것은 진정한 의미에서 선구적인 사명이었다. 수십 년 전 오스만제국과 마찬가지로 번역과정에서 가장 먼저 해야 할 일은 기술용어를 창조하는 것이었기 때문이다.[16]

이 시기에 등장한 정부의 대형 군비공장과 조선소도 자체적인 번역부서를 설치했다. 그러나 외국어 전파의 가장 중요한 경로는 교회에서 세운 학교와 대학이었다. 1919년 열린 파리회의에 중국은 젊고 유능한 외교관을 파견했는데 이들의 외국어 수준은 회의 참석자들에게 깊은 인상을 남겼다.

일본은 오랫동안 중국과 언어를 교류했고, 막부시대 말기까지도 고대 중국어(한문)는 가장 권위 있는 문어(文語)였다. 1854년 이전까지는 나가사키(長崎)의 전문 통역원들이 등급에 따라 네덜란드인과의 교류업무를 책임졌는데 주류 학계는 이들과 접촉을 갖지 않았다. 유일하게 허가받은 네덜란드 무역이란 바늘구멍을 통해 유럽의 지식이 폐쇄된 일본으로 들어왔다.

1800년 이후 일본 정부는 네덜란드어가 가장 중요한 유럽언어가 아니라는 사실을 점차 깨닫고 러시아어와 영어 문헌의 번역 비율을 늘려갔다.[17] 이 밖에도 일본은 17세기부터 고대 예수회선교사와 현지의 학자들이 협력하여 고대 중국어로 번역한 서방의 과학과 의학 문헌을 이해하고 접촉하기 시작했다.[18] 따라서 18세기 70년대 이후로 성립된 난학(蘭學, 네덜란드에 관한 학문)─주로 자연과학─이 서방 지식이 폐쇄된 일본에 들어온 유일한 경로는 아니었다. 메이지 시기에 보다 집약적으로 서방 지식의 수입이 가능했던 이유는 서방의 전문가를 초빙했을 뿐만 아니라 번역인재를 체계적으로 양성하는 제도가 수립되었기 때문이다.

19세기 이전까지 유럽 언어는 산발적으로 비유럽국가의 보편적인 교육체계 속에 수용되었다. 이런 국가 가운데서 적지 않은 수가 원래부터 다중언어 사회였다. 예컨대 학자라면 터키어, 아랍어, 페르시아어에 관한 지식을 모두 갖추도록 요구받았다. 오스만제국에서 유럽 언어에 관한 지식은 오랫동안 필수불가결한 존재였지만 그리 높은 명성을 누리지는 못한 전문 번역가의 전유물이었다. 정부가 임명하는 문어와 구어 번역가 소집단은 1821년 이전까지는 주로 기독교를 믿는 그리스인이었다.[19] 뒤집어 말하자면 유럽인은 비유럽 언어를 학교의 교과목으로까지 끌어올릴 생각을 한 적이 없었다.

페르시아어와 18세기에 들어온 후 비로소 유럽에 알려진 산스크리트어는 유럽의 언어 전문가들로부터 가장 완벽한 언어라는 찬사를 받았다. 이 두 언어는 그리스어, 라틴어와 경쟁할 수 있는 상대로 발전할 기회가 있었지만(1810년 또는 1820년 무렵) 유럽인 가운데서 누구도 그 기회를 이용하지 않았다.[20] 김나지움(Gymnasien), 리세(lycées), 공립학교(public schools)의 인문교육 과정은 순전히 그리스-로마에 관한 내용으로 채워졌다. 유럽인의 지식 형성은 서방 중심이었다. 근래에 이르러 이런 전통이 바뀌고 있다. 중국어 과목을 개설한 독일의 김나지움이 점점 늘어나고 있다.

언어의 이종교배, 피진어(Pidgin)

세계어 —그 발상지를 벗어나서도 사람들이 교류할 때 사용하는 언어—는 대체로 느슨하게 현지어에 첨가되는 형태를 띤다. 인도에서는 식민지 시대가 종결된 뒤에도 인구의 3퍼센트만 영어를 이해했다(지금은 인도공화국 인구의 30퍼센트 가량이 영어를 이해한다).[21] 단순화된 혼성어는 소통과 교류를 보다 쉽게 해준다. 혼성어가 원본어를 대체한 경우는 거의 없으며 혼성어의 존재 자체가 침략해온 식민언어에 맞서는 토착어의 강인한 저항력을 증명해주었다. 많은 경우에 피진어는 식민주의보다 더 오래 살아남았다.

1713년 위트레흐트평화협정(Peace of Utrecht)이 체결된 뒤로 프랑스어가 협상과 조약의 언어로서 라틴어를 대체했다. 그 후 지중해 동부지역과 알제리에서 사람들은 여전히 '링구아 프랑카'(lingua franca. 프랑크인의 언어란 뜻)라고 부르는 일종의 혼성 이탈리아어를 사용했다.[22] 세계의 기타 지역(카리브해와 서아프리카)에서 크레올(Creole)어가 독립적인 언어체계로 발전해갔다.[23] 원래 '광동혼성어'(Canton jargon)로 알려진 피진영어(Pidgin English)는 1720년 이후 오랜 발전과정을 거쳐 중국 동남부 해안지역에서 제2의 언어로 등장했다. 피진영어는 중국의 문호가 개방된 후 모든 통상항에서 중국인과 유럽인 사이의 상업용어였다. 이 언어는 서방 상인이 중국어를 배울 의지와 능력과 조건을 갖추지 않았기 때문에 생겨났으나 훗날 이런 배경은 완전히 잊혀져버렸다.

단순화되고 격변화와 어미변화가 없는 피진영어의 우스꽝스러운 화법은 — "likee soupee?"는 "탕을 좋아하느냐?"는 의미다 — '무지몽매한' 중국인이라는 인종적 편견을 구성하는 핵심적인 소재가 되었다. 그러므로 힘써 이 굴욕을 벗어나겠다는 각오가 20세기 초에 민족주의 사상을 갖춘 중국 지식인이 외국어 학습에 정력을 쏟은 중요한 동력이었다. 이 과정과 함께 '탈피진화' 움직임이 등장했다.

세밀하게 관찰해보면 세기가 바뀔 무렵 피진영어에서 출발하여 성숙해진 '중국 해안지역 영어'(China Coast English)는 상황에 완전하게 부합하는 소통매체였음이 증명된다. 다른 여러 요소들(말라야어, 포르투갈어, 페르시아어)까지 혼합한 이 언어는 중국 해안지역의 현실생활에 매우 유용하며 풍부한 어휘를 제공했다.[24]

인도에서 그러했듯이, 유럽의 언어를 사용해 고차원의 교류를 한다는 것은 언어 제국주의에 대한 굴복이 아니라 문화적 수용과 평등을 향해 중요한 한 걸음을 내디뎠다는 것을 의미했다. 피진영어는 처음부터 끝까지 상업세계의 언어였다. 서방지향적인 지식인은 정규영어를 배웠다. 20세기에 들어와 중국에서 피진영어는 사라져버렸고 홍콩에서도 단어 몇 개만 남아 있을 뿐이다. 중국어 문어는 서방과의 교류과정에서 충격을 이겨냈다. 일본에서 피진영어는 싹도 보이지 않았다.

중국문화가 퍼져나간 지역에서 중국어 문어는 계속하여 실제적인 역할을 해냈다. 베트남의 저명한 애국지사 판보이쩌우(潘佩珠)가 1905년 도쿄에 망명 중인 중국의 위대한 지식인 량치차오(梁啓超)를 예방했을 때 두 사람은 교류할 수 있는 공통의 언어를 찾지 못했다. 판보이쩌우는 중국어 문어에 정통했기 때문에 —중국어 문어는 몇 세기 동안 베트남 관리의 소통매체였다— 두 사람은 문자로 대화했다. 판보이쩌우는 회고록에서 이때의 회담을 '필담(筆談)'이라고 표현했다.25)

지식은 언어라는 운반체를 통해 전달된다. 19세기에, 주요 언어권의 확장으로 한편으로는 추가적인 언어수요가 절실할 때 지역 언어의 다양성과 다중언어의 실제적 필요성이 강화되었고, 다른 한편으로는 수평적인 교류의 공간이 넓어져 지식의 흐름이 더욱 원활해졌다. 식민주의와 세계화는 세계적인 범위의 언어질서를 창조했다.

고상한 언어가 그 통일성과 저항력을 잃은 적이 없는 중국문명에서 남아시아와 같은 급격한 변화는 발생하지 않았다. 남아시아에서 이전의 몇 세기 동안 지배적인 언어였던 산스크리트어의 세력이 약해지고 그 자리에 지역 언어가 전파되기 시작했다. 그리하여 엘리트계층에서 새로운 사상이 확산되었다. 언어적으로 분열되어 있던 인도에서는 영어 사용을 통해 언어의 재통일이 이루어졌다.26)

언어통합의 한계

그러나 엘리트사회 밖에서 일어난 언어통합의 효과를 과대평가해서는 안 된다. 유럽에서도 19세기에 비로소 민족국가 내부의 언어적 동질화가 이루어졌다. 다양한 지역 방언을 넘어서는 민족언어는 소통의 이상적 규범이자 정확성의 표준이 되었다. 그러나 그 과정은 매우 완만하게 일어났다.[27] 중앙집권의 전통이 강한 프랑스에서도 그랬다.

1790년의 정부 조사에 의하면 대부분의 프랑스 주민이 읽고 말하는 언어는 프랑스어가 아닌 다른 언어 ─켈트어, 독일어, 옥시타니아어(Occitan), 카탈루냐어(català), 이탈리아어, 플람스어(Vlaams)─였다. 1893년, 7-14세의 학생 가운데서 8명에 1명꼴로 프랑스어를 할 줄 몰랐다.[28]

이탈리아의 언어 상황은 이보다 더 분산되어 있었다. 19세기 60년대에 전체의 1/10에 못 미치는 인구만 민족국가 성립 때에 공용어로 선포된 토스카나 이탈리아어를 특별히 힘들이지 않고도 유창하게 말 할 수 있었다.[29] 스페인 식민제국에 이어서 등장한 민족국가에서의 상황도 별 차이가 없었다. 포르피리오 디아스 통치하의 멕시코에서 정부는 아예 인디언과 인디언-유럽인 혼혈을 위한 학교를 세울 생각을 하지 않았다. 1910년, 200만 명의 식민지 토착민(전체 인구의 14퍼센트)은 스페인어를 할 줄 몰랐다.[30]

전 유럽의 각종 언어학자들이 여기저기 흩어져 있는 단어들을 수집하여 사전에 수록하고, 문법을 정비하고, 철자법과 발음을 확정했다. 유럽 각 민족은 언어공동체로 간주되고 또 그렇게 선전되었다. 고상한 문어는 모든 민족의 핵심적인 성취로 평가받았다. 그러나 여러 지역에서 평범한 사람들이 말하는 언어는 그 지역의 풍속과 강고하게 연결되어 있었다. 아시아 국가─1862년 경의(그리고 세기가 바뀐 뒤에는 더 적극적으로 변한) 오스만제국, 또는 1915년 이후의 중국—의 학자와 지식인들이 단절된 엘리트문화와 대중문화를 연결하기 위해 보다 단순한 언어, 문장, 문학의 형태를 만들어냈을 때 유럽 국가들은 같은 일을 이미 수십 년 전에 완성했거나 같은 시기에 진행하고 있었고, 그러므로 직접적인 모방이라고 할 수는 없었다.

유럽에서도 19세기에 엘리트와 대중의 언어적 단절, 문어와 구어의 차이는 당시 사람들로서는 보편적인 현상이었겠지만 오늘날 우리로서는 상상하기 어려운 정도였다. 성숙한 민족국가로서는 수십 년 뒤진 언어이중화 현상은 견디기 어려운 일이었다. 그래서 민족언어의 단일성을 추구하기 위해, 아니면 최소한 외관상으로라도 그런 모양을 갖추기 위해 거대한 노력을 기울였다. 2차 대전 이후 카탈루냐, 웨일즈, 발칸반도까지 휩쓴 유럽의 지역운동과 민족주의 운동은 일종의 역경향 운동이었다.

2. 문해력(文解力)과 학교 교육

19세기의 가장 중요한 문화적 진보 가운데 하나는 문해력의 대규모 확산이었다. 대중적인 문해력의 보급은 하나의 과정이었다. 여러 사회에서 이 과정의 시작은 수세기 전으로 거슬러 올라가지만 지역 또는 국가에 따라 발전 속도에 큰 차이를 보였는데, 그 원인을 손쉽게 다른 기본적인 과정 ─국가의 형성, 사회의 종교화 또는 지식사회의 성장, 심지어 공업화─에 돌려서는 안 된다.[31]

'읽고 쓰는 능력의 교육'과 그 성과 ─사람들은 일반적으로 literacy(문해력)란 영어로 표현하기를 좋아하는데 다른 언어로는 전달하기 어려운 개념이기 때문이다─를 정확히 어떻게 이해해야 하는가를 두고 여러 설이 있다. 이 개념이 묘사하는 것은 절대적인 상황이 아니라 상대적인 상황이다. 읽고 쓰는 능력은 혼인신고서에 서명하는 정도의 문자 운용능력에서부터, 정기적으로 종교 경전을 읽는 습관, 개인적인 편지쓰기, 공개적이고 적극적인 문학 활동까지를 포함한다. 그러나 핵심적인 뜻은 분명하다. 그것은 읽기로서의 문화적 기능(과 부차적으로 쓰는 기능)을 가리키며, 그런 기능을 가졌을 때 사람들은 얼굴을 마주하여 말하고 듣는 범위를 넘어서 더 넓은 소통의 공간에 참여할 수 있게 된다.

문자를 읽고 쓸 수 있는 사람은 지역을 뛰어넘는 사회의 일원이 될 수 있으며, 한편으로는 조종할 수 있는 기회와 조종당할 수 있는 처지를 동시에 갖게 된다. 1914년의 유럽 남성 인구의 문해력 보급정도는 교전 쌍방 병사들이 무기 사용설명서를 읽고 이해할 수 있는 수준, 전쟁 선전물의 내용을 이해하고 전선에서 집으로 자신의 상황을 글로 알릴 수 있는 수준에 도달해 있었다.

유럽의 문해력 보급

19세기에 문해력의 보급은 무엇보다도 '유럽'의 문화사적 과정이었다. 대규모 도서 인쇄 능력을 갖춘 유럽대륙——유사한 능력을 갖춘 나라는 중국뿐이었지만 상호 영향은 없었다——의 일부 지역에서 문해력 보급의 시발점은 종교개혁 시대 또는 실용적인 교육을 중시한 18세기 '대중 계몽시대'로 거슬러 올라갔다. 19세기에 이런 추세가 이어지다가 어느 정도 종점에 이르렀다. 대중교육의 역사가——근대 초기에 이미 등장한 '지식사회'가 아니라——우리 시대의 기초를 놓았다.

문해력은 경쟁력 제고라는 기능적 측면을 넘어 새로운 상징적 중요성을 갖게 되었다. 문해력은 상호 교류할 수 있고 공동의 목표를 향해 인도하는 가상의 공동체를 창조함으로써 진보, 문명, 민족적 단결의 표지가 되었다.[32]

1920년 무렵이 되자 유럽 주요 국가의 남성인구와 부분적인 여성인구가 읽고 쓸 수 있는 능력을 갖추었다. 그러나 문명의 유럽과 무지몽매한 비유럽이란 대척적인 인상을 갖지 않으려면 반드시 유럽 내부의 편차를 살펴보아야 한다. 1910년 무렵 오직 영국, 네덜란드, 독일만 문자 해독율이 100퍼센트에 도달했고 프랑스는 87퍼센트, 유럽의 '발달된' 국가 가운데서 문해력 보급률이 가장 낮다는 벨기에는 85퍼센트였다. 남부 유럽의 문자 해독율은 이보다 훨씬 낮아 이탈리아는 62퍼센트, 스페인은 50퍼센트, 포르투갈은 25퍼센트에 불과했다.[33] 동부 유럽과 동남부 외곽지역의 상황은 이보다 못했다. 그러나 전체로서 유럽의 추세를 보면 전체 인구 가운데서 남성과 여성 문맹인구가 차지하는 비율은 지속적으로 하강하고 있었고 하강의 추세가 정체된 지역은 한 곳도 없었다. 몇몇 나라는—예컨대 스웨덴—문맹률의 원시 수치가 높았기 때문에 하강의 속도가 특별히 빨랐다.

이러한 보편적 발전 추세가 전체 유럽에서 전환점을 맞은 때가 1860년 무렵이었다. 그전까지는 프로이센만 문맹을 완전히 제거한다는 목표에 근접해 있었다. 1860년 이후 발전이 가속화되었다. 그런 양상은 통계수치로 드러났을 뿐 아니라 전체적인 사회 분위기에서도 나타났다. 세기가 바뀔 무렵, 발칸지역과 러시아를 포함한 유럽 전체에서 문맹은 더 이상 당연한 현상이 아니었다. 읽고 쓰는 능력은 어디서나 정상적인 상태이자 보편적으로 추구할 가치가 있는 정치적 목표로 인식되었다. 읽고 쓰는 능력은 귀족과 도시 중산계급에서부터 장인계층, 숙련노동자, 인구의 절대다수를 차지하는 농민에게로 확산되었다.[34]

그렇다고 지역차이가 완전히 사라지지는 않았다. 유럽대륙 각 제국 내부에는 여전히 큰 지역적 차이가 존재했다. 1900년의 총인구조사는 오스트리아 포어아를베르크(Vorarlberg)주의 문맹률은 1퍼센트이지만 같은 시기 합스부르크제국에 속한 달마치아(Dalmacija)의 문맹률은 73퍼센트였음을 보여준다.[35] 러시아, 세르비아, 시칠리아, 펠로폰네소스의 시골 마을에 읽고 쓰기 교육이 시작된 것은 그로부터도 한참 지난 뒤였다. 읽고 쓰기의 교육은 하룻밤 사이에 완성되지 않았다. 그것은 긴 과정이었으며 한 순간에 나라 전체를 대상으로 하는 교육이 아니었다. 그것은 먼저 작은 집단에서부터 시작되었다.

한 가족 안에서 젊은 세대는 읽고 쓰기를 배웠지만 나머지는 그렇지 않았다. 이것이 부모의 권위에 영향을 주었다. 마을, 이웃, 교구에서 문화적 기능의 구성이 점차로 바뀌어갔다. 뭉뚱그려서 구어에서 문어로 전환되었다고 말하는 것은 지나치게 단순한 분석이다. 문어는 과거와 마찬가지로 새로운 문화적 권위의 기초가 되었다. 용도는 줄어들기는 했어도 구술문화는 여전히 존재했다.

1780년 무렵부터 유럽의 도시 지식인들이 동화, 전설, 민요를 수집하고 이를 고도의 예술작품으로 치장해 보여주기 시작했다. 이것은 구술문화의 자연스러운 교훈이 영향을 잃어가고 있다는 표지였다. 독일에서 수집 정리 작업을 맨 처음 한 사람은 요한 고트프리트 헤르더(Johann Gottfried Herder, 1744-1803)였고——1778년부터 여러 권의 민요집을 출간했다——그보다 조금 늦게 등장한 아힘 폰 아르님(Achim von Arnim, 1781-1831)과 클레멘스 브렌타노(Clemens Brentano, 1805-8)는 함께 『어린이의 이상한 뿔피리』(*Des Knaben Wunderhorn*)를 출간했다. 그리고 그림 형제가 있었다.

그림 형제의 첫 번째 동화집(1812년 『어린이와 가정동화집』*Kinder und Hausmärchen*, 1812년 출판)*은 시간이 지나도 시들지 않는 독일의 문학경전이 되었다.[36) '희소한 것' 또는 '희소해지기 시작한 것'만 재발견의 대상이 되었다. '읽고 쓰기 교육'은 도시에서 시작되어 매우 느린 속도로 농촌으로 확산되었다. 그러므로 문해력 보급의 과도기에 도시와 농촌 사이의 문화적 격차는 갈수록 넓어졌다. 이것은 '문화'의 매개변수도 바꾸어놓았다.

읽고 쓰는 데 통달한 사람만 고상한 문화에 참여할 수 있었다. 그러나 문해력의 보급은 농민을 위한 역서(曆書)에서부터 싸구려 소설에 이르기까지 통속적인 서적에 대한 수요를 증가시켰다. 역사학자들은 '고급문화'와 '대중문화'——여러 단계로 나뉘는 문화적 스펙트럼의 양쪽 극단에 자리한 개념——사이의 읽는 행위의 대중화 단계를

* 우리에게도 익숙한 『백설공주』, 『신데렐라』, 『헨젤과 그레텔』 등의 동화가 여기에 수록되어 있다.

세밀하게 관찰했다.[37]

엘리트들이 문해력 보급에 대해 보인 반응은 이율배반적이었다. 한편으로는 이성적인 읽기와 모범적인 문화생활을 통해 '보통사람'을 계몽시켜 미신으로부터 벗어나게 해야 한다고 생각했다. 이는 위로부터의 '문명화'와 현대화의 실천방식이며 민족통합의 촉진제였다. 다른 한편으로는 대중문화의 해방에 대한 의심과 염려가 여전이 남아 있었다. 대중문화의 해방은—얼마 안 가 노동자 단체가 보여주었듯이—동시에 대중의 사회적·정치적 지위에 대한 요구가 높아지는 것과 맞물려 있었다. 권력과 문화를 가진 사람들의 이런 불신은 현실적인 근거가 없지 않았다. 읽고 쓰는 능력의 대중화는 일반적으로 명예와 권력의 등급질서의 변혁을 유발하거나 현존질서를 건드릴 수 있었다.[38]

엘리트들이 갖고 있던 염려는 젠더정치의 요소로부터도 영향을 받았다. 그들은 현실을 벗어난 작품을 (특히 여성이) 무절제하게 읽으면 성적 환상에 빠질 수 있다고 생각했다. 귀스타브 플로베르(Gustave Flaubert)의 『마담 보바리』(*Madame Bovary*, 1856)와 그 밖의 문학작품의 풍자적인 주제가 도덕적인 남성 보호자들을 '걱정'하게 만들었다.[39]

문해력 보급운동은 주로 정부가 주도했다. 초등학교는 운동을 실행할 때 가장 중요한 도구였다. 그러나 유럽의 많은 정부가 여전히 이 도구를 잠정적으로 교회에 맡겨놓고 있었다. 정부의 실력이 약하면 (소리 나지 않게 주일학교 하나만 장악하고 있어도) 종교기관이 교육을 장악하는 힘이 강해졌다.

시각을 바꾸어서 본다면 국가, 교회, 민간부문이 성장하고 있던 교육시장에서 경쟁적인 태도를 드러냈다. 유럽만 그랬던 것은 아니다. 예를 들자면 영국의 교육제도는 같은 시기의 이슬람 국가의 교육제도와 유사한 점이 많았다. 기초교육은 모두 종교기관의 수중에 고도로 집중되어 있었고 교육목표도 대동소이했다. 읽기, 쓰기, 도덕적 가치의 내면화, 아이들을 일상생활의 부정적인 영향을 받지 않게 하는 것이 교육목표였다. 양자의 차이는 정도의 차이였을 뿐 원칙의 차이는 아니었다. 영국의 학교는 『성경』 구절의 암송과 낭독을 상대적으로 적게 요구했고, 실용성을 위주로 하였으며, 학교의 교구와 가구 등 하드웨어 비치가 비교적 충실했다.[40]

대중교육은 단순히 강제한다고 해서 성과를 거둘 수는 없었다. 교육받는 사람들이 흥미를 느끼고 즐겁게 받아들여야 교육은 성공할 수 있었다. 세계 모든 국가는 19세기에 시점은 달랐지만 한결같이 법률이 규정한 의무교육을 시행하는 데 어려움을 겪고 있었다. 교육당국은 부모의 참여가 매우 중요하다는 사실을 인식했다. 사회의 대다수 집단이 태생적으로 갖고 있던 교육에 대한 욕구를 낮게 평가한 것은 잘못이지만 대중교육이 성공하기 위해서는 일정한 정도의 경제적 기초가 갖추어져야 했다.

학부모나 아이들도 읽고 쓰기를 배우려는 동기부여를 단순히 물질적인 이익과 효율성에서만 얻지 않았다. 그러나 일정 정도의 경제적 부를 갖춘 가정이라야 아동에게 노동을 시키지 않고 정해진 연령이 되면 학교에 보내는 데 필요한 비용을 마련할 수 있었다. 사전에 확정되어 있는 수업시간과 교과과정을 갖추고 현지 경제의 주기에 영향을 받지 않는 대중교육은 아동이 가정의 생계 때문에 노동에 참여하지 않아도 되는 곳에서만 가능했다.

평균적으로 유럽의 가정이 7-12세의 아동을 전문적인 교사 ─ 그들의 전문성이 의문스러운 경우가 흔했지만 ─ 의 권위가 확보된, 즉 학교로 보낼 준비가 된 시점은 19세기의 마지막 사반세기였다.[41] 그러나 실제 취학률이 과장되어서는 안 된다. 1895년, 영국에서 의무교육 대상자로 등록된 아동 가운데 82퍼센트만 학교에 나왔다.[42] 유럽의 다른 국가에서 이 비율은 훨씬 낮았다.

미국의 '열독(閱讀)시대'

유럽 이외의 지역에서 교육의 발전상황은 어땠을까. 멕시코, 아르헨티나, 필리핀의 취학 아동 수는 남유럽이나 발칸지역에 비해 현저하게 적지는 않았다.[43] 문해력에 관한 비교연구는 이제 첫걸음을 내딛은 상태다. 세계의 많은 지역에서 19세기 전체에 관한 통계수치는 충분치 못하지만 북아메리카 지역은 사정이 다르다. 북아메리카 식민지의 문자해독율은 일찍부터 유럽의 가장 선진적인 국가의 수준에 도달했다.

19세기 이민 증가의 결과로 영어해독 능력은 직접적인 '미국화'와 같은 의미였다. 언어배경이 각기 다른 이민자는 가능한 한 빨리 영어(문어를 포함하여)를 익혀야 했다. 초기 이민자들, 특히 천주교도는 읽고 쓰기를 배우라는 요구를 받아들였을 뿐만 아니라 그들 자신의 교육기관까지 만들었다. 이 교육기관은 종교와 민족적 단결을 긴밀하게 결합시키기 시작했다. 1840년부터 미국의 도처에서 일종의 '열독시대'가 찾아왔다는 분위기를 느낄 수 있었다. 신문과 도서출판업의 빠른 확장이 이것을 자극했다. 특히 미국의 동북부는 인쇄문화가 크게 피어난 지역이었다.

1860년, 뉴잉글랜드 지역 각 주의 남성 문자해독율은 95퍼센트에 이르렀고 부녀자의 문자해독율도 그것에 근접한 수준이었다. 이것은 세계 어디에서도 보기 어려운 현상이었다. 전국 평균 문자해독율이(그 숫자는 특히 설득력이 없지만) 이 숫자보다 낮은 이유는 서부와 남부 백인의 문자해독율이 떨어져서가 아니라 흑인과 인디언의 문자해독율이 낮았기 때문이었다.

일부 여주인이 노예들에게 『성경』 읽기를 가르치기는 했지만 노예에게 읽고 쓰기를 배우는 일은 금지되어 있었다. 글을 아는 노예는 잠재적인 반란의 두목으로 의심받았다. 북부에서는 어느 정도는 차별은 있었지만 인신의 자유를 확보한 흑인은 미국 내전 이전에 이미 문어교류에 대해 깊은 흥미를 보였다. 내전이 일어나기 20년 전에 출현한 수백 부의 자서전은 그것을 문학으로 표현하고자 하는 욕구의 명백한 증거였다.

1890년, 미국 흑인의 전국 평균 문자해독율은 39퍼센트였고 1910년에는 89퍼센트로 뛰어올랐다가 1930년에 다시 82퍼센트로 내려갔다.[44] 이 소수집단의 문자해독율은 아프리카의 같은 규모의 흑인 종족집단보다 높았고 동유럽과 남유럽의 몇몇 농촌 종족집단에 비해서도 높았다. 1870년 미국 남부 각 주가 다시 통치지위를 확립하자 미국의 흑인들은 어쩔 수 없이 그들을 적대시하는 백인사회와 그들에게 관심을 보이지 않는 정부를 상대로 집단의 힘을 이용해 저항하면서 교육의 기회를 쟁취해야 했다.[45]

미국사회에서 차별받는 그 밖의 소수집단의 상황도 대체로 이와 비슷했다. 일부 인디언 부족은 거대한 장애를 극복하고 문자해독능력을 이용해 자기 민족의 문화를 지켰다. 이 분야에서 체로키족(Cherokee-Nation)은 가장 성공한 사례였다. 체로키족은 1890년 이후 문자를 갖게 되었다. 그들은 체로키어와 영어를 동시에 사용하여 읽고 쓰기 학습의 기초를 놓았다.

세계의 많은 지역에서 이런 상황이 나타났다. 먼저 선교사들이 ― 흔히 그러했지만 언제나 그랬던 것은 아니다 ― 영어 알파벳으로 소수민족의 언어를 표기하여 사전을 만들었다. 그런 다음에 선교사들이 부분적으로 소수민족의 언어로 번역한 『성경』을 교재로 하여 영어를 가르쳤다. 이것은 문자와 풍부한 구어를 통해 교류의 기초를 쌓는 방식이었다.

오랜 전통의 아시아 문어문화

고대로부터 문자와 학식을 고도로 중시해온 문명 가운데서도 상황은 차이가 있었다. 『코란』과 그것과 관련된 사법-신학적 해석문헌을 매우 중시하는 이슬람 국가와 중국문화의 영향을 받은 한자문화권이 그런 문화에 포함된다. 1800년 무렵 이집트 인구의 문자해독율은 1퍼센트에 미치지 못했고 현대화 정책을 실시한 후인 1880년에 문자해독율은 3-4퍼센트로 높아졌다. 1897년 이집트에서 처음으로 실시한 근대적인 인구조사 결과를 보면 당시 이집트의 문자해독 인구는 40여 만 명으로서 7세 이상 인구(유목민족과 외국인 제외)의 6퍼센트였다.[46)]

일본은 이미 1800년 무렵에 엄격한 유럽의 기준을 적용하더라도 문어문화가 상당히 보급된 국가였다. 일본에서는 17세기에 벌써 도시인구를 상대로 한 대중적인 문어문화 시장이 등장했다. 사무라이와 숫자가 적지 않았던 촌장은 모두 행정 직능을 수행하기 위해서 상당한 수준의 한문 구사능력을 갖추어야 했다. 일반적으로 권력자는 교육받은 신민을 두려워하지 않았다. 어떤 영주는 광대한 민중의 도덕과 기능의 수준을 높이는 것을 자신의 임무로 인식했다. 19세기 초의 수십 년 동안 기초교육은 농촌의 신사집단을 넘어 확장되었다. 도쿠가와 막부 말년(1867년)에 45퍼센트의 남아와 15퍼센트의 여아가 가정 밖에서 정해진 시간에 읽고 쓰는 교육을 받았다(다른 통계는 이보다 더 높은 비율을 제시하고 있다).[47)]

모든 발전상황은 유럽으로부터 어떤 영향도 받지 않았다. 일본은 1630년부터 선교사의 입국을 금지했다. 1871년 국가 교육부를 설립하면서부터 메이지정부는 농촌의 학교로부터 대학에 이르기까지 모든 단계의 교육발전을 국가의 우선과제로 설정했다. 도쿠가와 막부 시기의 많은 학교와 교사가 새로운 4년제 의무교육 체제에 그대로 흡수되었다. 이 시기의 일본은 또한 서방의 모형을 연구하기 시작했고 나아가 일부 내용을 흡수했다. 그러나 일본은 세계로부터 고립되어 있던 현대 이전 시기에 이미 교육을 국가발전의 주요 정책으로 확정했기 때문에 그 교육제도는 같은 시기에 실시한 군사제도의 개혁과 비교할 때 더 풍부한 자기특색을 갖고 있었다. 메이지시대 말기인 1909년, 일본의 거의 모든 지역에서 20세의 신병 가운데서 문맹자는 10퍼센트에 미치지 못했다. 이러한 성과는 아시아에서는 찾아보기 드문 경우였다.[48]

1912년 무렵, 일본은 민중의 문자해독 능력 면에서 세계적으로 앞선 국가였다. 중국에서는 일찍이 기원전 500년 무렵에 등장하여 수 세기 동안 사용된 권위 있는 읽고 쓰기 교과서가 있었다. 현대 이전 사회에서 기타 국가와 비교할 때 중국의 읽고 쓰기 교육은 높은 수준이었으나 19세기에 들어와 중국의 읽고 쓰기 교육은 거의 정체되었다. 청 왕조 시기의 중국은 17세기의 풍부한 문어문화의 전통으로부터 글쓰기의 전통──특히 고도의 예술적 감상의 대상으로서 숭배 받던 서예의 전통──을 계승했고, 각종 도서를 대량으로 생산하고 유통할 수 있는 기술수단을 계승하였으며, 정부의 통제를 받지 않으며 전혀 체계를 갖추지 못한 사립학교──농촌공동체에서 세운 서당, 자선단체에서 세운 학교, 문중에서 세운 교육기관, 사찰에서 세운 교육기관 등──를 계승했다. 이런 학교는 지역사회가 자금을 마련하여 설립했고 대부분 한 명의 교사만 있었다.

교사는 시와 고전을 섭렵하였으나 과거시험의 첫 단계에서 낙방했기 때문에 관직에 나아가 업적을 쌓을 기회를 갖지 못한 약 500만 명의 독서인 출신이었다. 그들 가운데 많은 사람이 부유한 집안에서 세운 문중 학교의 교사를 담당했다.[49] 통계수치가 부족하기 때문에 정사의 자료와 야사에 전하는 얘기를 취합한 결과는 30-45퍼센트의 남성인구와 2-20퍼센트의 여성인구가 기본적인 읽고 쓰기의 능력을 갖추었음을 보여준다.[50] 이것이 당연히 상류사회의 교류에서 요구되는 높은 수준에 부합되지는 않았지만 그들은 기본적인 어휘를 이해할 수 있었기 때문에 정부가 민중에게 반포하는 (간단한 고어체 문어로 쓰인) 어떤 행위를 장려, 경고, 금지하는 문서를 해독할 수 있었다.

청제국도 학교를 세우거나 학교를 세우기 위한 자금을 모집하는 행위를 장려했지만 (19세기 유럽에서 점차로 발전한 상황처럼) 학교에 대해 일반적인 통제권을 행사하려는 시도는 하지 않았다. 몇 세기 동안 정치와 사회질서의 합법성의 기초는 교육을 받고 그것을 통해 지위와 부에 접근할 수 있는 기회가 상류사회 가문의 자손들만의 특권이 아니었다는 사실이다. 따라서 최소한의 신분상승의 통로는 열려 있어야 했다. 밑바닥에서의 실제적인 운용은 융통성이 있었다. 예컨대 농민 자제의 기초과정은 농사일이 비교적 적은 시기에 집중되었다.

중국의 교육문화는 왜 낙후하였는가?

중국의 기초교육 체제는 전체 교육제도의 구조 자체가 그랬듯이 19세기의 국제적인 수준에 미치지 못했고 더 이상 예전의 경쟁력을 찾아볼 수 없었다. 많은 부문에서 효율적이었던 전통적인 교육체제는 (도쿠가와 막부 시대의 일본 교육과는 달리) 현대화의 잠재력을 갖추지 못했다. 교육개혁을 마냥 미루고 있던 청 정부는 오랜 시간이 지나고 나서 마침내 이 점을 인식하게 되었다. 1904년 청 정부는 국립학교법을 반포하고 서방과 특히 일본의 제도를 본받아(일본도 유럽의 제도를 모방하였다) 전국적으로 3단계로 나뉘는 학제를 수립하겠다는 구상을 밝혔다. 다음 해에 청 정부는 과거시험을 통해 신분을 배분하고 관리를 선발하던 구제도를 아무런 대안이나 과도기적 조

치도 마련하지 않은 채 갑자기 폐지했다.[51]

조선은 중국과 베트남에 이어 세 번째로 과거제도의 역사가 긴 나라였다. 조선은 1894년에 이와 유사하게 급진적인 조치를 취했다.[52] 1911년 신해혁명 이후 민국시기 전체를 통틀어(1949년까지) 중앙집권제는 손 쓸 수 없이 붕괴되었고 따라서 세기가 바뀔 무렵에 제시되었던 개혁계획은 실행에 옮길 수가 없었다.

오늘날 중국사회에 보급된 학교 교육은 다양화된 성적지향형 교육체제다. 지금의 중국 교육체제는 국제적인 지원과 자국의 자원과 경험을 통합하여 고도로 분화되고 효율 지향적이란 점에서 세계적인 수준에 도달해 있다. 이것은 1978년 이후 중국 공산당이 추진한 정책의 결과다. 1800년 무렵 국제적으로 낙후한 수준이었던 중국의 교육이 200년이 지나 마침내 모습을 바꾸었다.

그런데 중국의 교육은 어떻게 낙후하게 되었을까? 다음과 같은 세 가지 이유를 들 수 있다.

첫째, 전통적인 교육체제는 모두 '위로부터' 설계되었다. 학교에 다니는 농민의 자제 대다수가 고도로 형식화된 과거시험 과정을 모두 통과하리라고 기대하는 사람은 없었지만 그래도 그들은 기본 어휘를 익힌 후에는 반드시 간단하게 편집된 유가경전을 외워야 했다.

이처럼 교육에 대한 단일화된 이해 속에는 다양한 사회계층의 서로 다른 교육수요를 수용할 공간이 존재하지 않았다. 학교를 일상생활과 떨어진 특수한 공간으로 보는 근대 유럽의 인식——오늘날의 중국에서는 이런 인식이 매우 강하게 자리 잡고 있다——과는 달리 학교는 실제로는 일상생활과 긴밀하게 결합되어 있었다. 그런데 갈수록 교재는 일상과 멀어졌고 교수방식은 경직되었다. 이것은 과거 중국에서 교과서 내용과 교수방식을 두고 빈번하게 논쟁이 일어났던 사실과 비교하면 명백한 창의력의 상실이었다.

둘째, 1842년 이후 지난날에는 필적할 상대가 없었던 이 국가가 연속적인 패배를 경험했고 이 때문에 중국 교육의 국제경쟁력 부족이 드러났다. 군사력 낙후와 경제적 정체에 이르게 된 원인을 두고 수십 년 동안 분석이 지속되었다. 학자관리들의 입장에서 중국의 쇠락에 교육도 책임이 없지 않다는 사실을 인정하고——그들은 그런 교육제도 덕분에 사회적 지위와 신분을 획득했다——새로운 도전에 적응하기란 하늘에 오르기보다 어려운 일이었다.

얼마 지나지 않아 그들은 서학(西學)이 어떤 영역에서는 우월하다는 사실을 인식하게 되었지만 그래도 자국의 문화와 대등하게 평가하려 하지 않았다. 서학은 침략자의 지식이었고 더 나아가 그것을 전파한 기독교 선교사들의 언행은 많은 경우에 중국인의 정서를 고려하지 않아 보편적인 불신을 샀기 때문이다.

1860년 이후 중국사회의 일부 집단이 지적인 면에서 서방을 향해 문을 열었고 국가는 몇 개의 번역 인재 양성학교를 설립했다. 그러나 19세기 후반을 통틀어 대다수의 문인들은 중국과 서학은 양립할 수 없다는 신조를 고수했다.[53] 1904-1905년, 심각한 민족적 위기 때문에 중국인의 민족정서는 바닥까지 떨어졌다. 이때 다시 한번 중국의 전통은 아무 쓸모가 없다는 인식이 퍼져나갔다. 반면에 서학은 만병통치약처럼 받들어졌고 서학의 수입——특히 경탄해 마지않던 일본을 통한 수입——은 국가적 급선무가 되었다. 이리하여 중국은 일본의 교육제도(또는 최소한 일부 요소)를 서둘러 모방했다.

민국시기(1912-45년)에 중국의 지식인과 교육개혁가들은 다양한 원천의 지식을 어떻게 동화하고 통합할 것인가 하는 문제를 두고 씨름했다. 일부는 고증학의 방법론을 동원해 전통문화의 정수를 구출하려 했고, 일부는 반(反)서방적인 볼셰비키파 마르크스주의에서 해법을 찾으려 했고, 일부는 전면적인 서방화를 추구했다. 그러나 중국 정부의 나약함과 무능함 때문에 어느 방안도 전국적인 범위에서 실시할 수 있는 정책으로 전환되지 못했다. 19세기의 사상과 교육정책의 기본문제는 1949년 이후 중화인민공화국 시기에 들어와 다시 정리될 수밖에 없었다.

셋째, 청 왕조 말기의 정부는 교육문제를 감당할 행정자원도 재력도 없었다. 이 나라의 국토는 광활하고, 전통적으로 가정교육과 국가교육 이외의 제3의 길로서 종교/교회 교육이 발전하지 않았으며, 농촌 차원에서는 행정기관의 존재가 미약했다. 또한, 중앙정부의 재정도 부족했다. 이런 요인들 때문에 중국은 일본의 메이지 모형을 따라 목표가 명확한 정책을 추진할 수가 없었다.[54]

학교국가(Schulstaat)와 국립학교(Staatsschule)

문자 해독율이라는 지식지표로부터 시작된 토론은 이내 제도교육 전체의 비교분석으로 확장된다. 여기서 우리는 두 가지 일반적인 결론을 끌어낼 수 있다. 첫째, 19세기에 들어와서야 사람들은 사회 내부의 지식학습과 도덕교화에 관련된 모든 형식을 교육체계로 인식하고 실제 교육체계로 조직해냈다는 점이다. 통일된 학교 형식, 앞뒤가 연결되도록 설계된 교과과정, 한 학년을 마쳐야 다음 학년으로 올라가는 학제, 특수한 훈련과정을 거쳐야 자격증이 주어지는 교사양성 프로그램, 이런 혁신을 지도·감독하는 전문적인 정부기구의 설치 등의 구상은 유럽뿐만이 아니라 기타 지역에서도 19세기에 들어와서야 현실적인 의미를 갖게 되었다.

둘째, 국가가 '학령' 아동과 청소년에 대한 교육독점을 두고 (교회를 포함하는) 사립학교와 경쟁을 시작했다는 점이다. 여러 국가(예컨대 프랑스와 네덜란드)에서 국가가 학교를 통제해야 하는지 아니면 교회가 통제해야 하는지의 문제를 둘러싸고 커다란 정치적 논쟁이 벌어졌다. 교육의 국가독점은 중앙집권 국가인 프랑스에서도 매우 느린 속도로 실현되었을 뿐만 아니라 서방의 몇몇 발전된 사회(예컨대, 미국과 영국)에서는 완전한 교육의 국가독점은 끝내 실현되지 못했다.

오늘날의 유럽 대륙에서도 교육의 국가독점은 영향력이 갈수록 커지는 사립학교의 도전으로부터 충격을 받고 있다. 의심할 필요도 없이 이런 상황은 '서방' 전체의 특징이 아니다. 교육의 국가독점은 20세기 '현실 사회주의국가'에서 가장 광범위하게 실현되었다. 그러나 중화인민공화국에서는 20세기 90년대 이후로 국가가 교육독점을 완화하자 문맹인이(해독 한자 1,500자 이하) 급격하게 증가했다.[55]

국가가 청년의 공식교육을 독점적으로 통제한다는 구상은 19세기의 혁명적인 혁신이었다. 사회저층과 중산계층의 자녀들이 처음으로 차별 없이 국립학교 입학자 명단에 이름을 올렸고 부유한 집안의 자녀가 가정교사로부터 배우는 시간이 갈수록 줄었으며 학교에 등교하는 시간은 더 많아졌다. 역사학자 토마스 니퍼다이(Thomas Nipperdey)는 독일 제후국의 상황을 묘사하면서 국가는 '학교국가'(Schulstaat)가 되었고 사회는 '학교사회'(Schulgesellschaft)가 되었다고 표현했다.[56] 독일의 학교 보급정도가 특히 높기는 했지만 전 세계의 추세가 그러했다.

독일(그중에서도 특히 프로이센)의 조직과 행정적인 준비는 다른 국가들이 자세히 관찰하고 모방하는 표본이 되었다. 그러나 이런 정책은 종교개혁 초기에 세웠던 프로이센을 '교육국가'(Bildungsstaat)로 만들겠다는 이상주의의 웅대한 구상을 그대로 옮겨온 것은 아니었다. 19세기 중반에 수립된 프로이센의 정책은 그 같은 숭고한 목표를 포기했다.[57] 세계 각국 정부는 공공교육을 확대하는 정책을 수립하면서 각자의 목표와——민중에 대한 기율교육, '모범국가'를 만들기 위한 '모범시민'[58]의 양성, 군사적 효율성의 제고, 균질적인 민족문화의 창조, 제국의 문화적 통합, '인력자본'의 소질과 기능의 배양을 통한 경제발전 촉진 등——우선순위를 갖고 있었다.

이러한 하향식 전망은 당연히 '저층 계급'의 관점으로부터 지지를 받아야 했다. 국가 엘리트의 의도가 무엇이었든지 간에 많은 국가의 대중은 더 나은 교육이 더 나은 생활을 약속한다고 믿었다. 사람들은 교육을 통해 두각을 나타내겠다는 꿈 때문에 앞다퉈 정부, 교회, 자선기관이 제공하는 교육의 기회를 붙잡거나 아니면 독학했다.

야망과 열정이 가장 적은 곳이 식민정부였다. 식민정부는 교육에 전혀 관심을 갖지 않거나 교육에 관해서는 완전히 선교사에게 주도권을 내어주었다. 콩고자유국(Congo Free State, 1908년 이후로 벨기에령 콩고)이 대표적인 경우였다. 1960년대 비식민화가 시작되었을 때 이 나라에는 80년 동안의 식민통치를 경험한 후에도 유럽식 교육을 받은 적이 있는 엘리트계층은 거의 존재하지 않았고 몇 종류의 현지어로 진행된 읽고 쓰기 교육도 매우 빈약한 수준이었다.

나이지리아(1851/62년부터 영국이 통치)와 세네갈(1817년부터 프랑스가 통치)의 상황은 이보다는 나았지만 지속적인 학습의 기회를 제공하는 학교는 매우 드물었다. 알제리에서는 국립학교 교육과 식민당국이 통제하기 어려운 코란학교 교육이 양립했다. 알제리의 교육제도는 일종의 이원제였다.[59]

1898년부터 미국이 지배한 필리핀은 다른 의미에서 극단적인 사례였다. 1919년 무렵 필리핀의 문자 해독율은 이미 50퍼센트에 이르렀다. 아시아의 주요 유럽 식민지에서 문자 해독율은 훨씬 낮았다. 인도네시아는 8퍼센트, 프랑스령 인도차이나는 10퍼센트, 영국령 인도는 12퍼센트였다.[60]

인도는 식민지 가운데서 특수한 예외였다. 인도의 식민정부는 1차대전 이전부터 중등교육과 고등교육을 지원했다. 물론 이런 제도로부터 혜택을 받는 아동과 학생 수는 방대한 전체 인구에 비하면 극히 미미했다.

1817년에 콜카타에 힌두대학(Hindu College)이 설립되었다. 그 뒤로 식민정부는 1857년에 인도의 콜카타, 뭄바이, 마드라스(오늘날의 첸나이)에 대학교를 세웠고, 1882년에는 라호르(Lahore)에, 1887년에는 알라하바드(Allahabad)에 대학교를 세웠다. 물론 이들 대학교는 연구와 강의에 주력하는 종합대학교는 아니었고 전국 각지에서 찾아오는 각 급 학교의 학생들에게 학위증과 졸업증명서를 발급해주는 것이 주 임무인, 본질적으로 시험실시 기관이었다.

강의활동을 하는 유일한 대학교는 라호르대학교였다. 각 대학에서는 '인문학'(즉, 유럽의 고상한 문화) 이외에는 가르치지 않았다. 영국인의 교육목표는 식민행정에 동원할 수 있는 문화적으로 영국화된 인도인 계층을 양성하는 것이었다. 자연과학과 기술교육의 지위는 보잘 것 없었다. 총독 커전(Lord Curzon)이 1904년 인도대학법(Indian Universities Act)을 반포한 뒤에야 일부 인도 대학—라지의 통치를 벗어나 자체적인 야심찬 현대화 계획을 갖고 있던 토후국 바로다(Baroda)와 하이데라바드를 포함하여—에서 과학연구 부문을 개설했다. 인도에서 과학기술 연구는 영국 통치자의 통제 아래서 주로 응용기술 위주로 허용되었을 뿐 이론과 기초연구는 발걸음을 떼기가 어려웠다. 식민정부에게 유용한 과학, 예컨대 농업에 응용될 수 있는 식물학은 반대로 처음부터 장려되었다.[61]

아시아 독립국가 정부들은 다른 관점을 가지고 광범위한 기초과학 체계를 수립했다. 일본은 일찍부터 기술의 중요성을 인식했다. 중국에서는 소수의 개혁파 인사들이 수십 년 동안 대다수 관리들의 '인문문화'에 대한 자부심과 맞서 싸웠다. 1911년부터 베이징과 상하이의 일부 교회학교와 대학에서 비로소 과학이 고도로 중시하기 시작했다.

19세기 말, 오스만제국은 웅장한 외관의 건물을 갖춘 몇몇 학교를 신설했다. 이 학교들도 교육방향을 두고 똑같은 모순에 빠졌다. 고등교육은 이슬람문화를 바탕으로 하여 국가 공직을 담당할 인재를 배양해야 하는가, 아니면 기술능력과 경제학 지식을 갖춘 실무형 인재(즉, '창조적인' 개인)를 양성해야 하는가? 세기가 바뀌기 전까지는 전자의 관점이 주류를 이루었다.[62] 중국의 상황과 마찬가지로(일본에서는 드문 경우였지만) 오스만제국의 외국계 교육기관은 대다수가 교회학교였고 관립학교의 강대한 경쟁 상대였다.

교회학교는 외국어를 가르쳤고 공립학교보다 평판이 좋았다. 외국계학교와 대학의 존재는 제국주의 침략의 상징이라기보다는 현지 정부가 자국의 교육기회를 확대하고 개선하도록 하는 자극제였다.[63] 그러나 이런 결론이 '모든 이슬람세계'에 적용되지는 않았다. 전 세계에서 식민통치를 경험하지 않은 이슬람 국가 가운데서 두 번째로 큰 국가인 이란은 20세기의 첫 10년 동안에도 교육개혁을 실시하지 않았으나 이집트와 오스만제국은 모두 교육개혁을 단행하여 분명한 변화가 나타났다. 이란에서는 학교는 거의 모두 울라마가 지배하고 있었고 국가는 간여하지 않았다.[64]

사회의 학교화

사회의 학교화는 19세기 초 유럽과 북아메리카의 계획이었고 시간이 흐르면서 세계적인 범위에서 국가의 정책목표가 되었다. 학교는 국가가 사회를 통제하는 중요한 도구였지만 동시에 중산계급이 적극적으로 활동을 펼치는 핵심 영역이었다. 과거에도 그랬고 현재에도 핵심적인 문제는 국가, 지역사회 혹은 부모가 학교운영을 위한 자금을 제공하느냐 하는 것이다. 초등학교 입학율과 문자 해독율은 지금도 여전히 사회발전 수준을 측정하는 중요한 지표이며 19세기 유럽에서는 국가의 '문명정도'를 보여주는 요소였다.

세 가지 방면의 기능이 학교에 집중되었다. 첫째, 사회화 방면이다. 학교는 인격을 형성하는 기관이었다. 학교는 특정 유형의 인간을 배양했다. 둘째, 정치적 방면이었다. 실질적인 내용은 세속국가와 종교교육기관 사의의 관계를 가리켰다. 셋째, 교육방면이었다. 다시 말해 지식의 확보와 전파 기능이다. 과학은 지식의 체계적 발견이며 생산력이자 사회적 활력이란 통찰을 바탕으로 하여 미래의 과학자를 훈련시키는 기관으로서 학교를 운영한다는 목표가 설정되었다. 19세기에 등장한 새로운 지식사회가 근대 초기 이전 사회의 인식을 초월한 특징이었다. 이 시기에 과학부문을 선도한 국가와 그 국가의 학교의 발전경로는 다양했다.

프랑스, 영국, 프로이센/독일, 미국이 채택한 교육발전(특히 고등교육 발전)과 전략은 각기 달랐다. 어떤 정부도 독일(특히 앞서 간 프로이센과 바바리아)만큼 중등교육에 많은 관심을 기울인 국가는 없었다. 그리스어와 라틴어를 매우 중시하는 '인문적 김나지움'(gymnasium)이 독일에서 태어났다. 19세기 중반에 김나지움에 더하여 '실용학과'와 긴밀하게 결합된 중등교육 기관이 생겨났다. 1830년대 이후로 규범화된 김나지움은 제국시대에 비약적으로 발전한 독일 과학의 기초였다.

영국—전혀 다른 예를 들자면—에도 여러 유형의 효율적인 사립학교가 있었지만 1902년 『교육법』(Education Act)이 시행되기 전까지는 중등교육 '체계'라고 부를만한 것이 없었다.[65] 이 시기에 독일이 군사부문에서와 마찬가지로 교육영역에서 보여준 성취는 전 세계를 고무시켰다. 독일의 대학도 그러했다.

3. 유럽의 문화수출품
대학

근대초기와의 단절

19세기에는 세 가지 차원에서 현대적인 대학이 형성되었다. 대학은 첫째, 지식을 정리, 보존, 전수하는 교육의 장소였다. 둘째, 새로운 지식이 생성되는 연구의 장소였다. 셋째, 청년이 학교의 강제학습을 벗어나 개성을 형성하고 자아를 발견하는 장소로서 사회화의 기관이었다. 대다수의 유럽 국가에서 대학교육과 과학연구의 혁신은 중등교육의 개조에 앞서서 실현되었다.

교육체제의 개혁은 상층 계층에서 시작되었다. 학자들의 자치단체로서 대학은 라틴 유럽세계에서 오래전부터 존경받는 기관이었다. 중국과 이슬람 문명에서도 서방과 접촉하기 전에 높은 효율을 자랑하는 학습과 지식전수 기관이 적지 않게 존재했다. 수도원, 비교적 높은 단계의 종교학교에 학자들이 형식에 구애받지 않고 모여서 토론했다(예컨대, 중국의 '서원'). 현대 이전 시기에 "엄숙한 지적 논쟁을 벌이는 논단"은 유럽만의 특색이 아니었다.[66] 이처럼 풍부한 학문 문화 가운데서 중세기의 특색이 풍부한 유럽 대학이 주목받는 이유는 상대적으로 외부세력의 간섭을 받지 않는 자치의 영역이었다는 점이다.

여기서 극단적인 반대의 예를 든다면 중국정부는 학자의 반(半)자치적 공화국을 용인하지 않았다. 중국 문인의 일부는 정부기관에서 고정적인 직위를 갖고 있었고——그중 많은 사람이 베이징의 한림원에 직책을 갖고 있었다——다른 일부 사람들은 개인적인 교제집단에 가까운 모임을 구성하고 있어서 황제가 의심에 찬 눈길을 보내는 대상이었다. 중국에는 법령에 의해 보호받거나 심지어 자신의 정치적 대변인을 가진 학자단체는 없었다(영국의 대학은 의회에 자신을 대변하는 의석을 갖고 있었다).

이러한 '전현대적' 환경은 19세기의 여러 시점에 사라졌다. 그 시점은 중국과 일본에서는 1870-1910년 사이였다(일본에서는 공립학교 체제와 병행하여 서방의 표준으로부터 비교적 영향을 덜 받은 사립학교가 상당 기간 유지되었다). 이슬람세계에서만 일부 학교——주로 정부로부터 독립적인 종교학교(마드라사, madrasa)*——가 개혁 후에도 여전히 존속했다.

기원이 10세기로 거슬러 올라가는 카이로의 알-아자르(al-Azhar)는 신학과 법학을 가르치는 세계에서 가장 오래된 대학으로 알려져 있다.[67] 이에 반해 유럽의 대학은 19세기에 철저한 개혁을 거친 후 전 세계로 퍼져나갔다. 세속적 지식이 '생산'되는 장소로서 현대의 대학은 1800년 이후 유럽 민족국가의 등장과 긴밀한 관계를 맺으면서 형성되었으며 19세기의 마지막 1/3세기에 현대 세계의 기본 제도의 하나로 발전했다.

대학의 창립자, 창립 장소, 창립 시기는 구체적으로 알려져 있다. 창립자는 소수의 귀족 개혁가(슈타인Freiherr von Stein, 하르덴베르크 Hardenberg)와 이상주의적 철학자(피히테Johann Gottlieb Fichte, 헤겔Georg Wilhelm Friedrich Hegel, 슐라이어마허Friedrich Daniel Ernst Schleiermacher)였다. 이때 빌헬름 폰 훔볼트는 두 집단 사이의 연결고리였다. 장소는 베를린, 시기는 1803년과 특히 1806년 이후였다.

---

* 모든 종류의 학교를 의미하는 아랍어 단어다.

이 무렵 프로이센이 붕괴의 위기에 빠지면서 예상치 못한 권력의 공백이 생겨났고 또한 국가와 민족을 구출하려는 비정통적 사상이 나타났다. 이때 생겨난 현대적 대학—1810년에 설립된 베를린대학이 그 원형이었다—은 중세기 때부터 이어져 내려온 의식과 상징을 일부 유지하고 있었지만 본질적으로 혁명의 시대의 혁명적인 발명이었다.[68]

새로운 형태의 대학이 태어나자 특수한 유형의 사람이 등장했다. 예를 들자면, 영국 옥스퍼드와 캠브리지대학의 세상물정 모르는 학자공화국의 구성원인 지도교수(don)와 권위주의적인 방식으로 학교와 조수들을 지배하는 독일의 정교수(Ordinarius)가 있었다.[69] 그 무엇보다도 새롭고 특별한 존재는 젊은 대학생(student)이었다. 유럽에서 대학생은 오래된 형태의 학생(scholar)을 대체했다. 그 결과는 오늘날까지도 찾아볼 수 있다.

몇몇 국가에서는 대학생들의 정치적 행동이 관심을 불러일으킬 때라야 대학과 관계없는 사람들이 대학의 존재를 의식하게 된다. 19세기 초가 되자 '대학생-청년-저항'이란 연상의 고리가 형성되었다. 독일에서는 1815년에 학생단체가 처음 모습을 나타냈고 그 후 대학생의 저항은 정치의 한 요소가 되었다.

프랑스의 경우 1814년 이후의 30년은 '사회적 집단으로서의 대학생'이 탄생한 시대였다.[70] 19세기에 발생한 프랑스의 모든 혁명에서 대학생은 중요한 작용을 했다. 그 뒤로 여러 국가에서 '현대' 교육기관에서 교육받은 대학생과 졸업생은 정치영역에서 갈수록 민족주의 색채가 뚜렷한 급진주의 세력이 되었다. 크리미아전쟁이 끝난 후 엄격한 통제를 받고 있던 다섯 개의 대학에서 러시아의 학생운동이 발전했다. 1861년에 처음으로 시위가 일어났다.[71]

인도에서는 1905년에 벵골의 분리에 반대하는 대중적 항의활동의 선봉에 대학생집단이 나서서 주도했다. 이것은 인도 민족주의 역사에서 민족독립을 주장한 첫 번째 사건이었다. 일본의 식민지 조선에서는 1919년 3월에 대학생이 전국적 범위의 반일항의활동을 일으켰고 200만 명이 넘는 조선인이 이때의 항의활동에 참여했다.[72] 이는 3·1운동이라 부른다. 그로부터 두 달이 채 지나지 않아 중국에서 5·4운동이라는 대학생 항의시위가 일어났다. 이것은 반제국주의 혁명과 문화혁명의 신호였다. 이때부터 혁명의 과정은 새로운 단계로 진입했다. 운동의 불길이 맹렬하게 타오른 지역에는 하나의 공통점이 있었다. 그 모든 지역에는 서방을 본떠 세운 대학이 있었고 대학은 학생의 정치적 의식을 깨우는 자유로운 공간을 제공했다.

식민지의 대학

1800년 이전까지는 신대륙에만 유럽식 대학이 세워졌다. 스페인이 통치하던 아메리카대륙에서 대학은 교회가 지배하는 문화생활의 체제 안에 있었다. 북아메리카 식민지에서 대학을 수립하는 건 자유로웠다. 그러한 사실은 대학의 숫자만 봐도 쉽게 알 수 있다. 현재 영국에는 1800년 이전에 세워진 대학이 두 곳밖에 없지만 미국에는 13곳이 있다. 캐나다에서 대학을 설립하려는 관심은 명백하게 적었다. 스페인령 안틸레스제도에서 독립적인 대학을 세우려는 시도는 없었고 크레올 엘리트들은 자녀를 더 높은 단계의 교육을 받도록 유럽으로 보냈다. 포르투갈령 아메리카에는 아예 대학이 없었고 1922년이 되어서야 브라질에 첫 번째 대학이 세워졌다.

1636년에 보스턴 부근에 대학 한 곳이 세워졌다. 이 대학은 3년 뒤에 학교 설립을 후원한 목사 존 하버드(John Harvard)를 기념하여 그의 이름을 붙였다. 이때부터 북아메리카의 영국 식민지는 유럽과 스페인령 아메리카를 뒤이어 세계에서 3번째로 대학이 많은 곳이 되었다. 예일대학, 프린스턴대학, 컬럼비아대학, 펜실베이니아대학, 럿거스대학이 이미 미국 독립혁명 이전에 세워졌다. 이들 대학은 각자의 특색을 갖고 있었고 조직형식도 달랐다. 이들 대학의 공통점은 상당히 높은 정도로 정치권력으로부터 독립되어 있다는 것이었다. 이들 가운데서 옥스퍼드나 캠브리지대학의 모형을 완전히 모방한 대학은 없었다.

스코틀랜드의 대학, 장로회 교단이 세운 교육기관, 비국교도 교육기관이 거의 똑같이 영향을 미쳤다. 이들 대학의 또 하나의 공통점은 모두 상대적으로 빈곤하다는 점이었다. 존 하버드가 남긴 넉넉한 유산은 극히 드문 예외였다. 대부분의 대학은 토지를 기증받았다. 그러나 토지자원이 지나치게 풍부한 나라에서 토지기증은 처음에는 별 가치가 없는 일이었다. 그러므로 초기 대학은 예외 없이 다양한 경로를 통해 자금을 모았는데 주된 자금원은 학비징수였다. 교수요원은 매우 적었다. 추산에 의하면 1750-1800년 사이에 북아메리카의 모든 대학에서 가르치는 교수의 합계 숫자는 210명을 넘지 않았다. 학교의 주요 설립목표인 신학자 양성을 제외한 학술인재의 전문적 배양은 매우 완만하게 발전했다.[73]

19세기 중반 이후가 되어서야 대학의 이상과 현실이 전 세계에 널리 전파되었다. 반(半)자치적인 영국제국의 정착이민 식민지에서 식민 당국과 도시 유지들은 대학 설립을 최고의 영예로 인식했지만 오랫동안 위대한 영국의 모형을 벗어날 기회가 없었다. 1850년 시드니에서 오스트레일리아의 첫 번째 대학이 태어났고 1869년에는 뉴질랜드의 첫 번째 대학이 태어났다.

유럽 각국의 '유색인종' 식민지에서는 당국이 현지의 고급인력을 양성하는 데 유리하다고 판단했을 때만 대학이 세워졌다. 식민정부 관리와 개척이민자의 자녀들은 계속해서 더 높은 교육을 받기 위해 대도시로 보내졌다.

식민지의 대학은 장기적인 자금부족을 겪었다. 이 때문에 대학의 발전도 제약을 받았고 박사학위를 수여할 자격도 갖추지 못했다. 그 식민지적 색채는 유럽인이라면 개인의 능력에 관계없이 학문적 등급의 최정상에 자리를 차지하게 되는 데서도 드러났다. 심지어 알제리처럼 상대적으로 오래되고 종주국과의 거리가 가까운 식민지도 1909년에야 처음으로 종합대학교를 갖게 되었다. 프랑스 식민정책이 고등교육 영역에서 가장 풍부한 독창성을 보여준 걸작으로 불리며 훗날 세상에 널리 명성을 떨치게 되는 하노이대학은 1917년에 설립되었다.

식민지의 대학이 몇몇 중등교육기관에서 성장하여 명망과 수준 높은 대학으로 성장한 것도 세기가 바뀔 무렵의 일이었고 대다수가 1차 대전 이후에 설립되었다. 이집트에서는 1909년에 몇 개의 독립된 학교가 합병하여 (사립) 이집트대학이 되었다. 아프리카에서 20세기에 들어와 결실을 맺은 대학의 설립의 구상은 아프리카인들이 1865년에 제시한 것이었다.

영국령 열대 아프리카 식민지에 능력 있는 대학이 세워진 때는 20세기 40년대였다. 모든 식민지 국가 가운데서 고등교육이 가장 널리 보급된 곳은 미국이 지배했던 필리핀이었다. 필리핀에서는 미국의 농업대학과 공업대학을 본뜬 국립대학이 1908년 마닐라에 설립되었다. 이 밖에도 각종 사립대학이 있었고 그중 일부는 선교사들이 세운 것이었다.

독일을 모형으로 한 고등교육 체계를 갖춘 식민지는 한 곳도 없었다. 하나의 종합대학 안에 자치를 누리는 여러 대학이 민주적으로 느슨하게 연결된 영국식 고등교육 모형도 아시아와 아프리카에 수출된 적이 거의 없었다. 식민지 대학의 조직 관리는 권위주의적인 성격이 비교적 강하고 교과과정의 설계는 종주국 수도의 교과과정과 식민 당국의 특수한 목적을 기준으로 하여 이루어졌다. 어떤 상황에서는 식민당국이 교육체계 가운데서 가장 높은 차원의 교육을 완전히 포기한 경우가 있었다.

네덜란드의 대학은 레이던대학을 위시하여 중요한 아시아 지역학 연구센터를 두고 있었다. 영국령 인도나 프랑스령 인도차이나와는 달리 인도네시아 현지에서는 지역학 연구가 별로 이루어지지 않았다. 2차 대전 이전까지는 네덜란드인은 인도네시아 엘리트의 교육욕구를 만족시키려는 생각을 해본 적이 없었다. 영국제국 내의 모든 인재가 참여하는 단기간의 '제국과학'의 구상——총독 커전이 이 계획을 지원했다——에 대응하는 계획도 네덜란드의 식민지에서는 찾아볼 수 없었다. 인도네시아가 독립하기 3년 전인 1946년에 이르러서야 법학과, 의학과, 철학과를 설치한 '인도네시아임시대학'이 설립되었다. 이 대학이 훗날의 '인도네시아대학'의 원형이었다.[74]

아시아 비식민국가의 학문전통과 새로운 시작

정치적으로 독립된 아시아와 아프리카 국가에서도 유럽식 대학모형의 채택은 세기가 바뀌고 나서야 시작되었다. 남아프리카는 영국 식민지 시기에도 아프리카의 어떤 국가보다도 교육기관의 수가 많았지만 1916년 이후에야 오늘날 우리가 보고 있는 대학체계의 기초를 놓았다.

근동지역에서 레바논은 예외였다. 레바논은 이 지역에서 고등교육이 가장 먼저 시작된 국가였지만 오스만제국 중앙정부가 주도한 것이 아니라 선교사들이 이식한 것이었다. 일련의 준비 작업을 거쳐 1910년에 개신교 선교사들이 세운 아메리칸대학(American University of Beirut)이 문을 열었다. 같은 시기에 프랑스 예수회선교사들이 세운 성 요제프대학(Université Saint-Joseph)이 문을 열었다. 이 대학의 모체는 단순한 신학원으로 출발하여 19세기 80년대에 들어와 의학부문이 증설되었고 프랑스 제3공화국 정부로부터 학위수여 자격을

인정받았다.[75]

오스만제국이 터키지역에서 시행한 가장 중요한 혁신정책은 이스 탄불대학(Univeristy of Istanbul)의 설립이었다(1900년). 이 대학은 네 차례의 시도 끝에 설립되었으며 주로 미국과 유럽 대학의 모형을 모 방하여 다섯 개 단과대학으로 구성되었다. 레바논의 대학과 다른 점 은 이스탄불대학에서는 처음부터 자연과학이 중요한 위치를 차지했 다는 것이었다.[76] 이스탄불대학은 오랜 오스만제국의 제도와 단절 된 새로운 대학이었다. 이 대학의 전신은 전통적인 신학과 종교율법 대학이 아니라 서방의 지식과 자국의 문화전통을 연구하는 반(半)사 립학교였다.

중국의 고등교육은 같은 시기에 시작되었고 본질적인 내용도 매 우 유사했다. 최초의 몇몇 대학은 모두 1895년 이후에 등장했다. 경 사대학당(京師大學堂, 베이징대학의 전신)이 1898년에 문을 열었다. 1911년 신해혁명이 일어났을 때 전통적인 학문연구기관은 거의 사 라지고 없었지만 (여기서도 또 한번 오스만제국과 마찬가지로) 학문을 중시하는 전통적 가치와 관념은 사라지지 않았다. 한 예를 들자면 전 공과목을 나누는 것에 강렬한 반대가 있었고 1905년 과거제도가 폐 지되기 전까지 유학자들은 거의 모든 지식영역에서 자신의 능력을 증명해 보여야 했다.

제국시대의 중국에서 비판적 사유가 결핍되지 않았다는 사실을 지 적해두어야 한다. 한편으로 중국에는 문헌학을 통해 전통에 의문을 제기하는 선진적인 연구방법론이 있었고 다른 한편으로 위로는 황 제에 이르기까지 고위 관리의 행위가 성현의 가르침을 벗어났을 때 정치적 간언은 법률로 보장되어 있었다. 그러나 과거제도가 폐지되 기 전까지는 시험문제를 출제하는 최고 정부기관의 문화적 권위는 비판의 대상이 될 수 없었다. 정부 기구 밖에서의—예컨대 지방 서 원에서의—솔직한 비판이 먼저 새로 등장한 대학이라는 공공 여론의 공간 속으로 진입해야 했다.[77] 대학의 자치를 인정하지 않는 모든 국가에서 이것은 매우 어려운 과정이었다. 이 과정은 일부 지역에서는 아직도 완결되지 않고 있으며 특히 공개적인 토론의 경험이 많지 않은 곳에서는 수많은 장애에 부닥치고 있다.

중국 대학의 기원은 다양한 경로를 갖고 있다. 1898년 설립된 경사대학당은 일본의 도쿄대학을 참조했고 도쿄대학은 프랑스와 독일로부터 큰 영향을 받았다. 1차 대전 기간 동안 일본의 중국 침략정책이 강화되고 있을 때 사회적 발언권을 확대해가고 있던 중국 지식인들 가운데서 일부는 일본을 모방하는 일을 멈추고 유럽과 북아메리카의 대학으로 눈을 돌렸다. 종교단체가 세운 몇몇 대학은 1차 대전 이후 이 나라에서 가장 좋은 대학이 되었고 학술분야에서 첨단을 달렸지만 출발점의 모형은 유럽과 북아메리카의 대학이었다.

20세기 20년대에 들어와서야 중국에서 다양한 유형의 대학이 나타나 학술공동체를 형성했다. 저명한 학자 차이위안페이(蔡元培)가 교육개혁의 가장 강력한 주창자이자 추진자였다. 그는 1917년부터 베이징대학의 교장을 맡아 독일 모형을 모방하여 이 대학을 연구중심의 종합대학으로 개조했다. 이 과정에서 그는 연구와 교수를 통일시키는 원칙을 중시하였는데 이것은 식민지 대학에서는 찾아보기 어려운 특징이었다.

가장 힘든 조건에 놓여 있던 민국시기의 중국에서 높은 수준의 과학연구 활동이 —1928년에 설립된 중앙연구원(Academia Sinica)을 포함하여—나타났다. 고대로부터 이어져온 학문의 전통을 갖고 있던 중국에서 청 왕조 말기에 과학연구는 후퇴하였다가 민국시대 초기에 와서 과학연구 영역에서 세계적으로 중요한 역할을 하고 있는 오늘날의 중국의 기초가 확립되었다.

일본은 아시아에서 다른 경로로 발전한 유일한 국가였다. 현대 이전 시기 일본의 조건은 중국에 비해 유리했던 것만은 아니었다. 그러나 일본이 유럽의 지식을 흡수한 과정은 예수회 선교사의 활동이 정지되자 지식수입이 한 순간에 중단된 18세기 말의 중국과는 달랐다. 19세기 초, 난학(蘭學)을 기반으로 한 일본의 유럽 과학지식에 대한 태도는 더욱 개방적으로 변해갔다.

1840년부터 에도(江戶, 지금의 도쿄)에서는 서양의 외과 수술과 의학을 배울 수 있었다. 메이지정부는 1868년부터 서방지식의 체계적인 응용을 시도했다. 1877년 설립된 도쿄대학(東京大學)은 전적으로 서방과학 지향적이었으며 일본 문학과와 중국 문학과의 설치를 포기했다. 개인의 공헌을 무시해서는 안 되겠지만 대학개조에 대해 일본 정부는 아시아의 어느 정부보다 강력한 지지를 보냈다. 1886년 3월 18일 반포된 제국대학령은 앞으로 건립되는 대학은 '국가가 필요로 하는' 과학과 예술을 가르쳐야 한다고 규정했다.[78] 규모와 수량 면에서 대학이 끊임없이 발전하여 다양한 내용을 갖춘 일본의 고등교육 체계를 능가하는 나라는 미국과 소수의 유럽 국가뿐이었다.

정부의 강력한 역할에도 불구하고 메이지시대 말기의(대체로 1880년 이후) 대학 교수는 머리를 조아리며 상부의 명령에 순종하는 무리가 아니었고 방대한 기구 속의 작은 톱니바퀴 같은 존재가 아니었다. 일본의 대학은 프랑스와 특히 독일 대학의 조직형태를 흡수했을 뿐만 아니라 비정치적 토론과 연구의 장소라는 대학의 설립이념도 흡수했다. 메이지시대의 학술 엘리트들은 두 종류의 '관리'의 특색을 한 몸에 갖추었다. 프리츠 링어(Fritz K. Ringer)가 지적했듯이[79] 그들은 한편으로는 중국 고대 문인의 자아의식과 독립정신을 계승하면서(중국의 문인 전통을 모방하는 일본인 가운데서 당연히 관리는 거의 없었다) 다른 한편으로는 권위주의와 자부심으로 가득 찬 독일의 학술 '관리'를 역할 모델로 받아들였다. 그러나 그들의 대우는 독일의 관리에 미치지 못했고 중국 관리와도 비교될 수 없었다.[80]

연구형 대학의 이상과 모형

안정적으로 연구자금이 지원되고, 연구성과를 즉각적으로 활용해야 하는 압력을 받지 않으며 필요한 설비(실험실, 도서관, 학교 밖의 연구 거점 등)를 충분히 갖춘 조건하에서 진행되는 연구는 19세기 유럽대륙 대학의 이상이자 대학이념의 중요한 요소였다. 이런 요소는 '교육'기관이라는 일반적인 제도로서의 대학보다 수출하거나 수입하기가 어려웠다. 근대 초기에 일부 대학은—대표적으로 네덜란드의 레이던대학—은 스스로 연구형 대학이라 자부했다. 그러나 오늘날에도 여전히 뛰어난 성과를 내고 있는 '통합형' 연구대학의 모형은 근대와 현대의 과도기, 더 정확하게 말하자면 18세기 70년대와 19세기 30년대 사이에 독일의 신교 지역—괴팅겐, 라이프치히, 마지막으로는 훔볼트와 슐라이어마허가 활동하던 베를린—에서 처음 등장했다.[81]

독일의 모든 대학이 연구형 대학은 아니었다. 연구형 대학은 탁월한 성취 때문에 주목받는 소수의 대학이었다. 이런 대학은 본질적으로 분산된 과학계의 과제를 집중 연구했다. 독일에서는 대학 이외에도 연구기관이 있었다. 19세기 말이 되자 새로운 연구기관(제국물리-기술연구소Physikalisch-Technische Reichsanstalt, 카이저 빌헬름협회Kaiser-Wilhelm-Gesellschaft 등)이 생겨났지만 독일 개혁가들의 기본 구상은 연구 기능을 연구기관으로부터 대학으로 옮기고 독립적인 연구기관을 대학의 깃발 아래로 결집시키는 것이었다.

이리하여 대학은 전보다 더 장기적인 목표를 갖게 되었다. 대학은 처음으로 연구기관, 학자단체(예컨대, 영국의 자연과학 핵심단체인 왕립협회Royal Society), 박물관 혹은 식물원 이외의 과학연구를 주도하는 기관이자 학문공동체가 형성되는 중요한 사회적 공간이 되었다.[82] 또한 대학은 결과를 어떻게 응용할 것인가를 고려하지 않고도 연구를 수행할 수 있는 기회를 제공했다. 그 결과 이론물리학이라는 새로운 학문영역이 — 세기가 바뀔 무렵에 이 학문영역은 중요한 발전기를 맞는다 — 주도적인 지위를 차지하던 실험물리학으로부터 분리되어 나올 수 있었다.[83]

연구형 대학이라는 모형은 종교개혁 이후로 고전파와 낭만파 음악을 제외하면 독일의 — 당연히 오스트리아도 포함되어야 한다 — 가장 중요한, 지역적으로 정도의 차이는 있었지만 세계적으로 영향을 미친 문화수출품이었다. 그러나 독일 모형의 결점도 무시되어서는 안 된다. 고등학교 졸업자격(아비투르Abitur) 시험만 통과하면 대학입학이 보장되는 규정 때문에 대학체제는 학생수 과다라는 위험을 안게 되었다. 독일의 고등교육은 국가에 의해 완전히 장악되었고 다시 주(州)로 관할권이 위임되었다. 독일의 교육받은 중산계급과 기술전문가는 이런 제도를 통해 양성된 결과물이었으며 독일제국 시기에 대부분 엘리트의 편협한 국가주의 성향은 이런 제도가 시발점이었다. 영국과 미국에서는 오늘날까지도 세 번째 단계 교육부문의 과제로 인식되고 있는 교양교육(liberal education)은 독일에서는 김나지움을 졸업하면 끝나버린다. 독일의 대학은 전문 인재를 양성하였으며 인격형성에는 관심을 두지 않았다. 연구와 강의에서 독일의 대학만큼 세밀하게 전문화된 나라는 없었다.[84]

유럽에서 늦게 채택된 독일모형

유럽에서 독일모형은 열광적인 모방의 대상이 아니었다. 1800년 무렵, 개별적인 예외를 제외하면 과학의 발전은 주로 프랑스, 영국, 독일에 집중되어 있었다. 이탈리아와 네덜란드는 이 세 과학 강국보다 뒤져 있었다. 스칸디나비아 반도 국가들은 언어학과 고고학 영역에서 뛰어난 업적을 보여주었고 러시아는 자연과학 분야에서 몇 가지 중요한 기여를 했다(예컨대, 멘델레프Mendeleev가 1869년에 만든 원소주기율표). 많은 관찰자가 19세기에 3대 과학 선도국가에서 과학의 무게중심이 바뀐 상황을 목격했다. 프랑스와 영국도 중요한 과학적 발견을 계속했지만 독일과 비교했을 때 이 두 나라의 과학적 발견은 대학 바깥의 연구기관에서 이루어진 것이 더 많았다.

나폴레옹 치하에서 설립된 수준 높고 엄격하게 권위주의적으로 관리되는 대학(les grandes écoles)은 정부기관의 핵심 간부와 토목기술 엘리트를 양성하는 요람이었으나 자연과학과 고대 언어와 문학 분야는 중시하지 않았다. 영국의 옥스퍼드대학과 캠브리지대학은 전통적으로 성직자 양성에 주력해왔고 오랫동안 자연과학을 받아들이지 않았으며 과학실험실을 만드는 데는 전혀 관심을 보이지 않았다. 이런 태도의 배후에는 고등교육은 시와 산문을 깊이 연구하는 것이며 병원, 법원, 박물관 같은 실용교육과는 엄격하게 구분되어야 한다는 관념이 자리 잡고 있었다. 이런 관념은 중국에서도 당연한 이치로 받아들여지고 있었다. 지질학이 대학에 설치된 최초의 자연과학 과목이었던 이유도 돌을 '자연의 책'으로 파악했기 때문이었다.

찰스 다윈의 아버지는 부유한 의사이자 투기상인이었고 외조부 조시아 웨지우드는 영국 공업화 초기의 선구적인 기업가 가운데 한 사람이었다. 영국에서 다윈 같은 신사학자(gentleman scholar)는 여전히 중요한 의미를 지녔지만 독일에서는 알렉산더 폰 훔볼트 이후로 그런 상황은 상상도 할 수 없었다.

멘델(Gregor Mendel)은 개별적인 현상이었다. 그는 브르노(Brno, 체코공화국의 도시)의 아우구스티노 수도원에서 칩거생활을 하던 중에 위대한 유전학적 발견을 한 천재였다. 그러나 30여 년에 이르는 긴 시간 동안 그의 업적은 학계의 주목을 받지 못했다. 프랑스와 영국의 과학 분야에서 학회는 ── 일부는 19세기에 새로 생겼다 ── 오래 전부터 특별한 영향력을 발휘했다.

근대 초기와 마찬가지로 영국의 자연과학계에서 런던은 옥스퍼드나 캠브리지보다 훨씬 더 중요한 중심이었다. 이 도시에 다양한 영역에서 전국적인 영향력을 가진 학회가 모여 있었다. 고등교육 분야의 현대적인 발전추세는 런던대학(University of London) 내부의 전문기관에서 시작되었다.

노벨상은 아직 만들어지지 않았다(첫 번째 노벨상은 1901년에 수여되었다). 학문적 업적을 계량적으로 평가하는 방식은 아직 나오지 않았고 명성은 개별적인 연구 작업에 대한 학자들 사이의 개인적인 정보교류를 통해 형성되었다. 이런 교류는 시발점에서부터 국제적이면서 동시에 국가적인 차원에서 이루어졌다. 독일의 과학자들은 독일이 민족국가로 통일되기 수십 년 전부터 하나의 단체를 형성했다. 그들은 자신의 업적과 알렉산더 폰 훔볼트의 과학외교를 통해 유럽 과학계와 긴밀하게 연결되었다.

19세기 중반부터 몇몇 국가의 학술단체들이 서로의 활동을 세밀하게 관찰하기 시작했다. 과학은 국가 간의 경쟁이 벌어지는 공공의 무대가 되었다. 미생물학자 루이 파스퇴르와 로베르트 코흐가 경쟁을 벌였다. 빌헬름 뢴트겐이 X-선의 발견을 공개했을 때 황제 빌헬름 2세는 이 미래의 노벨상 수상자에게 전보를 보내 조국 독일에게 이처럼 거대한 성취를 허락한 하느님께 감사드린다고 말했다.[85]

과학, 기술, 공업, 국력의 결합이 보다 명료해졌다. 영국의 대중은 1867년 파리 세계박람회에서 영국의 명예가 실추되었다고 생각했다. 프랑스인들도 1871년에 프랑스가 신생 독일제국에 패한 것은 교육과 과학의 낙후 때문이라고 생각했다. 프랑스의 대중은 정부를 향해 '독일모형'을 따라 대형 종합대학을 세우라고 강력하게 요구했다. 이 요구는 프랑스 제3공화국이 안정된 1880년 무렵에야 실현되었다. 그 후 1896년에 현대적인 프랑스 고등교육 체계를 세우기 위한 법률적 기초가 마련되었다.

그럼에도 불구하고 근현대 과도기 이후로 독일 대학의 독특한 연구 속성은 기타 국가에서는 원산지 국가에서만큼 환영받지 못했다.[86] 프랑스의 현대 고등교육 체계의 형성은 일본보다 빠르지 않았다. 영국에서는 분산된 학술연구 구조가 20세기에 진입할 때까지 고등교육 체계의 등장을 막고 있었다. 캠브리지대학과 옥스퍼드대학은 19세기 중반 이후로 교육방식의 현대적 개혁에 착수하고 서면시험 없이도 학위를 주던 전통과 연구원의 금혼규칙을 폐지했다. 두 대학은 1차 대전 이후에 대량의 연구원이 자연과학 연구에 투입된 연구형 대학으로 변했다. 신형 실험실의 연구비용이 올라가자 단과 대학이나 학과의 예산 범위를 초월한 집중관리형 재정계획이 필요해졌다. 영국에서는 지금도 이공계 대학이 독일, 프랑스, 스위스, 일본만큼 중요한 지위를 누리지 못하고 있다.

1858년 스위스 취리히에 설립된 연방이공대학(Eidgenössischen Technischen Hochschul)은 이공대학 설립의 첫 사례였다. 캠브리지대학은 1919년에야 처음으로 자연과학 전공자에게 철학박사(Ph. D.) 학위를 수여했다. 이것은 독일과 미국에서는 일찍부터 보편화된 제도였다.[87] 옥스퍼드와 캠브리지에서 교원 선발의 근친교배는 외부로부터 신선한 사상의 유입을 막는 거대한 장애물이었다. 이 현상을 통제하는 데도 오랜 시간을 소비해야 했다.

미국대학의 흥기

반세기가 지나서야 유럽의 기타 과학기술 강국들은 수정을 거쳐 독일식 연구형 대학 모형을 받아들였다. 유럽 이외의 지역에서 독일 대학의 모형은 이 보다 앞서 큰 영향을 미쳤다. 세계에서 두 번째로 연구형 대학이 대학의 형태로 자리 잡은 국가는 미국이었다. 그러나 식민지시대가 끝나기 전이든 내전 시기 이전이든 미국대학의 효율성을 과대평가해서는 안 된다. 미국의 한 저명한 역사학자는 1780-1860년의 시기를 '허황한 새벽'(false dawn)이라고 불렀다. 그의 주장을 따르면 진정한 의미에서 미국의 연구형 대학이 주도권을 잡은 시대는 1945년 이후다.[88] 내전이 끝난 후 20년 동안에 비로소 주요 학문영역에서 프랑스, 독일, 영국에서 19세기 30년대에 이미 나타났던 것과 유사한 학술공동체가 형성되었다. 당시 미국인들은 독일의 연구형 대학 모형에 대해 진지하게 연구하기 시작했다. 1876년 볼티모어에 대형 종합대학인 존스홉킨스대학(Johns Hopkins University)이 설립되면서 독일식 연구형 대학이 처음으로 대서양을 건너 모습을 드러냈다. 다른 지역에서는 이런 모형을 받아들이기를 주저했다. 연구란 명성을 높이기 위한 사치일 뿐 대학의 핵심 기능이 아니라는 게 일반적인 인식이었다.[89]

19세기 마지막 사반세기의 경제적 번영이 없었더라면 미국의 대학은 기적처럼 흥기하는 정도로까지는 발전하지 못했을 것이다. 미국의 대학은 존 하버드와 엘라이후 예일(Elihu Yale) 시대 이후로 개인의 출연과(出捐) 기금에 의존해왔다. 1850년 이후 부유한 개인들이 학술연구를 후원하는 일이 늘어났다. 1880년부터 미국의 부는 폭발적으로 늘어났고 대학을 설립하여 자신의 이름을 영원히 후세에 알리려는 부호들이 속출했다. 익명으로 컬럼비아대학에 돈을 댄 존 록펠러(John D. Rockefeller) 같은 사람도 있었지만 철도, 담배, 강철업계 거물들의 이름이 오늘날까지도 대학의 이름으로 남아 있다.

종교적 배경을 가진 대학도 많았다. 새로 세워진 대학의 건물은 한결같이 네오고딕풍이었으나 때로는 팔로알토(Palo Alto)에 스탠포드 집안의 취향을 반영하여 지은 지중해풍의 대학건물도 있었다. 구식의 미국대학은 학교의 규모면에서나 내용면에서도 좁고 평범했다. 도서관, 실험실, 체육시설을 갖추기 위해서는 더 넓은 토지가 필요했다. 유럽과 비교할 때 부유한 미국 중산계급의 자부심은 화려하고 웅장한 대학 건물로 표출되었다. 시카고 같은 대도시에서도 대학 건물은 도시의 건축적 압권이었다.

독일의 영향은 주로 연구형 대학을 만들겠다는 구상을 구체화한 학과와 단과대학의 설치에서 나타났다. 독일과 다른 점은 국가가 계획을 세우고, 통제하고, 자금을 댄 대학은 소수의 공립대학에 한정되었다는 것이었다. 빠른 속도로 성장한 선두 대학들은 자체적인 내부 행정관리 체제를 갖추었다. 이 시기에 사회적으로 명성이 높은 교수라도 대학 내부에서는 행정관리에 복종해야 하는 고용인으로 인식되었다. 대학교의 총장은 점차 기업가처럼 처신하는 경향이 강해졌다. 행정 관리자, 교수, 학생 사이에서 자신이 속한 대학에 대한 자부심과 교육과 과학의 냉정한 시장경제 논리는 하나로 통합되어 있었다. 이리하여 19세기 말 대서양 건너 쪽에 특유의 미국식 연구형 대학이 뿌리를 내렸다.[90]

일본, 절반만 도입된 독일 모형

미국과 비교할 때 1차 대전 이전 일본의 대학 발전은 아직 미약했다. 현대적이라고 하는 학과는 모두 도쿄대학과 또 하나의 제국대학에 집중되었으나 미국의 대학이나 일부 독일의 대학처럼 풍족한 재정지원은 받지 못했다. 의학부와 공학부가 가장 많은 재정지원을 받았다. 일본도 우선 이 두 영역에서 국제적인 수준의 업적을 냈다. 기타 영역에서 일본은 여전히 서방과학에 의존하는 정도가 높아서 연구자들의 강의내용은 교과서의 내용을 되풀이하는 수준을 넘지 못했다.

이 무렵 수백, 수천 명의 유럽과 미국 유학생이 귀국했다. 귀국 후 학계의 지도적인 직위를 맡은 사람들은 미세한 부분까지도 서방에서 배운 대로 모방했다. 대학의 여러 학과를 설치하는 데 있어서도 서방의 고문이 중요한 역할을 했다. 그들의 역할은 메이지시대 말기에 가서 점차 줄어들었다. 일본이 초빙한 전문가는 8,000여 명에 이르렀고[91] 이들은 자연과학이나 의학뿐만 아니라 법학과 역사학의 발전에도 결정적인 기여를 했다. 베를린의 역사학자 한스 델브뤼크(Hans Delbrück)의 제자 루드비히 리스(Ludwig Rieß)는 제국대학의 교수로 일하는 동안(1887-1902) 문화의 전달자이자 초기 전문학술기관의 창설자로서 중요한 역할을 수행했다.

전문가를 해외로부터 초빙할 때 보수는 풍족했으나 체계적으로 초빙할 수 없었던 탓에 일본으로 와서 자기 분야를 개척해나간다는 것이 모든 사람의 꿈은 아니었다. 많은 경우 초빙된 전문가는 앞날을 운에 맡길 수밖에 없었다. 루드비히 리스의 경우도 지식 수입의 한계를 드러내 보였다.[92] 일본인들은 독일 역사학파가 제시한 사료비판과 실증주의를 흡수했으나(이것은 일본이 중국에서 배워온 고증학과 잘 융화되었다) 독일 역사학의 철학적 방법론과 문학적 서술 기교는 받아들이지 않았다. 일본 역사학은 리스의 스승이 누렸던 대중적 호소력을 배우지 못했다. 역사연구의 범위는 좁고 전문적이어서 같은 시기에 메이지유신 제도가 새롭게 만들어낸 민족신화——허구의 황실혈통——에 대해서는 연구하지 않았다. 일본인들이 칭송하여 마지 않던 독일의 역사학과는 달리 일본 역사학은 인문학 영역이나 교육받은 중산계급 집단 사이에서도 주도적인 학문분야가 되지 못했다.

일본의 초기 고등교육 체계의 또 하나의 약점은 도쿄대학을 움직일 수 없는 정점으로 하여 형성된 극단적인 등급질서였다. 이 질서는 미국과 독일에서 볼 수 있던 대학 사이의 경쟁을 차단했다. 독일의 고등교육 체계는 많은 부분의 관리가 분산된 연방제 체계였고 그 노동시장에는 독일제국 이외에도 오스트리아, 보헤미아(주로 프라하), 스위스의 독일어 사용지역이 포함되었다.

그럼에도 불구하고, 아무리 늦어도 20세기 20년대 무렵에는 국제학술계에 동아시아에서 (유럽 대학의 조직형태뿐만 아니라 연구형 대학의 속성까지 도입한) 연구중심의 학문체계가 발전하기 시작되었다는 사실이 분명하게 알려졌다. 이 방면에서 중국과 일본을 한 축으로 하고 오스만제국을 다른 한 축으로 하는 문화 사이에는 차이가 있었다. 터키의 과학사 학자 에크멜레딘 이사놀루(Ekmeleddin İhsanoğlu)는, 중국이 유사한 개혁을 시도하기 수십 년 전에 오스만제국의 개혁 엘리트들은 서방의 지식을 번역하거나 서방 전문가들로부터 '사들이려' 시도했으나 이러한 노력은 실험적인 정신과 개방적인 연구문화가 싹을 틔우기 전에 멈추고 말았다고 주장한다.[93]

4. 지식의 유동성과 번역

상이한 수용 모형

이처럼 새로운 조직형태 속에서 꽃을 피운 과학의 발원지는 유럽이었다. 1900년 무렵 보편적인 지식체계 속에 수용된 비유럽 지식은 소량에 불과했다. 중세 아랍세계의 자연과학은 동시대 라틴 서방의 자연과학 수준을 초월했고 고대 인도인은 뛰어난 수학자이자 언어학자였지만 19세기 유럽의 과학은 비유럽인에게 빚진 게 없었다. 비유럽인에게 빚진 과학 분야는 대량의 표본을 수집, 분류, 제도(製圖)할 때 아시아 현지 전문가의 도움을 받아만 했던 근대 초기의 자연지리학(Naturbeschreibung) 정도였다.

18세기에 유럽인은 아직도 아시아로부터 방직기술과 농경방법 ─ 시비(施肥)와 윤작(輪作) ─ 을 배울 수 있다고 생각했다.[94] 19세기가 되자 유럽인의 타자의 실용지식에 대한 신뢰는 사라지기 시작했다. 19세기 말에 유럽인의 자부심이었던 '과학' 식민주의가 알아낸 것은 현지 농민들이 오래전부터 익히 알고 있던 농경 상식이었고 유럽인은 현지인이라면 손쉽게 지적할 수 있는 실수를 흔하게 저질렀다. 식민 자폐증이 정점에 이르렀을 때 유럽인은 기껏해야 도로건설과 주택 공사에서나 현지 안내인의 지형 지식과 현지 장인의 기능을 이용할 뿐이었고 다른 방면에서는 타자의 지식을 거들떠보지도 않았다.

그러나 비유럽 문화의 '현지 지식'을 낭만화하는 것은 유치한 일이며, 확장중인 유럽이 현지 지식을 압박한 상황을 흑백 구분 없이 일괄적으로 비난하는 것은 불공정한 일이며, 불공정한 평가는 단순한 무시보다 더 심각한 잘못이다. 아시아와 아프리카의 엘리트들은 유럽과 갈수록 더 많이 미국으로부터 나오는 자연과학과 기술지식의 중요성을 인식했다. 그들은 그 지식을 흡수하고, 시험하고, 비유럽 언어와 사고방식으로 번역했다. 이를 통해 자신들의 고유한 전통이나 경험과 접목시키고 전파하려 했다.

개별적인 지식의 이동성은 차이가 많았다. 어떤 지식은 다른 지식보다 쉽고 빠르게 움직였다. 유럽 지식은 내재적 우월성 때문에 자연스럽게 전 세계로 확산되었다는 오래된 관념은 전혀 설득력이 없는 것은 아니지만 지나치게 단순한 평가였다. 이런 평가는 지식의 접촉과 전파 과정이 일어난 특수한 문화적·정치적 상황을 무시한다.[95]

역사학자 나카야마 시게루(中山茂)가 동아시아 각국의 지식수용 모형을 조사한 바 있었다. 유럽의 수학과 일본의 수학은 구조와 부호로 보면 각자 자기 완결적이어서 두 체계는 양립할 수 없었다. 그런 탓에 1868년 메이지유신 직후 일본 수학은 빠르게 사라졌다. 그 이유는 일본의 수학이 '더 낙후'해서가 아니라 일본 수학자의 처지에서는 옛 체계를 수정하는 것보다 새로운 체계를 받아들이는 것이 더 실용적이고 경제적이었기 때문이다.

의학의 발전은 이와는 전혀 달랐다. 이 영역에서 중국이나 일본 의학은 수입된 서방의학과 나란히 온전하게 유지되었으며 두 지식체계는 융합되지 않았다. 두 체계는 과거에나 현재에도 이론적으로는 연결되지 않으면서 임상적으로는 연결되었다. 그러나 일본은 모든 지식의 수입정책에서 중국이란 오래된 스승의 영향으로부터 탈피하여 서방 현대화 학습의 우등생이 되는 것을 목표로 삼았다.

일본의 토착 의학은 메이지시기에 과학으로서의 지위를 상실했고 신식 대학은 아예 학과를 설치하지 않았다. 그러나 토착 의학은 민간 의술로 전락했으면서도 여전히 활용되었다.

나카야마 시게루는 천문학 영역에서 또 하나의 지식수용 모형을 발견했다. 일찍이 17세기에 예수회 선교사들이 유럽의 천문학을 중국에 알렸다. 그들이 계산해낸 수치와 계산방식은 중국 천문학의 역법과 쉽게 융합하였으므로 황권의 합법성을 받쳐주던 궁정 천문학의 전통적 지위는 예수회 선교사들의 공헌 덕분에 한 층 더 공고해졌다. 두 세기 반에 걸친 긴 시간 동안 누구도 서방 천문학이 '현대적'이라거나 우월하다고 생각하지 않았다. 중국 천문학이 사라진 주요한 원인은 관념적 경쟁에서 열세에 처했기 때문이 아니라 사회적 기능을 상실했기 때문이었다. 중국과 일본이 궁정 천문학자의 직무와 역법의 국가관리를—19세기 말에 이르러서야!—폐지하자 상황이 종결되었다. 유럽과 미국에서 교육받은 젊은 천문학자가 빠르게 신식 대학 안에 새로운 학과를 설치했다. 그전까지는 수입된 과학이 토착 전통을 강화하는 작용을 했다.[96]

서양지식 전파의 길은 굴곡이 심하고 예측이 불가능했다. 우리가 익숙하게 잘 알고 있는 국제적인 학자단체는 20세기 후기에 등장했다. 19세기에 비유럽 지역의 학자들은 당시의 연구 상황을 파악해야 했을 뿐만 아니라 과학적 세계관 전부를 배워야 했다. 예수회 선교사들이 이미 17, 18세기에 중국학자들에게 유클리드 기하학과 뉴턴 물리학의 기본 개념을 소개했지만, 19세기 60년대가 되어서야 뉴턴의 『수학 원리』(*Principia Mathematica*)와 유클리드의 『기하학 원본』(*Elements of Geometry*)의 완역본이 나왔다.[97]

이 무렵 개신교 선교사들과 중국학자들이 긴밀하게 협력하여 번역 작업을 시작했다. 이들은 우선 서방의 교과서에 담긴 정보를 축약하려 했는데 서방 교과서 자체가 특수한 연구 성과의 축약판이자 통속판이었다. 20세기 초가 되자 중국의 자연과학자들은 영어와 독일어로 쓰인 전문 문헌을 거의 전부 해독할 수 있었다. 그때도 그랬고 그 후에도 그랬지만 서방인을 '따라잡으려는' 노력은 결국 벽에 부닥칠 것이라고 조소했다. 그러나 다른 시각도 가능하다. 문인문화의 강고한 전통을 고려한다면 존경할만한 것은 불과 수십 년이란 짧은 시간 안에 일본, 중국, 오스만제국이 서방의 지식을 수용할 수 있었다는 사실이다. 오직 일본에서만 정부가 재정지원을 통해 계획적으로 문헌번역 사업을 지원했다. 선교사가 중요한 지식전파의 매개역할을 했던 중국에서는 번역은 개인적인 행위로 머물렀다.

언어의 관점에서만 보더라도 번역은 거대한 도전이었다. 라틴어로 된 과학용어에 적응하려는 시도는 근대 초기에 여러 곳에서 있었지만 안정된 학술용어 목록은 만들지 못했다. 예수회 선교사들이 선정한 용어는 19세기에 들어와 중국에서 항상 비판과 교정의 대상이었다. 일본의 상황도 마찬가지였다. 몇 명의 번역자가 한 분야에서 공동작업을 했다. 통일되고 고정적인 전문용어를 찾아내기 위해 번역자들은 광범위한 토론을 벌였고 이 때문에 번역은 오랜 시간이 걸렸다.

철학, 신학, 법학과 인문학 영역에서 개념을 확정하는 일은 더욱 어려웠다. '자유', '권리', '문명' 같은 서방에서 기원하여 복잡한 의미론적 해석이 가능한 개념은 직접 일본어, 중국어, 아랍어 또는 터키어를 사용하여 분명하게 표현할 수 없었다. 각자의 문화와 언어는 특유의 복잡한 의미세계를 갖고 있었다. 새로운 서양의 개념은 낯선 용어로는 번역할 수 없었기 때문에 수용하는 쪽의 언어적 맥락에 부합하도록 서술해야 했고 이 과정에서 원어에는 나오지 않는 미묘한 표현의 색깔을 찾아내야 했다. 1870년 무렵 일본의 사전 편찬자들과 번역가들은 영어 'liberty'의 의미를 전달하기 위해 각자 독특한 개념을 지닌 한자로 된 네 개의 용어를 사용했다. 그중에서 하나의 개념이 점차로 표준 번역으로 자리 잡았고 그것이 '자유'("아무런 제약 없이

자신의 의도를 따름")였다.[98]

'과학'이라는 단어도 생소하기 때문에 깊이 연구해야 할 개념이었다. 다시 중국의 예를 들어보자. 고대 중국어 어휘 가운데서 서학의 '과학'과 가깝지만 완전히 일치하지는 않는 의미를 지닌 단어가 여럿 있었다. 전통적인 개념인 '치지'(致知)의 뜻은 "완전한 이해에 도달함"이며 '격치'(格致)는 "사물의 도리를 깊이 연구하여 지식을 얻음"이다. 19세기의 중국 문인들은 누구나 이 두 단어에 포함되어 있는 '지식'의 의미가 12세기 이학(理學)의 배경으로부터 나온 것임을 알고 있었다.

19세기 60년대부터 격치의 개념이 차츰 '과학' 또는 '자연과학'의 번역어로 고착되었다. 그러나 이 밖에도 일본에서 들어온 '과학'이란 개념이 대략 1920년 이후로 통용되었고 지금은 이것이 'science'의 공인된 번역어다.

'과학'이란 단어는 지식을 추구하는 과정보다는 지식의 분류, 특히 학과의 조직체계를 더 강조한다. 1915년 이후 신문화운동의 지도자들은 이 개념의 좁은 범위와 정태성(靜態性)에 불만을 품고 과학의 현대적 의미를 강조하기 위해 차라리 'science'를 음역한 '賽因斯'(새인사, 사이인스)를 사용하자고 주장했다. 과학의 개념을 설명하려는 후기 유학의 긴 신조어 목록은 지식체계를 표현하는 목적 이외에도 경직된 전통을 벗어나려는 도덕적 각성과 계몽주의와 비판적 사고를 통해 중국문명과 민족의 부활을 추구하는 의지를 담고 있었다.[99]

예술과 비이성주의와 바꾼 과학?

긴 19세기 동안 전 세계 지식 유통의 통로는 다른 어떤 시대보다도 더 일방통행이었다. 서방의 자연과학은 세계 기타 지역의 자연과 관련된 지식의 가치를 하락시켰다. 그 결과, 서방이 20세기 중반부터 새롭게 발견하기 시작했고 지금도 영향력이 증대되고 있는 중국과 인도의 의학과 약학은 19세기에는 눈길을 끌지 못했다. 동방과 서방 사이에서 쌍방향으로 이동한 것은 미학과 종교뿐이었다. 여기에 말하는 것은 문화의 경계를 뛰어넘어 보편적이며, 검증 가능한 연구와 과학적 비판과정을 거쳐 이미 입증된 지식이 아니라 영성과 새로운 예술적 영감의 원천을 찾는 서방에게 보여준 아시아(훗날에는 아프리카)의 반응이었다. 인도인, 중국인, 일본인과 서아프리카 베냉(Benin)인은 유럽에 자신의 문화를 선전한 적이 없었다.

1897년 영국의 '토벌대'가 베냉에서 약탈한 다량의 상아와 청동 작품은 유럽을 놀라게 했다. 서방 예술가와 철학자들은 그것들을 직접 보기 위해 낯선 땅으로 찾아갔고 그곳에서 발견한 것으로 자신의 필요를 충족시켰다. 낭만주의 시인 셸링(Friedrich Wilhelm Joseph Schelling)과 철학자 크로이처(Friedrich Creuzer) 같은 사람은 동방의 '신비'에 깊이 매료되었다. 18세기 80년대부터 여러 유럽 언어로 번역된 고대 인도의 산스크리트(Sanskrit)어 문학은 수십 년 동안 서방 지식인들 사이에서 강한 관심을 불러일으켰다. 쇼펜하우어는 새로 번역되어 나온 힌두교 경전에 매료되었다. 그 시대 미국의 저명한 철학자 에머슨(Ralph Waldo Emerson)은 힌두철학 연구에 빠져들어 기독교와 계몽시대 이성주의의 유아독존을 비판하고 서방은 사상적으로 존경스러운 동방에 접근해야 한다고 호소했다.[100]

1857년, 일본 예술가들이 ─ 그중에서 다카하시 유이치(高橋由一)가 앞장서서 ─ 유럽의 유화기법을 사용하기 시작하여 일본인의 서방 예술에 대한 첫 번째 관심의 물결을 일으켰다. 비슷한 시기에 일본의 목각작품이 여행자와 외교관의 행랑을 통해 처음으로 유럽에 도착했다. 1862년, 일본 예술작품이 처음으로 런던에서 공개 전시되었다. 전시된 작품들은 일본 고전예술품과 신예술품의 대표작은 아니었지만 가츠시카 호쿠사이(葛飾北齋)와 안도 히로시게(安藤廣重)

등 대가의 개별적인 작품은 예술가와 비평가들을 흥분시키기에 충분했다.

이런 교류와 접촉 가운데서 이른바 '일본풍'(Japonisme)이란 새로운 유파가 등장했다. 유럽 외부로부터 전해진 예술은 18세기에 중국과 터키의 요소가 각종 동방 패션에 사용된 것처럼 더 이상 장식과 의복의 요소로만 사용되지 않았다. 북아프리카는 1830~70년에 유행한 프랑스의 이국풍 회화작품(들라크루아Eugène Delacroix, 앵그르Jean Auguste Dominique Ingres, 프로망탱Eugène Fromentin 등)에서 사막과 하렘 모티프의 배경이 되었다.

일본의 회화는 유럽의 아방가르드(Avantgarde)가 당면하고 있던 문제에 해답을 제시해 주었다. 모더니즘 예술운동의 선봉에 서 있던 유럽 예술가들은 유럽의 영향을 받지 않은 일본의 예술작품에서 자신들의 노력과 일맥상통하는 방향을 발견했다. 바로 이 시기에 유럽의 일본예술에 대한 열광과 일본의 유럽예술에 대한 열광이 동시에 정점에 도달했다. 어니스트 페놀로사(Ernest Fennelosa)는 동방과 서방 양쪽에서 상당한 영향력을 지닌 인물이었다. 그는 일본이 가진 풍부한 예술과 문화유산의 가치를 일본인에게 깨우쳐 주었다. 그가 일본 정부의 공식적인 문화정책의 지원을 받아 진정한 일본화의 애국적 부흥운동을 주도하는 역할을 맡은 후 일본인의 서방예술에 대한 열기가 줄어들었다. 미국의 친일파 인사 한 사람이 일본 신전통주의의 기초를 놓았다. 페놀로사가 쓴 글은 유럽에서도 많은 주목을 받았고 유럽의 일본연구를 예술비평에까지 확장시켰다.[101]

동아시아의 음악도 획기적인 의미를 갖지는 못했으나 중요한 영향을 미쳤다. 중국 음악은 유럽인의 귀에 매우 거슬린다는 낡은 편견은 오랫동안 사라지지 않았다. 당연히 이런 편견은 일부 여행자의 인상과 그들이 유럽의 기보법(記譜法)을 이용해 이국의 음악을 채록한 거칠고 단편적인 방식에서 나온 것이었다. 1870년에 유성기가 발명되고 나서야 유럽인이 비유럽 음악을 이해할 수 있는 기술적인 조건이 갖추어졌다. 푸치니(Giacomo Puccini)와 말러(Gustav Mahler)는 레코드판으로 (동)아시아 음악을 연구했다. 푸치니는 이 연구결과를 자신이 작곡한 가극 「나비부인」(Madame Butterfly, 1904)과 「투란도트」(Turandot, 1924-25)에 사용했다. 말러는 자신의 연구결과를 바탕으로 하여 「대지의 노래」(Lied von der Erde, 1908)와 「제9교향곡」(Neunte Symphonie, 1909)을 창작했다.

가볍고 새로운 음악의 작곡자들은 악기의 배치와 음색을 통해 동방의 분위기를 만들어내는 정도로 만족했다. 너무 자주 들어서 진부하고 통속화된 곡조가 베르디(Giuseppe Verdi, 「아이다」Aida, 1871), 카미유 생상(Camille Saint-Saëns, 「알제리조곡」Suite algérienne, 1881), 림스키-코르사코프(Nikolaj Rimskij-Korsakov, 「셰헤라자데」Sheherazade, 1888) 등 대가의 붓끝에서 귀를 즐겁게 해주는 자연의 소리로 바뀌었다. 서방의 조성음악(調性音樂)이 이국의 성소(聲素)를 흡수하여 불안정해진 곳에서 아시아 음악이 깊은 영향을 미쳤다. 드뷔시(Claude Debussy)는 이 분야의 선구자였다. 그는 1898년 파리 만국박람회에서 처음으로 자바의 가믈란* 연주를 듣고 영감을 받았다.[102]

대략 1860-1920년 사이에 유럽의 아시아 열기는 고조기에 올랐다가 이어지는 수십 년 동안에 점차로 냉각되었다. 1차 대전 후 유럽은 자신의 일을 처리하느라 다른 곳을 돌아볼 여유가 없었다. 그 사이에 아시아에서는 도시의 현대화가 시작되고, 반제국주의 운동과 혁명운동이 이곳저곳에서 구름처럼 일어났다. 일부 지역에서는 군사독재가 등장하는 등 '풍부한 동방의 정취'는 사라지고 있었다. 19세기 말에 아시아 연구에 종사하는 (극소수의) 유럽 지식분자가 아직 남아

---

* 가믈란은 인도네시아의 전통 기악 합주곡으로 자바섬, 발리섬 등에 존재하는 음악합주 형태다.

있었다 하더라도 그들은 아시아의 현재 상황에 거의 관심을 두지 않았다.

많은 사람이 기독교와 자연과학의 이성적 세계관이 다 같이 위기에 빠졌다고 느끼고 있을 때 마르지 않는 '동방의 지혜'가 그들을 매료시키고 있었다. 사람들은 이 지혜를 응용하여—혹은 문화 비판의 시각에서, 혹은 자기구원의 희망에서—서방이 공급한 정신적 자양분에 맞섰다. 중국학 전문가이자 선교사 리하르트 빌헬름(Richard Wilhelm)이 오이겐 디드릭스(Eugen Diederichs)가 운영하는 출판사—그는 보수적인 생활개혁 운동을 주도하는 변호사였다—에서 『논어』, 『노자』와 기타 중국 고대의 전적을 번역 출판했다. 이 책들은 철학적으로나 문학적으로도 수준 높은 저작이다. 특별히 국제적인 영향력을 갖고 있었고 인도와 스리랑카에서도 유행했던 학설이 신지학(神智學, Theosophy)이었다. 이것은 여러 신앙과 철학을 조화시킨 학설로서 (유대교 신비주의, 힌두교 베다경전vedas, 아리안 종족주의를 포함하여) 중동과 아시아의 종교와 철학 전통을 통합한 것이었다. 1875년부터 헬레나 페트로브나 블라바츠키(Helena Petrovna Blavatsky)가 기이한 신령술 의식을 통해 신지학을 고취하고 선전했다.[103) 발도르프학교(Waldorfschule)의 창시자인 루돌프 슈타이너(Rudolf Steiner)는 신지학의 신비주의 조직에서 이탈하여 1912년에 사상적으로 좀더 온건하고 절제된 인지학협회(人智學協會, Anthroposophical Association)를 스스로 창립했다.

아무런 구분 없이 구원종교의 발생지(fons et origo)로 인식되던 '아시아'는 이렇게 비이성주의의 상징이 되어 (신학적으로 냉철한 문화적 프로테스탄티즘에까지 침투한) 서방의 이성주의와 논쟁적으로 맞서게 되었다. 유럽인들은 전반적으로 지나치게 이성적인 이슬람교가 이런 영향을 미칠 수 있다고 생각하지 않았다. 이슬람교는 시종 시가(詩歌)와 건축예술을 통해서 미학적 감상의 대상이었을 뿐 종교와 세계관으로서는 경시되었다.

19세기의 마지막 1/3세기에 하나의 역설적인 상황이 나타났다. 비서방지역 엘리트들은 그들이 당대의 모든 성취를 대표한다고 생각한 서방의 선진 과학과 기술을 학습하는 데 몰두했다.[104] 동시에 그들은 이를 통해 가슴 아픈 문명 상의 낙후한 지위를 보완하고 서방에 맞설 수 있도록 자신들의 국가를 무장시키려 했다. 이 밖에 인도와 (수십 년 뒤에) 중국 등의 국가에서는 서방에서 교육받은 문화 엘리트들이 자국의 전통적 비이성주의와 '미신'을 강렬하게 공격했다.[105]

같은 시기에 유럽과 미국의 소수 지식분자들은 오히려 서방의 과학적 이성의 문화를 반대하는 도구로서 '동방의 지혜'를 사용했다. 막스 베버가 만년에 경제윤리와 세계의 종교를 연구하면서 제시한 풍자적인 상반된 논점은 대중의 주목을 받지 못했다. 베버는 세속과 초세속 세계관의 긴장관계가 서방의 경제적 역동성의 원천이라고 주장했다. 반면에 (그의 관점에 따르면) 인도는 지나치게 정신적 구원을 신앙했고 현대 이전의 중국은 정신적 구원에 대한 신앙이 결핍되어 있었다. 따라서 세기가 바뀔 무렵 서방사상의 어떤 영역에서는 아시아가 그 어느 때보다도 중요성을 갖게 되었다. 그러나 아시아는 동시에 유럽의 비이성주의를 투사하는 스크린이 되었다. 존경받았지만 탈속적인 '정신성' 속에 경직된 아시아는 현재도 미래도 없는 불확실성 속에 갇혔다. 훗날 '마하트마'(Mahātmā, 위대한 영혼)로 추앙받게 되는 모한다스 간디(Mohandas Karamchand Gandhi, 1869-1948)가 등장하면서 이런 상황은 바뀌었다. 간디는 남아프리카에 몇 년 동안 머물다 돌아온 뒤 부드러움으로 단단함을 이기며 약한 것으로 강한 것을 제압하는 아시아의 선지자와 성현의 모습을 보여주었다. 최소한 유럽인의 눈에는 그렇게 보였다.

5. 자아와 타자에 관한 인문학

1900년 무렵 과학은 일부 유럽국가, 미국, 일본, 인도에서 전례 없는 문화적 권위를 갖게 되었다.[106) 새로운 학문분야에 따라 처음에는 작은 규모였으나 빠르게 확대된 학술단체가 등장했고 이것들이 학과를 구성했다. 세계의 대부분의 과학자들은 더 이상 교육받은 아마추어 과학자가 아니라 대학, 정부 산하의 연구기관, 공업분야 기업에서 일하며 급료를 받는 직업적 과학자였다.

가장 발달한 지식사회에서 교육기관은 '순수한' 과학뿐만 아니라 응용과학까지 포함했고 이런 구분은 이 시대에 처음 등장했다. 수학과 어문학 같이 보편적으로 응용할 수 있는 기초지식 학과는 청년의 훈련을 통해 과학의 확대와 발전을 실현했다. 과학자의 숫자는 몇 배로 늘어났으나 당연히 과학적 창조력이 비례하여 향상되지 않았다. 과학자의 숫자가 늘어나면서 평범한 과학자도 대량으로 생겨났기 때문이다. 천재적인 과학자가 출현하는 데 사회가 할 수 있는 역할은 제한적일 수밖에 없다.[107)

인문학과 사회과학

과학의 제도적 확장은 자연과학과 (20세기 초가 되자 더 이상 솜씨와 기술로만 간주되지 않게 된) 의학 영역뿐만 아니라 인문학과 사회과학 영역에서도 일어났다. 이런 개념은 19세기 말에 새로 생겨난 것이 아니라 이미 있어왔지만 이 시기에 과학계에서 유행하기 시작한 것이었다. 독일 철학자 빌헬름 딜타이(Wilhelm Dilthey)의 『인문학서론』(*Einleitung in die Geisteswissenschaften*, 1883)이 발표되기 전에는 인문학이란 단어 자체가 없었다. 유사한 신조어로서 인간과학(les sciences humaines)이 있었다.[108]

'사회과학'이란 개념은 그로부터 수십 년 뒤에 등장했다. 이 개념이 처음 등장했을 때는 '통계학'(국가의 상태를 나타내는 학문) 또는 '정치경제학' 같은 오래된 학문까지 포괄하는 종합적 개념이라기보다는 실재적 — 특히 사회개혁적 — 이며 현대 자연과학의 과학적 방법을 '사회' 연구에 이식한다는 '과학적' 요구의 의미가 강했다.

오귀스트 콩트나 허버트 스펜서 같은 철학자의 배경을 가진 이론가를 제외한다면 이 과학의 초기 연구자들(로렌츠 폰 슈타인 Lorenz von Stein과 1873년 독일에서 설립된 사회정책협회Vereins für Socialpolitik의 초기 대표적 인물들)은 이론보다는 실증을 중시했다. 지칠 줄 모르고 사회현실을 연구한 칼 마르크스는 대립되는 이론과 실증을 넘나드는 저작을 낸 소수의 연구자 가운데 한 사람이었다.

1890년 이전에는 다른 과학영역과 구분되는 사회과학 각 영역의 특징을 개괄하려는 시도는 없었다.[109] 1890년 이후에야 유럽과 미국에서 '사회학' 교수직이 보편화되었다. 사회학과 경제학은 (특히 마르크스주의와 독일 역사[국민경제]학파라는 양대 독일 전통과 막스 베버의 연구 가운데서) 잠시 밀접한 관계를 맺었다. 경제학은 거의 모든 국가에서 1870년 이후로 사회적 관계 가운데서 생산과 노동을 중시하는 전통적인 정치경제학과 분리되었고 경제학의 연구주제는 개인의 욕망구조와 시장행위에 주목하는 한계효용과 평형이론으로 옮겨 갔다. 경제행위의 사회적 전제조건으로부터의 분리는 1차 대전 이전 사회과학과 심리학의 보편적인 학과 분화 과정의 한 부분이었다.[110]

1930년 무렵이 되자 최소한 역사학파가 아직도 자리를 지키고 있던 독일 이외의 지역에서는 사회학과 경제학 사이의 간격은 거의 메울 수가 없었다. 한편으로는 이런 대립은 현존하는 사회제도에 순응하는 경제학과 자본주의 발전의 어두운 면을 비판하면서 사회개혁을 통해 이를 교정하려고 시도하는 사회학의 분열이기도 했다.

일본에서 서방 사회과학의 수용은 매우 선택적이었다. 일본의 초기 사회학 연구자들과 정치학 연구자들은 '이익사회'(Gesellschaft)보다 '공동사회'(Gemeinschaft)를, 개인보다 집단을 중시했다. 그들은 강권적 정부가 주도하는 신전통주의 민족통합 프로젝트에 참여하였기 때문에 메이지 시기의 새로운 신화, 특히 천황숭배와 국가는 하나의 큰 가정과 같다는 거짓말에 대해 과학적 비판을 할 수 없었다.[111]

19세기 중반부터 인문 '과학'이 독일과 프랑스에서 대학의 학과로 자리 잡았다. 그러나 영국에서는 개별적인 신사학자(gentleman scholar)가 좀더 오랫동안 주류를 이루었다. 인문학의 학문화는 새로운 일이었다. 예컨대, 유럽과 중국에서 역사편찬자가 존재한 지는 2,000년이 넘었으나 역사학이 계획적이고 단계적으로 학교에서 교육된 적은 없었다. 당시 독일어권에서 가장 명성이 높았던 괴팅겐대학에 1760년 이후 역사학 교수가 등장했다. 이 일은 오늘날까지도 과학사에서 기념할만한 사건으로 언급되고 있다.

이들은 역사 이외에도 현실적인 의미가 강한 국가학('통계학', '경찰과학'도 가르쳤다. 같은 시기에 유럽의 가장 위대한 역사학자 에드워드 기번(Edward Gibbon)이 제네바 호반에서 풍족하고 평안한 독립학자 생활을 하면서 시대의 걸작 『로마 제국 쇠망사』(*Decline and Fall of the Roman Empire*, 1776-1788)를 썼다. 영국에서는 저명한 역사학자 윌리엄 스텁스(William Stubbs)가 1866년에 영국 대학교수 직위를 획득했다. 그는 영국 최초의 역사학 교수였다. 독일에서 다시 한번 세계 최초의 역사학 교수직이 설치 된 후(레오폴드 랑케Leopold Ranke

는 1834년 베를린에 교수로 초빙된 후 그 곳에서 1871년까지 가르쳤다. 그의 재직기간은 이정표적 의미를 지녔다) 수십 년이 지나고 나서야 모든 유럽 국가가 독일의 영향을 받아 역사학을 전문 학과로 설치했다.

이 방면에서 러시아는 앞서간 국가에 속했다. 1850년부터 저명한 역사학자 세르게이 미하일로비치 솔로비에프(Sergej Michailovic Solov'ev)가 모스크바에서 역사학을 가르쳤다. 프랑스는 1868년에야 고등연구실습원(École Pratique des Hautes Études)을 설립하고 랑케 학파를 모방하여 '과학적인' 역사연구를 시작했다. 19세기 프랑스의 가장 저명한 역사학자 쥘 미슐레(Jules Michelet)가 이곳에서 강의와 집필을 했으나 교수직을 가진 적은 없었다. 루이 나폴레옹이 1851년 정치적인 이유에서 그를 국가기록관과 프랑스공개학술원(Le Collège de France)으로부터 파면한 후 그는 자유 작가로서 생계를 유지했다.

유럽과 미국에서 역사학의 전문화는 1860년 이후에 나타난 현상이었다.[112] 문학과 예술 영역에서 동일한 과정은 더 오랫동안 지속되었다. 아무리 늦어도 18세기 중반부터 유럽에는 매우 높은 지적 수준의 문학, 예술, 음악 평론이 등장했다.[113] 그러나 문학가, 기자, 독립적인 학자, 성직자, 직업적인 음악가 등이 운영하는 비교적 자유로운 공적 논단과 나란히 하며 예술과학, 음악학, 각종 민족언어에 기초한 문학연구 등이 대학의 전문 과목으로 등장한 것은 1900년 직전의 일이었다.

공공논단과 학문적 과학 사이에 역사학의 경우처럼 분명한 분리는 없었다. 아마추어와 전문연구자 사이의 구분은 다른 지식분야보다 더 유동적이었다. 처음에는 고전시기와 중세시기의 사료를 연구하는 어문학과 편찬학 영역에서 가르치는 일과 예술적 주장의 구분이 있었다. 각 민족이 점차로 공통의 문화적 유산을 통해 자신의 정체성을 확정지어가는 경향이 강해지자 문학평론가는 문학사가로서 분명한 새 역할을 갖게 되었다. 민족시가 문학사는 정치사와 동등한 지위를 획득했다. 민족 형성의 핵심으로서 언어와 문학은 단조로운 정치적 동질성 형성의 역사보다 더 중요했다. 역사가이자 진보적인 정치가 게오르그 고트프리드 게르비누스(Georg Gottfried Gervinus)가 쓴 『독일민족 시가문학사』(*Geschichte der poetischen National-Literatur der Deutschen*, 1835-42)는 이 시대의 기초적 거작이 되었다.

오리엔탈리즘과 민족학

인문학이 성장하고 있을 때 타자의 문명에 관한 과학이 등장했다.[114] 이 학문은 유럽의 대학에서 중요한 지위를 차지한 적이 없었다. 유럽인들에게는 자기 문화의 기원을 확정하는 것이 더 중요한 일이었다. 그들은 자기 문화가 부분적으로는 고대 그리스-로마 문화에 기원을 두고 있고, 부분적으로는 (민족형성이 시작된) 중세 초기의 사회에서 발원했다고 인식하고 있었다.

다른 민족과 문명과의 접촉은 유럽에서 자연스럽게 '이국'에 대한 호기심을 불러일으켰다. 유럽의 침략을 이념적으로 미화하는 작품들 이외에도 중세와 근대에 유럽인들이 여행의 견문과 경험을 기록한 많은 작품이 나왔다. 그들은 유럽과는 다른 타자를 상세히 묘사함으로써 다른 문화의 풍속, 사회질서, 종교와 신앙을 이해하려 시도했다. 이런 작품의 작자는 대부분이 제국주의의 군사행동에 직접 참여하지 않은 여행자였다.

유럽인의 특별한 장점은 언어연구였다. 유럽인은 12세기부터 아랍의 언어와 문학, 특히 코란을 연구하기 시작했고 이후로 연구는 꾸준히 이어졌다. 중국어는 1600년 이후 예수회 선교사들의 소개로 알려졌다. 베네치아와 빈처럼 오스만제국과 왕래가 빈번한 지역에서는 일찍부터 오스만문화를 연구하는 전문가가 있었다. 신대륙에서는 선교사들이 정복이 끝나자 곧바로 인디언부족의 언어를 체계적으로 연구하기 시작했다. 인도에서는 권위 있는 유럽의 학자들이 인도의 석학들과 협력하여 18세기 80년대에 콜카타와 파리에서 고대 인도의 고급 문어(文語)인 산스크리트어를 재발견했다.[115] 1822년, 장 프랑수아 샹폴리옹(Jean-François Champollion)이 상형문자의 수수께끼를 풀었다. 이때부터 파라오 통치하의 고대 이집트를 해독할 수 있게 되었다. 그보다 앞서 1802년에는 게오르크 프리드리히 그로테펜트(Georg Friedrich Grotefend)가 (고대 페르시아) 쐐기문자를 해독할 첫 번째 열쇠를 찾아냈다.

수백 년 동안 여행기, 지역연구, 식물백과사전, 사전, 문법서와 번역문 등 다양한 문헌이 대부분 학문의 전당 밖에서 수많은 개인의 노력으로 쌓여갔다. 근대 초기에는 (성서신학에 중요한 의미를 가진) 아랍 어문학과 기타 중동지역 언어에 대한 연구만 레이던과 옥스퍼드 대학 등의 대학에서 뿌리를 내렸다. 그럼에도 불구하고 중세 이후로 유럽 이외의 세계에 대한 유럽인의 총체적인 인식은 진지한 학문적 관심으로 축적되어 갔다.

여행기만 하더라도 흥미로운 모험과 신기한 동물에 관한 단순한 기록이 아니라 행랑 속에 당시의 가장 선진적인 지식을 담고 있던 관찰자의 기록이었다. 외부세계에 대한 높은 수준의 지적 호기심은 근대 초기 유럽인의 특징이었다.

다른 문명은 간혹 외교사절을 파견하는 것 말고는 해외에 식민지를 개척하지 않았고 먼 곳으로 여행자를 보내지도 않았다. 오스만의 여행자들이 극히 드물게 여행기를 남기기는 했지만 무슬림은 보편적으로 '이교도'의 땅에 대해서는 관심이 없었다. 일본은 백성이 일본열도를 떠나는 것을 금했고 위반자에게는 무거운 벌을 내렸다. 중국학자들은 조공하러온 '만이'(蠻夷)를 연구하였으나 19세기 초가 되어서야 청제국 판도 안의 비한족 변경지역을 직접 경험하고 기록한 저작이 나왔다. 1800년 이전뿐만 아니라 1900년 무렵까지도 유럽인이 다른 문명에 관해 기록한 방대한 문헌에 대응하는 외부세계의 유럽에 대한 관찰기록은 매우 적었다.[116) 유럽에서만 '동방학'이 형성되었을 뿐 아시아와 아프리카에서는 20세기 말이 되어서야 '서방학'의 싹이 나왔다.

19세기 초, 유럽 동방학의 성격에 변화가 생겼다. 연구 대상이 지역별로 세분화되면서(중국학, 아랍학, 페르시아학 등) 동방학은 (그리스와 라틴 어문학 연구에서 그랬듯이) 고문자 연구로 자신의 활동범위를 이전보다 좁혀 이성적인 과학성을 추구했다. 그 결과 당대의 동방세계 현실에 대한 관심이 줄어들었다. 아시아의 가치 있는 모든 것들이 아시아의 오랜 역사 속에 묻혀 있었다. 그 역사는 모호한 문자기록과 부서진 벽돌과 기왓장 조각을 통해서만 접근할 수 있었으며 아시아 고고학 또는 이집트 고고학 학계가 발굴된 자료의 독점적 해석권을 가졌다.

1798년 보나파르트 나폴레옹이 지휘하는 나일강 원정대를 따라간 대규모 조사단이 고대 이집트를 재발견했다. 이때부터 지속적인 이집트학 연구가 시작되었고 이 영역에서 프랑스인, 영국인, 독일인, 이탈리아인이 오랫동안 이집트인보다 더 중요한 지위를 차지했다.

메소포타미아 지역에서 고고학 발굴은 19세기 20년대에 시작되었다. 발굴을 주도한 사람들은 훗날 아나톨리아와 이란에서도 그랬듯이 영국 영사관의 직원들이었다.[117) 이들은 교육받은 전문가들이었고 다른 일은 하지 않았다. 이들이 초기 중동연구에서 한 역할은 인도에서 영국군 장교들이 했던 역할과 유사했다. 1860년 이전 인도역사를 연구한 사람은 대부분 영국군 장교였다.[118)

1801년, 제7대 엘긴 백작(Earl of Elgin) ─ 오스만제국 주재 영국대사 토머스 브루스(Thomas Bruce) ─ 이 오스만제국 정부로부터 베네치아인과 터키인이 심하게 훼손시킨 파르테논 신전의 부조 ─ 세간에서는 엘긴 대리석이라 부른다——를 런던으로 실어갈 허가를 받았다. 그로부터 백 년 뒤, 세기 중반부터 전문화되기 시작한 고고학의 도움을 받아 공공박물관과 개인 수장가들이 유럽의 대도시에 대량의 동방 '고대문물'을 모아들이고 고대 그리스-로마의 문물들과 함께 진열했다. 여러 문화의 필사본들이 서방 각국 도서관의 전문부서로 흘러들어갔다.

문화재를 직접 탈취할 방도가 없는 지역(예컨대, 동아시아)에서는 시장을 통해 사들였다(목조건축의 전통이 강한 이 지역에서 석제 유물은 흔치 않았다). 그래도 대규모 약탈의 기회는 있었다. 제2차 아편전쟁의 전투가 가장 치열하던 시기(1858-60년)의 중국에서 원명원(圓明園)은 철저히 약탈된 후 잿더미로 변했다. 1900년 여름, 의화단운동이 진압된 뒤 베이징은 외국 군대가 점령했고 이때도 대규모의 문화재 약탈이 벌어졌다. 세기가 바뀌고 나서 얼마 뒤 지금의 중국 서북부 간쑤(甘肅)성 둔황석굴(敦煌石窟)에 있던 수 만 권의 4-11세기 불교 경전이 싼값에 팔려나가 유럽의 도서관과 박물관으로 실려갔다. 그러나 고고학은 식민지 과학으로만 머물지 않았다. 지금도 그렇지만 과거에도 고고학은 민족의식을 응결시키는 유력한 도구였다. 고고학은 문자기록이 생기기 훨씬 이전 고대 문화의 근원을 발굴함으로써 민족의 존재에 사실성을 부여했다.

19세기에 시작된 유럽인의(미국인을 포함하여) 아시아, 북아프리카, 중부 아메리카 대륙에 대한 물질적 약탈은 사막과 열대지역에 매몰될 뻔한 역사유물을 구해내고 일부 문물의 훼손을 막아냈다고 할 수 있다. 이리하여 이집트의 분묘, 중국의 자기, 마야의 조각상, 캄보디아의 사원, 페르시아의 비명, 바빌로니아의 부조를 과학적으로 연구할 수 있는 기초가 마련되었다.

1780년 무렵, 유럽에는 유럽 이외 지역의 언어에 능통하여 다른 세계의 종교, 어문학, 문학, 역사문헌을 해독할 수 있는 전문가가 소수에 불과했고 동방의 진귀한 보물은 왕공귀족의 '보물창고' 속에 쌓여 있을 뿐 누구도 찾지 않았다. 그러나 1910년이 되자 프랑스, 독일, 러시아, 영국, 미국에서 고도로 전문화된 동방학 연구가 등장하여 이역 문명에 관한 거대한 지식창고를 관리하고 채워나갔다. 고고학, 동방학, 비교종교학(독일 작센 출신의 프리드리히 막스 뮐러Friedrich Max Müller가 옥스퍼드대학에 창건한 새로운 학과) 등의 영역에서 19세기에 거대한 인문학적 성과가 나왔다.

그러나 당시에 문자 체계를 갖추지 못하고, 자위능력을 갖춘 국가를 형성하지 못했으며, 도시생활이 극히 일부이거나 아예 없는 유럽 이외 지역의 사회에 대해서는 동방학의 어문학 연구방법을 적용하여 연구할 수가 없었다. 이른바 '미개민족' 또는 독일어로 표현하자면 '원시민족'(Naturvölker)에 대해서는 19세기 60년대부터 형성되기 시작한 새로운 과학인 민족학(Ethnologie)이 주도하여 연구했다.

초기 수십 년 동안 민족학은 인류는 보편적인 진화과정을 거친다는 진화론을 기반으로 하여 이론적인 연구를 진행하면서 '문명적' 서방인들이 오래전에 떠나온 과거 사회의 흔적을 '미개민족' 사회에서 찾아내려 했다. 초기의 민족학자 가운데서 일부는 직접 세계를 돌아다니지 않은 학자들도 있었다. 그런 사람들은 탐험대와 식민지 군대가 수집한 도구, 무기, 의복, 종교적으로 성물(聖物)을 정리하고 해석했다. 어떤 사람들은 민간의 전설 가운데서 기본 유형을 찾으려했다. 시간이 흐르면서 보편적인 '인간의 과학'——포괄적인 '인류학'(Anthropologie)——을 위해 공헌하겠다는 계몽주의적 야심은 없어지고 그 자리를 특수한 종족에 관한 전문적인 연구가 메웠다.

독자적으로 연구하던 브로니스와프 말리노프스키(Bronislaw Malinowski, 폴란드인)와 (미국으로 이민한 베스트팔리아인) 프란츠 보아스(Franz Boas)가 민족학(보아스는 '인류학'이라 불렀다)을 빈약하고 산발적인 자료와 여기저기서 주워들은 일화의 집합으로부터 장기간의 현지 관찰을 기본으로 하는 엄격한 실증적 연구로 변화시켜 놓았다.

이러한 사고의 전환은 1920년 무렵에 일어났다. 이때부터 여러 유형의 비서방 사회의 독특한 내재논리에 대한 연구가 가능해졌고 일반화되었다. 이 때문에 역설적인 현상이 나타났다. 한편으로는, '인류문화학'(Völkerkunde)—독일에서는 이렇게 불렀다—은 식민주의와 얽히고 설킨 관계를 맺고 있으면서도 오히려 상대적으로 인종주의의 침투를 적게 받았다. 특히 프란츠 보아스의 '문화상대주의'(kultureller Relativismus) 학설은 당시 맹렬한 기세를 떨치던 인종주의와 첨예하게 맞섰다.

다른 한편으로, 이 학과는 19세기 말 어느 분야에나 침투해 있던 진화론으로부터 20세기 초의 전문화된 사례연구로 전환하면서 문자가 없는 사회를 인류의 포괄적인 역사로부터 떼어내 특수한 개별적 사례로 만들어 역사학과 사회학의 특수영역에 배치했다. 이리하여 민족학/인류학은 과학계에서 어느 정도 고립상태에 빠졌고 (프랑스의 에밀 뒤르켐이 주도하는) 사회학과의 분화 정도가 가장 경미했다. 20세기 70년대—전 세계 인종집단에 대해 기술하고 분류한 영웅적인 시기(1920-70년)가 실질적으로 끝난—가 되어서야 인류학은 다른 중요한 인문학과 사회과학 분야에 영향을 미치기 시작했다.

동방학, 고고학, 민족학이 식민주의와 제국주의의 하녀 과학이었는지를 두고 지금까지 논란이 많았다.[119] 두리뭉실한 평가를 내릴 수는 없다. 분명한 것은 제국의 존재 자체가 식물학, 동물학, 열대의학 등 일부 학과에게 유리한 발전기회를 제공했다는 사실이다.[120] 다른 방면에서 각양각색의 평가가 있을 수 있다.[121]

21세기 초의 시각으로 보자면, 한편으로는 유럽 과학자들이 자기 문명의 전면적인 우월성을 믿는 오만한 자신감은 정말로 놀라울 정도다. 이런 자신감은 비서방 세계를 체계적으로 이해하려는 과정에서 쌓아올린 거대한 성취에서 나온 듯하다. 이런 성취에는 분명히 실재적인 면이 있었다. 정확한 지도를 가지고 있고, 타자의 언어에 정통하며, 그들의 윤리와 풍습에 대해 알고 있다면 그들을 정복하고, 통치하고, 착취하기 쉽기 때문이다. 이런 관점에서 본다면 동방학과 민족학은 그 분야의 대표적인 학자들의 목표가 무엇이었는지와 관계없이 식민주의 '통치지식'을 창조해냈다.

다른 한편으로는, 이런 지식이 어느 정도로 중요했었는지, 얼마나 실제로 응용되었는지도 의문이다. 식민통치를 '과학적' 기초 위에 올려놓겠다는 시도는 1차 대전 이후에 나타난 정치적 목표였을 뿐만 아니라 그때도 핵심 전문가는 민족학자가 아니라 경제학자였다. 1914년 이전에는 민족학자가(특히 식민정부 관료들 자신이 아마추어 민족학자였다) 식민제국의 신민을 재능과 문화적 성취도에 따라 하나의 등급질서로 분류하려는 정책을 집행할 때 중요한 역할을 했다.

그러나 당시에 민족학자의 숫자는 극히 적었고 1차 대전 후 민족학자의 수가 증가할 때도 그들은 혐오스러운 식민통치의 비판자인 경우가 많았다.[122] 그 밖에도, 동방 어문학이 제공한 식민통치에 직접 활용할 수 있는 지식은 많지 않았다. 어떤 사람은 정치에 무관심한 자기인식 때문에 민족학자들이 오히려 '객관적으로' 서방의 세계통치에 말려들었다고 비판한다. 식민통치로 유지된 서방의 지적 우월이 아시아와 아프리카인의 행위능력을 박탈했다는 증거가 있다면 심각한 문제가 된다. 그러나 식민주의가 현지인의 자기문명에 대한 지식을 억압했다는 사례를 찾기는 쉽지 않다. 예컨대, 인도 전통 과학의 부흥은 원칙적으로 유럽과 인도의 합작품이었으며 협력은 1947년 인도 독립 후에도 이어졌다.

역사학을 예로 든다면 일본, 중국, 터키 같은 비식민 국가에서 랑케학파의 사료비판 방법과의 접촉은 자기 역사를 다각도로 분석할 수 있는 능력과 과학연구의 총체적 수준을 분명히 향상시켜 주었다. 그러므로 19세기 서방의 타자 연구의 학문적 발전은 그 속의 불쾌한 교만에도 불구하고 비유럽 문화의 역동적인 학문 활동에 대한 제국주의의 파괴적인 침입이면서도 동시에 그 시대의 세계화된 인문학의 기초를 놓은 동력이었다고 보아야 한다.

지리학, 제국의 과학

유럽의 확장을 방조한 학문이 있다면 가장 먼저 지리학을 꼽아야 할 것이다.[123] 19세기 첫 30년 동안 지리학은 지구상의 국가에 관한 서술적인 데이터의 수집에서부터 출발하여 지표면상의 구체적인 공간과 지역의 자연과 사회의 관계를 다루는 종합 학과로 발전했다.

지리학의 가장 중요한 창시자는 유럽 식민주의와 전혀 관련이 없는 인물이었다. 알렉산더 폰 훔볼트의 식민시대 말기 스페인령 아메리카에 대한 연구는 어떠한 사람의 연구보다도 깊고 세밀했으며 또한 그는 동시대의 어떤 사람보다도 식민주의의 격렬한 비판자였다. 지리학의 백과전서였던 베를린대학의 위대한 지리학자 카를 리터 (Carl Ritter)는 프란츠 보아스가 문화상대주의를 주장하기 전부터 같은 관점을 가지고 있다. 그는 세계의 각종 사회와 문화형태 사이에는 고저와 우열의 구분이 없다고 인정했다.

이처럼 정치와 먼 거리를 두기란 당연한 일이 아니었다. 나폴레옹은 지리학의 열렬한 지지자였다. 그는 개인 지리학 고문을 초빙하여 과학의 시각에서 제국을 건설할 계획을 세우게 했다. 19세기를 통틀어 제국주의의 많은 행동 가운데는 지리적 요소가 포함되어 있었다. 많은 정복자가 군사학교에서 지리학과 지도학을 배웠다. 관변 지도 제작자가 새로 점령한 지역의 지도를 그렸다. 지리학 전문 인력이 국경을 획정하는 일을 도왔고, 기지를 건설할 때 계책을 제시했으며, 광물(이 영역에서는 지질학자도 환영받았다)·교통·농업 전문가의 역할을 맡았다. 이런 기능은 대중의 지리학에 대한 광범위한 관심 때문에 유지될 수 있었다. 다른 대륙의 지리적 개황(槪況)을 배우는 과목이 교과 과정에 편성되었고 제국의 확장은 지리학 협회의 아마추어 회원들로부터 적극적인 지지를 받았다.

1880년부터 유럽 국가의 수도에 특수한 식민주의 지리학이 등장했다. 특히 영국제국에서는 전 세계를 탐사하고 '개발'하는 구상이 등장했다. 1830년에 설립된 영국 왕립지리협회(Royal Geographical Society)는 영국 특유의 민간 행위와 정부 행위의 상호 관통성을 바탕으로 하여 과학탐사 여행을 조직하고 전 세계의 지리지식을 수집하는 총지휘부가 되었다. 제국의 이익이 항상 핵심적인 지위를 차지하지는 않았으나 경시된 적은 없었다. 모든 학과 가운데 지리학은 서방의 제국주의적 확장과 가장 밀접한 관계를 맺었다.[124]

그러나 이 때문에 지리학을 이민족 압박의 공범이라고 뭉뚱그려 비난할 수는 없다. 지리학은 늦게야 대학 학과의 한 자리를 차지했는데, 그 시점은 영국에서는 1900년 이후였고 독일, 프랑스, 러시아에서는 19세기의 마지막 1/3세기였다. 오랫동안 지리학은 명성높은 역사학의 뒤를 따라다녔지만 19세기에 들어와 역사학은 '역사주의'라는 철학적 방패 뒤에서 인간 자유의 자연 결정론에 근접하는 모든 학설을 배척했다.

훔볼트의 연구에서는 아직도 일체였던 자연지리학과 문화지리학은 훗날 분화하게 된다. 이 분화는 필연적이었지만 난해한 신분문제를 야기했다. 지리학은 (엄격한 물리법칙을 따르는) 자연과학과 '진정한' 인문학 사이의 그 어디쯤에 끼이게 되었다. 그 밖에도, 전문적인 식민주의 지리학자를 제외하면 모든 지리학자가 직접적으로 제국주의 확장에 공헌하지는 않았다. 많은 지리학자가 자신의 임무는 자국의 지역을 묘사하는 것이라고 인식했다.

제국의 확장과 탐사활동의 밀접한 관계는 오래된 것이었다. 콜럼버스 때부터 원양항해와 토지를 찾아 식민지로 만드는 행위는 동전의 양면이었다. '발견자'와 '정복자'는 유럽이라는 동일한 문화권에서 나왔다. 그들의 교육배경과 인생의 목표뿐만이 아니라 그들의 자기 조국과 전체 기독교 유럽의 세계에서의 지위와 사명에 대한 인식도 매우 유사했다. 18세기에 주요 강대국이 국가의 자원을 세계의 베일을 벗기는 데 사용해야 한다는 것은 당연한 도리로 인식되었다. 영국과 프랑스는 과학지식과 충분한 보급품을 갖춘 선단을 세계일주항해에 내보냈다. 러시아의 차르도 그 뒤를 따라 탐사선단을 내보냈다(크루젠슈테른 탐사대Kruzenstern-Mission, 1803-1806). 이것은 러시아도 제국의 확장과 과학탐사 방면에서 동등한 권리를 갖고 있다는 선언이었다.

이러한 항해활동과 비견할만한 미국의 행동이 같은 시기에 토머스 제퍼슨 대통령의 제안에 따라 동쪽에서 출발하여 서쪽으로 북아메리카 대륙을 횡단한 최초의 원정이었다. 메리웨더 루이스(Meriwether Lewis)와 윌리엄 클라크(William Clark)가 이끈 이 원정(1803-1806년)의 과학적 임무는 쿡(James Cook) 선장의 대규모 탐사항해와 세부적인 내용까지도 유사했다.

'발견자'란 인물들은 처음부터 평판이 좋지 않은 부류였다. 콜럼버스와 바스코 다 가마(Vasco da Gama)는 모두 무력을 사용했다. 그러나 그 뒤로 400년 동안에 무력을 사용하지 않고도 목적을 달성한 탐사여행의 사례는 많았다. 가장 유명한 사례로서는 알렉산더 훔볼트, 하인리히 바르트(Heinrich Barth), 데이비드 리빙스턴(David Livingstone)의 활동을 들 수 있다. 그러나 제국주의의 전성기는 정복자 유형의 탐험가가 활동한 마지막 시기였다. 비스마르크, 벨기에 국왕 레오폴드 2세, 프랑스 공화국은 과학탐사대의 활동을 내세워—탐사대의 능력과 업적은 천차만별이었다—아프리카와 동남아시아에서 토지 점유권을 주장했다. 레오폴드 2세가 자신의 아프리카지역 대리인으로 임명한 직업적 기자 헨리 모턴 스탠리(Henry Morton Stanley)는 유럽 대륙의 매체에서 엄청난 반향을 불러일으킨 인물이었다(그는 1870-89년에 세 차례 아프리카를 탐사했다).

그 뒤를 잇는 다음 세대의 탐험가로서 스벤 헤딘(Sven Hedin)이 있었다. 그는 1894년부터 중앙아시아를 탐사하는 기나긴 생애를 시작했다. 그는 그 시대의 가장 인기 있는 스웨덴인이자 수많은 훈장과 금메달과 명예교수의 칭호를 획득했으며 동서방의 군주와 정부 수뇌를 수시로 만날 수 있는 인물이었다. 19세기의 대표적 인물인 스벤 헤딘을 통해 유럽과 동방의 모순관계가 다시 한번 드러났다. 헤딘은 여러 언어에 능통했고, 독일에서 높은 수준의 지도제도학과 지리학 교육을 받았다. 그는 여러 차례 대규모 탐사여행을 했다(그의 마지막 탐사여행은 1935년에 끝났다). 이러한 탐사여행을 기획하고 필요한 자금을 모을 수 있다는 사실은 그가 천재적인 과학 관리자였음을 증명해준다.

헤딘은 유럽이 동방의 전면적인 우위에 맞설 수 있다고 확신했다. 그는 스웨덴(과 독일의) 민족주의자이자 군국주의자, 근본적인 우파 인사, 강대국이 경쟁을 벌이는 중앙아시아의 '세력진공' 상태를 이용해 지정학적 유희에 몰두한 인물이었다. 그러나 서방의 가장 이른 시기의 연구자 가운데 한 사람으로서 그는 당시에 국제적 인정을 받으려고 막 발걸음을 내디딘 중국 과학계를 매우 중시했고 중국의 전문가와 협력했다. 오늘날 그가 중국에서 누리는 명성은—전형적인 사후의 명성이기는 하지만—적지 않은 유럽의 학술적 탐험가들이 제국주의의 확장에 기여했지만 제국주의 이후 시대의 국가들에 의해 민족의 영광을 더 높인 인물의 명단에 포함되었기 때문이다.[125]

민속학, 농촌생활의 발견

19세기 과학연구의 과제가 된 '타자' 연구에는 자국 주민에 대한 연구도 포함되었다. 혁명시대의 이성주의 엘리트들은 농민, 도시 하층인구, 유랑민을 사회 현대화의 장애물이자 '미신'을 믿는 정신상태의 잔재로 보았다. 동인도회사 내부의 제러미 벤담의 공리주의 철학을 지지하는 사람들이 인도의 힌두교와 무슬림의 전통을 이해하지 못하듯이 나폴레옹제국의 군사 행정 관리자들은 이탈리아와 스페인의 천주교 신앙을 거의 이해하지 못했다. 유럽 '내부의 야만인'을 대하는 태도와 행위는 본질적으로 식민지의 상황과 다르지 않았다.

유럽에서든 식민지에서든 당국은 '노동교육'을 강조하고 실시했다.[126] 유럽에서는 정부 행위에 의존하고 식민지에서는 노골적인 강제에 의존하는 차이만 있을 뿐이었다. 그 목적은, 진정한 의미에서 (흔히 기독교사상이 촉발한) 사회 저층인구의 '문명수준'을 높이는 노력과 결합하여 인력자본의 효율성을 높이자는 것이었다.

1865년 런던에서 창설된 후 국제적 조직으로 발전한 구세군(Salvation Army)이 바로 이러한 자선의지의 바탕 위에서 문명화를 추구하려는 염원의 표현이었으며, 이교도를 향한 '해외선교'는 유럽 개신교 지역의 사회적 약자 집단을 구제하려는 '내부선교'와 동등한 지위를 가졌다. 이러한 초기 사회복지 정책과 나란히, 자선 목적이건 또는 정부의 정책이건 대중의 생활방식에 대해 신격화에 가까운 존경이 존재했다. 요한 고트프리트 헤르더(Johann Gottfried Herder)는 이러한 태도와 정신의 주창자였다. 19세기 초에 언어학자, 법률사학자, '민요'채집자들이 이런 태도를 강화시켰다.

사회적 낭만주의(Sozialromantismus)의 정치적 태도는 점점 극단적으로 분화했다. 프랑스의 위대한 역사학자 쥘 미슐레에게서 사회적 낭만주의는 국가와 혁명의 창조자에 대한 극단적인 숭배로 나타났다. 반면에 빌헬름 하인리히 릴(Wilhelm Heinrich Riehl) —그는 1851-69년 사이에 4권으로 된 『독일 사회복지정책의 기초로서 독일 민족 발전사』(*Naturgeschichte des deutschen Volkes als Grundlage einer deutschen Socialpolitik*) —는 사회에 파괴적인 결과를 가져온 도시화와 공업화에 대해 깊은 불신을 보였다.

미슐레와 릴은 전혀 다른 조건하에서 같은 시기에 현재와 과거의 사회 저층의 생활을 묘사했다(미슐레는 여성사에 특별한 관심을 쏟았다). 그들의 작품에서 흘러나오는 사회 저층에 대한 동정심과 극히 사실적인 기술 방식은 당시로서는 보기 힘든 것이었다. 릴은 독일에서 '민속학'(Volkskunde) —보수파의 사회적 낭만주의 정신을 기반으로 하여 태어난 '민족정신'과 풍속에 관한 학문—이라 불렸던 학문분야를 창시했다.[127] 릴의 추종자들은 주로 러시아에서 나왔다. 그들은 (정치성향으로는 대립되는) 릴의 저작에서 자신들의 신념이 옳다는 증거를 찾았다. 방금 농노제에서 해방된 농민과 그들의 원시적이고 순박한 농촌은 도시의 상층 지식인들로부터 임박한 혁명의 자연스러운 주체로 찬양받았다. 이들 '인민의 친구'(나로드니키 narodniki)는 러시아 급진주의 역사에서 새로운 장을 열었다.[128]

유럽의 예술영역에서도 민속학의 요소는 새롭게 주목을 받았다. 민속전통이라는 유럽 내부의 이국풍과 동방의 매력이라는 외부로부터의 이국풍은 거의 동시에 일어났다. 농촌에 전해져 내려오는, 누가 창작했는지 알 수 없는 음악 가운데서 새로운 영감을 찾아내고 동시에 민족적 특색을 발굴해낸 탐색의 성과는 수출 가능한 음악언어임이 단시간 내에 증명되었고 이리하여 일종의 음악적 동방주의가 유럽 내부에서 나타났다. 프랑스 작곡가(조르주 비제Georges Bizet, 「카르멘」Carmen, 1875년, 에두아르 랄로Edouard Lalo, 「스페인 교향곡」Symphonie espagnole, 1874년)는 스페인 색채를 열렬히 사랑했고, 요제프 하이든은 '전형적인 헝가리식' 집시 선율을 익숙하게 알고 있었고, 오스트리아 부르겐란트(Burgenland) 출신의 프란츠 리스트(Franz Liszt, 1851년부터 피아노곡「헝가리광시곡」Ungarische Rhapsodien für Klavier을 작곡)는 집시선율을 예술적으로 가공하여 헝가리 민족의 문화적 표지로 만들어 놓았으며, 집시음악의 경쾌한 선율은 빈에서 활동하던 함부르크 출신 작곡가 요하네스 브람스(Johannes Brahms)의 음악언어 속에 쉽게 스며들었다.

민족적 낭만주의의 평범하고 세속적인 정서에 불만을 품었던 헝가리 청년 바르토크(Béla Bartók)는 1904년부터 코다이(Zoltan Kodály)와 함께 헝가리 농촌과 (헝가리의) 비헝가리인 소수민족 지역을 찾아가 때 묻지 않은 민요를 채집했다. 채집하는 과정에서 그들은 당시에 일어나고 있던 민족음악학의 방법을 사용했고 이 방법은 빠르게 유럽 이외 지역의 음악 창작에도 응용되었다. 당연히 바르토크와 코다이는 그들의 발견을 자신들의 고도로 독창적인 음악 작품 속에 녹여냈다. 낭만주의를 뛰어넘었던 작곡가 바르토크는[129] 유럽 소수민족의 연구자이기도 했다. 그의 민족음악 작품은 민족주의의 이념화를 통하지 않고도 민족을 연구할 수 있는 가능성을 증명해 보였다.

19세기에 문자해독율의 증가와 인쇄매체의 보급으로 세상의 많은 사람들이 글쓰기를 통해 의사소통의 범위를 크게 넓혀갈 수 있었다. 문해력의 보급은 개인 또는 집단의 부의 수준, 정치적 동기, 종교적 목적, 교육적 욕구에 따라 큰 차이를 보였다. 대부분의 경우 읽고 쓰기 교육은 지역적 추진력이 필요했고, 지역의 시책은 지속가능한 제도로 바뀌어야 유지되었으며, 최종적으로는 보편적인 의무교육으로 정착되어야 했다. 세계어가 확산되는 중에 최소한 하나 또는 그 이상의 외국어를 배울 수 있는 기회를 잡은 사람에게는 교류의 공간이 넓어졌다. 유럽의 확장과정에서 사용된 언어가 확장대상 지역의 언어를 소멸시키거나 대체한 경우는 전혀 없었고 다만 현존하는 현지어와 병행했을 뿐이다.

지식에의 접근은 더 쉬워졌다. 그러나 상당한 노력을 해야만 지식을 획득할 수 있었다. 읽기는 개인에게 많은 것을 요구하는 복잡한 문화적 기능이다. 그러나 라디오나 텔레비전을 켜고 프로그램을 듣고 보는 일은 문맹인 사람도 힘들이지 않고 할 수 있다. 그런 점에서 20세기의 기술은 문화적 노력의 강도를 떨어뜨려 놓았지만 동시에 최소한 수동적으로 소통에 참여하는 문턱을 낮추어 놓았다.

그런데 어느 쪽의 지식이 더 쉽게 접근할 수 있을까? 지식의 내용에 관해서는 보편적인 결론을 내리기 어렵다. 19세기에 들어와서 일상생활의 영역을 넘어선 체계적인 지식 —사람들이 일반적으로 '과학'이라고 부르기 시작한 지식 —은 전례 없는 규모로 증가했다. 이러한 지식을 생산하는 과학자는 갈수록 많아졌다. 지식은 기관에서, 특히 대학에서 생산되었다. 대학은 가르치는 활동을 펼치는 기관일 뿐만 아니라 (근대 초기 유럽의 학술단체처럼) 새로운 지식을 얻기 위해 체계적인 노력을 기울이고 그런 목적에 적합한 도구들을 만들어 낸 곳이었다.

과학은 급속하게 발전했다. 사회적 담론의 모든 영역이 과학기관에 의해 최신의 과학영역으로 정의되었기 때문이다. 유럽에서 성행했던 문학평론은 문학연구의 학문으로 발전했고, 어휘와 문법요소의 수집은 발전하여 법칙성을 찾는 언어사가 되었고 그 후 페르디낭드 소쉬르(Ferdinand de Saussure, 『일반언어학 강좌』*Cours de linguistique générale*, 1916)에 의해 언어의 심층적 구조를 연구하는 언어학으로 발전했다.

1800년 이전의 유럽에는 확립된 학문으로서의 '인문학'과 '사회과학'은 존재하지 않았다. 1910년 무렵, 오늘날 우리가 보고 있는 전문학문 체계와 과학기관의 핵심 부분이 갖추어지기 시작했다. 이런 상황은 상당한 시간 차이를 두고 유럽 일부 국가에서 먼저 나타났고 이어서 미국에서 나타났으며 그 과정은 각자의 현지 사정에 영향을 받지 않았다고 할 수는 없지만 점차 국제적인 성격을 보였다.

마찬가지로, 1910년 무렵에 국경을 초월한 몇 개의 과학 공동체가 태어났다. 정보의 유통은 빨라졌고, 우선권을 차지하려는 경쟁이 벌어졌다. 또한, 학술적 수준을 평가하고 영예를 수여하는 기준이 형성되었다. 이러한 집단은 모두 남성이 지배했고 점차로 비유럽 회원이 가입하기 시작했다. 최초의 비유럽인 회원은 몇몇 일본 과학자였고 1차 대전 이후 인도와 중국 과학자 수도 완만하게 늘어났다. 자연과학 영역에서 국제적인 표준이 만들어지고 시행되었다.

양차 대전 사이에 자연과학 분야에서 '독일' '일본,' (소련에서) '사회주의' 특색의 과학을 건설하려는 노력이 있었지만 퇴행적이고 우스꽝스러운 시도로 끝나고 말았다. 과학자가 늘 자신의 연구가 조국을 위해 유익하기를 갈망하는 마음은 다른 차원에서 논해야 할 문제였다.

과학자들이 국경을 초월하는 교류를 위해 많은 객관적인 조건을 만들어내고 과학의 표준을 제정했지만 세계 각지의 과학자들은 여전히 자기 조국의 과학기구에 대한 책임감을 느끼지 않을 수 없었다 (이러한 과학자들의 책임감은 1차 대전 때에 정점에 이르렀다). 그중에서도 인문학자들 — 고대 그리스 웅변술의 계승자들 — 이 조국의 공공영역에서 먼저 그리고 가장 강력하게 영향을 미쳤다. 과학에 관한 한 국제화와 민족화는 긴장된 대립관계를 유지했다.

주註

1) 종교에 관한 내용은 이 책 제18장을 참조할 것.

2) Dülmen, Richard van/Sina Rauschenbach (ed.): *Macht des Wissens. Die Entstehung der modernen Wissensgesellschaft*, Köln 2004.

3) Pulte, H.: *"Wissenschaft (III)"* (*Historisches Wörterbuch der Philosophie*, v.12, Darmstadt 2004, p.921에 수록).

4) Burke, Peter: *Papier und Marktgeschrei. Die Geburt der Wissensgesellschaft*, Berlin 2001, pp.30f.

5) Fragner, Bert G.: Die *"Persophonie". Regionalität, Identität und Sprachkontakt in der Geschichte Asiens*, Berlin 1999, p.100.

6) Ostler, Nicholas: *Empires of the Word. A Language History of the World*, London 2005, pp.438f.

7) *Ibid.*, pp.411f.

8) Mendo Ze, Gervais(et al.): *Le Français langue africaine. Enjeux et atouts pour la francophonie*, Paris 1999, p.32.

9) Lewis, Bernard: *The Emergence of Modern Turkey*, Oxford 1968(2nd ed.), p.84.

10) Crystal, David: *English as a Global Language*, Cambridge 1997, p.73.

11) *Ibid.*, p.66.

12) Phillipson, Robert: *Linguistic Imperialism*, Oxford 1992는 영어 구사능력이 상당한 정도로 상부의 "지시"에 의한 학습의 결과임을 상세히 논술하고 있다.

13) Zastoupil, Lynn/Martin Moir (ed.): *The Great Indian Education Debate*, pp.1-72.

14) Crystal, David: *English as a Global Language*, pp.24f는 각 지역의 상황을 (피상적으로) 서술하고 있다.

15) Lewis, Bernard: *The Emergence of Modern Turkey*, pp.88, 118.

16) Adamson, Bob: *China's English. A History of English in Chinese Education*, Hong Kong 2004.

17) Keene, Donald: *The Japanese Discovery of Europe*, pp.78f.

18) Elman, Benjamin A.: *A Cultural History of Modern Science in China*, Cambridge, MA 2006, pp.86f.

19) Lewis, Bernard: *The Emergence of Modern Turkey*, p.87.

20) 지식사의 이 순간을 Schwab, Raymond: *La renaissance orientale*, Paris 1950 이 밝혀냈다.

21) Ostler, Nicholas: *Empires of the Word.* p.503.

22) Scott, Hamish M.: *The Birth of a Great Power System*, pp.122f. Haarmann, Harald: *Weltgeschichte der Sprachen. Von der Frühzeit des Menschen bis zur Gegenwart*, München 2006, p.314.

23) *Ibid.*, pp.309-34의 개괄적인 서술을 참조할 것.

24) Bolton, Kingsley: *Chinese Englishes. A Sociolinguistic History,* Cambridge 2003, pp.146-96.

25) Marr, David G. (ed.): *Reflections from Captivity. Phan Boi Chau's "Prison Notes" and Ho Chi Minh's "Prison Diary",* Athens, OH 1978, pp.30, 35.

26) Pollock, Sheldon: *"The Cosmopolitan Vernacular"* (Journal of Asian Studies v.57 [1998], pp.6-37에 수록).

27) Sassoon, Donald: *The Culture of the Europeans. From 1800 to the Present,* London 2006, pp.21-40은 유럽 민족언어의 부침에 관해 설명하고 있다.

28) Vincent, David: *The Rise of Mass Literacy. Reading and Writing in Modern Europe,* Cambridge 2000, pp.138-140.

29) Janich, Nina/Albrecht Greule (ed.): *Sprachkulturen in Europa. Ein internationales Handbuch,* Tübingen 2002, p.110.

30) Meyer, Michael C./William L.Sherman: The Course of Mexican History, p.457.

31) 이 문제에 관한 입문서로서 Hinrichs, Ernst: *"Alphabetisierung. Lesen und Schreiben"* (Dülmen, Richard van/Sina Rauschenbach [ed.]: *Macht des Wissens.* pp.539-61에 수록, 특히pp. 539-42)을 참조할 것. 이 주제의 이론적인 복잡성은 Barton, David: *Literacy. An Introduction to the Ecology of Written Language,* Malden, MA 2007(2nd ed.)에 보인다. 사례연구로는 Messerli, Alfred/Roger Chartier (ed.): *Lesen und Schreiben in Europa 1500-1900.* Basel 2000을 참조할 것.

32) Graff, Harvey J.: *The Legacies of Literacy. Continuities and Contradictions in Western Culture and Society,* Bloomington, IN 1987,p.262. 이 분야의 뛰어넘을 수 없는 권위작이다.

33) Tortella, Gabriel: *"Patterns of Economic Retardation and Recovery in South-Western Europe in the Nineteenth and Twentieth Centuries"* (Economic History Review, v.47 [1994], pp.1-24에 수록).

34) Vincent, David: *The Rise of Mass Literacy.* p.11. Brooks, Jeffrey: *When Russia Learned to Read. Literacy and Popular Literature, 1861-1917,* Princeton, NJ 1985 는 한 국가의 사례연구로서 보기 드문 높은 수준의 저작이다.

35) Graff, Harvey J.: *The Legacies of Literacy.* p.295(Tab.7-2).

36) 유럽의 전체적인 상황은 Sassoon, Donald: *The Culture of the Europeans.* pp.93-105를 참조할 것.

37) Schenda, Rudolf: *Volk ohne Buch. Studien zur Sozialgeschichte der populären Lesestoffe 1770-1910,* Frankfurt a.M. 1970. Engelsing, Rolf: *Analphabetentum und Lektüre. Zur Sozialgeschichte des Lesens in Deutschland zwischen feudaler und industrieller Gesellschaft,* Stuttgart 1973. Roger Chartier와 Martyn Lyons의 몇몇 저작은 프랑스의 경우를 다루고 있다.

38) Giesecke, Michael: *Die Entdeckung der kommunikativen Welt. Studien zur kulturvergleichenden Mediengeschichte.* Frankfurt a.M. 2007, p.166.

39) Lyons, Martyn: *Readers and Society in Nineteenth-Century France. Workers, Women, Peasants,* Basingstoke 2001, pp.87-91.

40) Starrett, Gregory: *Putting Islam to Work. Education, Politics, and Religious Transformation in Egypt,* Berkeley, CA 1998, p.36.

41) Vincent, David: *The Rise of Mass Literacy.* p.56.

42) Sutherland, Gillian: *"Education"* (Thompson, F.M.L.: *Cambridge Social History of Britain,* v.3 [1990], pp.119-69에 수록, 인용된 부분은 p.145).

43) Easterlin, Richard A.: *Growth Triumphant,* p.61 (Tab.5.1)은 1882년의 수치를 제시하고 있다..

44) Gilmore-Lehne, William J.: *"Literacy"* (Cayton, Mary Kupiec [et al. ed.): *Encyclopedia of American Social History,* v.3, pp.2413-26에 수록, 인용된 부분은 pp.2419f, 2422).

45) Graff, Harvey J.: *The Legacies of Literacy.* p.365.

46) Ayalon, Ami: *"Political Journalism and Its Audience in Egypt, 1875-1914"* (Culture & History, v.16 [1997], pp.100-21에 수록, 인용된 부분은 p.105).

47) Rozman, Gilbert: *"Social Change"* (J.W. Hall et al.: Cambridge History of Japan, v.5 [1989], pp.499-568에 수록, 인용된 부분은 pp.560f).

48) Rubinger, Richard: *Popular Literacy in Early Modern Japan,* Honolulu 2007, p.184.

49) Pepper, Suzanne: *Radicalism and Education Reform in Twentieth-Century China. The Search for an Ideal Development Model,* Cambridge 1996, p.52.

50) Rawski, Evelyn S.: *Education and Popular Literacy in Ch'ing China,* Ann Arbor, MI 1979, p.23.

51) Bailey, Paul: *Reform the People. Changing Attitudes towards Popular Education in Twentieth-Century China,* Edinburgh 1990, pp.31-40.

52) Robinson, Michael E.: *Korea's Twentieth-Century Odyssey,* p.11

53) 이 현상은 제도가 종결될 때까지 지속되었다. Elman, Benjamin A.: *A Cultural History of Civil Examinations in Late Imperial China,* pp.597-600을 참조할 것.

54) Woodside, Alexander: *"The Divorce between the Political Center and Educational Creativity in Late Imperial China"* (Elman, Benjamin A./Alexander B.Woodside [ed.]: *Education and Society in Late Imperial China, 1600-1900,* Berkeley, CA 1994, pp.458-92에 수록, 인용된 부분은 p.461).

55) DPA 2007sus 4월 2일 자 보도.

56) Nipperdey, Thomas: *Deutsche Geschichte 1866-1918,* v.2, p.451,

57) Jeismann, Karl-Ernst: *"Schulpolitik, Schulverwaltung, Schulgesetzgebung"* (Berg, Christa, et al. [ed.]: *Handbuch der deutschen Bildungsgeschichte,* v.3 [1987], München,

pp.105-22에 수록, 인용된 부분은 p.119).

58) Mitchell, Timothy: *Colonising Egypt*는 Foucault의 관점을 바탕으로 하여 이집 트에 관한 분선을 제공하고 있다. 그러나 비판적인 분석은 Starrett, Gregory: *Putting Islam to Work. Education*, pp.57-61에 나온다.

59) Bouche, Denise: *Histoire de la colonisation française*, Bd.2: *Flux et reflux (1815-1962)*, Paris 1991, pp.257-59.

60) Wesseling, H.L.: *Europa's koloniale eeuw*, p.84.

61) Kumar, Deepak: *Science and the Raj, 1857-1905*, Delhi 1997, pp.151-79. Ghosh, Suresh Chandra: *The History of Education in Modern India, 1757-1998*, Hyderabad 2000(2nd ed.), pp.86, 121f. Arnold, David: *Science, Technology and Medicine in Colonial India*, Cambridge 2000, p.160. Bhagavan, Manu: *Sovereign Spheres. Princes, Education, and Empire in Colonial India*, New Delhi 2003.

62) Somel, Seluk Akin: *The Modernization of Public Education in the Ottoman Empire 1839-1908. Islamization, Autocracy and Discipline*, Leiden 2001, pp.173-79. Somel은 "기술현대주의와 이슬람주의 2원제"(p.3)란 표현으로 서술하고 있 다. 건축에 관해서는 Fortna, Benjamin C.: *Imperial Classroom. Islam, the State and Education in the Late Ottoman Empire*, Oxford 2003, pp.139-45를 참조할 것.

63) Somel, Seluk Akin: *The Modernization of Public Education in the Ottoman Empire 1839-1908*, p.204.

64) Szyliowicz, Joseph S.: *Education and Modernization in the Middle East*, Ithaca, NY 1973, pp.170-78. Keddie, Nikki R.: *Modern Iran. Roots and Results of Revolution*, New Haven, CT 2006, p.29. Amin, Camron Michael, et al. (ed.): *The Modern Middle East. A Sourcebook for History*, Oxford 2006, pp.43f.

65) Ringer, Fritz K.: *Education and Society in Modern Europe*, Bloomington, IN 1979, p.206.

66) 인용문은 Goonatilake, Susantha: *Toward a Global Science. Mining Civilizational Knowledge*, Bloomington, IN 1998, p.62를 참조할 것. 베나레스를 모델로 하여 서술하고 있다. 이와 대비하여 Burke, Peter: *Papier und Marktgeschrei*, pp.64-7 을 참조할 것.

67) 이슬람 교육기관에 관한 (함축적 비교)묘사는 Huff, Toby: *The Rise of Early Modern Science. Islam, China, and the West*, Cambridge 2003(2nd ed.), pp.147-79 를 참조할 것.

68) Wittrock, Björn: *"The Modern University: The Three Transformations"* (Rothblatt, Sheldon/Björn Wittrock [ed.]: *The European and American University since 1800. Historical and Sociological Essays*, Cambridge 1993, pp.303-62에 수록, 인용된 부분은 pp.304f, 310ff),

69) "대학교사"의 특징에 관한 뛰어난 사회학적 분석은 Rothblatt, Sheldon: *The*

Revolution of the Dons. Cambridge and Society in Victorian England, London 1968, pp.181-208을 참조할 것.

70) Caron, Jean-Claude: *Générations romantiques. Les étudiants de Paris et le Quartier Latin (1814-1851),* Paris 1991, p.167.

71) Brim, Sadek: *Universitäten und Studentenbewegung in Russland im Zeitalter der großen Reformen 1855-1881,* Frankfurt a.M. 1985, p.154.

72) Lee Ki-baik: *A New History of Korea,* p.342. Lee Chong-sik: *The Politics of Korean Nationalism,* Berkeley, CA 1963, pp.89-126.

73) Roberts, John et al.: *"Die Übernahme europäischer Universitätsmodelle"* (Rüegg, Walter [ed.]: *Geschichte der Universität in Europa,* 4vls, München 1993-2008, v.2[1996], pp.213-32에 수록).

74) Shils, Edward/John Roberts: *"Die Übernahme europäischer Universitätsmodelle"* (Rüegg, Walter [ed.]: *Geschichte der Universität in Europa,* 4vls, München 1993-2008, v.3 [2004], pp.145-96에 수록, 특히 pp.166, 169, 175, 181-84를 참조할 것.. 아프리카에 흥미가 있다면 Nwauwa, Apollos O.: *Imperialism, Academe and Nationalism. Britain and University Education for Africans 1860-1960,* London 1997을 참조할 것.

75) Rüegg, Walter [ed.]: *Geschichte der Universität in Europa,* 4vls, München 1993-2008, v.2[1996], p.164.

76) Ekmeleddin İhsanoğlu: *Astronomy, Mathematics, Geography, Music, Military Arts, Natural and Applied Sciences, Medical Sciences, Astrology, and the classification of sciences*(2004), Text III, pp.38f.

77) Hayhoe, Ruth: *China's Universities, 1895-1995. A Century of Conflict,* New York 1996, p.13. Lu Yongling/Ruth Hayhoe: *"Chinese Higher Learning: The Transition Process from Classical Knowledge Patterns to Modern Disciplines, 1860-1910"* (Charle, Christophe[et al. ed.]: *Transnational Intellectual Networks. Forms of Academic Knowledge and the Search for Cultural Identities,* Frankfurt a.M. 2004. pp.269-306에 수록)도 참조할 것.

78) Shils, Edward/John Roberts: *"Die Übernahme europäischer Universitätsmodelle"* (Rüegg, Walter [ed.]: *Geschichte der Universität in Europa,* 4vls, München 1993-2008, v.3 [2004], pp.145-96에 수록, 인용된 부분은 p.192).

79) Ringer, Fritz K.: *Die Gelehrten. Der Niedergang der deutschen Mandarine 1890-1933,* Stuttgart 1983. Marshall, B.K.: *"Professors and Politics: The Meiji Academic Elite"* (Kornicki, Peter [ed.]: *Meiji Japan. Political, Economic and Social History 1868-1912,* v.4, pp.296-318에 수록).

80) Bartholomew, James R.: *The Formation of Science in Japan. Building a Research Tradition,* New Haven, CT 1989, pp.84f.

81) Clark, William: *Academic Charisma and the Origins of the Research University,*

Chicago 2006. Schalenberg, Marc: *Humboldt auf Reisen? Die Rezeption des "deutschen Universitätsmodells" in den französischen und britischen Reformdiskursen (1810-1870)*, Basel 2002, pp.53-75. Anderson, Robert D.: *European Universities from the Enlightenment to 1914*, Oxford 2004 의 제2장은 훔볼트 대학은 홀연히 나타난 새로운 존재가 아니라 개명 전제군주 제도 하의 유럽에 전파된 개혁이 념과 일맥상통한다고 주장한다. 훔볼트에 관해서는 이 저작의 제4장을 참조 할 것.

82) Cahan, David: *"Institutions and Communities"* (Cahan, David [ed.]: *From Natural Philosophy to the Sciences. Writing the History of Nineteenth-Century Science,* Chicago 2003, pp.291-328에 수록. 인용된 부분은 pp.313-17).

83) Jungnickel, Christa/Russell McCormmach: *Intellectual Mastery of Nature. Theoretical Physics from Ohm to Einstein,* v.2, Chicago 1986, pp.166f.

84) Jarausch, Konrad H.: *"Universität und Hochschule"* (Berg, Christa, et al. [ed.]: *Handbuch der deutschen Bildungsgeschichte,* v.4 [1991], pp.313-339에 수록. 인용된 부 분은 pp.38f).

85) Anderson, Robert D.: *European Universities from the Enlightenment to 1914,* p.292.

86) Clark, William: *Academic Charisma and the Origins of the Research University,* p.461.

87) Leedham-Green, Elisabeth S.: *A Concise History of the University of Cambridge.* Cambridge 1996, p.195.

88) Thelin, John R.: *"The Research University"* (Cayton, Mary Kupiec [et al. ed.): *Encyclopedia of American Social History,* v.3, [1993], pp.2037-45에 수록, 인용된 부분은 p.2037).

89) Veysey, Laurence R.: *The Emergence of the American University,* Chicago 1965, p.171.

90) Thelin, John R.: *A History of American Higher Education,* Baltimore, MD 2004, pp.114, 116, 122-31, 153f. 세기의 전환기에 관한 빠트려서는 안 되는 저작으 로서 Veysey, Laurence R.: *The Emergence of the American University* 이 있다.

91) Bartholomew, James R.: *The Formation of Science in Japan,* pp.64, 68f, 123.

92) Rieß에 관해서는 Mehl, Margaret: *History and the State in Nineteenth-Century Japan,* Basingstoke 1998, pp.94-102를 참조할 것.

93) Ekmeleddin İhsanoğlu: *Astronomy, Mathematics, Geography, Music, Military Arts, Natural and Applied Sciences, Medical Sciences, Astrology, and the Classification of Sciences,* Test 5, p.53.

94) Goonatilake, Susantha: *Toward a Global Science,* pp.53-55.

95) 기본 이념에 관해서는 Raina, Dhruv: *Images and Contexts. The Historiography of Science and Modernity in India,* New Delhi 2003, pp.176-91을 참조할 것. 또한 훌륭한 편저인 Habib, S. Irfan/Dhruv Raina (ed.): *Social History of Science in*

Colonial India, Oxford 2007도 참조할 것.

96) Nakayama Shigeru: *Academic and Scientific Traditions in China, Japan and the West,* pp.195-202.

97) Elman, Benjamin A.: *On Their Own Terms. Science in China, 1550-1900,* Cambridge, MA 2005, p.298.

98) Howland, Douglas, R.: *Translating the West. Language and Political Reason in Nineteenth-Century Japan,* Honolulu 2002, p.97.

99) Wang Hui: *"The Fate of 'Mr. Science' in China: The Concept of Science and Its Application in Modern Chinese Thought"* (Barlow, Tani E. [ed.]: *Formations of Colonial Modernity in East Asia,* Durham, NC 1997, pp.21-81에 수록, 인용된 부분은 pp.22f, 30f, 33, 56). Lackner, Michael(et al, ed.): *New Terms for New Ideas. Western Knowledge and Lexical Change in Late Imperial China,* Leiden 2001과 Vittinghoff, Natascha/Michael Lackner (ed.): *Mapping Meanings. The Field of New Learning in Late Qing China,* Leiden 2004는 중국어로 번역된 개념에 관한 훌륭한 사례연구이다.

100) Jackson, Carl T.: *Oriental Religions and American Thought. Nineteenth-Century Explorations,* Westport, CT 1981, p.57.

101) Sullivan, Michael: *The Meeting of Eastern and Western Art,* Berkeley, CA 1989, pp.129-39, 209-29를 참조할 것. 또한 Berger, Klaus: *Japonismus in der westlichen Malerei 1860-1920,* München 1980도 참조할 것.

102) Betzwieser, Thomas/Michael Stegemann: *"Exotismus"* (Finscher, Ludwig[ed.]: Die Musik in Geschichte und Gegenwart, v.3, Kassel 1995, pp.226-40에 수록) 을 참조할 것. Bellman, Jonathan (ed.): *The Exotic in Western Music,* Boston 1998.

103) 신지학에 관한 간략한 묘사가 Burrow, John W.: The Crisis of Reason, pp.226-29에 나온다. Aravamudan, Srinivas: *Guru English. South Asian Religion in a Cosmopolitan Language,* Princeton, NJ 2006도 참조할 것.

104) 인도의 상황에 관해서는 Arnold, David: *Science, Technology and Medicine in Colonial India,* p.124를 참조할 것. Yamada Keiji (ed.): *The Transfer of Science and Technology between Europe and Asia, 1780-1880,* Kyoto 1994도 또한 관련한 중요한 저작이다.

105) Prakash, Gyan: *Another Reason. Science and the Imagination of Modern India,* Princeton, NJ 1999, pp.6, 53.

106) 인도에 관한 특별히 뛰어난 분석으로서 *Ibid.,* pp.52f를 참조할 것.

107) Bowler, Peter J./Iwan Rhys Morus: *Making Modern Science,* p.338

108) Diemer, Alwin: *"Geisteswissenschaften"* (Historisches Wörterbuch der Philosophie, v.3, Basel 1974, p.213에 수록).

109) Porter, Theodore M.: *"The Social Sciences"* (Cahan, David [ed.]: *From Natural Philosophy to the Sciences. Writing the History of Nineteenth-Century Science,* Chicago 2003. pp.254-90에 수록, 인용한 부분은 p.254). 또한 이 책 제1장을 참조할 것.

110) Ross, Dorothy: *"Changing Contours of the Social Science Disciplines"* (Porter, Theodore M./Dorothy Ross [ed.]: *The Modern Social Sciencess* (= *The Cambridge History of Science,* v.7, Cambridge 2003, pp.205-37에 수록. 인용된 부분은 pp.208-214).

111) Barshay, Andrew E.: *The Social Sciences in Modern Japan. The Marxian and Modernist Traditions,* Berkeley, CA 2004, pp.40-2.

112) Iggers, Georg G./Q.Edward Wang: *A Global History of Modern Historiography,* Harlow 2008, pp.117-133에 간략하게 서술되어 있다. 이 책의 다른 장에는 19세기와 20세기초의 아시아 역사학의 발전 내용이 소개되어 있다.

113) 이 분야의 권위 있는 학자인 René Wellek은 문학비평의 역사는 1750년 무렵에 시작되었다고 보았다. 유럽의 예술비평은 Giorgio Vasari (1511-1574)때에 이미 시작되었다고 한다.

114) Osterhammel, Jürgen: *Die Entzauberung Asiens*는 더 많은 내용을 담고 있다.

115) 수많은 최신의 연구도 Schwab, Raymond: *La renaissance orientale* 를 능가하지 못한다.

116) 그 가운데서 몇몇 고전적인 저작은 다음과 같다. Tahtawi, Rifa'a Rafi' al-: *Ein Muslim entdeckt Europa. Rifa'a al-Tahtawi. Bericht über seinen Aufenthalt in Paris 1826-1831,* ed. by Karl Stowasser, München 1989. Pantzer, Peter (ed.): *Die Iwakura-Mission.* Kume Kunitake: *The Iwakura Embassy, 1871-73. A True Account of the Ambassador Extraordinary & Plenipotententary's Journey of Observation through the United States of America and Europe,* ed. by Graham Healey et al., 5 vls., Matsudo 2002. Chen Feng: *Die Entdeckung des Westens.* Parsons, Neil: *King Khama, Emperor Joe and the Great White Queen.* 또한 Osterhammel, Jürgen: *Ex-zentrische Geschichte*도 참조할 것.

117) Gran-Aymerich, Ève: *Naissance de l'archéologie moderne, 1798-1945,* Paris 1998, pp.83-86.

118) Peers, Douglas M.: *"Colonial Knowledge and the Military in India, 1780-1860"* (Journal of Imperial and Commonwealth History, v.33 [2005], pp.157-80에 수록).

119) Said, Edward W.: *Orientalism,* London 1978이 토론을 촉발했으며 관련 주제의 가장 중요한 저작이다. 영어와 아랍어에 관한 토론은 Varisco, Daniel Martin: *Reading Orientalism. Said and the Unsaid,* Seattle 2007을 참조할 것.

120) Stuchtey, Benedikt (ed.): *Science across the European Empires 1800-1950,* Oxford 2005가 개별 사례연구를 소개하고 있다.

121) 프랑스의 사례연구를 통해 이 모순을 철저하게 연구한 Singaravélou, Pierre:
  L'École Française d'Extrême-Orient ou l'institution des marges (1898-1956), Paris
  1999, pp.183f가 있다.

122) Stocking, George W.: *Victorian Anthropology,* New York 1987. 같은 저자의
  After Tylor. British Social Anthropology, 1888-1951, London 1996.

123) 이 책 제1장과 제3장을 참조할 것.

124) Stafford, Robert A.: *Scientist of Empire.* Stafford, Robert A.: *"Scientific
  Exploration and Empire"* (Louis: *Oxford History of the British Empire,* v.3, [1998],
  pp.224-319에 수록). Driver, Felix: *Geography Militant.*

125) Wennerholm, Eric: *Sven Hedin,* Wiesbaden 1978.

126) Conrad, Sebastian: *Globalisierung und Nation im Deutschen Kaiserreich,* München
  2006, Ch.2.

127) Schleier, Hans: *Geschichte der deutschen Kulturgeschichtsschreibung,* 2 vls., Waltrop
  2003, pp.813-41.

128) Venturi, Franco: *Roots of Revolution,* pp.633f.

129) 청년 Bartók는 스승 István Thomán ──Liszt의 수제자── 을 통해 낭만주의
  전성기의 기교를 배웠다.

제 *17*장

문명화와 배제

역사의 긴 흐름에서 19세기는 유럽의 통치계층과 지식엘리트가
자신들이 진보의 최전방에 서 있으며 문명의 표준을 체현하고 있다고
굳게 믿었다는 점에서 돌출적인 시기였다. 자기 문명의 위상에 대한
오만한 자부심을 바탕으로 문명을 전 세계에 전파할 자격이 있고
또 그렇게 해야 한다는 사명감은 셀 수 없이 많은 침략, 폭력,
약탈을 변호하는 데 이용되었다.

◀ 1871년 9월 미시시피주 티샤밍고 카운티에서 체포된 KKK 단원

　19세기 70년대에 미국 노예해방의 성과는 광범위한 분야에서 파괴되었다.
　남부 여러 주에서 19세기 80년대에 인종 간의 관계가 급속히 악화되었다.
　1890년 이후 미국의 흑인은 극단적인 인종차별과 자유를 억압하는 제도를
　받아들여야 했다. 1869년부터 활동을 시작한 KKK단으로 상징되는
　미국 남부의 인종차별 제도는 세기가 바뀔 무렵 정점에 도달했다가 20세기
　20년대부터 점차 수그러들었고 20세기 60년대의 민권운동 과정에서 철폐되었다.

▶ KKK단의 행진, Washington, D.C. 1926년 9월 13일

1959년 5월 마오쩌둥을 만난 듀보이스(W.E.B. Du Bois, 1868-1963)
인권운동가, 사회학자, 교육자이며 흑인 저항운동의
중요한 지도자인 듀보이스는 1903년에
"20세기의 문제는 피부색으로 나뉘는 경계가 될 것"이라고 예언했다.

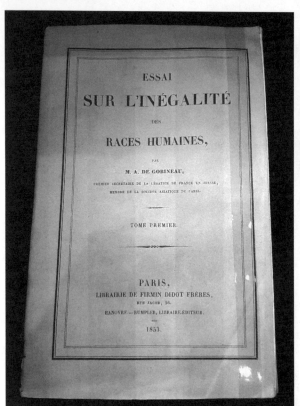

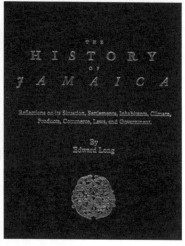

1900년 무렵, 세계 각지 여론의 분위기는 인종주의로 넘쳐났다.
'서방인'은 인종이 다르면 유전적 특징이 다르기 때문에 능력도 다르며,
따라서 자기 삶을 자주적으로 결정할 권리도 다르다는
관점에 대해 의심을 품지 않았다. 1800년 무렵 이런 관점을 뒷받침하는 이론은
소수의 유럽학자의 서재에서만 논의되었지만 1880년이 되면
이런 관점은 서방사회의 집단상상의 주요 요소였다.
세계사의 시각에서 볼 때 역사에 영향을 미친 세력으로서 인종주의는
1860-1945년이란 짧은 기간에 존재했다. 이 어두운 공포의 시기가
19세기와 20세기를 하나로 묶었다.

◀ 프랑스 귀족 고비노(Arthur de Gobineau, 1816-82)가 쓴
『인종불평등론』(Essai sur l'inégalité des races humaines)
인종혼합의 위험을 강력하게 경고하여 큰 반향을 일으킨
고비노의 저서는 아리안 지배종족론의 출발이 되었다.

▶ 에드워드 롱(Edward Long, 1734-1813)의
『자메이카의 역사』(The History of Jamaica, 1774)
플랜테이션 소유주 롱은 인종주의의 언어와
그 시대의 인류학의 성과를 이용하여
노예제를 옹호한 최초의 저작을 내놓았다.

830년경 에든버러에서 해부학을 강의하는
로버트 녹스(Robert Knox, 1791-1862)
의사 녹스는 강연원고를 엮은
『런던인종』(*The races of men, London,* 1850)을 통해 유럽의
정치적 충돌이 발생하게 된 인종적 배경을 설명했다.

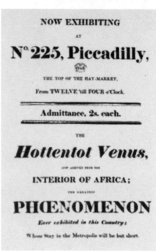

◀ 세라 바트먼(Sarah Baartman, 1789-1815)의 캐리커처
윌리엄 히스(William Heath, 1795-1840)가 1810년에 발표
바트먼은 남아프리카 이스트 케이프에서 태어났다.
백인들의 공격으로 대부분 부족이 죽었으나 바트먼은 살아남아
유럽으로 팔려나갔다. 바트먼의 큰 엉덩이와 가슴 등
특이한 외형을 본 영국인이 돈벌이에 이용할 목적으로
바트먼을 '구입'한 것이다. 바트먼은 유럽 각지를 끌려 다니면서
'호텐토트 비너스'란 별칭으로 인간 전시물이 되어 인기를 끌었고
그의 주인은 큰돈을 벌었다. 프랑스에서 사망한 후에도
사람이 아니라 동물로 취급되어 그의 유해는 박제가 된 채
1974년까지 박물관에 전시되었다. 2002년 5월, 인권단체의 압박 덕분에
그의 유해는 200년 만에 고향으로 돌아갔다. 안장식에는
남아프리카공화국의 전직 대통령인 만델라와 음베키가 참석했다.

▶ 바트먼 런던전시회 포스터
1906년 9월 뉴욕 브롱크스 동물원 영장류 전시실 안내판에
다음과 같이 적혀 있었다. "오타 벵가, 연령 23살,
신장 150센티미터, 체중 47킬로그램. 버너 박사(Dr. Samuel P. Verner)가
콩고자유국 카사이강(Kasai River) 지역에서 가져옴.
9월 한 달 동안 매일 오후에 전시함"

중국인 배척 법 풍자만화(Chinese Exclusion Act)

캘리포니아에 온 중국인은 사금을 채취하거나 철로를 깔았고
하와이에 온 중국인은 플랜테이션의 쿨리(Coolie)가 되었다.
노예해방 이후 아프리카계 미국인을 상대로 그랬던 것처럼 중국인은
미국의 문화에 적응할 수 없는 '반半문명인'이란 이유로 공격받았다.
1882년, 10년 동안 중국인의 입국을 완전히 금지하는 '중국인배척법'이 제정되었다.
이때부터 시작된 유사한 여러 조처는 1943년 '중국인배척법'이 폐지되면서 사라졌다.
만화는 노동자들(아일랜드인, 아프리카계 미국인, 내전의 제대 장병, 이탈리아인,
프랑스인, 유대인)이 '저임금반대', '공포', '경쟁', '질투', '인종차별법', '편견'이란 벽돌로
중국인을 막는 벽을 쌓는 모습을 그리고 있다. 바다 건너 쪽에서는
미국 국기를 단 상선이 들어오도록 중국인들이 자신들의 벽을 허물고 있다.

반유대주의

19세기는 유대인 종교공동체가 전례 없는 성공을 거둔 시기다.
대략 1770-1870년 동안에 모제스 멘델스존(Moses Mendelssohn, 1729-86) 등이
주도한 유대민족 내부의 개혁운동은 유대인 공동체 내부의 교류방식,
비유대인 세계와의 문화적 관계, 유럽사회의 변화에 대한 태도를 철저하게 바꾸어놓았다.
많은 지지자가 자발적 문명화라 불렸던 유대인의 자기혁명은
유대인으로서의 정체성을 유지하면서 외부환경의 변화에
적극적으로 적응한다는 것을 의미했다. 한창 성장하고 있던
유럽 자산계급 가운데서 성공한 인물의 소수는 유대인이었다.
대략 1870년 이후로 유럽대륙 거의 모든 지역에서 반유대주의가 다시
기세를 떨치기 시작했다. 유대인은 바로 자신의 성취 때문에
사회적 지위가 보잘것없었던 미국 흑인보다도 쉽게 주류 인구로부터
질시의 대상이 되었다. 유대인이면서 기독교로 개종한 남성 가운데서
벤저민 디즈레일리는 세계 최강국이었던 영국의 수상이 되었고, 펠릭스 멘델스존은
명성 높은 작곡자이자 피아니스트이며 지휘자였고, 자코모 마이어베어(Giacomo
Meyerbeer, 1791-1864)는 베르디가 등장하기 전까지의 시기에
유럽 오페라 무대를 지배했다.

◀ 펠릭스 멘델스존(Felix Mendelssohn, 1809-47)

▶ 벤저민 디즈레일리(Benjamin Disraeli, 1804-81)

DER

JUDENSTAAT.

VERSUCH
EINER
MODERNEN LÖSUNG DER JUDENFRAGE

VON

THEODOR HERZL
DOCTOR DER RECHTE.

LEIPZIG und WIEN 1896.
M. BREITENSTEIN'S VERLAGS-BUCHHANDLUNG
WIEN, IX., WÄHRINGERSTRASSE 5.

◀ 테오도어 헤르츨(Theodor Herzl 1860-1904)
▶ 헤르츨이 1896년 출간한 『유대인국가』(*Der Judenstaat*)의 표지
유럽 유대인 인구의 대부분이 있는 러시아(에 병합된 폴란드)에서
반유대주의는 다른 지역보다 폭력적으로 표출되었다. 이것이
유대인의 단기간 내 대규모 이민을 촉발했고 유대인 국가를 만들려는
시오니즘의 출발점이 되었다. 오스트리아의 기자였던 헤르츨이
시오니즘의 이론적 기초가 되는 『유대인국가』를 쓰게 된 동기는
드레퓌스사건과 프랑스의 반유대주의 운동 때문이었다.
헤르츨은 「이스라엘독립선언서」(1948년 5월 14일 발표)에
유대인 국가의 정신적인 아버지로 기록되어 있다.

1902-1903년, 유대인들의 세계지배 계획을 폭로하는
이른바 『시온장로회 의정서』(The Protocols of the Elders of Zion)라는
의문스러운 문건이 등장했다. 훗날 이 문건은 망상에 사로잡힌
반유대주의가 조작한 것임이 밝혀졌으나 이미 빠르게 전 세계로 퍼져나간 뒤였다
이 문건의 내용에 감동을 받아 그 유포를 적극적으로 도운 독자가
아돌프 히틀러(Adolf Hitler, 1889~1945)와 미국의 자동차제조 기업가
헨리 포드(Henry Ford, 1863~1947)였다.

◀ 『시온장로회 의정서』의 러시아어판이며
   제목은 "세계를 정복하려는 유대인의 계획"이다
▶ 1920년 보스턴에서 발행된 영어판 『시온장로회 의정서』

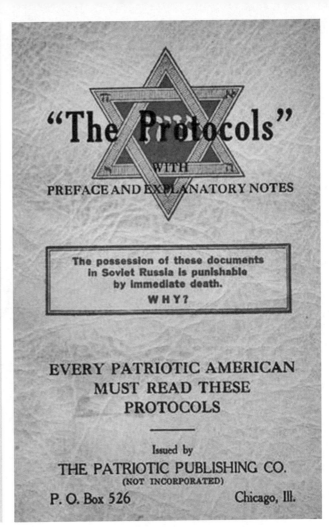

"JEWISH WORLD PLOT."

AN EXPOSURE.

THE SOURCE OF THE PROTOCOLS.

TRUTH AT LAST.

The so-called "Protocols of the Elders of Sion" were published in London last year under the title of "The Jewish Peril."

This book is a translation of a book published in Russia in 1905, by Sergei Nilus, a Government official, who professed to have received from a friend a copy of a summary of the minutes of a secret meeting, held in Paris, by a Jewish organization that was plotting to overthrow civilisation in order to establish a Jewish world state.

These "Protocols" attracted little attention until after the Russian Revolution of 1917, when the appearance of the Bolshevists, among whom were many Jews, professing and practising political doctrines that in some points resembled those advocated in the "Protocols," led many to believe that Nilus's alleged discovery was genuine. The "Protocols" were widely discussed and translated into several European languages. Their authenticity has been frequently attacked and many arguments have been adduced for the theory that they are a forgery.

In the following articles our Constantinople Correspondent for the first time presents conclusive proof that the document is in the main a clumsy plagiarism. He has forwarded us a copy of the French book from which the plagiarism is made. The British Museum has a complete copy of the book, which is entitled "Dialogue aux Enfers entre Machiavel et Montesquieu, ou la Politique de Machiavel au XIX. Siècle. Par un Contemporain," and was published at Brussels in 1865. Shortly after its publication the author, Maurice Joly, a Paris lawyer and publicist, was arrested by the police of Napoleon III. and sentenced to 18 months' imprisonment.

A LITERARY FORGERY.

(From Our Constantinople Correspondent.)

"There is one thing about Constantinople that is worth your while to remember," said a diplomatist to the writer in 1908. "If you

---

"The Protocols"

WITH

PREFACE AND EXPLANATORY NOTES

The possession of these documents in Soviet Russia is punishable by immediate death.

WHY?

EVERY PATRIOTIC AMERICAN MUST READ THESE PROTOCOLS

Issued by

THE PATRIOTIC PUBLISHING CO.
(NOT INCORPORATED)

P. O. Box 526   Chicago, Ill.

▶ 1934년 시카고에서 나온 영어판 『시온장로회 의정서』
◀ 『시온장로회 의정서』가 조작된 문서임을 밝혀낸 『타임스』의 1921년 8월 16일 자 기사.

1. '문명세계'와 '문명포교'

수천 년 동안 어떤 인류집단은 자신을 이웃보다 우월하다고 생각해왔다.[1] 도시 거주자는 농촌주민을 낮추어보았고, 정착민은 유목민을 멸시했으며, 글을 읽을 줄 아는 사람은 일자무식인 사람을 무시했다. 유목민도 수렵민을, 부자는 가난한 사람을, 복잡한 종교의식을 치르는 사람들은 이교도와 범신론자들을 하찮게 여겼다. 생활방식과 사유방식은 조악한 야만으로부터 시작하여 정교하고 고상한 단계로 발전하여 간다는 관념은 세계의 각 지역과 인류역사의 각 시기에 보편적으로 나타났다.

몇몇 언어에서 이런 관념을 표현하는 어휘는 유럽에서 보편적으로 사용하는 '문명'이란 개념과 대체로 같은 뜻을 갖고 있다. 이 개념은 대립하는 개념과 긴장관계일 때 비로소 의미를 갖게 된다. '야만' 또는 '야성'이 패배한 곳에 문명이 보급될 수 있다. 문명은 그 대립물인 '야만'이 있어야 존재가 부각된다. 세상에서 '야만'이 사라진다면 자만심에 빠진 문명인이 타인을 공격할 때 또는 조잡함과 쇠락에 빠진 우월한 문명의 운명을 한탄할 때 우리가 이용할 수 있는 일종의 방어막이 없어진다. 문명의 대극장에서 문명의 정도가 비교적 낮은 집단은 관중의 입장에서는 없어서는 안 되는 존재다. 문명인은 다른 집단으로부터 되도록이면 찬양과 존경 그리고 암묵적인 감사의 형식으로 인정을 받아야 하고 필요하다면 다른 집단의 선망과 질투도 받아들여야 하기 때문이다.

어떤 문명이든 야만인의 증오와 공격으로부터 자신을 지켜내도록 방어해야 한다. 문명인은 자신을 관찰하는 동시에 여러 가지 방식으로 문명인을 본받으려하는 타자의 반응을 관찰한다. 문명인이 느끼는 자기존재감은 이 두 가지 관찰의 상호작용에서 나온다.

문명인은 자기 문명의 성취가 지속적으로 위협받고 있다는 사실을 분명하게 알고 있다. 야만인의 한 차례 침입이나 하층민이라 여기는 '내부 야만인'이 일으킨 한 차례 혁명이 언제든지 문명인의 모든 성취를 잿더미로 만들 수 있다. 그러나 그보다 더 크면서도 식별하기 어려운 위협은 도덕적 각성, 문화적 창조욕구, 현실에 대한 이성적 인식이 동력을 상실하는 것이다. 중국과 유럽 그리고 그 밖의 어느 곳에서든 전통적으로 사람들은 이것을 넓은 의미의 '타락과 부패'라는 개념으로 표현했다. 더 높은 이상을 추구하려는 의지가 약해지면 '운세'는 내리막길로 접어든다.

사회적으로 정의된 고상함의 규범적 의미에 비추어보면 문명은 보편적인 개념이며 시간적으로는 현대에만 국한되지 않는다. 이와 관련하여 흔히 하는 말들은 문명인은 그들의 문화적 가치와 생활방식을 널리 퍼뜨려야 할 책임 또는 의무가 있다는 것이다. 그렇게 하는 데는 각양각색의 이유가 있다. 야만인이 사는 땅에 안정을 가져다주는 것이 목적일 수도 있고, 스스로 옳다고 믿는 신념을 선전하기 위함일 수도 있고, 그냥 야만인들에게 좋은 일을 하고 싶어서일 수도 있다.

다양한 동기가 '문명포교'(Zivilisierungsmission)의 자양분이 된다. 여기서 '포교'(Mission)는 반드시 종교적 신앙의 전파를 가리키지는 않으며 자신의 규범과 제도를 타자에게 주입하려고—때로는 강하게 때로는 약하게 타자가 받아들이도록 강압하려고—자임한 사명감을 일컫는다. 이 모든 것의 전제는 자신의 생활방식이 우월하다는 문명인의 확신이다.

'문명포교'와 그 모순

중국 전통 고급문화와 주변 '야만족'의 관계에서 문명포교가 나타났다. 유럽의 고전시기와 확장성을 갖춘 모든 종교에서도 유사한 현상이 나타났다. 문명포교의 주장이 19세기처럼 강력했던 적은 없었다.

근대 초기 유럽에서 일어난 종교개혁 운동은 '타락한' 문화를 겨냥한 거대한 문명화 운동으로 해석할 수 있다. 이것을 뒤집어 말한다면 반-종교개혁은 문명화 운동을 되돌려놓아 주도권을 잡으려는 방어적 동력이었다. 『루터성경』과 대형 바로크 교회당 같은 문화유적은 문명포교의 도구가 될 수 있다. 그러나 근대 초기의 문명포교의 역동성, 특히 유럽의 해외확장과 관련된 포교행위는 지나치게 높이 평가되어서는 안 된다.

근대 초기에 제국의 행위가 포교의 사명감으로 넘쳐난 적은 거의 없었고 스페인 국왕을 제외하면 동질적인 제국문화를 건설하겠다는 꿈을 꾼 사람도 없었다.[2] 네덜란드인과 영국인에게 제국은 도덕적 제약이 많지 않은 상업기업 같은 것이었다. 포교의 열정은 상업 활동을 방해하고 불안정한 제국의 균형을 흔들어놓을 뿐이었다.

18세기 말까지도 개신교 국가의 정부는 식민지에서의 선교활동을 허가하지 않았고 이베리아제국의 천주교 포교활동은 18세기 후반에 들어와서는 정부로부터의 지원을 대부분 상실했다. 유럽의 법률이 유럽인 이민사회 이외에 현지인에게도 적용되어야 한다는 주장은 지지를 받지 못했고 실제로 그렇게 한 사례도 없었다.

근대 초기까지는 세계에 유일한 문명의 표준——유럽문명——이 존재한다는 신념은 아직도 생겨나지 않았다. 문명표준의 세계화는 긴 19세기에 나타난 새로운 현상이었으며 그 원인은 유럽과 기타 대륙(특히 아시아) 사이의 전통적인 군사적·경제적·문화적 평형상태가 깨졌기 때문이다. 한편으로, 전 세계에 걸친 유럽인의 문명포교는 제국주의의 세계정복을 위한 이념적 도구였다. 다른 한편으로, 군함과 원정군에만 의지하는 문명포교는 불가능했다. 19세기 문명포교의 성공은 다른 두 가지 조건 위에서 이루어졌다.

첫째, 유럽의 권력 엘리트와 세계화에 나선 매우 다양한 개인들은 다 같이 가능한 한 더 많은 비유럽인이 우월한 문명의 성과를 받아들인다면 세계는 더 좋은 방향으로 변화할 것이란 확신을 갖고 있었다.

둘째, 이런 관점을 공유하는 사회집단이 '세계의 외곽지역' 여러 곳에서 나타났다. 문명포교의 애초의 이상은 극단적으로 유럽 중심적이어서 어떤 형태의 문화적 상대주의도 배척했다.

따라서 문명포교에는, 유럽인은 자신의 고등문명을 혼자서 누릴 생각을 하지 않으며 비유럽인도 함께 참여해야 한다는 주장이 포함되어 있었다. 또한 문명화는 식민질서 안에서도, 식민질서 밖에서도 일어날 수 있기 때문에 정치적으로는 다양한 형태를 띠었다. 문명화는 식민점령 이전에 발생할 수도 있고, 식민점령과 전혀 관계없을 수도 있었으며, 식민점령을 위한 사후 변명도 될 수 있었다.

문명화의 명분은 유럽이 영향을 미칠 수 없는 지역에서도 국가형성과 통치 권력의 공고화에 이용될 수 있었다. 사회의 진보와 세계의 다양한 문화의 화해를 낙관하는 전망을 기반으로 한 문명포교는 동시에 사회의 진보로 포장된 각종 '정책'을 위한 변명과 선전에도 동원되었다. 이리하여 야만인과 이교도뿐 아니라 식물과 동물, 풍경까지도 완벽하게 문명화할 수 있었다. 황무지를 개척하는 정착민, 대형 맹수를 포획하는 사냥꾼, 하천 치수를 재는 사람은 지구 전체의 문명화를 추진하는 상징적 존재였다. 이들이 싸워 이기고자 했던 상대는 대자연, 혼란, 전통, 각종 형식의 '미신'과 유령 또는 마귀였다.

문명포교의 이론과 실제는 역사적 연원을 갖고 있다. 문명포교의 이론은 '문명'이란 개념이 유럽사회의 자기묘사의 핵심 어휘가 된 직후인 18세기 말에 프랑스와 영국에서 처음 등장했다. 유럽문명의 권위는 19세기 중반에 유럽세계 바깥에서 정점에 이르렀다. 그 후 1900년 전후의 수십 년 동안에 제국주의의 목표를 달성하기 위해 대량의 고압적인 수단이 동원되면서 문명포교의 이론은 점차 위선으로 인식되었다.

1차 세계대전은 '백인'의 위신과 영광을 심각하게 훼손했지만[3] 문명포교가 이 때문에 존재를 감추지는 않았다. 1918년 이후 모든 식민제국은 간여(干與)형 식민정책——이른바 '발전형' 통치. 시대의 변화를 반영한 변종 문명포교——으로 전환했다. 이 정책은 식민지가 주권을 회복한 (대체로 1960년) 이후로 각국 정부와 국제기구의 개발원조 형태로 그 존재를 이어갔다.

1800년 무렵의 근현대 과도기는 문명포교가 대규모로 시작된 때였다. 그 저변에는 사상사의 두 가지 발전이 깔려 있었다. 첫째, 유럽 계몽운동 말기 사상가들의 교육에 대한 확신, 즉 진리는 일단 알고 나면 타인에게 가르쳐 주거나 실제로 운용되어야 한다는 믿음이다. 둘째, 인류는 계단식 발전모형——원시 몽매단계에서 시작하여 법제와 근면한 노동의 기초 위에 세워진 시민사회를 건설——을 거쳐왔다는 논리다. 사람들 앞에는 다양한 선택이 열려 있었다. 어떤 사람은 진화론의 자연선택 법칙을 믿었고 어떤 사람은 무력을 사용하여 세상의 모든 야만과 몽매를 제거하겠다는 열망을 갖고 있었다. 무력사용을 주장하는 사람들이 급진성과 간섭주의의 특징을 보였다.

'문명화'의 개념은 19세기에 사회 내부에도 적용되었다. 일부 민족국가의 민족사 전체가 영향력 있는 지식인에 의해 문명과 야만의 선명한 대립으로 기술되었다. 훗날 아르헨티나의 대통령이 된 도밍고 파우스티노 사르미엔토(Domingo Faustino Sarmiento)는 시대의 획을 긋는 저작 『문명과 야만』(*Civilización y barbarie*, 1845)에서 아르헨티나의 민족사를 그런 모습으로 그려냈다.[4] 유서 깊은 민족국가에서뿐만 아니라 신흥 민족국가에서도 그 사회의 주변부는 인류사회의 초기 발전단계의 잔류물이자 미개한 변경지역으로 취급되었다. 예컨대, 스코틀랜드 고지대에 남아 있던 고대 씨족사회 구조의 잔재는 남쪽에서 온 관광객 눈에는 민속으로 비쳤다. 18세기 70년대에 스코틀랜드의 발견이 북방의 아프리카를 발견한 것과 같았다고 한다면 런던에서 세계 박람회(Great Exhibition of the Works of Industry of All Nations)가 열린 1851년에 스코틀랜드는 야외 사회사박물관이 되었다. 이탈리아인이 사르디니아(Sardinia), 시칠리아(Sicilia), 메초죠르노(Mezzogiorno)*를 바라보는 눈길은 영국인이 스코틀랜드를 바라보는 눈길보다 더 냉혹했다.

이탈리아에서 민족국가가 형성된 후 북부 이탈리아는 변경지역을 통합하는 데 어려움을 느꼈다. 이에 실망을 느낄수록 변경지역을 언급할 때 사용하는 표현은 아프리카를 언급할 때 드러나는 인종주의적 논조에 가까웠다.[5] 공업화된 대도시의 사회 저층도 외래 '종족' 비슷하게 취급되었다. 그들은 국가와 시장, 개인적인 자선행위, 종교적 설득을 통해 최소한의 문명화된 행동방식, 다시 말해 시민계급의 행동방식을 가르쳐야 할 대상이었다.

문명포교 방식의 변형, 바바리아식 · 프랑스식 · 영국식

문명포교 방식도 민족에 따라 독특한 모습을 보여주었다. 독일은 1884년 이전까지는 '문화작업'(Kulturarbeit) ——당시의 용어이다——의 대상이 될 해외 식민지를 갖지 못했다. 독일의 고전주의 시기와 낭만주의 시기의 교육이념은 자기수양을 통한 인격형성이었고 그 이념 속에는 다량의 정치적 유토피아주의가 포함되어 있었다. 야만

---

* 이탈리아 남부지역의 통칭.

인이 실제로 존재하지 않았기 때문에 문명화의 과정은 개인적인 차원에서의 내부 수렴적인 자기반성이 될 수밖에 없었다. 그러나 독일인은 비교적 대규모의 문명화 계획에 참여할 기회가 생겼을 때는 비교할 수 없는 열정으로 행동하기 시작했다.

1832년, 열강의 합의로 새로 성립된 그리스가 바바리아의 피보호국이 되었다.* 그리스는 바바리아인 국왕, 바바리아의 관료제도, 바바리아의 '개량적' 개혁이란 이념을 받아들였다. 개혁은 모순에 빠졌다. 이민족 터키의 통치가 끝난 뒤 모든 독일의 고등학생은 고대 헬라세계가 부활하기를 꿈꾸었다. 그러나 '현재'의 그리스인은 이 숭고한 임무를 전혀 감당할 수 없다는 생각을 한 사람은 거의 없었다. 뒤에 가서 바바리아 섭정체제는 취소되고 사랑받지 못하던 국왕 오토(Otto)는 왕좌에서 내려와 프랑코니아(Franconia)로 망명했다.[6] 그로부터 얼마 지나지 않아 그리스인이 터키로부터 가능한 한 많은 헬레네시대와 비잔틴시대의 영토를 되찾기 위해 그들 자신의 변종 문명포교──'위대한 이상'(megali idea)──를 시작했다는 것은 역사의 아이러니다. 1919년, 그리스는 자신의 힘을 과신했으며 영국의 부추김까지 받아 터키군대를 공격했다. 거대한 실책의 결과는 궤멸적인 패배였다. 몇몇 실패한 문명포교 가운데서 1차 대전 후 그리스의 야심찬 확장계획의 파탄은 가장 극적인 사례였다.

이보다 앞서 나폴레옹의 말 안장 위의 문명포교는 복합적인 결과를 가져왔다. 이탈리아 원정과 이집트 원정으로 막을 연 나폴레옹의

---

* 그리스는 영국, 프랑스, 러시아의 지원을 받은 독립전쟁(1821-29)을 통해 1830년에 오스만제국으로부터 독립했다. 독립 후 선출된 첫 번째 대통령 카포디스트리아스(Ioannis Kapodistrias)가 암살되자(1831년) 영국, 프랑스, 러시아 3국은 그리스 정국의 혼란을 수습하기 위해 1832년 5월 회담을 갖고 그리스를 왕국으로 만들고 바바리아(독일)의 왕자를 그리스 국왕으로 영입하기로 결정했다.

초기 원정은 시발점에서부터 위대한 해방운동으로 포장되었다. 이집트와 다음으로는 스페인과 프랑스령 카리브해 지역에서 나폴레옹의 문명포교는 실패했다. 서인도제도의 이미 해방되었던 노예들은 1802년에 다시 살아난 노예제도에 끌려들어 왔다.

이와는 반대로 프랑스의 라인연맹(Rheinbund)* 통치는 총체적으로 볼 때 문명화와 현대화의 실제적인 효과를 가져왔다. 프랑스인은 이곳에서 시민계급에 적합한 법률과 제도를 시행하여 구시대 전통의 잔재를 청소했다. 간접적인 프랑스의 영향은 프로이센에서, 심지어 비교적 약한 형태로 오스만제국에서까지 유사한 효과를 냈다. 프랑스식 문명화는 독특한 모형이었다.

유럽의 점령지역에서, 특히 가톨릭을 신봉하는 민족의 문화와 마주했을 때 프랑스 장교와 관리는 자신들의 눈에는 낙후한 존재로 보이는 현지인에 대해 극히 오만스럽고 멸시하는 태도를 보였다. 프랑스의 점령통치는 효율적이고 합리적이었지만 피통치자들과는 최대한의 거리를 유지하는 특징을 갖고 있었다. 이탈리아에서 프랑스 통치자는 소규모의 협력자 집단을 제외하고는 현지인과 거의 아무런 관계도 맺지 않았다.[7]

나폴레옹 치하의 프랑스는 유럽에 등장한 권위주의적 문명국가의 첫 번째 사례였다. 국가는 프랑스 국경 안팎으로 구시대 체제의 계획적인 전환을 추진하는 도구가 되었다. 개혁의 목표는 근대 초기—합스부르크 왕조의 급진적인 개혁자 요제프 2세 이전—처럼 특정한 폐단을 제거하는 것이 아니라 전혀 새로운 질서의 수립이었다.

* 프랑스의 속국으로 프로이센 및 러시아와 프랑스 사이의 완충 지대 역할을 수행할 목적으로 1806년 나폴레옹이 독일의 중소 제후국들을 부추겨서 결성한 동맹체제다. 오스트리아 제국과 프로이센 왕국, 헤센 다름슈타트 대공국을 제외한 모든 독일 제후국가가 가맹했다. 나폴레옹의 꼭두각시였으며, 1815년 빈 회의 체결 이후 해체되었다.

'나폴레옹식'의 기술관료 중심의 하향식 사회개혁은 프랑스에만 국한되지 않았고 변형된 형태로 식민지 세계에서도 추진되었다. 예컨대, 1882년 영국이 이집트를 점령한 뒤 총독으로서 전권을 장악한 크로머 경(Lord Cromer)은 나폴레옹식의 냉혹한 합리주의 관리방식을 만들어냈다. 그러나 나폴레옹과는 달리 그는 현지 민중을 '해방'하는 데는 전혀 관심이 없었다. 1798년에 보나파르트는 계몽운동 사상을 이집트에 전파할 계획을 세운 적이 있었다.

1882년 이후 크로머의 유일한 관심사는 아시아와 아프리카의 연결고리로서 중요한 전략적 가치를 지닌 이집트의 안정과 재정 기초의 확립뿐이었다. 이것은 인도대봉기 이후 채택된 인도 통치기술을 다른 환경에 적용한 개량판이었다. 이집트 민중과는 격리된 이런 문명화 작업은 점령세력의 이익에만 기여할 뿐 혁명적인 호소력을 상실했다.[8]

이와 동시에 후기의 프랑스 식민정책은 이미 '나폴레옹식'과는 완전히 달라진 점도 지적되어야 할 것이다. 후기의 프랑스 식민정책은 기껏해야 서아프리카에서 현지인의 교육에 관심을 갖는 합리적인 국가를 수립하는 데 한 발짝 가까이 갔을 뿐이었다. 그러나 그곳에서도 국가는 완벽한 직접통치의 꿈을 버리고 타협해야 했다. 타협의 상대는 (알제리에서처럼) 정착 이민이 아니라 원주민 권력자들이었다.

나폴레옹 정부가 종교와 교회의 간섭주의를 적대시했던 것과는 달리 초기 영국의 문명포교는 강렬한 종교적 색채를 띠었다. 그 중요한 대변자는 찰스 그랜트(Charles Grant)였다. 그는 동인도회사의 고위층이었고, 영향력이 큰 저서 『영국의 아시아 현안 가운데서 사회의 상태에 관한 관찰』(Observations on the State of Society among the Asiatic Subjects of Great Britain, 1792)의 저자였으며, 프랑스대혁명 시기에 일어난 기독교 선교운동의 대표 인물이었다.

개신교가 내세운 인도인을 도덕적으로 '교화'해야 한다는 책무는 후기 계몽주의 사상의 영국적 형태(제러미 벤담의 공리주의)가 혼합된 영국식 식민낭만주의였으며, 합리주의와 권위주의적 경향이란 면에서 나폴레옹의 국가 구상과 거리가 크게 멀지 않았다.[9] 인도에서 경건한 복음파 교도와 종교적 신앙에 냉담한 공리주의자가 형성한 특수한 동맹은 1829년에 최소한 혐오스러운 악습 하나(사티sati, 남편이 죽어 시체를 화장할 때 아내가 불에 뛰어드는 것)를 사라지게 만들었다. 매년 수백 명의 목숨을 앗아가던 이 낡은 풍습은 영국이 벵골을 통치하고 나서 70년 동안 묵인되어왔다.[10] 서방의 모형을 따라 인도를 문명화한다는 시도는 19세기 30년대에 정점에 이르렀다가 1857년의 인도대봉기의 공포와 함께 종말을 고했다.

이 시기에 여러 형태의 포교활동이 등장했다. 세기 중반에는 영국적 특색이 풍부한 문명포교 방식이 나타났다. 그것은 간단하고 쉽게 실행할 수 있는 청사진이 아니라 각종 태도와 입장이 혼합된 모형, 프로테스탄트의 윤리의식이 강력하게 반영된 방식이었다. 그것을 구현한 인물이 저명한 아프리카 탐험가이자 선교사이며 순교자였던 데이비드 리빙스턴(David Livingstone)이었다.

영국식 모형에는 서방의 세속적인 문화의 가치를 전파하는 일은 선교사의 중요한 직책이기도 했다. 프랑스 식민지와는 달리 기독교 선교조직은 정부와 비교적 먼 거리를 유지했다. 프랑스 식민지에서 나폴레옹 3세는 천주교 포교활동을 제국의 확장정책을 실시하는 직접적인 도구로 활용했고, 정교분리를 시행했던 프랑스 제3공화국조차도 식민지에서 선교사와의 협력을 배척하지 않았다.

영국제국에서 선교사는 피보호자와 개종자의 일상생활을 변화시키는 일에 열중했지만 이런 시도에 대한 식민정부의 태도는 매우 보수적이었다.[11] 개신교 선교조직은 셀 수 없이 많았지만 그들 모두가 개종자를 만드는 일 이외에는 다른 직책도 있다는 생각을 갖고 있지는 않았다. 그러나 대다수 조직은 종교와 생활을 엄격하게 구분하지 않았다. 19세기 후반의 전형적인 영국 선교사가 제공할 수 있는 것은 많았다. 그들은『성경』과 입문 교리서, 비누, 일부일처제를 전파했다.

영국 선교사들의 인류 교화 프로그램의 두 번째 특징은 그들의 포교활동이 갈수록 보편화되어갔다는 점이다. 아무리 늦어도 세기 중반부터 개별 민족을 선교의 목표로 하는 활동의 배후에는 인류의 문명자체를 발전시키겠다는 신념이 자리 잡기 시작했다. 보편성 문제에서 경쟁하려는 프랑스의 욕구에도 불구하고 프랑스의 '문명포교' (mission civilisatrice)는 짙은 애국주의의 색채를 띠고 있었다. 영국식 문명화의 특징인 보편성은 세계 도처에 퍼져 있는 제국의 존재(영국의 전함, 선교사, 수출상품)를 반영한 것이기도 했지만 또한 영국인이 확신하는, 이론적으로는 적용 범위에 제약이 없는 두 가지 실천적 규범─국제법과 자유시장─을 반영한 것이기도 했다.

법률을 통한 문명화

19세기 중반에 이르자 낡은 자연법(ius gentium)은 수정과 보완을 거쳐 보편적인 구속력을 가진 '문명의 표준'이 되었다. 법률은 문화의 경계를 뛰어 넘는 문명화 과정의 가장 중요한 매개가 되었다. 법률은 종교보다 더 효율적이었다. 법의 수입자들은 자국의 가치와 규범이 종교적 침입의 영향을 받지 않는 영역에서 현지의 수요를 충족시킬 수 있도록 법을 적용할 수 있었기 때문이다. 예컨대 일본에서는 1873년에 포교금지령이 해제된 이후에도 각종 기독교 교파의 선교활동이 뿌리를 내릴 수 없었으나 유럽 법률체계의 주요 요소는 대량으로 흡수했다. 이슬람국가는 신앙과 법률이 밀접한 관계에 있기 때문에 기독교 선교활동에 저항했고 저항의 정도도 일본에 못지 않았다. 그러나 오스만제국과 이집트(1882년 영국 점령 이전) 같은 비식민 국가는 유럽 법률의 핵심구조를 받아들였다.

법률의 권위와 유효성은 법률의 이중성과 관계가 있다. 법률은 한 편으로는 입법기관의 수중에 있는 정치적 도구이며 다른 한편으로는 사회의 가치관이 자주적으로—또는 독일의 정치적 낭만주의 법학이론가들이 즐겨 표현하듯 '익명으로'—발전한 결과다. 구조와 진화 사이에 끼어 있는 법률의 이중성은 식민지와 관련된 장면 속에서 분명하게 드러났다.

법관과 경찰에 의해 관철되고 집행되는 법률은 흔히 문화적 침략의 유력한 도구였다. 예컨대, 식민주의의 역사를 통틀어 토착어 사용 금지는 가장 원성이 높고 고통스러운 식민 당국의 조치 가운데 하나였다. 이런 정책은 기대했던 '문명화'의 효과를 거둘 수 없는 자살골이었다. 그러나 다른 식민제국과 비교할 때 영국제국의 우월성 가운데 하나는 개방적이고 적응성이 강한 영국의 법률전통이었다. 영국 법률은 여러 식민지에서 실제 시행되는 과정에서 현지 법률이나 관습과 타협하고 공존할 공간을 남겨두었다.

유럽에서는 유사한 사례를 찾을 수 없는 영국 법률전통의 기본 정신은 정부 관리는 상급자에 대해 책임을 질뿐만 아니라 자신의 언행이 도덕과 법률에 합치하는지 스스로 경계하는 대중에 대해서도 책임을 져야 한다는 인식을 문명의 중요한 표지의 하나로 보는 것이었다. 그러므로 국제적으로 적용될 수 있는 문명의 표준(standard of civilization)은 사회 내부의 법치(rule of law)와 대응하는 것이었다.[12)]

빅토리아시대의 문명의 표준을 그 시대 사람들의 관점에서 보면 법률의 구조성보다 진화성에 치우쳐 있다.[13)] 이것은 현대 인권의 전신으로서 인종적 우월감이라는 문명의 표준이 시간이 흐르면서 각종 보편적 규범의 기초가 되었으며, 이 규범이 윤색을 거쳐 문명세계의 구성원이 반드시 지켜야 할 문명의 표준으로 자리 잡았다는 사실을 보여준다.

여러 법률과 법규 가운데서 그러한 규범—잔혹한 체벌의 금지,

재산권과 개인 간 계약의 불가침성에서부터 국가 간의 외교사절 교환과 (최소한 상징적으로는) 대등한 교섭에 이르기까지—을 많이 찾아볼 수 있다. 문화의 경계를 넘어 통용되는 법률에 대한 인식은 문명의 표준은 유럽의 긴 문명화 과정의 산물이며 이른바 선진국은—1870년 이전까지는 언제나 영국과 프랑스를 가리켰다—법률적으로 완벽한 상황의 수호자가 되어야 한다는 관념에서 나왔다.[14]

유럽이 자부하는 도덕적 권위는 성공적인 자기교육에서 나왔다. 유럽인은 18세기에 종교전쟁의 잔혹함과 야만성을 벗어났고, (최소한 백인이 관련되었을 때는) 형법의 고루한 조항을 취소했으며 사람과 사람이 문명인으로서 서로를 대하는 실제적인 규칙을 만들어 냈다.

19세기 70년대 이전까지 유럽의 법학 이론가들은 문명의 표준을 척도로 비유럽 국가의 '야만적인' 행위를 비판했지만 아직은 문명의 표준을 직접적으로 강제하기 위해 대규모 개입을 한다는 생각은 하지 않았다. 심지어 전쟁을 통한 중국, 일본, 샴, 조선의 '문호개방' 혹은 기세등등한 함포외교는 이 지역에 대한 대규모 문명포교 작업의 일부라기보다는 국가 간의 교류에 장애가 되는 행동을 감소시킨다는 의도가 강했다.

1842년 중국에 수립된 통상항 체제는 서방의 승리라기보다는 타협이었다. 중국은 강요에 의해 외국인에게 '치외법권'(Exterritorialität)을 허용했지만 중국의 법률체계 전체를 바꾸라는 압력을 받지는 않았다. 중국 법률제도의 서방화는 극히 힘든 과정이었고 1900년 이후에야 시작되어 지금까지도 완결되지 않았다. 19세기에 서방은 이처럼 형식적인 '문호개방' 이후 다음 단계로서 제한적인 영역에서 법률제도의 개혁을 요구했다. 그 대상에는 물권법과 상속법이 포함되었다. 그러나 유럽의 영향을 받아 일부 국가(브라질과 모로코)는 혼인법을 '문명인의' 관습에 근접하도록 바꾸었다.

시장과 무력을 통한 문명화

빅토리아시대 문명포교의 두 번째 주요 도구는 시장이었다. 이익을 통해 욕망을 억제한다는 자유주의의 꿈은 빅토리아시대 문명사상의 핵심 요소였다. 전통적인 자유주의는 시장이 국가를 안정시키고, 군인은 전투할 필요가 없고, 개인을 검소하고 부지런하게 만들며, 기업주에게는 야망을 심어준다고 믿었다.

19세기에 새롭게 등장한 사상은 시장이 부를 창조하고 생활의 기회를 분배하는 '자연의' 메커니즘이라고 주장했다. 필요한 것은 점진적으로 불리한 전통을 제거하고, 자연 순환적인 메커니즘에 간섭하지 않는 것뿐이다. 그렇게만 한다면 어떤 문화에서도 사람의 능력은 최대한도로 발휘될 수 있다. 고전적인 자유주의는 누구든지 시장의 자극에 강렬하게 반응할 수 있다고 주장했다. 증기선 운송과 전보통신의 보급을 통해 시장의 활동범위는 갈수록 확대될 것이며 빅토리아시대의 무역혁명은 전 세계를 석권할 것이다. 그러나 19세기 중엽에 모든 경제학자가 이러한 유치한 낙관주의에 동의하지는 않았다. 날카로운 눈을 가진 사회현실의 관찰자들은 시장경제가 반드시 인간을 완벽한 존재로 만들지 않으며 일반적인 도덕수준이 필연적으로 높아지지도 않는다는 사실을 빠르게 알아차렸다.

시장은 어떤 사람은 문명인으로 만들지만 어떤 사람에게는 아무런 영향도 주지 않을 것이고 또 어떤 사람에게는 인간의 천성 가운데서 가장 추악한 부분을 드러내게 만들 것이다. 밀(John Stuart Mill)과 그의 동시대인들이 예상했던 것처럼 '경제인'(homo oeconomicus)도 상당한 정도의 교육과 지도를 받아야 했다. 이것은 정치적으로는 양면성을 지닌 논쟁이었다. 한편으로는 현대 이전의 경제문화가 갑자기 무제한의 경쟁에 노출되었을 때 받게 될 충격으로부터 보호해야 했고, 다른 한편으로는 비유럽인이 경제현대화와 개방의 길로 들어설 때 조심스럽게 도와주는 후견적 식민주의가 필요한지 결론을 내려야 했다. 실제 식민지 통치에서 채용된 방식은 밀과 같은 개혁자들의 희망이 아니었다. '노동교육'이란 표어에서 흔히 교육은 사라지고 노동만 남았다. 그러나 이러한 경제의 집단교육도 일부 긍정적인 성과가 있었으니 식민시대 이후의 발전원조가 그런 사례였다.

시장경제, 법률, 종교는 전 세계에서 가장 성공적이었던 영국의 문명포교 사업을 떠받친 세 개의 기둥이었다. 프랑스식의 문명포교는 여기에다 식민국가의 고급문화를 동화시킨다는 항목이 추가되었다. 프랑스만큼 확고하고 강력하게 자기문화를 주입하려던 국가는 당연히 없었다.[15] 구체적이고 개별적인 '문명화' 방식은 민족에 따라 달랐을 뿐 아니라 시간, 실시자, 현지상황, 느끼는 문화 격차에 따라서도 달랐다. 문화 격차가 너무 커서 메울 수 없다고 판단되면, 다시 말해 문명교육을 받아들이는 쪽이 '고급' 문화의 요구에 적응할 수 없다고 판정되면 그들에 대한 배제와 주변화──극단적인 경우에는 멸종──방식이 적용되었다. 그러나 제국주의 확장이 정점이 이르렀을 때에도 이런 방식은 예외적인 개별 현상으로 나타났을 뿐이다.

어떤 식민제국도 평화시에 체계적인 종족학살에 흥미를 갖지는 않았다. 그러나 벨기에가 통치하던 콩고자유국에서 18세기 80년대 이후 대규모 학살이 발생했고 독일군대는 1904-1905년에 독일령 남서아프리카의 헤레로(Herero)족과 나마(Nama)족을 학살했다.* 이 시

---

* 헤레로·나마 집단학살(Völkermord an den Herero und Nama)이란 독일 제국이 독일령 남서아프리카(오늘날의 나미비아)에서 헤레로인과 나마인에게 집단적 박해를 가한 사건이다. 헤레로인 2만 4,000-10만 명과 나마인 1만 명이 포위된 채 사막에서 기아와 탈수증으로 죽었다. 1985년, 국제연합의 휘태커 보고서(Whitaker Report)는 이 사건을 인종멸종 시도였다고 규정했다. 2004년, 독일 정부는 사건의 존재를 인정하고 사과했지만 피해자 후손들에 대한 금전적 배상 얘기는 하지 않았다. 2015년 7월, 독일 정부와 의회는 이

기의 몇몇 식민전쟁 — 예컨대 미국의 필리핀 점령 — 에서 행해진 계획적이고 극단적 폭행을 기술할 때 역사학자들은 기꺼이 '종족멸종'이라 표현해왔다.[16]

불안과 자의식

집단적인 생활방식의 개혁 사업으로서 문명포교는 두 가지 극단적인 불간섭주의의 중간에 자리했다. 한쪽에는 유럽 인도주의의 도덕적 태도와 함께 '야만인'은 멸종의 운명을 타고났다는 숙명론자의 냉정하고 오만한 태도가 병존하고 있었다. 세기가 바뀔 무렵, 제국의 주변부에 위치한 '죽어가는 종족'을 두고 한때 소란스런 논란이 있었다. 어떤 사람들은 그들이 죽음을 향해 나아가는 길을 방해해서는 안 된다고 주장했다. 그러나 1846-50년에 발생한 아일랜드 대기근을 지나치게 고집스러운 경제학자들은 불가피한 적응성의 위기라고 해독했다.[17]

다른 한쪽에는 모든 유럽 식민세력이 특수한 조건하에서 기꺼이 실행한 간접통치 — 달리 말해 현지 사회의 구조에 깊이 개입하는 일을 의도적으로 회피하려는 — 정책이 있었다. 간접통치가 시행된 지역에서 현지 주민은 자기 직업에 충실하면서 세금을 납부하고 식민지 관리의 '조언'을 따라 수출상품을 바치기만 하면 식민당국은 그들을 방해하지 않았다. 그러므로 많은 경우에 식민당국은 ('야만적인' 형벌을 포함하여) 현지의 법률을 손대지 않았다. 그들은 지나치게 열정적인 선교사는 단속하고, 때로는 현지 상층사회와 상호 존중하는 관계를 맺었으며, 획일적인 서방화로 현지의 다채로운 이국정취가 사라지는 것을 원치 않았다. 영국인은 인도의 왕공귀족 또는 말라

사건을 공식적으로 '집단학살' 및 '인종전쟁의 일부'라고 부르는 표현을 사용했다.

야의 술탄과 이런 관계를 유지했으며 1912년 이후로 프랑스인이 보호령 모로코의 엘리트를 대하는 태도도 그러했다.[18)

이러한 상황에서 사회구조와 생활방식을 철저하게 개조하려는 문명포교는 오랫동안 유지되어온 권력균형과 문화적 타협을 교란할 뿐이었다. 제국의 보호로부터 멀리 떨어진 지역에서 상시적으로 위험에 노출된 소수의 선교사 집단이 전면적인 개조의 가능성을 굳게 믿었다는 것은 놀라운 일이다. 문명포교는 대부분의 경우 소수의 활동가 집단이 계획하고 벌인 사업이었다. 유럽 사회에서도 중산계급의 개혁적 지식분자들은 자신이 '문명화 되지 않은' 다수—농민, 도시하층민, 유랑민—에게 포위되어 있다고 느꼈다. 끊임없이 확장하는 대도시는 대규모 이주를 유인하는 자석과 같았다.

이러한 이주의 결과로 대도시에는 일종의 모순된 현상이 나타났다. 하나는 새로운 인구의 유입을 거부하려는 움직임이었고 다른 하나는 신참자를 개조하려는 선의의 자선행동이었다. 프리드리히 엥겔스와 헨리 메이휴(Henry Mayhew)같은 관찰자는 영국의 도시빈민과 식민지의 빈민 사이에는 거의 차이가 없다는 사실을 목격했다. 메이휴는 자기 고향에서 유랑하는 빈곤한 도시 유목민과 머나먼 사막의 진정한 유목민은 매우 닮아 있다고 생각했다.

중산계급의 개혁적 소수파가 보기에 '국내의 야만인'은 이국의 야만인과 마찬가지로 낯설고 두려운 존재였다. 이것은 유럽만의 특색이 아니었다. 멕시코에서는 자유주의적인 시엔티피코(cientificos)—유럽 도시의 과두정치와 효율적인 국가 행정 관료를 모방한 (멕시코의) 관료엘리트 계층—가 오랫동안 인디오 농민과 그들의 토지공유제를 (후진적이라며) 억압해왔다. 이들 엘리트 가운데서 인종주의의 대표들은 토착 인디오는 생물학적으로 열등하므로 교화의 효과를 기대할 수 없다고 단정했다.[19) 도쿄, 이스탄불, 카이로의 도시 지식인들과 행정관리들도 이와 유사하게 자국의 농촌지역을 원시적이며 위험한 세계로 취급했다.

　고상한 문명을 자랑하는 사회에서 세상을 놀라게 한 '야만행위'가 1871년의 파리코뮌반란 기간 동안에 폭발했다. 반란이 진압된 후—영국의 1857-58년 인도대봉기 진압작전만큼이나 잔혹했다—생존한 코뮌 지지자 4,000명은 최근에 프랑스 식민지가 된 남태평양의 누벨칼레도니(Nouvelle-Calédonie)로 유배되었다. 그곳에서 반란자들은 토착민 카낙족(Kanak)과 똑같은 가혹한 문명화 교육을 받았다.[20] 19세기의 문명인이 보기에 야만은 도처에서 다양한 모습으로 나타났고 그것들을 소멸시키기 위한 적극적인 조처가 필요했다. 백인 인구의 우세가 명백한 곳에서만 대항할 수 없는 확고한 문명화 작업이 실시되었다. 대표적인 곳이 인디언전쟁 이후의 북아메리카와 (미국이 1차 대전 이전부터 체계적인 개혁 프로그램을 시작한) 필리핀이었다.

　문명과 문명화란 언어는 19세기의 주류 언어였다. 20세기로 접어들 무렵의 10여 년 동안에 타자를 교육하여 문명화시킬 가능성에 대해 의문을 품은 극단적인 인종주의가 일시적으로 문명화에 대해 의문을 제기했다. 1차 대전 이후 인종주의의 논조가 전 세계에서—독일과 중동부 유럽을 제외하고—보편적으로 약화되는 분위기 가운데서 타자를 문명화할 수 있다는 사상이 한 차례의 부흥을 경험했다.

　20세기 30년대에 이탈리아인, 일본인, 독일인은 자신들이 천부적으로 우월한 종족이며 최강자가 지배하는 법칙에 따라 자신들이 냉혹하고 무자비한 식민주의를 시행할 권리가 있다고 믿기 시작했다. 그러나 그들은 문명포교의 과정에서 관계전환을 위해서는 최소한도의 동정심이 절대적으로 필요하다는 사실은 알지 못했다.

　빅토리아시대의 문명포교에서 세 가지 미래의 발전경로가 파생되어 나왔다. 하나는 문명 포교자가 타자의 인간성을 부정함으로써 포교자 자신의 문명이 허위라는 사실이 밝혀지자 급격한 종말을 맞았다. 다른 하나의 경로는 식민주의 말기에 싹튼 식민발전계획이 성장하여 20세기 후반에 일부 국가와 국제기구가 실시한 발전원조였다. 세 번째의 경로는 문명 포교자의 노력에도 불구하고 냉담한 반응에 부딪쳐 실패로 끝났다.

낙관적인 문명 포교자는 상시적으로 자신의 노력이 실패로 끝날 위험을 안고 있다. 영국인은 1857년에 그런 경험을 했다. '인도'(영국인은 인도인을 언제나 획일적인 집단으로 받아들였다)는 수십 년에 걸친 영국의 개혁정책을 경험하고 난 뒤에도 놀랍게도 영국인에게 감사하지도 않았을 뿐만 아니라 '교육불능'을 입증했다.

선교사들도 유사한 상황을 반복적으로 경험했다. 그들이 이식한 기독교신앙은 뿌리를 내리는 데 실패했고 때로는 지나치게 성공적이어서 개종자들이 자기 길을 찾아가버렸다. 각양각색의 정치적 독립운동은 서방사상의 전파가 불러온 예기치 못한 부수효과였다. 아시아인과 아프리카인은 유럽인에게서 배워온 법률의 숭고한 원칙을 이용해 식민주의의 어두운 면을 공격했다. 유럽인이 애써 전파한 유럽의 언어는 반제국주의 주장의 도구가 되었다.

역사의 긴 흐름 가운데서 19세기는 유럽의 통치계층과 지식엘리트가 자신들이 진보의 최전방에 서 있으며 문명의 표준을 체현하고 있다고 굳게 믿었다는 점에서 돌출적인 시기였다. 이처럼 노골적인 자신감은 19세기 이전에는 존재한 적이 없었고 1차 대전 이후로는 다시 나타나지도 않았다. 달리 표현하자면 유럽이 창조한 물질적 부, 과학기술을 응용한 자연의 정복, 군사적·경제적 수단을 동원한 지배와 영향력의 확대 등의 성취는 유럽인에게 일종의 우월감을 심어주었고 유럽의 '보편적' 문명이라는 화법은 이러한 우월감의 상징적인 표현이었다.

이런 상황을 표현하기 위해 19세기 말이 되자 '현대'라는 새로운 단어가 태어났다.[21] 이 단어는 복수형이 없었다. 20세기의 마지막 몇십 년 동안에 사람들이 비로소 '복수의 현대성'(multiple Modernen)에 관해 말하기 시작했다. 현대란 개념은 지금도 모호하다. 현대가 언제부터 시작되는지는 아직도 공통된 인식이 형성되어 있지 않다.

이 개념은 초기에는 두 개의 다른 의미를 내포하고 있었다. (서)유럽 전체 문명을 묘사할 때 '현대적'이란 표현이 사용되었고 동시에 유럽문화와 기타 문화를 구분할 때도 이 표현이 사용되었다. 그러나 유럽 내부의 두 차원의 충돌을 논할 때도 이런 표현이 사용되었다. 첫째, '현대'(modern)와 '현대성'(modernity)은 다수의 전통주의와 통속주의에 맞서는 소수의 전위적 저항정신을 가리켰다. 이것은 기존의 미적 규범을 넘어서려는 예술영역의 각종 새로운 운동을 지칭하는 좁은 의미의 '현대성'이었다.

둘째, 1900년 무렵 유럽의 많은 국가에서 '현대', '현대성'은 빈곤과 무기력에 빠진 농촌과 대비되는 도시 엘리트의 생활방식, 의식, 취향을 가리켰다. 런던, 파리, 암스테르담, 빈, 베를린, 밀라노, 부다페스트, 보스턴, 부에노스아이레스의 지식분자, 중산계급, 귀족의 시각에서 볼 때 각자의 초대형 주변부는 문명의 전파자인지 아니면 문명의 수취자인지가 의문이었다. 발칸, 갈리치아, 시칠리아, 아일랜드, 포르투갈, 아메리카 대륙의 낙후한 변경지역은 '문명세계'에 속했을까? 어떤 의미에서 이들 지역이 '서방'의 일부였을까?

한편으로 자기 문명의 위상에 대한 오만한 자부심과 문명을 전 세계에 전파할 자격이 있고 또 그렇게 해야 한다는 사명감은 '순수한 이념'이었다. 이 이념은 셀 수 없이 많은 침략, 폭력, 약탈을 변호하는 데 이용되었다. 어떠한 형식의 문명포교에도 '문명제국주의'(civilizational imperialism)가 잠복해 있었다.[22] 다른 한편으로 서유럽과 새로운 유럽사회가 갖고 있었던 상대적인 역동성과 풍부한 상상력이 경시되어서는 안 된다. 역사적 주도권의 저울이 일시적으로 '서방'으로 기울어 있었다. 타자는 힘써 서방을 모방하고 뒤쫓아 가지 않는다면 미래의 희망을 찾을 수 없었다.

서방의 문명 선도론을 확신하는 사람의 시각에서 보자면 나머지 세계는 역사라고 할 것이 없는 원시상태에 함몰되어 있거나 무거운 전통과의 힘겨운 싸움을 벌이고 있었다. 1860년 무렵이라면 이 세계를 그렇게 해석할만한 충분한 이유가 있었다. 1920년 무렵, 서방의 가장 부유한 국가와 기타 지역의 가장 빈곤한 국가의 빈부 격차는 지속적으로 확대되었다. 그러나 이와 동시에 1차 대전이 끝났을 때 서방 문명의 보편성을 의심하는 첫 번째 움직임이 미약하기는 하지만 나타나기 시작했다. 1919년에 성립된 국제연맹에는 (1945년 이후의 국제연합과는 달리) 이런 목소리를 낼 수 있는 공간이 없었다. 미국 대통령 윌슨(Woodrow Wilson)이 '민족자결'이란 모호한 구호를 내걸어 세계의 여러 지역에서 해방의 희망을 불러일으켰던 1919년의 약속은 연기처럼 사라졌다.[23]

승전국의 식민지는 여전히 온전하게 보존되었다. 유럽의 상호 살상은 외부세계를 놀라게 했고 유럽은 일시적으로 힘을 잃었으나 실제적인 영향력 상실은 크지 않았다. 서방 내부의 자기회의(오스발트 슈펭글러Oswald Spengler, 『서방의 몰락』*Der Untergang des Abendlandes*, 1918-22)와 외부로부터의 도전, 특히 일본제국의 흥기는 유럽과 북아메리카의 자기문명에 대한 오만한 자신감에 상처를 줄 정도는 아니었다.

1차 대전과 2차 대전 사이에 서방의 가장 위대한 아시아의 적수 마하트마 간디는 기자로부터 '서방문명'을 어떻게 보느냐는 질문을 받고 "미래에는 좋은 사상을 갖게 될 겁니다"(It would be a good idea)라고 답변했다. 이 말은 문제의 핵심을 풍자적으로 지적한 것이었다.[24] 그러나 20세기 30년대 말이 되자 유럽 전체는 다시 분열했다. 나치의 잔혹한 인종주의 앞에서 영국인의 문명에 대한 자부심이 침몰의 위기에 빠지자 간디와 인도 독립운동 지도자들 거의 전부가 망설임 없이 자신의 적인 영국 편에 섰다.

2. 노예해방과 '백인의 통치지위'

노예를 사육한 서방, 노예가 없었던 동아시아

1800년 무렵 야만은 문명의 심장부에 똬리를 틀고 있었다. 세계에서 가장 문명화된 국가라고 자부하던 나라가 식민지를 포함하여 자신의 사법관할 범위 내에서 여전히 노예제를 용인했다. 필라델피아, 런던, 맨체스터, 뉴욕에서 처음으로 노예제 폐지론자들의 소규모 조직이 등장하고 나서 한 세기가 지난 1888년 즈음 신대륙의 모든 지역과 기타 대륙의 몇몇 국가가 노예제를 불법이라 선포했다.

그때의 상황에서 발전하여 노예제가 반인류·반인도주의 범죄로 규정된 오늘날의 법률 상황에까지 이르는 데는 몇 걸음밖에 남지 않았다. 수세기 동안 카리브해를 포함한 남북 아메리카대륙 대부분의 경제적 기초가 되었던 제도가 하룻밤 사이에 사라질 수는 없었다. 노예제의 정신적·사회적 결과는 수십 년 동안 지속되었고 일부는 오늘날까지도 분명하게 남아 있다. 아메리카대륙의 플랜테이션을 향한 노예의 공급원이었던 아프리카에서 노예무역과 노예제의 잔재는 20세기까지 연속되었다. 미국이 노예제를 폐지하고 나서 꼬박 한 세기가 지난 20세기 60년대가 되어서야 이슬람 문화권에서는 노예제 반대에 관한 사회적 공감대가 널리 형성되었다. 1981년에 노예제를 '공식적으로' 폐지한 아프리카의 모리타니(Mauritania)는 세계에서 마지막으로 노예제를 폐지한 국가였다.[25]

그러나 1888년은 인류사에서 여전히 중대한 전환점이었다. 세기말이 되자 시대의 자유정신에 배치되는 제도는 이슬람세계 이외의 지역에서는 광범위하게 불법으로 선포되었고 소량의 흔적만 남기고 대부분 모습을 감추었다. 노예를 보유한 사회는 있었지만 노예제를 불법으로 선언 한 뒤로 전형적인 노예제 사회는 없어졌다. 노예제는 17세기에 중세 이후로 첫 번째의 번영기를 맞았다가 서방 세력범위 내의 모든 지역에서 인간을 재산으로서 매매하고 상속하는 행위가 금지되자 마지막 노예제의 잔재가 사라졌다.

서방인들은 노예무역과 노예제라는 야만을 제거하고 마침내 진정한 기독교사회를 수립하게 되었다며 자기 문명의 대 진전에 도취되어 있었다. 이제 우리가 마땅히 지적해야 할 것은 18세기와 19세기 초기에 노예제는 세계의 모든 지역에서 중요한 지위를 차지하고 있지는 않았다는 사실이다. 16-17세기의 유럽에서 자유로운 고용관계로 나아가는 발전의 추세는 해외 식민지든 엘베강 이동의 지역이든 (제2의 농노제의 형태로) 모두 기형적으로 퇴행하는 추세를 보였다. 같은 시기에 중국과 일본에서는 언급할만한 노예제 노동관계는 존재하지 않았으나 조선은 상황이 달랐다. 조선은 일본의 영향을 받아 1894년에야 노예제를 폐지했다.[26] 유교문화가 주도적 지위를 차지하고 있던 베트남에서 노예제는 18세기에 점차 축소되었다. 근대 초기의 수백 년 동안 서방의 노예제가 여러 곳에서 다시 불씨를 살리고 있을 때 베트남에서 노예제는 부활하지 않았다.

노예가 없는 문명은 서방이 아니라 중국과 일본이었다. 이슬람교나 기독교와 비교할 때 동남아시아에서 — 이 지역에서 노예제 폐지는 19세기에 들어와 공식적으로 결정되었지만 — 가장 큰 영향력을 갖고 있던 불교는 노예제와 더 큰 거리를 두고 있었다. 1874년, 불교 국가인 샴은 수십 년 동안 노예노동과 극단적인 사회적 신분강등을 금지한 끝에 첫 번째의 노예제 폐지 법령을 반포했다. 이 법령은 모든 노예 유형에 적용되지는 않았고 남아 있던 소수의 특례는 1908년에 폐지되었다.

샴의 노예제 폐지는 서방의 직접적인 압력에 의한 것이라기보다는 부처의 생애를 본받아 살자는 불교 부흥운동과 현대적인 이미지를 형성하려던 샴 국왕의 정치적 의도가 결합하여 생겨난 결과였다. 1932년까지 유지된 개명 전제군주국 샴은 오래된 노예제를 버리고 20세기 초에 새로운 현대국가 태국으로 태어났다.[27]

연쇄반응

세기가 바뀔 무렵 서방에서는 이러한 비교관찰이 거의 이루어지지 않았다. 서방은 일본을 제외한 동방사회에 대해서는 관심이 없었으므로 동방의 역사적 성취를 인정하지 않으려 했다. 그 밖에도 또 하나의 사실이 노예제의 종결을 자축하는 환호성 속에 묻혀버렸다. 그것은 노예제 폐지는 진보의 자연스러운 결과가 아니며, 무수한 개인의 도덕적 감수성이 정치적 행동으로 전환되지 않았더라면 그토록 큰 진보는 일어나지 않았을 것이라는 사실이다.

수많은 사람이 노예제 반대투쟁에 적극적으로 투신했다. 유럽과 아메리카대륙의 노예제 폐지론자들은 일부 지역에서 나타난 후퇴현상을 받아들이지 않을 수 없었고 일부 지역에서는 힘겹게 승리를 일구어냈다. 그만큼 노예제로부터 이익을 얻는 집단의 저항은 거셌다. 노예제는 시간이 흐르면서 '자연스럽게 소멸되지' 않았으며 이른바 시대의 흐름에 적응하지 못해 붕괴된 것도 아니었다. 노예제가 가장 심각한 타격을 받은 때는 평화의 시기가 아니라 혁명, 내전, 날카로운 국제적 대립의 시기였다. 노예제의 운명과 시대의 격랑이 하나로 묶여 있었다.

19세기 말에 노예제가 그 본거지에서 종결되자 유럽인과 북아메리카인은 문명포교를 변호할 새로운 이유를 갖게 되었다. 문명세계는 그 우월성과 전 세계를 지도할 권리를 다시 증명하는 듯했다. 특히 아직도 노예제를 두고 아무런 논란도 생기지 않은 이슬람세계와 마주했을 때 그들은 쉽게 (근거가 없지는 않은) 도덕적 우월감을 가질 수 있었다. 유럽의 노예제 반대투쟁은 아프리카에 대한 군사적 개입의 동기이자 핑계가 되었다. 진보적인 제국주의자, 노예제 폐지론에 동조하는 백인, 노예제에 반대하는 아프리카계 미국인이 대서양 건너 아프리카의 노예제와 맞서는 싸움에 합류했다.[28] 그들은 아프리카의 한 가운데로 들어가 노예상인의 활동을 제압하고 노예 소유주의 정치권력을 파괴하려고 했다.

제국주의의 극성기에 새로 점령된 식민지에서는 노예제가 시행되지 않았다. 가혹한 형태의 강제노동은 어디에서나 볼 수 있었지만 유럽의 해외식민지 가운데 노예무역을 허용하거나 식민지 법률로 노예의 신분을 규정한 곳은 하나도 없었다. 근대 초기의 유럽인은 유럽대륙의 법제와 해외식민지의 법률 사이에 깊은 도랑을 팠다고 한다면 극성기의 제국주의는 양자의 법률시행의 통일을 실현했다. 영국, 네덜란드, 프랑스, 이탈리아의 식민지에서 인신의 매매와 증여, 판결에 의거하지 않은 식민지 현지인에 대한 가혹한 형벌이 금지되었다.

노예제와 노예무역에 대한 공격은 대서양 연안지역 전체에 연쇄반응을 일으켰다. 이 과정에서 한 지역의 행동은 보다 넓은 범위의 사건들과 연결되어 특별한 의미를 갖게 되었다. 영국의 노예제 폐지론자들은 처음부터 스스로를 세계적 계획의 집행자로 자처했다. 노예제가 자신의 영토 내에서 성공적으로 폐지된 뒤 그들은 다시 노예제 국가에 대표를 파견하고 국제회의를 조직했다.[29] 연쇄반응이 지속적으로 발생하지는 않았지만, 노예제 반대자와 지지자들은 국제정세를 면밀하게 관찰하면서 끊임없이 서로의 세력을 재평가했다.

노예해방운동의 각 단계 사이에는 때로는 긴 정체기가 있었고 때로는 노예제가 부활한 경우도 있었다. 그러므로 아이티의 역사적 지위는 이중성을 갖는다. 한편으로, 프랑스 식민지 생도맹그는 18세기 90년대에 혁명을 통해 노예제를 철저히 제거하고 1804년에 독립국 아이티가 되었다. 대서양 연안지역의 노예들이 이 소식을 듣고 해방의 횃불을 밝혔다. 다른 한편으로, 이전 프랑스 식민지의 사탕수수 플랜테이션에서 일어난 사건은 다른 지역의 노예제를 강화시켜 주었다. 프랑스인 플랜테이션 주인들이 생도맹그에서 달아나 영국령 자메이카와 스페인령 쿠바로 가 그곳의 노예제 경제의 규모를 확대시킨 것이다. 이때 유입된 자본과 인구가 가져온 에너지 덕분에 쿠바는 잊힌 식민세계의 변방으로부터 대외지향형 농업기업이 번성한 국가로 탈바꿈되었다.[30] 쿠바나 미국 남부의 주에서 불만에 찬 노예들에게 양보해서는 안 된다고 주장한 사람들은 프랑스대혁명 시기에 느슨해진 통제가 노예인구의 무력저항을 위한 길을 열어주었다는 사실에서 그 근거를 찾으려 했다.

노예해방운동의 반작용으로서 더 냉혹한 노예제 모형이 각기 19세기 30년대와 40년대에 반복해서 등장했다. 준노예제가 종결되고 짧은 과도기를 거친 후 노예제 폐지는 영국령 카리브해 지역과 남아프리카에서 1838년에 구체적인 법률적 효력을 갖게 되었다. 80만 명의 남성, 여성, 아동이 인신의 자유를 회복했다. 이것은 혁명에 의한 아이티의 노예제 폐지와는 다른 국가정책의 결과였다. 그러나 그것이 가져온 경제적·사회적 결과는 영국령 서인도제도의 경우와 유사했다.

자메이카, 바베이도스, 안티구아에서 대형 플랜테이션 경제는 종식되고 농업은 소규모 생계형 경작으로 되돌아갔다. 이들 섬은 더 이상 제국의 부를 창출하는 수출기지가 아니었다. 영국정부의 국고에서 나와 부재지주(不在地主)로서 영국에서 생활하는 플랜테이션 소유주들의 주머니로 들어간 보상금은 다시 카리브해 지역으로 투입되지 않았다(이와는 반대로, 같은 시기 남아프리카에서는 유사한 보상금이 대부분 현지 경제에 투입되어 번영을 가져왔다). 노예제 변호자들은—주로 미국 남부의 노예제 지지자들—노예제 폐지의 도덕적 발전은 관계 당사자 모두가 입게 된 경제후퇴로 인한 심각한 손실 때문에 의미를 상실했다고 주장했다. 영국령 카리브해 지역의 노예해방 상황은 같은 길을 걷지 않겠다는 기타 지역 플랜테이션 소유주들의 결심을 굳혀주었다.[31]

노예제 반대, 프랑스대혁명에 대한 영국의 답변

'이성의 시대'(18세기)에 대서양지역에서 점점 중요해진 노예무역과 노예제에 대해 반감을 가진 유럽인은 소수였다. 개별적인 비판의 목소리(예컨대 몽테스키외, 아베 레이날Abbé Raynal, 콩도르세)가 있었다고 해서 계몽주의의 도덕적 감수성이나 자연법 이론이 노예제와 갈등을 빚은 적이 거의 없었다는 사실을 감출 수는 없다. 붙잡혀 노예로 팔린 사람은 거의 전부가 아프리카 흑인이었기 때문에 흑인과 관련된 모든 것들을 배척하고 혐오하는 유럽의 전통이 보이지 않게 작동했다. 계몽주의 사상가들은 19세기 말의 인종주의 이론가들처럼 인류를 인종으로 구분하지 않았고 인류의 평등을 선전했지만 근대 초기의 유럽에서 검은 피부를 가진 사람은 아랍인이나 유대인보다도 더 낯선 인종이었다.[32]

18세기 80년대에 일부 인사들이 인도주의 사상의 자극을 받아 최초의 반노예제 선전단체를 결성했다. 인도주의는 새로운 시대의 숭고한 철학에서 나온 사상이 아니라 다른 두 개의 근원으로부터 나왔다. 첫째, 주류 종교의 새로운 길을 모색하려는 사람들의 기독교 인류동포주의의 재조명이다. 둘째, 경제력과 군사력뿐만 아니라 법률과 도덕성을 통해 세계에 방향을 제시해 줌으로써 자기 나라의 우월성을 드러내려는 새로운 형태의 애국주의다. 이러한 기독교-애국주의-인도주의 사상은 영국의 특징이었다. 명쾌한 이론이라기보다는 일종의 입장이었던 이 사상은 초기에는 소수의 적극적인 활동가들에게만 영향을 미쳤고 그 가운데 올라우다 이퀴아노(Olaudah Equiano, 1745-97) 같은 해방 흑인노예가 포함되어 있었다.[33]

얼마 후 이 사상은 영국사회에서 큰 반향을 불러일으켰다. 노예제 반대운동과 함께 영국사회 자체가 새로운 발전단계로 진입했다. 노예제 반대는 하나의 구호가 되었다. 운동이 고조되었을 때 이 구호는 수십만 명을 결집시켜 의회 밖에서 비폭력 운동에 나서게 했다. 소수의 정치적 과두집단이 의회를 장악한 정치제도에서 그들은 돈을 모아 도망노예를 지원했다. 또한, 대서양 노예무역선과 카리브해 플랜테이션의 비참한 상황을 폭로하는 대중 집회를 열었고, 웨스트민스터의 입법자들에게 청원서를 보냈다. 또한 그들은 특정 상품―예컨대 카리브해 지역에서 생산된 설탕―의 불매운동을 벌임으로써 노예제를 통해 이익을 보는 집단에게 경제적 압력을 가했다.

이런 배경하에서 의회는 상세한 청문회를 거쳐 노예무역의 실상을 전면적이며 깊이 있게 이해하게 되었다. 의회는 1807년 3월에 영국 국적선의 노예무역 종사를 금지하는 법안을 통과시켰고 이 법은 1808년 1월 1일부터 시행되었다. 1792년에는 같은 법안이 부결되었으나 두 차례의 노력 끝에 마침내 성공했다. 시인 새뮤얼 테일러 콜리지(Samuel Taylor Coleridge)가 많은 사람들의 생각을 대변했다. "세계를 정복한 알렉산더와 나폴레옹의 위대한 업적도 노예무역을 반대하는 싸움에서 거둔 승리에 비하면 하찮은 것이다."[34]

역사가들은 제국주의 핵심 제도의 극적인 종말은 경제적인 요인만으로는 설명되지 않는다는 데 동의한다.[35] 18세기 말에 노예제 플랜테이션 경제의 생산능력과 경제적 효율은 정점에 도달했고, 개별 플랜테이션 소유주는 대량의 부를 축적했으며, 국민경제도 현행 방식을 바꾸어야 할 이유가 없었다.

자유노동이 강제노동에 비해 더 효율적이라는 애덤 스미스의 관점은 당시에는 영국 경제학의 주류 관점이 아니었다. 노예제가 폐지되는 데 최종적·결정적인 작용을 한 것은 적지 않은 수의 정치 엘리트들을 움직이게 만든 사상적인 동기였다. 그들은 서인도제도와 직접적인 이해관계가 없었다. 총체적으로 보아 그것은 프랑스대혁명과 나폴레옹에 대한 영국의 이념적 대응이라고 할 수 있다.

프랑스대혁명이 —특히 공포정치 시기 이전의 초기 단계의— 높이 들었던 보편적인 인도주의의 깃발은 단순히 특정 민족의 이익만을 강조해서는 호응을 유도해낼 설득력을 가질 수가 없었다. 강력한 「인간과 시민의 권리선언」(Déclaration des droits de l'Homme et du citoyen)이 민족의 이익을 초월하는 보편적인 영역을 설정하였을 때 보수파는 반격을 위한 전력을 집결시킬 이념적 명분을 찾기 어려웠다.

노예제가 바로 그러한 영역이었다. 플랜테이션의 이익이 (영국 의회가 그랬듯이) 상당한 비중을 차지하던 파리의 국민회의는 노예제 문제의 처리를 지연시켰다. 1794년에 국민회의가 결국 프랑스의 모든 식민지의 노예제도는 불법이며 프랑스와 프랑스 식민지의 모든 남성은 피부색에 관계없이 프랑스 국적을 갖는다고 선포하기는 했지만 초대 집정관 나폴레옹 보나파르트가 1802년에 다시 노예제와 노예무역은 합법이라고 선포했다. 이 때문에 프랑스는 몇 년 사이에 이 영역에서 여론을 주도하는 지위를 상실하고 구체제의 낡은 이기주의의 길로 다시 들어섰다.

1807년에 영국의회가 노예제 폐지 결의안을 통과시키기 전 몇 년 동안 나폴레옹에 관한 논쟁이 고조되어 있었을 때 영국사회는 애국자들이 이념적 주도권을 장악했다. 그들은 세계에서 영국처럼 전제적 통치—군주전제이든 혁명전제이든—를 반대하는 제도적 장치의 효력이 입증된 나라가 없다는 논리를 내세워 이 제도를 식민지에 이식해야 한다고 주장했다.

이러한 정치적 동기는 매우 쉽게 개인 행위의 동기와 결합될 수 있었다. 노예제 폐지라는 훌륭한 명분을 위해 나선 수많은 남성시민과 여성시민이 ― 많은 여성이 노예제 폐지운동에 참여했다 ― 아직 민주화되지 않은 영국 정치체제보다 앞장서서 변화를 요구했고 이를 통해 그들은 갈수록 깊어가는 집단적 죄의식의 부담을 줄일 수 있었다. 노예제 폐지운동 지도자들의 수사법은 희생자들에 대한 공감 ― 18세기 감상주의 소설에서 흔하게 표현되었다 ― 과 당시 유행하던 독재로부터의 해방이란 주제 ― 베토벤의 「피델리오」(Fidelio), 1805년 초연 ― 를 파고들었다.[36]

노예제 폐지론 중심 인물들의 선전 전략은 인도주의적·윤리적 호소와 군사적·제국주의적 국가이익의 보호를 혼합하는 것이었다.[37] 세계무대에서 프랑스와의 경쟁은 불가피하게 영국 정치의 모든 영역에 영향을 미쳤다. 그러나 1815년이 되면서 이런 배경은 더는 존재하지 않게 되었다. 노예무역은 영국이 철수하자 크게 축소되었다. 전세계 해양의 패권을 장악한 영국해군은 임의로 제3국 선박을 수색하고 노예가 실려 있으면 소유관계를 불문코 직접 석방했다. 이 때문에 외교적 분쟁이(예컨대 프랑스와) 일어났으나 다른 나라가 영국의 퇴출로 생겨난 공백을 메우는 것은 막을 수 있었다. 물론 일정 규모의 노예밀수는 금지시킬 방법이 없었다.

1807년, 미국 의회도 자국 시민의 아프리카 노예무역 참여를 금했다. 이때부터 미국에서 노예수입은 불법이 되었다. 노예제 폐지론의 도덕적 동력은 강력했기 때문에 후기 제국주의가 상승세를 보였을 때에도 영국의 대중은 노예제에 대한 혐오감을 계속 지니고 있었다. '반노예제'는 시종일관 대중을 동원할 수 있는 강렬한 구호였다. 예컨대, 1901년 캐드베리(Cadbury) 초콜릿 회사가 ― 설립자가 퀘이커교도라는 사실이 많은 사람들을 놀라게 했다—대서양의 포르투갈령 상토메(São Tomé)섬에서 노예가 생산한 코코아 열매를 사용한다는 사실이 밝혀지자 인도주의 단체가 캐드베리 회사와 포르투갈 정부를 비난하는 맹렬한 운동을 벌였다. 결국 영국 외교부가 나서서 이 문제를 성공적으로 해결했다.[38]

인도, 카스트사회의 노예제 폐지운동

자세히 들여다보면 영국제국의 노예제 폐지는 몇 가지 다른 경로를 거쳤음을 알 수 있다. 카리브해 지역에서 노예제 폐지는 플랜테이션 경제를 약화시켰지만 영국인 플랜테이션 소유주는 보상금을 받았다. 남아프리카에서 주로 노예노동에 의존하여 밀과 포도를 생산하던 백인 플랜테이션 소유주(보어인과 영국인)는 새로운 법령을 자신들의 지위에 대한 직접적인 공격으로 받아들였다. 19세기 30년대에 시작된 보어인의 남아프리카 내륙으로의 대규모 이주도 20년대의 새로운 인도주의 사조, 평등주의 입법으로 인한 가부장적 권위의 쇠퇴, 희망봉 지역의 노동관계의 자유화에 대한 대응이었다.[39]

신분구조가 복잡한 인도사회에서는 19세기 40년대 초부터 노예제 폐지가 점진적으로 추진되었다. 카리브해 지역과는 달리 인도에는 획일적이고 구조가 분명한 노예제가 없었다. 전통적인 노예제도(chattel slavery)와 극단적인 인신 예속관계의 경계는 확정하기 어려웠다. 그러나 법전과 여러 공동체의 관습법에는 노예상태에 대한 세밀한 구분이 규정되어 있었다. 가사노예와 농업분야의 강제노역자, 성노예로 팔린 여성, 흉년이 들었을 때 버려진 아동, 채무상환 능력이 없는 채무자(특히 부모의 채무를 상속받은 자녀)의 신분은 전통적인 노예에 가까웠다.

이런 상황에서 영국과 인도의 개혁자들은 지역에 따라 다른 방식을 적용하는 신중한 정책을 마련해야 했다. 노예제의 뿌리가 깊은 이슬람 지역에서는 통치 엘리트의 격렬한 반발을 피해야 했다. 다수의 인구가 힌두교도인 상황에서 어느 정도부터 하층 카스트의 인신예속 관계를 노예상태로 보아야 할지를 판정하기도 쉬운 문제가 아니었다. 뿐만 아니라 모든 지역이 케랄라(Kerala) 왕국처럼 상황이 분명하지는 않았다. 19세기 초까지만 해도 케랄라에서 가장 낮은 카스트는 매매될 수 있었고, 담보로 제공될 수 있었고 때로는 주인이 처벌로서 죽일 수도 있었다.

오늘날까지도 인도사회는 채무노예와 노예에 가까운 아동노동을 받아들이고 있다. 그러나 전체적으로 볼 때 인도는 19세기 중반 이전에 완만한 노예해방 과정을 시작했다. 1843년은 사법영역에서 중요한 해였다. 이때부터 인도 법원은 노예 신분과 관련된 일체의 소송사건의 접수를 거부했다.[40] 이후로 수십 년 동안 수많은 인도인이 계약노동자가 되어 인도를 떠난 이유는 느린 속도로 사라지고 있던 가혹한 노예제로부터 벗어나기 위해서였다.

프랑스와 네덜란드의 노예제 폐지운동

영국의 강한 압력에도 불구하고 프랑스는 노예제 폐지 문제를 1848년까지 끌고 갔다. 그전까지 프랑스 정부는 구두약속으로 런던을 안심시켰다. 인도주의적 노예제 폐지운동은 프랑스 대중으로부터 많은 지지를 받지 못했다. 왕정복고 시기(1815-30)에 식민정부는 플랜테이션의 이익과 긴밀하게 연결되어 있었다.

카리브해 지역—아이티는 당연히 제외하고—에서는 비교적 온건한 방식으로 구체제의 노예제도가 회복되었다. 사탕수수를 재배하던 인도양의 레위니옹(Réunion)섬에서는 (스페인령 쿠바와 정확히 같은 시기에) 새로운 플랜테이션 경제체제가 수립되었다. 자유무역

시대가 시작되기 전까지 프랑스는 변함없이 식민지 설탕생산자들을 위한 시장으로 남아 있었다.

유럽 왕정복고 시대의 기준으로 볼 때도 특별히 반동적이었던 샤를 10세(Charles X) 치하의 프랑스가 역설적이게도 1825년에 아이티와 자유무역협정을 체결하였을 뿐만 아니라 프랑스를 배반한 흑인 공화국을 승인한 최초의 유럽 국가였다. 그러나 승인의 조건은 아이티가 쫓겨난 플랜테이션 소유주들에게 고액의 보상금을 지급하라는 것이었다.[41] 1830년에 부르봉(Bourbon) 왕조를 무너뜨리고 들어선 7월 왕조는 영국과의 관계에서 빈번한 분규의 원인이던 프랑스 식민지의 노예 밀수를 금지시키고, 플랜테이션 소유주의 이익을 엄격히 제한했으며, 구체제가 아니라 같은 시기의 영국 정치 모형을 따랐다.

1848년 혁명기간 동안에 빅토르 쉘셰르(Victor Schœlcher, 1804-93)가 이끄는 소규모 노예제 반대운동 단체가 노예제 폐지 법안을 통과시키는 데 성공했다. 쉘셰르는 기업가의 아들이었으며 1829-30년에 카리브해 지역에서 노예의 비참한 처지를 목격했다. 1848년 프랑스의 노예제 폐지가 성공할 수 있었던 원인의 하나는 그 시점에서 소수의 이익집단을 제외하고는 노예제 지지자의 숫자가 크게 줄어들었기 때문이었다. 토크빌, 라마르텡(Alphonse de Lamartine)에서 빅토르 위고(Victor Hugo)에 이르기까지 다수의 저명 지식인이 19세기 40년대에 노예제 폐지를 지지했다. 여기에 더하여 새로 성립된 공화국 정권이 플랜테이션 엘리트들을 제압했기 때문에 식민지의 상황을 통제할 수 있었다. 공화국과 그 뒤의 나폴레옹 3세 치하의 군주 정권도 검은 피부의 식민지 신민을 대할 때는 자애로운 가부장의 태도를 유지했다.[42] 프랑스에서는 광범위하고 지속적인 대규모 노예제 반대운동이 등장한 적이 없었다.

유럽의 마지막 노예제 폐지국가인 네덜란드는 1863년에 면적이 그리 넓지 않은 아메리카 식민지 수리남(Surinam)에서 노예제를 폐지했다. 이 지역에서도 한때 준노예제 과도기가 1873년까지 지속되었다. 영국과 프랑스와 마찬가지로(그러나 미국과 브라질과는 달리) 노예주에게 지급된 보상금이 국고에서 나왔다. 이 보상금은 직접 네덜란드령 동인도의 재정수입으로부터 조달되었다. 이곳의 재정수입은 19세기 중반 수십 년 동안 시행된 '문화통치'의 결과로 대폭 증가했다. 인도네시아 노동자의 강제노동이 카리브해 지역의 노예를 해방시키는 비용을 마련해주었다고 할 수 있다.[43]

노예제 폐지는 아이티혁명으로 촉발된 충격파가 서방 식민지 세계를 덮친 지연된 도미노효과였다. 영국이 선구적 행동을 보인 후 '문명국'으로 비치기를 원했던 유럽국가 가운데서 어느 나라도 노예제 폐지운동 흐름의 바깥에 머물 수가 없었다. 러시아의 1861년 농노해방도 전체 유럽의 발전 추세의 한 부분으로 보아야 한다. 러시아의 농노해방은 농민반란이나 자유노동을 지지하는 대중운동이 중요한 역할을 하지 않은 상황에서 국가가 주도한 계획이었다. 차르 알렉산드르 2세가 보기에 농노제는 러시아의 국제적 위신을 손상시키는 오점이자 러시아 사회의 현대화를 방해하는 제도였다.

미국에서 노예제의 종결

미국의 상황은 전혀 달랐다.[44] 미국 남부 각 주에 수립된 것만큼 공고한 노예제는 어디에도 없었다. 아프리카로부터 새로운 노예 수입은 막혔지만 미국 전체 인구에서 차지하는 노예의 비중은 크게 증가했다. 미국 내전이 폭발하기 직전 미국에서 생활하는 노예는 400만 명이었지만 1840년에는 250만 명을 넘지 않았다.[45]

미국의 노예는 한 사회 안에서 백인과 함께 생활했다. 그러나 영국과 유럽대륙의 노예제 폐지론자들은 대양을 사이에 두고 노예의 운명에 관심을 가졌고 자기 나라에서는 아프리카인을 접촉할 기회가 별로 없었다. 노예제 폐지운동은 노예가 없는 북부에서 일어났고 남부는 한 걸음도 따라 움직이기 어려웠다.

미국 내전 이전 남부는 사상적·정치적으로도 갈수록 고립되어 체제에 반대하는 어떤 목소리도 용납하지 않았다. 대다수가 노예 소유주가 아니었던 백인도 투표권자로서는 '남부'의 선동적 주장을 지지하면서 그들 자신은 직접적인 이익을 볼 수 없는 사회관계를 공동으로 수호했다. 결론적으로 대규모 플랜테이션 소유주의 생활은 통치 엘리트 계층에 속하지 못하는 많은 백인의 꿈이었다.

북부의 노예제 폐지론자들은—1830년대에 들어와서야 여성과 아프리카계 미국인의 적극적인 참여로 호전적인 활동을 벌이기 시작했다—영국의 노예제 반대론자들이 1833년 이전 운동의 전성기에 동원했던 것보다 적은 규모의 대중을 동원하는 데 성공했다. 그들의 투쟁환경은 영국의 선구자들이 마주했던 것보다 더 험난했다. 미국 남부와 북부의 관계는 영국과 머나먼 사탕수수 식민지와의 관계보다 훨씬 긴밀했기 때문이다. 뿐만 아니라 북부사회에도 19세기 초의 영국보다 더 강렬한 인종주의가 가득 차 있어서 북부 자신의 노예제 역사의 과거로부터 영향을 받고 있었다.

미국 북부의 노예제 폐지론자들은 더욱 교묘한 노예제 옹호론과 맞서야 했기 때문에 영국의 동료들보다 더 극단적인 종교적 사료를 근거로 논리적 무장을 했고, 그 결과 미국의 이념적 스펙트럼 안에서 편협하고 격렬하게 비춰졌다.

많은 노예제 폐지론자들이 노예제의 시행뿐만 아니라 노예제에 대한 비겁한 묵인도 처벌받아야 할 죄악이라는 강박적 신념을 갖고 있었다. 그들의 근본적인 목표는 흑인을 미국사회에 통합하는 것이 아니었기 때문에 해방된 노예를 아프리카로 돌려보내 문제를 해결하자는 제안이 제한된 폐지론자들의 세계를 넘어 폭넓은 지지를 받았다. 어떤 사람은 노예제를 공격하는 동시에 미국에서 흑인의 존재 자체를 거부했다.[46] 그러나 언론인 윌리엄 개리슨(William Lloyd Garrison)을 중심으로 집결한 급진파는 이런 계획에 반대했다.[47]

미국의 노예제 폐지론자들은 북부에서도 강력한 반발에 부닥쳤다. 이런 반발은 영국에서는 없었다. 반발은 개인과 노예제 폐지를 주장하는 문학작품에 대한 공격으로 나타났지만 침묵의 음모로도 나타났다. 1819-21년의 이른바 '미주리 위기'(Missouri Crisis) 이후 주요 정치세력 간의 비밀협상을 통해 노예제를 금기주제로 하자는 합의가 이루어져 이 문제에 관한 어떤 형식의 토론도 금기가 되었다. 1836-44년 동안에는 실제로 노예제에 관한 주제는 의회에서 다루어서는 안 된다는 법규(gag rule)가 제정 · 시행되었다.

따라서 오랫동안 미국에서는 영국과 같은 정치적 개혁의 의지가 결핍되어 있었다. 영국인은 노예제 문제와 선거권 문제를 연결시켜 1832-23년의 대규모 개혁프로그램을 만들어내고 추진했다.

백인과 흑인의 노예제 반대투쟁이 미국 내전의 유일한 원인이 아니었고, 나아가 내전이 일어나지 않았더라면 노예제는 상당 기간 유지되었을 것이다. 북부가 내전을 시작한 직접적인 목표는 노예제 폐지만이 아니었다. 링컨이 1863년 1월 1일에 발표한 노예해방선언 (Emancipation Proclamation) —아프리카계 미국인의 19세기 역사에서 가장 중요한 전환점—에는 노예해방이란 원칙 이외에도 북부의 개전 의도를 지지하기 위해 흑인이 들고 일어날 것이란 실제적인 기대가 담겨 있었다.

링컨 자신은 원래부터 노예제 폐지론자는 아니었고 백인이 다수인 사회에서 흑인이 동등한 권리를 갖고 살아갈 수 없다는 생각을 갖고 있었지만 1854년부터 공개적으로 자신의 입장을 바꾸고 노예제 반대자의 모습을 보여주었다.[48] 한편으로 그는 오래전부터 모든 사람은 자기 노동의 과실을 즐길 수 있어야 하며 자유롭게 개인의 발전을 도모할 수 있어야 한다는 신념을 갖고 있었다.

대통령이 된 후 링컨은 신중하게 흑인노예의 전면적인 해방을 위해 노력했고 최종적으로 결심을 한 뒤에는 과감한 조처를 취했다. 미국에서는 노예해방이 결정적인 개혁을 위해 나아가자는 고위 정치지도자들의 진지한 논의와 대중의 행동이 결합하여 지속적으로 발전한 결과의 정점이 아니었다. 노예해방은 전쟁의 부산물이기는 했지만 노예제 문제는 내전 발생의 중요한 원인 가운데 하나였다. 요컨대, 지역에서 일어나는 여러 사태의 원심력을 견제할 수 없었던 중앙정부의 취약한 구조—대통령, 의회, 대법원—가 내전의 근본 원인이었다.

1820-60년의 40년 동안 새로 개발된 서부 지역에서 노예제의 확장시행을 허용할 것인가 하는 문제는 미국 내정에서 지렛대의 받침점과 같았다. 대서양을 사이에 두고 진행되고 있던 혁명적 변화—아이티의 혁명, 1794년 모든 식민지에서 노예제를 폐지한다는 프랑스의 선언(1802년에 번복되었지만), 영국의 노예제 폐지운동을 포함하여—는 노예제의 기초를 약화시켰고 이와 동시에 한편으로는 미국의 남부 내륙지역은 플랜테이션 경제의 새로운 중심지로 떠오르고 있었다.

연방헌법이 폐지되어서는 안 된다는 링컨의 주장을 잠시 논외로 한다면, 워싱턴의 통치에서부터 링컨의 당선에 이르는 기간 동안에 남부의 노예소유주들이 미국의 국가정책에 지배적인 영향력을 행사하지 않았더라면 미국 영토 위에 두 개의 다른 헌법을 가진 국가가 병존하는 상황이 벌어졌을 것이다. 남부는 내전이 일어나기 전에 위축되고 회피하는 심리를 보여주는 한편으로 북부가 도덕적 원칙을 버리도록 압력을 가했다.

그 결과 의회는 1850년에 연방정부 당국이 자유주로 도망한 노예를 폭력적인 수단을 동원해 남부의 소유주에게 돌려보낼 수 있도록 하는 노예추격법(Fugitive Slave Law)을 통과시켰다. 그 밖에도 건국

시기의 감성에 기댄 미국연방은 통일되어야 한다는 신화가 무너지고 있음을 보여주는 몇 가지 도발이 있었다.

이처럼 복잡한 긴장관계가 내전을 촉발했고 개전 초기에 쌍방은 다 같이 자신은 무고한 피해자라고 주장했다. 남북 양 진영은 외부세계의 지지를 얻기 위해 힘을 쏟았다. 영국은 갈등관계에 있는 국가임에도 불구하고 공업화하고 있던 북부가 정치적·문화적으로 참조해야 할 표본이었고 남부의 엘리트계층은 브라질과 쿠바에 남아 있던 노예소유주들에게 강한 유대감을 갖고 있었다.

링컨의 노예해방선언은 영국의 여론이 명백하게 북부 편에 서도록 만들었다. 파머스턴(Lord Palmerston) 내각이 나폴레옹 3세의 압력 때문에 미국 내전에 개입할 계획을 세웠다고 한다면 링컨의 노예해방선언은 영국에서 대규모 지지시위를 촉발했다. 시위행동은 30년 동안 축적된 노예제 폐지운동의 도덕적 에너지에 불을 붙였고 런던 쪽에서 나올 수 있는 남부에 유리한 개입행위를 저지했다.[49]

브라질과 미국

아이티와 미국에서 노예제 폐지는 대규모 폭력사태를 불러왔다. 카리브해 지역 식민지와 아메리카 대륙의 새로 생겨난 스페인어 사용권 공화국에서 노예제 폐지 과정은 좀더 평화로웠고(이 지역에서 노예제 폐지법령은 대부분 1850년대에 발효되었다) 러시아의 1861년 농노해방도 평화로운 방식으로 완성되었다. 쿠바와 브라질의 노예제 폐지 과정에서는 비교적 적은 폭력이 동원되었다.

라틴아메리카의 노예제가 카리브해와 미국 남부지역의 노예제만큼 잔혹하지 않았다는 주장은 아직 학계의 논쟁거리로 남아 있다. 노예제가 종결되기 전까지 브라질의 노예 사망률이 시종 미국 남부보다 높았다는 사실은 이런 주장과는 배치된다. 그러나 한 가지는 분명하다. 정치적으로 독립된 브라질이든 스페인 식민지 쿠바든 강대한 세력이 노예제를 지지했다. 그렇지 않다면 노예제는 1886년과 1888년까지 유지될 수 없었을 것이다.

브라질에서는 80년대 초까지도 노예소유주는 자신의 재산(노예)을 지키기 위해 무장해야 했다. 노예들의 공개적인 저항과 은밀한 저항이 마찬가지로 끊이지 않았으나 강력한 진압 때문에 대규모 노예봉기는 발생하지 않았다. 쿠바에서는 60년대에 들어와서도 납치된 아프리카인이 그곳으로 끌려왔고 노예해방이란 주제는 1868-78년의 독립전쟁의 몇 가지 목표 가운데 하나였다. 독립전쟁은 실패로 끝났지만 반란을 일으킨 크레올인이나 스페인 정부 모두 노예들을 자기편으로 끌어들이려고 자유를 약속했다.[50]

쿠바(와 그 밖의 모든 스페인령 아메리카지역)와 비교할 때 브라질은 미국의 남부에 이어 서방세계에서 두 번째로 규모가 큰 노예제를 유지하고 있었다. 미국에서도 그랬지만 브라질의 노예지 폐지는 어느 날 갑자기 발생한 사건이 아니었다. 당시에 노예제는 오래전부터 중요성이 낮아지고 있었고 많은 노예는 이미 해방된 상태였다. 섭정왕 이자베우(Isabel, Princesa imperial do Brasil)가 서명한 황금법(Lei Áurea)이 1888년에 반포되자 노예제는 마침내 종결되었다(법률서명은 세계를 향해 보여주고자 했던 왕실의 극적인 공식 행위였다).

영국의 압력을 받은 브라질은 1831년에 새로 수입된 모든 노예에게 자유를 허용하는 법령을 반포했다. 그러나 대규모 노예밀수는 제재를 받지 않고 이 법을 빠져나갔고 40년대가 되자 노예밀수는 심지어 증가하기까지 했다. 1850년이 되자 브라질은 노예수입을 억제하기 위한 비교적 유효한 조처를 취했는데 부분적인 이유는 노예무역선이 콜레라를 전염시킬 것이란 우려 때문이었다. 그 후 노예의 가격이 올라가고 노예해방은 정체되었다. 미국 남부에 비해 브라질에서 노예해방은 더 쉬웠고 노예가 자유를 획득할 수 있는 기회는 더 많았다.

아프리카의 노예무역과 노예밀수가 멈추지 않는 한 브라질의 노예소유주는 노예를 해방시켜 받은 배상금으로 새로운 노예를 사들여 노예의 수를 보충할 수 있으니 경제적으로도 수지맞는 일이었다. 1808년 미국이 노예수입을 중지하고 여기에 더해 노예 가격이 폭등하자 이제 이러한 방식은 더 이상 가능하지 않게 되었다.

대략 19세기 중반이 되자 지역별로 차이가 있는 브라질의 노예제가 브라질 경제에서 갖는 중요성은 낮아지기 시작했다. 우선 도시지역에서는 기술의 지속적인 현대화와 함께 영국인 투자자가 고용된 자유 노동력을 기반으로 사탕수수 플랜테이션을 경영했고 마지막으로 커피콩 생산지역에서도 같은 방식이 적용되었다. 미국 남부와는 달리 브라질이 노예제를 폐지했을 때 노예제는 더 이상 강력한 경제제도가 아니었다. 노예제는 주로 생산력이 낮고 기술적으로 낙후하였으며 교통이 발달하지 않은 생산부문과 지역에서 힘겹게 목숨을 이어갔다.

브라질의 노예제 폐지가 비교적 평화로울 수 있었던 이유로 세 가지를 들 수 있다. 첫째, 브라질 경제의 무게중심은 동북부의 사탕수수 플랜테이션으로부터 남부의 커피 플랜테이션으로 계속 확장되었고 이 지역의 남유럽 이민자들의 역할이 갈수록 중요해졌다. 노동력 시장이 포화상태가 아닌 지역에서 노예제는 오래 유지되었지만 기업주는 점차로 자유로운 이민 노동력의 장점을 알게 되었다.

둘째, 브라질은 캘리포니아 이남의 아메리카 지역에서 노예제 폐지론이 (19세기 60년대부터) 지식분자, 진보적인 정치가와 기업가 이외에도 도시 중산계급과 자유로운 고용노동자로부터 ─이민자이거나 브라질 현지인이거나에 관계없이─ 광범위한 지지를 받은 유일한 지역이었다.

셋째, 경제의 중심지역이라 할지라도 브라질 각지에서 노예인구는 분산되어 있었고 이 때문에 노예문제는 (미국의 각 주가 연방을 탈퇴하여 독립을 고려했던 것처럼) 노예가 없는 지역과 노예제 지역으로 양극화되지 않았다.[51) 카리브해 지역과 미국 남부의 여러 주와 비교할 때 브라질에서 19세기가 끝날 무렵 노예제는 노동관계의 형식으로서 이미 넓은 범위에 걸쳐 효용을 상실한 상태였다.

그럼에도 불구하고 노예제는 쉽게 사라지지 않았다. 보상을 전제로 하지 않는 (영국령 카리브해 지역과는 다르고 미국 남부지역과는 같은) 노예제 폐지는 입헌군주제 체제에서는 정치권력 투쟁의 주제가 되었다. 이 권력투쟁 과정에서 노예제가 제거된 공화국을—앵글로-색슨세계를 표준으로 할 때—현대화를 실현한 민족국가의 전제로 생각하는 사람들이 승리했다.[52) 노예집단의 파업과 수많은 노예들이 자발적으로 플랜테이션을 떠나는 사건이 발생한 뒤에 브라질은 마침내 미국과 마찬가지로 (노예제 폐지의) 결정을 내렸다.

'서방'문명의 노예제와 '두 번째 농노제'의 흥망성쇠의 긴 역사는 19세기 80년대에 최종적인 결론에 도달했다. 훗날 유라시아대륙에 등장한 나치 인종청소 수용소와—히틀러의 군수장관이었던 알베르트 슈페어(Albert Speer)는 2차 대전 종전 후 나치 친위대의 '노예국'을 언급했다—소련과 중국의 노동개조소는 전통적인 아프리카인 노예제보다 더 공포스러웠다. 그것은 인신판매가 목적이 아닌, 노동이 생존의 이유가 아니라 조직적인 탄압의 부산물인 현상이었다. 그러나 훗날 서반구에는 이러한 인종청소 수용소와 노동개조소가 등장하지 않았다.[53) 서방에서는 가장 강력한 반동세력과 반인도주의자라도 노예제가 정상인 사회제도와 사회적 관계를 다시 합법화하려는 생각을 하지는 않았다.

이슬람세계의 노예해방?

이슬람세계의 노예제도는 또 다른 발전과정을 거쳤다. 전통적으로 허용된 노예제도는 18세기에 쇠퇴의 길로 접어들었다. 그러나 19세기의 두 번째 1/3세기에 늘어나는 수출 수요 때문에 여러 지역에서 생산부문에 사용되는 노예의 숫자가 다시 급격하게 증가했다. 그 특색은 대형 플랜테이션 노예제가 아니라 대부분이 소규모 노예소유 형태였다.

미국의 내전으로 유럽의 제조공장에 공급되던 미국산 면화의 공급이 중단되자 19세기 60년대와 70년대에 이집트에서 면화 경작 열풍이 불었다. 그 덕분에 보통의 이집트 농부라도 아프리카 흑인노예를 살 수 있는 능력을 갖추었다. 같은 시기에 국가의 강제 노동력과 노예병사에 대한 수요가 증가했고 흑해 지역에서 온 성노예는 이집트 전역에서 신분의 상징이 되었다. 아나톨리아, 이라크, 인도의 이슬람 지역에서 가사노동과 농경지 경작에 노예가 투입되는 일은 보편적인 현상이었다.

이슬람국가에서 노예를 사용한 생산은 대체로 19세기 80년대부터 감소하기 시작했다.[54] 대중의 여론에 영향을 미치는 지식분자—주로 이슬람교 법학자—의 관점과 사회의 가치체계도 총체적으로 볼 때 대서양 서안지역과는 달리 노예제에 대해 확고한 반감을 표시하지 않았다. 그러므로 노예제를 철저하게 폐지하자는 제안은 아무런 정치적 영향을 갖지 못했다.

튀니스의 통치자 아흐마드 알-후세인(Ahmad al-Husain)은 1846년에—프랑스보다 2년 먼저—무슬림 역사상 노예제를 종결하기 위한 기초를 놓은 최초의 통치자가 되었다. 아흐마드는 개인적인 신념도 갖고 있었지만 쇠약한 자신의 왕국을 위해 노예제 폐지를 선도한 강대국 영국으로부터 좋은 평판을 확보함으로써 프랑스가 알제리에서 손을 뻗쳐 자신의 통치에 간섭할 핑계를 차단하겠다는 정치적 계산도 하고 있었다. 1846년 아흐마드가 파리를 방문했을 때 프랑스의 자유주의자들은 그를 자유를 위해 투쟁하는 '문명세계'의 선구자라

고 추켜세웠다.[55]

아흐마드가 특수하고도 유일한 예외는 아니었다. 오스만제국에서 현지의 자유주의자 ─ 예컨대 총독 미드하트 파샤(Midhat Pasha)* ─는 자신의 의도를 오래 지켜낼 수가 없었다. 술탄 압뒬하미트 2세는 마지못해 아프리카와 카프카스 지역의 노예무역을 금지하는 조처를 취했고 이슬람 궁정의 하렘을 없애지도 않았다. 1903년 터키의 술탄 궁정에는 194명의 환관과 500명 가까운 후궁이 여전히 남아 있었다.[56] 1908년 청년터키당이 혁명을 일으킨 후에야 노예제는 분명한 내리막길에 접어들었다. 그러나 1915년 이후 일부 생존 아르메니아인은 노예와 유사한 강제노역의 운명을 맞았다. 이집트에서는 여러 모로 서방과 관계가 좋았던 총독 이스마일이 이 나라의 최대 노예소유주였다.

1882년 영국에게 점령된 후 이집트는 모든 형태의 노예제를 폐지했다. 다른 중동국가와 마찬가지로 이란은 일찍이 1890년에 노예무역에 반대하는 브뤼셀협약(Brussels Conference Act of 1890)에 가입했다. 그러나 노예제가 폐지된 때는 레자 샤 팔라비(Reza Shah Pahlavi)가 터키를 모방하여 철저한 세속적 현대화를 단행한 1928-29년이었다.[57]

여러 지역 법학자들의 저항 때문에 전 세계 이슬람지역의 노예제 폐지 과정은 서방에 비해 완만하고 온건했다. 노예제 폐지행동이 모두 서방의 압력 때문에 나온 것은 아니었고 『코란』을 근거로 하여 노예제를 반대한 자발적 요소도 작용했다. 그러나 1차 대전 이전까지

---

* 아흐메드 셰피크 미드하트 파샤 (Ahmed Şefik Midhat Paşa. 1822-83)는 오스만제국의 탄지마트개혁 후반기에 앞장서서 활동했던 정치인이다. 오스만제국의 헌법 제정을 주도했고 교육과 지방 행정 개혁도 이끈 대표적인 인물이었다. 그는 오스만제국이 봉착한 위기를 인식하고 개혁이 절실히 필요하다고 느낀 정부 엘리트 관료였다.

는 자발적 요소가 민족국가 사법권의 기초로 자리 잡은 경우는 드물었다.

노예제 이후의 과도기

노예제가 종결된 후에는 어떻게 해야 할 것인가? 이상적인 상황이라면 노예해방을 상징하는 끊어진 쇠사슬은 새로운 자유를 보호하는 사법적·정치적 제도와 사회구조로 전환되어야 한다. 이러한 질서와 구조는 이전에 노예였던 사람들의 협조가 있어야 만들어 질 수 있었지만 그들만의 노력으로 되는 것은 아니었으며, 이전 노예를 새로운 시민 신분으로 받아들일 수 있도록 민족국가 혹은 식민국가의 체제가 바뀌어야 했다.

사람들의 인식도 멸시 또는 우월적 동정심으로부터 이전의 노예를 추상적인 '인간'으로서 뿐만 아니라 시민이자 유용한 사회 구성원으로서 분명하게 인정하는 쪽으로 바뀌어야 했다. 이러한 자유주의적 이상사회는 19세기에는 실현되지 못했다. 초기의 노예제 폐지론자들 가운데서 이 점을 예견한 일부는 국부적 성공에 만족하지 않고 전 세계적 문명포교란 관념을 기반으로 한 더 높은 목표를 설정했다. 그들은 세계가 다시 야만상태로 돌아가지 않으려면 모든 지역에서 노예제를 뿌리뽑아야 한다고 주장했다.

영국이 노예제 폐지의 선봉에 서야 한다고 주장하는 사람들이 적극적으로 참여하여 1840년에 아프리카문명협회(African Civilization Society)를 설립했다. 빅토리아시대 영국 주류사회의 대부분이 (여왕의 남편 앨버트 공에서부터 수십 명의 의원에 이르기까지) 이 단체의 설립을 지원했다.

새로운 협회가 한 최초의 활동 가운데 하나가 1841-42년에 서아프리카 니제르에 반노예제 원정대를 파견한 것이었다. 아프리카에서 갖가지 어려움에 부닥쳐 숭고한 목표를 달성하는 데 실패한 이 야심찬 비제국주의적 모험은 19세기 초 노예제 반대자들을 움직이게 만든 보편적 사명감의 표출이었다.[58]

이 극적인 행동은—훗날의 선교사 데이비드 리빙스턴의 아프리카 여행과 마찬가지로—원시 기독교정신, 인도주의, 애국주의가 뒤섞인 초기 노예제 폐지론자들의 열정의 결과였다. 그러나 이 열정은 노예제가 폐지된 후 제도와 질서를 수립하는 데 있어서는 별다른 역할을 하지 못했다. 제도와 질서 수립에는 현지의 특성이 결정적으로 작용했고 국경을 초월한 상호 연관성은 개입할 여지가 매우 적었다.

이 밖에도 발전경로의 다양성은 비교를 어렵게 한다.[59] 그러므로 개별 상황에 대한 미시사적 연구가 특별히 중요한 의미를 갖게 되었다. 이때의 구체적인 연구 주제는 기록 가능한 개인의 행적, 개별적인 노예제 플랜테이션이 다수의 (여전히 예속적 노동관계를 유지하는) 소농경제로 분화되는 과정, (당사자는 거의 알아채지 못한) 노예관계로부터 명칭과 법률적 정의가 바뀐 기타 예속관계로의 전환 과정이었다.

이것들을 일컫는 오늘날 사용되는 일반적인 용어는 '해방이후의 사회'다.[60] 이런 사회 상호 간에는 전체 인구에서 이전 노예의 숫자와 그 비중, 사회 내부에서 인종주의의 형태와 강도, 고용과 신분상승의 기회, 폭력의 정도, 젠더에 따른 생활의 불평등과 같은 객관적 기준에 따라 차이가 있다(이 모든 기준을 통틀어 요약하자면 '자유의 수준'이 될 것이다).[61]

모든 지역에서 플랜테이션 경제가 파괴되지는 않았다. 아이티에서는 플랜테이션 경제가 소멸하면서 수출용 생산업이 사라졌고 국민총생산도 떨어졌다. 덜 극적이긴 했지만 자메이카에서도 유사한 상황이 벌어졌다. 자메이카는 여전히 영국의 식민지였다. 영국령 트리니다드(Trinidad)에서는 수십 년 후에 다시 플랜테이션이 세워졌는

데 노동력만 현지의 이전 노예로부터 아시아에서 수입된 계약노동자로 바뀌었다. 인도양의 영국령 섬나라 모리셔스(Mauritius)에도 유사한 상황이 나타났다.

아이티에서 노예제가 폐지되고 80년 뒤에 해방시대로 진입한 쿠바는 완전히 다른 길을 걸어갔다. 플랜테이션 경제가 특별히 돌출적인 쿠바에서 설탕 생산기술의 변혁과 스페인 백인 이민의 대규모 유입으로 전환기는 순탄하게 지나갔고, 따라서 노예해방 이후 생산은 소폭으로 하락했다가 몇 년 뒤에 이전 수준을 회복했다.[62] 이런 변화는 농업부문에 한정되었다. 심지어 미국 남부지역에서는 해방 이후에도 한동안 대규모 공업화는 일어나지 않았다.

노예해방의 결과에 대해서는 그것으로부터 영향을 받은 집단에 따라 다른 해석이 나왔다. 해방노예와 이전 노예 소유주의 이익은 달랐고, 식민정부와 노예제 폐지론자의 기대도 서로 달랐다. 19세기의 가장 야심찬 개혁 작업 가운데 하나였던 노예해방은 많은 사람에게 극도로 높은 실망을 안겨주었다. 어떤 실망은 가식이었다. 아프리카 현지의 노예제를 제거하기가 어렵다고 불평했던 식민정부가 한편으로는 아무런 거리낌도 없이 각종 강제노동 형식을 통해(1946년이 되어서야 프랑스 식민지에서 강제노역이 금지되었다) 과세 압력을 가하거나 농업에 개입하여 새로운 노예 노동관계를 만들어냈다.

그러나 이런 노예제가 극단적인 예속관계의 안정된 구조로 발전한 경우는 거의 없었다. 유럽의 식민제도는 식민지 민중의 압력과 종주국 수도의 여론의 비판 때문에 자기수정을 진행할 수 있었다. 이 때문에 1차 대전 이후 극단적인 강제노동과 폭력을 대량으로 사용하는 상황은 이전보다 크게 줄었다. 노예제가 합법이었던 모든 지역에서 노예제의 폐지는 도덕적·정치적 단층을 의미했으며 이 단층의 의미를 낮게 평가하는 것은 잘못이다. 1910년 무렵이 되자 소소한 예외를 제외하면 사하라사막 이남 지역에서 노예제는 성공적

으로 폐지되었다.[63]

미국 남부의 해방이후 인종주의사회

미국은 노예제 폐지 과정에서 각종 극적인 행동과 경로를 보여주었고 이런 면에서 미국과 비교될만한 나라는 없었다. 내전시기에 수많은 아프리카계 미국인들이 자신의 운명을 스스로 결정했다. 북부의 자유로운 흑인 또는 남부의 도망노예로서 북부군과 함께 싸우거나 다른 방식으로 북부군을 도운 사람들은 남부의 주인 잃은 땅을 차지했다. '노예해방선언'이 반포되었을 때는 이미 대규모 흑인봉기가 진행 중이었다.[64]

자유로 가는 과도기에 해방노예들은 새로운 이름을 가졌고, 새로운 주택으로 거처를 옮겼으며, 흩어진 가족이 다시 모이기 시작했고, 경제적으로 독립할 방도를 찾아 나섰다. 예전에는 주인에게 언론의 자유를 빼앗겼지만 이제는 공개적으로 하고 싶은 말을 할 수 있게 되었다. 지금까지 지하에서 활동하던 흑인 공동체와 단체 — 교회와 학교에서부터 장례기구까지 — 가 수면 위로 떠올랐다.

흑인 여성과 남성은 노예였을 때는 주인의 재산이었기 때문에 법률상으로는 권리의 주체가 아니었다. 이제 그들은 더 이상 주인이 정해준 집과 경작지에 갇혀 있지 않고 법정에 나가 증언하고, 대등한 자격으로 계약서에 서명하고, 배심원 자리에 앉고, 선거 때는 투표는 물론이고 후보자로 출마할 수 있게 되었다.[65]

이 위대한 새 출발이 어느 날 갑자기 정 반대방향의 강렬한 인종차별로 바뀌었다. 19세기 70년대 해방의 성과는 광범위한 분야에서 파괴되었다. 노예제가 존재했던 남부 여러 주에서 19세기 80년대에 인종 간의 관계가 급격히 악화되었다. 1890년 이후 미국의 흑인은 다시 노예로 돌아가지는 않았지만 백색공포와 린치가 함께 하는 극단적인 인종차별과 자유를 제약하는 제도를 받아들여야 했다. 시민으로서의 권리행사는 말도 꺼낼 수 없었다. 노예제도를 제외하면 역사에는 단지 세 차례의 가혹한 인종차별 제도가 존재했다.

19세기 90년대부터 20세기 20년대에 이르기까지의 미국 남부, 1948년 이후의 남아프리카, 1933년 이후의 독일과 2차 대전 기간의 독일 점령지가 그것이다. 독일은 논외로 한다면 비교 대상으로는 미국과 남아프리카만 — 남아프리카의 인종분리 제도의 시발점은 19세기로 거슬러 올라갈 수 있기 때문에 — 남는다.[66] 1903년, 듀 보이스(W.E.B. Du Bois, 1868-1963) — 저명한 아프리카계 미국인 지식인 — 는 20세기의 문제는 '피부색으로 나뉘는 경계'(color line)가 될 것이라고 대담하게 예언했다.[67] 이 예언이 적중한 지역에서 노예제는 백인 우월주의로 대체되었고, 피부색 하나만으로 규정된 집단의 특권을 지키기 위해 국가폭력과 비국가 폭력이 동원되었다.

노예제 사회의 위계관계는 거의 모든 육체노동을 노예와 해방노예가 담당하면서도 이 두 집단에게는 신분상승의 기회가 주어지지 않는 사실을 기초로 하고 있었다고 한다면 노예해방 이후의 사회에서 이전의 노예는 노동시장에서 백인 빈민과 직접 경쟁했다. 정치적 자유가 보장된 상황에서 흑인은 스스로 자신의 정치적 이익을 대변했으며 백인 지도자의 의견을 따르지 않아도 됐다. 백인 사회의 일부가 이 두 가지 도전에 대해 차별과 폭력적 적대의식으로 대응했다.

인종주의는 이러한 사상과 구조의 전제조건이었으며 한편으로는 이러한 사상과 구조가 인종주의에 자양분을 공급했다. 백인의 지배적 지위 위에 세워진 배타적 인종주의가 노예제 사회의 탄압적 인종주의를 대체했다. 배타적 인종주의는 이미 미국 북부 각 주의 공통된 태도였으며 북부 각 주는 독립전쟁 시기에 합법적인 노예제도를 포기했다. 19세기 말의 새로운 남부에서 배타적 인종주의의 확대와 극단화가 나타나 (미국에서 태어났거나 미국 국적을 취득한 사람은 누구든 미국 시민으로서 법 앞에서 평등한 권리를 가진다고 선언한) 수정헌법 14조를 약화시켰고 이 조항은 연방 법령으로 뒷받침되지 못했다. 마지막 연방군 부대가 남부를 떠나자 인종주의 관념이 상대적으로 약한 중앙정부가 흑인에게 제공할 수 있는 보호도 사라졌다. 1869년부터 활동을 시작한 KKK단으로 상징되는 미국 남부의 인종차별 제도는 세기가 바뀔 무렵 정점에 도달했다가 20세기 20년대부터 점차로 수그러들었고 20세기 60년대에 이르자 민권운동 과정에서 철폐되었다.[68]

남아프리카 · 미국 · 브라질, 인종차별 제도가 생겨난 곳?

미국과 남아프리카의 차이는 너무나 크기 때문에 전면적인 비교는 불가능하지만 몇 가지 교훈적인 상호비교는 가능하다. 양국의 발전 과정은 시간적으로 일치하지 않는다. 남아프리카의 노예해방은 미국 남부에 비해 30년 가까이 빨랐지만 1914년까지도 인종주의적 위계질서와 배제의 이념과 도구가 양국에 존재했다.

1920년부터 남아프리카는 미국보다 한걸음 앞서가기 시작했다. 이 나라에서 인종분리정책(Apartheid)은 국가입법의 기본 원칙이 되었다. 그러므로 2차 대전 이후 법과 사법제도의 개편을 통해 '점진적인' 변화를 추구한 미국과는 달리 남아프리카는 (실제로 1994년에 그랬던 것처럼) 정권을 교체해야만 인종차별 제도를 제거할 수 있었다.

진보적 백인의 지지를 받은 흑인 민권운동은 양국에서 중요한 역할을 했다. 또한 양국의 20세기 초 인종차별 제도는 깊은 역사적 뿌리를 갖고 있었다. 공업화된 미국 북부와 남아프리카 케이프타운 식민지의 영국인이 지지하는 자유노동의 이념은 미국 남부 여러 주의 플랜테이션 과두체제와 남아프리카 보어인의 인종차별을 합리화하고 백인의 정치권력 독점을 지지하는 주장과 충돌했다. 1861-65년에 미국에서, 1899-1902년에 남아프리카에서 발생한 분리독립 전쟁은 (미국에서는 압도적으로, 남아프리카에서는 간신히) 자유-자본주의 세력의 군사적 승리로 끝났다. 미국에서는 15년 내에, 남아프리카에서는 미국이 소비한 시간의 절반 이내에 양쪽의 백인 진영이 흑인의 이익을 희생시켜 타협을 달성했다.

1910년에 영국제국은 남아프리카 백인이민의 자치를 허용했다. 백인에게만 한정된 '민족'통일 과정에서 인구의 다수를 차지한 흑인은 갖고 있던 권리와 약속받은 권리를 박탈당했다. 미국에서 북부는 '재건시기'가 끝난 1877년 이후로 남부 각 주가 흑인의 권리를 박탈하고 인종분리 정책을 시행하는 것을 방치했다. 미국 북부에서도 일상생활의 곳곳에서 차별이 존재했지만 흑인의 투표권만은 박탈하지 않았다. 합법적인 차별은 개별적 지역현상이었지 전국적 보편현상은 아니었다.[69]

두 나라에서 노예제 폐지운동을 끌어간 인도주의는 ─ 남아프리카에서는 영국으로부터 수입된 동력이었다 ─ 20세기 초가 되자 양국 정부의 정책에서 모습이 사라졌다. 백인 우월주의와 맞선 투쟁은 수십 년 동안 이어졌다. 19세기 중반에 정치강령으로서 분명한 존재를 드러냈던 피부색을 가리지 않는 민주주의는 남아프리카에서도 미국 남부에서도 후퇴하였다가 어렵사리 국면을 회복했다.

미국 남부를 제외하고 19세기에 대규모 노예제가 있었던 국가 브라질에서는 백인이 지배적 지위를 차지하는 상황이 나타나지 않았다. 브라질의 노예제가 라틴아메리카대륙 지역의 어떤 노예제보다 오래 지속될 수 있었던 이유는 몇 가지가 있었다. 그중에서 중요도가 비교적 높은 것은 브라질은 식민세력과 맞서 독립전쟁을 벌인 적이 없다는 사실이었다.

스페인으로부터 독립하기 위해 투쟁한 이웃나라와는 달리 브라질은 흑인 병사를 모집할 필요가 없었다. 노예봉기가 반복적으로 일어나기는 했지만 백인의 허가를 받고 무장한 흑인이 백인을 위해 싸운 보상을 요구하는 일 같은 것은 발생하지 않았다. '현대적인' 정치참여의 중요한 동기 가운데 하나가 브라질에는 없었다.

왜 브라질에선 1888년 이후 '체계적인' 인종차별 제도가 생기지 않았을까? 브라질에서는 군주정이 공화정으로 넘어가는 평화적 과도기에 노예제가 폐지되었다. 노예제가 종결된 후 브라질의 민족적 정체성, 인종적 정체성, 현대화의 기회를 둘러싸고 오랜 논쟁이 시작되었다. 미국과 비교할 때 브라질에서 노예해방은 보다 쉬웠고 인종 간의 교류와 결합에 대한 제재는 덜 엄격했다. 그러므로 피부색과 사회적 지위는 미국처럼 절대적으로 일치하지는 않았으며 사회적 인식 또한 분명한 이분법에 기울어 있지 않았다. 일부 백인 엘리트의 현대화 관념 속에는 해방노예의 존재가 일찍부터 한 자리를 차지하고 있었다.

그러나 보다 중요한 것은 역동적인 경제 분야에서 새로 모집해온 유럽 이민자들로 노예를 대체하는 전략이었다. 이민자와 경제적으로 주변화된 대량의 해방노예는 동일한 노동시장에서 마주치지 않았기 때문에 세계 각지에서 전형적인 인종주의의 온상이 된 치열한 경쟁은 생겨나지 않았다. 브라질에서 인종문제는 지역정치의 논쟁적인 화제가 되지 못했고, 미국의 남부처럼 독립하기 위해 인종적 신분으로 자신의 정체성을 규정하는 특수지역도 존재하지 않았다. 실제로 엘리트계층은 포용적인 민족주의와 이전의 노예는 특별히 선량했다는 신화를 퍼뜨리기 위해 수고를 마다하지 않았다. 이렇게 함으로써 식민지 시기로부터 군주정체를 거쳐 공화국에 이르는 오랜 기간 이어진 국가역사를 만들어낼 수 있었다.

노예해방 이후의 브라질에서 해방노예의 경제상황은 앨라배마 또는 남아프리카의 노예보다 더 좋을 수가 없었다. 정부는 그들을 그냥 팽개쳐두었다. 미국의 남부재건과 유사한 조처는 없었고 반면에 미국 남부의 인종차별 제도 같은 것도 없었다. 정부당국은 인종 간에 경계를 긋는 것이 자신의 일이라고 생각하지 않았다. 정부의 유약한 태도 때문에 수많은 인종주의적 폭력이 처벌을 피해갔지만 이런 폭력이 국가체제가 유도한 직접적인 결과는 아니었다. 노예제 폐지론자들은 노예해방 이후의 사회질서에 영향을 미칠 능력이 없었다.[70]

쿠바에서 백인과 흑인은 독립전쟁에서 어깨를 나란히 하여 스페인인에게 저항했다. 이 밖에도 설탕경제 부문 노동력의 인종과 피부색의 혼합정도는 비교적 높았다. 그러므로 노예제가 종결된 뒤 다른 노예해방 이후의 사회와(특히 미국과) 비교할 때 쿠바의 피부색 평등의 정도는 비교적 높았다. 쿠바섬에는 백인 우월주의 사회가 등장하지 않았다.[71]

서방에서 노예제 폐지에 이르는 모든 과정은 기독교와 인도주의 사상을 제외하고도 하나의 공통점을 갖고 있었다. 그것은 자유시장이란 조건하에서 해방노예들이 긍정적인 자극에 반응할 것이며 수출농업 분야에서 예전만큼 생산적으로 일할 것이란 희망이었다. 경제학자들과 정치가들은 노예해방을 거대한 실험으로 인식했다. 이전의 노예들은 기회가 오면 자유주의 경제이론에서 말하는 이익을 추구하고 근검절약하는 '경제인'(homo oeconomicus)으로 행동함으로써 '합리성'—계몽주의 시대의 기준으로 보자면 사람의 가치—을 증명할 것이다. 노예제로부터 자유로 가는 과도기—영국에서는 도제기(徒弟期, apprenticeship)라 불렀다—가 그들을 위해 장애물을 줄여줄 것이다.

시민으로서의 권리와 정치적인 권리가 충분히 보장된다면 이러한 '도덕적 인격체'로의 발전은 원만하게 완결될 것이다.[72] 그러나 현실상황은 완전히 다른 경우가 흔했다. 해방노예는 예상 밖의 선택을 하는 경향을 보여주었다. 그들은 소규모 토지를 스스로 경작하며 안정을 추구했고 대형 공업기업에서 고용노동자 되는 것은 원치 않았다. 그들은 때로는 두 가지가 결합된 방식을 원했다. 그 결과가 고도의 대외 지향적 플랜테이션 경제 시대와 비교할 때 시장 연동성의 정도가 낮은 농업생산이었다.

중산계급 개혁가들은 해방노예들이 반드시 중산계급의 이상적인 가정생활을 모방하기 위해 노력하지는 않는다는 사실을 목격하고 실망했다. 이 두 가지를 종합하면 아프리카 흑인은 시장의 합리적인 수요에 적응하지 못하는 인류학적 특징을 갖고 있으며 개인적인 생활방식도 '문명'의 규칙을 받아들이지 못한다는 추론이 가능했다. 이것이 인종주의의 근원은 아니었지만 인종주의의 추세를 강화시켜 주었다. 노예해방이라는 거대한 실험을 주도한 자유주의자들이 품었던 환상적이고 자기중심적인 희망의 큰 부분은 실현되지 못한 채 무산되었다.[73]

3. 배외주의와 '인종전쟁'

전염성 인종주의의 흥망

1900년 무렵, '인종'이란 단어는 세계의 수많은 언어에서 흔히 사용되는 단어였다. 세계 각지 여론의 분위기는 인종주의로 넘쳐났다.[74] 최소한 제국주의 시대에 '서방인'은 모든 대륙에 발자국을 남기며 인류는 여러 인종으로 나뉘어 있고 인종이 다르면 유전적 특징이 다르기 때문에 능력도 다르며, 따라서 자기 삶을 자주적으로 결정할 권리도 다르다는 관점에 대해 거의 의심을 품지 않았다.

1800년 무렵, 이런 관점을 뒷받침하는 이론은 (식민지의 실제 통치 방식과 대서양을 횡단하는 노예무역이 피부색의 차이를 기반으로 하고 있기는 했지만) 소수의 유럽 학자의 서재에서만 논의되고 있었다. 1880년 무렵, 이 관점은 서방사회의 집단상상의 주요 요소였다. 1930년 무렵, 수십 년 전과 비교했을 때 전 세계적인 범위에서 인종주의에 대한 호응도는 낮아졌다. 그런 상황에서도 백인이 모여 사는 '서방'에서는 아프리카계 미국인이라면 경제적으로 넉넉하고 부르주아 행동규범을 지키더라도 방을 내주는 호텔을 찾기가 어려웠다. 그러나 사람들이 최소한 과학적 개념으로서 '인종'을 과거처럼 무비판적으로 받아들이지는 않았다.

1919년의 파리강화회담에서 일본이 인종차별을 반대하는 조항을 새로 성립되는 국제연맹의 헌장에 포함시키려는 시도는 영국과 미국의 저지로 실패했다. 결과야 어떠했던 간에 이런 제안과 시도가 있었다는 것은 이 시기에 인종주의와 관련된 담론과 실제 정책이 도전받고 있었음을 반증한다.[75]

1933년 이후로 나치의 인종주의적 논조와 행위는 국제사회를 놀라게 했지만 같은 언행이 19세기 초에 나타났더라면 이처럼 강렬한 반응을 불러일으키지 않았을 것이고 독일의 '특이한 버릇' 정도로 무시되었을 것이다. 2000년 무렵, 인종주의는 전 세계에서 혐오의 대상이 되었다. 많은 국가에서 인종주의를 고취하는 행위는 처벌의 대상이었으며 인종주의는 과학적 근거가 있다는 주장은 조롱거리가 되었다. 세계사의 시각에서 볼 때 역사에 영향을 미친 세력으로서 인종주의는 1860-1945년이란 짧은 기간에 존재했다. 이 어두운 공포의 시기가 19세기와 20세기를 하나로 묶어두었다.

1900년 무렵, '인종'은 '백인'이 인구의 다수를 차지하는 국가에서 핵심 화제였을 뿐만 아니라 식민지에서도 지배자의 지위에 있던 소수 '백인'은 자신들에게 복종하는 '열등' 인종이 백인의 절대적인 지위를 위협하지 않을까 염려했다.

일본과 중국에서 지식인 집단이 유럽의 '인종학'(Rasselehre)이란 용어를 학습하고 응용하고 있었다. '인종'은 진지한 과학적 개념으로 받아들여졌다. 이 용어는 일부 인접 학과에도 전파되었다. 특히 생물학자와 민족학자들이 '인종'이란 용어를 빈번하게 언급했다. 인접 학과에서 '인민'(Volk, 영어의 people)이라고 할 때는 수십 년 전에는 정치적 공동체로서의 '민중'(demos)을 가리켰지만 이제는 갈수록 생물학적인 공통의 혈연집단으로서의 '인종'(ethnos)을 가리키는 경향이 강해졌다.

정치적 좌파세력도 이런 논조를 피해갈 수 없었다. 그 결과 심지어 유전적 소질을 개량하는 연구를 통해 우수한 후대를 만들어냄으로써 평등사회의 이상을 구현하는 데 기여한다는 사회주의 우생학(優

生學)까지 등장했다.

그러나 인종이론은 본질적으로 정치적 '우파'의 논리였다. 인종이론은 인간은 평등하게 태어났으며 자유, 평화, 행복을 추구할 천부적 권리를 갖고 있다는 계몽사상과 배치되었다. 인종학은 개인주의보다는 집단주의로 기우는 성향이 강했다. 특히 독일에서는 '인민'(Volk)과 '민족적'(völkisch)이란 두 개념이 의미론적 버팀목이 되었다('민족이론' völkisches Denken과 '인종이론' rassistisches Denken이 완전히 일치하지 않음에도 불구하고). 인종 간의 상호경쟁과 '약육강식'을 강조하는 '사회적 다윈주의'가 바로 인종이론의 한 부분이었다. 실제로는 백인종도 실패자가 될 수 있었다. 일부 초기의 인종이론가들은 비관적 전망을 노출했고 일부 '제국의 우수'(憂愁)에 빠진 식민자들은 백인이 열대 생활의 시련을 이겨내지 못하고 쓰러질 때를 기다렸다.[76)]

인종주의는 일관된 혐오와 원한의 대상을 갖고 있었다. 유대인, 다른 피부색의 인종, 민주주의자, 사회주의자, 여권주의자가 그런 대상이었다. 평소에 서로 공통점이 전혀 없는 정치지도자, 학자, 거리의 난동자가 인종주의의 편견 아래서 뭉쳤다. 인종주의는 육신(Körper)과 육신성(Körperlichkeit)을 중시했다. 사람들은 '인민의 신체'(Volkskörper)가 적과 유해한 집단으로부터 위협을 받고 있다고 말했다. 18세기의 오래된 관상술이 사람의 신체가 인종적 '열등성'이나 범죄적 천성 ─ 일부 범죄학 전문가들이 범죄의 유전성을 주장했다 ─ 을 표현한다는 주장을 가지고 다시 등장했다.

인종이론은 일련의 학살행위의 씨앗을 뿌리거나 그곳으로 가는 문을 열어주었다. 콩고자유국, 독일령 서남아프리카 식민지, 아마존 지역의 대학살과 러시아 유대인에 대한 살육, 미국 남부지역의 이민족 이민자에 대한 가학적인 린치와 공격이 그런 사례였다. 이런 사건들에서 공격과 공포는 언제나 서로 긴밀하게 결합되어 있었다. 그러나 단순한 '인종적 원한'이 이런 폭력의 유일한 원인이었던 적은 없었을 뿐만 아니라 가장 중요한 원인이었던 적도 드물었다.

파리 한 마리도 죽이지 못할 것 같은 선량한 대중과 대학교수가 인종과 국가의 '순결성'을 지키기 위해서는 자연스럽게 공범이 되었다. 이리하여 19세기의 마지막 1/3세기에 짧은 전염성 인종주의 시기가 시작되었다. 이 시기의 인종주의가 독일의 유대인 대학살로 가는 길을 닦아놓았다(물론 이 시기의 인종주의가 유일한 원인은 아니었고 1차 대전 이후에 새로운 극단적 요인들이 더해졌다).

인종이론, 혁명 전과 혁명 후

인종이론과 인종주의에 의해 촉발된 행위의 사례는 방대하기 때문에 유형별로 분류하자면 별도의 장을 마련해 인내심을 가지고 분석해야 한다. 여기서는 사용된 수단을 중심으로 하여 인종주의의 변종을 다음과 같이 크게 분류했다.

① 하층계급을 만들어내는 억압형 인종주의
② 제한구역을 만들어내는 격리형 인종주의
③ 국가의 국경을 봉쇄하는 배척형 인종주의
④ 특정 집단을 '적'으로 지목하여 제거하는 멸종형 인종주의

인종에 대해 논증하고 서술하는 방식은 다양하다. 이 밖에도 국경을 초월하여 연관성이 있는 요소들이 포함되어야 할 것이다. 1900년 무렵의 수십 년 동안 서방 지식인들이 국가와 민족의 관계에 관한 거시적 개념을 정립할 때 '인종'이 중심 범주였듯이 국가별 인종차별과 소수민족 인종차별도 상호작용을 했다. 인종의 양육 가능성을 믿는 인종주의 사상가들이 국경을 초월하는 작은 단체를 만들었다.[77]

인종주의는 널리 전파된 민족중심주의(Ethnozentrismus)의 극단적 형태였다. 민족중심주의는 여러 인간집단 사이의 가장 중요한 차이는 가변적인 문화적 행위가 아니라 불가변의 생물학적 유전형질이라고 보았다. 인종주의는 세계의 여러 사회가 긴밀하게 연결되기 시작한 근대 초기에 생겨났다. 그러나 18세기에 들어와서도 오랫동안 인종주의는 유럽인의 ―항해자와 식민정복자를 포함하여― 주류 세계관이 아니었다. 근대 초기의 여행기에 나오는 표현은 비유럽인 집단에 대한 비하의 내용보다는 존경과 찬탄의 의미가 훨씬 강했다. 여행자들은 다른 인종의 신체적 형질보다는 도덕과 관습에 더 많은 관심을 가졌다. 정교한 인종이론은 아직 등장하지 않았으나 대서양 노예무역, 아메리카의 플랜테이션, 피부색을 기준으로 하여 위계가 형성된 서반구의 이민자 사회에서는 인종주의적 태도가 나타났다.

인종주의의 언어와 그 시대 인류학의 성과를 이용하여 노예제를 옹호한 최초의 저작은 플랜테이션 소유주 에드워드 롱(Edward Long)이 쓴 『자메이카사』(The History of Jamaica, 1774)였다. 인종주의는 노예제 형성의 근원은 아니었지만 18세기 말, 특히 19세기 전반에 노예제를 옹호하는 논리로 자리 잡아갔다.[78] 유럽 확장기의 많은 변경지역에서는 19세기에 들어온 뒤에도 오랫동안 이민자와 토착인의 차이는 대부분 유전적 체질의 차이가 아니라 문화적 차이로 해석되었다.

노예제와 인종(에게 귀속된)특징의 관계는 고정적이지 않았다. 역사에 나타난 여러 노예제도는 결코 인종의 체질 차이에 근거하지 않았다. 고대 그리스-로마 시대의 노예제와 오스만제국의 (발칸지역과 흑해 주변지역에서 병사를 조달한) 노예 군대가 두 가지 좋은 사례다. 남아메리카와 북아메리카에서 어떤 노예는 노예주와 노예감독보다 더 밝은 피부색을 갖고 있었다.[79]

19세기의 마지막 사반세기 동안에 유럽의 지식인 사회에 과학적 연구방법으로서 분류와 비교가 유행했다. 인류를 '유형'으로 분류하자는 제안이 나왔다. 여기에 비교해부학과 두개골 용량의 측량으로 인종의 지적 수준을 추론하는 골상학이 과학의 색채를 덧씌워 주었다. 일부 학자는 심지어 의도적으로 기독교의 천지창조설을 부정하고 다원발생설(polygenesis)을 주장했으며 나아가 노예제 폐지운동이 강조하던 흑인과 백인 사이의 기본적인 호감도 의심했다. 20세기 중반까지도 인종분류는 많은 해부학자와 인류학자가 좋아하는 활동이었다.

식민지 관리는 이런 방식을 통해 여러 인종이 섞여 사는 지역에서 질서를 세우려는 시도를 했다. 이러한 인종의 다양성은 골상학과 함께 19세기를 통틀어 뜨거운 화제였고 세계박람회에서는 정규 전시 항목이었으며 그 밖의 특별 전시를 통해 생동감 있게 전시되었다. 1800년 이전에 만들어진 인종분류는 ─ '황인종'(yellow race), '흑인'(negro), '코카서스인'(Kaukasier)* ─ 완고하게 유지되었다. 코카서스인이란 말은 괴팅겐(Göttingen)의 자연과학자 요한 프리드리히 블루멘바흐(Johann Friedrich Blumenbach)가 발명한 용어이며 지금까지도 미국에서는 '백인'을 가리키는 완곡한 표현으로 사용되고 있다.

인종의 분류는 해결할 수 없는 혼란을 불러왔다. 특히 영어에서

* Kaukasier(영어: Caucasian)는 지역명 Kaukasus(영어: Caucasus)에서 나왔다. 한국의 독자에게는 영어권 저작을 통해 코카서스로 널리 알려져 있지만 현지어라고 할 수 있는 러시아어, 아르메니아어, 아제르바이잔어, 체첸어, 터키어 발음으로는 모두 Kavkaz와 Kawkaz의 중간 정도(카프카스)에 해당하며 이것이 현재 국제적으로 통용되는 표기이다. 역자는 특별히 백인종을 지칭하는 미국식 표기가 필요한 곳 이외에서는 이 책 전체를 통해 지역명을 카프카스로 번역하였다.

'인종'(race)은 '스페인민족'(Spanish race)이란 용법에서 보듯 민족을 표시할 때도 사용된다. 1888년에 미국 문헌에서 표시된 인종만 해도 2종에서 63종 사이를 넘나들었다.[80]

계몽운동 말기의 분류학과 인종유형 또는 인류아종(亞種)을 서열화하려던 초기의 시도는 최악의 경우 억압형 혹은 착취형 인종주의를 합리화하는 데 도움을 주었을 뿐 멸종형 인종주의로 연결되지는 않았다. 1900년 이후 인종주의의 특징인 피부색을 경계로 하여 생활영역을 격리하자는 요구——대략 19세기 중반에 식민지에서 시행된 적은 있었으나 훗날처럼 중요한 작용을 하지는 않았다——가 이 때문에 합법화되지도 않았다. 19세기 말의 인종주의는 18세기 인종주의 발전의 중단 없는 연속이 아니었다.

19세기의 인종학은 혁명 이후 시대의 특징을 띠고 있었다. 기독교의 구속력은 느슨해졌고 등급제도는 신의 질서 또는 자연적 질서의 일부라는 인식은 더 이상 통용되지 않았다. 이런 배경하에서 인종학이 형성되었다. 인종학은 최대의 식민제국 영국보다는 프랑스와 미국에서 모습을 더 많이 드러냈다. 영국의 정치사상은 평등을 강조한 적이 없었다. 그러므로 사람들이 느끼는 이론상 약속된 평등과 현실에서의 불평등 사이의 괴리는 독립선언(Declaration of Independence)과 인권선언(Déclaration des droits de l'homme et du citoyen)을 발표한 국가에서 느끼는 만큼 강렬하지 않았다.

대략 1815년 이후 새로운 인종학의 생성이 가능해졌다. 거기에는 두 가지 전제가 있었다. 하나는, 환경조건이 인간의 본성뿐만 아니라 인체의 표현 형질의 변화에도 항구적인 영향을 미친다고 주장하는 환경론과의 결별이었다.[81] 이때 인종학 사상에서 '개량'의 관념은 사라졌다가 그 세기의 마지막 1/3세기에 우생학이란 생명공학으로 모습을 바꾸어 돌아왔다. 이때부터 인종학은 문명포교의 주장과 대립하기 시작했다. 두 번째 전제는, 계몽운동 말기의 자연과학자와 비교할 때 새로운 인종이론가들은 명성을 좇았다는 점이다. '인종'은 역사철학의 핵심 범주로 떠올랐고, 역사와 현실을 이해할 수 있는 만능열쇠가 되었으며, '계급' '국가' '종교' 또는 '민족정신' 등과 직접 경쟁하는 용어가 되었다.

이러한 인종사상의 특징은—토크빌은 그것을 일찍부터 인식한 인물이었다—결정론에 대한 강한 경향성, 그로 인한 정치와 (능동적으로 참여하는) 역사의 주변화였다.[82] 1815년 이후, 특히 보수파를 두려움과 불안에 빠뜨린 1848-49년의 혁명 이후 인종을 기반으로 한 보편적 이론—비판자들의 시각으로는 폐쇄적인 망상체계—이 등장했다. 여기서 두 명의 학자가 주도적인 역할을 했다. 스코틀랜드의 의사 로버트 녹스(Robert Knox)는 강연원고를 책으로 엮은 『인종』(*The Races of Men*, 1850)을 통해 동시대인들에게 유럽의 정치적 충돌이 발생하게 된 인종적 배경을 설명했다.[83] 그의 저작이 미친 영향은 결코 적지 않았는데 이를 능가할만한 충격을 준 저작이 프랑스의 고비노(Arthur de Gobineau) 백작이 쓴 『인종불평등론』(*Essai sur l'inégalité des races humaines*, 1853-55)이었다. 고비노는 인종혼합의 위험을 철저하게 믿었다. 고비노와 녹스는 19세기 중반에 급속하게 팽창한 인종논쟁에서 특히 주목을 받은 초기 학자였다.

자연과학자들이 이 논쟁을 주도해가는 와중에 위대한 자연과학자 알렉산더 폰 훔볼트는 시종일관 모든 인종이론을 부정했다. 뒤에 가서는 찰스 다윈과 그의 초기 추종자들이 생물학과 인류학에 혁명적 변화를 가져오자 논쟁의 범주에 다시 한번 변화가 일어났다.[84]

'혁명의 시대'가 지난 후 인종주의 사상의 국제적인 대변인 가운데서 독일 학자와 작가는 소수만 남았다. 더 이상 혁명과 반혁명에 쫓겨서가 아니라 1789-1815년 동안의 역사발전 때문에 바뀐 유럽에서 민족적 자신감을 확고히 세우기 위해 그들 가운데 일부는 철학자 요한 고트리프 피히테(Johann Gottlieb Fichte, 강연 『독일 국민에게 고함』Reden an die Deutsche Nation, 1807-1808년)의 철학을 따라 정치적 상황 때문에 행동에 나서지 못하고 있던 독일 민족에게 '민족' 통일을 고취했다. 국가의 기원 — 예컨대 로마의 발단 — 에 관한 역사학의 새로운 관심으로부터 영감을 받은 그들은 독일인에게서 '게르만 인종의 특징'을 추론하고 상상하는 연구를 시작했다.[85]

'게르만'은 여러 가지 해석이 가능한 문화-혈통이 뒤섞인 모호한 개념이었다. 낭만적인 민족주의자들이 이 개념을 이용해 자기 민족이 동쪽(슬라브 민족), 서쪽, 남쪽의 이웃보다 우월하며 더 나아가 그리스와 로마의 고전문화보다 우월하다는 것을 증명하려했다. 심지어 지금까지 인종주의 사상의 온상이었던 적도 없고 극단적인 인종주의 사상의 온상이 될 수도 없었던 영국도 현재 영국의 기원은 중세기 노르망디인이 결성한 연맹과 법률제도라는 해석에 만족하지 않고 이교도인 앵글로-색슨인에게서 민족의 뿌리를 찾았다.

공업화가 점차 퍼져나가고 있던 시대에 자기민족의 연원을 기원전의 역사에서 찾으려는 연구와 상상은 '게르만민족'의 전유물이 아니었다. 핀란드에서는 의사이자 민요 수집가인 엘리아스 뢴로트(Elias Lönnrot)가 여러 민요를 짜깁기한『영웅극』(Kalevala, 1849년에 탈고)이라는 새로운 '민족서사시'가 등장했다.

거의 모든 유럽국가(핀란드는 제외)가 '인도-게르만' 또는 '아리안' 기원설에 매료되어 있었다. 이 이론은 애초에는 혈통의 유대관계보다는 언어의 뿌리가 같다는 점을 강조했고, 학문적인 성과라고 한다면 '아리안인'과 '유대인'은 대립관계에 있었다는 허구를 유포시킨 것이었다. 이 자기모순적인 이론은 과학으로 치장된 후 반유대주의자들에 의해 '비아리안인'인 유대인을 유럽 문화공동체 밖으로 배척하는 도구로 이용되었다.

그러나 아리안인의 신화도 모순을 유발했다. 예컨대 영국인은 자신이 인도인과 친연관계에 있다는 관점에 대해서는 거의 흥미를 보이지 않았으며 특히 인도대봉기 이후로는 인도를 완전히 '이민족'으로 보았다.[86] 모든 인종주의 사상이 자기모순(또는 '이율배반')적이지는 않았다. 어떤 사람은 피부색의 밝기와 '혼혈'백분비를 연구하느라 머리를 싸맸고, 어떤 사람은 고귀함——영국인에게는 호전성과 '남성적 기백'을 의미한다——과 고귀하지 않은 '야만' 사이의 단계적 차이를 연구했다.[87] 궁극적으로 인종주의는 차이에 관한 사상이며 차이가 큰지 미세한지는 문제가 되지 않았다.

지배적 지위를 차지한 인종주의와 그 반대자들

1850년대 이후는 인종주의가 '지배적' 지위를 차지한 시기라고 할 수 있다. 서방세계와 그 식민지에서 인종주의의 분포는 불균형했으나 존재하지 않는 곳이 없었고 인종주의는 그 시기 가장 영향력 있는 세계관의 한 유형이었다. 인종주의는 비주류 인사와 소수파의 기호(嗜好)에서 시작했지만, 문화와 정치 엘리트들이 받아들이고, 세력을 확장해가던 유권자 대중이 지지하는 분류의 도식으로 발전했다. '하등' 인종을 멸시하고 가장 선의일 때 그들에게 은혜를 베푸는 태도는 당연한 것으로 인식되었다.

이 시기에 사람들은 거리낌 없이 공개적으로 인종주의를 주장해도 어떤 처벌도 받지 않았다. 그런 주장은 1820년대라면 관심을 끌 수 없었고 1960년 무렵이라면 수치가 될 수 있었다. 인종을 기반으로 한 세계관은 리하르트 바그너(Richard Wagner)의 사위이며 영국 작가인 체임벌린(Houston Stewart Chamberlain)에게서 최고봉에 이르렀다. 그의 독일어로 쓴 저작『19세기의 기초』(*Die Grundlagen des 19. Jahrhunderts*)는 1899년 출판되자 유럽 전체에서 인기를 끌었고 국가사회주의 인종이론에 거대한 영향을 미쳤다.[88]

오스트리아의 인종주의자 사회에서는 고비노의 추종자들이 거리낌 없이 인종과 혈통을 언급했다. 국제정치는 '인종 간의 투쟁'으로 해석되었다. 예컨대, 매우 큰 영향력을 가졌던 '범독일연맹'(Alldeutscher Verband)은 '게르만문화'와 '슬라브문화'의 충돌은 필연적으로 발생하게 되어 있다고 선전했다. 값싼 중국인 노동력과 일본인의 행진 대열이 아시아로부터 '황화'(黃禍, yellow peril)*를 몰고 오는 듯했다.[89]

데이비드 브라이언 데이비스(David Brion Davis)가 말한 '서방문화 속의 공식 인종주의'에 빠져들지 않은 개인도 분명히 있었다.[90] 1865년 자메이카 모란트만 사건에 긴급 개입한 조처를 두고 밀(John Stuart Mill)은 동료 지식인 토머스 칼라일(Thomas Carlyle)의 인종주의 논조를 비난했다.[91] 어떤 사람들은 현대문명은 '게르만인' 혹은 '아리안인'에서 시작되었다는 관점에 의문을 제기했다. 영향력 있는 아프리카계 미국인 듀보이스와 독일 태생으로서 미국 민족학과 문화인류학의 창시자의 한 사람인 프란츠 보아스는 과학의 가면을 쓴 인종주의를 상대로 10년 동안이나 싸웠다.[92] 루돌프 피르호(Rudolf Virchow)는 존경받는 자연과학자의 권위를 걸고 인종주의를 반박했다.

신흥학문인 사회학의 창시자들인 에밀 뒤르켐, 막스 베버, 게오르크 짐멜(Georg Simmel), 빌프레도 파레토(Vilfredo Pareto) 등은 처음부터 생물학 또는 유전학의 요소를 받아들이지 않겠다고 선언하고 시대의 주류정신과 맞섰다. 사회학을 개척한 학자 가운데서 ─ 오스트리아인 루트비히 굼플로비츠(Ludwig Gumplowicz) ─ 인종주의를 바탕으로 연구한 인물도 있었다. 그러나 그의 연구는 학문적으로 막다른 골목에 빠지고 말았다. 1차 대전 이후로 인종분류가 누리던 과학적 명성은 쇠퇴하기 시작했다. 최소한 영국과 미국에서는 그랬다.[93]

---

* 아시아인이 백인 문명을 압도한다는 공포를 의미한다.

국가, 외국인 정책, 인종주의

1860년 이후로 인종주의의 지배적 지위를 나타내는 또 하나의 표지는 인종주의의 국가화였다. 기왕의 인종주의가 개인적 태도였다고 한다면 1860년 이후 지배적 지위를 차지한 인종주의는 그것을 기반으로 하는 질서를 '실현'하려는 내재적 경향을 갖고 있었다. 그러기 위해서는 국가의 지지가 필요했다. 달리 말하자면, 인종주의가 국가권력을 장악하기 위한 투쟁에 나섰다. 이런 상황이 등장한 곳은 북아메리카의 남부, 국가사회주의가 통치하는 지역(파시스트 이탈리아와 1931-45년의 일본에도 유사한 추세가 나타났으나 전형적인 인종주의 국가Rassestaat로서의 특징은 갖추지 못했다), 옛 정착이민 식민지 남아프리카였다.

유럽의 식민지도 이념적이면서 실천적인 강령으로서 인종주의를 '공식화'하지 않았다는 점에서 진정한 인종주의 국가는 아니었다. 일반적인 규칙은 대다수가 납세자인 식민지 신민은 백인만큼 가치 있는 존재는 아니지만 '품위 있게' 다루어야 한다는 것이었다.

19세기의 마지막 1/3세기에 민족국가 또는 제국의 정부가 영토 내의 문화적 균질성과 인종적 '순수성'을 정부의 주요 임무로 인식하는 새로운 현상이 나타났다(인종적 수수성은 문화적 균질성보다는 가볍게 다루어졌다). 다양한 방법이 다양한 강도로 시행되었다.

19세기의 첫 번째와 두 번째 1/3세기에 유럽에서 하층민중의 이민이 자유로워졌다. 여러 지역에서 신분증 휴대 의무가 폐지되었다.[94] 이 세기의 말기에 추세가 역전되었다. 신분증 휴대와 신분증 검사 제도가 시행되면서 민족국가의 국경에는 다양한 높이의 종이장벽(증명서 제출처)이 세워졌다. 영국은 예외적인 자유지역으로 남았다.

영국 시민은 1차 대전 전까지 신분증명서를 갖지 않았다. 그들은 여권이나 당국의 허가서 없이도 자기 나라를 떠날 수 있었고 아무 때나 외화를 바꿀 수 있었다. 외국인도 자유롭게 영국 국경을 넘어와 영국에서 생활하면서도 경찰에 신고할 필요가 없었다. 영국제국의 식민지 사이에서도 마찬가지로 어떤 여권수속도 필요하지 않았다. 세기말이 되자 유럽대륙에서 자국민과 외국인 사이에 점차 엄격한 경계가 나타나기 시작했다. 입국, 체류, 시민권, 국적취득은 법적 통제와 행정관리의 대상이 되었다. 이런 조처의 대부분은 인종주의 팽창의 표현이 아니라 유럽 전체에서 이민의 물결이 높아지면서 정부활동이 보편적으로 확장된 결과였다.[95)]

민족국가 내부의 안정을 위해서는 '국민'의 자격문제를 더 확실하게 해두어야 할 필요가 있었다. 19세기 70년대 말 유럽대륙에서 보호관세 제도의 부활은 정부가 국경을 넘어오는 이민의 물결을 또 다른 영역에서 어떻게 통제할 수 있는지 보여주었다. 이것이 구체적으로 개인에게 적용되었을 때는 어떤 사람이 환영받지 못하는지, 시민권의 자격을 평가할 때 어떤 사람이 어떤 등급에 속하는지가 문제가 되었다.

19세기 말 유럽의 여러 지역에서 외국인에 대한 불신과 심지어 적개심의 경향이 증가하고 있었다. 그럼에도 민족국가는 외국인 이민자에게 문을 걸어 잠그지 않았고 인종주의적 기준에 따라 국민의 자격을 판정하자는 주장은 지지를 받지 못했다. 기왕에 자유로운 이주가 가능했던 영국만 그랬던 것이 아니라 애국주의 정서가 높아진 제3공화국 시기의 프랑스도 이민에 대해 장애물을 거의 설치하지 않았다. 그러나 프랑스에서는 자국인의 인구 증가율이 매우 완만했던 것이 일종의 위기감을 불러 일으켰다. 19세기 중반부터 몰려오기 시작한 외국인 노동자들이 점차 동화의 의지가 강한 외국인 집단을 형성한 것이다. 하지만 프랑스에서 외국인을 적대시하는 운동이 국가입법에 영향을 미친 적은 없었다. 프랑스는 자신의 언어, 교육제도, 군대의 통합능력을 확신했다.[96)]

독일제국에서도 우파정치 세력이 인종주의적인 민족개념을 강력하게 고취했다. 1차 대전 전에 폴란드와 유대인 이민이 몰려오자 공황상태가 나타났으나 이민정책 면에서는 민족국가가 '인종주의 국가'로 바뀌지는 않았다. 1913년의 국적법 개혁과정에서 인종을 생물학적으로 규정하는 논리는 제국의회에서 다수의 지지를 받지 못했다. 인종주의적 식민지 관리정책 — 예컨대 '다른 인종 간의 결혼' 금지 — 도 제국의 법률행위로서 효력을 갖지 못한다고 선포되었다.[97]

방어적 인종주의

정치적으로 다수의 지지를 얻은 방어적 인종주의는 유럽이 아니라 북아메리카와 오세아니아의 민주적인 이민사회에서 등장했다.[98] 방어적 인종주의는 아시아인을 겨냥했다. 중국인은 여러 경로를 통해 미국에 도착했다. 캘리포니아에 온 중국인은 사금을 채취하거나 철로를 깔았고 하와이에 온 중국인은 플랜테이션의 쿨리가 되었다. 그들 중 다수가 도시로 흘러들어가 요리사가 되거나 세탁부가 되었다. 그들은 상호 부조하는 공동체를 만들었다. 그들은 처음에는 힘든 일을 마다않는 노동자로서 환영받았지만 뒤로 갈수록 미국의 백인은 그들을 배척하고 중국인 이민의 유입을 중지시키라고 요구했다. 노예해방 이후 아프리카계 미국인을 상대로 그러했던 것처럼 중국인은 미국의 문화에 적응할 수 없는 '반(半)문명인'이란 이유로 공격을 받았다.

노동조합 지도자들은 중국인의 존재가 임금하락을 가져올까 두려워했다. 중국인 매춘부에 대한 혐오가 중국인 여성의 유입에 반대하는 이유가 되었고 더 나아가 미국에서 중국인 인구의 증가를 억제하는 구실이 되었다. 특히 캘리포니아에서는 중국인에 대해 학살에 가까운 공격이 발생했다.

1882년, 이민 반대론자들이 마침내 연방 차원에서 승리를 거두었다. 의회가 10년간 중국인의 입국을 완전히 금지하는 중국인배척법(Chinese Exclusion Act)을 통과시켰다. 이때부터 시작된 유사한 여러 조처는 1943년 중국인배척법이 폐지되면서 사라졌다.[99]

이보다 더 심각한 공격이 일본인들을 상대로 행해졌다. 일본인은 쿨리가 아니라 일본정부의 이민 장려정책을 통해 미국에 왔다. 그들은 중국인보다 먼저 경제활동을 했고 미국 백인과 직접 경쟁했다. 이때문에 그들에 대한 배척은 더 가혹했다.

아시아 이민이 집결된 미국 서부에서도 그랬지만 19세기 80년대부터 아시아 이민은 오스트레일리아에서도 노동조합 동원과 선거운동의 뜨거운 이슈를 촉발했다. 외래영향에 대한 공포가 히스테리처럼 폭발했다. 임박한 아시아인의 침입과 강력한 적이 문 앞에 와 있다는 상상이 출판시장의 인기분야가 되었다.[100] 이미 오스트레일리아에 거주하고 있던 아시아인의 경우 미국의 아시아인보다 나은 대우를 받았다. 그들은 어느 정도 정부의 보호를 받았고 대부분의 시민권을 누렸다. 그러나 백색 오스트레일리아정책(White Australia-Politic)은 미국의 유사한 정책보다 정부 내에서 우선순위가 높았다. 19세기 60년대부터 20세기 60년대에 이르는 온전한 한 세기 동안 오스트레일리아 식민정부와 그 뒤를 이은 연방정부는 비백인의 대규모 이입을 저지하는 정책을 시행했는데 그 논리적 핵심은 비백인 하층사회의 형성을 막는다는 것이었다. 그러나 이런 이유는 점차로 강렬한 인종주의 색채를 띠게 되어서 1901년 이후로는 이민입국은 극히 어려워졌다.[101]

1910년, 캐나다는 백색 캐나다정책(White Canada-Politic)으로 전환했다. 파라과이는 이미 1903년에 엄격한 이민법을 반포했고 남아프리카 나탈 식민지는 1897년에 아프리카인의 이익을 보호한다면서 인도인의 이민을 금지했다. 이러한 배외주의는 미국에서는 서부 해안지역에 집중되었으며, 미국 남부와 일부 식민지역의 인종차별을 제외하면 전 세계 인종주의가 세기의 교체기에 적나라하게 구체화된 형식이었다. 이런 인종주의를 지탱하는 것은 벌떼처럼 몰려오는 외래자들의 침범으로부터 귀한 재산을 지켜내야 한다는 백인 우월주의였다.

미국에서는 첫 세대 이민의 후손인 다수파 영국, 아일랜드, 독일계가 동유럽과 남유럽으로부터 온 새로운 이민의 도전을 받았다. 기성세대 시민은 이들을 의심에 찬 시선으로 바라보았다. 이 때문에 미국의 상황은 훨씬 더 복잡했다. 피부색과 문화의 정도에 따른 등급구분이란 화제가 끊임없이 논쟁거리가 되는 이유가 이것이었다.[102) 이 시기에 미국의 자기인식에는 지금까지도 여전히 쉽게 드러나는 모순이 처음 등장했다. 미국은 전면적으로 우월하기 때문에 스스로를 세계 여러 민족의 구원자로 생각하는 동시에 그들로부터 감염되어 붕괴될 것이란 두려움을 갖고 있다.[103)

비서방 인종주의, 중국

그 시대의 시각으로 본다면 당연히 모든 독립자주 민족국가는 어떤 사람이 자신의 영토 안에 살 수 있는지 결정할 권리를 갖고 있었다. 중국에서 수많은 사람이 거리로 몰려나와 미국의 가혹한 중국인 차별법안에 항의했다. 중국인들이 마땅히 대응할 수단이 없었던 것도 분노의 한 원인이었다. 1860년에 중국은 강압에 의해 외국인의 자유로운 출입을 허용했다. 그러므로 중국은 외국인의 출입을 제약할 근거는 충분했지만 방어적 인종주의는 아니었다. 중국에는 노예였던 인종적 소수집단이 없었다. 소규모의 유대인 집단이 수세기에 걸쳐 온전하게 황제의 신민으로 통합되었다. 그러므로 중국에서는 반유대주의가 등장할만한 기반이 존재하지 않았다. 그런데도 중국에

서 '인종담론'을 찾아보기란 어렵지 않은 일이었다.[104]

여기서 중국의 예는 19세기의 인종주의가 서방에만 국한된 현상이 아니었음을 증명해준다. 서방 백인의 의식상의 특별한 결함으로 인정되는 인종주의적 편견이 식민지 이후 시대의 죄책감이 가득한 오늘날 세계에서 비서방 문명 내부에서도 분명히 찾아볼 수 있다. 인종주의적 편견이 자라날만한 전통의 토양이 충분하지 않은 중국이기 때문에 이 나라가 19세기에 보여준 인종주의는 더욱 흥미를 자아내는 현상이다.

왕조시대의 중국은 각종 '야만인'의 전형적인 모습을 익숙하게 알고 있었고 제국의 변경에서 만나는 여러 유형 인종의 외모 특징을 기록해두었다. 중국인은 야만인이 문화적으로 열등한 것은 개인적인 결함 때문이 아니며, 그러므로 야만인은 교화시킬 수 있는 대상으로 보았다. 전통 중국사상에서는 문화가 다르면 반드시 인종도 다르다는 관념을 인정하지 않았다.

19세기 말이 되자 서방과의 접촉으로 상황이 변했다. 중국인이 수천 년 동안 이웃으로 지내온 아시아 이웃 국가의 국민과 비교할 때 유럽인과 미국인의 기이한 외모와 문화 그리고 매우 공격적인 행동방식 때문에 중국인이 오래전부터 알고 있던 '야만인'의 모습에 또한 그만큼이나 오래된 민간종교의 마귀란 요소가 추가되었다. 그래서 외국인을 가리키는 중국어에 '양귀자'(洋鬼子, 서양 악마)와 '홍모번'(紅毛番, 붉은 머리카락의 야만인)이란 표현이 생겼다. 중국인 가운데서 아프리카에서 온 방문객을 만날 기회가 있는 사람은 거의 없었지만 인종을 폄하하는 이런 표현은 아프리카인에게도 적용되었다. 그러나 일부 중국인에게 한 가지 위로가 되는 일이라고 한다면 식민통치자들이 보기에 유럽 제국주의의 피해자 가운데에도 중국인보다 위상이 낮은 사람이 있다는 사실이었다.

19세기 말에 서방의 인종학이 중국인에게 널리 알려진 것이 중국식 인종주의가 생성된 하나의 조건이었다고 한다면 다른 하나의 조건은 1895년 청일전쟁에서의 참패로 중국 중심의 세계관이 철저하게 파괴된 것이었다. 국제질서 속에서 중국의 새로운 위치에 대해 새로운 해석을 찾는 과정에서 지식인 사회의 선두 집단은 인종 간의 투쟁이란 관점에 매료되었고 유럽에서 백여 년 동안 존재했던 것과 같은 인종등급표를 만드는 일에 몰두했다.

의심할 필요도 없이 흑인이 이 등급표의 가장 아래에 자리 잡았다. 이것은 흑인에 대해서는 중국인도 '백인'과 마찬가지로 심각한 편견을 갖고 있다는 사실을 반영한다. 어떤 사람은 이민, 영양의 개선, 혼혈, 불임을 통해 인종적 특징을 바꿀 수 있다고 주장했다. '황인종' — 중국과 일본의 일시적인 화해시기가 끝나기(1915년) 전에 등장한 모호한 용어 — 은 영원히 백인 아래에 있을 수는 없었다. 백인종과 황인종은 이미 세계의 지배권을 다투는 투쟁에 돌입했다. 이런 관점은 유럽에서는 정치적 스펙트럼의 오른쪽 끝에 위치했으나 세기가 바뀌는 무렵의 중국에서는 개혁파의 특징이었다. 정치적 자유화와 사회적 현대화를 추구하는 의미는 인종투쟁에서 중국의 실력을 강화하는 것이었다.

청 왕조를 무너뜨리려고 할 때 비한족인 만주족의 통치체제라는 사실은 초기에는 가장 중요한 공격 요인이 아니었다. 그러나 인종주의의 색안경을 통해서 본 만주족은 분명히 열등한 이민족이었고 그들을 상대로 어떤 수단을 사용하든 지나칠 게 없었다. 이러한 지식인들의 위협적인 논조는 1911년 신해혁명(辛亥革命) 가운데서 중국의 일부 지역에서는 학살행위로 나타났다. 살육당한 사람들 가운데는 전투에서 패배한 팔기군(八旗軍)만이 아니라 그들의 가족도 포함되어 있었다. 그러나 이런 행동은 전국적인 현상은 아니었고 혁명당의 전략도 아니었다.[105]

또한, 인종주의는 중국인의 먼 선조라는 이미지를 갖고 있던 황제

(黃帝)를 불러내어 신화 속의 문화적 영웅에서 '중화민족'의 생물학적인 조상으로 재해석하는 것이었다. 그러나 이 작업의 의미와 열기는 메이지시기에 천황숭배의 가장 중요한 근거로서 천황의 혈통을 신격화한 일본의 노력과는 비교할 수 있는 정도가 되지 못했다. 중국의 사례는 유럽인 가운데서 형성된 인종주의 사상이 자체적인 인종주의의 전통이 없는 사회에 전파되기는 쉬운 일이 아님을 보여주었다. 특수집단—대체로 소규모 지식인 집단—이 인종주의를 수용하고 연구한 다음에 자신의 목적에 맞게 재해석했을 때 이 사상은 다른 사회에 전파될 수 있었다. 보편적인 (자연)과학의 용어로 서술되었기 때문에 객관적으로 반박할 수 없는 학문적 색채를 띠게 되었을 때 인종주의 이론은 국제적으로 확산되었다. 그러나 확산의 전제는 인종주의 담론이 범람했던 세기 말의 특수한 여론 분위기였다. 당시 미국의 흑인 민권운동가와 (전형적인) 범아프리카주의자도 자동적으로 인종적 차이의 관점에서 사고했고 문제를 해결하기 위한 정치적 방안으로서 '흑인종'의 단결을 고취했다.

4. 반유대주의

유대인 해방

　근대 초기 유럽사회의 전형적인 이단자는 유대인이었다. 19세기 유대인의 역사는 필요에 따라 시간과 장소를 나누고 여러 시각에서 서술하고 해석할 수 있다. 그 가운데서 문명화와 배제가 하나의 시각이 될 수 있다. 19세기는 유대인 종교 공동체가 전례 없는 성공을 거둔 시기다. 대략 1770-1870년 동안에 서유럽 유대인 공동체의 생활방식 전체에 일어난 변화는 유럽의 주민 가운데서 인구 규모가 비슷한 그 어떤 집단이 경험한 것보다 더 깊고 컸다. 그것은 '전체 사회생활의 본질적인' 변화, 간단히 말하자면 사회적 혁명이었다.[106]

　이 시기에 모제스 멘델스존(Moses Mendelssohn)과 그보다 젊은 몇몇 동시대인이 18세기 70년대에 시작한 유대민족 내부의 계몽주의 개혁운동은 유대인 공동체 내부의 교류방식, 비유대인 세계와의 문화적 관계, 유럽사회의 변화에 대한 태도를 철저하게 바꾸어놓았다. 많은 지지자가 자발적 문명화라고 불렀던 유대인의 자기혁명은 유대인으로서의 본질적인 정체성을 유지하면서 외부환경의 변화에 적극적으로 적응한다는 것을 의미했다.

　개혁은 유대인의 해방을 가져왔다. 유대인의 법률상 지위가 개선되고 심지어 평등한 권리를 획득하게 된 데는 서유럽 여러 나라의 정부 안에 있던 진보적인 세력의 유대인의 자발적인 변화에 대한 지원이 있었다. 특히 독일과 프랑스에서 유대인의 해방은 정부가 주도한 유대인 '문명화'와 통합의 과정으로 받아들여졌다. 내부와 외부 추진력의 상호작용을 통해 갈수록 더 많은 유대교도가 현대화가 진행 중인 유럽에서 새로 생겨난 경제적 기회로부터 혜택을 받을 수 있는 신분을 획득했다.[107]

러시아 이서의 모든 유럽지역에서 그때까지 유대인이 거주해왔던 게토의 울타리가 허물어졌다. 유대인에게도 사업과 자유직업 취업의 길이 열렸다. 그러나 국가공직에 나아갈 기회는 여전히 막혀 있었다. 한창 성장하고 있던 유럽 자산계급 가운데서 성공한 인물의 소수는 유대교도였다. 기독교로 개종한 유대인 벤저민 디즈레일리(Benjamin Disraeli)는 세계 최강국의 수상이 되었고 제1대 비컨필드 백작(Earl of Beaconsfield)으로 자칭했다. 유대인 출신 남성 가운데서 기독교로 개종하고 유럽대륙의 문화계에서 중요한 지위에 오른 인물이 여럿 있었다. 펠릭스 멘델스존바르톨디(Felix Mendelssohn-Bartholdy)는 명성 높은 작곡가이자 피아니스트이며 지휘자였다. 자코모 마이어베어(Giacomo Meyerbeer)는 조아키노 로시니(Gioachino Rossini)가 활동을 그만둔 뒤부터 베르디가 등장하기 전까지의 시기에 유럽 오페라 무대를 지배했다. 자크 오펜바흐(Jacques Offenbach)가 창조한 풍자 오페라 형식은 빠르게 오페라예술의 정상에 올랐다.

주로 종교에 뿌리를 둔 오랜 적개심은 하룻밤 사이에 사라질 수 없었다. 저명한 예술가라도 증오와 배척의 대상이 되었다. 농촌의 빈곤한 유대인이 가장 상처받기 쉬운 집단이었다. 반유대인 사건은 흔하게 일어났다. 그러나 19세기의 첫 번째 1/3세기가 지난 후 일부 지역(예컨대 독일)에서는 반유대인 사건이 줄어들었다. 서유럽의 유대인은 19세기 중반 수십 년 동안에 전례가 없는 안전감을 느꼈다. 그들은 근대 초기의 '궁정유대인'과는 달리 정서가 변덕스러운 귀족의 보호에 의존하지 않고 법률의 보호를 받게 되었다.

반유대주의의 흥기

대략 1870년 이후로 유럽대륙 거의 모든 지역에서 반유대주의가 다시 기세를 떨치기 시작했다. 반유대주의자들이 유대인을 공격했다.[108] 특히 프랑스와 독일에서는 유대인의 전통적·종교적 이미지에다가 세속적인 이성주의의 논거가 추가되었다. 유대인은 현대사회의 혼란의 원인이자 동시에 그 수혜자라는 주장이 음모론으로 발전했다. 유대인은 도덕적으로 타락했다는 주장 이외에 민족주의자는 유대인의 불충성을 비난했다. 신흥 생물학의 유전적 결정론의 영향덕분에 유대인은 갈수록 특이한 '인종'으로 자리 잡았다. 이런 생각을 가지고 글을 쓰는 사람들은 유대인의 동화는 표면적일 뿐이며, 유대인의 개인적인 기독교 귀의는 의미가 없으며, 유대인의 천성은 변하지 않는다는 주장을 퍼뜨렸다. 그러나 1차 대전 이전 유럽의 반유대주의 논조 가운데서 인종주의는 비주류였다.

반유대주의는 리하르트 바그너 같은 지식인이 쓴 저서나 소책자—그는 『음악 속의 유대교』(*Das Judenthum in der Musik*, 1850년에 출판되었지만 영향을 미치기 시작한 것은 1869년에 나온 훨씬 시끄러운 내용을 담은 제2판이었다)란 책을 저술했다—속에만 머물러 있지 않았다. 반유대주의 단체와 정당이 등장했다. 특히 농촌지역에서는 (수십 년 전에 사라진) 유대인은 종교의식을 위해 사람을 죽인다는 유언비어가 다시 고개를 들기 시작했다. 하지만 이때도 프랑스, 영국, 이탈리아, 독일에서 유대인은 아직은 생명과 재산의 안전을 염려할 필요는 없었다. 일상생활에서 마주치는 전형적인 거부와 모욕의 사례는 독일의 온천휴양지에 나붙은 '유대인 없는 지역'이란 광고 정도였다. 그러나 반유대주의도 사회여론과 정치세력으로부터 저항을 받았다. 영국과 이탈리아에서 반유대주의는 '사회적 동원능력'을 갖출 만큼 성장하지는 못했다.

프랑스와 독일에서도 반유대주의는 지속적으로 발전하지 못했다. 독일에서 반유대주의는 19세기 70년대 말에 10년 뒤보다 더 강렬하게 퍼져나가는 추세를 보였다. 세기가 바뀔 무렵, 드레퓌스(Dreyfus) 사건으로 반유대주의는 심각한 타격을 받았다. 당시에 좌파와 중산계급 중간파가 연합하여 반유대주의의 동기에서 시작된 군부의 음모를 폭로하는 데 성공했다.[109]

헝가리와 오스트리아에서 독일의 영향뿐만 아니라 현지 환경을 바탕으로 한 반유대주의 선동활동이 강화되었다. 유럽 유대인 인구의 대부분이 몰려 있는 러시아(에 병합된 폴란드)에서 반유대주의는 다른 지역보다 더 폭력적으로 표출되었다. 이 지역에서는 특히 모순된 상황이 등장했다. 한편으로, 유대인 사회의 내부개혁 운동의 물결이 대부분의 동유럽 유대인에게 미치지 못한 상황에서(오스트리아의 갈리치아Galicia* 제외) 유대인은 정부의 도움을 얻지 못했다. 러시아는 심지어 유대인을 격리하는 인종차별 정책을 실시했다.

'동유럽 유대인'(Ostjuden)의 경제적인 상황은 매우 비참했다. 다른 한편으로, 러시아에는 뛰어난 성공을 거둔 소수의 유대인 기업가—속칭 '대재벌'—도 있었다. 유대인은 성장하고 있던 혁명단체 내부에서 뛰어난 역할을 하고 있었다. 이 때문에 동유럽의 열광적인 반유대주의는 그 성격이 순전히 생물학적 인종주의를 넘어 사회적·반현대주의적 색채를 띠고 있었다.

몇 차례 학살행위를 통해, 특히 1881-84년과 1903-1906년의 학살행위에서 수많은 유대인이 살해되거나(가장 참혹했던 1905년 한 해에만 3,000여 명이 살해되었다) 부상을 입고 재산을 약탈당했다. 이런 행위는 대부분 도시에서 발생한 '돌발적인' 사건이어서 당국은 대부분의 사건을 감추거나 최소한 처벌하지 않았다. 이것이 유대인의 단기

---

* 지금의 폴란드 동남부 지역의 옛 지명.

간 내 대규모 이민을 촉발했고 팔레스타인에 (동유럽) 유대인이 자신의 국가를 만들려는 시오니즘(Zionism)의 출발점이 되었다.

시오니즘의 이론적 기초는 오스트리아의 기자 테오도르 헤르츨(Theodor Herzl)이 쓴 『유대인국가』(*Der Judenstaat*, 1896년)였으나 그가 이 책을 쓰게 된 동기는 드레퓌스사건과 프랑스의 반유대주의 운동이었다.

19세기 말의 서부 러시아는 유대인에게는 세상에서 가장 험악한 지역이었다. 러시아의 반유대주의는 독일 또는 오스트리아 반유대주의의 복사판에 그치지 않고 독자적인 이념도 갖추고 있었다. 1902-1903년, 유대인들의 세계지배 계획을 폭로하는 이른바 시온장로회 의정서(Protokolle der Weisen von Zion)라는 의문스러운 문건이 등장했다. 훗날 이 문건은 위조된 것임이 밝혀졌으나 극도의 망상에 사로잡힌 러시아 반유대주의가 조작한 이 문건은 빠르게 전 세계로 (특히 1차 대전 이후에) 퍼져나갔다.[110] 이 문건의 내용에 감동을 받아 그 유포를 도운 독자가 아돌프 히틀러(Adolf Hitler)와 미국의 자동차제조 기업가 헨리 포드(Henry Ford)였다. 물론 포드는 미국의 유일한 반유대주의자는 아니었다. 미국에서 19세기의 마지막 25년 동안에 유대인에 대한 사회적 차별은 보편적이었고 유대인을 겨냥한 폭력은 수시로 발생했다.[111]

반유대주의가 유럽 각지에서 동시에 일어났으면서도 지역별 분포가 불균형했던 현상에 대해서는 간단한 해석이 불가능하다. 1910년에 누군가가 30년 뒤 유럽의 어느 지역에서 유대인을 겨냥한 대규모 범죄행위가 일어날 것이란 대담한 예측을 했다고 한다면 아마도 러시아, 루마니아, (심지어) 프랑스, 독일은 예상지역 명단의 뒤쪽에 올라왔을 것이다.[112] 반유대주의는 나라마다 특색이 달랐다. 유대인을 적대시하는 담론이 각국에서 처음 등장했을 때 반향은 각국의 경제, 정치, 사회 상황에 따라 달랐다. 그 위에 국가를 초월하는 차원이 존재했다.

비교적 이른 시기에 인종에 대한 관념은 그 시기 국제사회가 갖추고 있던 구조 위에서 형성되었다. 해외여행이나 이주자를 통해 갖게 된 개별적인 '인종관계'의 경험이 때로는 다른 상황에 이입되었다. 과학연구에 종사하는 우생학자도 국제적으로 조직화되기 시작했다. 반유대주의는 분명히 '초국가 정도'에 한계가 있는 운동이었고 어떤 지역에서는 국지적인 현상에 지나지 않았다. 예컨대 1900년 무렵, 1879년부터 반유대주의자 칼 뤼거(Karl Lueger)가 시장으로 있던 빈에서 반유대주의는 중요한 지위를 차지했지만 오스트리아의 다른 도시에서는 반드시 그렇지는 않았다.

특수상황, 유럽대륙

반유대주의는 유대인이 있는 지역에서 등장했다. 그러나 유대인의 존재가 자동적으로 반유대주의 반응을 유발하지는 않았다. 예를 들자면 오스만제국 말기에 무슬림 사이에서는 유럽과 유사한 반유대주의가 형성되지 않았다. 전체 동방 이슬람지역에서 유대인은 종교에 뿌리를 둔 강렬한 반유대교 현상을 마주 한 적이 없었다. 1차 대전이 발생하기 전까지 유대인은 오스만제국 정부의 보호를 받았다. 제국정부는 유대인을 중요한 지지세력으로 보았다.

유대인에게 위험한 것은 기독교의 반유대주의였다. 19세기에 오스만제국의 통치가 약화될 때마다 (세르비아, 그리스, 불가리아, 루마니아 등에서) 기독교 반유대주의가 고개를 들었다. 이 지역에서는 반유대인, 반무슬림 폭력이 함께 발생했다. 새로 태어난 발칸국가에서 유대인은 기독교도 이웃, 정부당국, 교회로부터 박해받았다. 그중에서도 그리스 정교회의 박해가 가장 심했다. 유대인 대다수는 오스만제국의 기독교계 금융과 장거리 무역 네트워크에 연결되어 있었다. 어떤 지역이 이 네트워크에서 떨어져나가 다시 폐쇄적인 농업국을 세우면 그 지역의 유대인 주민은 곧바로 생존의 위기에 노출되었다. 대량의 유대인이 서둘러 발칸지역을 떠나 프랑스, 팔레스타인, 미국 또는 술탄이 통치하는 지역으로 이주하여 보호처를 찾았다.[113]

오스만 통치가 끝난 뒤 유대인이 발칸지역에서 겪고 있던 비참한 상황을 국제사회가 주목했다. 1878년 베를린회의에서 유럽의 강대국은 발칸국가가 인구의 소수를 차지하는 비기독교도를 보호하는 조약에 서명하도록 압력을 가했다. 유럽의 강대국 가운데서 누구도 먼 나라에 살고 있는 유대인의 이익을 지켜줄 생각이 없었기 때문에 압력은 종이 위의 선언으로 끝났지만 최소한 소수인종 집단을 보호하는 새로운 국제법이란 도구가 만들어져 인권이란 명분을 내세워 국가의 주권을 제한하는 것이 가능해졌다.[114]

1870-1945년의 반유대주의는 유럽대륙의 특수한 산물이었다. 1900년 무렵 전 세계 1,600만 유대인 가운데서 4/5가 유럽대륙에 살고 있었다.[115] 동유럽 유대인 난민이 도착하기 전까지 영국의 유대인 수는 많지 않았다(1860년 무렵, 영국에는 6만 명의 유대인이 있었으나 독일의 유대인은 50만 명이었다). 1846년부터 기독교로 개종을 맹세하지 않는 유대교도도 완전한 시민권을 누릴 수 있게 되었다. 이것은 유대인해방의 선봉에 섰던 프랑스에 비해 수십 년이나 늦은 조처였다. 1858년, 영국의 유대인은 마침내—프랑스보다는 늦었지만 독일보다는 앞서서—의회에 진출할 수 있는 권리를 획득했다.

독일은 1871년 제국을 수립하면서 비로소 유대인의 법률상 전면적인 해방을 실현했다. 영국은 당연히 유럽 대륙이 경험한 것과 같은 '유대인 문제'를 경험한 적이 없었다. 근대 초기의 영국 법에 '유대인만을 대상으로 하는 조항'이 없었다. 유대인은 영국인과 다른 인종이라 하여 차별받지 않았고 격리지역에 거주하도록 강요받지 않았다. 유대인에 대해서는 기본적으로 몇 가지 제한규정만 있었을 뿐이며, 그 제한은 비국교도 — 천주교도, 비국교도 프로테스탄트 — 에 대한 제한과 유사했다. 19세기 초, 유대인은 부분적인 권리의 제약은 있었지만 영국의 시민이었다. 그러므로 영국의 유대인 해방은 독일에서처럼 정부가 독특한 소수인종 집단을 시민사회에 통합시키는 긴 과정이 아니라 중앙정부 차원에서의 입법을 통해 비국교도가 법률상 평등한 권리와 지위를 획득한 과정의 재현이었다.[116] 이러한 배경하에서 프랑스와 독일과는 달리 영국에서는 1914년 이전에는 명백하고 조직적인 반유대주의는 등장하지 않았고 영국의 해외이민 개척지와 식민지의 상황도 이와 같았다.

반유대주의는 멀리 떨어진 국가와 지역에 영향을 미쳤을까? 유럽의 우매함까지도 모방하려 했던 일본에서는 유대인이 존재하지 않으면서도 모방형 반유대주의가 등장했다. 1924년에 일본에 번역 소개된 『시온장로회 의정서』는 기존에 알려져 있던 (유대인) 음모론에 대한 공포를 더 강화하고 소수의 일본인이 오랫동안 품어왔던 적대적 민족주의의 성장을 자극했다. 이 나라에서 유대인은 일본의 생존권을 부정한다는 서방의 공모자로 비쳐졌다.[117]

중국의 반응은 정반대였다. 중국에서 셰익스피어의 『베니스의 상인』(*Merchant of Venice*) 번역본이 나온 1904년 이전에는 중국인은 유럽인이 만들어 놓은 표준형 유대인에 대해서 잘 알지 못했고 유대인은 전 세계 피압박 민족의 단결을 불러오는 피해자로서 동정의 대상이었다. 중국에서는 일본식의 유령 같은 반유대주의가 등장할 수 없었다.

반유대주의와 인종차별 제도

1870년 이후의 유럽 반유대주의를 인종학의 구체적 적용이라고 해석한다면 지나치게 피상적이다. 유대인은 일찌감치 초기 인종주의 이론가들의 시야에 들어왔다. 예컨대 로버트 녹스는 유대인을 문화적 창조력이 없는 기생충과 같은 존재로 묘사했다.[118] 인종주의 이론의 창시자 가운데 한 사람인 고비노는 반유대주의자라는 사람들의 평가를 받아들이지 않았다. 생물학적 인종주의의 기본 이념은 독일과 프랑스의 유대인보다 미국의 흑인에게 훨씬 먼저 적용되었다.[119] 1차 대전 이전에는 반유대주의를 지지하는 논증은 대부분이 인종주의에 기초하지 않았다.

인종주의에 기초한 경우라도 인종주의의 논리적 결과였지 인종주의의 한 형태는 아니었다.[120] 반유대주의가 사회에 뿌리를 내리기 위해서는 무엇보다도 먼저 잠재적 위기가 존재해야 하며, 그 위에 민주화와 민족적 동질성을 찾는 과정에서 정치적 왜곡이 발생해야 반유대주의의 사회적 기초가 형성되었다.[121]

긴 19세기의 반유대주의는 인종차별 제도로 진화하지 않았다. 유대인을 게토에 격리하던 인종분리 정책은 폐지되었고 그것을 대신하여 제도화된 새로운 인종분리 장치도 등장하지 않았다. 최소한 러시아를 제외한 유럽 유대인의 머리 위에는 더 이상 추방이라는 다모클레스(Damocles)의 칼이 걸려 있지 않았다. 유대인 공동체를 발트해와 흑해 사이의 거대한 '격리정착지'*에 집중시킨 정책—1791년 예카테리나 대제가 선포하고 1804년에 제정된 유대인법에 의해 강화된 조처—은 이 시기에 유대인의 이동을 제한하는 가장 중요한 족쇄였다.[122]

러시아에서 유대인은 기타 비동방정교 집단과 마찬가지로 평등한 시민권을 누리지 못했다. 여러 가지 차별적 특수 규정이 계속해서

＊ 러시아어로는 "chertá osédlosti," 영어로는 "Pale of Settlement," 독일어로는 "Ansiedlungsrayon," 히브리어로는 "ṯhum hammosháv," 이디쉬어로는 "tkhum-ha-moyshəv"라고 불렀다. 모두 "이주시켜 격리한 장소"를 의미한다.

존재했다. 어떤 규정은 1856년 이후 알렉산드르 2세 치하의 개혁시기에 완화되거나 철폐되었다. 개혁을 추진하던 황제가 1881년에 암살된 후 유대인의 법률상 지위는 다시 악화되었다. 1917년 혁명 이전까지 그들은 프랑스나 독일에서와 같은 시민해방을 경험하지 못했다. 1880년 무렵 루마니아는 러시아를 제외하면 유럽에서 유일하게 유대인이 특수한 법률제도 아래서 2등 시민으로 살아가는 국가였다.[123] 이 세기의 중반 이후에 대형 유대인 격리지역이 해체되었다 (1852년 프라하, 1870년 로마).

폴란드 서쪽 유럽지역의 반유대주의는 내전 이후 미국 남부의 흑인에 대한 공격과 흡사한 일종의 해방 이후 현상이었다. 이때는 때마침 주류 민족과 세계 곳곳을 떠도는 소수민족 사이에 엄격한 경계가 그어지던 시기였다. 1900년 무렵에는 진행 중이거나 싹트고 있는 각양각색의 배외주의 사건에 상응하는 인종주의적 자기합리화의 표현을 찾아낼 수 있었다. 이러한 배외주의는 반드시 제국확장의 결론으로 귀결되지는 않았다. 극단적인 인종주의 논리(로버트 녹스의 관점)에 따르면 제국통치는 이민족과의 불필요한 마찰은 피해야 했다. 1941년 이후 독일이 동유럽에서 인종말살 전쟁을 발동하기 전까지는 제국주의와 식민주의의 역사에서 이민족 인민에 대해 인종주의적 공격 혹은 인종말살을 목표로 하는 통치가 등장한 적이 없었다.

식민통치는 이런저런 형태의 몇 가지 건설적인 특색을 갖고 있었다. 19세기 식민주의 확장의 강렬한 동기 가운데 하나는 인종주의가 아니라 문명포교였다. 반대로 말하자면, 다름 아닌 극단적인 인종주의자들이 미국 흑인을 아프리카로 돌려보내자는 제안을 내놓았고 뒤에 가서는 유대인을 마다가스카르로 실어 보내자는 제안을 내놓았다. 일찍이 1848년에 더 많은 멕시코 지역을 합병하자는 계획은 다른 인종의 늪에 빠질 수 있다는 우려 때문에 무산되었다.

19세기 90년대 이전까지는 백인 우월주의 사상이 미국의 가능한 영토확장을 자극한 것이 아니라 오히려 억제했다. 그 시기의 원칙은 가능한 한 '하등인종'과의 접촉을 줄이는 것이었다.[124] 식민주의 역사에서 찾기 어려운 사례인 필리핀에 대한 조기 독립약속의 배후에도 자비심과 선의만 있었던 것이 아니라 미국은 가능한 한 빠른 시간 안에 '인종이 다른' 식민지로부터 벗어나야 한다는 주장과 희망이 있었다.[125]

위기에 빠진 두 가지 혁명

조지 프레드릭슨(George M. Fredrickson)의 저작을 통해 북아메리카와 중부유럽의 두 가지 해방운동을 비교해보자.[126] 노예제 폐지와 유럽 유대인 대부분을 격리되고 압박받는 생존상황으로부터 해방하는 일에는 외부로부터의 도움이 필요했다. 한쪽은 노예제 폐지론자들의 도움이 필요했고 다른 한쪽은 국가 관료기구 상층부의 진보적 인사들의 도움이 필요했다. 양자의 공통점은 모두가 개혁을 문명전파의 사명으로 인식하고 있었다는 것이다. 지배적인 다수와 적절한 사회적 거리를 유지하면서 아프리카계 미국인은 지위가 '올라가야' 했고 유대인은 문화적 수준이 '높아져야' 했다. 미국에서는 내전이 종결됨으로써 마침내 '철저한 재건' 정책의 비호 아래 이 계획을 실현할 기회가 주어졌다.

소수민족 유대인을 유럽사회에 통합하기 위한 환경은 아주 유리했다. 전통적인 반유대주의 정서가 약화되고 아직 현대적인 반유대주의가 대두하지 않은 휴지기에 이념적인 적대감은 상대적으로 낮은 수준에 머물러 있었다. 유럽의 유대인이 마주한 인종주의는 미국의 흑인(북부의 '자유로운' 흑인을 포함하여)이 당면한 인종주의와는 비교할 바가 아니었다. 1877년 미국에서 (남부)재건계획이 종결된 후에 나타난 심각한 인종주의는 프랑스와 독일의 새로운 인종주의와 러시아의 유대인 학살과 거의 동시에 등장했다. 대서양 양안에서 1873년 이후의 국제경제의 위기와 최소한 미국, 독일(비스마르크가 자유주의자들과 결별한 뒤), 러시아의 국내정치에서 자유주의 세력의 쇠퇴는 명백히 불리한 상황을 만들었다. 이 때문에 유대인과 흑인은 다 같이 중요한 동맹을 잃어버렸다.

미국의 흑인과 비교할 때 많은 유대인이 각별한 노력을 통해 경제활동과 공적인 지적활동에서 존경받을 만한 자리에 올랐지만 유럽의 민족국가에서 유대인은 더 공격받기 쉬운 환경에 놓여 있었다. 유대인은 바로 자신의 성취 때문에 사회적 지위가 보잘 것 없었던 거의 모든 미국 흑인보다도 쉽게 주류 인구로부터 질시의 대상이 되었다.

백인 우월주의자의 시각에서 볼 때 '니그로'는 권리를 빼앗고 위협하기만 하면 통제할 수 있는 존재였다. 다른 인종 사이의 성관계를 금지하고 법률적인 책임을 물을수록 미국 흑인의 집단적 귀속감은 더 강화되었다. 이렇게 강조된 '백인종'(아리안)의 '순결성'은 수십 년 뒤에 유럽의 반유대주의 속에 흡수되었다. 외모로는 유대인을 식별할 수 없었기 때문에 '인종생물학'이라는 유사과학이 등장했지만 미국에서는 피부색을 기준으로 한 일상적인 기준이 이미 확립되어 있었다.

궁극적으로 백인들의 입장에서는 아프리카계 미국인과 식민지 아프리카의 산발적인 접촉은 국가이익에 영향을 줄 정도로 큰 위협이 아니었으나 유대인 단체의 다양한 국제적 관계를 목격한 인종주의-민족주의자들은 유대인 자본과 유대인의 세계지배 음모를 상상했다.

미국과 마찬가지로 독일에서는 인구의 다수를 차지하는 집단이 자기민족과 성격이 다른 인종에 대해 반감을 가졌다. 미국 흑인이 현대성에 열광하는 사회에서 '충분히 현대적이지 못했다'고 한다면 독일에서 주류사회의 눈에 비친 유대인은 "지나치게 현대적"이었다.[127]

세기가 바뀔 무렵 빈곤하고 외모로는 현대 이전 동방의 특색을 지닌 '정통 유대교도'가 갈수록 많이 동유럽으로부터 몰려오자 두 가지 전형적인 유대인의 인상이 하나로 합쳐졌다.

에이브러햄 링컨이 노예해방을 실현하고 10년이 지나지 않아서 미국 흑인의 남부에서의 처지는 더욱 나빠졌으나 새로 통일된 독일제국은 전반적으로 유대인의 신체적인 안전을 보장하고 그들에게 비교적 나은 발전의 기회를 제공했다.

유럽 유대인의 역사에서 새로운 불운의 징조는 1차 대전이 끝난 직후에 나타났다. 러시아와 우크라이나의 내전 시기에 주로 반혁명 '백군'과 민병대가 1910-20년에 유대인에 대한 대규모 학살을 자행했다. 유대인은 언제나 볼셰비키의 동조자로 취급되었다. 이런 죄행은 단순히 새로운 학살극이 아니라 피해자의 숫자와 학살의 포학성 면에서 1914년 이전의 학살을 훨씬 능가했다. 야수처럼 잔혹한 병사들이 전체 유대인 집단을 상대로 저지른 인종청소는 19세기에는 보기 힘든 예외였다.[128] 20세기 20년대, 미국 흑인의 처지가 점차로 호전되기 시작했을 때 독일과 중동부유럽의 일부 지역(특히 루마니아)에서 유대인을 멸종시키겠다는 의도를 가진 반유대주의가 싹트고 있었다. 그전까지 이곳의 반유대주의는 국가로부터 지원을 받지 못하는 고립된 주장에 불과했다. 1914년 이전의 반유대주의와 1933년 이후 국가사회주의의 유대인 정책 사이에는 직접적인 인과관계가 존재하지 않았다.[129]

주註

1) 이하에서는 Barth, Boris/Jürgen Osterhammel (ed.): *Zivilisierungsmissionen. Imperiale Weltverbesserung seit dem 18.Jahrhundert,* Konstanz 2005와 Mazlish, Bruce: *Civilization and Its Contents,* Stanford, CA 2004을 참조할 것. 남아시아에 관한 내용은 Fischer-Tiné, Harald/Michael Mann (ed.): *Colonialism as Civilizing Mission. Cultural Ideology in British India,* London 2004를 참조할 것. 훌륭한 개설서로서 Costa, Pietro: *Civitas. Storia della cittadinanza in Europa,* 4 vls., Rom 1999-2001. v.3 (2001), pp.457-99를 참조할 것.

2) Pagden, Anthony: *Lords of all the World. Ideologies of Empire in Spain, Britain and France c.1500-c.1800,* New Haven, CT 1995, pp.79f.

3) Adas, Michael: Contested Hegemony. *"The Great War and the Afro-Asian Assault on the Civilizing Mission Ideology"* (Journal of World History v. 15 [2004], pp.31-63 에 수록).

4) 관련된 내용은 독일어로 된 훌륭한 저작 Sarmiento, Domingo Faustino: *Barbarei und Zivilisation. Das Leben des Facundo Quiroga [1845],* Frankfurt a.M. 2007을 참조할 것. 아르헨티나와 기타 지역의 야만/문명의 대립에 관한 주요 관점에 대해서는 Brading, D.A.: *The First America* pp.621-47과 Manrique, Luis Esteban G.: *De la conquista a la globalización. Estados, naciones y nacionalismos en América Latina,* Madrid 2006, pp.147-66을 참조할 것.

5) Nani, Michele: *Ai confini della nazione. Stampa e razzismo nell'Italia di fine ottocento,* Rom 2006, pp.97ff. Moe, Nelson: *The View from Vesuvius. Italian Culture and the Southern Question,* Berkeley, CA 2002.

6) Seidl, Wolf: *Bayern in Griechenland. Die Geburt des griechischen Nationalstaats und die Regierung König Ottos,* München 1981.

7) Broers, Michael: *The Napoleonic Empire in Italy, 1796-1814. Cultural Imperialism in a European Context?* Basingstoke 2005, pp.245f.

8) Owen, Roger: *Lord Cromer,* 특히 pp.304ff.

9) 공리주의자들의 인도에서의 역할에 관한 고전적 저작으로서 Stokes, Eric: *The English Utilitarians and India,* Oxford 1959를 참조할 것.

10) Fisch, Jörg: *Tödliche Rituale. Die indische Witwenverbrennung und andere Formen der Totenfolge,* Frankfurt a.M. 1998, pp.365ff(숫자는 pp.236f를 참조할 것.. 비식민지인 네팔에서는 1920년까지도 여성의 순절분사는 합법이었다!

11) 식민의 "국가모형"과 선교사가 실행한 "문명식민주의"의 유형 구분에 관해서는 Comaroff, John L./Jean Comaroff: *Ethnography and the Historical Imagination,* Boulder, CO 1992, pp.198-205를 참조할 것.

12) 1865년의 자메이카(모란트만[Morant Bay])사건을 사례로 연구한 Kostal,

Rande W.: *A Jurisprudence of Power. Victorian Empire and the Rule of Law,* Oxford 2006, p.463을 참조할 것.

13) Gong, Gerrit W.: *The Standard of "Civilization" in International Society.*

14) Koskenniemi, Martti: *The Gentle Civilizer of Nations. The Rise and Fall of Modern International Law 1870–1960,* Cambridge 2002, pp.49, 73.

15) 권위 있는 저작 Betts, Raymond F.: *Assimilation and Association in French Colonial Theory, 1890–1914,* New York 1970을 참조할 것.

16) Ferro, Marc (ed.): *Le livre noir du colonialisme*은 식민지 죄상에 관한 신뢰할만한 저작이다. 서남아프리카에서의 독일의 행위는 최근에 많은 주목을 받았다.

17) Brantlinger, Patrick: Dark *Vanishings. Discourse on the Extinction of Primitive Races, 1800–1930,* Ithaca, NY 2003, pp.94ff.

18) Rivet, Daniel: *Le Maroc de Lyautey à Mohammed V.* pp.36-77.

19) Meyer, Michael C./William L.Sherman: *The Course of Mexican History,* p.457.

20) Bullard, Alice: *Exile to Paradise,* pp.17, 121f.

21) 이 책 "맺는 말"을 참조할 것.

22) Stephanson, Anders: Manifest Destiny. American Expansionism and the Empire of Right, New York 1998 (2nd ed.), p.80. 이 저서는 미국의 "문명화" 관념에 관한 훌륭한 입문서이다.

23) Manela, Erez: *The Wilsonian Moment.*

24) 1930년에 한 말이 분명하지만 구체적인 출처는 고증하기 어렵다.

25) Clarence-Smith, William Gervase: *Islam and the Abolition of Slavery,* p.146

26) Palais, James B.: *"A Search for Korean Uniqueness"* (Harvard Journal of Asiatic Studies, v.55 [1995], pp.409-25에 수록).

27) Thanet Aphornsuvan: *"Slavery and Modernity: Freedom in the Making of Modern Siam"* (Kelly, David/Anthony Reid [ed.]: *Asian Freedoms. The Idea of Freedom in East and Southeast Asia,* Cambridge 1998, pp.161-86[특히 p.177]에 수록).

28) Sanneh, Lamin: *Abolitionists Abroad. American Blacks and the Making of Modern West Africa.* Cambridge, MA 1999.

29) Temperley, Howard: *British Antislavery 1833–1870,* London 1972는 이러한 국제주의를 구체적으로 기술하고 있다.

30) Gott, Richard: *Cuba. A New History,* pp.45f.

31) Green, William A.: *British Slave Emancipation. The Sugar Colonies and the Great Experiment, 1830–1865,* Oxford 1976은 이 주제의 기본 저작이다.

32) Davis, David Brion: *Inhuman Bondage,* p.79.

33) 전기적 색채가 짙은 사건의 역사는 Hochschild, Adam: *Bury the Chains*를 참조할 것. Davis, David Brion: *Slavery and Human Progress,* New York 1984, pp.107-168은 영국 노예제 폐지론자들의 사상을 깊이 있게 다룬 저작이다.

노예제 폐지론의 "이기주의"에 대해서는 Brown, Christopher Leslie: *Moral Capital. Foundations of British Abolitionism,* Chapel Hill, NC 2006을, 운동문화 전반에 관해서는 Turley, David: *The Culture of English Anti-Slavery, 1780–1860,* London 1991을 참조할 것.

34) Coleridge: "1808," Brown, Christopher Leslie: *Moral Capital.* p.8에서 인용.

35) Seymour Drescher는 수많은 저작을 통해 이런 합의점을 만들어 내는데 큰 영향을 미친 대표적 인물이었다.

36) Carey, Brycchan: *British Abolitionism and the Rhetoric of Sensibility. Writing, Sentiment, and Slavery, 1760–1807,* Basingstoke 2005.

37) Davis, David Brion: *Inhuman Bondage,* p.236.

38) Satre, Lowell J.: *Chocolate on Trial. Slavery, Politics, and the Ethics of Business,* Athens, OH 2005, pp.77f.

39) Keegan, Timothy: *Colonial South Africa and the Origins of the Racial Order,* Charlottesville, VA 1996, pp.35f.

40) Dharma Kumar: *"India"* (Drescher, Seymour/Stanley L. Engerman [ed.]: *A Historical Guide to World Slavery,* New York 1998, pp.5-7에 수록).

41) Blackburn, Robin: The Overthrow of Colonial Slavery, 1776-1848, London 1988, p.480. Bernecker, Walther L.: *Kleine Geschichte Haitis,* p.69.

42) Schmidt, Nelly: *L'Abolition de l'esclavage. Cinq siècles de combats, XVI e –XX e siecle,* Paris 2005, pp.221ff.

43) Emmer, Pieter C.: *De Nederlandse slavenhandel, 1500–1850.* Amsterdam 2003(2nd ed.), pp.205f.

44) 다른 관점에 관해서는 이 책 제10장을 참조할 것.

45) 상세한 수치는 Berlin, Ira: *Generations of Captivity,* Appendix, Tab. 1을 참조할 것.

46) Drescher, Seymour: *From Slavery to Freedom,* pp.276f.

47) 개설서로서 Stewart, James Brewer: *Holy Warriors. The Abolitionists and American Slavery,* rev. ed., New York 1997을 참조할 것. 백인 노예제 폐지론자 가운데서 가장 영향력 있는 인물은 아니었지만 가장 유명한 인물에 관해서는 Mayer, Henry: *All on Fire. William Lloyd Garrison and the Abolition of Slavery,* New York 1998을 참조할 것. 유감스럽게도 이 저작은 비판성이 결여되어 있다.

48) 링컨과 노예제에 과한 다량의 문헌을 알고 싶으면 Oakes, James: *The Radical and the Republican. Frederick Douglass, Abraham Lincoln, and the Triumph of Antislavery Politics,* New York 2007, 특히 pp.43ff를 참조할 것.

49) Davis, David Brion: *Inhuman Bondage,* pp.317f.

50) Zeuske, Michael: *Kleine Geschichte Kubas,* München 2016, pp.124ff. Schmidt-Nowara, Christopher: *Empire and Antislavery. Spain, Cuba, and Puerto Rico,*

1833–1874, Pittsburgh 1999.

51) Viotti da Costa, Emília: *The Brazilian Empire. Myths and Histories,* Chicago 1985, pp.125-71. Marx, Anthony W.: *Making Race and Nation. A Comparison of South Africa, the United States, and Brazil,* Cambridge 1998, p.64.

52) Bernecker, Walther L.(et al.): *Kleine Geschichte Brasiliens,* p.210.

53) 노예제와 유대인 대학살을 비교하기 위해서는 Drescher, Seymour: *From Slavery to Freedom,* pp.312-38을 참조할 것.

54) Clarence-Smith, William Gervase: *Islam and the Abolition of Slavery,* pp.10f.

55) *Ibid.,* pp.100f.

56) *Ibid.,* pp.107f.

57) *Ibid.,* pp.116.

58) Temperley, Howard: *White Dreams, Black Africa. The Antislavery Expedition to the River Niger, 1841–1842.* New Haven, CT 1991.

59) 노예제 연구의 비교적 기본적인 저작으로서 Zeuske, Michael: *Sklaven und Sklaverei in den Welten des Atlantiks,* Berlin 2006, pp.331-60을 참조할 것. Seymour Drescher 같은 저자는 비교연구 방식을 성공적으로 응용했다.

60) 예컨대 Cooper, Frederick(et al.): *Beyond Slavery. Explorations of Race, Labor, and Citizenship in Postemancipation Societies,* Chapel Hill, NC 2000. 중요한 지역 분석에 관해서는 Temperley, Howard (ed.): *After Slavery. Emancipation and its Discontents,* London 2000을 참조할 것.

61) 중요한 사례연구로서 Scott, Rebecca J.: *Degrees of Freedom*을 참조할 것.

62) Engerman, Stanley: *"Comparative Approaches to the Ending of Slavery"* (Temperley, Howard [ed.]: *After Slavery,* pp.281-300에 수록. 인용된 부분은 pp.288-90).

63) 아프리카의 여러 발전 경로에 관해서는 다음 저작들을 참조할 것. Miers, Suzanne/Richard L. Roberts (ed.): *The End of Slavery in Africa,* Madison, WI 1988. Cooper, Frederick(et al.): *Beyond Slavery,* pp.106-49(1910년의 날짜에 관해서는 p.119를 보라).

64) Berlin, Ira: *Generations of Captivity,* pp.248-59는 이것에 대해 중점적으로 설명하고 있다.

65) *Ibid.,* pp.266f.

66) Keegan, Timothy: *Colonial South Africa and the Origins of the Racial Order*는 "광업혁명"이후가 아니라 1850년 이전에 이미 시작되었다고 밝히고 있다.

67) 인용문의 출처는 Winant, Howard: *The World Is a Ghetto. Race and Democracy since World War II,* New York 2001, p.32이다.

68) 원인은 여전히 논쟁거리다. James Beeby/Donald G.Nieman: *"The Rise of Jim Crow, 1880–1920"* (Boles, John B. [ed.]: *A Companion to the American South,* Malden, MA 2002, pp.336-47에 수록)을 참조할 것.

69) Fredrickson, George M.: *White Supremacy,* p.197.

70) Winant, Howard: *The World Is a Ghetto,* pp.103-5. Marx, Anthony W.: *Making Race and Nation,* pp.79, 178-90.

71) Scott, Rebecca J.: *Degrees of Freedom,* pp.253f.

72) Cooper, Frederick (et al.): *Beyond Slavery,* p.18.

73) Drescher, Seymour: *The Mighty Experiment. Free Labor versus Slavery in British Emancipation,* Oxford 2002, pp.158f. Holt, Thomas C.: *The Problem of Freedom. Race, Labor, and Politics in Jamaica and Britain, 1832–1938,* Baltimore, MD 1992.

74) 인종주의를 다룬 사상사 분야의 저작은 많지 않다. 가장 먼저 나온 저작은 Mosse, George L.: *Die Geschichte des Rassismus in Europa,* Frankfurt a.M. 1990이다. 가장 뛰어난 입문서는 Geulen, Christian: *Geschichte des Rassismus,* München 2007이다.

75) Shimazu Naoko: *Japan, Race and Equality.* Lake, Marilyn/Henry Reynolds: *Drawing the Global Colour Line: White Men's Countries and the International Challenge of Racial Equality,* Cambridge, 2008, pp.285-309.

76) Becker, Frank: *"Einleitung: Kolonialherrschaft und Rassenpolitik"* (Becker, Frank [ed.]: *Rassenmischehen – Mischlinge – Rassentrennung. Zur Politik der Rasse im deutschen Kolonialreich,* Stuttgart 2004, pp.11-26에 수록. 인용된 부분은 p.13).

77) Geulen, Christian: *"The Common Grounds of Conflict: Racial Visions of World Order 1880–1940"* (Conrad, Sebastian/Dominic Sachsenmaier [ed.]: *Competing Visions of World Order. Global Moments and Movements, 1880s-1930s,* New York 2007, pp.69-96에 수록).

78) Jordan, Winthrop D.: *White over Black. American Attitudes toward the Negro, 1550–1812,* New York 1968은 내용이 상세한 인종주의 사상사의 위대한 고전이다. 흔히 그렇듯이 저자들의 영향은 답이 없는 문제이다. Long은 "플랜테이션 소유주"를 대변했을까 아니면 "영국의 대중"을 대변했을까? Drescher, Seymour: *From Slavery to Freedom,* p.285sms 후자에 대해 회의적이다.

79) Patterson, Orlando: *Slavery and Social Death. A Comparative Study,* Cambridge, MA 1982, p.61.

80) Roediger, David R.: *Working Toward Whiteness. How America's Immigrants Became White,* New York 2005, p.11. Banton, Michael: *Racial Theories,* Cambridge 1987은 인종구분의 역사에 관한 주요 저작이다. 같은 주제의 간략한 개설로서는 Fluehr-Lobban, Carolyn: *Race and Racism. An Introduction,* Lanham, MD 2006, pp.74-103을 참조할 것.

81) Augstein, Hannah Franziska: *Race. The Origins of an Idea, 1760–1850,* Bristol 1996, p.18.

82) 19세기 50년대 Gobineau와 Tocqueville의 논쟁은 다른 가능성을 보여준

다. Ceaser, James W.: *Reconstructing America. The Symbol of America in Modern Thought,* New Haven, CT 1997, 제6장을 참조할 것.

83) Banton, Michael: *Racial Theories,* pp.54-9.

84) 19세기 생물학의 인종이론에 관한 훌륭한 개설서로서 Graves, Joseph L.: *The Emperor's New Clothes. Biological Theories of Race at the Millennium,* New Brunswick, NJ 2001, pp.37-127을 참조할 것.

85) Hannaford, Ivan: *Race. The History of an Idea in the West,* Washington, DC 1996, pp.226f, 232f, 241.

86) Ballantyne, Tony: *Orientalism and Race. Aryanism in the British Empire,* Basingstoke 2002, p.44. 기초 저작으로서 Poliakov, Léon: *Der arische Mythos. Zu den Quellen von Rassismus und Nationalismus in Europa,* Wien 1971과 Olender, Maurice: *Die Sprachen des Paradieses. Religion, Philologie und Rassentheorie im 19.Jahrhundert,* Frankfurt a.M. 1995와 Trautmann, Thomas R.: *Aryans and British India,* Berkeley, CA 1997을 참조할 것.

87) Lorcin, Patricia: *Imperial Identities.* Streets, Heather: *Martial Races. The Military, Race and Masculinity in British Imperial Culture, 1857–1914,* Manchester 2004.

88) Hannaford, Ivan: *Race,* pp.348f.

89) Lauren, Paul Gordon: *Power and Prejudice,* pp.44f. Gollwitzer, Heinz: *Die gelbe Gefahr.* Mehnert, Ute: *Deutschland, Amerika und die "gelbe Gefahr". Zur Karriere eines Schlagworts in der großen Politik, 1905–1917,* Stuttgart 1995. Geulen, Christian: *Wahlverwandte. Rassendiskurs und Nationalismus im späten 19.Jahrhundert,* Hamburg 2004, 제3부.

90) Davis, David Brion: *Inhuman Bondage,* p.76.

91) 이 책 제8장을 참조할 것.

92) Baker, Lee D.: *From Savage to Negro. Anthropology and the Construction of Race, 1896–1954,* Berkeley, CA 1998, pp.99f.

93) Barkan, Elazar: *The Retreat of Scientific Racism. Changing Concepts of Race in Britain and the United States between the World Wars,* Cambridge 1991.

94) Torpey, John: The Invention of the Passport. Surveillance, Citizenship and the State, Cambridge 2000, pp.91f.

95) Caplan, Jane/John Torpey (ed.): *Documenting Individual Identity. The Development of State Practices in the Modern World,* Princeton, NJ 2001은 주로 유럽의 상황을 전면적으로 소개하고 있다.

96) Noiriel, Gérard: *Immigration, antisémitisme et racisme en France (XIX e –XX e siècle). Discours publics, humiliations privées,* Paris 2007, pp.135f.

97) Gosewinkel, Dieter: *Einbürgern und Ausschließen. Die Nationalisierung der Staatsangehörigkeit vom Deutschen Bund bis zur Bundesrepublik Deutschland,*

Göttingen 2001, pp.325-27.

98) 폭넓은 개론으로서 Lake, Marilyn/Henry Reynolds: *Drawing the Global Colour Line* 을 참조할 것.

99) Reimers, David M.: *Other Immigrants. The Global Origins of the American People.* New York 2005, pp.44-70은 훌륭한 개설서이다. 이 밖에도 Takaki, Ronald T.: *Strangers from a Different Shore. A History of Asian Americans,* New York 1989와 Gyory, Andrew: *Closing the Gate*가 있다. 중국의 상황에 관해서는 Lee, Erika: *At America's Gates. Chinese Immigration During the Exclusion Era, 1882-1943,* Chapel Hill, NC 2003을 참조할 것.

100) Walker, David R.: *Anxious Nation. Australia and the Rise of Asia, 1850-1939.* St. Lucia (Queensland) 1999, p.98.

101) Markus, Andrew: *Australian Race Relations, 1788-1993,* St. Leonards 1994는 이 방면의 권위 있는 저작이다.

102) Jacobson, Matthew Frye: *Whiteness of a Different Color,* pp.262f.

103) Jacobson, Matthew Frye: *Barbarian Virtues. The United States Encounters Foreign Peoples at Home and Abroad, 1876-1917,* New York 2000, pp.261f.

104) Dikötter, Frank: *The Discourse of Race in Modern China,* London 1992.

105) Rhoads, Edward J. M.: *Manchus and Han. Ethnic Relations and Political Power in Late Qing and Early Republican China, 1861-1928,* Seattle 2000, p.204.

106) Katz, Jacob: *Out of the Ghetto. The Social Background of Jewish Emancipation, 1770-1870,* Cambridge, MA 1973, p.1. 정치적 해방에 관한 비교적 새로운 종합적 저술로서 Vital, David: *A People Apart. The Jews in Europe 1789-1939,* Oxford 1999을 참조할 것.

107) 세계사적 관점에서 본 유대교의 개혁에 관해서는 Meyer, Michael A.: *Response to Modernity. A History of the Reform Movement in Judaism,* Detroit, MI 1988를 참조할 것.

108) Katz, Jacob: *Vom Vorurteil bis zur Vernichtung. Der Antisemitismus 1700-1933,* München 1980, p.236.

109) 대량의 관련 문헌 목록이 Noiriel, Gérard: *Immigration, antisémitisme et racisme en France,* pp.207-86에 나온다.

110) 러시아의 반유대주의 연구를 종합 서술한 Marks, Steven G.: *How Russia Shaped the Modern World,* Princeton, NJ 2003, pp.140-75를 참조할 것.

111) Sorin, Gerald: *A Time for Building. The Third Migration, 1880-1920,* Baltimore, MD 1992, p.55. Dinnerstein, Leon: *Antisemitism in America,* New York 1994, pp.35f.

112) 유사한 관점이 Mosse, George L.: *Toward the Final Solution,* New York 1978, p.168에 보인다.

113) Shaw, Stanford J.: *The Jews of the Ottoman Empire and the Turkish Republic,* New York 1991, pp.187-206.

114) Fink, Carole: *Defending the Rights of Others,* pp.5-38.

115) 유대인 인구의 전 세계 분포상황의 통계수치는 Karady, Victor: *The Jews of Europe in the Modern Era. A Socio-Historical Outline,* Budapest 2004, pp.44f를 참조할 것.

116) Rürup, Reinhard: *"Jewish Emancipation in Britain and Germany"* (Brenner, Michael[et al. ed.]: *Two Nations. British and German Jews in Comparative Perspective,* Tübingen 1999, pp.49-61에 수록).

117) Goodman, David G./Masanori Miyazawa: *Jews in the Japanese Mind. The History and Uses of a Cultural Stereotype,* Lanham, MD 2000, p.81.

118) Poliakov, Léon: *Der arische Mythos,* p.267.

119) Fredrickson, *George M.: Racism. A Short History,* Princeton, NJ 2002, p.72.

120) Geulen, Christian: *Wahlverwandte,* p.197.

121) Brustein, William I.: *Roots of Hate. Anti-Semitism in Europe Before the Holocaust.* Cambridge 2003은 유럽 전체를 일괄하는 시각을 보여준다.

122) Haumann, Heiko: *Geschichte der Ostjuden,* München 1999(5소ed.), pp.81f.

123) *Ibid.,* pp.178f. Weeks, Theodore R.: *From Assimilation to Antisemitism. The "Jewish Question" in Poland, 1850–1914.* DeKalb, IL 2006, pp.71f.

124) Love, Eric T.L.: *Race over Empire. Racism and U.S.Imperialism, 1865–1900,* Chapel Hill, NC 2004, pp.1-5, 25f..

125) Kramer, Paul A.:*The Blood of Government. Race Empire, the United States, and the Philippines,* Chapel Hill, NC 2006, p.356.

126) Fredrickson, *George M.: Racism,* pp.75-95.

127) *Ibid.,* p.95.

128) Vital, David: *A People Apart,* pp.717, 725.

129) Volkov, Shulamit: *Antisemitismus als kultureller Code,* München 2002(2nd ed.), p.57.

제 18 장

종교

감리교 집회

19세기 초의 '대각성운동'(Great Awakening)은 미국인의 대규모
기독교 귀의로 발전했다. 유럽과는 달리 이 운동은 공식적인
교회조직으로 진화하지 않았고 시종 유동적인 교회와 교파 형태로
역동성을 유지했다. 1780-1813년에 미국 인구가 8배로
증가하는 동안에 기독교 교구는 2,500개에서 5만 2,000개로 약 21배
발전했다. 어떤 의미에서 지금까지도 지속되고 있는 영속적인 부흥운동은
미국을 기독교 신앙이 깊고 도덕적·물질적으로
'문명국' 수준에 도달했다고 스스로 믿는 국가로 바꾸어놓았다.

耶穌降世一千八百七十四年

舊約全書

歲次甲戌

京都美華書院刷印

기독교 선교활동의 부침은 19세기 종교사의 가장 중요한 줄거리를 구성한다. 수많은 사람이 머나먼 열대지역으로 달려가 위험하면서도 보수는 보잘 것 없는 일에 뛰어들었다. 아시아 각국 정부와 지방권력에게 기독교 선교사의 등장은 두려운 사건이었다. 선교사들의 논리는 다른 문화 사이의 권력정치의 논리가 아니라 현재의 관계를 뒤엎으려는 강령이었다. 특히 확고한 자신감을 가진 미국선교사들은 '더 높은' 문명의 대표임을 감추지 않았다. 일부 국가에서 현지인이 의학을 포함한 서방과학을 배우도록 지원한 것은 기독교 선교운동의 중요한 역사적 공헌이었다.

◀ 셰레셰프스키(중국명 施約瑟,
Samuel Isaac Joseph Schereschewsky, 1831-1906)
▶ 셰레셰프스키가 번역한 구약성서, 1874년 판

리투아니아 출신의 유대인이다. 랍비가 될 교육을 받고 있던 그는 미국 성공회가 19세기 초에 동유럽 유대인을 상대로 한 선교 사업을 벌일 때 기독교로 개종했다. 그는 유대교 계몽운동에 큰 영향을 받았다. 폴란드에서 신학공부를 마치고 미국에서 다시 신학교육을 마친 그는 미국 성공회 소속의 중국선교회에 가입했다. 1859년 상하이에 도착했고, 1877년에 성공회 상하이교구의 초대 주교가 되었다. 1879년에는 중국 최초의 현대적 고등교육기관인 상하이 성 요한 대학을 설립했다. 그는 당대 최고의 중국학 학자였다. 히브리어 '구약성서'의 최초 중국어 번역본은 대부분 그의 붓끝을 통해 나왔고 오늘날까지도 사용되고 있다. 그는 시종일관 제국주의 확장과 거리를 유지했다.

송천(松川)교회

1884년 현재의 북한 황해남도 용연군(龍淵郡)에 세워진 조선 최초의
개신교 자생교회다. 조선에서의 선교활동이 탁월한 성과를 낼 수 있었던 이유는
관변 유학과 중국문화의 패권에 맞서 상대적으로 온건한 대안을 제시했고
나아가 서방 제국주의에 물들지 않았기 때문이다. 조선에서의 선교활동에
영어와 (구시대 엘리트들로부터 멸시 받았던) 조선어가 사용되었고,
그 때문에 당시 고개를 들기 시작한 민족주의가 자신의 뜻을 표현할 수 있는
문화적 공간을 갖게 되었다는 사실은 선교활동이 주목받게 된 중요한
요인이었다. 1884년부터 오늘날까지 곡절 많은 과정을 거친 후
현재 남한 인구의 삼분의 일 정도가 기독교를 믿는다.
남한은 아시아에서 기독교도의 비율이 가장 높은 나라다.

18세기에 비해 19세기에 더 많은 종교적 개혁과 혁신이 일어났다.
부분적인 원인은 '현대화의 도전'이었지만 많은 혁신은 유럽의
세계패권에 대한 대응이었다. 어떤 경우에는 경건주의가
원인이 되기도 했다. 종교적 카리스마를 기반으로
국가를 건설하려 한 대표적인 사례가 태평천국운동과 모르몬교였다.

홍수전과 봉기 동지들

태평군이 처음 봉기한 곳에 세워진 조각상이다.
선지자 홍수전의 영도 아래 1850년에 시작된 태평천국운동은
사회혁명운동이었으며 그 이념적 기반은 개신교 교리와
중국 전통 종교 관념이 결합된 세계관이었다.

조셉 스미스(Joseph Smith, 1805-44)

1830년에 미국의 한 선지자 스미스가 '예수그리스도
후기성도교회'(The Church of Jesus Christ of Latter-day Saints)라고
불리는 교파를 창설했다. 7년 뒤에 홍수전이 경험했던 것처럼
젊은 스미스도 환상을 보았고 그것이 하나님이
내려주는 큰 임무라고 생각했다.

THE

BOOK OF MORMON:

AN ACCOUNT WRITTEN BY THE HAND OF MOR-
MON, UPON PLATES TAKEN FROM
THE PLATES OF NEPHI.

Wherefore it is an abridgment of the Record of the People of Nephi; and also of the Lamanites; written to the Lamanites, which are a remnant of the House of Israel; and also to Jew and Gentile; written by way of commandment, and also by the spirit of Prophecy and of Revelation. Written, and sealed up, and hid up unto the Lord, that they might not be destroyed; to come forth by the gift and power of God unto the interpretation thereof; sealed by the hand of Moroni, and hid up unto the Lord, to come forth in due time by the way of Gentile; the interpretation thereof by the gift of God; an abridgment taken from the Book of Ether.

Also, which is a Record of the People of Jared; which were scattered at the time the Lord confounded the language of the people when they were building a tower to get to Heaven; which is to shew unto the remnant of the House of Israel how great things the Lord hath done for their fathers; and that they may know the covenants of the Lord, that they are not cast off forever; and also to the convincing of the Jew and Gentile that Jesus is the Christ, the Eternal God, manifesting Himself unto all nations. And now if there be fault, it be the mistake of men; wherefore condemn not the things of God, that ye may be found spotless at the judgment seat of Christ.

BY JOSEPH SMITH, JUNIOR,
AUTHOR AND PROPRIETOR.

PALMYRA:
PRINTED BY E. B. GRANDIN, FOR THE AUTHOR.
1830.

모르몬교 경전. 스미스가 기록한 경전의 1830년 판본

태평천국의 주장은 성경의 원래 뜻과 멀리 떨어졌지만 현지화된 기독교 교리라고 한다면 창시자가 기록한 자기들만의 성서를 가진 모르몬교도 마찬가지로 기독교 교리가 현지화된 산물이라고 할 수 있다. 모르몬교는 구약시대에 미국을 목적지로 하는 대규모 이민이 있었으며 그것은 미국 땅을 구원의 대상에 포함시키려는 성서적 계획이라는 대담한 추론을 제시하고 있다. 모르몬교는 미국의 모든 종교 가운데서 가장 미국적인 종교라고 할 수 있다.

19세기 40년대에 이슬람교 안에서 현대적 개혁이 중요한 과제로 떠올랐다. 개혁운동 세력은 하나의 특수한 원인 때문에 단결했다. 그것은 유럽이 세계를 제패하고 있는 시대에 이슬람교회는 자신의 결함 때문에 지적으로 수세에 몰려 정치적 쇠퇴가 가속화되고 있다는 우려였다. 현대화를 이끈 사람들은 이슬람교 고유의 전통과 현대 세계가 던진 도전과 기회 사이에서 타협을 모색했다. 그들은 이슬람 경전의 의미와 출처에 대해 새로운 해석을 할 수 있는 자유로운 공간을 확보하기 위해 투쟁했다.

◀ 무함마드 압두(Muḥammad Abduh, 1849~1905)
이집트의 고위 성직자이자 정치가이며 조직신학자다.

▶ 사이드 자말 알딘 알아프가니(Sayyid Jamāl al-Dīn al-Afghānī, 1838/9~97)
그는 국제적으로 가장 널리 알려져 있으며
이슬람의 혁명가이자 범이슬람주의자다.

사이드 아흐마드 칸(Sayyid Ahmad Khan, 1817–98)
인도의 정치가, 교육인, 개혁가, 작가다. 사이드 아흐마드 칸과
그 동료들의 최대 관심사는 무슬림의 힘으로
서양식 교육을 직접 실시하여 미래를 책임질 지식인들을
길러내는 데 있었고 현대 파키스탄 건국의 초석을 다졌다.

알리가르 무슬림대학의 이슬람 교당

사이드 아흐마드 칸은 1875년에 무 하마 단
앵글로 오리엔탈 대학(Muhammadan Anglo-Oriental College)을 세우고
무슬림으로서 정체성을 지닌 영국 신사형 인재를 양성하는
인도의 케임브리지를 표방했다. 이 대학은 현재는 우타르 프라데시주에 있는
알리가르 무슬림 대학(Aligarh Muslim University)으로 성장했다.

신앙, 종교, 종파가 19세기 세계사의 중심 주제로 따로 설 수 있는 충분한 이유가 있다.[1] 극히 일부이긴 하지만 유럽 국가의 교과서는 종교를 교회의 조직구조로서만 파악하고 문화의 하부 항목 가운데 하나로 다루고 있다. 19세기에 종교는 세계 어디서나 개인이 지닌 가치관의 원천이며, 공동체와 집단이 띠는 정체성의 기초다. 사회적 등급을 나누는 구조적 원칙이고, 정치적 투쟁의 원동력이며, 사람들이 심오한 사상을 토론하는 영역이었다. 이러한 종교의 기능을 실현하는 방식은 아주 방대하다. 종교사와 인류학에서부터 동방의 철학에 이르기까지 여러 가지 학문분야의 문헌과 전적에 기록된 내용은 흘러넘칠만큼 다양해서 개괄적인 설명은 저자의 능력을 넘어서는 일이다.

19세기에 종교는 여전히 사람들의 일상생활에 의미를 제공하는 가장 중요한 공급자, 다시 말해 모든 정신문화의 중심이었다. 종교의 종류는 위로는 보편적 종교로부터 아래로는 소수의 신도만 믿는 민간신앙에 이르기까지 다양했다. 종교는 문화엘리트와 교육받지 않은 일반 대중이 구두 표현과 비유적 이미지를 통해 종교적 소통을 할 수 있는 유일한 문화적 표현방식이자 둘 사이의 가장 중요한 연대방식이었다. 19세기의 발전과정을 통틀어 종교는 극히 예외적인 조건 아래서만 법률, 정치 또는 경제 등과 함께 사회학 이론에서 말하는 기능적으로 독립된 하부체계—자기논리를 가지고 특히 그 전파, 재생, 발전의 모형이 분명하게 설명될 수 있는, 상당한 정도로 명확한 경계를 가진 영역—가 될 수 있었다.

1. 종교의 개념과 조건

모호성(模糊性)과 탈모호성(脫模糊性)

세계적인 범위에서 보자면 도시화, 공업화, 문자해독율의 확대 등 거시적 발전과정은 발생시간과 지점이 천차만별이라도 단일 주제의 거시사를 형성하지만 종교현상은 단일 주제의 거시사를 형성하지 못한다. 19세기는 총체적으로 보아 유럽의 종교가 세계적으로 흥기한 시대였다는 주장은 설득력이 없으며 (종교에서) '세속화' 서사를 제외한 다른 거대서사는 찾아볼 수가 없다.[2] 또 하나의 설득력 있는 내재적인 관계가 이를 지나치게 단순화시킨다. 16세기 이후로 정복, 식민, 여행, 선교를 통한 유럽의 확장이 유럽의 주요 종교가 전파되는 데 유리한 조건을 만들어 냈음은 의심의 여지가 없다. 그러나 1900년 또는 1914년 시점에서 보면 기독교가 세계의 종교에 미치는 영향은 유럽 또는 서방 전체의 정치-군사력의 영향에 비하면 훨씬 미약했다.

19세기에 유럽과 빈번하게 접촉했고 오늘날까지도 생활방식의 서방화가 진행되고 있는 비서방 사회에서 기독교는 뿌리를 내릴 수 없었다. 기독교는 세계화되었지만 세계의 주도적인 종교가 되지는 못했다. 이것은 기독교의 공세에 대응하여 세계 각지에서 일어난 저항과 자기혁신의 결과였다. 그러나 종교의 변천은 끊임없는 확장과 반(反)확장의 충돌과정일 뿐만 아니라 여러 상황에서 각종 관계의 상호작용과 공동의 역사가 만들어낸 결과이기도 하다. 또한 종교의 변천은 현지 요소에 의해 촉발되어 느슨하게 연결되었거나 전혀 연결되지 않은, 서방과 세계 각지에서 발생한 '유사한 전환과정'이라고 할 수 있다.[3] 민족국가의 형성 또는 인쇄물의 대량 전파와 같은 과정이 (원론적으로 세계적으로 유사한) 종교영역의 변화와 상호 관련성을 갖고 있다.

종교개념의 모호함은 누구나 알고 있다. 비교종교사회학의 선구자인 막스 베버는 종교를 정의하는 일을 의도적으로 회피했다. 이 분야의 몇 가지 오래된 문제—무엇보다도 '진정한' 종교와 '미신' 또는 유사종교적인 철학 사이의 모호한 지대의 경계문제—는 아직도 명확한 답을 찾지 못하고 있다. 중국의 '유교'에는 교회당도 없고, 내세관도 없고, 구원의 관념도 없는데 서방의 교과서에 나오는 것과 같은 '종교'로 볼 수 있는가. 유교만큼 세속적인 프리메이슨리(Freemasonry)는 어떤가. 모든 '우상숭배'와 종교활동을 '종교'라고 부를 수 있는가. 세계관, 조직, 종교의식 등 일련의 특정 요건을 갖추어야 종교라고 할 수 있는가. 신도가 스스로 인지하는 종교와 그 종교에 대한 타인의 인식은 어떻게 작용하는가. 전통적인 신앙이 약화되고 있을 때 어떤 상황에서 종교의 개념이 '예술종교'(Kunstreligion)나 '정치종교'(politische Religion)로 확장될 수 있는가.[4]

우리는 종교학의 저명 인물들처럼 과장할 필요가 없다. 그들은 역사현실에서 종교현상만 따로 식별할 수 없다고 주장하며 종교 이외의 어떤 주제에도 관심을 보이지 않는다. 역사연구의 '언어학적 전향'의 영향을 받은 이러한 극단적으로 회의적인 태도는 정말로 지나치다. 이 밖에도 명칭과 개념의 인위적인 짜맞춤은 종교의 현실적 작용을 쉽게 부정할 수 있게 만든다. 힌두교도로서 정체성을 갖춘 사람에게 '힌두교'는 유럽의 '발명품'이라고 말한다면 어떨까. '종교'라는 개념이 19세기 유럽에서 형성된 것이란 사실을 기반으로 종교는 존재하지 않으며 종교란 개념은 오만한 서방이 패권질서를 세우기 위한 일종의 도구일 뿐이라고 말한다면 문제가 될 것이다.[5)]

그렇다고 하더라도 추상적이고 보편적인 의미에서 '종교'란 개념은 19세기 유럽의 지식인, 특히 개신교의 가치에 경도된 지식인이 창조한 것임이 분명하다.[6)] 이 개념에는 1600년 이후로 유럽에는 3대 일신교(기독교, 유대교, 이슬람교) 이외에 다원적 종교가 존재했다는 의미가 내포되어 있지만 배후에는 말로 표현되지 않은 관점, 즉 문화발전사의 시각에서 볼 때 기독교가 가장 앞서 있으며 따라서 유일하고도 진정한 보편종교라는 주장이 숨겨져 있었다. 이 개념은 최소한 다음 네 가지 요소를 결합한 것이었다.

① 하늘의 계시를 담은 핵심적인 경전(『성경』 또는 『쿠란』) 또는 명확환 교리와 신성한 기록의 존재.

② 배타성, 즉 종교적 충성의 유일성과 '신앙'하는 종교와의 일체화.

③ 다른 생활영역과의 분리

④ 지도인물의 카리스마와 과도한 개인숭배로부터의 분리(이는 반드시 등급제도의 교파수립과 연결되지는 않는다).[7)]

이러한 종교의 개념이 19세기 말에 비서방 문화권에 전파될 때 식민지배라는 경로만 거친 것은 아니었다. 이 개념은 언제나 배척만 받은 것이 아니었고 어떤 경우에는 사람들이 기독교와 이슬람교를 표본으로 하여 교리와 의식을 고친 후 '종교'를 재해석하고, 정리하고, 체계화했다.

중국의 경우 사람들은 수 세기동안 '교'(敎)라고만 말해 왔는데 이는 번역하면 '교리' 또는 '가르침의 방향'을 의미하며 대체로 복수형으로 사용되었다. 19세기 말에 서방으로부터 일본을 거쳐 포괄적인 종교의 개념이 들어왔고 '종교'(宗教)라는 단어로 중국어 사전에 올랐다. 앞의 글자 '종'(宗)은 '선조' 또는 '일족'을 의미하지만 '모두가 본받아야 할 인물' 또는 '위대한 스승'이란 뜻도 있다. 이 신조어가 만들어지는 과정에서 중점이 가르침의 다양성에서 전통의 역사적 깊이로 옮겨갔다. 이것이 중국의 사례가 흥미 있는 이유이기도 하지만 동시에 (종교라는 개념을) 흡수할 때의 한계이기도 했다.

중국 엘리트들은 청 왕조 말기의 학자들과 궁극적으로는 (1907년에) 청 정부 자신이 제시한 권위 있는 공자의 세계관(유儒)을 공자를 신앙하는 종교(공교, 孔教)로 발전시키려는 시도를 거부했다.[8] 1700년 무렵 예수회 선교사들이 수 세기 동안 전해 내려온 복잡하기 짝이 없는 사상을 서방에 전달하는 힘든 과정에서 공자를 중국적 지혜의 상징으로 만들었듯이 캉유웨이(康有爲)와 그의 동료들은 공자를 '중국문화'의 상징이자 (얼마 뒤에는) '중국민족'의 상징으로 만드는 데 성공했다.[9]

훗날의 혁명은 공자를 마르크스와 마오쩌둥의 이름으로 거룩한 자리에서 끌어 내렸지만 공자는 20세기 말에 이르러 놀라운 부활을 보여주었다. 2004년에 첫 번째 '공자아카데미'(Confucius Institution)가 서울에 세워진 뒤 공자는 중화인민공화국이 벌이는 대외 문화정책의 '수호신'이 되었다. 그러나 청제국(1911년 멸망)과 중화민국(1912-49) 시기에 일본이 추진한 신도(神道)의 국교화와 유사한 유가사상의 국교화 시도는 남김없이 실패로 끝났다(일본의 신도 국교화에 대해서는 아래에서 따로 언급할 것이다).

유럽의 종교개념은 여기서 수출의 한계점에 도달했다. 세기가 바뀔 무렵 중국 문화계의 여론 지도층은 (항상 인식하고 있었던 것은 아니지만) 역설적이게도 더 이른 시기의 개념 — 공자의 '철학사상' — 을 선호했다. 이렇게 된 데는 유럽인의 책임도 없지 않았다. 이학(理

學)이 천하를 통일한 상황에서 공자 철학사상의 지위를 다시 회복시킨 사람들은 예수회 선교사들이었기 때문이다.

중국의 상황과는 반대로 유럽에서 들어온 이러한 종교개념은 다른 지역에서는 강렬한 사회적 충격을 주었고 때로는 정치적으로도 충격을 주었다. 이슬람교, 불교, 힌두교는 종교로서 보다 선명한 특징을 만들기 위해 전통과 새로운 상상을 결합하려 노력했다. 이슬람교에서 이런 노력은 종교법(sharia)에 대한 강조로 나타났고 힌두교에서는 오래된 전통언어로 기록된 경전보다 베다경전이 더 흔하게 경전으로서 사용되는 상황으로 나타났다.[10]

20세기에도 여러 신생 단일민족 국가에서는 현대 이전에 등급체계를 구성했던 다양한 종교를 제거하고 그 자리에 하나의 공식종교를 세우려는 구상을 했다. 이리하여 새로운 형태의 '종교적' 소수집단이 형성되었고 정식으로 평등한 권리가 주어진 시민 사이에 특별법으로는 해결할 수 없는 새로운 종교적 충돌이 생겨났다. 종교의 탈모호화와 종교적 신분의 명확화 과정은 대부분 다른 종교에 대한 관심과 다른 종교와의 직접적 충돌과 함께 발전했다. 이처럼 전 세계 종교가 상호작용을 통해 대규모로 재편되기 시작한 것은 19세기에 들어와서야 생긴 일이었다.

'세계종교'

오늘날까지도 대중의 언어사용에 흔적을 남기고 있는 19세기의 유산은 '세계종교'라는 관념이다. '세계종교'는 종교의 지형에서 우뚝 솟은 산봉우리와 같다. 새롭게 일어난 종교학 토론 가운데서 많은 종파가 '불교' 또는 '힌두교'와 같은 큰 분류로 축약되었다. 기독교, 이슬람교, 유대교와 유교를 포함하는 '세계종교'가 문명의 분포를 따라 '주요 종교'의 판도를 만들어 냈다. 명확하지 않은 (종교)관계에는 얼마 전까지도 '자연종교'라는 표지가 붙여졌다.

전문가들은 신앙체계 또는 사회학적 신앙유형을 정교하게 분류하기 위한 기초로서 '세계종교'라는 조잡한 틀을 사용했다. '세계종교'라는 관념 속에는 모든 비유럽인은 종교에 의해 완전히 장악되어 있으며, '동방'사회 또는 '미개한' 사회는 종교를 통해서만 가장 잘 표현되고 이해될 수 있다는 기본 가설이 자리 잡고 있었다. 그러므로 문명화된 유럽인만이 종교의 지적인 제약을 뛰어넘고 더 나아가 '외부' 시각을 사용하여 자신의 종교—기독교—를 상대화할 수 있었다.[11)]

이러한 비서방사회의 종교 우위론은 우리 시대의 시각으로 보면 피상적이지만 19세기에는 어느 정도의 의미를 지녔었다.

첫째, 이들 사회—풍부한 역사 편찬의 유산을 가진 중국은 예외로 하고—는 종교의 경전을 통해 처음으로 유럽 학자들에게 모습을 드러냈다(막스 뮐러Max Müller가 편집하여 1879-1910년에 출판한 50권으로 된 번역서『동방의 신성한 책』Sacred Books of the East).

둘째, 유럽인이 볼 때 식민정복에 대한 가장 격렬한 저항은 종교계에서 요직을 차지한 인물과 종교를 기반으로 한 운동으로부터 나왔다. 이런 논점은 서방이 지속적으로 탈물질화, 탈역사화, 탈정치화의 시각으로 비서방사회를 바라보게 만들었다. 종교와 국가를 동일시하는('힌두교의 인도'와 '유학의 중국') 진부한 관념은 오늘날까지도 드러나지 않게 부정적인 영향을 미치고 있다.

사람들은 종교의 현대화는 신앙을 개인적인 일이며 세속적인 '현대성'을 자기 모습이라고 선포한 세계, 즉 유일한 문명인 유럽에서나 가능하다고 믿고 있다. '세계종교'라는 논리는 잘못된 것이 없지만 다른 종교지역이 폐쇄적이며 외부의 영향을 전혀 받지 않고 독자적으로 발전한 지역이라고 오도해서는 안 된다. 이런 식의 접근방식은 문명의 충돌을 종교를 바탕으로 한 세력 사이의 충돌로 해석하며 종교의 정치적 확장을 부추긴다.

혁명과 무신론

유럽에서 19세기는 종교에 대한 전면적인 공격과 함께 시작되었
다. 이전에 있었던 여러 차례의 혁명에서 예외 없이 엘리트의 권력
박탈과 통치자가 처형되는 사건이 발생했지만 프랑스대혁명 혁명가
들의 교회와 종교에 대한 공격은 전대미문의 사건이자 혁명적 변혁
의 욕구가 극단적으로 표출된 한 사례였다. 계몽운동 시기의 종교비
판과 극단적인 반교회 사상이 여기까지 오는 길을 닦아놓았다.

일찍이 1789년 말에 교회의 재산이 국유로 귀속되었다. 다름 아닌
성직자들, 즉 제1계급의 대표들은 '3부회의'가 혁명적인 국민의회로
바뀌는 단서를 만들었고 교회는 권력요소로서 빠르게 제거되었다.
가톨릭은 국교의 지위를 상실했고 성직자는 전통적인 수입의 대부
분을 상실했다. 모든 수도원은 문을 닫아야 했는데 이것은 합스부르
크 왕조의 요제프 2세 황제의 통치하에서 이미 시작된 과정이었다.

1790년, 성직자 기본법(Constitution civile du clergé)이 통과되면서
프랑스는 교황과의 관계를 단절했다.* 성직자(최소한 일부)는 비교적
순조롭게 국가 급여체계 안에 편입되었다. 혁명의 입법자들은 여기
서 한발 더 나아갔다. 혁명정부는 성직자는 국가 공무원이라고 선언
하고 새로운 행정직급 체계에 포함시켰다. 성직자는 세속 기관에 의
해 선출되었고 반드시 국가에 충성하겠다는 서약을 해야 했다. 충성
을 서약하는 성직자와 충성을 서약하지 않는 성직자 사이에, 프랑스
(헌법)교회와 로마교회 사이에 심각한 균열이 생겼다. 이것이 이후
일부 프랑스 성직자들이 처형되는 근거가 되었다. 그러나 근대 초기

---

* 이 법에 의해 프랑스 국내의 모든 가톨릭 교회건물은 프랑
  스 정부 소유가 되었다.

에 프랑스에서 발생했던 종교적인 내란과 비교했을 때 이때의 충돌은 피해가 대수롭지 않았다.

역사에 전례가 없는 종교조직에 대한 극단적인 공격은 프랑스의 특수한 발전과정이었으며 가장 중요하고 장기적인 결과는 가톨릭의 독점적 지위가 무너졌다는 것이었다. 이보다 앞서 북아메리카의 혁명가들이 영국 국교인 성공회의 지배에서 벗어났지만 프랑스의 '비기독교화' 정책의 결과처럼 기독교에 대한 근본적인 의문이 제기된 적은 없었다. 그러나 프랑스의 비기독교화 운동 가운데 발생한 성상 (聖像)파괴 행위는 이미 1793년에 로베스피에르(Robespierre)가 후원하여 국가종교로 규정된 '최고존재숭배'(Culte de l'Être suprême) 에 의해 억제되었다. 북아메리카에서 성직자들은 물리적 박해를 당하지 않았다. 그러므로 전반적으로 말해 교회에 대한 적대감 또는 국가가 지원하는 무신론은 결코 대서양혁명*의 유산이 아니었다. 초대 집정관 보나파르트는 잠재적인 교황청을 중립화시키기 위해 정략적인 타협을 하겠다는 의지를 밝히고(1801년 정교협약政教協約) 유럽 외교무대에서 교황이 갖고 있는 현실적인 힘을 인정했다.

1815년 이후 회복된 군주전제체제하에서 교회는 대부분의 영향력을 되찾았고 가톨릭을 신앙하는 농촌지역에 가장 충성스러운 지지자를 가진 나폴레옹 3세의 교회에 대한 존경은 더 깊어졌다. 제3공화국에 들어와서 정권은 세속주의로 돌아왔고 정치와 종교의 분리 — 국가가 강제한 무신론과는 거리가 멀었다 — 는 프랑스 정치의 기본원칙으로 자리 잡았다. 18세기 90년대에 프랑스에서 발생한 종교를

---

* 1760년대부터 1870년대 사이에 대서양 양안에서 일어난 일련의 혁명의 물결을 말한다. 미국(독립전쟁)(1765-83), 폴란드-리투아니아공화국(1788-92), 프랑스와 프랑스가 지배하던 유럽(1789-1814), 아이티(1791-1804), 아일랜드(1798), 스페인어권 아메리카(1810-25)에서 일어난 혁명이 포함된다.

겨냥한 폭력은 20세기의 전주곡이었다. 같은 유형의 폭력이 소련, 혁명이 진행 중이던 멕시코, 2차 대전 후의 공산주의 독재국가에서 더 격렬한 방식으로 재현되었다. 19세기에 세계의 어떤 국가에서도 이것과 비견할만한 기성종교 자체에 대한 공격이 발생하지 않았다. 어떤 국가도 무신론을 신봉한다고 선언하지 않았다.

관용

대서양혁명은 크게 주목받지 못했으나 지속적인 영향력을 가진 유산을 남겨놓았다. 그것은 종교적 관용이었다.[12] 기본적인 이념은 종교전쟁이 일어난 16, 17세기의 유럽에서 나왔다. 종교적 관용은 피에르 벨(Pierre Bayle)과 존 로크 이후로 계몽사상의 초석이었으며 유럽 내부의 종교 간의 관계를 정의할 때뿐만 아니라 서방 이외 지역의 평등한 (종교적) 권리를 정의할 때도 적용되었다.[13]

1791년, 국가는 시민의 사적인 신앙에 영향을 끼치거나 특정 종교를 다른 종교보다 우대해서는 안 된다는 원칙이 프랑스('9월3일 헌법')와 미국('수정헌법 제1조')에서 확립되었다. 미국은 초기부터 종교의 자유를 보장했다고 할 수 있다(개신교를 믿는 것이 오랫동안 정치생활에서 유리한 요소로 작용해왔지만).[14] 영국은 그로부터 다시 수십 년이 지나서 가톨릭교도(1829년)와 유대교도(1846-58년)에게 완전한 시민으로서의 권리를 인정했다.

유럽대륙에서 종교의 자유와 출판의 자유는 자유주의 강령의 가장 중요한 기둥이었다. 독일의 유대인은 가장 먼저 바덴(1862)에서 시작하여 1869년에는 북독일연맹(Norddeutschen Bund)에서 종교의 자유를 획득했다. 1905년에 러시아가 '양심의 자유'를 약속하는 조서를 발표함으로써 유럽 강대국 가운데 마지막으로 종교적 관용을 수용했다. 이것으로부터 혜택을 입은 주요 집단은 유대교도가 아니라 무슬림과 동방정교의 여러 분파였다. 예카테리나 2세는 이미 1773년에 이슬람교에 합법적인 지위를 부여하여 정부의 박해를 폐지하는 첫 단계의 조처를 실시했다. 가톨릭교회는 1965년 제2차 바티칸공회에서 처음으로 종교자유의 원칙을 수용한다고 선포했다.

종교적 관용은 '계몽사상을 실천한' 국가(미국과 프랑스)에서 먼저 법제화되었고 이것이 최종적으로 국제연합 인권선언(UN Declaration of Human Rights)의 탄생으로 이어지는 과정의 시작이었다. 그렇다고 해서 세계의 다른 지역에서는 종교의 다양성을 찾아보기 어려웠던 것은 아니다. 근대 초기에 유럽에서 발생한 격렬한 종교 간의 갈등과 종교전쟁은 대부분의 시기에 다수의 종교가 평화롭게 공존한 세계에서 특이한 사례였다.

이슬람 왕조가 통치하는 다민족 국가에서 강력한 이슬람화 정책도 효과를 내지 못했다. 이것은 오래된 정치적 관습과도 부닥쳤다. 선지자 무함마드 자신도 아라비아 반도의 '책의 사람들'*과 여러 차례 협약을 맺었다. 오스만인은 '밀레트'(millet. 비무슬림 인종집단, 주로 기독교도, 유대교도, 배화교도**)에게 조공을 받는 대가로 '보호'를 제공했다(발칸지역의 기독교를 신봉하는 농민은 제외).

인도의 무굴제국은 이슬람 정복왕조로서 무수한 종파로 나뉜 비무슬림 다수를 통치했다. 통치 기술만을 놓고 본다면 무굴제국도 관용정책을 실시하지 않을 수 없었고 이 정책은 특히 16세기에 뛰어난 성과를 낸 바 있었다. 이 왕조는 무굴제국의 역사에서 유일하게 이교도를 토벌한 오랑제브(Auranzeb) 황제 치하에서(1658-1707년) 관용정책을 버리고 제국 전체에 이슬람율법(샤리아, sharia)을 시행하려

---

* 책의 사람들은 『쿠란』에 따르면 이교도를 지칭하며 구체적으로는 기독교인과 유대인을 지칭한다. 무함마드가 나타나기 전에 신의 계시를 받은 자들이라는 의미를 갖고 있다.
** 창시자의 이름을 따 조로아스터교라고도 불린다. 이란계 유일신교로 선악이원론을 특징으로 한다.

했다. 이 때문에 발생한 갈등과 모순 때문에 무굴왕조는 18세기 초에 붕괴했다. 그러나 이슬람은 기타 종교와 최후의 선지자 무함마드가 보여준 하늘의 계시가 원칙적으로 평등한 지위를 갖는다는 생각을 인정하지 않았다. 우리는 이슬람제국에 존재했던 종교적 다양성을 이상화해서는 안 된다. 비무슬림은 용인되고 상당한 정도로 박해를 면했지만 2류 신민일 때만 그럴 수 있었다. 그런데도 근대 초기 서방의 이교도에 대한 폭력적 배척과 대비했을 때 분명한 차이가 있었다. 동방 이슬람국가의 종교적 소수집단의 처지는 서방 기독교 국가의 종교적 소수집단의 처지보다 나았다.

중국에서는 종교적으로 북아시아 샤머니즘의 배경을 가진 만주족 정복자가 각종 사상유파와 종교적 종파에 대해 신중한 평형정책을 폈다. 그들은 몽고족과 티베트족에게 정치적 영향력이 큰 라마불교를 후원했다. 그러나 청 정부와 무슬림 신민 사이에는 큰 구조적 대립이 존재했다. 소수민족의 등급질서 가운데서 무슬림의 지위는 명 왕조(1368-1644) 시기에 비해 낮아졌다. 보편적으로 손님을 환대하는 '전통'을 가진 아프리카 사회의 특징은 외부 종교의 영향에 대해서도 개방적인 태도로 나타났다. 이런 특징은 19세기에 이슬람교와 기독교의 포교활동에 큰 도움이 되었다.[15]

종교적 관용이란 관념은 현대 입헌국가와 뗄 수 없는 관계를 갖고 있기 때문에 엄격하게 말하자면 이 모든 경우에 적용될 수 없는 것이다. 그러나 유럽 자유주의의 영향에 노출되기 전의 비서방 사회에서 종교적 강압은 통상적인 경우는 아니었다. 종교정책 면에서 근대 초기부터 유럽에서 유대인에 대한 강제 세례(1492년)와 카스티야(Castilla) 왕국에서 무슬림에 대한 강제 개종과 추방이 시작되었다. 세계의 기타 지역과 비교할 때 이 시기의 유럽은 종교의 다양성을 받아들인다는 면에서는 사실은 낙후성과 편협성을 드러냈다.

2. 세속화

유럽의 비기독교화?

19세기는 흔히 '세속화'의 시대로 인식되어왔다.[16] 19세기 중반 이전에는 '세속화'는 줄곧 교회영토의 세속사회 이전을 가리켰고 뒤에 가서 다시 새로운 의미—사람의 사상, 사회조직, 국가정책에 대한 교회 영향력의 감소와 약화—가 더해졌다. 유럽의 경우 핵심 논제는 계몽운동과 프랑스대혁명 때부터 시작되어 지금까지 지속되고 있는 비기독교화의 발전 궤적을 명확히 그려내는 것이다.

사학자들은 종교에 대한 다양한 해석 때문에 크게 차이나는 결론을 내놓았다. 영국의 비교종교사학자 휴 맥레오드(Hugh McLeod)는 종교의 세속화를 여섯 가지 영역으로 구분했다. ① 개인 신앙. ② 종교의식 참여. ③ 공공기구에서의 종교의 역할. ④ 공공여론과 대중매체에 대한 종교의 기여. ⑤ 종교가 개인과 집단의 정체성 형성에 미치는 영향. ⑥ 종교와 민간신앙 또는 대중문화의 관계.

맥레오드는 1848-1914년 사이의 서유럽의 종교세속화에 대한 연구를 통해 다음과 같은 결론을 얻었다. ①과 ②영역의 세속화는 프랑스, 독일, 영국에서 가장 분명하게 나타났다. 정기적으로 교회를 찾아가 예배와 성찬의식에 참여하는 인구의 비율은 크게 줄었다. 동시에 기독교 신앙에 대해 무관심과 적의를 표시하는 인구의 비율은 (소규모 지식인 사회에 국한되지 않고) 증가했다. 이것은 세 나라의 기본적인 유사성이다.

공공생활에서 종교의 중요성은 세 나라 사이에 비교적 큰 차이를 보였다. 프랑스의 정교분리는 특히 19세기 80년대 이후로 가장 분명했다. 동시에 가톨릭교도들은 상당히 성공적으로 자신의 '대응세계'를 만들어 냈다. '조용한 가운데 확고해진' 세속화가 빅토리아시대 영국의 특징이었지만 분명하게 대응하는 이념은 나타나지 않았다. 공식적으로는, 영국은 종교적으로 매우 경건한 사회였다.

윌리엄 E. 글래드스턴 수상(1809-98)은 정책결정을 할 때 때때로 『성경』에서 영감을 얻는다고 밝혔다. 그의 이러한 공개적인 경건함은 그의 전임 수상 가운데 한 사람인 파머스턴(1784-1865)의 종교에 대한 냉담함과 선명하게 대비된다.

독일에서는 개신교도와 가톨릭교도가 대립하고 있는 가운데서도 교회는 교육사업과 복지사업 분야에서 매우 중요한 역할을 맡았다. 독일 교회의 재정상황은 상당히 좋았다.[17] 세계 어느 지역에서든 종교적 취향은 민간문화에 깊이 뿌리내려왔다. 정기적으로 교회에 가지 않는 사람과 비교도일지라도 종교적 세계관의 기본 개념을 따랐다. 종교적 상징을 인식하고 사용했으며, 끊임없이 돌아오는 종교축제를 중시했고, 곤경에 빠졌을 때는 종교에서 도움을 찾았다.

민족주의와 사회주의는 다 같이 모든 세계관을 제공했지만 기독교를 대체할 수는 없었다. 종교적 하부문화가 이 세 나라—특히 네덜란드—에서 점차로 형성되어 전례 없이 활발한 활동을 보여주었다. 종교를 기반으로 한 정당도 그 한 부분이었다(영국은 달랐다). 서유럽 민중의 대부분이(유대인 공동체를 포함하여) 최소한 외면적인 종교형식은 준수했다.[18] '공식적인' 기독교의 수용능력은 자신이 불가지론(不可知論, agnosticism)자임을 공개적으로 선언한 다윈조차도 기독교 국장의식에 따라 웨스트민스터 대사원에 묻힐 수 있을 정도로 컸다(캔터베리 대주교는 이 장례식에 참석하지 않았지만).[19]

상징과 법

서유럽의 절제된 세속화는 보편적인 추세를 반영한 것이었을까. 세계의 여러 지역에서 개별 종교의 발전과 변화에 대해 우리가 아는 것은 많지 않다. 종교법이나 비공식 통제 때문에 종교적 공동체 생활에 참여하는 것이 상당한 정도로 의무인 곳에서, 전통적인 종교의식 활동이 아니라 개인화된 스승과 도제 관계를 통해 종교적 경건함이 표현되는 곳에서 예배참석은 더 이상 평가기준으로서 설득력을 잃었다. 그러나 수도원에서 수행하는 사람들의 규모라면 그렇지 않다.

1750년 무렵, 수도원의 발전이 종교개혁 이후로 정점에 도달했을 때 포르투갈과 폴란드 사이의 가톨릭지역에는 최소한 20만 명의 수도사와 15만 명의 수녀가 있었다. 이 숫자는 러시아 이서지역 서유럽 총인구의 0.3퍼센트에 가까웠다.[20] 불교국가 가운데서 두 번째로 사원문화의 규모가 큰 버마는 차원이 달랐다. 버마의 승려 숫자는 19세기를 통틀어 변화가 없거나 증가했다. 1901년, 버마 남성 인구의 2.5퍼센트가 승려였다.[21] 승려는 인구의 모든 계층에서 모집되었고 세속생활을 떠나지 않으면서 오렌지색 승려복을 입은 수십 만명의 남성은 버마사회의 중요한 접착제였다.

1700년 무렵, 티베트 사원의 승려 수는 76만 명에 이르는 불가사의한 규모였다고 한다. 이것은 대혁명 이전 유럽의 성직자 수의 두 배였다.[22] 1900년 무렵이 되자 세계의 등뼈에 해당하는 지역에 자리 잡은 이 나라는 여전히 사원이 지배적 지위를 차지하는 신권통치 아래 놓여 있었다. 달라이 라마가 정신적 지도자이자 정치적 지도자였지만 이 나라는 그리 평화롭지 못했다. 각 종파와 사원 사이의 투쟁 때문에 소란이 끊이지 않았다.

성직자 통치는 동방의 전유물이 아니었다. 같은 시기에, 심지어 식민지 시기 말까지도 스페인 성직자는 필리핀에서 가장 강력한 정치

세력이었다. 1896-98년의 필리핀 독립혁명의 주요한 동기와 목적 가운데 하나가 성직자의 혐오스러운 패권통치에 저항하는 것이었다. 그러나 티베트에도 세속화라고 할만한 변화가 발생했다. 13대 달라이 라마——1894-1935년 재위, 티베트에서는 '위대한 13세'라고 불렸다——는 결코 속세와 동떨어진 공상가가 아니라 세상사에 통달한 제사장이자 왕이었다. 그는 일찍부터 티베트를 민족국가로 발전시킬 기회를 찾고 있었다. 그는 영국의 도움을 받아(직접적인 식민지배가 아닌 형태로) 중국의 영향권에서 벗어난 현대적이며 독립된 티베트를 건설할 계획을 세웠다.[23]

세속화가 종교적 상징물을 공공의 공간으로부터 치우는 것을 의미한다면 유럽과 아시아의 차이는 크지 않았다. 최소한도라도 종교적 승인에 의지하는 군주정체가 존재하는 한 국가적 의례는 종교적인 성격을 띨 수밖에 없다. 술탄 압뒬하미트 2세(칼리파 칭호를 동시에 가졌다)는 러시아의 마지막 두 차르와 빈의 요제프 황제와 마찬가지로 온갖 궁리를 다하여 이 역할을 해냈다. 혁명이 군주통치를 소멸시킨 곳이라면 이런 유형의 권력신성화도 종말을 고했다.

1912년 이후로 중국에서는 황제가 천단(天壇)에서 거행하는 제사의식은 없어졌다. 술탄 칼리파의 통치가 종결된 후 케말주의 공화국 정권의 세속주의 상징이 지난 왕조의 종교적 표현을 대체했다.

세속법과 종교법의 경계가 분명하지 않은 곳에서는 세속화 문제가 특히 돌출되었다(지금까지도 그렇다). 세속화론자는 종교법(예컨대, 샤리아)의 권위로부터 유럽식 세속법의 공간을 쟁취하기 위해 나선 사람들이었다. 이집트의 경우가 좋은 사례다. 현지 지식인들이 보호국의 지지를 받아 법률개혁을 추진한 것이 이집트 국가전체의 세속화의 시작이었다. 이 개혁은 전근대적인 법체계와 재판관할권의 난맥에 질서를 세우고 현대적 체계로 바꾼 전면적인 현대화 과정의 일부로 받아들여졌다.[24] 1826년 이후 오스만 개혁으로 실제로 시작된 국가의 세속화가 이슬람세계의 핵심 화제가 되었다.[25] 케말 아타튀르크 치하의 터키공화국을 시작으로 제국주의 이후 시대의 국가는 20세기에 대부분 세속주의 정권으로 변신했다. 그러나 1979년의 이란혁명*(호메이니 혁명)은 이 과정이 역전될 수 있음을 극적으로 보여주었다.

미국의 종교열

휴 맥레오드의 분류기준에 따르면 1910년 이전의 세속화 추세는 비서방 세계에서 시작되었다. 이에 대해 의문을 품을 수 있지만, 미국의 사례를 살펴보면 '서방'이 선택한 경로는 각자 다르다는 사실을 알 수 있다. 서유럽에서 세기 중반 이후의 절제된 세속화는 1800년 무렵의 종교의 쇠퇴와 직접적으로 연결되지 않았다. 대혁명 시기에 위대한 철학자 칸트로부터 제퍼슨과 괴테에 이르기까지 걸출한 인물들은 한결같이 초자연적인 힘에 대한 신앙과 냉정하게 거리를 유지했다.

대혁명 시기 이후로 대부분의 유럽 지식인 사회에서 낭만주의란 이름으로 종교의 재발견 현상이 나타났다. 초기 공업화의 중심부에서 빈곤하게 살아가던 하층 민중이 '신의 존재를 불신'한 것은 어느 정도 이해되는 일이었다. (최소한 개신교 국가에서는) 새로운 형태의 경건함과 기독교 도덕문화는 중산계급의 특징이었다. 그 부산물 가운데 하나가 성공적인 반노예제 운동이었음은 앞의 장에서 이미 설명했다. 이러한 새로운 추세의 선봉인 영국에서 등장한 종교적 역동성은 (영적인 힘을 잃었고 도덕적으로 타락했다는 평가를 받던) 국교

---

* 1979년 이란에서 발생했다. 입헌군주제인 팔라비 왕조가 무너지고 이슬람 종교 지도자가 최고 권력을 지니는 정치체제로 변화되는 결과를 낳았다.

인 성공회 밖에서 개신교 복음파의 혁신운동으로 집약되었고 뒤에 가서는 성공회 내부의 반대파도 여기에 합류했다.

어디에 뿌리를 내리든 복음파는 어디에나 존재하는 영적인 싸움, 세속의 일에 대한 사탄의 적극적인 개입(과 그것에 대한 방어 가능성), 개인의 죄악, 최후의 심판의 필연적인 도래, 예수신앙을 통한 구원, 성경의 절대적인 지위를 강조했다. 개인 차원에서는 신앙의 회복, 회개와 다시 태어남, 진정한 '살아 있는' 기독교로의 복귀가 가장 근본적인 요소였다. 그러므로 현세에서의 시련은 감내해야만 했다.[26]

여러 차례 일어난 개신교 부흥운동은 1790년대에 전성기를 맞았다가 수십 년 뒤에도 성공회 고위층이 개혁조처를 취하도록 자극을 주었다. 19세기 후반에 이 열기는 '냉각'되어 앞에서 기술한 바와 같이 점차로 세속화의 추세를 보였다. 이런 추세는 영국에서는 유럽의 다른 국가처럼 분명하게 드러나지 않았다.

미국의 개신교도도 같은 시기에 유사한 신앙 부흥운동을 일으켰다. 이것은 18세기를 관통하는 일련의 종교부흥 운동의 연속이었다. 젊은 공화국의 종교적 각성은 당시 미국 북서부의 인디언 쇼니(Shawnee)족의 영웅적인 전사 테쿰세(Tecumseh, 1768-1813)와 신의 계시를 받은 그의 동생 텐스크와타와(Tenskwatawa)가 이끈 인디언의 전통신앙 부흥운동과 같은 시기에 일어났다.

19세기 초의 '대각성운동'(Great Awakening) —— 훗날 역사학자들이 붙인 명칭이다 —— 은 북아메리카인의 대규모 기독교 귀의로 발전했다. 유럽과는 달리 이 운동은 공식적인 교회조직으로 진화하지 않고 시종 유동적인 교회와 교파의 형태로 역동성을 유지했다. 1780-1813년에 미국 인구가 8배로 증가하는 동안에 기독교 교구는 2,500개에서 5만 2,000개로 21배 발전했다.[27] 어떤 의미에서는 지금까지도 지속되고 있는 영속적인 부흥운동은 미국을 기독교 신앙이 깊고 도덕적으로나 물질적으로도 이미 '문명국'의 수준에 도달했다고 스스로 믿는 국가로 바꾸어놓았다. 동시에 이 나라는 최대의 종교적 다양성을 가진 나라가 되었다.[28]

세계 각지에서 온 이민은 종교를 통해서 정체성을 확인하려 했다. 이주는 공간적으로 종교를 전파하는 형식이었을 뿐만 아니라 관련된 종교의식을 변화시키고 심화하는 기회였다. 아일랜드인은 자신들이 믿는 가톨릭 신앙을 세계의 구석까지 가져갔고 교회는 아일랜드 이민자들을 따라 성직자를 내보냈다. 대량의 아일랜드와 남유럽 이민이 들어오면서 미국 총인구에서 가톨릭교도가 차지하는 비중은 1850년의 5퍼센트에서 1906년의 17퍼센트로 높아졌다.[29]

세기말에 개신교 유럽에서 나타난 분명한 세속화 추세는 미국의 개신교도 사회에서도 가톨릭교도 사회에서도 재현되지 않았다. 미국의 사례는 종교적 열정이 반드시 신정체제, 극단적인 사회통제, 기타 생활영역의 비이성적 행위로 연결되지는 않는다는 사실을 보여준다. 개인적인 공간과 공공의 공간을 명확하게 구분할 때 종교적 흥분의 결과는 통제될 수 있다.

종교, 국가, 민족

서유럽은 19세기에 특수한 길을 선택했다. 서유럽에서만 교회의 민족국가 내정에 대한 영향이 시대의 핵심적인 충돌로 변했기 때문이었다. 핵심은 현대국가의 세속성이 아니었다. 국가의 세속성은 장기적인 투쟁을 거쳐 혁명이 종결되었을 때 확립되었다.

유럽의 마지막 신권정치는 교황국이 이탈리아에 합병된 1870년에 사라졌다. 오직 러시아에서만 동방정교회와 차르체제가 공생관계를 형성했지만 이런 관계는 러시아의 자유주의파 교회를 배척했을 뿐 궁극적으로 차르의 통치를 받쳐주지 못했다. 군주제와 교회는

1917년 혁명으로 다 같이 사라졌다.

서유럽에서 발생한 충돌—영국은 가톨릭을 신봉하는 아일랜드 지역의 자치문제 때문에 뜻밖의 영향을 받았다—은 다음 세 가지 요소의 상호결합으로 일어났다. 첫째, 세기 중반에 영향력이 절정에 이른 자유주의파의 가톨릭교회에 대한 반감이다. 둘째, 다시 강화된 교황통치권이다. 특히 교황 비오 9세(Pius IX, 1846-78년 재위)는 민족국가와 자유주의라는 시대의 추세를 분명하게 반대했고 각국 교회에 대한 단속을 강화했다. 셋째, 민족국가 형성이란 획일적인 추세다. 이 추세의 영향을 받아 비자유주의 정치가라도 멀리 떨어진 로마에 있는 교황이 일부 인구에 대해 '지고의 권력'을 행사하는 것을 받아들일 수 없었다. 이 때문에 미국 가톨릭교도는 장기적인 충성의 모순에 빠지게 되었다. 민주제도하의 시민으로서 (특히 이탈리아계 시민의 경우에는) 그들 가운데 많은 사람이 자유로운 이탈리아 민족국가의 수립을 지지하지 않을 수 없었지만 로마 가톨릭교회의 신도로서 그들은 민족국가와 그 수립원칙에 반대하는 교황을 지지하기로 서약했다.[30]

유럽에서 핵심적인 문제는 시종일관 세 가지였다. 주교임명권, 세속적인 결혼의 인정, 교육제도에 대한 영향력이 그것이다. 혼란과 충돌은 1860-70년 사이에 거의 전 유럽에 걸친 교회와 국가 사이의 투쟁으로 진화했다. 벨기에와 네덜란드에서 학교문제는 수십 년 동안 줄곧 내정 분야 정치 의제의 첫 번째 자리를 차지해왔다.[31]

오늘날의 시각으로 보자면 이것은 후퇴행위였다. 1850-59년은 위대한 교회사학자 오언 체드윅(Owen Chadwick)의 표현을 빌리자면 가톨릭세력이 유럽을 통치한 최후의 세월이었다.[32] 1859년 교황의 두 후견국 오스트리아와 (신앙심이라고는 전혀 없는 나폴레옹 3세 치하의) 프랑스의 동맹이 와해되자 교황정권도 따라서 무너졌다.

개별 국가는 타협안을 찾아냈다. 1880년 무렵 교회와 문화를 둘러싼 싸움은 점차로 수그러들었다. 그러나 로마가톨릭교회는 경직된 보수주의자 비오 9세가 사라진 뒤에도 현대세계에 적응하는 데 어려움을 겪었다. 그러므로 악명 높은 이단재판소와 '이단재판소 대심판관'이란 직책이 1929년까지 유지되었던 것은 놀라운 일이 아니다.

개별국가 수준을 넘어선 불충성(사실이든 억측이든)에 대한 가톨릭교회의 대응은 종교와 민족주의 간의 다양한 방식의 화해로 나타났다. 자기민족의 미래에 관해 대체로 일치된 구상을 갖고 있는 지역에서는 종교는 그 구상에 대해 빠르게 합법성을 부여했다. 이러한 공동인식이 부족한 지역에서는 대립되는 민족주의의 청사진이 종교적 종파의 형태로 표현되었다. 이것은 당연히 다른 지역에서는 찾아보기 어려운 유럽의 특수한 발전현상이었다. 일부 민족주의는 종교에 대해 중립적이었고 이 때문에 민족주의의 명맥을 유지할 수 있었다. 예컨대 1880년대에 등장해 인도 전체를 휩쓴 민족주의가 불안정한 기반에도 불구하고 유지될 수 있었던 전제는 종교──특히 힌두교도와 무슬림──의 경계를 초월한 단결이었다.

중국의 민족주의는 세기가 교차할 무렵에 싹을 틔운 후 지금까지 시종일관 종교적인 색채를 띤 적이 없었다. 미국은 철두철미한 기독교 국가였지만 교회와 국가는 엄격하게 분리되어 있어서 교회가 뿌리 깊은 특권이나 대규모의 토지를 가져본 적이 없었다. 다양한 개신교 종파와 여기에 더하여 가톨릭과 유대교의 존재가 특정 종교와 민족 사이에 귀속관계가 형성되는 것을 막았다. 미국의 민족주의는 강렬한 기독교 색채를 띠고 있었지만 다양한 교파를 초월한 민족주의였고 그 핵심은 미국의 백인은 하나님의 구원의 계획에서 중심 역할을 하도록 선택받은 민족이므로 특수한 사명을 지고 있다는 모호한 감정이었다.

따라서 미국의 민족주의는, 독일제국의 개신교파가 천주교에 대항하는 '문화투쟁'(Kulturkampf)이 종결된(1879년) 뒤에도 여전히 개신교 민족주의를 유지하고 있었던 것과는 달리, 특정 교파와 분명하게 결합될 수 없었다. 미국의 민족주의는 감리교, 모르몬교도, 침례교도, 가톨릭교도 누구와도 원만한 관계를 유지해야 했다.

19세기 일본의 민족주의는 다른 어떤 민족주의보다도 종교적 색채가 강했다. 일본의 엘리트 계층은 메이지 시기까지도 기독교에 대해 극도의 의심을 품고 있었다. 기독교는 17세기 초에 일본에서 철저하게 금지되었고 그 뒤로 오랫동안 일본에서 종적을 감추었다.

1865년에 뜻밖에도 약 6만 명의 '지하기독교도'가 발견되었다. 그들은 200여 년에 걸친 긴 시간동안 나가사키(長崎) 주변지역에서 비밀리에 신앙을 지켜왔다. 그러나 이 사건은 기이한 삽화로 끝났을 뿐 일본을 기독교화하는 단서가 되지 못했다. 1873년 기독교가 해금되었지만 가톨릭, 개신교, 러시아 정교회의 선교 노력은 모두 일본에서 성과를 내지 못했다. 대략 1890년부터 민족주의의 기세가 점차 강해지면서 '비일본적'이란 낙인이 찍힌 기독교는 공개된 장소에서 모습을 감추었다.

일본의 엘리트계층은 신생 제국에 종교적 민족주의적 합법성을 부여하기 위해 자신의 자원을 동원했다. 그 결과 일본의 전통 종교인 신도가 민족 종교생활의 중심 위치에 자리 잡았다. 1868년 이전에는 신사(神社)와 불교사원이 평등한 지위를 누렸다. 전국 어디에나 있는 수만 곳의 신사는 일상생활에서 '카미'(神)*를 제사하는 장소였고, 많은 사람의 일상생활과 통합되어 있었다.

새로 수립된 메이지 과두체제는 정치적 난국을 수습하고 질서정연한 국가 등급체계를 건설하기 위해 새로운 국가신도(國家神道) 체제를 천황숭배의 기초로 삼았다. 국가신도 체계의 정점에는 전설에 따르면 황실의 조상이며 국가 전체의 수호신이자 태양신인 아마테

* 일본에서 신앙이나 외경의 대상이 되는 모든 것을 가리킨다.

라스 오오카미(天照大神)를 모시는 이세(伊勢) 신궁이 있었다. 신궁(神宮, '진구')과 국가신사(國家神社)는 중앙정부로부터 적극적인 재정지원을 받았다. 신관(神官, 신사를 운영하는 승려)은 공무원 신분을 부여받았고 모든 가정은 직업에 따라 참배해야 할 신사를 배정받았다. 새로운 신사들이 세워졌다. 그중에서 첫 번째로 세워진 신사가 훗날 전사한 군인들을 받들게 되는 야스쿠니(靖國)신사였다. 그전까지는 일본 각지에 분산되어 있어 체계가 없고 정치로부터 멀리 떨어져 있던 종교계가 정부의 의해 정리된 후 국교가 되었다.

그 과정은 불교사원이 열세에 처하게 되는 종교 문화투쟁이었다. 불교는 배제되고 강등되었다. 수년 내에 불교사원의 1/5이 문을 닫았고 수만 명의 승려와 비구니가 환속했으며 대량의 불교 예술품이 훼손되었다. 보스턴예술박물관(Boston Museum of Fine Arts)이 아시아 지역 밖에서 최대 규모의 일본 불교예술을 소장하게 된 데는 이 시기를 이용하여 저가에 대량의 예술품을 사들인 미국의 수집가들의 활약이 바탕이 되었다. 19세기에 새로 등장한 대중적 호소력이 있는 몇몇 종교도 국가신도에 종속되어야 했다.

19세기에 국가가 종교생활에 개입한 정도로 말할 것 같으면 어떤 강대국도 일본보다 심하지는 않았다. 국가신도는 새로운 종교 칼렌다를 통해 전국적으로 종교의식을 통일했다. 신도의 성직자는 새로운 정치질서의 중요한 기둥이 되었다. 정부가 날조한 종교전통, 통치권력의 신성화는 그 정도가 유럽의 가장 보수적인 국가라도 상상조차 할 수 없는 국가와 종교의 동맹이었다. 이렇게 하여 침략적 민족주의의 기초가 놓여 졌고, 이 침략적 민족주의는 1931-45년의 침략전쟁을 우등민족이 집행한 신의 뜻으로 해석했다.[33] 국가신도는 수입품이 아니었다.

메이지유신의 젊은 지도자들은 국가가 통제하여 이념을 통일시키지 않으면 민족통합을 이룰 수 없다고 믿었다. 그들은 같은 시대의 유럽으로부터 전해진 민족국가의 개념을 모호하게 이해했다. 그러나 그들의 이념설계는 유럽의 민족국가 방안을 채용하지 않고 1820년대에 학자 아이자와 세이시사이(會澤正志齋)가 부활시킨 '국체'(國體) 이론을 채용했다. 이 이론은 일본은 고대로부터 제정합일(祭政合一)이었기 때문에 천하를 내려다보는 위치에 설 수 있었다고 주장했다.[34)]

종교적으로 해석된 '국체'의 신화는 국가통합의 핵심으로서 메이지 천황에게 종교적 광채를 비춰주었다. 이제 제국 확장과 민족 혈통의 시각에서 일본민족의 통일방안을 설명하는 데 기본적으로 아무런 장애가 없게 되었다. 이처럼 응집력이 강한 민족주의를 갖게 되자 일본은 서방을 모방할 필요가 없었다. 일본은 시대의 선두를 달려가고 있었다.

신도는 메이지시대 민족통합의 도구로서 그 시대 다른 분야의 발전추세와 충돌했다. 신도는 국가가 규정한 신흥종교였다. 신도는 추종자의 신앙이나 '경건함'에 대한 요구가 높지 않았기 때문에 신학을 통해 밝혀지는 올바른 신념(Orthodoxy)이라기보다는 일종의 올바른 행동(Orthopraxy)이었다. 그런 의미에서 신도(神道)는 대각성운동과는 정반대로 종교적 감성을 냉각시키는 데 적합했다. 다른 한편으로 신도는 여러 종교 가운데 하나(또는 '세계종교')가 아니라 일본의 국교였기 때문에 현대종교의 다양성 개념과 충돌했다.

국가목표에 완전히 종속된 신도는 종교는 개인의 신앙문제이며 여러 사회영역 가운데 하나라는 관점의 반면(反面)이었다. 이러한 일본과 중국을 대비해보면, 청제국 말기와 중화민국 시기에 중국이 종교에 거의 투자하지 않았다는 사실은 큰 차이가 아닐 수도 있다. 1949년 이후의 30여 년 동안 국가마르크스주의(또는 '마오쩌둥주의')가 기능적인 면에서 국가신도와 대등했다는 점이 더 중요한 의미를 갖는다고 할 수 있다.

3. 종교와 제국

종교다양성

약탈과 정복을 통해 제국에는 다른 종교를 믿는 신민이 들어왔다. 예를 들자면 유대인이 로마제국의 통치를 받게 되었고, 이집트의 콥트(Copt)교도는 7세기 이후로 아랍인의 통치를 받았다. 16세기에는 발칸지역의 동방정교도가 무슬림의 통치를 받았으며 다신교를 믿던 아즈텍인은 가톨릭교도의 지배를 받았다. 마지막으로 아일랜드의 가톨릭교도는 개신교도의 지배를 받았다.

19세기에 여러 종교가 병존하는 제국의 형성이 정점에 이르렀다. 19세기의 오스만제국은 시간의 흐름과 함께 영토가 끊임없이 축소되었다. 오스만제국 밖에서는—오스만제국 자체가 영토가 줄어들면서 많은 기독교도 인구를 상실했고 그렇기 때문에 인구 구성비로만 본다면 훨씬 더 집약적인 이슬람사회가 되었다—더 이상 무슬림제국은 존재하지 않았다. 반면에 영국, 러시아, 프랑스, 네덜란드, 중국 등에서 무슬림은 대규모 인구집단을 형성했다. 이집트와 대부분 이슬람교를 믿는 아프리카지역이 영국령으로 합병된 후 빅토리아여왕은 세계의 어떤 통치자보다도 더 많은 무슬림인구를 통치하는 통치자가 되었고 동시에 대부분의 힌두 교도를 통치하는 여왕이 되었다. 실론과 버마에서는 영국인이, 캄보디아와 라오스에서는 프랑스인이 인구의 다수를 차지하는 불교도를 통치했다. 아프리카, 동남아시아 일부지역, 남중국해의 여러 섬에서 유럽인은 점차로 어지러울 정도로 다양한 종교적 표현형식을 발견하고 기록했다.

유럽인이 받은 첫 인상은 이곳 민족에게는 신앙이 없다는 것이었고 따라서 기독교 선교사업의 최적지이거나 어떤 형태의 '문명포교'에도 열려 있는 백지였다.[35] 1860년 이후로 민족학의 창시자 가운데 한 사람인 에드워드 타일러(Edward Burnett Tylor)의 영향으로 '정령신앙'(Animism)이란 포괄적인 명사가 널리 사용되기 시작했다. 이 용어는 일신론(一神論)의 상대어로서 한때는 혐오의 대상이던 근대 초기의 '우상숭배'를 대체하는 중립적 표현이었다.[36]

'세계종교'의 질서정연한 겉모습 아래에는 기독교 유럽을 포함한 세계 모든 지역에서 각양각색의 민간의 미신이 존재했다. 계몽-세속주의자와 선교사는 원칙적으로 미신과의 타협을 거부했지만 여러 가지 '올바른 신념'의 수호자들은 모두 미신과 평화롭게 공존했다. 식민지에서는 흔히 분명한 권위관계에 종속되지 않는 복잡한 종교적 등급이 형성되었다. 수직적 지시를 근간으로 하는 투명한 교회 등급질서에 익숙한 유럽인으로서는 수도회와 종교단체도 있고 사찰과 신사도 있는 혼란스러운 질서 가운데서 종교정책의 집행을 의존할 수 있는 기구를 찾아내기 어려웠다. 모든 제국이 종교통제를 시행하는 중요한 목적은 신뢰할만한 종속관계를 반드시 수립하는 것이었다.

근대초기의 오스만 정부가 이 방면에서 상당한 성공을 거두었다. 술탄-칼리프는 비무슬림 신민을 접촉할 때는 그들의 종교지도자를 경유했고 비무슬림 종교지도자는 협정으로 보장된 상당한 정도의 자치권을 누렸다. 이런 방식은 종교적 소수파를 교회로 집결시키는 효과를 냈다.[37] 종교지도자는 가혹한 책임추궁을 당할 수도 있었다. 1821년 그리스인의 반란 소식이 전해지자 오스만 정부는 반란과는 아무 관련이 없는 그리고리오스 5세(Grigorios V) 주교를 즉결 처형했다.

19세기에 기독교도가 통치하는 비기독교도의 수가 이전의 어떤 세기보다도 많아졌다. 이것은 무엇을 의미할까. 스스로 떠맡은 문명포교—제국주의 통치의 주요한 자기변명—는 쉽게 종교적 사명으로 형식을 바꿀 수 있었지만 식민세력이 식민지 신민들을 기독교로 개종시키려는 급진적인 정책을 시행한 적은 거의 없었다. 유럽 식민자들의 정신적 욕구를 고려하면 식민통치의 의례에는 반드시 기독교의 상징이 포함되어야 했다. 이 밖에도, 다양한 종교집단에 속한 인구를 통치하는 이민족 통치자의 논리는 현지 종교에 대한 도전을 피함으로써 평화를 유지한다는 것이었다.

19세기 말까지도 각 제국은 구조상 여전히 종교적 중립 국가, 비민족국가를 표방했다. 1857년 인도대봉기가 일어난 후 빅토리아 여왕은 다음 해 11월에 인도의 봉건제후와 민중에게 식민정부는 종교와 관련된 일에는 간여하지 않겠다고 선언했다.[38] 1870년 이후로 말라야의 술탄들과 체결한 조약에도 유사한 효력을 가지는 조항이 포함되었다. 이런 약속은 완전하게 실현될 수는 없었지만 영국인이든 네덜란드인이든 이슬람교와의 관계에서는 거듭 신중하게 행동했다. 물론 등급화와 관료화의 목적은 장기적으로 종교문제를 용이하게 통제하고 감독하는 것이었다.[39] 이것이 여러 제국이 선호한 행동방식이었다.

1772년 1차 폴란드 분할 이후 마리아 테레지아(Maria Theresia)는 갈리치아에 국가가 위임한 새로운 직무(유대교도 감독)를 수행하는 랍비를 임명했다.[40] 티베트에서 청 정부는 18세기에 라마교의 등급제도를 다시 조정하여 순종적인 도구로 만들려고 시도했다. 종교권력을 통제하면서도 그 기능을 잃어버리지 않도록 (유럽 각국의 정부가 주교 인선에서 발언권을 가졌듯이) 고위 성직자의 인선에 개입하는 방식이 동원되었다. 무슬림이 특별히 다루기 어려웠던 이유는 그들 가운데서 많은 사람이 상인과 성지순례자로서 식민지 이외의 지역과 접촉하고 있기 때문이었다. 식민세력은 '그들의' 무슬림을 다른 무슬림으로부터 격리시키는 (예컨대 성지순례의 기회를 제한하는) 것이 현명한 방법이라고 판단했다.[41]

'신뢰할 수 있는' 종교 지도자들과 좋은 관계를 유지하는 과정에서 제국의 통치자는 역설적인 상황에 빠질 수 있었다. 이슬람교 신비주의 교파인 수피(Sufi)의 수도사는 협력 상대로서는 의심을 받았다. 식민지 관료는 어느 정도 '이성적인' 태도를 보이는 현지 정착민 유력인사들을 편애했다. 그러나 1914년 이전의 세네갈에서 프랑스인은 내부질서를 더욱 공고히 하자면 보다 현명한 방법은 '추장'과의 '협력'이 아니라 다루기 어려운 수피파 종교지도자 —— 마라부(Marabuts) —— 와의 협력임을 서서히 깨닫게 되었다. 그들은 추장처럼 부패하지 않았고 민중의 존경을 받았다.[42]

영국제국, 러시아, 프랑스 식민제국을 가릴 것 없이 종교정책은 식민정부가 회피할 수 없는 장기적인 과제였다. 제국의 입장에서 보자면 이 분야에서 실수할 경우 폭동이 일어날 수 있었고 폭동은 처리하기에 간단치 않은 일이었다. 19세기의 모든 제국 —— 청제국을 포함하여 —— 의 역사에서 무슬림 폭동의 공포가 언제나 따라다녔다.

『이슬람의 폭동』(The Revolt of Islam) —— 퍼시 비시 셸리(Percy Bysshe Shelley)가 1818년에 발표한 소설의 자극적인 제목이다. 이 소설의 실제 내용은 프랑스대혁명을 더 많이 다루고 있다 —— 은 서방에서 보기에는 1979년에 아야톨라 호메이니(Ayatollah Khomeini)의 승리로 끝나거나 2001년 9월 11일에 시작된 것이 아니라 1800년 무렵의 호전적 이슬람운동에서 시작되었다.

언제나 제국들은 이런저런 방식으로 식민지의 종교지형과 등급제도에 개입해왔지만 근본적으로 변화시킨 경우는 거의 없었다. 때로 강압적인 기독교로의 개종이나 세례 사건이 발생했지만 일반적인 상황에서는 이것은 자발성에 위배되므로 금지되었다. 자신의 식민지가 아닌 지역에서, 유럽의 어떤 강대국이 동방의 어떤 강대국에서, 종교적으로 소수파에 속하는 현지 기독교도의 보호자를 자처하고 나선 경우는 흔히 고의적인 도발의 핑계였다.

러시아는 오스만제국 내 그리스인을, 프랑스는 레바논 산악지역의 기독교도를 보호한 적이 있지만(반대로 술탄 압뒬하미트 2세는 기독교도 통치하에 있는 모든 무슬림의 보호자임을 선포했다) 두 경우 모두 국제분쟁과 전쟁을 유발했다. 적대적인 제국이 서로 상대 내부의 종교적 소수파, 소수민족, 또는 고개를 들고 있는 민족주의 소수파 인구를 상대로 벌이는 선동공작은 1차 대전 중에 독일이 영국제국을 겨냥한, 영국제국이 오스만제국을 겨냥한 전략——『아라비의 로렌스』(*Lawrence of Arabia*) ——으로 최종적인 모습을 드러냈다.[43] 이 전략은 19세기의 영국-러시아의 '그레이트 게임'(Great Game)에서 이미 실전응용을 마쳤다.

선교사, 동기와 추진력

기독교 선교활동의 부침은 19세기 세계종교사의 가장 중요한 줄거리를 구성한다.[44] 근대 초기 유럽인의 선교노력은 문화적으로 거대한 영향을 미쳤지만——17세기와 18세기에 예수회 선교사들이 했던 유럽과 중국을 이어주는 교량 역할을 생각해보라——양적인 면에서는 성적이 볼품없었다. 유럽 식민국가와 식민지 현지 통치자들은 아시아에서 대규모의 개종이 일어나리라고 기대하지도 않았고 수용할 준비도 되어 있지 않았다.

아프리카는 아직 선교활동의 대상영역 밖에 있었다. 17, 18세기에 네덜란드 동인도회사와 함께 아시아로 간 100만 명이 넘는 인구 가운데서 기독교 성직자는 대략 1,000여 명 정도였고 그들의 가장 중요한 임무는 가톨릭과 싸우는 것이었다.[45] 이와는 대조적으로 19세기는 더 많은 인구를 상대로 하여, 심지어 하나의 민족 전체를 기독교로 개종시키기 위해 새로운 선교지역을 개척한 위대한 시기였다.

새로운 선교행동은 개신교의 특징이었다. 영국의 선교활동은 1700년 무렵의 선교활동 선구자들의 모범을 따랐고(인도 동남부의 덴마크 식민지 트란케바르Tranquebar에서 활동한 할레 경건파 Halleschen Pietismus의 선교) 얼마 뒤에는 개신교 신앙부흥운동의 여파로 미국의 새로운 선교활동이 시작되었다.

외국의 통치자를 기독교로 개종시키려던 근대 초기의 시도와는 달리 이제는 대규모로 '이교도를 기독교로 개종시키려는 선교활동'으로 바뀌었다. 이러한 대규모 선교활동의 기원을 찾으려면 개별 선교단체의 설립시기 —예컨대 1792년의 침례회선교회 (Baptist Missionary Society), 초교파 조직인 1795년의 런던선교회(London Missionary Society), 1799년의 성공회선교회(Anglican Church Missionary Society) —를 밝혀낼 것이 아니라 1813년의 개정된 동인도회사특허장(Chart of East India Company)을 주목해야 할 것이다. 새로운 특허장은 영국령 인도를 선교사들에게 개방하도록 규정했고 이때부터 갈수록 더 많은 상인과 선교사가 인도로 왔다. 이제 상품시장과 영혼시장이 동시에 개방되었다.

선교사들에게 아시아에서 두 번째로 중요한 선교지역이었던 중국에서는 1807년부터 광동(廣東)과 조차지 마카오(Macau)를 근거지로 삼았다. 위험한 환경이었고 활동지역도 통상항으로 제한되어 있었지만 선교사들은 활동을 시작했다. 그 후 중국은 1858-60년 사이에 몇 가지 '불평등' 조약에 의해 대문을 열어야 했다.[46] 1900년 무렵 중국에서 활동하는 선교사는 대략 2,000여 명이었다.

아프리카에서 선교사들의 활동은 1800년 무렵부터 서부와 남부지역에서 먼저 시작하여 비교적 완만하게 확산되었다. 이 지역에는 선교사의 출입을 제도적으로 관리할 수 있는 중앙정부가 존재하지 않았다. 19세기 중반이 되자 개신교의 모든 종파와 교회가 파견한 선교사가 아프리카에서 활동하고 있었다. 19세기 70년대에(유럽의 대규모 침략이 시작되기 직전) 선교활동은 다시 한번 확대되었고, 잇달아 군사적 정복행동이 시작되면서 그 과정에서 선교활동은 도움을 받기도 했으나 동시에 새로운 문제에 부닥쳤다.[47]

가톨릭교회가 그랬듯이 대혁명시기 이후로 가톨릭 선교활동은 힘들고 느리게 기력을 회복했다. 주로 나폴레옹 3세의 야심찬 국제정책과 식민정책의 지원을 받아 가톨릭 선교활동은 수십 년 뒤에는 모든 지역에서 추격해 올라왔다. 1870년 무렵, 세계 도처에서 가톨릭 선교활동은 선교사의 수가 훨씬 더 많은 개신교 선교활동의 위험한 적수가 되었다.

19세기 개신교 선교활동은 여러 가지 새로운 특징을 보였다. 기본적인 목표는 수많은—중국의 경우라면 선교사들이 거듭거듭 강조했듯이 수백 만의— '이교도'를 영원한 저주로부터 구원하는 것이었다. 수많은 남녀가 머나먼 열대지역으로 달려가 위험하면서도 보수는 보잘것없는 일에 뛰어 들었고, 그들에게 제공된 사전 교육은 오늘날 개발원조 요원들의 그것과는 비교가 되지 않았다.

그 시대에는 순교자도 나왔다. 중국에서는 반기독교 의화단운동 기간 동안에 약 200명의 선교사와 그 가족이 목숨을 잃었다. 선교활동은 특수한 형식의 '시민사회' 조직의 자발적 활동이 거둔 거대한 성취였다. 대부분의 개신교 선교단체는 국가와 교회 내부의 등급질서로부터 독립을 매우 중시했고 주로 개인의 기부금에 의존했다. 이런 점에서 선교단체는 모금을 예술의 경지로 끌어올린 첫 번째 조직이라고 할 수 있었다. 그들은 후원자들이 즐거운 마음으로 기부금을 낼 수 있는 방법을 찾아냈고, 후원자들의 끊임없는 적극성을 끌어냈으며, 기부금이 정신적인 보답으로 돌아올 것이란 확신을 심어 주었다. 선교는 사업과 논리적 계획이 일체가 된 활동이었다.

오늘날 선교의 역사는 유럽 밖의 기독교 역사와 결합된 광활한 연구영역이 되었다. 선교사와 현지인 사이에 발생했던 사건은 점차 대칭적인 상호작용으로 인식되었으며 여러 각도로 해석되고 있다.[48] 일반적인 상황이라면 세계의 특정지역에서 개별적인 선교단체의 활동을 예로 들어 망설임 없이 논쟁적인 질문을 제기할 수 있을 것이다. 선교사는 어떤 방식으로 제국확장과 식민통치의 '공범' 역할을 했는가?

이 질문에 대한 보편적으로 받아들일 수 있는 답은 있을 수 없다. 물론 유럽의 세계정복이란 커다란 시대적 환경이 아니었더라면 선교활동의 적극적인 확장은 상상할 수 없다. 선교활동이 선행되고 정치적 점령이 바짝 뒤따라온 사례는 많다. 선교사는 흔히 제국의 보호로부터 직접적인 수혜자였다. 그들은 (최소한 영국 식민지에서는) 식민지 백인사회의 일원이었지만 사회적 위신은 낮았다. 그들의 전형적인 소시민적 행동방식이 엘리트층의 호감을 사지 못했기 때문이었다. 그 밖에도 선교사는 자기만의 목적을 갖고 있었고 그 목적은 식민지 국가기구의 목적과 일치하지 않았을 뿐만 아니라(그들은 국가기구의 구성원도 아니었다) 정착이민자의 목적과도 충돌했다.

식민정부의 입장에서는 선교사들이 학교를 세운다고 했을 때 그들 스스로 자금을 마련한다면 환영할 수 있었다. 선교사들이 '무책임하게' 현지인들과 문제를 일으켜놓고 식민정부의 관료나 (비식민지인 중국에서는) 외교관의 도움을 기대할 때 관료와 외교관은 충분한 성의를 보여주지 않았다. 민족주의 운동이 활발한 지역(어느 곳보다 먼저 인도)에서 개별 선교사는 민족주의 운동의 지지자로 의심받을 수밖에 없었다. 수많은 선교단체는 신학적 신념, 교리, 선교방법, 위험을 감수하겠다는 의지에서 차이가 있었다. (근본주의 성향의 중국내지선교회China Inland Mission 회원들이 그랬듯이) 중국옷을 입고 농촌오지까지 달려가 복음을 전하는 것과 상징성이 강한 서방복장을 유지하면서 도시에서 고등교육기관을 운영하고 의료위생 활동을 벌이는데 힘을 쏟는 것은 차이가 있었다.

19세기 선교사들의 세계주의 정신은 근대 초기 예수회 선배들과 견주어도 손색이 없었다. 영어를 사용하는 복음운동은 시발점에서부터 대서양연안을 아우르는 프로젝트였다. 먼 나라에서 선교활동을 벌일 때 교리상의 충돌은 봉합되고 교회일치주의는 강화되는 게 상례였다. 유럽대륙에서 온 선교사들은 자기들만의 단체를 따로 만들었으나 앵글로-색슨 조직에도 참여했다. 단일민족으로 구성된 선교단체는 흔치 않았다. 최소한 19세기의 앞부분 3/4세기 동안에는 선교사들의 출신 민족은 문제가 되지 않았다. 그들 가운데 많은 사람에게는 외국 정부의 제국확장 야심에 힘을 보태야 할 이유가 없었다. 성공회 선교회의 초기 구성원 가운데는 독일인과 스위스인이 영국인보다 많았다.[49] 민족주의 추세가 점차로 강렬해져 가고 있던 1914년에 인도에서 활동하고 있던 5,500 명의 선교사 가운데서 1/10 이상이 유럽대륙에서 온 개신교 선교사였다.[50]

문화의 경계를 뛰어넘는 모험으로 가득 찬 이주는 그렇게 희귀한 사례가 아니었다. 셰레셰프스키(Samuel Isaac Joseph Schereschewsky, 중국명 施約瑟)처럼 비범한 일생은 결코 평범한 얘깃거리는 아니지만 일어날 수 있는 일이었다. 19세기 초에 성공회가 시작한 프로이센, 러시아, (오스트리아가 점령한) 폴란드 지역의 유대인을 대상으로 한 선교활동은 그 자체로 '다국적' 프로젝트였다. 이때 기독교로 개종한 유대인 가운데 셰레셰프스키가 있었다. 그는 리투아니아에서 랍비가 되기 위한 교육을 받는 과정에서 유대 계몽운동(속칭 하스칼라Haskalah)로부터 큰 영향을 받았다. 브로츠와프(Wrocław, Breslau)에서 신학공부를 마친 후 청년 셰레셰프스키는 미국으로 갔고 그곳에서(이때 비로소) 침례교 세례를 받았다. 신학교에서 한 단계 높은 신학교육을 받은 후 그는 미국성공회*(Episcopal Church, 성공회의 한 종파) 소속의 중국선교회에 가입했다. 그는 1859년 상하이에 도착했고, 1862-74년에는 베이징에 거주했으며, 1877년에 성공회 상하이 교구의 1대 주교가 되었다.

셰레셰프스키는 당대 최고의 중국학 학자였다. 히브리어 『구약성서』의 최초의 중국어 번역본은 거의 대부분이 그의 붓끝에서 나왔고 오늘날까지도 사용되고 있다. 그는 시종일관 제국주의 확장과 먼 거리를 유지했으며, 1865년에 중국내지선교회를 설립하고 선지자적 자세를 고집하며 기독교 개종을 열광적으로 선전했던 테일러(J. Hudson Taylor, 중국명 戴德生)를 지지하지 않았다. 중국의 대지는 성격과 품성이 다양한 선교사들을 포용할만큼 충분히 광활했다.[51]

선교활동, 결산

기독교 선교활동에 대한 포괄적인 대차대조표를 작성하는 일은 불

* 미국 성공회는 영국 성공회에서 최초로 독립된 성공회 교회이다. 1607년 잉글랜드에서 성공회 신자들과 사제가 버지니아주에 정착함으로써 시작되었다. 성공회는 성공회에 불만을 갖고 등장한 청교도들이 뿌리내린 뉴잉글랜드와는 달리 종교의 자유전통을 가진 메릴랜드주, 조지아주, 버지니아주, 코네티컷주에 뿌리내렸다.

미국 독립 혁명 중에 박해를 받아 상당수의 성직자들이 캐나다로 피신해야 했으며, 미국이 독립한 후에는 미국의 성공회는 잉글랜드와 더 이상 관계를 맺지 못하게 되었다. 그래서 미국 성공회는 1784년 스코틀랜드 성공회(Scottish Episcopal Church)의 주교들에게 주교서품을 받는 조건으로 주교제 교회를 뜻하는 'Episcopal Church'를 교회 이름으로 사용하게 되었다. 재건된 미국 성공회는 영국 성공회의 전례(典禮)와 신앙고백을 계승한 미국의 자치적 교회가 되었다.

가능에 가깝다. 기독교 개종자의 통계숫자는 항상 의심해봐야 한다. 모든 민족을 기독교 대가정의 울타리 안에 모으겠다는 꿈은 유토피아와 같다. 개종이 평생 유지된다는 보장도 없다. 1796년 이후 영국이 실론에서 법 규정을 완화하자 개종한 많은 개신교도가 다시 불교와 힌두교로 돌아갔다.[52]

선교활동의 성과가 탁월했던 곳은 흔히 식민정부와 관련이 매우 적은 지역이었다. 인도가 좋은 예다.[53] 현지사회의 주변부와 취약집단(언제나 여성을 포함하여)은 쉽게 종교에 흥미를 느낀다. 몇 세기에 걸친 열광적인 선교활동을 거친 후 인도인 가운데서 기독교로 개종한 인구는 2퍼센트에 지나지 않았다. 거대한 투입과 보잘 것 없는 산출 사이의 괴리가 눈길을 끈다. 중국에서 이 괴리는 인도보다 더 놀라울 정도다(최근 중국에서 기독교의 부활이 공산당 이전 시절에 뿌리를 두고 있는지는 확실치 않다).

선교의 성적이 가장 뛰어난 곳은 서아프리카와 남아프리카였다. 이곳에서는 (같은 시기의 뉴질랜드의 마오리 사회에서처럼) 현지교회가 등장했다. 현지교회는 선교사들의 지원을 받아 빠른 속도로 자기 특색을 갖춘 신앙공동체로 성장했다. 선교활동은 의문의 여지 없이 기독교의 세계화에 중요한 공헌을 했다. 선교사들의 노력으로 독립교회가 형성되었고 그들은 유럽의 모교회—그런 것이 있었다면—와는 어떤 종속관계도 맺지 않았다. 예컨대, 세계 각지에 있는 성공회는 제국주의 확장의 부산물이지만 교회는 일찌감치 제국의 과거와 결별했다.[54]

주제가 선교사들의 열정으로 바뀌면 상황은 달라진다. 아시아 각국 정부와 지방 권력에게 기독교 선교사의 등장만큼 두려움을 안겨준 사건은 흔치 않았다. 선교사의 사고방식은 그들이 통상적으로 접촉해오던 외교관이나 군인들과는 달랐다. 그들의 논리는 다른 문화 사이의 권력정치의 논리가 아니라 현재의 관계를 뒤엎으려는 강령이었다. 선교사들은 외계인이었다. 그들은 현지 통치자의 권위에 도전했고(특히 그들의 뒤에 제국의 포함이 있다는 것을 의식했을 때), 현지의 강대한 대항세력으로 성장했다.

명백하게 의도했던 것은 아니었지만 선교사들은 항상 현행 사회의 등급질서에 의문을 제기했다. 그들은 노예에게 자유를 주었고, 현지 사회의 주변부 집단을 자신의 주변에 불러 모았고, 여성의 지위를 끌어올렸으며, (1100년 전 성 보니파시오Sanctus Bonifatius*가 갔던 길을 따라) 성직자, 주술치료사, 샤먼(Shaman)의 권위를 깎아내렸다. 선교사들은 초대받지 않은 손님이었다. 그들은 중국 당(唐)제국의 초기 불교승려들과는 달리 존경받는 현자가 되지 못했다. 그들은 처음에는 손님으로서 환영받았지만 얼마 지나지 않아 묵계를 깨뜨리고 떠나지 않고 머물면서 현지 사회의 게임의 규칙을 바꾸려고 했다.

사람들은 선교사들이 대부분 식민지 또는 '무정부상태'의 지역 — 예컨대 아프리카나 남중국해 — 에서 활동했다고 상상하고 있다. 그러나 기초가 탄탄하다고 할 수 있는 오스만제국도 새로운 모습의 신성한 전사들로부터 도전을 받았다. 그들은 기회가 있을 때마다 놓치지 않고 자신들은 '더 높은' 문명의 대표임을 드러냈다.

이처럼 이념의 군사화, 특히 미국의 개신교 선교운동의 이념의 군사화는 세기가 바뀔 무렵에 정점에 이르렀다. 당시에 1만 5,000여 명의 미국 여러 교회와 선교단체로부터 파견된 남녀 선교사들이 해외

---

* 성 보니파시오(675?-754)는 8세기 프랑크제국에 기독교를 전파한 베네딕트회 앵글로색슨족 선교사다. 독일의 사도라고 불리며, 로마 가톨릭교회에서는 그를 독일의 수호성인으로 지정하여 공경하고 있다. 본래 잉글랜드 태생이었던 그는 719년 교황 그레고리오 2세로부터 독일 선교 사목 지시를 받고 게르만족을 상대로 선교활동을 펼쳤으며, 754년 프리슬란트(Friesland)에서 일행 53명과 함께 이교도에 의해 순교했다. 그의 유해가 안치된 풀다(Fulda)는 오랫동안 독일의 종교 및 정신적 활동의 중심지 역할을 했다.

에서 활동하고 있었다. 오스만 정부는 상대적으로 유리한 입장에 놓여 있었다. 1878년에 체결된 '베를린조약'은 오스만 정부가 무슬림의 타종교로의 개종을 막을 수 있는 권리를 인정하고 있었다(중국은 1860년 이후로 그런 권리를 잃어버렸다).

그럼에도 불구하고 선교사를 대할 때는 신중해야 했다. 선교사들은 자체의 신문매체를 갖고 있었을 뿐 아니라 서방 언론과도 관계가 좋았기 때문에 해외에서 제국의 이미지를 심각하게 훼손시킬 수 있었다. 오스만제국에서 가톨릭 선교사는 어느 정도 신뢰할 수 있는 존재였다. 그들은 로마 교황의 사절이었고 무슬림의 종교 수장인 칼리파 직을 겸하고 있는 술탄의 입장에서는 로마 교황은 일종의 동료였다. 그러나 개신교도, 특히 확고한 자신감을 가진 미국의 개신교도는 커다란 혼란을 몰고 왔다. 그들은 종교적 적수의 모습으로 나타났을 뿐만 아니라 분명한 세속적 목표—교육받은 중산계급의 양성—도 갖고 있었다. 그들의 세속적 목표는 바로 오스만제국 말기의 국가 목표와도 같았다.[55]

영향력 면에서 선교사는 국제 자본주의의 대리인들과 달랐다. 후자는 불과 몇 년 이내에 국가전체의 구조를 개편하고 국제 분업체계에 통합시켰다. 선교사는 현지의 실제상황에 근거하여 활동을 전개했다. 그들은 이곳에서는 교회건물을 짓고 저곳에서는 학교를 세웠다. 이 과정에서 그들은 다른 사람들이 사는 곳의 외부 모습을 바꾸어놓았다. 그들은 세계시장 또는 식민정부 같은 추상적 권력을 통해 우회하지 않고 직접 (타인의) 생활에 영향을 주었다. 그들의 영향을 받아 어떤 사람은 (대도시에서 교육받을 수 있는 기회를 포함하여) 새로운 생활의 기회를 얻었고 다른 어떤 사람은 선교사의 침략에 저항하는 과정에서 생활의 의미를 찾았다.

선교활동의 영향이 미치는 곳은 개종자와 지지자의 범주를 크게 벗어났다. 현지사회는 선교활동에 노출되었다고 해서 자동적으로 더 현대화되지는 않았다. 선교사들, 무엇보다도 성경은 정확하고 오류가 없다고 믿는 근본주의 선교사들이 배낭 속에 넣고 다니는 서방은 자유주의, 개혁주의, 과학기술로 자연을 정복한 서방이 아니었기 때문이다. 어떤 방식이든 현지사회는 전통적인 확신에 대한 전례 없는 도전을 경험하고 있었다.

일부 국가에서 현지인이 의학을 포함한 서방과학을 배우도록 지원한 것은 기독교 선교운동의 가장 중요한 역사적 공헌이었다. 특히 중국에서 개신교 선교사들은 19세기 중반 이후로 기술전파에 지대한 공헌을 했다. 그들이 번역한 책 가운데서 기독교 종교에 관한 내용은 일부에 지나지 않았고 대부분이 과학, 기술, 사회생활의 실제 문제를 담고 있었다. 대략 20세기 20년대부터 중국의 과학은 더 이상 선교사의 도움에 의존하지 않는 새로운 단계에 도달했다. 개신교 선교활동이 19세기 80년대가 되어서야 시작된 라틴아메리카(특히 브라질)와 조선에서도 선교사는 유사한 역할을 했다. 조선에서의 선교활동(주로 미국의 선교활동)이 일본은 말할 것도 없고 중국에 비해서도 탁월한 성과를 낼 수 있었던 이유는 (선교활동이) 조선의 관변 유학과 조선을 무겁게 누르고 있던 중국문화의 패권에 맞서 상대적으로 온건한 대안을 제시했고 더 나아가 서방 제국주의에 물들어 있지 않았기 때문이었다(조선은 1910년에 일본에 병합되었다).

조선에서의 선교활동에 영어와 (구시대 엘리트들로부터 멸시받았던) 조선어가 사용되었고 그 때문에 당시에 고개를 들기 시작한 민족주의가 자신의 뜻을 표현할 수 있는 문화적 공간을 갖게 되었다는 사실은 선교활동이 주목받게 된 또 하나의 매력으로 작용했다. 1884년에서부터 오늘날까지 곡절 많은 과정을 거친 후 지금은 남한 인구의 1/3이 기독교를 신봉하고 있다. 아시아에서 기독교도의 비율이 가장 높은 나라가 남한이다.

4. 개혁과 혁신

카리스마와 새로운 국가건설

18세기에 비해 19세기에 더 많은 종교적 개혁과 혁신이 일어났다. 이 혁신과 개혁의 많은 부분은 상투적인 '현대화의 도전'이라는 말로 해석할 수 있겠지만 이것으로 전부를 설명할 수는 없다. 많은 혁신은 유럽의 세계패권에 대한 대응이었지만 전부는 아니었다. 경건주의—여기서는 독일을 초월한 넓은 의미의 경건주의를 가리킨다—의 많은 기본 논리가 19세기의 각종 개신교운동에서 새로운 형태를 띠고 등장했듯이 이슬람세계에서 18세기는 기존의 성직등급제도('교회'란 단어는 금지어였다) 밖에서 혁신운동이 일어난 시대였다.

경건주의와 비슷하게 이 혁신운동도 진정한 경건의 뿌리를 찾고자 했다.[56] 이러한 종교적 '열정'의 발원지는 이슬람 교육의 중심지가 아니라 동남아시아, 중앙아시아, (18세기에는 오스만제국의 변방지역이면서 동시에 가장 오래된 이슬람지역인) 아라비아 사막 같은 외곽지역이었다. 이런 운동 가운데 가장 잘 알려진 것이 격정적인 설교자 무함마드 이븐 압델 와하브(Muhammad ibn Abd al-Wahhab)(1703-1791)의 이름을 딴 와하브파 운동이었다. 와하브는 현존하는 거의 모든 이슬람 종파를 이단이라 비난하며 무슬림의 신앙을 철저히 정화해야 한다고 주장했다. 이들은 1803-13년 사이에 이슬람의 성지 메카와 메디나를 크게 훼손하는 종교적 폭행을 저질렀다. 이것이 이슬람세계의 분노를 유발했다.

이 운동의 의미는 그 (소박한) 신학적 독창성이 아니라 새로운 국가를 건설했다는 데 있었다. 와하브는 지역 통치자 한 사람과 동맹을 맺었고 이를 통해 이슬람 혁신운동을 담당할 새로운 호전적 국가가 태어났다. 1818년, 이집트의 파샤 무함마드 알리가 오스만 술탄의 허가를 받고 첫 번째 와하비파 사막국가를 정복했다. 와하비파의 실험이 중단되었다. 그러나 1902년에 와하비파의 교리를 받드는 사우드 왕가가 일어서기 시작하면서 20세기 초의 사우디아라비아 왕국 건립의 서막이 열렸다.

이슬람교의 주요 성지 몇 곳이 1925년에 다시 와하비파의 지배 아래로 들어갔다.[57] 훗날의 인도, 북아프리카, 동아프리카, 카프카스 지역의 호전적 이슬람교파와는 달리 최초의 와하비파 운동은 반(反)서방 저항운동은 아니었다. 18세기 말에 서방은 아라비아 지역에서 아무런 영향력이 없었다. 하나의 이단종파로부터 새로운 국가로 나아가는 과정은 결코 통상적인 사례라고 할 수 없다. 19세기 이슬람세계에서 종교적 에너지는 국가체제—인도, 인도네시아, 알제리 같은 식민지는 물론이고 이란과 오스만제국 같은 독립국가도 포함하여—와 활기차고 제도적으로 경직되지 않은 수도회 사이의 긴장관계로부터 나왔다.[58]

종교적 카리스마를 기반으로 하여 국가건설을 시도한 그 밖의 사례로서 중국의 태평천국운동과 미국의 모르몬교가 있었다. 선지자 홍수전의 영도하에 1850년에 시작된 태평천국운동은 사회혁명운동이었으며 그 이념적 기반은 개신교 교리와 중국의 전통 종교 관념이 결합된 세계관이었다.[59] 국가를 세우려던 태평천국운동의 계획은 실패했으나 모르몬교 신도들은 정치적 의도를 성공적으로 실현했다.

'예수그리스도 후기성도교회'(The Church of Jesus Christ of Latter-day Saints)라고도 불리는 이 교파는 1830년에 미국의 한 선지자 조셉 스미스(Joseph Smith)가 창설했다. 7년 뒤에 홍수전이 경험했던 것처럼 젊은 조셉 스미스도 환상을 보았고 그것이 하나님이 선지자에게 내려주는 큰 임무라고 생각했다. 1844년 스미스가 원한을 품은 한 폭도에게 살해당한 뒤 그의 후계자 브리검 영(Brigham Young)은 1847-48년에 수천 명의 추종자를 이끌고 온갖 어려움을 극복하며 사람이 살지 않는 그레이트솔트호(鹽湖, The Great Salt Lake)지역으로 이주했다. 그 밖에 모르몬교에 귀의한 사람들 가운데는 훗날 영국과 스칸디나비아에서 건너와 합류한 신도들도 있었다.

1860년, 4만 명의 모르몬교도가 미국 유타주에서 공동생활을 하고 있었다. 후기성도들은 자신들의 신권(神權)국가를 세울 허가를 받지 못했다. 미국 대통령이 직접 관할하는 유타주가 설치되었다. 1857-61년(청 정부가 태평천국운동을 진압하던 때와 같은 시기), 모르몬교도가 거주하는 지역은 연방정부군의 군사통치 아래로 들어갔다.

태평천국의 주장을 『성경』의 원래 뜻과는 멀리 떨어졌지만 현지화된 기독교 교리라고 해석한다면 창시자가 기록한 자기들만의 성서를 가진 모르몬교도 마찬가지로 기독교 교리가 현지화 된 산물이라고 할 수 있다.[60] 모르몬교를 '기독교'로 분류할 수 있는지에 대해서는 오늘날까지도 많은 논쟁이 있다. 일부다처제의 특징 때문에 모르몬교는 창설되던 시대의 동시대인에게는 '미국의 이슬람교'처럼 낯선 종교였다. 그러나 모르몬교는 『성경』에는 왜 미국이 언급되지 않느냐는 의문에 대한 답을 주고 있다. 모르몬교는 구약시대에 미국을 목적지로 하는 대규모 이민이 있었으며 그것은 미국 땅을 구원대상에 포함시키려는 성서적 계획이라는 대담한 추론을 제시하고 있다. 그러므로 모르몬교는 미국의 모든 종교 가운데서 가장 미국적인 종교다.

세계의 다른 지역에서도 선지자 운동이 일어났다. 그 가운데는 메시아가 찾아올 세상의 마지막 날을 기다리는 운동도 있었다. 예를 들자면 수단의 '마디'운동(1881-98), 미국 중서부 인디언들이 일으킨 '혼무'(魂舞)운동(Spirit Dance Movement, 1889-90)*, '바브'(Bab)라 불리던 '사이드 알리 무함마드 쉬라지'(Sayyid Ali Muhammad Shirazi)가 이끈 운동('바브운동'), 독일령 동아프리카에서 반(反)식민 '마지-마지'(Maji-Maji)반란(1905-1907)**을 촉발한 운동이 있었다.

제국주의 침략과 더욱 가혹해지는 식민통치에 맞서는 저항운동은 흔히 종교적 선지자가 이끌었고 천년왕국의 희망으로 무장했다.[61] 이 모든 운동은 세계가 완전히 바뀐다고 예언했다. 그들은 '현대세계'에 적응하기를 원치 않았고, '현대세계'를 무너뜨리고 그들이 생각하는 자주적인 상태로의 복귀를 꿈꾸었다. 그러나 메시아주의가 극단적인 정치의 필수적인 전제는 아니었다. 종교적인 동기에서 조

---

* 나니사나흐(Nanissáanah) 또는 유령의 춤(Spirit Dance)이라 부른다. 아메리카 원주민들 사이의 신흥종교다. 제2기 나니사나흐의 선도적 인물이었던 파이유트족 종교지도자 와보카(영어명 잭 윌슨)에 따르면, 나니사나흐는 망자의 넋들을 불러모아 그 넋들이 자신들과 함께 싸워주기를, 백인 식민주의자들이 떠나고 평화가 찾아오기를, 지역을 불문하고 원주민들이 단결할 수 있기를 기원하는 것이다.
1890년 12월, 미국 육군이 나니사나흐 의식을 하던 라코타족을 불온행위자로 판단하고 이미 저항능력을 상실한 이들에게 무차별 사격, 최소 153명 이상이 사망한 운디드니 학살이 일어났다. 라코타족의 나니사나흐는 파이유트족의 와보카가 처음 만든 것과는 조금 달라져서 천년왕국스러운 기복적 성격을 띠었다. 카도족은 현재도 나니사나흐를 종교 의식으로 행하고 있다.

** 마지-마지 반란은 이슬람교와 정령신앙을 믿는 독일령 동아프리카(현재는 탄자니아)인들이 일으킨 무장반란이다(1905-1907). 식민정부가 원주민들에게 수출용 면화재배를 강제함으로서 일어났다. 25-30만 명의 비무장 민간인이 굶주림으로 죽었다.

직된 견고한 종교 공동체는 외부압력을 만났을 때 적극적으로 저항할 수 있다. 그러므로 동남아시아의 일부 지역에서 잘 조직된 불교 승려들이——이들은 메시아주의를 잘 알지 못했다——식민정권의 강력한 저항세력이 되었다.[62]

종교의 영역에서 반란과 개혁을 이분법적으로 구분한다면, 미래를 신화화된 과거 황금시대로의 복귀로 그려내는 메시아주의 운동과 변화하는 시대에 이성적이며 신중하게 적응하자는 교리를 이분법적으로 구분한다면, 이런 구분법은 문제가 있다. 그러나 하나의 운동이 이쪽 극단에서 저쪽 극단으로 쉽게 옮겨 간 사례를 찾을 수 있다면 이런 구분은 설득력을 갖게 된다. 바브운동이 바로 그런 사례였다.

이란 시아파의 한 이단 분파인 이 운동은 『쿠란』의 가르침을 대체하는 전능자와의 직접 교류를 기본교리로 삼았다. 창시자인 사이드 알리 무함마드 쉬라지는 신이 선택한 선지자들이 지상으로 내려와 신성한 국가를 세울 것이라고 주장했고 끝내는 자신이 선지자라고 주장했다. 그가 이단과 정치적 반란의 죄명으로 1850년에 총살형으로 처형된 후에도 이 운동은 붕괴되지 않고 그의 카리스마에 기대어 일련의 개혁을 실시했다. 바브의 동지 미즈라 후사인 알리 누리(Mirza Husain Ali Nuri, 일명 바하올라Bahaullah)가 임무를 이어받아 망명지 오스만제국에서 수십 년 동안 활동했다. 그는 때때로 세계의 구세주, 다시 태어난 예수와 마디와 조로아스터(Zoroaster)가 한 몸으로 합쳐진 존재로 자처했다. 이 밖에도 그는 온 힘을 다해 이 종파의 교리를 현대세계의 표현에 맞추어 전달하려고 노력했다.

1892년 그가 세상을 떠날 때 창시자가 내세웠던 시아파 메시아주의는 현대적인 바하이(Bahai)교로 발전해 있었다. 1910년 이후로 이 종교는 유럽과 미국으로 전파되었고 지금은 그 정신적 조직적 중심지가 이스라엘의 하이파(Haifa)이다. 이 종교는 19세기에 탄생한 종교 가운데서 모르몬교, 인도의 시크교와 함께 지금까지 전해지고 있는 몇 안 되는 종교다. 바하올라는 중국의 망명 철학자 캉유웨이 ——
'위대한 공동체'로 번역될 수 있는 '대동세계'(大同世界) 학설의 창
시자이다 ——와 함께 문화의 경계를 뛰어넘은 중요한 19세기 '비정
통사상가'의 한 사람이다. 바하이 신앙은 입헌국가와 의회정치 지지,
여성의 권리확대 주장, 종교민족주의 반대, 성전(聖戰)교리의 폐기,
세계평화 주장, 과학에 대한 개방적인 태도 등 현대적인 요소를 갖추
고 있었다.[63]

현대성(Modernity)과 현대주의(Modernism)

과거와 현대를 가릴 것 없이 현대주의는 ——21세기 초에 다윈주의
자와 성서적 창조론자 사이의 벌어진 논쟁의 시각으로 보자면 ——종
교의 현대성을 가늠하는 중요한 표준이다. 모든 분야의 과학지식을
일반인이 다 같이 알고 있거나 접근할 수는 없다.

이 기준을 따르면 종교의 현대화는 원칙적으로 진리의 원천으로서
과학을 부인하지 않는 것이다. 천체학을 통해 복수의 세계가 존재한
다는 사실을 밝혀내고, 지질학과 고생물학과 무엇보다도 찰스 다윈
의 진화론 ——영국의 토머스 헉슬리(Thomas H. Huxley)와 독일의 에
른스트 헤켈(Ernst Haeckel) 같은 추종자들이 전력을 다해 극단적으
로 지지했다 ——을 통해 시간의 끝이 없음을 알아낸 자연과학은 모든
종교의 신도들에게 거대한 도전이었다.[64]

신앙과 지식의 관계는 그러므로 (최소한 유럽에서는) 철학적 세계
관의 핵심 주제가 되었다. 종교와 과학의 관계는 비더마이어시대* 독

---

* 비더마이어시대(Biedermeier Period)는 중부유럽을 중심으
로 하여 1815-48년의 시기를 가리킨다. 이 시기에 중산계급
이 성장하고 보편적 감성에 호소하는 예술이 성행했다. 이
시대는, 나폴레옹 몰락 이후의 유럽의 국제질서를 논의
하기 위해 1815년에 열린 빈회의(Congress of Vienna)로부

일과 빅토리아시대 초기 영국의 기대와는 달리 더 이상 원만하지 않게 되었다. 이성주의와 후기유신론(後期有神論, Post-theismus)을 강조하는 유사종교가 종교와 과학 사이의 틈을 오랫동안 메울 수는 없었다. 그런 유사종교로는 과학을 신앙으로 끌어올린 '과학교', 프리메이슨주의를 기반으로 한 19세기의 각종 비밀교단, 1820년 무렵 프랑스의 초기 사회주의자 생시몽(Claude-Henri de Saint-Simon)이 창설하고 그의 사후 수십 년 동안 사교(邪敎)로 발전한 '사회교'가 있었다.

생시몽의 학설에 따르면 과학자와 예술가의 사명은 새로운 공업화시대에 윤리적 기초를 제공함으로써 생산력이 최대한으로 발휘되도록 하는 것이었다. 오귀스트 콩트(Auguste Comte)의 실증주의는 주로 멕시코, 브라질, 벵골에서 (여러 가지 원인으로 인해) 세속화된 구원복음으로 받아들여졌을 뿐만 아니라 생시몽 자신도 이미 말기 저작에서 실증주의를 '인도교'(人道敎)로 끌어올려 놓았다. 생시몽이 '인도교'를 통해서 꿈꾼 것은 과학이 주도하여 진보하는 사회, 기술관료(technocrat)가 중심이 되는 정치질서가 정치적 자유주의와 경제적 자유방임을 대체한 사회였다. 콩트는 자신의 학설이 유럽에서 승리하리라 기대했지만 (실패로 끝나기는 했어도) 이집트의 파샤 무함마드 알리를 자신의 신도로 만들려고 시도했다. 생시몽주의자들은 이 나라에서 코뮌 유토피아의 이상을 실현하려고 시도했다. 실증주의는 이집트에서 인기가 없었고 단지 그것을 추격형 현대화의 포괄

터 시작하여 1848년 혁명—프랑스 2월 혁명을 시발점으로 하여 시작된 빈 체제에 반대하는 전 유럽적인 자유주의와 민족국가의 저항운동—의 시작으로 끝난다. "비더마이어"란 용어는 풍자시인 고크리프 비더마이어(Gottlieb Biedermaier)의 이름에서 비롯되었는데 이 이름은 아돌프 쿠스마울(Adolf Kussmaul)과 루드비히 아이히로트가(Ludwig Eichrodt)가 공동으로 사용한 가명이었다.

적인 세계관으로 받아들인 국가에서는 환영받았다.[65]

자연과학이 성서적 창조론을 수정하면서 생긴 것과 유사한 문제가 인문학의 역사적 접근방식에서도 생겨났다. 이제 예술, 철학, 과학의 형성과정이 연구의 대상이 되었고 '국민문학'의 진화에 대한 역사적 해석이 문학비평과 나란히 자리를 잡았다. 칸트는 전통적인 철학이 자신이 살고 있던 시대까지 발전해온 역사에 대해서는 간략하게 개괄만 했을 뿐이었지만 그가 세상을 떠나고 난 후 불과 몇 년 안에 헤겔이 이것에 관해 매우 상세한 강의를 하고 있었다. 종교 또한 역사화를 면치 못했다. 전통적인 신앙과 역사성에 대한 새로운 인식 사이의 대립은 많은 종파와 교회의 난제가 되었다. 전통에 뿌리를 두고 개혁에 무관심했던 유대교도 이 때문에 기독교보다 더 큰 곤혹감에 빠졌다. 유대교 신앙의 현대화에서 핵심과제는 유대교와 역사, 유대교와 세속의 관계를 어떻게 설정하느냐는 것이었다.[66]

기독교 세계에서 성경비판이 미치는 영향의 범위는 넓었으나 그렇게 강력하지는 않았다. 성경비판은 기독교 신학자와 역사학자의 구약전서의 출처와 원문연구의 전통에 대한 연구였기 때문에 유대교의 자기인식과 직접적으로 관련되었다. 폭넓은 교육을 받은 계층이 기독교의 역사화에 나서게 된 데는 데이비드 프리드리히 슈트라우스(David Friedrich Strauss)가 쓴 『예수전』(*Leben Jesu*, 1835) 같은 날카롭고 맹렬한 공격보다는 과학을 존중하는 문헌학자의 꾸준한 연구가 더 큰 영향을 미쳤다. 문헌학적인 연구방법을 통해 갈수록 더 정확한 사료가 발굴되었고 이를 기반으로 하여 성경의 기술과는 완전히 다르거나 최소한 거리가 먼 해석이 나왔다.

19세기 자유주의적 개신교 신학과 교회사는 예수의 모습을 선험적 가치의 윤리적 모범으로 그려내는 경향을 갖고 있었다. 기독교를 다른 종교와의 상호 관련성이란 관점에서 보는 종교사학 연구가 시작되었을 때 세상을 파멸에서 구원하려는 동방 선지자 예수와는 전혀 다른 예수의 모습이 등장했다.[67] 유럽의 학자들도 다른 종교, 예컨대 이슬람교와 불교의 창건역사에 대해 마찬가지로 역사화 된 비판 또는 비판적 역사화를 시도한다는 사실은 그 종교를 믿는 사람의 시각에서는 도전과 신성모독으로 인식되었다. 오늘날 '오리엔탈리즘'이 비난받는 이유 가운데 하나가 이것이다.

세계를 (종교가 중산계급 이성주의의 찬란한 길을 따라간) 서방과 (종교적 열정이 광적인 호전성과 지도자의 카리스마에 대한 숭배와 성전聖戰사상에만 몰려 있는 비기독교 세계 기타지역으로 구분하는 단순한 대립구도는 틀렸다. 완고한 전통, 종교적 카리스마가 불러온 도전, 그 뒤에 이어지는 개혁을 통한 발전은 19세기 동방과 서방에 다 같이 존재했던 현상이었다. 비오 9세 치하의 가톨릭교회는 계몽운동의 유산에 대해 명확히 반대를 표시했고 비오 9세는 유럽 자유주의자들이 비판했던 것처럼 사실상 반동적이었다. 그는 후계자 레오 13세(Leo XIII. 1878-1903년 재위)에게 '포위'된 가톨릭을 물려주었다. 레오 13세는 사상은 극단적으로 보수적이면서도 용기 있게 신중한 개방정책을 시행했다. 그는 당시의 사회문제에 관심을 가졌고 자본주의와 사회주의 사이에서 제3의 길을 찾으려고 노력했다. 총체적으로 말하자면 교회는 그래도 여전히 완고한 세력이었다.

두 교황의 오랜 임기 동안에 이슬람교 안에서는 현대적 개혁이 매우 중요한 과제로 떠올랐다. 개혁움직임의 시발점은 19세기 40년대로 확정할 수 있을 것이다. 여러 갈래로 진행된 개혁운동은 북아프리카에서부터 중앙아시아를 거쳐 말라야와 인도네시아에 이르는 전체 이슬람세계를 휩쓸었다. 이 운동은 19세기 사상사의 중요한 순간이었다.

법률학자와 종교학자, 때로는 전혀 다른 경력을 가진 정치지도자들이 이끈 개혁운동 세력은 하나의 특수한 원인 때문에 단결했다. 특수한 원인이란, 유럽이 세계를 제패하고 있는 시대에 이슬람교회는 자신의 결함 때문에 지적으로 수세에 몰렸고 이 때문에 정치적인 쇠퇴가 가속화하고 있다는 그들의 우려였다. 현대화를 이끈 사람들——국제적으로 널리 알려져 있었고 지도자로서의 매력이 넘치며 이슬람 국가를 쉴 새 없이 돌아다닌 사이드 자말 압딘 알아프가니(Sayyid Jamal al-Din al-Afghani)(1838-97), 이집트의 고위 성직자이자 정치가이며 (알아프가니와 비교했을 때) 조직신학자인 무함마드 압두(Muhammad Abduh)(1849-1905), 북인도의 철학자이며 교육자인 사이이드 아흐마드 칸 경(Sir Sayyid Ahmad Khan)(1817-1898), 크리미아 타타르족의 지식인 이스마일 가스프린스키(Ismail Gasprinski)(1851-1914)——은 이슬람교 고유의 전통과 현대세계가 던진 도전과 기회 사이에서 타협을 모색했다. 그들은 자유로운 비판의 공간, 예컨대 이슬람 경전의 의미와 출처에 대해 새로운 해석을 할 수 있는 자유로운 공간을 확보하기 위해 투쟁했다. 그들이 주도한 논쟁은 1870년 이후 이슬람세계에 신문매체가 등장하면서 대중 사이에서 비상한 반향을 일으켰고 토론의 주제는 사회현대화의 필요성과 가능성, 입헌통치, 현대과학의 수용, 학교 교과과정의 내용, 여성의 권리 등을 포괄했다.[68]

목소리를 낸 수십 명의 사상가 가운데서(여성도 몇 명 있었다) 이슬람교 자체에 대해 근본적인 의문을 제기한 자유사상가는 한 사람도 없었다. 그들은 이슬람은 경직되고 독재적이라는 유럽인의 일반적인 시각에 대해 반대의 사례를 제시함으로서 반박하려 했다. 그들은 이슬람의 언어 가운데서 새로운 것을 발굴해내야 한다고 믿었다.

이슬람 현대화론자들은 이론에만 머물지 않았다. 그들 가운데서 많은 사람이 여러 분야(특히 교육)에서 실천적 행동에 나섰다. 박식한 학자 (원래는 법관이었던) 사이이드 아흐마드 칸은 1875년에 무하마단 앵글로오리엔탈 대학(Muhammadan Anglo-Oriental College. 우타르 프라데쉬주에 있는 오늘날의 알리가르 무슬림 대학교Aligarh

Muslim University의 전신)을 세우고 무슬림으로서 정체성을 지닌 영국 신사형의 인재를 양성하는 인도의 케임브리지를 표방했다.

이 학교의 주요 목적은 식민정부의 고급관리를 길러내는 것이었다. 지원학생 수와 성장속도 면에서 훨씬 더 많은 성과를 낸 곳은 개혁정신이 강한 신학교 네트워크였다. 이들 신학교에서는 주로 울라마(ulama. 이슬람 공동체의 경전교사)를 양성했다. 그 기원은 1867년에 북인도 데오반드(Deoband)에 세워진 『쿠란』을 연구하는 신학교(마드라사, madrasa)였고 여기서 '데오반드운동'(Deoband Movement)이란 명칭이 나왔다. 이 운동의 회원학교가 인도 아대륙 대부분 지역으로 퍼져나갔다. 인도 이슬람지역의 전통적인 종교기관은 그 오래된 난맥상이 어느 정도 정리되고 관료기구화 되었지만 식민정부와는 거리를 유지했다.

이슬람 종교기관은 식민정부로부터 재정지원을 받지 않았고 식민정부는 무슬림 사회의 '시민사회' 운동을 의심의 눈길로 바라보았다.[69] 1900년 무렵에 이슬람교 내부의 다양한 현대화운동의 찬란한 미래를 예측했다면 비현실적인 판단은 아니었다. 이슬람 현대화운동이 세속적(케말주의) 민족주의, 파시즘, 볼셰비키 사회주의의 소용돌이를 만나 쇠락하게 된 것은 다른 시대, 놓쳐버린 기회의 역사에 속한다.

19세기에 인도의 다채로운 비이슬람 종교세계 내부에서도 개혁운동이 일어났다. 이 개혁운동은 흔히 종교의 정화뿐만이 아니라 광범위한 문화적 혁신까지 추구했다.[70] 람 모한 로이(Ram Mohan Roy), 라마크리슈나 파라마한사(Ramakrishna Paramahamsa)와 그의 제자 스바미 비베카난다(Svami Vivekananda)는 인도 밖에서도 널리 이름이 알려진 세 사람의 사상가였다. 비베카난다가 1890년대 초에 제시한 '불이일원사상'(不二一元思想, Absolute)는 힌두교의 보다 보편적인 모습을 세계에 보여주었다.[71]

모든 종파의 기독교도가 아시아의 문화 엘리트를 만났을 때 드러내는 우월감은 오히려 상대방의 더 강력한 종교적 동질감을 자극했고 이것이 통일된 교리와 사회제도로서 힌두교의 정체성을 강화시켰다('힌두교'라는 명칭은 19세기 초에 처음 등장했다).* 자신의 문화적 자원으로부터 자양분을 흡수한 개혁운동은 다양한 방식으로 새로운 충격──유럽의 동방학(대부분 인도자체에서 생성되었다), 선교사들이 전파하는 기독교 그리고 개혁운동 상호간의 영향──에 반응했다(유사한 상황에서 기독교와 이슬람의 현대화 세력이 신 정통주의로 반응했듯이).

직접적인 외부로부터의 자극은 예외적인 경우였다. 예컨대, 19세기 80년대에 실론에서 미국의 신지학파(神智學派, Theosophism) 신도와 현지의 제자들이 교리문답서를 만들고, 종교적 기념물을 복원하고, 불교 상징물을 대중화함으로써 불교를 재창조했다.[72] 어디서

---

* 힌두교(Hinduism) 또는 사나타나 다르마(Sanātana Dharma)는 인도 신화를 기반으로 발생한 인도 계통의 종교이자 인도의 최대 민족종교로, 인도를 비롯한 남아시아에서 널리 믿는 종교다. 힌두교를 범인도교라 함은 힌두(Hindū)는 인더스강의 산스크리트 명칭 '신두(Sindhu:大河)'에서 유래한 것으로, "인도"와 같은 어원이기 때문이다. 힌두교라고 할 때 민간 힌두교 전통과 베다 힌두교 전통에서부터 비슈누파의 전통에 이르기까지 다양하고 복잡한 전통 전체를 뜻한다. 또한 요가 전통과 카르마 개념에 기초한 매일의 도덕적 삶과 힌두 결혼 풍습과 같은 사회적 일반 규범도 포함한다. 힌두교는 여러 신들의 존재를 부정하지 않는 다신교적 일신교(택일신교 또는 일신숭배)로서, 교주 즉 특정한 종교적 창시자가 없는 것이 특징이다.

힌두교로 번역되는 영어 Hinduism은 영국이 인도를 식민지배하면서 인도의 종교에 자의적으로 붙인 이름이다. 원래 힌두교 신자들은 자신들의 종교를 힌두교라고 부르지 않았으며, 영원한 다르마(법칙)라는 의미의 '사나타나 다르마'라고 불렀다. 서방에서 힌두교란 말은 종교를 포함한 인도 문화의 특질을 총칭한 표현이다.

든 그 시대의 문제에 대응하는 방식은 외부세계의 새로운 사물에 대한 완고한 저항과 시대를 지배하는 흐름에 대한 전면적인 적응 사이의 그 어느 지점에 자리 잡았다는 점에서 유사하다. 극단적인 선택보다 더 의미 있는 것은 다양한 중간선택이다. 이 선택은 '전통'과 '현대성'이란 간단한 대립구조로는 설명할 수 없다.

종교의 소통

과학과 마찬가지로 종교는 광범위한 소통 네트워크의 창시자다. 이 네트워크를 '다국적'이라고 부른 것은 진부한 표현이다. 오늘날까지도 현대 민족국가보다도 더 규모가 방대하고 더 오래된 소통 네트워크는 존재한다. 국가구조에 의존할 필요도 없는 네트워크는 옛 경계를 넘어서 작동하며 새로운 경계를 만들어 낸다. 네트워크는 공식적인 교회조직 안에서만 보존되는 것은 아니다.

이슬람교의 신비주의 교파는 수백 년에 걸쳐 중국에서부터 중앙아시아를 거쳐 지중해 지역에 이르는 방대한 네트워크를 발전시켰다.[73] 변경지역에서 발생한 기독교와 이슬람으로의 개종과 1893년 시카고 세계박람회(아메리카대륙 발견 400주년을 기념하여 '콜럼버스박람회'라 불렀다)의 한 부분으로 열린 세계종교회의(World's Parliament of Religion)같은 일회성 행사를 제외하면 19세기의 종교적인 소통은 대체로 단일 종교의 틀 안에서 일어났다.[74] 그중 일부는 새로운 교통수단의 힘을 빌려 전대미문의 넓은 지역범위에서 이루어졌다. 아시아와 아프리카의 많은 무슬림이 증기선을 타고 아라비아의 성지를 순례하거나 카이로, 다마스쿠스, 이스탄불 등의 이슬람 학문중심지를 찾았다. 말라야에서는 메카 성지순례에 나서는 사람이 갈수록 늘어나자 여행업이 등장했다.[75]

철도가 생기자 사람들은 러시아의 이슬람 사원이나 유럽의 가톨릭 성지를 순례하는 데 드는 여비를 감당할 수 있게 되었다(1858년 성모마리아의 발현으로 프랑스 쪽 피레네산맥의 작은 시골마을 루르 드Lourdes가 순례의 중심지로 떠올랐다). 새로운 교통수단이 등장하자 신도들이 대규모로 로마를 찾아왔고 '영원한 성'으로서 로마의 이미지는 더욱 강화되었다.[76] 로마를 한 발짝도 벗어난 적이 없었고 현대의 시대정신을 향해 선전포고를 했던 비오 9세가 역설적이게도 세계적인 교황청 교회를 세웠다. 그는 관료의 신분*이 아니라 성직자의 신분으로 신도들과 적극적으로 접촉했으며 세계 각지의 주교를 바티칸으로 불러 모은 첫 번째 교황이 되었다. 첫 번째 바티칸 공회(Vatican Council, 1869-70)가 열리기 전인 1862년에 255명의 주교가 로마에 모였다. 이처럼 많은 수의 주교가 한 자리에 모인 전례가 없었다. 주교들이 모이게 된 계기 또한 어느 정도 '세계적'이었다. 250년 전에 일본에서 순교한 26명의 수도사가 이때 시성(諡聖)되었다.[77] 이 시성의식은 아시아에서 기독교도에 대한 마지막 '구식' 박해사건——베트남에서 가톨릭 선교사와 개종자 다수가 순교한 사건——이 발생한 다음 해에 거행되었다.

19세기의 새로운 매체도 종교의 전파를 가속화했다. 로마가 세계 가톨릭의 수도 역할을 하게 된 요인 중의 하나가 외국 신문사들이 로마에 기자를 파견하기 시작했기 때문이었다. 교황의 말과 행동은 뉴스가치를 갖게 되었다. 제정일치(祭政一致) 체제의 통치자, 교파의 수령, 사업가의 성격과 역할을 한 몸에 지닌 모르몬교 수장 브리검 영은 빠르게 시대의 맥박을 감지하여 일찌감치 유타주에 전신선로를 끌어드렸다.

솔트레이크시티로 가는 철도는 사람들을 타락의 유혹으로부터 벗어나기 어렵게 만들었고 연방군대의 진입을 쉽게 하였지만 다른 한

* 비오 9세는 바티칸국의 군주를 겸직한 마지막 교황이었다.

편으로는 신도들을 극단적인 폐쇄로부터 벗어나게 하려던 모르몬교 수장의 의도에 부합했다.[78] 19세기 후반에 들어와 인쇄의 기술이 간편해지고 비용이 하락하자 처음으로 『성경』의 대량 인쇄가 가능해지고 여러 국가의 민중에게 그들의 모국어로 된 『성경』을 제공할 수 있게 되었다. 총체적으로 보아 인쇄 전에 완성되어야 하는 『성경』의 번역이 19세기에 거둔 가장 위대한 문화이전의 성과였다. 상대적으로 『성경』 자체에 덜 의존하던 가톨릭 사회가 대량의 값싼 선전책자, 전단, 『성경』 선집을 소비하기 시작했고 이것들이 공식교회의 주변부에 떨어져 나와 있던 민간신앙의 발전을 자극했다.

정통교파의 지배력이 느슨한 지역에서는 민간종교가 꽃을 피웠다. 이런 상황의 주요 전제는 문맹율의 감소와 대중독자에게 종교 인쇄물을 제공할 수 있는 경로의 확대였다. 유럽이든 선교지역이든 가릴 것 없이 새로운 독자에게 『성경』을 제공하는 것이 종교(특히 개신교)가 교육사업에 몰두하는 중요한 동기였다. 기독교의 대대적인 문자선전을 통한 확장을 저지해야 할 필요가 있는 지역에서는 인쇄기가 가장 적절한 방어무기였다. 울라마들이 수세기에 걸친 회의적인 태도를 버리고 최종적으로 19세기의 마지막 1/3세기에 열정적으로 인쇄기를 받아들이고 또 활용한 원인의 하나는 바로 이것이었다.[79]

주석

1) Beyer, Peter: *Religions in Global Society*, London 2006. 본 장의 집필에 영감을 준 훌륭한 사회과학 저술인 이 책에 감사와 경의를 표한다.

2) 근대종교사의 '주류서사'에 관해서는 Martin, David: *On Secularization. Towards a Revised General Theory*, Aldershot 2005, pp.123-40을 참조할 것.

3) '유사한 전환과정'(analogous transformation)은 Beyer, Peter: *Religions in Global Society*, p.56에 나온다. 영국과 인도의 '뒤엉킨 역사'에 관해서는 경전적인 저작인 Veer, Peter van der: *Imperial Encounters. Religion and Modernity in India and Britain*, Princeton, NJ 2001을 참조할 것.

4) 현재 '정치적 종교'란 개념의 주요 대표인물은 역사학자 Michael Burley이다.

5) 설득력 있는 비판을 Graf, Friedrich Wilhelm: *Die Wiederkehr der Götter. Religion in der modernen Kultur*, München 2004, pp.233-38과 Beyer, Peter: *Religions in Global Society*, pp.62f에서 볼 수 있다.

6) '세계종교'에 영향을 미친 각종 종교개념에 관해서는 Haußig, Hans-Michael: *Der Religionsbegriff in den Religionen. Studien zum Selbst- und Religionsverständis in Hinduismus, Buddhismus, Judentum und Islam*, Bodenheim 1999를 참조할 것.

7) Bowen, John R.: *Religions in Practice. An Approach to the Anthropology of Religion*, Boston 2006(3rd ed.), pp.26f.

8) Jensen, Lionel M.: *Manufacturing Confucianism. Chinese Traditions and Universal Civilization*, Durham, NC 1997, p.186.

9) Hsiao Kung-chuan: *A Modern China and a New World*, pp.41-136.

10) Beyer, Peter: *Religions in Global Society*, pp.83f.

11) Masuzawa Tomoko: *The Invention of World Religions*, Chicago 2005, pp.17-20.

12) 유럽과 아메리카의 대비에 관하여는 Helmstadter, Richard J. (ed.): *Freedom and Religion in the Nineteenth Century*, Stanford, CA 1997을 참조할 것. 해방과정의 비교는 Liedtke, Rainer/Stephan Wendehorst (ed.): *The Emancipation of Catholics, Jews and Protestants. Minorities and the Nation State in Nineteenth-Century Europe*, Manchester 1999를 참조할 것.

13) Cassirer, Ernst: *Die Philosophie der Aufklärung* [1932], Hamburg 1998, p.221.

14) Zagorin, Perez: *How the Idea of Religious Toleration Came to the West*, Princeton, NJ 2003, p.306.

15) Sanneh, Lamin: The Crown and the Turban. Muslims and West African Pluralism. Boulder, CO 1997, p.9. 이슬람교와 기독교의 아프리카 선교활동에 관해서는 Coquery-Vidrovitch, Catherine: *L'Afrique et les Africains au XIX e siècle*을 참조할 것.

16) 아래의 글에서 저자는 주로 사회사의 시각에서 기술했다. 훌륭한 사상사(프

랑스를 중심으로) 토론으로서 Lepenies, Wolf: *Sainte-Beuve. Auf der Schwelle zur Moderne,* München 1997, pp.317-62를 참조할 것.

17) McLeod, Hugh: *Secularisation in Western Europe 1848–1914,* New York 2000, p.285.

18) *Ibid.,* pp.224, 262.

19) Browne, Janet E.: Charles Darwin. A Biography, 2Bde., New York 1995 – 2002.

20) Beales, Derek/Dawson, Edward: *Prosperity and Plunder. European Catholic Monasteries in the Age of Revolution, 1650–1815,* Cambridge 2003, pp.291f.

21) Spiro, Melford E.: *Buddhism and Society. A Great Tradition and Its Burmese Vicissitudes,* Berkeley, CA 1982(2nd ed.), p.284.

22) Fletcher, Joseph: *Ch'ing Inner Asia*(Fairbank, John K./Denis Twitchett [ed.]: *The Cambridge History of China,* Cambridge 1978ff. v.10 [1978], pp.35-106에 수록, 인용된 부분은 p.99).

23) Goldstein, Melvyn C.: *A History of Modern Tibet, 1913–1951. The Demise of the Lamaist State,* Berkeley, CA 1989, pp.41f.

24) Asad, Talal: *Formations of the Secular. Christianity, Islam, Modernity,* Stanford, CA 2003, pp.210-12, 255.

25) Berkes, Niyazi: *The Development of Secularism in Turkey,* New York 1998(2nd ed.), pp.89f.

26) Hilton, Boyd: *A Mad, Bad, and Dangerous People?* p.176.

27) Butler, Jon: *Awash in a Sea of Faith. Christianizing the American People,* Cambridge, MA 1990, p.270.

28) 전체 과정에 대한 분석은 Casanova, José: *Public Religions in the Modern World.* Chicago 1994, pp.134f를 참조할 것.

29) Finke, Roger/Rodney Stark: *The Churching of America, 1776–1990. Winners and Losers in Our Religious Economy,* New Brunswick, NJ 2002 5 , p.114(Tab.4.1).

30) D'Agostino, Peter R.: *Rome in America. Transnational Catholic Ideology from the Risorgimento to Fascism,* Chapel Hill, NC 2004, p.52.

31) 유럽 전체의 개황에 관해서는 Clark, Christopher M./Wolfram Kaiser (ed.): *Culture Wars. Secular-Catholic Conflict in Nineteenth-Century Europe,* Cambridge 2003을 참조할 것.

32) Chadwick, Owen: *A History of the Popes 1830–1914,* Oxford 1998, p.95.

33) Hardacre, Helen: *Shinto and the State. 1868–1988,* Princeton, NJ 1989, pp.27f. McClain, James L.: *Japan,* pp.267-72.

34) Wakabayashi, Bob Tadashi: *Anti-Foreignism and Western Learning in Early-Modern Japan*은 가장 중요한 원시자료의 번역과 주석이다.

35) Chidester, David: *Savage Systems. Colonialism and Comparative Religion in Southern Africa,* Charlottesville, VA 1996, pp.11-16.

36) Petermann, Werner: *Die Geschichte der Ethnologie,* pp.475f.

37) Hösch, Edgar: *Geschichte der Balkanländer,* p.97.

38) Keith, Arthur Berriedale (ed.): *Speeches and Documents on Indian Policy, 1750–1921,* v.1, London 1922, pp.382-6.

39) Tarling, Nicholas: *Southeast Asia. A Modern History,* Oxford 2001, pp.320f. Gullick, J. M.: *Malay Society in the Late Nineteenth Century. The Beginnings of Change,* Kuala Lumpur 1987, pp.285f.

40) Bartal, Israel: *The Jews of Eastern Europe, 1772–1881,* Philadelphia 2005, p.73.

41) Federspiel, Howard M.: *Sultans, Shamans, and Saints. Islam and Muslims in Southeast Asia,* Honolulu 2007, pp.99f.

42) Robinson, David: *Muslim Societies in African History,* p.187. 수피교단의 식민지 지배에 대한 기본 입장에 관해서는 Abun-Nasr, Jamil M.: *Muslim Communities of Grace. The Sufi Brotherhoods in Islamic Religious Life,* London 2007, pp.200-35 를 참조할 것.

43) Strachan은 독일이 가장 먼저 이러한 제국주의적 선동전을 발전시켜 세계대전의 전략으로 응용했다고 주장한다. Strachan, Hew: *The First World War,* v.1, p.694와 제9장에서 상세히 기술하고 있다.

44) 최신의 내용은 아니지만 기독교 선교의 역사를 개괄적으로 기술한 저작이 Gründer, Horst: *Welteroberung und Christentum. Ein Handbuch zur Geschichte der Neuzeit,* Gütersloh 1992이다. 영국의 관점에서 볼 때 뛰어난 연구가 Porter, Andrew: *'An Overview, 1700–1914'* (Etherington, Norman [ed.]: *Missions and Empire,* Oxford 2005, pp.40-63에 수록)이다. 원출처는 Harlow/Carter(ed.): *Archives of Empire* (2003), v.2, pp.241-364이다(선교사의 호전성을 강조하고 있다). 이슬람의 선교와 확장활동, 특히 아프리카에서의 활동은 여기서는 생략되어 있다. Hiskett, Mervyn: *The Course of Islam in Africa,* Edinburgh 1994을 참조할 것. 부분적으로는 기독교의 침투에 대응하여 불교의 선교활동도 나타났다(예컨대, 실론에서).

45) Tarling, Nicholas: *Southeast Asia,* p.316.

46) 간략한 개설로서 Tiedemann, R.G.: *'China and Its Neighbours'* (Hastings, Adrian [ed.]: *A World History of Christianity,* London 1999, pp.369-415에 수록, 인용된 부분은 pp.390-402)를 참조할 것.

47) Ward, Kevin: *'Africa'* (Hastings, Adrian [ed.]: *A World History of Christianity,* pp.192-237에 수록, 인용된 부분은 pp.203f). Marx, Christoph: *Geschichte Afrikas,* pp.90-100. Coquery-Vidrovitch, Catherine: *L'Afrique et les Africains au XIX e siècle,* pp.212-32.

48) 이 분야의 표준적인 저작은 남아프리카에 관한 중요한 인류학 저작인 Comaroff, Jean/John L. Comaroff: *Of Revelation and Revolution,* 2 vls., Chicago 1991-97 이다. Porter, Andrew: *Religion versus Empire? British Protestant Missionaries and Overseas Expansion, 1700-1914,* Manchester 2004는 선교전략에 관한 최근의 우수한 저작이다. 완전히 다른 시각의 저서로서 Hall, Catherine: *Civilising Subjects*를 참조할 것. 선교사(史)의 가장 중요한 저작은 Veer, Peter van der (ed.): *Conversion to Modernities. The Globalization of Christianity,* New York 1996이다.

49) Stanley, Brian: *Christian Missions, Antislavery, and the Claims of Humanity, c.1813– 1873*(Gilley, Sheridan/Brian Stanley [ed.]: *The Cambridge History of Christianity,* v.8: World Christianities, c.1815 – c.1914, Cambridge 2006, pp.443-57에 수록. 인용된 부분은 p,445).

50) Porter, Andrew: *Missions and Empire, c.1873–1914*(*Ibid.,* pp.560-75에 수록. 인용된 부분은 p.568).

51) 저명한 두 선교사의 전기를 참조할 것. Eber, Irene: *The Jewish Bishop and the Chinese Bible. S. I. J. Schereschewsky(1831–1906),* Leiden 1999. Austin, Alvyn J.: *China's Millions. The China Inland Mission and Late Qing Society, 1832–1905,* Grand Rapids, MI 2007.

52) Peebles, Patrick: *The History of Sri Lanka,* p.53.

53) Frykenberg, Robert Eric: *Christian Missions and the Raj*(Etherington, Norman [ed.]: *Missions and Empire,* pp.107-31에 수록, 인용된 부분은 pp.107, 112).

54) Ward, Kevin: *A History of Global Anglicanism,* Cambridge 2006.

55) Deringil, Selim: *The Well-Protected Domains,* pp.113, 132.

56) 일부다처제의 종교세계에 관한 묘사는 Voll, John Obert: *Islam. Continuity and Change in the Modern World,* Syracuse, NY 1994(2nd ed.), Ch. 3를 참조할 것.

57) Cook, David: *Understanding Jihad,* pp.74f.

58) Voll, John Obert: *Foundations for Renewal and Reform: Islamic Movements in the Eighteenth and Nineteenth Centuries*(Esposito, John L. [ed.]: *The Oxford History of Islam,* Oxford 1999, pp.509-47, 인용된 부분은 pp.523, 525).

59) 이 책 제5장을 참조할 것.

60) Shipps, Jan: *Mormonism. The Story of a New Religious Tradition,* Urbana, IL 1985.

61) 폭넓은 개설서로서 Bowen, John R.: *Religions in Practice,* pp.216-28을 참조할 것.

62) Ileto, Reynaldo: *"Religion and Anti-colonial Movements"* (Tarling, *Cambridge History of Southeast Asia,* V.2, pp.198-248, 인용된 부분은 pp.199ff.

63) Cole, Juan R.: *Modernity and the Millenium. The Genesis of the Baha'i Faith in the Nineteenth-Century Middle East,* New York 1998은 바하올라에 대한 흥미 있는

연구저작이다.

64) Rupke, Nikolaas A.: *Christianity and the Sciences*(Gilley, Sheridan/Brian Stanley [ed.]: *The Cambridge History of Christianity,* v.8: *World Christianities, c.1815–c.1914,* Cambridge 2006. pp.164–80에 수록).

65) Wernick, Andrew: *Auguste Comte and the Religion of Humanity. The Post-theistic Program of French Social Theory,* Cambridge 2001은 매우 비판적이다. 유럽 이외지역에서 콩트학설의 수용상황에 관한 간략한 서술은 Forbes, Geraldine Hancock: *Positivism in Bengal. A Case Study in the Transmission and Assimilation of an Ideology,* Kalkutta 1975, pp147–58을 참조할 것.

66) Funkenstein, Amos: *Jüdische Geschichte und ihre Deutungen,* Frankfurt a. M. 1995, pp.186–96.

67) Rogerson, John: *History and the Bible*(Gilley, Sheridan/Brian Stanley [ed.]: *The Cambridge History of Christianity,* v.8: *World Christianities, c.1815–c.1914,* pp.181–96에 수록, 인용된 부분은 p.195).

68) 기본적인 저작으로서 Kurzman, Charles (ed.): *Modernist Islam, 1840–1940. A Sourcebook,* Oxford 2002를 참조할 것. 편저자의 뛰어난 인용문은 pp.3–27이다. Black, Antony: *The History of Islamic Political Thought: From the Prophet to the Present,* pp.279–308, 정치사상 분야의 고전적 저작은 여전히 이 책을 제외하고서는 찾기 어렵다. Hourani, Albert: *Arabic Thought in the Liberal Age 1798–1939,* London 1962.

69) Metcalf, Barbara Daly: *Islamic Revival in British India. Deoband, 1860–1900,* Princeton, NJ 1982. Robinson, Francis: *Islam and Muslim History in South Asia,* New Delhi 2000, pp.254–64. Pernau, Margrit: *Bürger mit Turban,* pp.219–24.

70) 개설로서 Stietencron, Heinrich von: *Der Hinduismus,* München 2001, pp.83–8을 참조할 것. 세부적인 묘사는 Jones, Kenneth W.: *Socio-Religious Reform Movements in British India,* Cambridge 1990을 참조할 것. 이 저서는 지역을 중심으로 하여 이슬람운동을 탐구하고 있다. 19세기에 뿌리를 내린 힌두교 민족주의에 관해서는 Bhatt, Chetan: *Hindu Nationalism. Origins, Ideologies and Modern Myths,* Oxford 2001. chs.2–3을 참조할 것. 인도의 "영성관념"에 관해서는 Aravamudan, Srinivas: *Guru English*를 참조할 것.

71) 개설서로서 Sharma, Arvind (ed.): *Modern Hindu Thought. The Essential Texts,* Oxford 2002를 참조할 것.

72) Peebles, Patrick: *The History of Sri Lanka,* pp.74f.

73) Weismann, Itzchak: *The Naqshbandiyya. Orthodoxy and Activism in a Worldwide Sufi Tradition,* London 2007은 관련분야의 가장 좋은 사례를 소개하고 있는 저작이다.

74) Lüddeckens, Dorothea: *Das Weltparlament der Religionen von 1893. Strukturen*

interreligiöser Begegnung im 19. Jahrhundert, Berlin 2002.

75) Gullick, J. M.: *Malay Society in the Late Nineteenth Century,* p.200.

76) Boudon, Jacques-Olivier (et al.): *Religion et culture en Europe au 19 e siècle (1800–1914),* Paris 2001, pp.39f, 134. Chadwick, Owen: *A History of the Popes 1830–1914,* p.113.

77) *Ibid.,* pp.159, 181f.

78) Arrington, Leonard J.: *Brigham Young. American Moses, New York 1985,* pp.321f.

79) 이런 관점은 Robinson, Francis: *Islam and Muslim History in South Asia,* pp.76f 에 보인다.

맺는말
역사상의 19세기

"전면적인 세계사는 필요하지만 현재의 연구수준으로는 완성할 수 없는 일이다. 그렇다고 절망할 필요는 없다. (다른 어떤 학문보다도 특히 역사라는 영역에서) 전문주제의 연구는 역사의 깊은 곳으로부터 생생하고도 보편적 의미를 지닌 역사의 요소를 발견해내기 때문에 언제나 유익하다."[1]

랑케(Leopold von Ranke)가 1869년에 쓴 이 글은 오늘날에도 여전히 진실이다. 이 책에서 나는 전면적인 세계사는 못되더라도 바로 이러한 '완성할 수 없는' 세계사를 쓰려고 시도했다. 결국은 독자도 나도 야심차게 세계사를 좀더 전면적으로 개괄하기 위해 머리를 짜내기 보다는 '전문주제 연구'로 돌아가야 할 것 같다.

정상에 올라 사방의 풍경을 내려다보는 것은 분명히 인상 깊은 경험이다. 그러나 아르노 보르스트(Arno Borst)가 말했듯이 역사학자로서 얼마 동안이나 정상에 머무를 수 있을까?[2] 아래의 글은 한 시대에 대한 숙성된 평가의 정수가 아니며 시대정신에 대한 깊은 성찰도 아니다. 이 책의 마지막 논평일 뿐 총체적 결론도 아니다.

자기진단

나는 이 책 첫 장에서 19세기를 (서방의) 자기반성이 더 깊어진 시대라고 기술했다. 18세기 70년대의 애덤 스미스로부터 20세기 첫 수십 년 동안의 막스 베버에 이르기까지 자신이 살아가고 있는 시대를 전면적으로 이해하고 그 시대를 보다 장기적인 역사과정 안에서 자리매김하려는 거창한 시도가 있었다.

시대의 진단은 유럽에서만 등장하지는 않았다. 학자 또는 지식인 계층이 형성되어 있는 사회라면, 사상이 기록되고 토론되는 곳이라면, 관찰과 비판을 통해 자신이 살아가고 있는 세계와 그 세계를 둘러싸고 있는 보다 넓은 시간적·공간적 환경에 대한 전면적인 사유와 반성이 있는 곳이라면, 어디든 시대에 대한 진단이 나타났다.

이런 반성이 언제나 오늘날의 시각으로 보면 쉽게 시대진단 또는 '당대이론'[3]이라고 규정할 수 있는 형식으로 나타나지는 않았다. 그것은 당대사의 형식으로 나타나기도 했다. 예컨대 이집트의 학자 압달 라만 알자바르티(Abd al-Rahman al-Jabarti)는 나폴레옹이 이집트 점령을 직접 경험하고 상세히 기록했다.[4] 또한, 저명한 고대사 학자 바르톨트 게오르크 니부어(Barthold Georg Niebuhr)는 자신이 살아가던 시대 — '대혁명시대' —를 주제로 하여 강좌를 열었다. 정치문제에 대한 의견발표 형식으로 나타나기도 했다. 헤겔이 1831년에 쓴 『영국개혁법론』(*Über die englische Reformbill*). 루이 나폴레옹이 민선 대통령에서 독재자로 변신한 것을 기록한 마르크스의 소논문 「루이 보나파르트의 브뤼메르 18일」(Der Achtzehnte Brumaire des Louis Napoléon)등이 있다. 이는 당대의 문화에 대한 철학적 비판으로 나타나기도 했다. 스타엘부인(Madame de Staël)의 『독일론』(*De l'Allemagne*, 1813). 알렉시스 드 토크빌의 『미국의 민주주의』(*De la démocratie en Amérique*, 1835–40). 이집트의 교육개혁가이자 번역가 리파아 알타타위(Rifaa al-Tahtawi)가 1826–31년의 파리 체류 경험을 정리하여 발표한 『파리체재기』(*A Paris Profile*)[5] 등이 있다. 일기의 형식으로 나타나기도 했다. 공쿠르 형제(Edmond/Jules de Goncourt)의 1851–96년간의 일기. 일본의 군의관이자 작가 모리 오가이(森鷗

外)가 유럽에 유학하는 동안(1884-88)에 쓴 일기[6]가 대표적이다. 자서전 형식으로 나타나기도 했다. 해방노예이자 흑인 지식인으로서 민권운동가였던 프레드릭 더글라스(Frederick Douglass)의 3부작 자서전 가운데서 가장 중요한 부분인 『나의 노예생애와 나의 자유』(*My Bondage and My Freedom*, 1855). 미국 역사학자 헨리 애덤스(Henry Adams)의 『헨리 애덤스의 교육』(*The Education of Henry Adams*, 1907년 자비출판, 1918년 출판). 그 밖의 여러 가지 산발적인 출판물로도 나타났다(존 스튜어트 밀의 주요 저작보다는 그의 몇몇 소책자에 등장하는 시대진단. 량치차오가 중국의 정치 문화적 사건에 관해 30여 년에 걸쳐 발표한 평론).

사회학은 1830년 무렵에 오래전부터 존재해왔던 연구 성과를 기반으로 하여 당시 세계를 해석하려는 시도로서 태어난 학문이었다. 처음에는 정치경제학, 새로 일어난 민족학과 연결되어 있던 사회학은 사회의 각 시기를 해석하는 기본모형을 만들어냈다. 이 모형은 지금도 토론의 대상이 되어 있는데, 예를 들자면 사회 조직원칙의 신분(status)에서 계약(contract)으로의 전환이 그것이다. 법률사학자 헨리 메인(Henry Maine)의 『고대법』(*Ancient Law*, 1861) 또는 이와 관련된 공동사회와 이익사회의 대립을 다룬 페르디난트 퇴니스(Ferdinand Tönnies)의 『공동사회와 이익사회』(*Gemeinschaft und Gesellschaft*, 1887)이 있다.

칼 마르크스는 자본주의를 역사발전에 따라 생겨난 사회형태로 보았고 엥겔스는 만년에 마르크스의 진단에다 당시 사회의 현실에서 그것을 입증하는 사례들을 보완했다. 존 스튜어트 밀은 이보다 앞서 고전적인 정치경제학을 방대한 이론으로 개괄하였다(『정치경제학원론』*Principles of Political Economy*, 1848). 허버트 스펜서는 평화로운 공업주의가 군사형 야만사회로부터 진화해 나왔으며 다시 그런 사회로 회귀할 수 있음을 보여주려 시도했다(『사회학원리』*Principles of*

Sociology, 제1권 1876). 후쿠자와 유키치(福澤諭吉)는 일본을 보편적인 문명발전 과정에 포함시켰다(『문명론개략』文明論概略[7], 1875). 이란계 아르메니아인 말콤 칸(Malkom Khan)은 유럽의 현대성을 이슬람 가치관의 시각에서 해석하였다(『개혁의 책』*Daftar-i Tanzimat*, 1858).[8]

프리드리히 슐레겔(Friedrich Schlegel), 하인리히 하이네(Heinrich Heine.『독일종교 및 철학사론』*Zur Geschichte der Religion und Philosophie in Deutschland*, 1835), 랄프 왈도 에머슨(Ralph Waldo Emerson), 매튜 아놀드(Matthew Arnold), 프리드리히 니체(Friedrich Nietzsche), 19세기 말에 와서는 칼 크라우스(Karl Kraus)와 라빈드라나드 타고르(Rabindranath Tagore) 같은 철학자와 비평가들이 그들이 살아가던 시대의 문화적 민감성과 모순성을 기록했다.[9] 19세기의 특징을 이해하려는 모든 시도는 그 세기의 풍부한 자기진단을 출발점으로 삼았다.

현대성

이 모든 것의 위에 오늘날의 사회학이 제시하는 현대성을 중심으로 하는 해석방식이 있다.[10] 대부분의 경우 상술한 해석 모형은 과거에 대해 나름대로 할 말이 있고, 그러므로 명시적으로 때로는 암시적으로 19세기를 언급한다. 그러나 흔히 보이는 것은 유럽의 근대시기 전체에 대한 모호한 개괄이며 특정 시대에 대한 '개별화된 상세서술'의 범주에 들어가는 것은 거의 찾아볼 수 없다. 전통과 관습에 따라 사회학의 현대에 대한 토론은 거의 모두가 (서)유럽과 미국에 국한되어 있다.

위대한 사회학자 슈무엘 아이젠슈타트(Shmuel Noah Eisenstadt)가 2000년부터 주장해온 '다원현대성' 이론은 중요한 진전을 가져왔다. 아이젠슈타트는 현대성 내부의 분화가 19세기에 나타났다고 주장한다. 그의 관찰에 의하면 19세기에 주로 유럽과 북아메리카의 현대성 경로에 차이가 생겨났고 따라서 현대성은 결코 균질적인 '서방'을 형성하지 못했으며 비서방 세계에서 현대성의 분명한 특색을 찾아볼 수 있는 곳은 일본뿐이다.[11] 대략 1800-1900년의 시기에 서유럽의 현대성 모형과 견줄만한 인도, 중국, 중동/이슬람, 아프리카의 독자적 현대성 경로를 발견하기는 분명히 어렵다. 그런 차이는 세기가 바뀐 뒤에야 분명해지기 시작했고, 정확하게 말하자면 사상사의 차이였지 구조적인 차이는 아니었다.

오늘날 '현대성'의 범주에 대해 의미 있는 연구를 시도하려는 역사학자가 있다면 그는 매우 큰 어려움을 마주해야 할 것이다. 그는 사회학이 포괄하고 있는 가장 높은 수준의 현대성 이론을 따라야 하는 동시에 19세기 당대인들의 그 세기에 대한 해석을 기억해야 하며, 아울러 시간적·공간적 정확도 면에서 사회과학의 기존 개념을 뛰어넘어야 한다. '자산계급 주체', 사회내부의 '기능적 분화', '시민사회' 등 모호한 개념은 역사 현실의 구체적 지향을 설명할 때만 유용하다. 현대성은 19세기의 진전과정에서, 더 나아가 19세기 말에 자연스럽게 생겨났다는 주장은 논란만 남길 뿐이다. 현대성의 이성적 기초는 근대 초기 ―가장 빠르게는 몽테뉴(Montaigne)시대에, 가장 늦게는 계몽운동 시기에 ―유럽에서 놓여졌다.

'현대성'의 기본적인 의미를 어떻게 이해해야 할까? 이성적이고 예측 가능한 생활방식의 등장인가? 등급사회에서 계급사회로의 전환인가? 정치참여 범위의 확대인가? 통치와 사회적 교류의 법치화인가? 신형 파괴력의 발전인가? (예술의) 전통의 모방에서 심미적 표준의 창조적 파괴로의 전환인가?

이 모든 면을 중립적으로 균형 있게 포괄할 수 있는 개념도 없고 현대성의 특징을 단순히 늘어놓기만 해서는 만족스럽지 못하다. 현대성 개념은 시종 우선순위가 있어서 현대성의 여러 측면을 ―단일

주제는 아니지만──순위에 따라 배열한다.

통상적으로 역사에서 현대성의 여러 측면이 조화롭게 공존하는 사례는 흔치 않다는 점이 무시되어서는 안 된다. 현대성의 선구자인 프랑스를 자세히 관찰하면 차이와 낙후 현상을 쉽게 발견할 수 있다. 프랑스의 계몽운동 철학자들은 그들이 살아가던 세기에서는 전 세계에서 가장 '현대적인' 사상가 집단이었으며 프랑스대혁명시기(특히 국왕 처형과 공포정치가 시작되기 전 단계)는 오늘날까지도 역사학자와 이론가들로부터 정치적 현대성의 중요한 기원으로 평가되고 있다. 그런가 하면 다른 한편으로 프랑스는 파리와 기타 소수의 대도시를 제외한 나머지 지역에서는 19세기에 들어와서도 같은 시기의 영국, 네덜란드, 독일 서남부지역에서는 찾아보기 어려운 낡은 사회형태가 오랫동안 유지된 국가였다.[12] 프랑스대혁명 이후 다시 90년이란 시간이 흐르고 나서야 프랑스에서 자산계급 민주정치가 실현되었다.

사상사적으로 '현대성의 탄생'은 기나긴 곡절의 과정을 거친 뒤에야 오늘날의 사회이론에서 정의한 현대성에 근접하는 제도와 정서로 전환되었다. 19세기와 더 나아가 20세기의 경험이 말해주듯이 경제적 현대성은 정치적 권위주의와 함께 갈 수 있다. 극도로 억압적인 환경 속에서 심미적 혁신은 상상하기 어렵지만(스탈린주의하에서의 드미트리 쇼스타코비치Dmitrij Šostakovic와 안나 아흐마토바Anna Achmatova는 이 법칙의 두 예외였다) 그렇다고 해서 정치적 환경이 가장 현대적인 곳이면 반드시 심미적 창작활동이 번영하지는 않는다. 예컨대, 1900년 무렵 합스부르크왕국의 수도는 민주주의와 자유주의적 자본주의의 대도시인 런던과 뉴욕에 비해 문화의 중심으로서 위상이 뒤지지 않았다.

'현대성'에 관해서는 또 다른 문제가 있다. 우리는 주로 현대성이 '탄생한' 특수한 시간과 공간의 조건에 관심을 갖고 있다. 현대성의 원칙이 어디서 어떻게 탄생했는지 밝혀내는 것만으로 충분한가? 또한 현대성의 전파와 영향 그리고 어느 시점부터 전체 사회가 현대적 또는 '완전히 현대화된' 사회로 볼 수 있는지를 살펴봐야 하지 않는가? 현대성의 정도의 차이를 어떤 방식으로 비교하고 확정할 것인가?

충분히 발전한 현대성('고도의' 현대성)은 더 이상 소수의 고립된 경향이 아니라 주류의 존재방식이 되었다. 그것은 '탄생' 초기처럼 규범 파괴적이지도 않고 혁명적이지도 않으며 이제는 그 자신이 반(反)현대 또는 후기현대와 대립하는 일상적인 사조가 되어버렸다. '현대화'란 개념이 20세기 말에 현대성이란 개념의 뒤로 물러나면서 현대성의 영향의 범위와 체제적 특징에 대한 질문이 제기되는 경우가 거의 없어졌다.

1910년 무렵 현대성이 주도적인 지위를 차지한 나라는 영국, 네덜란드, 벨기에, 덴마크, 스웨덴, 프랑스, 스위스, 미국, 영연방국가(캐나다, 오스트레일리아, 뉴질랜드) 그리고 약간은 정도가 떨어지는 일본과 독일 등 두 손으로 꼽을 정도였다. 엘베강 이동지역의 유럽 또는 스페인과 이탈리아로 말하자면 이들 국가의 현대성의 발육정도에 대해서는 의문의 목소리가 높았다. 그러나 이런 평가로부터 얻을 수 있는 게 무엇인가?

다시 묻는 질문, 세기의 시작 또는 세기의 종결

오늘날의 역사학자들은 유럽의 정치와 언론의 욕구를 만족시키기 위해 실질적으로 유럽 본위의 서술을 하지 않아도 된다. 과거의 유럽을 중심으로 한 정치적·이념적 투쟁을 벗어나 연구하고 서술할 수 있다는 것은 행운이다. 지금은 유럽의 모습을 논할 때 가톨릭 유럽과 개신교 유럽, 라틴계 유럽과 게르만(또는 슬라브)계 유럽, 사회주의 유럽과 자유주의-자본주의 유럽이란 화제는 거의 다루어지지 않는다.

긴 19세기의 가장 중요한 표지와 추세가 무엇이냐는 점에 대해서는 여러 역사저작이 상당히 일치된 기록을 보이고 있다. 또한 그 내용은 이제는 교과서에 모두 나와 있다[13]. 이런 표지와 과정이 유럽의 특수한 역사적 역할을 어느 정도까지 증명할 수 있는지는 대부분의 역사저작이 설명하지 못하고 있는데, 그 이유는 비유럽지역과 대조하는 방식을 거의 응용하지 않기 때문이다. 켈블레는 늘 (특히 미국과 대조하며) 비교연구를 진행해 왔으며 이 방식은 상당히 성공적이었다. 지금까지 그의 방식을 따라 연구하는 사람은 극소수다. 그러나 우리는 요스트 뒬퍼(Jost Dülffer)의 말을 명심할 필요가 있다. 그는 "유럽 내부로부터 유럽을 서술하거나 이해할 수는 없다"고 단언했다.[14] 다른 문화와 비교를 통해서만, 그것도 일본과 중국, 오스트레일리아 또는 이집트와의 비교를 통해 유럽의 특수성이 드러날 수 있다는 것이다.

비유럽인이 이런 비교연구를 한다면 더 많은 수확을 거둘 수 있을 것이다. 비유럽인이라면 유럽인이 자신의 문화적 이념에서 출발하여 당연하다고 생각하기 때문에 의식하지 못하는 현상을 주목할 수 있을 것이다.[15] 물론 외부시각 또는 비자기중심적 시각에 의존하지 않아야만 세계사적 시각을 가질 수 있다. 전체로서의 세계는 그 무엇과도 대비될 수 없다.

단순히 유럽에 대한 관찰만을 바탕으로 하지 않는다면 19세기는 어떤 모습일까? 먼저 강조해 두어야 할 것은 19세기는 18세기 80년대부터 1차 대전까지 이어지는 긴 세기라는 관점이 유익한 가설이자 보조적인 구상이기는 해도 당연하거나 전 세계에 보편적으로 적용될 수 있는 역사형태는 아니라는 점이다. 우리가 시원스럽게 1789년과 1914년을 유럽의 19세기의 시작과 끝이라고 인정하더라도 여전히 몇몇 국가와 지역의 역사는 이 틀 안에 들어오지 않는다. 만약 유럽 이외 지역의 역사가 이 구분에 부합한다 하더라도 그 원인을 따져보면 유럽 자체와는 큰 관련이 없다.[16]

문헌에 기록된 오스트레일리아의 역사는 1788년 유형수(流刑囚)를 실은 선단이 처음으로 이곳에 도착함으로써 시작하지만 이 일은 프랑스대혁명과는 어떤 형태로든 관련이 없다. 중국의 정치사에서 건륭황제가 퇴위한 1796년과 신해혁명이 일어난 1911년 사이의 시기는 긴 19세기라는 구분방식과 시간적으로는 어느 정도 일치하지만 내부 발전의 결과일 뿐이지 유럽이 동아시아에서 벌인 활동과 연관시킬 수는 없다. 더 많은 국가가 다른 시대구분법을 따르고 있다. 일본의 경우 1853년의 문호개방과 1945년 제국의 붕괴 사이의 시기는 완전한 하나의 역사주기를 구성한다. 라틴아메리카의 19세기는 20년대의 독립혁명에서(그 기원은 18세기 60년대까지 소급된다) 1929년의 세계 경제위기의 폭발 전야까지 이어진다.

미국의 경우 19세기 60년대의 내전과 함께 18세기 60년대에 대서양 양안의 위기와 함께 시작된 하나의 시대가 종결되었다. 미국 정치사와 사회사의 새로운 시대는 1914년이나 1917-18년에 끝난 것이 아니라 1941년 또는 1945년에 끝났다고 보아야 할 것이고 사회사적으로 매우 중요한 의미를 지니는 인종문제의 시각에서 본다면 심지어 20세기 60년대에 끝났다고 보아야 한다.

역법상의 19세기이든 '긴' 19세기이든 전체 아프리카의 시각에서 보면—이집트와 남아프리카 제외—어느 것도 중요하지 않다. 아프리카의 경우 19세기 80년대의 식민침략이 새로운 시대를 열었고 이 시대는 두 차례의 세계대전을 거치고 20세기 60년대에 탈식민화의 물결이 높아질 때까지 지속되었다. 그러므로 세계사의 시대구분은 각국 역사에서 발생한 중대한 사건의 명확한 날짜에 의존할 수도 없고 유럽의 역사를 기준으로 할 수도 없다. 19세기는 언제 시작되어 언제 끝나는가? 아마도 해답이 없을 것 같다.

그래도 이 책이 서술하는 여러 가지 내용과 단서를 하나로 모으면 다음과 같은 몇 가지 현실적인 답안이 나온다(횔덜린Johann Christian Friedrich Hölderlin, 1770-1843의 미완성 원고를 정리하면 한 편의 외울 만한 시가 나오듯이). 18세기 60년대, 전체 대서양지역의 복합적인 정치위기, 영국의 인도 식민지화, 새로운 생산기술의 발전과 함께 새로운 시대가 서서히 막을 올렸다. 20세기 20년대에 이르러 1차 세계대전의 각종 결과가 드러나고(동아시아와 라틴아메리카에도 좋은 결과가 나왔다) 세계의 모든 식민지와 서방으로부터 기타 형태의 압박을 받는 지역에서─아프리카 열대지역 제외─민족독립 운동이 일어났을 때 이 시대는 종결되었다.

세계혁명을 추구하던 소비에트정권이 새로운 소련제국으로 변한 것도 영향력이 거대한 사건이었다. 이처럼 광활한 영토 위에 19세기의 가장 중요한 현실비판 정신을 담은 사상인 사회주의가 싹을 틔워 역사에 전례가 없는 기이한 제도를 실현함으로써 세계정치 무대에 새로운 극(極) 등장했고, 이 체제는 초기에는 새로운 세계혁명의 열정을 불러일으켰다.

1차 대전으로 서방의 매력은 더 이상 존재하지 않게 되었고 타자를 지배하거나 최소한 감독하고 교화하려는 서방의 자격이 의심을 받게 되었다. 1차 대전 이전 시기에 형성된 상호관계는 취약해졌다.[17] 1919년 파리강화회의의 결과로 등장한 새로운 정치질서는 완전히 실패하지는 않았지만 많은 기대와 희망을 잃어버렸다.

윌슨 대통령은 영구평화를 만들어내지 못했다. 자본주의의 재생능력은 (최소한 유럽에서는) 한계에 도달한 듯 했다. 자유주의의 네 가지─(개인적 차원의) 윤리적, (정치적 차원의) 입헌주의적, 국제적, 경제적─측면은 모두 자신의 합리성을 입증해야 하는 강력한 압력을 받고 있어서 세계적 범위에서 영향력을 상실했다.[18] 20세기 20년대는 19세기에서 다른 세기로 넘어가는 결정적인 과도기였다.

다섯 가지 표지

시작도 끝도 열려 있는 긴 19세기는 세계사의 관점에서는 그 성격을 어떻게 규정해야 할까? 이 책의 내용을 단 몇 줄의 문장으로 요약할 수도 없고 대체로 정확하게 서술한 그 시대의 주요한 발전추세의 핵심 개념 ─ 공업화, 도시화, 민족국가의 형성, 식민주의, 세계화 등의 개념 ─ 을 반복한다고 해서 우리의 지식이 진전하지도 않는다. 그 대신 비교적 생소한 다섯 가지 시각을 참고로 제시한다.

1) 19세기는 생산효율이 '비대칭적으로 상승한' 시대였다. 생산효율의 상승은 주로 세 가지 영역에서 나타났다. 먼저 인류의 노동효율의 상승 정도는 이전의 모든 시기를 초과했다. 통계수치로 계량화하기는 힘들지만 부인할 수 없는 것은 1900년 무렵 전 세계인의 1인당 평균 경제적 가치생산은 분명히 한 세기 전보다 높아졌다는 점이다. 1인당 평균소득은 높아졌고 물질생활은 더욱 풍족해졌으며 역사상 처음으로 장기적인 경제성장이 실현되었다. 경제발전은 기복이 있었지만 총체적으로 경제상황은 안정적인 발전 추세를 보였다.

이러한 상향추세가 나타난 데는 두 가지 원인이 있었다. 원인의 하나는 생산방식의 공업화였고 그 주요 특징은 고도의 분업노동, 공장방식의 생산조직, 석탄을 동력으로 하는 기계의 사용이었다. 공업화의 발전은 지역별 편차가 심했다. 공업화가 시작된 유럽 서북부와 미국의 북부에서도 그랬다.

공업화는 일부 '공업지역'에 집중되었다. 초창기의 공업기술은 잘 알려진 자연과학의 원칙을 활용한 간단한 것이었다. 시간이 흐르면서 미국과 유럽의 일부 국가에서 기술혁신이 반복적으로 일어났고 이러한 혁신을 효과적으로 응용할 수 있는 시장체제와 법률환경이 등장했다. 그런 가운데서 또한 지식생산과 '인력자원' 배양 체계가 형성되었다. 국립과 사립대학의 연구부문과 공업부문 자체의 연구개발 활동이 이 역할을 담당했다. 철학자 알프레드 화이트헤드(Alfred North Whitehead)는 19세기의 가장 위대한 발명은 "발명하는 방법을 발명"한 것이라고 특별히 강조했다.[19]

공업 이외에 또 하나의 부의 증가의 원천이면서 흔히 주목받지 못했던 것은 미국의 중서부에서 아르헨티나까지, 카자흐스탄에서 버마에 이르는 모든 대륙의 프런티어에 개척된 새로운 토지였다. 이러한 부의 증가원도 현대성의 특수한 미래상과 연결되어 있었다. 19세기의 모든 현대성이 공업을 지향하지는 않았다. 특히 영국에서는 '공업혁명'에 앞서 '농업혁명'이 일어났다. 뒤에 가서 공업화의 완만한 확장과 함께 농업혁명도 보다 큰 규모의 토지이용을 의미하게 되었고 그 결과가 여러 프런티어에서 개별 생산자의 생산효율 증가로 나타났다.

특별한 점은 프런티어지역의 생산품이 현지 소비자를 위해 생산된 것이 아니라 더 이상 사치품에만 한정되지 않는 대륙을 넘나드는 상업유통 영역에 진입했다는 것이다. 공업기술의 화신인 증기선과 철도가 운수부문에 도입됨으로써 운송비용이 빠르게 하락했고 이에 따라 밀, 쌀, 면화, 커피 등 전통적인 프런티어 상품의 무역이 확장되기 시작했다. 원재료 수요가 증가하고 최근에 농촌으로부터 유입된 공업 노동력에게 제공할 식량의 공급처도 찾아야 한다는 점에서 농업 프런티어의 개척은 공업화와 연결되어 있었다.

생산효율이 현저하게 높아진 세 번째 영역은 군사영역이었다. 개별 병사의 살상능력이 증가했다. 이것은 공업화의 직접적인 결과가 아니라 공업화와 함께 발생한 과정이었다. 병기 기술의 혁신 이외에도 군사조직을 운용할 수 있는 지식과 전략전술의 발전도 군사적 효율이 증가하게 된 독특한 원인 가운데 하나였다. 그 밖에도 국가자원을 군사영역에 집중하겠다는 정치적 의지가 최종적인 원인이었다.

군사효율의 차이는 독일 통일전쟁, 그 시대의 몇몇 식민전쟁, 러일전쟁 가운데서 분명하게 드러났다. 1914년, 정치적으로 거의 통제할 수 없는 국가기관 사이의 충돌이 발생했다. 다른 시각으로 보자면, 실재적이거나 견강부회적인 자기논리를 가진 군사기관이 —가장 유명한 사례가 독일군 참모총장 슐리펜(Alfred von Schlieffen)이 수립한 시계장치처럼 정교한 전쟁계획이었다—무능하거나 무책임한 외교정책의 위험성을 높여놓았다. 세계대전 자체가 몇몇 영역의 생산효율을 높여놓았다(예를 들자면 독일, 영국, 미국의 전쟁 경제 조직).

19세기말 세계의 군사력 분포의 불균형은 전례가 없는 정도였다. 군사력과 공업의 잠재력은 서로 맞물려 있었고 이런 상황은 1850년 무렵과는 전혀 달랐다. 이제 세계의 강대국 가운데서 비공업화 국가는 없었다. 아프가니스탄인, 에티오피아인, 남아프리카 보어인이 잠시 군사적 승리를 거두었지만 유럽 이외의 지역에서 (일본을 제외하면) 어느 군사국가도 '서방'의 군사강국에 대항할 수 없었다. 이러한 '거대한 군사적 격차'는 20세기 50년대 초에 중국이 미국에 대항한 한국전쟁과 베트남인이 프랑스를 겪은 디엔비엔푸 전투(의 승리)에서 비로소 메워졌다.

생산효율이 증가한 네 번째 영역은 국가기관의 자국 민중에 대한 통제였다. 행정적 규제는 증가했고 지방 행정기관의 직권범위는 확대되었다. 국가기관은 인구를 조사 분류했고, 부동산과 납세능력을 조사하여 통계를 작성했다. 징세는 보다 공정하지만 더 규칙적으로 행해지고 세목(稅目)이 늘어났고, 경찰제도는 질적·양적 측면에서 강화되었다.

정치제도의 형식과 국가기관의 민중생활에 대한 관리와 통제의 정도 사이에는 명확한 연관성은 없었다. 오늘날에도 어떤 민주체제는 고압적인 반면에 어떤 전제체제는 사회 기층에서 존재를 느낄 수가 없다. 19세기에 지방통치의 새로운 기법이 등장했고 그 바탕 위에서 국민개병제(國民皆兵制), 전국민 의무교육, 복지국가 정책이 시행되었다. 국가는 새로운 리바이어던(Leviathan)으로 변하기 시작했으나 반드시 괴물이 될 필요는 없었다.

정부행위의 효율증가 면에서도 지역별로 거대한 차이가 있었다. 일본정부의 사회에 대한 침투능력은 중국보다 훨씬 높았고 독일은 스페인보다 높았다. 거의 모든 식민정부는 식민지 주민을 통제하고 관리하려는 의지가 있었지만 항상 이를 실현할 재정능력과 인력자원이 부족했다.

19세기에 유럽에서 일어난 민족국가의 이상—국가형태, 영토, 문화(언어)가 일치하는 국가—은 국가의 간섭과 상호결정의 관계였다. 한 국가의 구성원은 균질적인 집단 속에서 자유로운 존재로서 공평한 대우를 누리는 시민이 되기를 원하지 결코 신민이 되기를 원치 않았다. 그들은 자신의 국가가 세계로부터 인정받고 존경받기를 원했다. 그런데 민족통일, 민족의 이익, 민족의 영광이라는 이름으로 사람들은 이전 시대라면 저항했을 정부기관의 통제와 관리를 참아 냈다.

세계의 많은 지역에서 생산효율의 부분적인 상승이 나타났다. 공업화는 결코 독립변수 또는 경제발전의 모든 기타 형식을 결정하는 최종적 원인이 아니었다. 프런티어의 농업개척지가 공업중심지보다 더 넓게 분포되어 있었다. 워싱턴과 수보로프*, 나폴레옹과 웰링턴(Weiilington)은 공업화 이전 시대의 전쟁을 벌이고 있었다. 경제,

---

* 알렉산드르 바실리에비치 수보로프(Aleksandr Vasil'evič Suvorov, 1729-1800. 러시아 역사상 가장 위대한 군사령관 중 한 명으로 평가된다. 예카테리나 황제의 절대적인 신임을 받았다.

군사, 정부 세 영역의 효율 상승은 고정적인 상호조건 관계가 아니었다.

오스만제국에서는 뚜렷한 공업화의 배경이 없는 상황에서도 '현대적인' 정부 관료기구의 형성이 시작되었다. 미국은 내전이 끝난 후 수십 년 동안은 경제적으로는 거인이면서 군사적으로는 난쟁이였다. 러시아는 공업화되었고 방대한 군대를 보유했지만 1917년 이전까지는 정부의 실제적인 사회침투 능력, 특히 농촌사회 침투정도는 의문스러웠다. 여러 측면을 다 만족시키는 성숙한 현대 민족국가의 모델로서 남는 것은 독일, 일본, 프랑스뿐이다.

영국은 지상군의 규모가 작았고 지방정부의 관료기구화 정도도 상대적으로 낮아 전반적으로 미국과 비슷한 상황이었다. 그럼에도 불구하고 그 전 시기와 그 후 시기와 비교했을 때 19세기에 유럽, 미국, 일본이 세계 기타 지역과 대비하여 흥기하고 있었다는 것은 의심할 수 없는 사실이었다.

이들 국가의 흥기는 여러 가지 요인의 복합작용 덕분이었다. 최소한 1차 대전이 일어나기 전까지 이들 국가의 성공담은 지속되었다. 우위에 있는 국가가 자신이 창조한 자유주의 세계경제 질서로부터 이득을 보았다. 국가는 경제성장을 지원하고, 경제성장으로 세수는 풍부해지고, 풍부한 세수는 우월한 국제적 지위를 유지하는 데 필요한 자금을 제공해주었다.

제국주의도 마찬가지로 좋은 투자처가 될 수 있었다. 식민지 확장은 구체적인 상황에서는 국민경제에 직접적인 화폐수익을 가져다주지 않았지만 군사적 효율이 우월한 조건하에서는 식민지 정복과 관리는 비용 대비 효과가 높았다. 제국주의의 확장은 정치적인 관점에서 보자면 국고에 주는 부담이 적거나 없다면 시도해볼만한 일이었고 경제적인 면에서는 정치를 지지해줄 이익집단을 만들어 낼 수 있었다.

2) '유동성'의 증가라는 시대의 획을 긋는 특징에 대해서는 길게 언급할 필요가 없을 것이다. 이 제목은 전술한 여러 장(章)에서 직접 언급했기 때문이다(여행, 대량 이주, 원정작전, 장거리 무역, 종교와 언어와 예술형식의 전파). 19세기에는 이전 시기와 다른 세 가지 현상이 나타났다.

첫째, 인구이동의 급격한 증대다. 이전의 역사에는 북아메리카와 남아메리카, 시베리아 또는 만주 지역으로 가는 거대한 규모의 인구이동의 전례가 없었다. 1870-1930년 사이에 일어났던 인구이동의 강도는 그 후 다시 나타나지 않았다. 이것은 그 시대가 특히 주목받는 전 지구적 특징이었다. 상품의 유통도 새로운 수준에 올랐다. 비단, 향료, 차, 설탕, 담배 등 사치품 교역이 대량의 식량과 공산품 원료 교역으로 대체되었다. 생산량 증가를 크게 초월하는 세계무역 확대를 나타내는 수치가 이런 상황을 설명해준다.

이 시기에 비로소 큰 규모의 자본이동이 나타났다. 19세기 중반 이전에는 부유한 개인이 돈이 필요한 사람(예컨대 왕공귀족)에게 돈을 빌려주었다. 근대초기의 특허회사(Chartered companies)는 그 시대의 기준으로 보면 매우 복잡한 자금의 안전보장 장치가 필요했다. 그러나 대략 19세기 60년대가 되어서야 국제 자본시장이라고 할만한 게 생겨났다. 자본이 처음으로 지구 전체로 이동하기 시작했을 때 더는 (또는 오직) 배의 작은 화물칸에 실린 금속화폐의 형식이 아니었다. 자금의 흐름을 견인한 것은 공업화된 공장경제가 아니라 전 세계로 뻗어나가는 철도건설이었다. 유동성의 시대가 동트고 있었다. 증기선과 철도가 사람의 이동과 화물의 유통을 편리하게 만들었고 전보와 (뒤에 나온) 전화의 등장으로 정보의 전달이 쉬워졌다.

둘째, 이러한 기술혁신이 모든 형태의 이동의 속도를 높여놓았다. 많은 도시에서 사람들의 통행속도가 빨라졌다. 도시 안에서의 이동방식은 보행에서 궤도전차로 격상되었다. 속도의 증가가 시대의 특징이라는 얘기는 전혀 새로울 게 없지만 그것이 역사적으로 얼마나 중대한 의미를 지니는지는 상상하기도 쉽지 않다. 사람이 말보다 더 빠르고 안전하게 이동할 수 있고 물 위에서 더 이상 바람의 자비에 매달리지 않아도 된다는 것은 있을 수 없는 일이었다. 1910년을 전후하여 모든 대륙에(공업이 거의 존재하지 않는 지역에도) 철도가 건설되었다. 한 인도인이 철도건설에 참여하거나 기차를 탈 수 있는 기회는 그가 공장에서 노동할 수 있는 기회보다 훨씬 더 많았다.

셋째, 이제 유동성은 사회 기반시설에 의존하지 않고는 유지될 수 없게 되었다. 잉카제국과 13세기 몽고제국의 복잡한 통신체계, 비더마이어시대의 잘 조직된 우편마차 체계의 효율을 낮게 평가해서는 안 되겠지만 철도망의 건설, 세계적 해운회사의 등장, 지구 전체를 연결하는 해저케이블의 건설은 기술의 응용과 조직의 안정화 면에서 전혀 새로운 지평을 열었다.

이동생활은 더 이상 유목민만의 생활방식이 아니라 난민과 망명자의 불가피한 선택 또는 선원의 생활수단이 되었다. 이동생활은 조직화된 사회생활의 새로운 차원, 좁은 범위의 일상생활의 리듬과는 다른 리듬의 생활방식이 되었다. 이 추세는 20세기까지 그대로 이어졌다. '세계화'를 국가와 문화의 경계를 넘어 가속화되고 공간적으로 확장된 자원의 유통이라고 정의한다면 '세계화'라는 핵심 단어는 여기서 제자리를 찾았다.

3) 19세기의 또 하나의 분명한 특징은 (격식을 갖추어 표현하자면) '상호관계 강화의 비대칭성'(asymmetrische Referenzverdichtung)이라고 할 수 있다. '문화 사이의 인식과 교류의 증가'라고 표현하면 좀더 쉽고 분명하게 이해할 수 있겠지만 사실관계의 표현으로는 정확하지 못하다. 여기서 뜻하는 것은, 19세기에 들어와 관념, 특히 문화적 내용──전보가 전달할 수 있는 파편적 정보보다 더 풍부한 내용──

의 유동성이 더 높아졌다는 것이다.

　이전 시대에서의 유동성의 의미를 낮게 평가해서는 안 된다. 예컨대, 인도로부터 중앙아시아, 동아시아, 동남아시아 등 여러 지역으로 불교가 전파되었는데 이는 거대하고도 다방면에 걸친 문화이전의 과정이었으며 이 과정은 흔히 문자 그대로 광활한 대지 위를 묵묵히 걸어간 구도승(求道僧)에 의해 완성되었다. 그런데 먼 거리와 문화의 경계를 넘어 정보를 전해주고 서로의 사상과 예술을 이해할 수 있게 해준 매체의 확산은 19세기 이전에는 없던 일이었다. 그 구체적인 성과로서 이전의 어떤 시대보다도 양이 늘어난 19세기의 번역작품을 들 수 있다. 이런 현상은 18세기에 찬란한 번역의 시대를 경험한 유럽국가 상호 간에는 물론이고 언어학적으로 유럽과 거리가 먼 기타 언어권과의 교류에서도 나타났다.

　1900년 무렵 서방의 대형 도서관은 아시아의 전통을 알 수 있는 기본 문헌의 번역본을 독자들에게 제공했다. 한편으로는 유럽의 몇몇 학문분야의 교과서와 철학, 법률, 경제이론 저작이 일본어, 중국어, 터키어로 번역되어 나왔다. 영어와 프랑스어를 구사할 줄 아는 일부 교육받은 동방의 문화엘리트들은 서방의 관념과 사상을 직접 접촉했다.

　이같은 '상호관계 강화'는 상호 간의 시야를 넓혀주는 것 이상의 의미를 지녔었다. 미국의 사회학자 라인하르트 벤딕스(Reinhard Bendix)는 역사에 있어서 '전시효과'(demonstration effect)의 힘을 강조했다. '대조사회'(reference societies)의 존재는 모방의 표본으로서뿐만 아니라 거부와 차별화를 통해 자기정체성을 형성하는 핵으로서의 역할도 한다.[20] 18세기에 프랑스는 궁정과 살롱 사이의 적대관계 때문에 유럽의 많은 지역에서 '참조사회'의 역할을 했다. 베트남, 조선, 일본은 오래전부터 중국을 표본으로 삼아왔다.

19세기에 두 가지 현상이 나타났다. 하나는 외부지향형이 양적으로 늘어난 것이었다. 세계 인구의 절대다수가 다른 국가의 존재에 대해 전혀 모르거나 모호한 개념만 갖고 있을 때 문화엘리트들은 유례없는 관심을 가지고 외부세계를 관찰했다.

다른 하나는 참조가 비대칭화 또는 단극화(單極化)된 것이다. 문화적 표본의 다양성이 사라지고 서방이 세계표준 문화로 등장했다. 그러나 '서방'은 유럽국가 전부를 가리키지 않았고 미국도 19세기 말에 와서야 독자적인 문명모형으로서 주목받기 시작했다. 1870년 또는 1880년 무렵의 중국, 일본, 멕시코 또는 이집트의 입장에서 보자면 '서방'은 우선 영국을 의미했고 다음으로 프랑스를 가리켰다. 메이지시기의 일본은 비스마르크 정부의 군사와 과학의 효율성을 흠모했다. 그러므로 일본에게는 독일이라는 표본이 하나 더 있었다.

유럽의 지리적 경계 안에도 문화적 주변부 ─ 유럽문화의 일부로서 인정받지 못하는 국가 ─ 가 존재했다. 러시아는 오랫동안 기독교 세계의 전초기지의 역할을 해왔지만 영국, 프랑스, 독일과의 관계에서 19세기 이전까지는 여전히 유럽의 주변부란 자기인식을 갖고 있었다.

러시아에서 '유럽파'와 '슬라브파' 사이의 논쟁은 기본적인 입장으로 말하자면 오스만제국, 일본, 중국에서 발생한 논쟁과 유사했다. 서방에 대한 입장은 서방문명에 대한 호감과 뜨거운 사랑으로부터 서방의 천박함과 오만에 대한 경멸과 거부에 이르기까지 다양했다.

서방문명에 대한 흠모는 필연적으로 자기 민족의 전통에 대해 비판적이거나 심지어 우상파괴적인 태도와 분리될 수 없었다. '주변부 국가'의 정치가와 지식인 대다수의 관념은 모순적인 중간 입장을 맴돌고 있었다. 서방의 기술과 군사적·경제적 성과를 배울 수 있을지, 어떻게 배워야 할지, 아울러 문화적으로 서방에 대한 굴복을 피할 수 있는 방법은 무엇인지를 두고 논쟁이 끊이지 않았다.

중국인들은 체용설(體用說)이란 간단명료한 공식을 들고 나왔다. 서방의 지식은 응용하고(西學爲用) 중국의 지식은 정신적 중심으로 삼는다(中學爲體)는 논리였다. 서방문명의 모형과 그 내부의 불균형한 발전 수준—이것은 관찰자의 눈을 속일 수 없는 현실이었다—에 대한 관찰을 기반으로 한 방어적 현대화 개혁 전략은 오스만제국의 탄지마트개혁에서부터 포르피리오 디아스 치하 멕시코의 기술지상주의에 이르기까지 한 둘이 아니었다.

일반적으로 말해 이런 전략은 서방으로부터 유용한 기술을 배울 수 있다는 인식으로부터 출발했지만 한편으로는 시기를 놓치지 말고 민족자강을 통해 군사적 점령이나 식민지화의 굴욕을 면하려는 노력도 일정한 영향을 미쳤다. 일부 전략은 성공했고 많은 전략이 실패했다.

자유주의 애국자들—규모는 작았지만 유럽 이외의 세계에 널리 분포되어 있었다—의 처지는 특히 복잡했다. 자유주의자로서 그들은 루소, 프랑수아 기조(François Guizot), J.S. 밀, 요한 카스퍼 블룬칠리(Johann Kaspar Bluntschli)를 열심히 읽었고 언론과 결사의 자유, 종교적 관용, 입헌주의와 대의민주 체제를 요구했다. 그러나 애국자와 민족주의자로서 그들은 이 모든 이념을 탄생시킨 서방에 저항하지 않을 수 없었다.

현실에서 '좋은' 서방과 '미운' 서방을 어떻게 분별할 것인가? 어떻게 하면 제국주의는 받아들이지 않으면서 서방의 문화와 심지어 자본까지 절도 있게 받아들일 수 있을까? 이것이 19세기에 주변부 국가의 정책이 당면한 거대한 역설이었다. 그러나 일단 제국주의가 공격해왔을 때는 시기가 늦었다. 행동 공간은 크게 좁아졌고 선택의 가능성은 급격하게 줄어들었다.

상호관계의 강화는 단순히 지식을 획득하듯 무해하지도 않았고 '문화제국주의'라는 어색한 말로 요약할 수 있을 만큼 전혀 모순이 없지도 않았다.

　상호관계의 강화는 대부분의 경우 정치와 관련되었지만 명확한 시작이 없었다. 유럽 식민자의 권력이 그들에게 저항하는 식민지 백성에게 서방의 가장 중요한 문화수출품인 기독교를 믿도록 강제할만큼 컸던 적은 없었다. 상호관계 강화는 (언제나 불균형한) 식민지 관계에서만 비대칭적으로 드러나지는 않았다. 비대칭성의 원인은 두 가지가 더 있었다.

　첫째, 유럽 강대국은 자신의 민족주의적 또는 제국주의적 이익을 지키는 데 유용하다고 판단되면 서방지향적인 동방과 남방의 개혁자들과의 동맹을 거듭 파기했다. 세기가 바뀔 무렵 아시아와 아프리카에서는 서방이 식민지와 독립자주적인 주변부 국가의 진정한 현대화에 관심을 갖고 있다고 믿는 사람은 거의 없었다. 이들 주변부 국가는 신흥 현대화 국가라는 용어가 생기기도 전에 스스로 자신이 그러한 국가라는 생각을 갖고 있었다. 19세기 60년대, 70년대, 80년대에, 다시 말해 탄지마트 개혁시기, 이집트 총독 이스마일 통치시대, 일본의 이른바 로쿠메이칸(鹿鳴館)* 시대[21)에 정점에 이르렀던 동방과 서방이 현대화를 위해 협력할 수 있다는 꿈은 유럽에 대한 극도의 불신 때문에 요절하고 말았다.

> *　로쿠메이칸(鹿鳴館)은 메이지정부가 외빈이나 외교관의 접대와 숙박을 위해 1883년 도쿄에 건축한 2층 규모의 사교장이다. 당시 일본의 국가목표인 유럽화 정책을 상징한다. 외무대신 이노우에 가오루(井上馨)가 영국인 건축가 조시아 콘도르(Josiah Conder)에게 의뢰해 설계했다. 로쿠메이칸이 존속된 시기는 짧았지만, 당시 일본의 많은 상류층에게는 연회와 무도회를 통해 서양 문화를 처음 접하는 계기가 되었다. 로쿠메이칸을 중심으로 한 외교 정책을 로쿠메이칸 외교(鹿鳴館外交)라고도 부르고 로쿠메이칸이 준공된 1883년에서 1890년까지의 시기를 로쿠메이칸 시대라고 부른다. '로쿠메이'는 『시경』(詩經)의 「소아(小雅)·녹명(鹿鳴)」에서 유래하며 성대한 연회를 묘사한 시이다.

둘째, 동방 언어학, 종교학, 민족학이 일어나면서 서방의 비유럽세계에 대한 지식과 이해는 늘어났지만 실제적인 영향은 없었다. 반면에 동방은 서방으로부터 가능한 모든 지식 — 법률체계에서부터 건축분야에 이르기까지 — 을 받아들였다. 유럽과 미국에서는 누구도 아시아와 아프리카에 표본이 될만한 분야가 있다고는 생각하지 않았다. 일본의 채색 목각판화와 서아프리카의 청동제품이 일부 서방 미술학자들로부터 칭송받았지만 — 18세기에 중국의 국가조직 모형을 유럽에 도입하자던 제안처럼 — 그것을 모델로 삼자는 제안을 한 사람은 없었다(서방에서는 중국의 관료제도를 찬양한 사람이 많았다). 문화의 전수는 이론상으로는 일정 정도까지는 쌍방향이지만 실제에 있어서는 일방통행이었다.

4) 이 세기의 또 하나의 특징은 평등과 등급제도의 대립이었다. "각종 차별의 제거와 차별받는 집단의 해방을 통한 법률상 평등의 실현"이 19세기 후반 유럽에서 일어난 핵심적인 진전이라고 한 외르크 피쉬(Jörg Fisch)의 말은 일리가 있다.[22] 법률적 평등의 추세는 사회적 지위와 신분상승의 가능성을 결정하는 데 있어서 이전보다 가족배경의 중요성이 낮아지고 시장요인의 결정력이 높아진 사회계층화의 원칙과 도식의 변화와 결합되었다. 독립전쟁 과정에서 노예제를 폐지하여 구세계(유럽)보다 등급질서의 성격이 상대적으로 옅어진 미국은 '보편적인' 평등의 길로 나아갔다.

유럽인은 사회질서에 관한 자신의 관념이 완벽하고 보편적이라고 확신했다. 유럽의 법률사상을 접촉한 비유럽문명의 엘리트들은 곧바로 그것이 유럽 특유의 것이면서 동시에 보편화될 수 있다는 점을 간파했다. 그들은 각자의 환경과 정치적 신념에 따라서 유럽의 법률사상 — 무엇보다도 평등의 주장 — 을 위협으로 받아들이기도 했고 기회로도 받아들였다. 비유럽 국가의 노예제, 여성의 열악한 지위, 종교적 소수집단의 탄압에 대한 유럽인의 비난은 기성질서에 대한 폭발적인 도전을 의미했다. 그 결과는 사회 권력관계의 철저한 개편—가부장제 제한, 노예소유주 계층의 와해, 종교 또는 교회의 독점권 폐지—으로 이어질 수밖에 없었다.

사회적 평등은 순전히 유럽의 사상은 아니었다. 수평주의, 박애주의, 지배자가 없는 사회 등 유토피아적 희망은 여러 문화에 널리 퍼져 있었다. 그런데 근대 유럽에서 기독교 박애주의를 기반으로 한 것이든 자연법 정신을 기반으로 한 것이든 공리주의나 사회주의 사상을 기반으로 한 것이든 관계없이 평등사상은 국내정치에서 강력한 무기가 되었다. 보수 세력의 저항은 피할 수 없었고 현대주의자와 전통주의자 사이의 문화적 투쟁은 불문율이 되었다.

서방이 자신의 평등원칙을 구현하는 실제 행동은 제한적일 수밖에 없었다. 국제관계에서 새로운 등급질서가 형성되었다. 「베스트팔리아 평화조약」(1648)은 각양각색의 정교한 특권과 복종 관계를 보다 간소화된 서열체계로 바꾸어 놓았다. 물론 1914년 또는 심지어 1945년까지 유지된 '베스트팔리아체제'를 평화회담에 모인 외교관들이 즉흥적으로 만들어내지는 않았다.[23)]

19세기에 들어와서야, 무엇보다도 1860년대에 일어난 지정학적 변혁 이후로 우리는 중소규모의 국가가 국제무대에서 사라지는 것을 보게 된다(일시적으로, 20세기 후반의 정세가 그랬던 것처럼). 이때에 '5대 강국'이 국제정치를 좌지우지하는 체제가 성립되었다. 한 국가가 군비경쟁에서 탈락하면 국제정치에서 더 이상 영향력을 가질 수 없었다. 예컨대 네덜란드, 벨기에, 포르투갈은 식민국가 가운데서 상대적으로 낮은 등급으로 강등되었다. 1914년에 독일제국이 거리낌 없이 벨기에의 중립을 짓밟았다. 이 사건은 유럽에서 약소국이 얼마나 보잘것없는 처지로 전락했는지를 잘 보여주었다.

비유럽국가—당연히 미국은 제외하고—는 모두 등급질서의 가장 아래쪽에 자리 잡았다. 16세기에는 초강대국이었던 오스만제국이 바로 그런 처지에 빠졌다. 오직 일본만이 역사에 유례가 없는 전국민의 분투, 현명한 외교정책, 부분적인 행운을 통해 소수의 강대국 대열에 진입하는 데 성공했다. 그러나 그 과정에서 가장 잔혹하고 폭력적인 침략전쟁을 벌여 중국과 조선을 희생시켰기 때문에 세계정치의 주역인 '백인'으로부터 냉대를 받았다. 1921-22년 워싱턴회의에서 일본은 비로소 태평양지역의 일급 해군 강국으로서 지위를 인정받았고 이 때문에 최종적으로 강대국의 지위를 인정받게 되었다.

19세기의 마지막 1/3세기에 일어난 이른바 '2차' 등급분화가 평등을 파괴했다고 볼 수 있다. 유럽 유대인에게 평등한 시민권을 부여하고 얼마 지나지 않아서 유대인에 대한 사회적 차별이 뒤따랐다. 미국에서 노예제 폐지는 매우 빠르게 새로운 인종분리 제도를 발전시켰다. 새로운 사회적 차별은 처음에는 성숙한 문명과 열등한 문명의 대립으로 표현되었고 뒤에 가서는 서방에서는 거의 의심받아본 적이 없는 인종주의적 관용어로 표현되었다.

평등의 원칙을 무시한 인종주의적 정책과 행위가 국제사회에 미친 영향은 온전히 한 세기 동안(대략 19세기 60년대부터 탈식민화시기까지) 지속되었다. 인권, 반인종주의, 국가주권에 관한 보다 확고한 원칙, 민족자결권의 강화 등 국제규범에 관한 의식에 조용한 혁명이 일어나고 나서야(20세기 60년대 이후로) 비로소 19세기와의 결별이 이루어졌다.

5) 마지막으로, 19세기는 '해방'의 세기였다. 이것은 모든 사람이 이미 알고 있는 사실이다. 우리가 읽고 있는 많은 책이 끊임없이 (1789년과 1849년 사이, 또는 19세기 전체와 1905년과 1917년의 러시아 혁명 시기를 포함하는) '혁명의 시대'와 (19세기의 기본적인 추세인) '해방과 참여'를 말하고 있다.[24] 이것은 언제나 유럽만을 가리킨다.

'해방'이란 말은 로마법에서 나왔으며 전 세계에 적용되기는 어려운 매우 독특한 유럽의 개념이다. 해방은 "자기해방 또는 사회 내부의 집단을 지적·법적·사회적·정치적 감독이나 차별 또는 불합리하다고 생각되는 지배형태로부터 벗어나게 하는 것"을 의미한다.[25] 이밖에도 이 개념은 흔히 이웃 국가 또는 제국의 통치를 벗어나는 민족해방을 가리킨다. 그렇다면 베네데토 크로체(Benedetto Croce)가 1932년에 제시한 이상주의적 관점—자유에 대한 갈망이 19세기 유럽의 발전을 견인한 중요한 동력이었다—을 전 세계에 확대 적용할 수 있을까?[26] 답변은 어느 정도는 '그렇다'이다.

어떤 해방과정은 성공적이었다. 그런 해방은 더 많은 자유와 평등한 권리를 가져왔다(사실상의 평등은 드물었지만). 합법적인 제도로서 노예제는 서방국가와 식민지에서 사라졌다. 러시아 이서의 유럽 유대인은 유사 이래 가장 좋은 법률적·사회적 지위를 획득했다. 유럽에서 농민은 봉건적 의무와 부담을 벗어났다. 노동자는 투쟁을 통해 결사의 자유를 획득했고 몇몇 유럽 국가에서는 선거권까지 쟁취했다. 그러나 19세기에 들어와서야 공개적인 화두가 된 여성해방 문제에 대해 포괄적인 평가를 내리기는 어렵다. 여성의 정치적 권리와 기회의 확대라는 면에서 영국제국의 자치령과 미국은 선두에 속했다. 여성의 배우자로서의 지위와 가정생활 상황이 개선되었는지 여부는 유럽에서조차도 긍정적인 평가를 내리기 어렵다. 중산계급 가정은 그 자신의 고유한 속박 형식을 갖고 있었다.

이 시기의 혁명이 모두 해방과 관련이 있었기 때문에 성공이 실패보다 더 흥미를 끈다. 착각인지는 몰라도 역사는 승자를 더 잘 기억하기 때문이다. 그런데 모호한 경우도 있다. 프랑스대혁명이 그런 경우이다. 대혁명 초기의 목표인 대의민주제는 몇 번의 제도변화를 경험한 후 제3공화국에 이르러서야 비로소 실현되었다.

자코뱅 독재시대의 직접 민주주의 방식은 1871년 파리코뮌 시대에 잠시 부활했다가 사라졌다. 1848-89년 혁명의 영향과 작용은 명확하지 않다. 완벽하게 실패한 혁명인 페루의 투팍 아마루(Tupac-Amaru) 봉기나 중국의 태평천국혁명과 비교했을 때 이 혁명은 분명히 철저한 실패는 아니었다.

혁명과 예방적 개혁 (또는 혁명 이후의 혁명적 충동의 흡수) 사이의 상호작용을 통해 (최소한 러시아 이서의) 유럽은 시민참여의 헌법적 보장을 점진적으로 확대해 나갔다. 세계의 어느 지역보다 대의제 정부의 뿌리가 깊다는 사실이 이러한 진화가 보다 쉽게 일어날 수 있었던 배경이었다. 그러나 1차 대전 전야에 20세기 말기와 같은 의미의 민주정체는 많지 않았다. 나아가 공화정의 형식을 갖추었던 적이 있는 국가 — 대다수의 라틴아메리카 국가와 1912년 이후의 중국 — 라고 해서 민주정체의 실질을 보장할 수도 없었다. 광대한 식민지 공간은 상당히 민주적인 영국제국 자치령(실제로는 독립 민족국가)과 예외 없이 권위주의 체제인 '유색인종 세계'로 분화되었다('유색'은 당시에 사용된 표현이다).

결론적으로 말하자면 유럽이라고 해도 상황은 모호하고 모순적이었다. 1913년 시점에서 수십 년 동안의 추세를 돌아보면 민주주의는 확산되고 있었지만 민주주의의 승리는 거역할 수 없는 추세라고 말하기는 어려웠다. 이 무렵 정치적 자유주의는 이미 전성기를 넘긴 상황이었다. 그럼에도 불구하고 19세기는 해방의 세기였으며 중립적으로 표현하자면 인신의 자유와 권리의 박탈에 저항한 세기였다. 전통적인 통치와 피통치 관계는 이전시대처럼 자동적으로 유지되기는 어려워졌다.

북아메리카 연방제의 발전은 여러 개의 정부가 권력을 나누어 가지는 대국이 모든 이론과 예측을 벗어나 생명력을 가질 수 있음을 보여주었다. 유럽과 유럽 이외의 광대한 지역에서 군주제는 위기에 빠졌다. 러시아는 가장 적게 영향 받은 군주제였으나 결국은 1917-

18년에 가장 비참한 상황에 빠졌다. 왕권신수설이 합법성의 근거로서 여전히 효력을 발휘하는 지역(예컨대 러시아)에서는 그것을 백성들에게 설득하기 위해 적극적인 선전활동을 벌여야 했다. 일본의 천황제처럼 강대한 군주정체는 옛 제도의 연속이 아니라 의도된 새로운 전통주의였다. 유럽의 입헌주의 이론은 아시아와 아프리카 대부분의 비식민지역에서 진지하고 열정적인 지지자를 만났다.

세계 최대의 제국 영국은 자치령에서 법치와 입헌통치를 실행했고 1차 대전 전야에는 인도에서 처음으로 제한적인 입헌통치를 실시하기로 타협했다. 해방의 압력은 '아래로부터' '민중으로부터' 나왔다. 그들은 19세기가 시작되면서 일어난 몇 차례의 거대한 혁명을 겪으면서 진정한 활동가이자 거듭 찬양받는 전설이 되었다. 노예들이 저항하기 시작했고 빈번하게 발생한 소규모의 저항을 통해 꾸준히 축적된 힘은 그들 자신의 해방을 도왔다. 서유럽의 유대인은 개명된 정부가 자비를 베풀어주기를 앉아서 기다리지 않고 대규모의 자기혁신 계획을 실천했다. 사회적 이해관계는 항구적인 조직을 갖추었다. 이전 시대에는 노동조합이나 대중적 사회주의 정당 같은 상설조직이 없었다.

식민주의와 제국주의가 정점에 이르렀을 때에도 해방이란 개념은 완전히 사라지지 않았다. 정복전쟁 이후에 많은 식민지의 정세가 안정되었고 어떤 경우에는 평화에 가까웠지만 이민족 식민통치의 합법성의 기초는 취약했다. 식민통치를 위한 가장 흔한 변명논리—'문명포교'—는 그 결과를 통해 쉽게 측정될 수 있었다. 식민지 민중은 식민통치가 약속된 성과를 가져왔을 때 쉽게 식민지배자의 자화자찬 논리를 받아들였다. 약속된 성과란 (완전한 문화적 소외를 대가로 치르지 않고도 주어지는) 평화와 안정, 약간의 번영, 위생상태의 부분적 개선, 새로운 교육기회였다.

이민족 통치는 오래된 역사적 현상이다. 피식민자의 시각에서 볼 때 유럽의 식민주의는 그 자체로 다른 방식의 이민족 지배보다—모굴 왕조가 인도를, 오스만인이 아라비아를, 만주족이 중국을 통치한 사례가 있다—더 수치스러운 것은 아니었다. 그러나 약속한 진보가 실현되지 않았거나 피식민자의 생활상황이 오히려 악화된 경우 식민통치의 합법성은 빠르게 사라졌다.

1차 대전 이전 많은 지역에서 이런 상황이 발생했다. 훗날의 제3세계 해방운동은 (우리가 20세기 초의 해방운동을 '민족주의' 운동이라고 부르든, 부르지 않든 관계없이) 이러한 신뢰결손에 대한 대응이었다. 비판적 태도를 가진 식민지 지식인 또는 망명 지식인이 서방의 보편적 원칙과 식민지 현실 사이의 모순을 폭로하는 것은 어려운 일이 아니었다. 그러므로 혁명시대 이후의 식민주의는 이념적으로 불안정했다(식민종주국 대중의 여론도 분열되었다).[27] 식민주의를 벗어나려는 갈망이 모든 민족주의에서 나타나기 훨씬 전에 해방의 압력은 불평등, 불공정, 허위 위에 세워진, 보다 현학적으로 표현하자면 "가장 강대한 문명국가의 부끄러움을 모르는 이기심"—알프레드 월리스(Alfred Russel Wallace)가 1898년에 쓴 시대를 총평하는 저작에서 사용한 표현이다—위에 세워진 식민질서의 한 부분이었다.[28]

19세기는 1914년 8월에 갑자기 끝나지 않았고, 1916년 베르됭 전투 이전에 끝나지도 않았고, 레닌(Lenin)이 페테르부르크의 핀란드 역에 도착한 1917년 4월에 끝나지도 않았다. 역사는 막이 갑자기 내려오는 연극무대가 아니다. 그러나 1918년 가을에 많은 사람이 '어제의 세계'—슈테판 츠바이크의 유작 회고록(1944년)의 제목이 바로 이것이었다—가 다시 오지 않을 것이라는 점을 알아차렸다. 유럽인의 일부는 옛날을 그리워하는 정서에 잠겨 있었고 어떤 사람은 베일이 걷힌 '아름다운 시대'(belle époque) 너머에서 새로운 생활이 시작되는 기회를 보았다. 미국 대통령 우드로 윌슨(Woodrow Wilson)과 전 세계의 지지자들은 신뢰가 땅에 떨어진 과거로부터 벗어나기를 고대했다.

20년대는 전 세계가 다시 방향을 찾는 10년, (최소한 정치면에서는) 두 세기 사이의 '접합'의 시기였다. 경제면에서 이 10년은 훗날 증명 되었듯이 대공황의 서막, 세계대전보다 더 세계적인 위기의 시기였다. 문화면에서 이 10년은 전쟁 이전시대 전위주의(avant-garde)의 연속이었으나 다른 지역(일본과 중국)에서는 새로운 심미적 관점의 출발점이었다.

1914-45년 동안의 시기를 '두 번째 30년 전쟁'으로 부르는 것이 역사인식에 도움이 되는지는 모른다. 정답은 없다. 어떤 경우든 이런 강렬한 암시적 비유는 유럽에만 적용될 수 될 수 있었다. 표현을 달 리하자면, 1918년부터 1945년까지는 세계적인 범위에서 찾아낸 지 속적이며 건설적인 문제해결 방안이 너무도 적은 시기였다.

세계대전은 19세기의 몇 가지 문제를 노출시켰으나 두 차례 대전 사이의 시기에도 여전히 존재하는 문제에 대한 해법은 나오지 않았 다. 19세기에 생겨난 많은 문제는 1945년 이후에도 여전히 전염성을 갖고 있었다. 이런 추세는 19세기 말부터 20세기 말까지 지속되었다. 2차 대전 이후에 방향이 다시 확정되었고, 모두가 성공적이지는 않 았지만 총체적으로 보아 1차 대전 이후 조정기보다는 더 많은 성과 를 냈다.

1945년 이후 새로운 방향을 찾아 나섰던 노년층은 19세기에 태어 나고 사회화된 세대였다. 그들 가운데서 많은 인물이 1919년 또는 그 직후에 이미 정치적으로 중요한 자리에 올라 있었거나 최소한 정치 적 경험을 쌓은 사람들이었다(예컨대 윈스턴 처칠Winston Churchill, 콘라트 아데나워Konrad Adenauer, 존 덜레스John Foster Dulles, 스탈 린Stalin, 요시다 시게루吉田茂, 마오쩌둥毛澤東, 중요한 정책자문으로 활약하던 존 케인즈John Maynard Keynes와 장 모네Jean Monnet 등). 1914년 이전에 중요한 업적을 남긴 철학자, 과학자, 기술자, 작가, 작곡가, 화가, 건축가는 자신의 작업을 계속하고 있었다.

19세기가 1914년 이후 발생한 재난을 위해 길을 닦아 놓았다. 한나 아렌트(Hannah Arendt) 등은 19세기는 이 때문에 책임을 져야한다고 주장했다.[29] 그러나 19세기가 받들었던 일부 전통과 사상, 예컨대 자유주의, 평화주의, 노동조합주의, 민주적 사회주의는 1945년 이후에도 폐기되지 않았고 또한 추한 모습을 보이지도 않았다. 1950년의 시점에서 되돌아보면 1910년 ── 버지니아 울프 (Virginia Woolf)는 인류의 본성이 바뀐 해라고 탄식했다 ── 은 아득히 먼 시점이었다. 그러나 다른 면에서 본다면 1910년은 가장 최근에 겪은 전쟁의 공포보다 우리에게 더 가까이 있었다.

1) Ranke, Leopold von: *Aus Werk und Nachlaß,* v.4: *Vorlesungseinleitungen,* ed. by Volker Dotterweich/Walther Peter Fuchs, München 1975, p.463.

2) Borst, Arno: *Barbaren, Ketzer und Artisten. Welten des Mittelalters,* München 1990(2nd ed.), p.134.

3) 사회학자 Hans Freyer의 저서의 제목이다(Stuttgart, 1955).

4) 이 중요한 문헌의 전문 번역본이 Philipp, Thomas/Guido Schwald (ed.): *Abd-al-Rahman al-Jabarti's History of Egypt,* 3 vls., Stuttgart 1994이다. 독일어 요약본은 1983년에 Arnold Hottinger 출판사에서 나왔다.

5) Tahtawi, Rifa'a Rafi' al-: *Ein Muslim entdeckt Europa. Rifa'a al-Tahtawi. Bericht über seinen Aufenthalt in Paris 1826–1831,* ed. by Karl Stowasser, München 1989. 최근 영어 번역본(*An Islam in Paris*)이 나왔다.

6) *Deutschlandtagebuch 1884–1888,* H. Schöche 번역, Tübingen 1992.

7) Blacker, Carmen: *The Japanese Enlightenment. A Study of the Writings of Fukuzawa Yukichi,* Cambridge 1964, pp.90–100. Fukuzawa의 작품은 영문판이 있고 그의 매우 흥미로운 작품의 독일어판 *Lebensschilderung* (1971)이 있다.

8) Black, Antony: *The History of Islamic Political Thought,* pp.288–91. Abrahamian, Ervand: *Iran,* pp.65–9. Kurzman, Charles (ed.): *Modernist Islam, 1840–1940,* pp.111–5.

9) Tagore에 관한 뛰어난 평전은 Sen, Amartya: *The Argumentative Indian. Writings on Indian Culture, History and Identity,* London 2005, pp.89–120에 실려 있다. Tagore 의 영향력에 관한 기본적인 저작으로서 Hay, Stephen N.: *Asian Ideas of East and West. Tagore and his Critics in Japan, China, and India.* Cambridge, MA 1970을 참조할 것.

10) 현재 10여 가지의 현대성 이론이 나와 있다. Waters, Malcom (ed.): *Modernity. Critical Concepts,* 4 vls., New York 1999를 참조할 것. 내가 보기에는 다음 학자들의 시각이 역사학자들에게 특별히 유용하다: S. N. Eisenstadt, Anthony Giddens, Richard Münch, Alain Touraine, Johann P. Arnason, Stephen Toulmin, Peter Wagner.

11) Eisenstadt, Shmuel N.: *Die Vielfalt der Moderne,* chs.1–3.

12) 다량의 사례를 열거하고 있는 훌륭한 저작으로서 Robb, Graham: *The Discovery of France*를 참조할 것.

13) Bauer, Franz J.: *Das "lange" 19.Jahrhundert. Profil einer Epoche,* Stuttgart 2004. Langewiesche, Dieter: *"Neuzeit, Neuere Geschichte"* (Richard van Dülmen [ed.]: *Das Fischer-Lexikon: Geschichte,* Frankfurt a.M. 2003, pp.466–89에 수록).

14) Dülffer, Jost: *Im Zeichen der Gewalt. Frieden und Krieg im 19. und 20.Jahrhundert,*

Köln 2003, p.245.

15) Osterhammel, Jürgen: *Ex-zentrische Geschichte*를 참조할 것.

16) 이 책 제2장을 참조할 것.

17) Adas, Michael: *Contested Hegemony*.

18) Ruggiero, Guido de: *Geschichte des Liberalismus in Europa,* München 1930은 유럽에 관한 고전적 진단을 보여준다. 초판은 이탈리아에서 1930년에 나왔다.

19) Whitehead, Alfred North: *Science and the Modern World* [1925], New York 1967, p.96.

20) Bendix, Reinhard: *Könige oder Volk. Machtausübung und Herrschaftsmandat,* 1/2 vls., Frankfurt a.M. 1980, p.17.

21) 영국 건축가 Josiah Conder가 지은 이탈리아풍의 건물. 무도장, 당구장, 열람실, 객실로 구성되었다. Seidensticker, Edward: *Low City, High City,* pp.68f, 97-100을 참조할 것.

22) Fisch, Jörg: *Europa zwischen Wachstum und Gleichheit 1850–1914,* p.29.

23) 정치학 저작에서 널리 쓰이는 관용적인 표현이다.

24) Bauer, Franz J.: *Das "lange" 19.Jahrhundert,* pp.41-50.

25) Greiffenhagen, Martin: *"Emanzipation"* (*Historisches Wörterbuch der Philosophie,* V.2, Basel 1972, pp.447dp 수록).

26) Croce, Benedetto: *Geschichte Europas im neunzehnten Jahrhundert* [1932], Frankfurt a.M. 1979, 특히 제1장.

27) Stuchtey, Benedikt: *Die europäische Expansion und ihre Feinde. Kolonialismuskritik vom 18. bis in das 20.Jahrhundert,* München 2010을 참조할 것.

28) Wallace, Alfred Russel: *The Wonderful Century,* p.377.

29) Arendt, Hannah: *Elemente und Ursprünge totaler Herrschaft,* Frankfurt a.M. 1955.

옮긴이의 말

독자 여러분은 이제 막 방대한 책의 마지막 페이지를 넘겼다. 이 책은 외관은 방대하지만 자세히 읽어보면 고도로 농축된 저작임을 알 수 있다. 거의 모든 장과 절이 하나의 독립된 저작이 될 수 있다. 바꾸어 말하자면 이 책의 모든 장과 절은 거대한 정보를 가장 정련된 방식으로 정리하여 독자에게 제공하고 있다.

19세기는 세계사 연구에서 가장 밀도 높게 연구된 시대다. 위르겐 오스터함멜은 가장 밀도 높고 어쩌면 가장 설득력 있게 서술된 19세기 세계사를 우리에게 제시했다. 그는 어떤 분야에서는 제너럴리스트(generalist)이면서 ─제국주의, 탈식민화, 세계화─ 어떤 분야에서는 스페셜리스트 ─19세기 청제국과 영국의 상호관계사─ 이다. 이 책은 여러 분야의 변화를 추적하여 큰 범주에서 역사적 의미를 부각시키지만 단정적인 역사해석은 피하고 있다. 저자는 주로 영어와 독일어 문헌과 자료에 의존하지만 다른 언어로 쓰인 자료들도 다양하게 인용하고 있다. 저자는 경제, 문화, 사회면의 변화를 깊이 연구한 제국주의 정치의 권위 있는 학자다. 이 책의 주석과 참고문헌은 이 시대의 세계사 연구자가 동원하고 의존할 수 있는 최대치를 보여준다.

이 책은 2009년에 독일어 판이 나온 이후로 짧은 시간 안에 베스트셀러가 되었다. 지금은 영어판을 비롯하여 몇 개의 주요 언어로 번역되어 있다. 방대한 책이지만 읽는 동안에 독자가 지루함을 느끼지 않는 이유는 무겁고 큰 주제를 대체로 10쪽 이내의 작은 얘기로 나누어 기술하는 방식 때문이다.

제1부 '근경'(近景)은 19세기의 기억, 시간, 공간을 설명한다. 그중 제1장인 「기억과 자기관찰」은 제도로서의 문서보관소, 도서관, 박물관, 전시회, 백과전서와 탐사보도와 여행기와 지도제작, 신문과 사진의 보급 확산을 살펴본다. 그다음으로 저자는 시간과 공간의 관념을 탐구한다. 저자는 빅토리아시대에 형성된 현대라는 시간관념이 인간의 생활과 세계 각지의 문화와 충돌하는 과정, 과학과 민족국가라는 개념을 기초로 한 19세기의 공간관념이 지구 전체로 확장해가는 과정, 새로운 관념을 사용하여 공간의 거리를 측정하고 공간을 분할—민족, 영토, 제국, 해양, 소유권—하는 과정, 이런 관념들이 새로운 권력체계 아래에서 만들어내는 의미를 분석한다.

제2부 '전경'(全景)에서 저자는 인구이동, 생활수준, 도시생활이란 주제를 통해 다시 한번 세계를 하나의 전체로서 파악한다. 여기서 저자는 19세기에 나타난 생활수준의 질적 변화, 질병, 자연재해, 기아, 빈곤, 소비문화의 세계화 등이 상호 연결되는 과정을 보여준다. 그런 다음에 징벌과 유배지, 인종청소, 자본주의, 노예무역의 변형을 언급한다. 저자는 19세기의 도시를 조명하면서 전 세계에서 도시와 전통의 충돌과 통합, 항구도시의 흥기, 식민주의와 제국주의의 관계, 도시의 지하 공간, 도시의 상징과 미학의 문제를 분석한다. 또한 제2부에서는 북아메리카의 서부개척, 유럽 식민자들의 사하라사막 이남 지역 개발, 빅토리아시대의 자연정복 관념이 생태환경을 약탈한 현상을 분석하면서 프런티어란 관념을 제시한다. 그런 다음에 저자는 제국주의와 민족, 국제주의와 강대국 체제, 혁명과 국가, 민주주의와 민족주의 등의 문제를 탐색한다.

제2부가 국가와 국제정치의 관계에 치중했다면 제3부 '주제'는

경제, 문화, 기술, 사회적 이슈에 주목함으로써 균형을 시도한다. 에너지와 공업화, 자본주의, 다양한 노동형태와 노동의 의미변화, 새로운 작업장의 출현, 노동자 해방운동의 대두, 고용관계의 불균형을 다루고 뒤이어 교통과 통신의 네트워크, 사회등급제도의 발전, 지식의 변화, 문명 관념의 형성과 배제, 종교의 세속화와 제국의 관계, 종교 내부의 개혁운동 등의 주제를 다룬다.

세계사를 쓴다는 것은 어려운 일이다. 지리대발견 이후로 세계는 하나가 되었고 역사의 폭과 깊이는 전례 없이 확장되었다. 그와 동시에 역사연구는 날로 표준화, 전문화되었다. 역사학자는 평생을 연구해야 겨우 한 분야의 전문가가 될 수 있었다.

그런 가운데 두 가지 종류의 세계사 서술방식이 등장했다. 하나는 지역사를 연결한 세계사 서술방식이다. 간략하게 서술된 개별 국가사를 하나씩 연결하여 이른바 세계사가 만들어진다. 그 결과 흔히 거시적 시각은 부족하고 미시적 시각도 부족하다. 거시적 시각이 부족한 까닭은 각 지역사가 독자적인 주장을 하고 있어서 일관된 맥락이 없기 때문이다. 미시적 시각이 부족한 까닭은 각 지역사는 축약되어야만 세계사 속에 끼어들 수 있기 때문이다. 더 나아가 지역과 시대의 구분은 편의와 독단을 따르는 경우가 많다. 유럽과 미국은 정말 확연하게 나뉘는 두 개의 지역일까? 근대 일본과 미국은 반드시 독립된 장으로 기술되어야 할까?

다른 하나는 지역발전의 세부 내용에 얽매이지 않고 지역을 초월하는 거시적 문명발전을 주제로 하는 세계사다. 그러한 주제로서는 식민주의, 제국주의, 민족주의, 환경과 생태, 종교, 사상, 이민, 현대화, 상업, 여성주의, 국제관계, 과학기술의 전파, 무기의 발전, 세균과 질병의 전파, 식품과 향료의 전파, 대중문화 등이 있다. 근래 수십 년 동안 유럽과 미국에서 이러한 방식의 새로운 세계사 저작이 대량으로 등장했지만 각 주제별 분석의 틀 사이에 종합성은 찾아보기 어려웠다.

지금까지 독자 대중과 학계의 주목을 받은 몇 가지 대표적인 세계사 저작과 비교할 때 이 책의 차이점과 특징은 다음과 같다.

스타브리아노스(Leften Stavros Stavrianos, 1913-2004)의 『세계사』 (*A Global History: From Prehistory to the 21st Century*, 1970)는 각 지역사를 축약 연결한 교과서적 세계사 저작이며 각 지역사 사이의 교류와 통합이 역사에 미친 영향을 강조했지만 분석구조는 폭과 밀도에 있어서는 이 책에 미치지 못한다.

토인비(Arnold Joseph Toynbee, 1889-1975)의 『역사의 연구』(*A Study of History*, 전12권, 1934-61)는 상상 속의 '문명 단위'를 기준으로 하여 세계사를 나누고 '중요하지 않거나' '낙후한' 문명 또는 문화는 생략했다. 이런 방식은 이미 학계의 깊은 병폐가 되어버렸다. 오스터함멜의 『대변혁: 19세기의 역사풍경』은 독단적으로 '문명'을 나누어 분석단위로 삼지도 않았고 문화를 생물유기체로 다루지도 않았다. 그는 19세기를 지구상의 여러 지역 인구를 연결시킨 네트워크와 관념으로 파악하고 그것들이 발원지에서 시작하여 퍼져나가면서 각종 현지 문화와 충돌하고 융화되면서 새로운 문화를 형성해가는 과정을 서술했다.

서론에서 오스터함멜은 이 책과 크리스토퍼 베일리의 저서 『현대세계의 탄생』(*The Birth of the Modern World: Global Connections and Comparisons, 1780-1914*, 2004)을 비교하면서 19세기의 시발점과 종점을 명확하게 설정한 베일리의 서술방식을 비판했다. 그는 '19세기적 변화'는 베일리가 설정한 1914년 훨씬 이후까지도 지속된다고 주장했다('긴 19세기'). 또한 그는 에릭 홉스봄의 역사해석이 수직적이고 시계열(時系列)적이라고 한다면 자신의 역사 해석은 수평적이고 횡적이라고 비유했다. 그는 상술한 수십 개의 주제와 세계 각지 인류의 다양한 경험을 진정한 의미에서 유기적으로 연결했다. 바로 이런 면에서 오스터함멜의 『대변혁: 19세기의 역사풍경』은 우리를 황홀한 미시분석의 세계로 이끌고 있으며 동시에 우리에게 통찰력이 가득한 거시종합을 보여준다. 그러므로 오스터함멜은 19세기사 3부작 —『혁명의 시대』(The Age of Revolution: Europe 1789-1848, 1962), 『자본의 시대』(The Age of Capital: 1848-1875, 1975), 『제국의 시대』(The Age of Empire: 1875-1914, 1987) —을 쓴 영국의 역사학자 에릭 홉스봄(Eric Hobsbawm, 1917~2012)과 『현대세계의 탄생』을 쓴 크리스토퍼 베일리(Christopher Bayly, 1945-2015)와 동렬에 설 수 있는 역사학자라고 평가할 수 있을 것이다.

그러나 오스터함멜이 홉스봄이나 베일리와 근본적으로 다른 점은 그가 동방의 역사(특히 중국 역사)를 깊이 있게 연구했기 때문에 유럽 중심론의 유혹을 벗어날 수 있었다는 것이다. 원칙적으로는 분석 방법에 있어서는 유럽중심주의를 벗어났다고 해도 이 책의 서술 내용의 상당 부분이 유럽에 편중되어 있는 것도 부인할 수 없다. 그것은 이 책이 다루고 있는 시기가 유럽이 19세기 세계사에서 중요한 지위를 차지했던 시대이기 때문이며 그 지위는 검증될 수 있는 객관적 사실이다.

이 책의 또 하나의 특색은 어떤 시대와 사회에 대한 선입견을 의도적으로 멀리 했다는 점이다. 지난 수십 년 동안 독자 대중의 관심을 모았던 세계사 저작들과는 달리 오스터함멜의 『대변혁: 19세기의 역사풍경』은 빅토리아시대의 '진보' 관념을 벗어났다. 그동안의 세계사 저작은 '현대화', '진보'. '대국의 흥망성쇠', '민족의 부흥' 등의 관념이 내용의 주류를 이루었다. 이러한 분석의 틀은 사실은 19세기 유럽의 민족국가를 기반으로 한 '진보'의 관념에서 나왔다.

이러한 '진보'의 관념은 문명, 계급, 국가 혹은 민족을 빠짐없이 유기체로 보았고 세계사는 이러한 상상 속의 유기체 사이의 상호경쟁,

상호충돌의 역사가 되었다. 자원과 패권을 가운데 둔 민족과 국가의 경쟁을 제외한 개인(보통사람)의 경험은 묻혀졌다. 이것이 지난 수십 년 동안 세계사 학계의 흐름이었다. 민족의 경쟁과 진보의 관념은 오래전부터 많은 나라에서 세계를 바라볼 때 아무런 생각 없이 자동적으로 적용된 분석의 틀이었다. 그 밖의 다른 관찰과 시각은 이 틀을 통해 걸러졌다.

영국의 역사학자 시드니 폴라드(Sidney Pollard, 1925-98)는 빅토리아시대의 진보의 관념에 대해 이렇게 평가했다. "(그 시대 사람들은) 인류역사에는 변화의 법칙이 존재한다. ……이 법칙은 일방통행적·불가역적 진보를 가리킨다(는 생각을 갖고 있었다)." 빅토리아시대의 진보의 관념은 당시에 유행하던 다윈주의와 결합하면서 20세기까지도 줄곧 영향을 미친 사회적 다윈주의를 낳았다. 그러므로 19세기의 세계사를 서술한다고 했을 때 누구든 쉽게 민족과 제국이 전 세계에서 자원, 영토, 패권의 쟁탈전을 벌이는 "사회적 다윈주의의 역사"를 쓰려 했겠지만 오스터함멜은 그런 방식을 따르지 않았다.

오스터함멜의 『대변혁: 19세기의 역사풍경』은 '진보'와 민족의 경쟁이란 틀을 벗어나 다른 방식으로 역사를 관찰한 통찰력과 지혜가 넘치는 세계사다. 이 책은 토인비 식의 '문명' 사이의 경쟁을 서술하지도 않았으며 '열강의 흥망성쇠'와 '강대국의 흥기'를 중요한 주제로 삼지도 않았다. 오스터함멜은 오히려 역사 속의 평범한 인물들과 그들의 일상생활을 주목하고 구체적인 개인이 어떻게 질병에 대처했는지, 어디서 책을 보았는지, 오페라를 보기 위해 어느 극장을 갔는지, 어떻게 배를 타고 여행했는지를 묘사했다. 바로 이러한 일상생활과 문화적 경험을 통해 『대변혁: 19세기의 역사풍경』은 19세기 전체에 관한 역사, 민족과 제국의 상호경쟁에 함몰되지 않은 역사, '중요하지 않거나' '낙후한' 민족이 생략되지 않은 역사를 기술했다. 그런 의미에서 오스터함멜은 '민족주의'와 '제국주의' 이전의 '계몽주의자'다. 그의 시선은 역사 속의 생생한 개인을 떠난 적이 없다.

이 방대한 책을 통해서 독자는 무엇을 얻을 수 있을까. 18세기 중국 오페라와 이탈리아 오페라의 비교로부터 시작하여 도시, 노동조직, 질병, 도서관 등으로 이어지는 19세기의 변화 과정을 주마등처럼 보여준다. 독자는 세계사는 진지하고 복잡하지만 온통 신비에 가득찬 학문 분야는 아니며 한 지역이 다른 지역에 영향을 주듯이 한 시대가 다음 시대에 영향을 준다는 사실을 알게 될 것이다.

이 책의 마지막 부분(맺는말)에서 오스터함멜은 19세기의 특징을 다섯 가지로 요약하고 있다. 19세기는 첫 번째 특징은 비대칭적 효율성 증가의 시대다. 그 구체적 양상은 생산성의 증가, 새로운 프런티어의 개척, 무력의 효율성의 증가로 나타났다. 두 번째 특징은 유동성의 확대다. 대량 이주가 가능했던 여러 가지 기술적 혁신, 대량 이주를 유지시켜준 사회 기반시설 건설이 뒷받침되었다. 세 번째 특징은 비대칭적 상호관계의 강화다. 사상과 문화의 전파를 통해 서방과 동방은 상호 이해를 넓혀갔다. 네 번째는 유럽의 법적 평등에 대한 인식 확대와 다른 문화와의 갈등관계, 국제관계에서의 새로운 강대국 등급질서 등장이다. 다섯 번째는 해방의 시대다. 여러 분야에서 해방운동이 일어나고 발전했지만 제국주의와 식민주의가 그 확산을 막았던 시대다. 논쟁의 여지가 없지는 않겠지만 탄탄한 논리를 가진 저자의 일반화는 독자들에게 과거를 돌아보는 사유방식에 자양분을 공급할 것이다.

2021년 9월
박종일

찾아보기

2402

위르겐 오스터함멜(Jürgen Osterhammel, 1952-　)

오스터함멜은 1980년 독일에 있는 카셀대학에서 현대사 연구로 박사학위를 받았다.
이후 독일의 프라이부르크대학, 하겐대학, 콘스탄츠대학에서 가르쳤으며, 스위스의
'국제연구 대학원'(Graduate Institute of International Studies),
'네덜란드 암스테르담 연구소'(Netherlands Institute for Advanced Study in the
Humanities and Social Sciences), 런던에 있는 '독일 역사연구소
런던'(German Historical Institute London)에서 연구했다.
현재 독일 콘스탄츠대학의 명예교수이며 2010년 독일에서
가장 중요한 연구 관련 상인 라이프니츠상을 수상했다.
또한 세계사 연구의 업적을 인정받아 2017년에는 사회과학 분야의 최고상인
토인비상, 2018년에는 발찬(Balzan)상을 받았다.
국내 출간된 저서로는 『식민주의: 식민주의의 역사를 다시 해부한다』(2006),
『글로벌화의 역사』(2013, 공저)가 있으며 이번에 한길사에서
총 세 권으로 출간하는 『대변혁: 19세기의 역사풍경』이 있다.

박종일(朴鍾一)

1950년에 태어났으며 1975년 고려대학교 정치외교학과를 졸업했다.
이후 기업에서 30여 년간 일한 뒤 은퇴하여 번역가로 활동 중이다.
주요 번역서로는『벌거벗은 제국주의』(2008),『중국통사上, 下』(2009),
『다원주의와 지적 설계론』(2009),『생태혁명』(2010),『라과디아』(2010),
『학살의 정치학』(2011),『아편전쟁에서 5 · 4운동까지』(2013),
『근세 백년 중국문물유실사』(2014),『중국의 형상 1, 2』(2016)가 있으며
이번에 한길사에서 총 세 권으로 출간하는『대변혁: 19세기의 역사풍경』이 있다.

HANGIL GREAT BOOKS 178

대변혁 III
19세기의 역사풍경

지은이 위르겐 오스터함멜
옮긴이 박종일
펴낸이 김언호

펴낸곳 (주)도서출판 한길사
등록 1976년 12월 24일
주소 10881 경기도 파주시 광인사길 37
홈페이지 www.hangilsa.co.kr
전자우편 hangilsa@hangilsa.co.kr
전화 031-955-2000~3 **팩스** 031-955-2005

부사장 박관순 **총괄이사** 김서영 **관리이사** 곽명호
영업이사 이경호 **경영이사** 김관영 **편집주간** 백은숙
편집 박희진 노유연 최현경 강성욱 이한민 김영길
관리 이주환 문주상 이희문 원선아 이진아 **마케팅** 정아린
디자인 창포 031-955-2097
CTP출력·인쇄 예림 **제본** 경일제책사

제1판 제1쇄 2021년 10월 5일
제1판 제2쇄 2022년 4월 25일

값 40,000원

ISBN 978-89-356-6561-7 94080
ISBN 978-89-356-6427-6 (세트)

● 잘못 만들어진 책은 구입하신 서점에서 바꿔드립니다.

한길그레이트북스 인류의 위대한 지적 유산을 집대성한다

●한길그레이트북스는 계속 간행됩니다.